JAHRBUCH JUNGE RECHTSGESCHICHTE 1
YEARBOOK OF YOUNG LEGAL HISTORY 1

Vanessa Duss, Nikolaus Linder,
Katrin Kastl, Christina Börner,
Fabienne Hirt, Felix Züsli (Hg.)

Rechtstransfer in der Geschichte

Legal Transfer in History

Martin Meidenbauer »

Vanessa Duss studierte Rechtswissenschaften an der Universität Zürich. Seit Anfang 2003 ist sie als wissenschaftliche Assistentin an der Universität Luzern im Fachbereich juristische Grundlagenforschung tätig. Sie verfasst eine Dissertation im Fachbereich Rechtstheorie mit Schwergewicht Systemtheorie.

Nikolaus Linder studierte Rechtswissenschaften an der Universität Zürich. 2003 promovierte er dort mit der Arbeit *Die Berner Bankenkrisen von 1720 und das Recht*. Seit Herbst 2002 ist er Mitarbeiter des Forschungsprojekts *justizCH* - Justizgeschichte des Schweizerischen Bundesstaates an der Universität Luzern. Schwerpunkte seiner Arbeit bilden Justizgeschichte, juristische Zeitgeschichte und die Geschichte des Handelsrechts.

Die Deutsche Bibliothek verzeichnet diese Publikation in der Deutschen Nationalbibliografie; detaillierte bibliografische Daten sind im Internet über http://dnb.ddb.de abrufbar.

Printed in Germany

Gedruckt auf
chlorfrei gebleichtem, säurefreiem und alterungsbeständigem Papier (ISO 9706)

ISBN 3-89975-046-2

Verlagsverzeichnis schickt gern:
Martin Meidenbauer Verlagsbuchhandlung
Erhardtstr. 8
D-80469 München

www.m-verlag.net

Inhaltsverzeichnis

Vorwort

Der vorliegende Band dokumentiert die Beiträge des *Forums junger Rechtshistorikerinnen und Rechtshistoriker,* das vom 25. bis 29. Mai 2005 an der Universität Luzern stattfand. Die Tagung stand unter dem Generalthema „Rechtstransfer in der Geschichte".

Gemeint war damit zunächst die Übertragung rechtlicher Normen von einem Rechtskreis in einen anderen in historischer Perspektive. Beispielsweise die Rezeption des römisch-gemeinen Rechts, wie sie sich in Europa während mehrerer Jahrhunderte und in verschiedenen Phasen vollzogen hat. Der Begriff des Transfers erstreckte sich darüber hinaus auf einen erheblich weiteren Themenkreis. Zum einen in sachlicher Hinsicht: Nicht nur Transfer von Rechtsvorschriften, sondern von rechtswissenschaftlichen Konzepten und Programmen, Methodenkonzepten und Rechtstheorien – „Rechtsideen" im weitesten Sinn – sollte untersucht werden. Und das ebenso inner- wie ausserhalb der Grenzen des europäischen Kontinents, also buchstäblich global. Auch in zeitlicher Hinsicht wurde auf eine Eingrenzung weitgehend verzichtet, Beiträge aus der antiken Rechtsgeschichte waren ebenso willkommen wie frühneuzeitliche oder solche aus der juristischen Zeitgeschichte. Erbeten waren zudem nicht nur Beiträge zu wissenschaftsgeschichtlichen Fragestellungen, sondern auch solche, die sich mit Phänomenen der Rechtspraxis beschäftigten. Und zuletzt erstreckte sich die Einladung auch auf Beiträge, die die Umwandlung sozialer Sanktions- und Regelsysteme in rechtliche Gebilde, den Vorgang der „Verrechtlichung" als Transfer gesellschaftlicher Verhaltenskodizes in normative Strukturen, zum Thema hatten. Insgesamt gingen 52 Bewerbungen ein, von denen wir 28 berücksichtigen konnten. 26 Beiträge sind hier abgedruckt, einer wurde zurückgezogen, der andere ist anderweitig erschienen.[1]

Für die freundliche Begrüssung der Tagungsteilnehmer an der Universität Luzern möchten wir uns beim Gründungsdekan der Fakultät, Herrn Prof. Dr. Paul Richli, bedanken. Prof. Dr. Rudolf Stichweh, dessen Eröffnungsvortrag gleichsam das Programm der Tagung bildete, auf das während der folgenden Tage öfters Bezug genommen wurde, danken wir ebenfalls herzlich.

---

[1] Mahidé Aslan, „Rückfahrkarte – Das schweizerische Zivilgesetzbuch in der Türkei", in: Rg 7 (2005) S. 33–37. Nicholas Fosters Beitrag „The Re-Reception of Islamic Law: Perspectives from a Commercial Comparatist" wird zu einem späteren Zeitpunkt erscheinen.

Dank schulden wir ausserdem allen, die an der Organisation mitgewirkt und durch ihren grossen Einsatz den entsprechenden Rahmen für die Tagung geschaffen haben, allen voran der Leiterin des Luzerner Studentenladens, Monika Hauser, für die Organisation und Betreuung des Büchertisches und lic. iur. Raphaël Haas für die Planung und Programmierung unserer Webseite.

Die Tagung wurde grosszügig unterstützt vom Schweizerischen Nationalfonds (Bern), der Familien-Vontobel-Stiftung (Zürich), der Jubiläumsstiftung der Zürich Versicherungsgruppe (Zürich), der De Beers Centenary Schweiz Stiftung (Luzern), von Prof. Dr. Peter Nobel (Nobel & Hug Rechtsanwälte, Zürich) und Herrn Dr. iur. Roger Hischier (Spahni Stein Rechtsanwälte, Zürich). Eine substantielle Defizitgarantie wurde uns von der Forschungskommission der Universität Luzern gewährt. Die Publikation des Tagungsbandes wurde ermöglicht dank der grosszügigen Unterstützung durch den Eugen-Huber-Fonds (Bern) und die Stiftung „Dr. phil. Josef Schmid, Staatsarchivar von Luzern, und Frau Amalie Schmid-Zehnder" in Luzern. Allen Sponsoren möchten wir an dieser Stelle noch einmal von Herzen für ihr grosses Engagement danken.

Last but not least danken wir Herrn Dr. Jörg Meidenbauer vom Meidenbauer-Verlag in München für die ausgezeichnete Zusammenarbeit und das Interesse, das er unserem Publikationsvorhaben jederzeit entgegengebracht hat.

Das nächste Forum findet vom 25.–28. Mai 2006 an der Johann Wolfgang Goethe-Universität in Frankfurt am Main statt. Wir wünschen dem Organisationsteam schon jetzt viel Erfolg.

Luzern, im April 2006

Die Organisatorinnen und Organisatoren:
Vanessa Duss
Nikolaus Linder
Christina Börner
Katrin Bayerle, geb. Kastl
Fabienne Hirt
Felix Züsli

Transfer in Sozialsystemen: Theoretische Überlegungen

Rudolf Stichweh, Luzern

I. Information, Kommunikation, Wissen, Handlung – Elementare Phänomene in Sozialsystemen

Im Vokabular der Sozialwissenschaften existieren eine Reihe von Begriffen, wie beispielsweise *Information*, *Kommunikation*, aber auch *Handlung* und (vielleicht) *Wissen*, in denen die elementaren Phänomene beschrieben werden, die in Sozialsystemen unabweisbar vorkommen und die konstitutiv für den Aufbau von Sozialsystemen sind. Es gibt in Sozialsystemen immer mindestens zwei soziale Einheiten, man kann auch von Selektoren sprechen, zwischen denen sich ein Geschehen abspielt, das diese elementaren Vorgänge in sozialen Systemen verkörpert.[1] Jedes soziale Geschehen zwischen mindestens zwei sozialen Einheiten ist zwangsläufig Kommunikation, und es ist nichts anderes als Kommunikation. In diesem Sinn ist sowohl Watzlawicks Diktum richtig, daß man nicht nicht kommunizieren könne,[2] wie auch Luhmanns These gilt, daß *alles* Geschehen in sozialen Systemen Kommunikation ist. Es ist zweitens in jede Kommunikation eine Information eingebettet, also eine Differenz, die jemand wahrgenommen zu haben glaubt und von welcher der diese Differenz Wahrnehmende glaubt, daß sie eine Mitteilung verdient.[3] Drittens bezieht sich diese Information immer auf einen vermuteten Stand des Wissens, mit Bezug auf den ein Beobachter eine Abweichung entdeckt zu haben glaubt, eine Differenz, wie klein sie auch immer sein mag, die er einer informativen Mitteilung für würdig erachtet. Und viertens kann eine jede in diesem Sinn erfolgte Kommunikation jemandem als Handlung zugerechnet werden, einem Teilnehmer an Kommunikation, den man für die jeweilige Kommunikation verantwortlich machen möchte. Zurechnungen dieser Art können ihrerseits strittig sein, aber diese potentielle Konflikthaftigkeit bestätigt einmal mehr, wie wichtig und folgenreich Handlungszurechnungen im sozialen Verkehr sind.

Die Bedeutung der genannten Begriffe für die Grundlagen der Sozialwissenschaften wird in Theorien entwickelt, die uns als Informationstheorie, Kommunikationstheorie, Wissenssoziologie und Handlungstheorie vertraut sind und die heute die besten Kandidaten für eine Grundlagentheorie der Sozialwissenschaften sind.

[1] Siehe auch Luhmann 1984.
[2] Watzlawick, Beavin, und Jackson 1971.
[3] Siehe Bateson 1973.

II. Gibt es Informationstransfer?

Der Begriff des „Transfers", auf den in diesem Text unser Interesse vor allem zielt, gehört nicht zu den Begriffen für die schlechthin elementaren oder basalen Vorgänge in sozialen Systemen. Zwar gibt es Versuche, in einem allgemeinen Sinn immer dort, wo Information vorkommt, von Informationstransfer zu sprechen. Aber ich glaube, daß diese Versuche von nur begrenztem Nutzen sind. Dafür lassen sich zwei Gründe anführen. Erstens fügt das Wort Transfer dem Begriff der Information nichts hinzu. Es verweist nur darauf, daß es in jeder sozialen Situation immer mindestens zwei Selektoren gibt, und daß der eine dieser beiden den anderen zu informieren versucht. Das ist aber bereits mit dem Wort Information ausgesagt, und es bedarf der Hinzufügung des Wortes Transfer nicht. Der andere Grund ist gewichtiger, und er deutet auf einen Gesichtspunkt hin, der uns als Einwand oder als Problem in diesen Überlegungen nicht verlassen wird. Es geht darum, daß Informationstransfer in gewisser Hinsicht gar nicht möglich ist. Ich verweise auf die implizit bereits zitierte und bis heute vermutlich beste und zugleich einfachste Definition des Informationsbegriffs, die Gregory Bateson vorgeschlagen hat „an information is a difference which makes a difference".[4] Es handelt sich in jedem Fall des Vorkommens von Information um die Koordination zweier Selektivitäten, die aber verschieden verfaßt sind. Der Differenz- und Alternativenraum, aus dem die Information ausgewählt wird, ist anders zusammengesetzt als der Differenz- und Alternativenraum, an den sie adressiert wird – und deshalb ist die Information beim Absender prinzipiell eine andere als beim Empfänger, und es kann aus diesem Grund von einem Transfer von Information keine Rede sein. Das ist ein zentraler Gesichtspunkt, den man immer im Auge behalten sollte, auch wenn man sich aus pragmatischen Überlegungen dazu entschließt, den Begriff des Transfers weiterhin zu verwenden.

III. Komponenten eines allgemeinen Begriffs des Transfers

Ich werde jetzt zunächst einen Begriff des Transfers vorschlagen, der das Phänomen allgemein einzugrenzen versucht, an das wir denken, wenn wir uns für Transfers interessieren. Dabei unterstelle ich, daß dieser allgemeine Begriff des Transfers dieselben Sinnimplikationen enthält, die für uns im Vordergrund stehen, wenn wir beispielsweise über „Rechtstransfer in der Geschichte" arbeiten. In einer ersten Annäherung schlage ich vor, daß vor allem fünf Momente in einem allgemeinen Begriff des Transfers in Sozialsystemen hervortreten.

[4] Bateson a.a.O.

1. Es geht immer um *kompakte Sinneinheiten*. Ich bevorzuge an dieser Stelle den Begriff des Sinns, weil er oberhalb der Unterscheidung von Wissen und Information und oberhalb der Unterscheidung von Kognitivem und Normativem liegt, so daß er in hinreichender Allgemeinheit beliebige Arten von Transfers zu untersuchen erlaubt. Außerdem teilt Sinn mit Information das Moment, daß es auch bei Sinn um eine Wahl unter Alternativen geht, und es kommt im Fall von Sinn die konstitutive Eigentümlichkeit hinzu, daß die nichtgewählten Alternativen als Möglichkeit erhalten bleiben.[5]

Außerdem hebe ich die Kompaktheit oder den Paketcharakter der transferierten Sinneinheit hervor. Es handelt sich in der Regel nicht um einzelne Sinnpartikel oder Fragmente, für die wir uns interessieren, wenn wir über Transfer nachdenken, sondern um relativ kompakte, in sich komplexe Sinnpakete. Wenn wir von Paketen sprechen, dann heißt dies auch, daß man sie erst auspacken kann, wenn man sie erhalten und angenommen hat – und das impliziert – wie bei jedem Paket, daß man darin Inhalte findet, über die man sich freut, aber auch Dinge, die man eigentlich nicht gewollt hat, die man aber wegen des Paketcharakters akzeptieren muß.[6]

2. *Signifikanter Informationsgehalt* des transferierten Sinnpakets. Transferfragen tauchen als Fragen, die als bedeutsam empfunden werden, nur auf, sofern es um Informationen geht, von denen man vermutet, daß sie wichtig sind.

3. *Überschreitung einer Systemgrenze*. Dies kann auch eine Grenze innerhalb eines Systems sein; aber das ändert nichts daran, daß wir von Transfer eigentlich nur dann sprechen, wenn dieser über eine Grenze erfolgt, die als Grenze erfahrbar ist und die sich deshalb als potentielles Hemmnis für einen solchen Transfer darstellt.

4. Transfer über *relevante soziale Distanz*. Diese Distanz kann eine räumliche Distanz sein; es kann sich aber auch um Distanzen in der Zeit handeln. Es ist schließlich möglich, daß diese Distanzen weder als räumlich noch als zeitlich erfahren werden, sondern nur als Distanzen in einem sozial konstituierten Raum.[7]

---

[5] Zu Sinn vgl. erneut Luhmann 1984 und Luhmann 1971.
[6] Vgl. zu Liebe und Ehe als „package deal" Heimer und Stinchcombe 1980.
[7] Vgl. Stichweh 2003.

5. Die Wahrscheinlichkeit und die Häufigkeit von Transfers hängen mit Fragen der sozialen *Differenzierung* und der *Globalisierung* zusammen. Differenzierung ist die Voraussetzung dafür, daß die Zahl der internen und externen Systemgrenzen vervielfältigt wird, mit Blick auf die die Frage des Transfers sich auf interessante Weise stellt. Globalisierung ist eine ähnlich wirkende Bedingung. Sie vergrößert die sozialen Räume, innerhalb deren Transfers versucht werden können, und sie erweist sich als der Motor fortschreitender sozialer Differenzierung, im Sinne von Innen- und Ausdifferenzierung des Systems.[8]

IV. Einheiten des soziokulturellen Transfers als „Replikatoren"

Ich möchte näher beschreiben, wie die kompakten Sinneinheiten aussehen sollen, die sich für Transfer eignen. Es ist offensichtlich, daß sie eine gewisse Stabilität oder Robustheit besitzen müssen, damit sie signifikante soziale Distanzen einigermaßen unverändert überwinden können, und vorteilhaft ist es auch, wenn sie kopierfähig sind, wenn man von ihnen also Kopien anfertigen kann, die sich von der Vorlage möglichst wenig unterscheiden. Ich schlage an dieser Stelle einen Begriff aus der Evolutionsbiologie vor, der immer häufiger auch in den Theorien der kulturellen Evolution verwendet wird. Die kompakten Sinneinheiten, die man zu transferieren versucht, sollten sich idealiter als Replikatoren eignen.[9] Das muß nicht unbedingt heißen, daß die entsprechenden Einheiten sich durch Eigentätigkeit auszeichnen, daß sie gewissermaßen aktiv von sich selbst Kopien herzustellen versuchen. Diese Implikation der aktiven Selbstreproduktion wird in der Biologie durchaus mitgedacht, und sie steht beispielsweise hinter Dawkins' berühmter Metapher vom „selfish gene".[10] Diese Möglichkeit einer aktiven Selbstreproduktion ist zwar auch für sozialkulturelle Replikatoren nicht auszuschließen – man denke nur an die Zwangsläufigkeit, mit der bestimmte Ideen oder auch Melodien oder suggestive Bilder sich unserem Bewußtsein aufdrängen[11] –, aber sie müßte keine notwendige Bedingung sein. Es würde für einen Replikator genügen, daß die Anfertigung von Kopien verläßlich und wahrscheinlich erfolgt.[12]

Was kommt in diesem Sinn als ein Replikator in Frage und damit als eine kompakte Sinneinheit, die sich für Transfer eignet? Eine Durchsicht der sozialwissenschaftlichen Literatur führt uns auf überraschend viele Kandidaten

---

[8] Zum Zusammenspiel von Innen- und Ausdifferenzierung Stichweh 1984.
[9] Zu Replikatoren Hull 1988, Dawkins 1999.
[10] Siehe u.a. Dawkins 1982.
[11] Dies ist der Ausgangspunkt der Theorie der (kulturellen) Meme, siehe Blackmore 2000
[12] Vielfach genügt für Sozialsysteme auch schon reproduktive Kontinuität: d.h., daß spätere Sinneinheiten unzweifelhaft Resultate der Reproduktion früherer Sinneinheiten sind. *Das aber ist dann schon Evolution und nicht mehr Transfer.* Vgl. Millikan 1984.

hin, die teilweise auch in der Literatur umfangreich diskutiert worden sind. Ich will nur einige exemplarisch nennen: Die „Erwartung" und die „Institution" in der systemtheoretischen und der institutionalistischen Literatur der Soziologie;[13] das „Symbol" und das „Mem" als kulturelle Replikatoren bei Talcott Parsons bzw. bei Richard Dawkins;[14] die „Regel" und erneut die „Institution" bei evolutionären Ökonomen wie Vanberg, Hayek, Buchanan und vielen anderen;[15] die „Routine" in der einflußreichen Theorie von Richard Nelson und Sidney Winter.[16] Die Liste läßt sich leicht verlängern. Was in der Literatur fehlt, ist eine vergleichende und als solche systematische Diskussion dieser Sinneinheiten, aber es ist deutlich, daß wir in diesem Katalog suchen müssen, wenn wir uns vergegenwärtigen wollen, welche kompakten Sinneinheiten für einen Transfer in Sozialsystemen in Frage kommen und wenn wir im nächsten Schritt die Transferdynamik näher verstehen wollen.

V. Transfer auf der Basis einseitiger Kontrollübertragung

Ich möchte im Folgenden genauer diskutieren, welches die sozialstrukturellen Voraussetzungen für Transfers sind und in welchen sozialstrukturellen Mustern die Transfers von kompakten Sinneinheiten, die sich beobachten lassen, stattfinden. Vor allem heißt dies unter den spezifischen Umständen der Gesellschaft unserer Tage: Was sind die Bedingungen der Möglichkeit und der Wahrscheinlichkeit von Transfers in der Weltgesellschaft des 21. Jahrhunderts.

Im ersten Schritt, noch bevor ich die Sozialstrukturen des Transfers näher beleuchte, vergegenwärtige ich eine Theorie, die auf einen Gesichtspunkt fokussiert ist, der sonst kaum Beachtung findet: die Frage der Konzessionen durch die das einen Transfer aufnehmende System diesen vorbereitet und erleichtert. Diese Frage wird auf bemerkenswerte Weise in der Sozialtheorie von James Coleman erörtert, die dieser vor allem in seinem Buch von 1990 „Foundations of Social Theory" ausgearbeitet hat.[17]

Coleman konzentriert sich in seiner Theorie auf Phänomene der einseitigen Übertragung der Kontrolle über eigene Handlungen an ein anderes System. Ein Beispiel dafür ist der Akt der politischen Wahl in der Demokratie, durch die ich demjenigen, dem ich meine Stimme gebe, für einige Jahre die Möglichkeit einräume, gleichsam in meinem Namen zu sprechen. Ich kann diese ein-

[13] Luhmann 1984 bzw. Hodgson 1998.
[14] Parsons 1982 bzw. Dawkins 1999.
[15] Vanberg 1994; Hodgson 1994 (zu Hayek); Buchanan 1991.
[16] Nelson und Winter 1982.
[17] Coleman 1990.

mal abgegebene Stimme vor der jeweils nächsten Wahl nur schwer revozieren. Ein anderes interessantes Beispiel ist der Fall der romantischen Liebe. Wenn ich jemandem Anderen gegenüber diesen Motivkomplex kommuniziere – und diese Kontrollübernahme durch den Anderen funktioniert bereits, bevor die Liebe zum erstenmal ausdrücklich mitgeteilt worden ist –, heißt dies praktisch, daß ich dem Anderen in weiten Handlungsbereichen die Kontrolle über meine Handlungsalternativen einräume. Ich werde in der Folge in den so ausgegrenzten Handlungsbereichen das zu tun versuchen, was am Anderen als sein oder ihr Wunsch sichtbar wird. Alles andere kann leicht als Verrat an der kommunizierten oder empfundenen Liebe gedeutet werden.[18] Der Universalitätsanspruch der romantischen Liebe akzeptiert selbst die bereichsspezifischen Ausgrenzungen, von denen hier die Rede war (also beispielsweise das Herausnehmen des beruflichen Bereichs als einer gegenüber der Liebe autonomen Welt), nur schwer.

Diese Phänomene der einseitigen Kontrollübertragung, die ihrerseits einen Fall des Transfers und zwar des Transfers von Kontrollrechten über eigenes Handeln involvieren, sind die eine Seite eines Vorgangs, der auf der jeweils anderen Seite typischerweise den Transfer von kompakten Sinneinheiten in das System, das die Kontrollübertragung im ersten Schritt konzediert hat, nach sich zieht. Bei James Coleman waren diese Überlegungen werkgeschichtlich zunächst durch Adam Smith' Theorie des moralischen Gefühls und der Sympathie motiviert.[19] Sympathie oder Einfühlung in den Anderen ist eine der Bedingungen, die mich motivieren mögen, dem Anderen Einfluß auf mich einzuräumen und dieser Einfluß des Anderen fungiert dann gleichsam als das Einfallstor für den Transfer von kompakten Sinneinheiten. Diese Coleman-Überlegungen scheinen eine höchst interessante Idee, die man ausarbeiten kann, indem man die Motivkomplexe näher studiert, die ein System motivieren können, Kontrollrechte am eigenen Handeln und auch Kontrollrechte am eigenen Erleben abzutreten.[20] Sympathie und Liebe hatte ich als solche Motivkomplexe bereits genannt; Charisma und Autorität, die beim anderen System perzipiert werden, kommen gleichfalls in Frage und sind politik- und religionsgeschichtlich von großer Bedeutung; aber man könnte auch an Indifferenz oder Faulheit denken, die gleichfalls für mich zum Motiv werden kön-

[18] Diese Liebestheorie hat Niklas Luhmann am überzeugendsten ausgeführt, Luhmann 1982.

[19] Smith 1759 und Coleman 1963, wo er in einem Kommentar zu Talcott Parsons die Anlehnung an Smith erläutert.

[20] Die Unterscheidung von Handeln und Erleben fehlt in Colemans zu einseitiger Handlungstheorie, siehe zu dieser Unterscheidung Luhmann 1978.

nen, die Wahl unter den mir verfügbaren Alternativen von jemandem anderen treffen zu lassen.

VI. Makrostrukturen des Transfers von kompakten Sinneinheiten

Die einseitige Kontrollübertragung durch eines der beiden beteiligten Systeme kann also eine wichtige Voraussetzung für erfolgreiche Sinntransfers sein, weil sie ein System eventuell in hohem Maße zu einer Offenheit für die Aufnahme komplexer Sinneinheiten disponiert. Dieser Mechanismus der einseitigen Kontrollübertragung wird aber längst nicht in jedem einzelnen Fall von signifikantem Transfer beteiligt sein. Von welchen Bedingungen das abhängt, ist selbst ein wichtiger Gegenstand der Analyse.

Es wird im nächsten Schritt meines Arguments darum gehen, systematisch jene Makrostrukturen zu vergegenwärtigen, die sich unter Gegenwartsbedingungen besonders eignen, als Medien des Transfers von kompakten Sinneinheiten zu dienen. Vier solcher Makrostrukturen drängen sich in der Weltgesellschaft der Gegenwart auf.

1. Netzwerke, insb. Small Worlds

Netzwerke benötigen relativ wenig, nämlich Netzwerkknoten, die ihre Elemente bilden, und darüber hinaus Verknüpfungen unter diesen Netzwerkknoten, aus denen die Struktur eines Netzwerkes resultiert. Interessant an Netzwerken ist, daß sie auch mit relativ schwachen Bindungen auskommen und daß gerade schwache Bindungen sich für den Transfer überraschender Information – wenn vielleicht auch nicht komplexer Information – eignen.[21] Schwache Bindungen lassen andererseits, weil sie relativ ökonomisch sind, größere Netzwerke zu, in denen Transfers auch über beträchtliche soziale Distanzen möglich sind.

Besonders interessant für unseren Zweck sind „small worlds", die es ermöglichen, in relativ großen Sozialwelten in sehr wenigen Schritten beliebige Zielpunkte von beliebigen Ausgangspunkten zu erreichen.[22] Vom Small-World-Netzwerk aller Schauspieler, die je in Hollywood eine Rolle übernommen haben, bis zum Internet sind viele Small-World-Netzwerke in den letzten Jahren einer intensiven Untersuchung unterzogen worden. „Small Worlds" sind in manchen Hinsichten ein idealer Mechanismus für Transfers. Es bleibt nur die Frage, wie komplex die Transfers sind, die sie zu bewältigen imstande sind.

---

[21] Siehe Granovetter 1974.

[22] Siehe zu „small worlds" Kochen 1989; Watts und Strogatz 1998; Barabási 2003; Barabási 2005; Bray 2003.

Handelt es sich bei den Sinnkomponenten, die in kurzen Zeiträumen in ihnen diffundieren, eher um Moden und um Stimmungen oder transportieren „small worlds" auch anspruchsvollere Sinnzusammenhänge?

2. Symbolisch generalisierte Kommunikationsmedien

Bei der Theorie symbolisch generalisierter Kommunikationsmedien, die von Talcott Parsons und Niklas Luhmann entwickelt worden ist,[23] handelt es sich um eine Theorie, die exakt komplementär zu der von James Coleman ist. Während dieser die Motivkomplexe und Interessenlagen erforscht hat, die ein durch Transfers beeinflußtes System im Vorfeld dazu bringen, Kontrollrechte abzutreten, untersucht die Theorie symbolisch generalisierter Kommunikationsmedien vorzugsweise die gegenüberliegende Seite derjenigen Prozessoren, die bestimmte (rhetorische) Mittel einsetzen, um Einflußchancen auf andere Systeme zu gewinnen. Dabei geht es insbesondere um vielfältige Formen generalisierter Symbole, die formprägend in den Kommunikationssystemen der modernen Gesellschaft sind: also beispielsweise den prinzipiell als symbolisch verstandenen Gebrauch von politischer Macht,[24] das Geld als Symbolisierung von Zugriffsmöglichkeiten im Wirtschaftssystem, die Wahrheitssymbole im Wissenschaftssystem und viele andere Sondersprachen der Funktionssysteme mehr. Immer dann, wenn solche generalisierten Symbole zur Einflußsteigerung einsetzbar sind, erscheint plausibel, daß auch relativ komplexe Sinnpakete in diesem Kommunikationsmedium transportiert werden können. Nur setzt der Transfer voraus, daß die Medien der Kommunikation auf beiden Seiten einer Sozialbeziehung etabliert sind und daß die Mediensymbole abgenommen werden und Übernahmebereitschaft erzeugen. Diese anspruchsvollen Bedingungen legen die Vermutung nahe, daß Transfers über schwierige Grenzen und in entlegene Regionen der Sozialwelt nicht auf diese Weise stattfinden können.

---

[23] Die wichtigsten Texte von Parsons sind gesammelt in Parsons 1969; bei Luhmann siehe insb. Luhmann 1975 und Luhmann 1997; interessante Texte auch in der Parsons-Festschrift Loubser 1976.

[24] Damit ist gemeint, daß Macht nicht von intrinsischer Effektivität ist, vielmehr auf Symbolgebrauch ruht, der Folgebereitschaften erzeugt. Dort, wo Macht intrinsische Effektivität benötigt, also auf Zwang und Gewalt hinausläuft, wird sie für den Machthaber unökonomisch, weil sie ihm schnell mehr Energie, Kraft und Erzwingungskapazität abverlangt, als er tatsächlich besitzen kann.

3. Kategoriengestützte Selbst- und Fremdbeobachtung

Kategoriengestützte Selbst- und Fremdbeobachtung ist ein zentraler Mechanismus der gegenwärtigen Welt.[25] Identitätsartikulation läuft über vielfältige Kategorien, für die die Bereitschaft vorhanden sein kann, sich ihnen zuzurechnen, und die, sofern die Zurechnung zu einer bestimmten Kategorie einmal erfolgt ist, eine Art Übernahmeverpflichtung für kategoriengebundenen Sinn zu erzeugen imstande sind. Man versteht sich beispielsweise als moderner Staat, als Wirtschaftsorganisation, als Sportverein mit Schwerpunktbildung im Leistungssport, als modernes Individuum, als informierter Bürger und als Mitglied der Wissensgesellschaft[26] und als vieles andere mehr – und jede dieser Kategorien ist mit einem ganzen Paket sozialer und kultureller Prämissen ausgestattet, die man mehr oder minder unbesehen übernehmen sollte, sofern man die eigene Kategorienzugehörigkeit nicht gefährden will. Bereits die Bildung solcher Kategorien als heute invariabel globaler Kategorien hängt von global verteilten Beobachtungs- und Kommunikationsmöglichkeiten ab – und erst recht gilt dies für den schnellen Transfer von kompakten Sinneinheiten, die sich auf der Basis von Kategorienzugehörigkeit als in vielen Fällen obligatorisch erweisen.

4. Epistemische Communities (von Experten)

Eine vierte Makrostruktur des Transfers ist die epistemische Community, die in der Regel Experten für eine bestimmte Sache zusammenschließt.[27] Eine epistemische Community ist der Möglichkeit nach auch als Netzwerk zu analysieren, von dem sie sich aber dadurch unterscheidet, daß es netzwerkweite, einigermaßen vereinheitliche normative und kognitive Standards gibt, die das Netzwerk in ein genuines Sozialsystem mit einer systemweiten System/Umwelt-Unterscheidung transformieren. In einer solchen – potentiell globalen – epistemischen Community von Experten können sehr komplexe Sinnpakete gut transferiert werden, weil die Gemeinsamkeiten, die die Experten miteinander teilen, als Infrastruktur fungieren. Die Frage ist nur, ob diese Sinntransfers auch die Grenze der epistemischen Community, beispielsweise zu Sozialzusammenhängen von Klienten, erfolgreich zu überschreiten imstande sind.

---

[25] Interessante Theoriebildung zu diesem Phänomen findet man vor allem in Stanford im Kreis um John W. Meyer – siehe Strang und Meyer 1993; Meyer 2005.
[26] Vgl. dazu Stichweh 2004; Stichweh 2005.
[27] Haas 1992 und vgl. vorläufig die Diskussion in Stichweh 2006.

VII. Transfer geht meistens schief: Transfer und soziokulturelle Evolution

Ich schließe mit dem, was die angelsächsische Welt eine „cautionary note" nennt. Die Beschreibung der vielfältigen Bedingungen und Strukturen des Transfers könnte den Eindruck begünstigt haben, daß dies alles recht gut funktioniert. Meine Überzeugung aber ist, daß in vielen Hinsichten das Gegenteil der Fall ist: Organtransplantationen sehen sich der Immunabwehr konfrontiert, für die es auch in Sozialsystemen vielfältige Analoga gibt; für Technologietransfer ist gut bekannt, daß er eigentlich nur innerhalb der Grenzen einer Organisation erfolgreich ist,[28] und auch deswegen scheinen ca. 80% des weltweiten Technologietransfers organisationsintern stattzufinden.[29] Fußballkenner werden konzedieren, daß sich Jahr für Jahr ein großer Teil der mit hohen Erwartungen und Kosten unternommenen *Spielertransfers* als Flop erweist. Der Spielmacher oder Torjäger des letzten Jahres kann unter den neuen Bedingungen sein Potential nicht mehr abrufen.

Immunabwehr; die Einkapselung des transferierten Sinnpakets, die ihm am neuen Ort die Einflußmöglichkeiten raubt; das *decoupling*, das den Transfer nur als eine Offizialstruktur nutzt und dahinter unveränderte Realstrukturen fortbestehen läßt;[30] ein systematisches Mißverstehen des transformierten Sinns und viele andere Mechanismen mehr. Es existieren hinreichend viele Gründe für Mißerfolg. Aber der in ein anderes System transferierte Replikator, der sich in Wirklichkeit als eine Neuheit und als Variation erwiesen hat, bedeutet nicht das Ende der Geschichte. Gerade er treibt die Evolution soziokultureller Strukturen voran, und insofern können wir sicher sein, daß immer dann, wenn ein Transfer mißlungen ist, die soziokulturelle Evolution übernimmt.

---

[28] Vgl. zu der sich abzeichnenden Skepsis hinsichtlich des erfolgreichen Technologietransfers zwischen akademischer Welt und Unternehmen Gewin 2005.

[29] Stichweh 1999.

[30] Siehe Scott und Meyer 1994.

Literaturverzeichnis

Barabási, Albert-László. 2003. *Linked. How Everything Is Connected to Everything Else and What It Means for Business, Science and Everyday Life*. New York: Plume.

Barabási, Albert-László. 2005. Network Theory - the Emergence of the Creative Enterprise. *Science* 308, no. 5722: 639–641.

Bateson, Gregory. 1973. *Steps to an Ecology of Mind. Collected Essays in Anthropology, Psychiatry, Evolution and Epistemology*. London: Paladin Books.

Blackmore, Susan. 2000. *Die Macht der Meme / The Meme Machine*. Heidelberg, Berlin: Spektrum Akademischer Verlag.

Bray, Dennis. 2003. Molecular Networks: The Top-Down View. *Science* 301: 1864–1865.

Buchanan, James M. 1991. *The Economics and the Ethics of Constitutional Order*. Ann Arbor: The University of Michigan Press.

Coleman, James S. 1963. Comment on "On the Concept of Influence". *Public Opinion Quarterly* 27, no. 1: 63–82.

Coleman, James S. 1990. *Foundations of Social Theory*. Cambridge, Mass.: Harvard University Press.

Dawkins, Richard. 1982. *The Extended Phenotype: The Gene as the Unit of Selection*. San Francisco.

Dawkins, Richard. 1999: Foreword. S. VII–XVII in Blackmore, Susan (Hg.), *The Meme Machine*. (Oxford: Oxford U.P.).

Gewin, Virginia. 2005. The Technology Trap. *Nature* 437, no. 7061: 948–949.

Granovetter, Mark. 1974. *Getting a Job: A Study of Contacts and Careers*. Cambridge, Mass.: Harvard U.P.

Haas, Peter M. 1992. Introduction: Epistemic Communities and International Policy Coordination. *International Organization* 46, no. 1: 1–35.

Heimer, Carol A. und Arthur L. Stinchcombe. 1980. Love and Irrationality: It's Got to Be Rational to Love You because It Makes Me So Happy. *Social Science Information* 19, no. 4/5: 697–754.

Hodgson, Geoffrey M. 1994: Hayek, Evolution, and Spontaneous Order. S. 408–447 in Mirowski, Philip (Hg.), *Natural Images in Economic Thought. "Markets read in tooth and claw"*. (Cambridge: Cambridge U.P.).

Hodgson, Geoffrey M. 1998. The Approach of Institutional Economics. *Journal of Economic Literature* 36, no. March: 166–192.

Hull, David L. 1988. *Science as a Process: An Evolutionary Account of the Social and Conceptual Development of Science*. Chicago: University of Chicago Press.

Kochen, Manfred Hg. 1989. *The Small World*. Norwood N.J.: Ablex Publishing Cooperation.

Loubser, Jan J. et al. Hg. 1976. *Explorations in General Theory in Social Science. Essays in Honor of Talcott Parsons*. Vol. 1–2. New York: Free Press.

Luhmann, Niklas. 1982. *Liebe als Passion. Zur Codierung von Intimität.* Frankfurt a.M.: Suhrkamp.
Luhmann, Niklas. 1997. *Die Gesellschaft der Gesellschaft.* Vol. 1–2. Frankfurt a.M.: Suhrkamp.
Luhmann, Niklas. 1978: Erleben und Handeln. S. 67–80 in Luhmann, Niklas (Hg.), *Soziologische Aufklärung 3.* (Opladen: Westdeutscher Verlag 1980).
Luhmann, Niklas. 1984. *Soziale Systeme: Grundriß einer allgemeinen Theorie.* Frankfurt a.M.: Suhrkamp.
Luhmann, Niklas. 1975. *Macht.* Stuttgart.
Luhmann, Niklas. 1971: Sinn als Grundbegriff der Soziologie. S. 25–100 in Habermas, Jürgen und Niklas Luhmann (Hg.), *Theorie der Gesellschaft oder Sozialtechnologie - Was leistet die Systemforschung?* (Frankfurt a.M.: Suhrkamp).
Meyer, John W. 2005. *Weltkultur. Wie die westlichen Prinzipien die Welt durchdringen.* (Krücken, Georg, Hg.). Frankfurt a.M.: Suhrkamp.
Millikan, Ruth Garrett. 1984. *Language, Thought, and Other Biological Categories. New Foundations for Realism.* Cambridge/Mass.: MIT-Press.
Nelson, Richard R. und Sidney G. Winter. 1982. *An Evolutionary Theory of Economic Change.* Cambridge, Mass.: The Belknap Press of Harvard University Press.
Parsons, Talcott. 1982. *On Institutions and Social Evolution: Selected Writings.* Chicago: University of Chicago Press.
Parsons, Talcott. 1969. *Politics and Social Structure.* New York: Free Press.
Scott, W. Richard und John W Hg. Meyer. 1994. *Institutional Environments and Organizations. Structural Complexity and Individualism.* Thousand Oaks: Sage.
Smith, Adam. 1759. *The Theory of Moral Sentiments.* Indianapolis, Ind.: Liberty Fund 1984.
Stichweh, Rudolf. 2003: Raum und moderne Gesellschaft. Aspekte der sozialen Kontrolle des Raums. S. 93–102 in Krämer-Badoni, Thomas und Klaus Kuhm (Hg.), *Die Gesellschaft und ihr Raum. Raum als Gegenstand der Soziologie.* (Opladen: Leske + Budrich).
Stichweh, Rudolf. 2004. Wissensgesellschaft und Wissenschaftssystem. *Schweizerische Zeitschrift für Soziologie* 30, no. 2: 147–165.
Stichweh, Rudolf. 1999. Globalisierung von Wirtschaft und Wissenschaft: Produktion und Transfer wissenschaftlichen Wissens in zwei Funktionssystemen der modernen Gesellschaft. *Soziale Systeme* 5: 27–39.
Stichweh, Rudolf. 2005. Die Universität in der Wissensgesellschaft. Ms. Luzern.
Stichweh, Rudolf. 2006: Strukturbildung in der Weltgesellschaft. Die *Eigenstrukturen* der Weltgesellschaft und die Regionalkulturen der Welt. S. 241–259 in Schwinn, Thomas (Hg.), *Die Vielfalt und Einheit der Moderne.* Wiesbaden: Verlag für Sozialwissenachaften.

Stichweh, Rudolf. 1984. *Zur Entstehung des modernen Systems wissenschaftlicher Disziplinen. Physik in Deutschland 1740-1890*. Frankfurt a.M.: Suhrkamp.

Strang, David und John W. Meyer. 1993. Institutional Conditions for Diffusion. *Theory and Society* 22: 487–511.

Vanberg, Viktor J. 1994. *Rules and Choice in Economics*. London: Routledge.

Watts, Duncan J. und Steven H. Strogatz. 1998. Collective Dynamics of Small-World Networks. *Nature* 393: 440–442.

Watzlawick, Paul, Janet H. Beavin, und Don D. Jackson. 1971. *Menschliche Kommunikation. Formen, Störungen, Paradoxien*. Stuttgart, Bern: Hans Huber.

Cels. D. 31, 29 pr.: Politische Demonstration und Zeugnis richterlicher Unabhängigkeit

Andrea Brieger, Bonn

In Roman law, trials about controvertible fideicommissa (trustlike obligations of the heir) were argued before the consul or the praetor fideicommissarius. Celsus D. 31, 29 pr. relates such a trial. In the past, studies of this text have mostly focussed on the aspect of integrating the deceased's intentions into the interpretation of his testament. However, in addition to that, the text offers also interesting information that results from the political context in which the trial is embedded:

1) The decision was politically motivated and, in its perspective, directed against the policy of Emperor Domitian who had aimed at a restriction of moral legislation for the senatorial aristocracy.

2) The fact that a legal decision in issues of fideicommissum could be used to express disagreement with imperial politics shows that in this case, the consul acted as a judge who was independent from the emperor.

3) This judicial independence suggests that although trials that were argued extra ordinem had been introduced upon the emperor's initiative, the responsible officials nevertheless carried them out within their own iurisdictio.

Celsus berichtet in D. 31, 29 pr. von einem Prozeß um eine Erbschaftsangelegenheit, der Ende des ersten nachchristlichen Jahrhunderts vor dem Konsul Ducenius Verus verhandelt wurde. Die Quelle liefert, betrachtet man sowohl ihren historisch-politischen als auch den rechtlichen Kontext, interessante Einblicke in die Frühzeit des Kognitionsprozesses und die Rolle des Gerichtsmagistrats in dieser Verfahrensart.
Cels. D. 31, 29 pr. (dig. 36):

Pater meus referebat, cum esset in consilio Duceni Veri consulis, itum in sententiam suam, ut, cum Otacilius Catulus filia ex asse herede instituta liberto ducenta legasset petissetque ab eo, ut ea concubinae ipsius daret, et libertus vivo testatore decessisset et quod ei relictum erat apud filiam remansisset, cogeretur filia id fideicommissum concubinae reddere.

Mein Vater berichtete, es sei, als er im consilium des Konsuls Ducenius Verus war, seiner Meinung beigepflichtet worden, als Otacilius Catulus, der seine Tochter als Alleinerbin eingesetzt hatte, einem Freigelassenen 200 durch Legat vermacht und von diesem erbeten hatte, daß er diese seiner [des Otacilius] Konkubine geben möge, und, nachdem der Freigelassene zu Lebzeiten des Erblassers verschieden war und das ihm Hinterlassene bei der Tochter verblieben war, daß die Tochter gezwungen werde, das Fideikommiß der Konkubine auszuzahlen.

Der Sachverhalt des vor dem Konsul verhandelten Prozesses stellt sich wie folgt dar: Otacilius Catulus ist tot, seine Tochter Alleinerbin durch Testament.

Das Erbe ist belastet mit einem Legat zugunsten eines freigelassenen Sklaven des Erblassers. Dieser sollte nach seinem Willen 200.000 Sesterzen erhalten. Das Legat wiederum ist ebenfalls durch eine letztwillige Verfügung belastet, es sollte nämlich als Fideikommiß an die Konkubine des Otacilius ausgezahlt werden.

Das Problem des Falles liegt darin, daß der Freigelassene, der zur Auszahlung des Geldes an die Konkubine verpflichtet worden war, vor dem Erblasser verstarb. Der Freigelassene erlebte den *dies cedens* des zu seinen Gunsten ausgesetzten Legates nicht und konnte demnach auch die Auszahlung des Fideikommisses nicht vornehmen. Deshalb verlangt die Konkubine nun den ihr zugedachten Betrag direkt von der Erbin, also der Tochter. Zur Entscheidung stand demnach die Frage, ob ein Anspruch an die Erbin auf Zahlung des Geldes bestand, obwohl das Legat, aus dem das Fideikommiß gezahlt werden sollte, nie fällig geworden war. Der Prozeß wurde, so berichtet D. 31, 29 pr., vor dem Konsul Ducenius Verus verhandelt, in dessen *consilium* der Vater des Celsus saß.

Der Erblasser Otacilius Catulus nutzte in seinen letztwilligen Verfügungen mit dem Legat und dem Fideikommiß zwei unterschiedliche Möglichkeiten, durch die im römischen Recht die Zuwendung einzelner Gegenstände aus der Erbschaft erfolgen konnte. Das Legat, eine förmliche testamentarische Verfügung, war zahlreichen rechtlichen Beschränkungen und Formalien unterworfen, zum Beispiel konnte es nur römischen Bürgern zugedacht werden und war in seiner Höhe begrenzt.[1] Beim Fideikommiß hingegen handelte es sich zunächst um eine formlose Bitte des Erblassers an den Erben (oder wie hier an den Legatar), deren Erfüllung er dessen „Treue überläßt“.[2] Der Vorteil des Fideikommisses liegt in seiner Formfreiheit und größeren Gestaltungsfreiheit für die letztwillige Verfügung. Der Nachteil des Fideikommisses – der fehlende Rechtsanspruch – wurde von Augustus beseitigt, indem er die Möglichkeit schuf, die Auszahlung eines Fideikommisses *extra ordinem* beim Konsul einzuklagen.

Zeitlich läßt sich dieser Prozeß gut einordnen, denn der erwähnte Konsul P. Ducenius Verus, der als Richter fungierte, ist für das Jahr 95 n. Chr. als Suffektkonsul belegt.[3] Über den Erblasser selbst, Otacilius Catulus, ist uns nichts bekannt, jedoch deutet seine namentliche Nennung in D. 31, 29 pr. darauf hin, daß er Mitglied einer senatorischen Familie von einigem Bekanntheitsgrad war.[4] Der große Umfang des Fideikommisses von 200.000 Sesterzen deutet in

---

[1] Kaser, Röm. Privatrecht 1^2, § 184, S. 742–746.

[2] Kaser, Röm. Privatrecht 1^2, § 189, S. 757–763.

[3] Degrassi, Fasti consolari, S. 28, 176; Metro, Denegatio actionis, S. 204 Fn. 68.

[4] Paulus, Postmortale Persönlichkeit, S. 285.

dieselbe Richtung. Klägerin war die Konkubine des Erblassers, Beklagte die Tochter und Erbin desselben.
Iuventius Celsus,[5] dessen Rechtsauffassung hier von seinem gleichnamigen Sohn[6] wiedergegeben wird, war Oberhaupt der Prokulianer, eine Funktion, in die ihm später sein Sohn nachfolgen sollte. Iuventius Celsus *(pater)* hat in dem genannten Fall laut D. 31, 29 pr. die Auffassung vertreten, die Tochter müsse das Fideikommiß an die Konkubine auszahlen. Da diese Ansicht im *consilium* Zustimmung gefunden hatte, wird der Prozeß vom Konsul auch in diesem Sinne entschieden worden sein, so daß die Erbin das Geld auszahlen mußte.
Die Rechtsauffassung des Celsus verwundert zunächst. Denn das Legat, aus dem das Fideikommiß gezahlt werden sollte, wurde nie fällig, da der Bedachte den *dies cedens* nicht erlebt hat. Und der Tochter war das Fideikommiß vom Erblasser nicht auferlegt worden. Dennoch befürwortete der Jurist Celsus hier eine Verpflichtung der Tochter zur Auszahlung des Fideikommisses.
Diese Entscheidung entsprach dem erklärten Willen des Erblassers, seiner Konkubine den Betrag von 200.000 Sesterzen zukommen zu lassen. Der Text ist somit ein Beleg für die Einbeziehung des Erblasserwillens *(voluntas)* neben dem reinen Wortsinn *(verba)* bei der Testamentsauslegung.[7] Der Erblasserwillen konstruiert geradezu eine neue fideikommissarische Verpflichtung, während der Wortlaut der testamentarischen Regelung keine Verpflichtung der Tochter gegenüber der Konkubine kennt.[8]

Dennoch greift es zu kurz, D. 31, 29 pr. allein unter dem Aspekt des Willens *(voluntas)* im Gegensatz zum Wortlaut *(verba)* zu beleuchten.[9] Denn dem Willen des Erblassers entsprach die Auffassung des Celsus nur zum Teil: Otacilius Catulus hatte durch seine testamentarischen Regelungen zwar deutlich gemacht, daß er seiner Konkubine 200.000 Sesterzen zukommen lassen wollte. Er hat hierfür jedoch bewußt den Umweg über den Freigelassenen gewählt und seine Tochter nicht um die Auszahlung gebeten. Die Auszahlung eines Legates an den Freigelassenen schien ihm für seine Tochter zumutbar, vor der Auszahlung eines Fideikommisses an seine Konkubine schreckte er offenbar

---

[5] Iuventius Celsus *(pater)*: Kunkel, Juristen, Nr. 22, S. 137f.; Bauman, SZ 108 (1991), S. 16–19.
[6] Iuventius Celsus *(filius)*: Kunkel, Juristen, Nr. 29, S. 146f.; Bauman, SZ 108 (1991), S. 16–19.
[7] Voci, Diritto ereditario I, S. 452f.; Wieling, Testamentsauslegung, S. 90f.
[8] Johnston, Roman Law of Trusts, S. 195–198.
[9] Zur Diskussion um die Berücksichtigung des individuellen Willens bei der Auslegung von Rechtsgeschäften vgl. Gradenwitz, Interpolationen, S. 170–221; Dulckeit, Erblasserwille und Erwerbswille, S. 5–7, 76f.; Gandolfi, Studi sull'interpretazione, S. 17–81; Wieling, Testamentsauslegung, passim; Kaser, Röm. Privatrecht 1^2, § 58, S. 235f. mwN.

jedoch zurück. Welche Gründe er hierfür hatte, wissen wir nicht. Wenn nun aber die Tochter durch gerichtliche Entscheidung gezwungen wurde, das Geld auszuzahlen, widersprach dies dem Willen des Erblassers in Bezug auf den Auszahlungsweg sehr deutlich.
Offensichtlich hatte für das *consilium* des Ducenius Verus der Erblasserwille in Bezug auf die Auszahlung des Betrages größeres Gewicht als in Bezug auf den von ihm gewählten Zahlungsweg. Hierfür könnte es auch einen politischen Grund gegeben haben.
Der Erblasser gehörte, darauf deutet seine Namensnennung in D. 31, 29 pr. hin, der senatorischen Oberschicht an. Er unterstand demnach den restriktiven Regeln der *lex Iulia de maritandis ordinibus,*[10] einem augusteischen Gesetz, wonach es Senatoren verboten war, Ehen mit Freigelassenen, Schauspielern oder Schauspielerkindern einzugehen. Hat es sich bei der Konkubine des Otacilius Catulus zum Beispiel um eine Freigelassene gehandelt, so wäre es ihm unmöglich gewesen, sie zu seiner Ehefrau zu machen.
Die Ehegesetze, welche den Verfall der Familiengesinnung aufhalten und das Privatleben der römischen Bürger zugunsten der traditionellen Familie verändern sollten, waren schon seit ihrer ersten Einführung durch Augustus hoch umstritten. Cassius Dio berichtet ausführlich über eine kontroverse Debatte im Senat, welche diese Gesetzgebung zum Thema hatte.[11] Gerade die auch in der frühen Kaiserzeit immer noch sehr einflußreiche Senatsaristokratie war von den gesetzlichen Eingriffen in ihr Privatleben betroffen.[12] Das Konkubinat, also die dauerhafte Lebensgemeinschaft in nicht als Ehe anerkannter Form, war eine häufig praktizierte Form, den Zwangswirkungen der Ehegesetze zumindest bezüglich der Wahl des Lebenspartners auszuweichen.[13] Es liegt nahe, auch im Falle des Otacilius Catulus die Zwänge der Sitten- und Ehegesetze als Ursache für das Konkubinat anzunehmen.

Der Prozeß um die Auszahlung des Fideikommisses an die Konkubine des Otacilius Catulus wurde im Jahre 95 n. Chr. geführt, also während der Regierungszeit Domitians. Von Domitian ist bekannt, daß er ein außergewöhnlich schlechtes Verhältnis zum römischen Senat hatte.[14] Es kam wiederholt zu Verschwörungen, die von Domitian blutig niedergeschlagen wurden, bis er im Jahre 96 n. Chr. schließlich doch einem Mordanschlag zum Opfer fiel.[15]

---

[10] Kaser, Röm. Privatrecht 1², § 75, S. 318f.
[11] Cass. Dio 54, 16, 3–7.
[12] Baltrusch, Regimem morum, S. 179f.
[13] Kaser, Röm. Privatrecht 1², § 75, S. 318f., § 78, S. 328f.
[14] Jones, Emperor Domitian, S. 180–182; Eck, Der Neue Pauly 3, s.v. Domitianus, Sp. 746f.
[15] Eck, Der Neue Pauly 3, s.v. Domitianus, Sp. 747.

An einer dieser Verschwörungen im Jahre 94 n. Chr. war auch ein Iuventius Celsus beteiligt. Cassius Dio berichtet, er habe nach seiner Entdeckung den Kaiser um ein Gespräch unter vier Augen gebeten und bei diesem dann durch die Zusage, in Zukunft bei der Aufdeckung von Verschwörungen zu helfen, seine Verurteilung und Hinrichtung als Verschwörer verhindern können.[16] Eine Denunziation sei jedoch von ihm nie vorgenommen worden, betont Cassius Dio.[17] Diese kurze Erwähnung läßt zwar keine sichere Identifizierung mit dem Iuventius Celsus *(pater)* zu, der ein Jahr später im *consilium* des Konsuls Ducenius Verus tätig war. Aber die Wahrscheinlichkeit, daß es sich hier um dieselbe Person handelte, ist doch recht groß.[18] Denn daß es sich bei dem Verschwörer um den Sohn des Juristen Celsus gehandelt hat, kann fast mit Sicherheit ausgeschlossen werden, weil der Prätor des Jahres 106 oder 107 n. Chr. im Jahr 94 n. Chr. noch zu jung war, um im Fokus politischer Verwicklungen zu stehen. Eine weitere Möglichkeit wäre es, daß ein gleichnamiger Dritter Teilnehmer der Verschwörung war. Dieser wäre dann mit dem Juristen Celsus eng verwandt gewesen, da er denselben Namen trug. Auf eine solche Konstellation deutet in den Quellen jedoch nichts hin. Im Gegenteil, die Umstände der Episode, die Cassius Dio berichtet, sprechen eher dafür, daß es sich bei dem Verschwörer um den Juristen Celsus *(pater)* selbst gehandelt hat.

Denn abgesehen von der signifikanten Namensgleichheit gibt es noch andere Indizien. Der Verschwörer Iuventius Celsus muß ein Mann von einigem Rang gewesen sein, wenn er – wie Cassius Dio berichtet – den Kaiser um ein Vieraugengespräch bitten konnte, und ihm dies auch gewährt wurde. Andererseits wird dieser Mann nicht von größter politischer und gesellschaftlicher Bedeutung gewesen sein. Eine solche Persönlichkeit hätte Domitian kaum begnadigen können, ohne ein Sicherheitsrisiko einzugehen. Es hätte im Gegensatz eher nahegelegen, an ihm ein Exempel zu statuieren, um weitere Verschwörer abzuschrecken. Die große Anzahl von hingerichteten Senatoren während der Regierungszeit Domitians belegt die Härte des Kaisers gegenüber vermeintlichen und realen Gegnern.[19] Der Verschwörer muß demnach eine angesehene Persönlichkeit gewesen sein, die nicht in der vordersten Reihe der Politik stand. Diese Merkmale treffen auf den Juristen Celsus zu, was dafür spricht, daß es sich bei dem von Cassius Dio genannten Verschwörer um ihn handelte.

---

[16] Cass. Dio 67, 13.
[17] Cass. Dio 67, 13.
[18] Kunkel, Juristen, S. 137 Fn. 171.
[19] Jones, Emperor Domitian, S. 182–192.

Der Verschwörer des Jahres 94 n. Chr. wirkte also mit einiger Wahrscheinlichkeit ein Jahr später im *consilium* des Konsuls Ducenius Verus mit. Vor diesem Hintergrund gewinnt der Prozeß um das Fideikommiß zugunsten der Konkubine des Otacilius Catulus eine tiefere, politische Bedeutung. Die von Celsus und dem *consilium* vertretene Rechtsauffassung ermöglichte es nämlich dem Konsul, mit dem Urteil zugunsten der Konkubine auch seine Opposition gegen den verhaßten Kaiser und die Sittengesetze auszudrücken. Die Anerkennung des Fideikommisses ergab sich aus der Rechtslage nicht zwingend, sein Urteil hätte auch zugunsten der Tochter ausfallen können. Wenn der Konsul aber die Auszahlung des Fideikommisses erzwang, demonstrierte er hiermit eine Anerkennung der Konkubine, der vom Gesetz die *dignitas* der Ehefrau verwehrt wurde.[20] Das Urteil drückte aber nicht nur diese persönliche Anerkennung aus, sondern befand sich darüber hinaus auch deutlich im Gegensatz zur kaiserlichen Politik, welche für die Durchsetzung der Sittengesetze stand. Denn Domitian hat die Politik seiner Vorgänger bezogen auf die Sittengesetze fortgeführt und viele Regelungen noch erweitert. Die *correctio morum*, also die Verbesserung der Sitten, war Domitian, wie wir aus den Schilderungen Suetons wissen, ein großes Anliegen.[21] Unter anderem verschärfte er die Sanktionen für anrüchiges Verhalten von Frauen der Oberschicht und auch die erbrechtlichen Regelungen.[22]
Von Sueton, Dom. 8, wird hierzu folgendes berichtet:

[...] probrosis feminis lecticae usum ademit iusque capiendi legata hereditatesque [...]
„Er entzog schimpflichen Frauen den Gebrauch der Sänfte und das Recht, Legate und Erbschaften zu empfangen."

Diese kurze Erwähnung bei Sueton gibt uns leider keine detaillierten Informationen über die gesetzlichen Regelungen. Dennoch ist klar, welche Richtung Domitian hiermit in seiner Familien- und Sozialpolitik verfolgte: Die traditionelle Familie sollte gestärkt werden, die senatorische Oberschicht möglichst untereinander heiraten, Kinder bekommen und ihr Geld nicht an Frauen außerhalb dieser Kreise weitergeben. Ebenso wie seine Vorgänger wollte Domitian die Oberschicht an den *mos maiorum* binden und dadurch die gesellschaftliche Basis seiner Herrschaft festigen.[23]
Nun besteht ein wichtiger Unterschied zwischen *feminae probrosae* und Konkubinen. *Feminae probrosae* waren Frauen, die aufgrund ihrer moralisch verwerflichen Tätigkeit als Schauspielerin, als öffentlich bekannte Prostituierte oder

---

[20] Paulus, Postmortale Persönlichkeit, S. 285.
[21] Suet. Dom. 7–8.
[22] Astolfi, SDHI 39 (1973), S. 216; Grelle, ANRW II, 13, S. 340–352.
[23] Zu den Zielen der Sittengesetzgebung allgemein vgl. Baltrusch, Regimem morum, S. 187.

Ehebrecherin nach der *lex Iulia et Papia* nicht heiraten durften. Dasselbe galt auch für ihre Kinder.[24] Eine Konkubine war nicht zwangsläufig eine *femina probrosa*, obwohl sie es sein konnte. So galt zum Beispiel eine Freigelassene, die mit ihrem Patron in einem Konkubinat zusammenlebte, nicht als *femina probrosa*.[25]

Wir wissen über die Herkunft der Konkubine des Otacilius Catulus nichts. Es ist möglich, daß es sich um eine *femina probrosa* gehandelt hat, was uns eine Erklärung für den von Otacilius Catulus gewählten Auszahlungsweg liefern würde. Denn auch wenn wir die erbrechtlichen Regelungen Domitians diesbezüglich nicht im einzelnen kennen: offensichtlich sollten diese Frauen nicht Empfänger von Vermächtnissen ihrer reichen Gönner werden. Die Wahl des Fideikommisses über den Freigelassenen als Legatar könnte dann ein Versuch gewesen sein, Domitians Gesetz zu umgehen.[26]

Doch dies ist nicht sehr wahrscheinlich. Denn zumeist waren Konkubinen eben keine moralisch verwerflichen, zweifelhaften Frauen, sondern Frauen, deren gesellschaftliche Stellung zwar unterhalb der ihres Partners stand, die jedoch nicht in die Kategorie der moralisch-sozial degradierten *feminae probrosae* gehörten. Die Frage nach dem „warum" des gewählten Auszahlungsweges muß deshalb offen bleiben.

In jedem Fall war die Entscheidung zugunsten der Konkubine aber eine Entscheidung, welche im Ergebnis das Konkubinat anerkannte und indirekt stärkte. Damit stand sie im Widerspruch zur kaiserlichen Politik. Denn die Kaiser versuchten seit Augustus, die Ehe innerhalb der Oberschicht zu fördern, während die Mitglieder dieser Oberschicht weiterhin ihre Lebensgefährtinnen nach anderen Kriterien auswählten.

Vor diesem Hintergrund ist die Entscheidung des Konsuls Ducenius Verus eine Art politischer Demonstration gegen die Familienpolitik des Kaisers. Es konnte nicht in dessen Sinne sein, wenn die rechtliche Position von Konkubinen gestärkt wurde, während er eigentlich die standesgemäße Ehe der Senatsaristokratie durch seine Gesetzgebung fördern wollte.

Die Tatsache, daß eine rechtliche Entscheidung in Fideikommißangelegenheiten von den Akteuren dazu genutzt werden konnte, ihre Opposition gegen die kaiserliche Politik auszudrücken, liefert wertvolle Indizien für die Rolle des Magistrates innerhalb des Verfahrens *„extra ordinem"*. Denn eine solche deut-

[24] Astolfi, Lex Iulia et Papia, S. 133–146.

[25] Meyer, Konkubinat, S. 29.

[26] Zu dem vergleichbaren Fall der Umgehung der Sittengesetze als Ursache für Legate, deren Niesbrauch fideikommissarisch an Konkubinen vermacht wurde vgl. Ankum, RIDA 24 (1977), S. 143–147.

liche Opposition gegen den Kaiser wäre undenkbar, wenn der Konsul in den Prozessen über Fideikommisse im Auftrag des Kaisers dessen Willen ausführte, ohne seine eigene Jurisdiktionsgewalt anzuwenden. Hier traf der Konsul Ducenius Verus eine Entscheidung, die der kaiserlichen Sozialpolitik klar entgegenstand, und daß er sich hierbei auch noch einer durchaus gewagten rechtlichen Begründung bediente, bezeugt seine Unabhängigkeit von direktem kaiserlichen Einfluß. Den Konsul im Verfahren um Fideikommisse als reines Ausführungsorgan der kaiserlichen Rechtsprechung anzusehen, widerspräche deshalb dem Bericht des Celsus in D. 31, 29 pr. Der politische Kontext des Falles spricht dafür, daß der Konsul seine Entscheidung in Fideikommißprozessen kraft eigener *iurisdictio* traf und hierbei keinem direkten kaiserlichen Einfluß unterstand.

Die Konsuln (ebenso wie seit Claudius die Spezialprätoren) waren auf kaiserliche Initiative hin im Bereich der Fideikommisse tätig. Diese Prozeßart war das erste Verfahren, das *extra ordinem* von Augustus eingeführt und den Konsuln zugewiesen wurde.[27] Die Zuweisung von Vormundschaftssachen an die Konsuln durch Claudius erfolgte später nach diesem Vorbild. Vielfach wird deshalb in der rechtshistorischen Forschung diese Prozeßart vor allem unter dem Aspekt des kaiserlichen Auftrages gesehen und als sogenannte mandierte Gerichtsbarkeit ohne eigene *iurisdictio* des Magistrates bewertet.[28]

D. 31, 29 pr. ist ein Indiz dafür, daß diese Beurteilung der konsularischen Rechtsprechung *de fideicommissis* nicht mit der Realität der frühen Kaiserzeit übereinstimmt. Das Bild von Prozessen *extra ordinem* ist zu oft von dem Wissen, das wir über die weitere Entwicklung des späteren kaiserlichen Kognitionsprozesses haben, geprägt. Dies verführt dazu, die klare Ausrichtung auf den Kaiser hin schon von Anfang an verwirklicht zu sehen.

Im Gegensatz hierzu tritt uns in D. 31, 29 pr. ein Konsul entgegen, der mit seiner Entscheidung seine Opposition zur kaiserlichen Politik zum Ausdruck brachte. Ohne unabhängige Anwendung der eigenen *iurisdictio* wäre ihm dies nicht möglich gewesen. Diese Erkenntnis fügt sich gemeinsam mit anderen Indizien zu einem schlüssigen Bild des frühen Kognitionsprozesses. Die Konsuln nutzten in den von ihnen durchgeführten Prozessen stets Elemente der republikanischen *iurisdictio*. So entschied der Konsul *pro tribunali*, also auf dem erhöhten Platz auf dem Forum sitzend und dadurch als Richter erkenntlich,[29] er konnte in den Besitz einweisen *(missio in possessionem)*[30] und die Stellung von

[27] Inst. 2, 23, 1; 2, 25 pr.
[28] Mommsen, StaatsR 2.1, S. 105–107; Jörs, Gerichtsverfassung, S. 9–11; Metro, Denegatio actionis, S. 198–206; Kaser-Hackl, § 66 III, S. 438.
[29] Herm. D. 26, 3, 7, 1 (2 iur. ep.); Gell. noct. att. 13, 25, 1f.
[30] Ulp. D. 42, 5, 27 (1 de off. cons.).

Kautionen erzwingen,[31] um die Benachteiligung einer Prozeßpartei zu verhindern. Dies waren Rechtsmittel, die der Konsul *extra ordinem* ebenso selbstverständlich anwandte wie der Prätor als Gerichtsmagistrat im regulären republikanischen Formularprozeß.

Bei der Schaffung von Verfahren *extra ordinem* wie dem Fideikommißprozeß kam es demnach zu einem Transfer traditioneller Elemente der republikanischen Gerichtsbarkeit in die neue Prozeßart *extra ordinem*. Bei aller Differenz im Ablauf (beispielhaft genannt sei hier nur der Wegfall der Zweiteilung des Prozesses) gab es auch Ähnlichkeiten und Verbindungen zu dem ordentlichen Zivilprozeß. Dies paßt zu dem, was wir insgesamt über den Verlauf der römischen Geschichte wissen. Ulrich von Lübtow bemerkte, die römische Verfassungsgeschichte „kenne keine jähen Sprünge"[32] und traf hiermit den Kern der Sache. Kontinuität stand stets im Vordergrund, radikale Neuerungen oder die Abschaffung alter Institutionen wird man in der römischen Geschichte vergeblich suchen. Griff der Konsul als Richter in dem neuen Fideikommißprozeß *extra ordinem* auf Elemente der traditionellen Gerichtsbarkeit zurück, so gewann der Prozeß dadurch auch ein großes Maß an Legitimation und praktischer Akzeptanz, die dem Kaiser in seinem Bestreben, bei aller Umwälzung den Schein der *res publica restituta* zu wahren, nur hilfreich sein konnte. Gerade die Einbindung traditioneller Elemente verhalf dem kaiserlichen Kognitionsprozeß mit zu seinem Erfolg. Die traditionellen Kompetenzen der Gerichtsmagistrate wurden in das neugeschaffene Verfahren *extra ordinem* mit eingebunden. Der Konsul agierte in diesem Prozeß, wie deutlich gezeigt werden konnte, unabhängig vom Kaiser im Rahmen seiner eigenen, ursprünglich republikanischen Jurisdiktionsgewalt.

---

[31] Gai. Inst. 1, 200; Ulp. D. 26, 4, 5, 1 (35 ad ed.); 34, 1, 3, (2 de off. cons.); Inst. 1, 20, 3.
[32] Von Lübtow, Volk, S. 175.

Literaturverzeichnis

Ankum, Hans: Quelques remarques sur le fideicommissum d'un usufruit légué dans le droit romain classique. In: RIDA 24 (1977), S. 143–147.

Astolfi, Riccardo: Note per una valutazione storica della 'Lex Iulia et Papia'. In: SDHI 39 (1973), S. 187–238.

Baltrusch, Ernst: Regimem morum. Die Reglementierung des Privatlebens der Senatoren in der römischen Republik und frühen Kaiserzeit. München 1989 (= Vestigia 41).

Bauman, Richard: Personal Names, Adoptions and Families of the Roman Jurists. In: SZ 108 (1991), S. 1–20.

Degrassi, Attilio: I fasti consolari dell'impero romano dal 30 avanti Cristo al 613 dopo Cristo. Rom 1952.

Dulckeit, Gerhard: Erblasserwille und Erwerbswille bei Antretung der Erbschaft. Beiträge zum Willensproblem im klassischen römischen Erbrecht. Weimar 1934.

Eck, Werner: In: Der Neue Pauly 3, Stuttgart, Weimar 1997, s.v. Domitianus, Sp. 746–50.

Gandolfi, Giuseppe: Studi sull'interpretazione degli atti negoziali in diritto romano. Mailand 1966.

Gradenwitz, Otto: Interpolationen in den Pandekten. Kritische Studien. Berlin 1887.

Grelle, Francesco: La „correctio morum" nella legislazione flavia. In: Aufstieg und Niedergang der römischen Welt II, 13. Hgg. v. H. Temporini, W. Haase. Berlin, New York 1980, S. 340–365.

Jörs, Paul: Untersuchungen zur Gerichtsverfassung der römischen Kaiserzeit. Leipzig 1982.

Johnston, David: The Roman Law of Trusts. Oxford 1988.

Jones, Brian W.: The Emperor Domitian. London, New York 1992.

Kaser, Max: Das Römische Privatrecht. 1. Abschnitt. Das Altrömische, das Vorklassische und Klassische Recht. München ^{2}1971 (= Hdb. d. AW X.3.3.1).

Kaser, Max; *Hackl*, Karl: Das Römische Zivilprozeßrecht. München ^{2}1996 (= Hdb. d. AW X.3.4).

Kunkel, Wolfgang: Die römischen Juristen. Herkunft und soziale Stellung. Unveränderter Nachdruck der 2. Auflage von 1967. Mit einem Vorwort von Detlef Liebs. Köln, Weimar u.a. 2001.

Lübtow, Ulrich von: Das Römische Volk. Sein Staat und sein Recht. Frankfurt/M. 1955.

Metro, Antonino: La "denegatio actionis". Mailand 1972.

Meyer, Paul M.: Der römische Konkubinat. Nach den Rechtsquellen und den Inschriften. Aachen 1966 (ND der Ausgabe Leipzig 1895).

Mommsen, Theodor: Römisches Staatsrecht. Band 2, 1. Leipzig [3]1887.

Paulus, Christoph: Die Idee der postmortalen Persönlichkeit im römischen Testamentsrecht. Zur gesellschaftlichen und rechtlichen Bedeutung einzelner Testamentsklauseln. Berlin 1992.

Voci, Pasquale: Diritto ereditario Romano. Vol. 1. Introduzione. Parte generale. Mailand [2]1967.

Wieling, Hans Josef: Testamentsauslegung im römischen Recht. München 1992 (= Münchner Beiträge zur Papyrusforschung und antiken Rechtsgeschichte, Heft 62).

Die Übertragung der *Notorietät* in die Rechtspraxis des Reiches. Ein kaiserlicher Versuch, die Kölner Reformation zu beenden

Andreea Badea, Bayreuth

In July 1545 Charles V had the opportunity to stop the reformation in Cologne by taking Hermann of Wied prisoner. Hence he asked Paul III to confirm that Hermann was a notorious rebel and heretic. This made his former intention of ending the reformation in Cologne a legal execution of punishment with the pope's allowance but not under his orders.
As an archbishop and as a Prince of the Empire Hermann of Wied was subordinated to the Emperor as well as to the Pope. Therefore Charles had the possibility of transferring the offence of notorious rebellion from the canonical law into the imperial law.

Die 1543 eingeleitete Kirchenreform des Kölner Kurfürsten und Erzbischofs Hermann von Wied bedrohte Papst und Kaiser gleichermaßen. Der Kurie wäre das Erzbistum verloren gegangen und das Gleichgewicht im Kurfürstenrat hätte sich deutlich zugunsten der Protestanten verschoben.
Darüber hinaus sah Kaiser Karl V. auch seine Hausmacht in den Niederlanden, die zur Kölner Erzdiözese gehörten, gefährdet. Er war gezwungen, schnell einzugreifen und den Kölner aufzuhalten.
Deshalb fasste Karl V. im Sommer 1545 den Plan, Hermann von Wied gefangen zu nehmen. Um dies rechtlich legitimieren zu können, wandte er sich an Papst Paul III. und bat um Zustimmung zu seinem Vorhaben. Mit der päpstlichen Feststellung, dass Hermanns Häresie und Rebellion *notorisch* seien, erhielt Karl die gewünschte juristische Rechtfertigung der geplanten Festnahme. Indem sich Karl auf die päpstliche Feststellung berief, überführte er die Rechtsfigur *notorium* als Zusatz zum Sachverhalt der Rebellion aus dem kanonischen in das Reichsrecht.

Um die dadurch ausgelösten politischen Züge nachvollziehbar darstellen zu können, ist ein Blick auf die Genese der Ereignisse um die Kölner Reformation notwendig.

Zurückgekehrt vom Regensburger Reichstag von 1541, schritt Hermann von Wied bald zur Umsetzung des im Reichstagsabschied festgehaltenen Artikels 25.[1] Dieser sah eine Verwaltungsreform der Diözesen durch die jeweiligen Reichsprälaten vor, um so eine Lösung der im Reich entstandenen Kirchenspaltung herbeizuführen.
Die Ambivalenz dieses Befehls sollte in Kurköln zum Eklat führen. Unter einer Reformation, die zur *Vergleichung der streittigen Religion*[2] führen sollte, verstand der Kaiser eine gemäßigte Veränderung im altkirchlichen, romtreuen Sinne. Doch operierte man auch auf protestantischer Seite mit dem Begriff, wenn man die eingeführten Veränderungen in Kirchenlehre und Kirchenordnung bezeichnen wollte.[3]
Im Landtagsabschied vom 13. März 1542 erhielt Hermann die Zustimmung der Kölner Landstände für die Ausarbeitung und Durchführung eines Reformplans der Kirche. Er setzte seine Pläne allerdings unter Ausschluss des Domkapitels und des Kölner Klerus, dafür aber mit protestantischer Hilfe[4]

---

[1] Der Wortlaut des Artikels: *Darzu haben Wir neben Päbstlicher Heiligkeit legaten, allen Geistlichen Prälaten aufgelegt und befohlen, wie wir ihnen auch hirmit ernstlich auflegen und befehlen, unter ihnen und den ihren so ihnen unterworffen seynd, ein Christlich Ordnung und Reformation fürzunehmen und aufzurichten, die zu guter geguhrlicher heilsamer Administration der kirchen fürderlich und dienlich sei. Auch uber solcher Ordnung und Reformation ernstlich und strenglich zu halten, und sich daran nichts irren noch verhindern lassen. Das sich auch gemeldte Prälaten also gehorsamlich zu thun gegen Uns und vorgedachten Legaten unterthäniglich erbotten haben und seynd der Zuversicht, solche ordnung und Reformation soll endlichen Chistlicher Vergleichung der streitigen Religion eine Vorbereitung und derselben sonder Zweiffel hochdienstlich sein.* (HEINRICH CHRISTIAN VON SENCKENBERG und JOHANN JAKOB SCHMAUSS, Neue und vollständige Sammlung der Reichsabschiede, Welche von den Zeiten Kayser Conrads des II. bis jetzo, auf den Teutschen Reichs-Tägen abgefasset worden, Band 2, Frankfurt a. M. 1747, S. 434).

[2] SENCKENBERG/SCHMAUSS, S. 434.

[3] Zur Ambivalenz des Begriffes *Reform* siehe JOSEPH LORTZ, Die Reformation in Deutschland, 2 Bände, Freiburg i. Br. 1939/40, [6]1982; HUBERT JEDIN, Geschichte des Konzils von Trient, 4 Bände, Freiburg i. Br. 1949–1975 und ERWIN ISERLOH, Die protestantische Reformation, in: HUBERT JEDIN, Handbuch der Kirchengeschichte, Band IV. Reformation – Katholische Reform / Gegenreformation, Freiburg i. Br. 1967, S. 3–446.

[4] Unterstützung fand Hermann von Wied vor allem bei den Straßburger Theologen und hier in erster Linie bei Martin Bucer aber auch bei Philipp Melanchthon. Vgl. zur Einführung der Kölner Reformation: JAQUES VINCENT POLLET, Martin Bucer. Études sur les Relationes de Bucer avec les Pays-Bas, l'Électorat de Cologne et l'Allemagne du Nord, Bd.1: Études (= Studies in Medieval and Reformation Thought, Band 33) Leiden 1985; CONRAD VARRENTRAPP, Hermann von Wied und sein Reformationsversuch in Köln. Ein Beitrag zur deutschen Reformationsgeschichte, Leipzig 1878; G. DROUVEN, Die Reformation in der Cölnischen Kirchenprovinz zur Zeit des Kurfürsten Hermann V., Graf von Wied, Neuss/Köln 1876 und MARIJN DE KROON, Bucer und die Kölner Reformation, in: CHRISTIAN KRIEGER, MARC LIENHARD (Hg.), Martin Bucer and

um und ging Schritt für Schritt dazu über, eine Reform einzuführen, deren Inhalte von den altkirchlichen Domkapitularen als protestantisch eingestuft wurden. Er hatte protestantische Prädikanten[5] eingeladen, die an Stelle der bereits im Kurfürstentum tätigen Priester predigen sollten, die Kommunion in beiderlei Gestalt genehmigt und die Predigt auf Deutsch erlaubt.

Gemeinsam mit dem Kölner Klerus und der Universität protestierte der Afterdechan und der Großteil des Kapitels dagegen und forderte die Beseitigung der Neuerungen und die gemeinsame Ausarbeitung einer Reformvorlage im altkirchlichen Sinn. Die dadurch entstandenen Auseinandersetzungen kulminierten in einer Appellation der Domkapitulare an Kaiser und Papst am 9. Oktober 1544.[6]

Am 27. Juni 1545 nahm Karl V. die Appellation an und erließ vor dem Reichstag einen Schutz- und Schirmbrief für das Kölner Domkapitel und seine Adhärenten.[7] Darin sind die gegen Hermann vorgebrachten Anklagepunkte der domkapitularischen Appellation enthalten. Kritik übte sie vor allem an der Anwesenheit der fremden Prädikanten und an der Veröffentlichung des *Einfältigen Bedenkens*[8], seiner Reformschrift von 1543. Der dispositive Teil des Schutz- und Schirmbriefs sah den Schutz des Domkapitels und seiner vor dem Kaiser eingeklagten Rechte und Privilegien vor.

---

sixteenth century Europe. Actes du colloque de Strasbourg 28-31. août 1991 Bd. 2, Leiden/New York/Köln 1993, S. 493–506.

[5] Vor allem die Anwesenheit Martin Bucers war Grund für vehementen Protest, vgl. dazu Anm. 4.

[6] HStA Düsseldorf Kurköln Urkunden 4312, HStA Düsseldorf, Kurköln II 5143, S. 21–38. Abgedruckt ist die Appellation in: THEODOR JOSEPH LACOMBLET, Urkundenbuch für die Geschichte des Niederrheins. Bd. 4 Düsseldorf 1858, Nr. 550. Kaiser und Papst wurden jedoch nicht erst durch die Appellation in das Geschehen involviert. Beide hatten bereits gegen Hermanns Erneuerungen eingegriffen und sein Umfeld des Öfteren dazu ermahnt, der alten Kirche treu zu bleiben. Um nur zwei Beispiele zu nennen: Bereits im August 1543 hatte Karl V. den Klerus, den Rat und die Universität der Stadt Köln ermahnt, sich der Reformation und damit auch dem Erzbischof zu wirdersetzen, HStA Düsseldorf, Kurköln II 5142, Fol. 4r–5v. Auf den 1. Juni 1543 ist ein ähnliches Schreiben des Papstes an den Kölner Koadjutor, Adolf von Schaumburg datiert, HStA Düsseldorf Kurköln Urkunden 4296, abgedruckt in: LACOMBLET 4, Nr. 544, S. 677.

[7] HStA Köln 55 Nr. 26 fol. 23r–27v., HStA München Kasten blau 105/5a fol. 53r–59v.

[8] Der Titel der gesamten Reformschrift lautet: „*Von Gottes Gnaden unser Hermanns Erzbischoffs zu Coeln unnd Churfürsten etc. einfaltigs bedencken warauff ein Christliche in dem Wort Gottes gegrünte Reformation an Lehrbrauch der Heiligen Sakramenten und Ceremonien Seelsorge und anderem Kirchendienst biß uff eines freien Christlichen Gemeinen oder Nationals Concilij oder des Reichs Teutscher Nation Stende im Heyligen Geyst versamlet verbesserung bey denen so unserer Seelsorge befohlen anzurichten seye.*“ (Bibliotheca Palatina E284/E285, Mikrofiche 42x, München [u.a.] 1990).

Mit diesem Brief behielt sich Karl vor, das Domkapitel und seine Anhänger im Falle einer Achterklärung gegen Hermann als Exekutoren des Urteils einzusetzen.[9]
Noch am gleichen Tag erließ Karl eine *Citatio cum inhibitione inserta*[10], der zufolge sich der Erzbischof innerhalb von 30 Tagen nach der Publikation beim Kaiser einfinden sollte, während ihm in der Zwischenzeit die Fortführung seiner Kirchenreform untersagt war. Die Veröffentlichung beider Mandate wurde noch bis zum 17. August zurückgehalten,[11] weil ein dadurch eingeleitetes gerichtliches Achtverfahren erst in letzter Instanz als Mittel zur Beendigung der Kölner Reformation eingesetzt werden sollte, nachdem sich andere Wege als erfolglos gezeigt haben würden.

Karl hatte den Plan gefasst, vom Wormser Reichstag aus über Köln in die Niederlande zu reisen, was ihm die Möglichkeit bot, den Erzbischof persönlich zu treffen.[12] Diese Entscheidung eröffnete ihm zusätzlich zum vorbereite-

---

[9] FRIEDRICH BATTENBERG, Reichsacht, in: ADALBERT ERLER/EKKEHARD KAUFMANN (Hg.), Handwörterbuch zur deutschen Rechtsgeschichte, Bd. 4, Berlin 1986, Sp. 523–529, Sp. 526 und DERS., Reichsacht und Anleite im Spätmittelalter. Ein Beitrag zur Geschichte der höchsten königlichen Gerichtsbarkeit im Alten Reich, besonders im 14. u. 15. Jahrhundert (= Quellen und Forschungen zur höchsten Gerichtsbarkeit im Alten Reich 18) Köln u.a. 1986, S. 145 und S. 337–338.

[10] HStA München Kasten blau 105/5a fol. 19r–21r, abgedruckt bei JAQUES VINCENT POLLET, Martin Bucer. Études sur les Relations de Bucer avec les Pays-Bas, l'Électorat de Cologne et l'Allemagne du Nord, Bd. 2: Documents (= Studies in Medieval and Reformation Thought, Band 34) Leiden 1985, S. 124–126. Vgl. zur Ladung allgemein WOLFGANG SELLERT, Ladung, in: ADALBERT ERLER/EKKEHARD KAUFMANN (Hg.), Handwörterbuch zur deutschen Rechtsgeschichte, Bd. 2, Berlin 1978, Sp. 1336–1350.

[11] Am 13. August 1545 berichtete Verallo an Farnese, Karl habe während seines Aufenthalts in Köln entschieden, dass beide Mandate nach seiner Abreise aus der Stadt veröffentlicht werden sollten, vgl. dazu NB I 8, Nr. 54, S. 278–283, S. 279. Vgl. dazu auch den Brief Karls an seinen Minister Nicolas Perenot de Granvelle vom 30. August, in dem er diesem mitteilte, er habe dem Kölner Klerus erlaubt, beide Mandate nach seiner Abreise zu exekutieren, vgl. dazu NB I 8, Nr. 40*, S. 686–690, S. 689. Laut Verallo und einer ungenannten Kölner Quelle des Landgrafen von Hessen hat Karl V. Köln am 17. August 1545 verlassen, vgl. dazu NB I 8, Nr. 55, S. 281–283, S. 281 und ERICH BRANDENBURG, Politische Korrespondenz des Herzogs und Kurfürsten Moritz von Sachsen. Bd. 2, Leipzig 1904, Nr. 736, S. 312–313, Anm. 2. Dass die beiden Schreiben in der Kölner Sache ergangen waren, wußte das Domkapitel aber bereits viel früher, da es am 17. Juli eine beglaubigte Kopie des Schutz- und Schirmbriefes erhalten hatte. Hermann schickte es gemeinsam mit der domkapitularischen Antwort auf seine Appellation am 21. Juli zu, vgl. dazu DROUVEN, S. 260, Anm. 1.

[12] Vgl. dazu den Bericht des Nuntius beim Kaiser Giovanni Poggio an den Papstnepoten Kardinal Alessandro Farnese über Karls Treffen mit Hermann, NB 7, Nr. 174, S. 455–457.

ten Achtverfahren drei weitere Optionen, um Hermanns Reformation Einhalt zu gebieten. Zunächst hatte er vor, in einem Gespräch auf den Erzbischof einzuwirken, um ihn von seinem Reformvorhaben abzubringen. Würde Hermann von Wied dennoch an seinen Reformplänen festhalten, so sollte er durch die Einschaltung kaiserlicher Räte und der Wetterauer Grafen aus seinem Umfeld zur Abdankung zugunsten seines Koadjutors, Adolf von Schaumburg bewegt werden.[13]

Parallel dazu entstand als dritte mögliche Option der Gedanke, einen direkteren Lösungsweg einzuschlagen: die Festnahme Hermanns von Wied.

Ungefähr zeitgleich mit der Abfassung des Schutz- und Schirmbriefes und der Ladung im Juni 1545 wandte sich der Kaiser schriftlich an Paul III., um diesen um päpstliche *Autorität*, also um eine Vollmacht für die Festnahme Hermanns zu bitten.[14] Bald danach schickte Karl V. seinen Beichtvater Pedro de Soto zu Kardinal Girolamo Verallo, dem Nuntius im Reich, mit der gleichen Bitte.[15]

Bereits Ende Juli war im Umfeld Karls bekannt, dass der Papst der kaiserlichen Anfrage auch ohne Intervention des Nuntius zugestimmt hatte.[16] Die Urkunde erhielt der Kaiser allerdings erst im September 1545.[17] Paul III., der Hermann von Wied möglichst bald seiner Ämter entledigt sehen wollte, stellte darin fest, dass die Häresie und Rebellion des Kölners *notorisch* seien. Wie der

[13] Bereits auf seiner Reise nach Worms hatte Karl versucht über Gesandte auf den Kurfürsten einzuwirken (NB I 8, Nr. 26, S. 151–154).

[14] Am 19. Juli 1545 schrieb Kardinal Farnese einen detaillierten Bericht an den Nuntius Verallo über die kaiserlichen Briefe aus der Zeit vom 27. Juni bis zum 6. Juli an den Papst sowie über Pauls Antworten darauf (NB I 8, Nr. 50, S. 247–254). Er teilte Verallo auch mit, dass Karl, auf die große Gefährlichkeit Hermanns hinweisend, um die Vollmacht für die Gefangennahme gebeten habe.

[15] Vgl. dazu NB I 8, Nr. 51, S. 257–262. An der Kurie wusste man, dass der Vorschlag, das Kurfürstentum auf Adolf von Schaumburg zu übertragen, nachdem man Hermann wegen notorischer Rebellion und Häresie gefangen genommen haben wird, von den kaiserlichen Räten wohl überlegt worden war (vgl. dazu Farneses Brief an Verallo, NB I 8, Nr. 50, S. 247–254).

[16] Am 25. Juli 1545 war der Bote des kaiserlichen Gesandten in Rom, Jean d'Andalot, mit Informationen zum Inhalt der Briefe, die Karl von Paul III. erhalten sollte, beim Kaiser eingetroffen, vgl. dazu NB I 8, Nr. 52, S. 262–271, S. 264 sowie Anm. 1, S. 263. Dass der Papst in allen Details Karl zugestimmt hatte, erfuhr der Nuntius in dem Brief Alessandros Farnese vom 19. Juli 1545, vgl. dazu NB I 8, Nr. 50, S. 247–254, S. 253. Spätestens am 3. August war Karl genauestens über die päpstlichen Entscheidungen in dieser Angelegenheit informiert. An diesem Tag schrieb Verallo an Farnese, dass er sich bereits mit dem Kaiser über die Festnahme und über die Haltung des Papstes unterhalten habe, vgl. dazu NB I 8, Nr. 52, S. 262–271, S. 267.

[17] Am 21. September 1545 teilte Verallo mit, nun das päpstliche Breve erhalten zu haben, vgl. Nr. 61, S. 298–302, S. 302.

Kaiser den Kölner Erzbischof aus seinen Ämtern beseitige, sei ihm selbst überlassen, ohne dass die Kurie dabei weitere Präferenzen vorgeben wollte.[18]
Den Vorschlag Karls, Adolf von Schaumburg mit der Administration des Kurfürstentums und des Erzbistums zu betrauen, nahm der Papst an, weshalb dem kaiserlichen Gesandten, dem Stallmeister Jean d'Andalot von kurialer Seite eine Provision, vermutlich für Adolf, überreicht wurde.[19]
Damit war sich Karl der mündlichen Zusicherung der päpstlichen Unterstützung sicher und hatte auch die Gewissheit, dass ihn das Schreiben Pauls III. in absehbarer Zeit erreichen werde.[20]
Allerdings stellt sich die Frage, ob er einer solchen Erlaubnis für sein Vorhaben überhaupt bedurfte oder ob die erbetene Zustimmung Pauls nicht vielmehr aus der vorhandenen politischen Situation heraus zu erklären sei. Im Folgenden soll dem nachgegangen werden.
Entscheidend an Karls Plan war, dass Hermann als Reichsfürst und Erzbischof sowohl dem Kaiser als auch dem Papst untergeordnet war. Er gehörte zu beiden Rechtskreisen und konnte nach beiden Rechtsordnungen bestraft werden. Dies war Voraussetzung für den kaiserlichen Rückgriff auf das kanonische Recht und den Versuch des Transfers der Notorietät als Zusatz zum im Reich bekannten Sachverhalt der Rebellion. Sein Plan für eine schnelle Lösung der Kölner Angelegenheit durch die Gefangennahme des Erzbischofs hatte keine juristische Absicherung, weshalb er über die päpstliche Zustimmung auf die Überleitung eines Rechtsmittels aus der Kanonistik zurückgreifen musste: die Einleitung einer Strafmaßnahme aufgrund eines notorischen Sachverhaltes.
Das Reichsrecht kannte zwar die Achtverhängung – und mit der *Citatio* hatte sich Karl diese Möglichkeit auch für sein Vorgehen gegen Hermann eröffnet – doch war dies ein Rechtsmittel, dessen Durchsetzung mehr Aufwand und Zeit benötigt hätte als die geplante Gefangennahme.
Im §3 des Ewigen Landfriedens von 1495 war zwar festgelegt, dass der des Landfriedensbruchs Beschuldigte mit seiner Tat, also *ipso facto*, in die Reichsacht fallen sollte.[21] Die Befolgung eines gewissen Rechtswegs war dennoch

[18] NB I 8, Nr. 50, S. 247–254, S. 253.
[19] NB I 8, Nr. 50, S. 247–254, S. 253.
[20] Die kaiserlichen Räte hatten bereits im Vorfeld untersucht, inwiefern sie auf die Hilfe des Papstes bei einer solchen Anfrage zählen konnten und ob das kanonische Recht überhaupt die Möglichkeit bot, eine solche Verfahrensweise zu rechtfertigen, NB I 8, Nr. 50, S. 247–254, S. 253.
[21] *Die sollen mit der Tat von recht,... in vnnser vnd des heyligen Reychs Acht gevallen sein, die Wir auch hiemit in vnnser und des heyligen Reychs Acht erkennen vnd erklären, also dass yr Leib vnd Gut aler mennigklich erlaubt.* (RTA, MR Band 5, Teil 1, Nr. 334, S. 358–373, S. 364). Aus dem Mittelalter kannte man bereits das *Crimen laese majestatis*, doch auch ein des Majestätsverbrechens Beschuldigter hatte ein Anrecht auf ein Verfahren (vgl. dazu *Ad reprimenda* Heinrichs VII.

notwendig.[22] Ein solches gerichtliches Verfahren erforderte eine *Citatio* des Friedbrechers,[23] seine Anhörung und anschließend die Verkündung der Acht mittels einer sogenannten *Sententia Declaratoria*, einem Feststellungsspruch. In der *Sententia Declaratoria* wurde zwar rückwirkend verkündet, der Angeklagte sei bereits mit der Ausübung der Tat, *ipso facto*, der Acht verfallen, dennoch war es rechtlich unmöglich, direkt zur Strafvollstreckung überzugehen.[24] Damit es nicht zu einer Vereinfachung bei der Anwendung der Acht kommen konnte, also zum direkten Vollzug der Strafe, wie es Karls Plan, Hermann festzunehmen, vorsah, schrieben der Reichstagsabschied von 1500[25] und der Landfrieden von 1521[26] die unbedingte Notwendigkeit eines Verfahrens im Vorfeld der Urteilsverkündung vor.

Alle drei Gesetze sahen das Reichskammergericht in seiner Funktion als Wahrer des Landfriedens zuständig für die Achtverfahren im Reich.

Traditionsgemäß gehörte die Verhängung der Reichsacht zu den königlichen bzw. kaiserlichen Privilegien.[27] Jedoch verbot der Artikel 22 in Karls Wahlkapitulation von 1519 dem Kaiser die Verhängung der Acht ohne Zitation, Anhörung und Urteilsverkündung[28]. Wollte Karl Hermann von Wied aus Kur-

---

vom 2. April 1313, MGH Const 4,2, Nr. 929, S. 965–966). In seinen beiden im Corpus des Justinian aufgenommenen Constitutiones erklärte Heinrich VII., dass Rebellion gegen den Kaiser Majestätsverbrechen sei und dass daraufhin der Prozess drohe. Eine Definition des Begriffs *Rebell* legt er in *Quoniam nuper* fest, MGH Const 4,2, Nr. 931, S. 966–967).

[22] DIETRICH LANDES, Achtverfahren vor dem Reichshofrat, Fr.a.M.1964, S. 28–29; DERS., Acht (Neuzeit), in: ADALBERT ERLER/EKKEHARD KAUFMANN (Hg.), Handwörterbuch zur deutschen Rechtsgeschichte, Bd. 1, Berlin 1971, Sp. 32–36, Sp. 34.

[23] CHRISTOPH KAMPMANN, Reichsrebellion und kaiserliche Acht. Politische Strafjustiz im Dreißigjährigen Krieg und das Verfahren gegen Wallenstein 1634, (= Schriftenreihe zur Erforschung der Neueren Geschichte 21), Münster 1992, S. 36.

[24] KAMPMANN, S. 39; LANDES, Achtverfahren, S. 29; LANDES, Acht, Sp. 34.

[25] SENCKENBERG/SCHMAUSS, S. 63–91.

[26] RTA, JR, Band 2, Nr. 29, S. 315–332.

[27] JOSEF POETSCH, Die Reichsacht im Mittelalter und besonders in der neueren Zeit (= Untersuchungen zur Deutschen Staats- und Rechtsgeschichte, 105), Breslau 1911, ND Aalen 1971, S. 73–74. Allerdings kannte das Reichsrecht auch verschiedene Spielarten der Acht, vgl. dazu BATTENBERG, Reichsacht und Anleite, S. 56 und DERS., Reichsacht, S. 523.

[28] *Wir sollen und wollen auch fürkommen und keineswegs gestatten, daß nun hinfüro hoch oder nieder stands, churfürsten, fürsten oder andere, ohne ursach, auch unverhört, in die acht oder oberacht gethan, bracht und erklärt werden, sondern in solchem ordentlichen proceß und des Heiligen Römischen Reichs voraufgerichte satzungen in dem gehalten und vollzogen werden* (JOHANNES LIMNEUS, Capitulationes Imperatorum et regum Romanogermanorum, Straßburg 1658, S. 42). Vgl. des weiteren LANDES, Acht, Sp. 34., LANDES, Achtverfahren, S. 31, KAMPMANN, S. 36. Die Vertragsnatur der Wahlkapitulation wurde weder vom Kaiser noch von den Kurfürsten in Frage gestellt, vgl. dazu GERD KLEINHEYER, Die kaiserlichen Wahlkapitulationen.

köln gewaltsam entfernen und damit die Auseinandersetzungen um die Reform schnell beenden, so bot ihm das Reichsrecht keine Möglichkeit, diese aufgrund politischer Überlegungen entstandene Entscheidung auch juristisch zu legitimieren. Deshalb erwartete er eine gewisse Akzeptanz seines Vorhabens im Reich durch den Transfer eines adäquaten Rechtskonzepts aus der Kanonistik, und zwar über die päpstliche Zustimmung.

Die Kanonistik kannte den *notorischen Tatbestand*, der nach seiner Feststellung im Extremfall die schnelle, verfahrenslose Bestrafung des Angeklagten mit sich zog. Es handelt sich bei *notorisch* um ein Attribut eines in verschärfter Form erscheinenden Sachverhalts, die Forschung spricht in diesem Fall vom *Norietätskonzept*.[29] Es wurde bei vielerlei Tatbeständen eingesetzt, wozu seit Innocenz III. auch Häresie gehörte[30].

Seit dem Frühmittelalter nahmen die Päpste das Recht in Anspruch, bei offenkundigem, allen bekanntem Übertreten der Rechtsordnung ohne Verfahren sofort die Strafe zu verhängen.[31] Die Bullen, in denen diese Rechtsnormen festgelegt wurden, fanden Eingang ins Decretum Gratiani und in die Dekretalen Gregors IX.[32] Um solche offenkundige Verstöße zu charakterisieren, setzte sich im Spätmittelalter der Begriff *notorium* durch.[33]

Geschichte, Wesen und Funktion (= Studien und Quellen zur Geschichte des deutschen Verfassungsrechts, Reihe A: Studien 1) Karlsruhe 1968, S. 101–116.

[29] Vgl. dazu CARLO GHISALBERTI, La teoria del notorio nel diritto commune, Annali di storia nel diritto commune 1 (1957) S. 403–451 sowie ROSALIO CASTILLO LARA, Los primeros desarollos doctrinales del notorium en la canonistica classica, Salesianum 22 (1960) S. 410–433 und ebenfalls LARA, El concepto del "notorium" desde Joannes Teutonicus hasta el código de derecho canónico, Salesianum 22 (1962) S. 403–449.

[30] X.5.40.24, X.5.40.26.

[31] Nikolaus I. beschloss 863 die sofortige Exkommunikation und Absetzung zweier Bischöfe wegen Unterstützung eines offenkundig Schuldigen (C.2, qu.1, c.21.). Stefan V. entschied in der bei Gratian unter C.2, qu.1, c.17 aufgenommenen Bulle: *In manifesta et nota plurimis causa non sunt querendi testes, ut S. Ambrosius in epistola ad Corinthios dicit.* Darin wird eindeutig Bezug genommen auf biblische Beispiele, vgl. dazu den ersten Brief Paulus' an die Korinther 5. 1–5., des weiteren EMIL LUDWIG RICHTER, Corpus Iuris Canonici, editio lipsiensis secunda, Neuauflage hg. von EMIL FRIEDBERG, Bd. 1, Graz 1959.
Sp. 445, Anm. 258[d] sowie JEAN-PHILIPPE LÉVY, La hiérarchie des preuves dans le droit savant du moyen-age depuis la Renaissance du Droit Romain jusqu'à la fin du XIVe siècle, Paris 1939, S. 33. Des weiteren schrieb Alexander III. an den Bischof von Exeter:
Illi autem, qui animo occidendi, feriendi aut capiendi illum sanctum et reverendum virum quondam Cantuariensem archiepiscopum citra manum iniectionem se fatentur venisse, si de illa captione mors eius secuta fuisset, pari poenitentia, vel fere pari existerent puniendi. (X.5.12.6 §1). Vgl. dazu besonders MATHIAS SCHMOECKEL, „Excessus notorius examinatione non indiget". Die Entstehung der Lehre der Notorietät, in: ORAZIO CONDORELLI (Hg.), "Panta rei" Studi dedicati a Manlio Bellomo, Rom 2004, S. 133–163.

[32] Siehe CARL GROSS, Die Beweistheorie im canonischen Prozeß mit besonderer Rücksicht auf die Fortentwicklung derselben im gemeinen deutschen Civilprozeß, Wien 1867,

Ausgehend vom Decretum Gratiani und den Dekretalen Gregors IX., den beiden ersten Teilen der Rechtssammlung, die sich dann im Laufe des 16. Jahrhunderts als Corpus Juris Canonici etabliert hatte,[34] galt derjenige als eines Delikts notorisch schuldig, dessen Tat dem Gericht bereits bekannt war und somit weder der Anklage[35] noch der Beweisführung oder Zeugenaussage[36] und auch nicht der Einhaltung anderer Vorgaben der Gerichtsordnung[37] mehr bedurfte.[38] Besondere Bedeutung erhielt dieses Rechtskonzept in Fällen, die kein weiteres Aufsehen erregen sollten.[39] Die Exkommunikation oder Deposition erfolgte sofort nach Feststellung des Tatbestandes.[40] Durch seine

---

S. 48. Nach LÉVY S. 33, Anm. 2 wird zwar im C.9.2.7. des Corpus Juris Civilis Notorietät als Zusatz eines Sachverhaltes angesprochen, jedoch sieht er sie als bedeutungslos für die weitere theoretische Entwicklung und das Konzept der Notorietät als ein genuin kanonisches an. Zu einem ähnlichen Schluss kommt auch SCHMOECKEL, S. 135–138 sowie S. 161. GHISALBERTI, S. 403–406, schließt sich dieser Meinung an, indem er auf die Glossatoren des Römischen Rechts im 13. Jahrhundert verweist, welche sich zwar mit dem Rechtskonzept der Notorietät auseinandersetzten, jedoch gezwungen waren, sich an die Kanonistik anzulehnen, da kaum Anhaltspunkte im eigenen Rechtstext waren.

[33] Der Begriff setzte sich nur langsam gegen den Gebrauch des widersprüchlichen *manifestum* durch, vgl. dazu SCHMOECKEL, „Excessus notorius examinatione non indiget", S. 156–157. Zu der Verwendung von *manifestum* als Synonym für *notorium* vgl. des weiteren LARA, Los primeros desarrollos, S. 416–420 sowie GROSS, S. 50. Als abgeschwächte Form für *notorium* griff man auch auf den Begriff *publicum* zurück, z.B. in X.3.2.8: *si crimen eorum ita publicum est, ut merito debeat appellari notorium.* Laut LÉVY, S. 37 setzte sich unter Gregor IX. der Begriff *notorium* an Stelle von *manifestum* durch.

[34] Zur Etablierung des Corpus Juris Canonici vgl. FRIEDRICH MERZBACHER, Corpus Iuris Canonici, in: Adalbert Erler/Ekkehard Kaufmann (Hg.), Handwörterbuch zur deutschen Rechtsgeschichte, Bd. 1, Berlin 1971, Sp. 637–640, Sp. 637.

[35] C.2, qu.1, c.15: *Manifesta accusatione non indigent*; X.2.24.21. *Verum quoniam secundum traditiones canonicas manifesta accusatione non indigent, nec in eis est ordo iudiciarius observandus, qui debet in aliis observari, nec tu, quando sub praemisso tenore iurasti, habebas in mente, ut propterea venires contra canonicas sanctiones.* Vgl. des weiteren X.3.2.8.

[36] C.2, qu.1, c.17.: *In manifesta et nota plurimis causa non sunt querendi testes, ut S. Ambrosius in epistola ad Corinthios dicit.*

[37] X.2.21.3.: *Consultationi tuae taliter respondemus, quod, si, factum est notorium, non eget testium depositionibus declarari, quum talia, sicuttua non ignorat discretio, probationem vel ordinem iudiciarium non requirant.* Vgl. des weiteren X.3.2.8.

[38] Vgl. dazu ADALBERT ERLER, Notorietät, in: ADALBERT ERLER/EKKEHARD KAUFMANN (Hg.), Handwörterbuch zur deutschen Rechtsgeschichte, Bd. 3, Berlin 1984, Sp. 1062–1064, Sp. 1062. Detailliert besprochen wird die Definition von *notorisch* und die Situation, in welcher man davon sprechen kann ausgehend von X.3.2.7 und X.5.40.24 bei LARA, Los primeros desarrollos, S. 426–427.

[39] Laut X.1.7.3. liegt der Vorteil einer Strafexekution aufgrund der Feststellung eines notorischen Sachverhalts darin, dass der Schuldige keine Chance hat sich mit seiner Tat zum Vorbild zu profilieren: *Ne autem facti perversitas transeat praesumptoribus in exemplum.* Vgl. dazu auch LARA, Los primeros desarrollos, S. 413.

position erfolgte sofort nach Feststellung des Tatbestandes.[40] Durch seine Kürze hatte es sich bewährt: es bot die Möglichkeit, schwierige und langwierige Verfahren zu umgehen.[41]
Ausgehend von der Vielzahl von Interpretationen des Notorietätskonzepts bei den Glossatoren des Mittelalters[42] kann allgemein behauptet werden, dass man innerhalb des kanonischen Rechts am Ende des 15. Jahrhunderts grundsätzlich zwischen *notorium juris*[43] und *notorium facti*[44] sowie ihren verschiedenen Unterarten[45] unterschied. *Notorium juris* trat bei demjenigen ein, dessen Schuld bereits im Laufe eines früheren Verfahrens oder per Gesetz festgestellt worden war. *Notorium facti* lag hingegen vor, wenn die Schuld allen offensichtlich und von keinem zu leugnen war. Der härteste Fall war dabei derjenige, in dem der Sachverhalt, dessen sich der Angeklagte schuldig machte, durch Fortdauern der strafbaren Handlung unleugbar war. Bei einem solchen Tatbestand, dem *notorium facti permanenti*[46], waren weder Ladung noch Prozess nötig. In solchen Fällen war davon auszugehen, dass die Anhörung des Angeklagten nutzlos sei, da es ihm ohnehin an Argumenten zu seiner Verteidigung mangele.[47] Man konnte von richterlicher Seite direkt zur Bestrafung übergehen.
In Rom hatte man sich bereits am 22. Dezember 1544 im Geheimen Konsistorium für den Prozess gegen Hermann von Wied vor der Sacra Romana Rota entschieden.[48] Paul III. bezeichnete aber auf Karls Bitte hin Hermanns Reformation als einen Akt anhaltender notorischer Rebellion und Häresie,[49] womit dem Kaiser die Tatbestandsbeschreibung *notorium facti permanenti* an die Hand gegeben wurde, deren Sanktionierung durch eine von ihm bestimmte Strafe erlaubt war. Karls Plan, das Achtverfahren durch die Gefangennahme

---

[40] LÉVY, S. 34.
[41] Vgl. dazu LÉVY, S. 35 sowie LARA, Los primeros desarrollos, S. 414 und 420.
[42] Eine Darstellung der wichtigsten Glossatoren und ihrer Lehren befindet sich bei LARA, Los primeros desarrollos, S. 420–430, LARA, El Concepto del "notorium", S. 405–421 sowie GHISALBERTI, S. 412–423 und LÉVY, 33–43.
[43] Vgl. LARA, El concepto del "notorium", S. 435–441, des weiteren GHISALBERTI, S. 427–432. Die von Johannes Teutonicus eingeführte dritte Kategorie, die des *notorium praesumptionis* (vgl. dazu LARA, Los primeros desarrollos, S. 431) verlor im Spätmittelalter an Bedeutung (vgl. dazu GHISALBERTI, S. 432).
[44] GHISALBERTI, S. 419–427.
[45] GHISALBERTI, S. 424–427 und 428–432.
[46] GHISALBERTI, S. 424, LARA, Los primeros desarrollos, S. 431, LARA, El concepto del "notorium", S. 432–433.
[47] HINRICH RÜPING, Der Grundsatz des rechtlichen Gehörs und seine Bedeutung im Strafverfahren (= Strafrechtliche Abhandlungen, Neue Folge 26) Berlin 1976, S. 19/20.
[48] ASV, Arch. Concist. Acta Misc 18, Fol. 387r. Kardinal Achilles Maffeus eröffnete am 22. Dezember im Konsistorium das Verfahren gegen Hermann. Eine weitere Kopie befindet sich unter der Signatur ASV, Arch. Concist., Acta Misc 32, Fol. 188r.
[49] NB I 8, Nr. 50, S. 247–254, S. 253.

des Erzbischofs zu umgehen und somit die Lösung des Kölner Problems zu beschleunigen, wurde auch von der Kurie begrüßt. Dafür musste der von der Rota initiierte Prozess nicht abgebrochen werden. Paul III. sah in der kaiserlichen Anfrage die Möglichkeit, Hermann seiner Ämter schnell zu entheben[50] und so Köln wieder als eine romtreue Diözese zu stabilisieren. Vor diesem Hintergrund ist Karls Bitte um päpstliche Autorisation keine einseitige, auf päpstliche Gunst angewiesene Anfrage mehr. Schließlich bittet er den Papst um die rechtliche Grundlage und bietet als Gegenleistung die dafür notwendigen faktischen Mittel.

Am 3. August schrieb Verallo, Karl brauche die päpstliche Zustimmung zur Beruhigung seines Gewissens.[51] Damit sollte signalisiert werden, dass der Kaiser auf keinen Fall einen päpstlichen Befehl erwartete, zu dessen Vollstrecker ihn Paul hätte machen können. Schließlich hätte der Papst das Ende des Verfahrens an der Rota abwarten müssen, wenn er Karls Angebot nicht erhalten hätte, und unter welchen Umständen das Urteil exekutiert worden wäre, war auch noch nicht klar. Deutlich erklärte der Kaiser Verallo, weshalb er die päpstliche Vollmacht haben möchte. Zwar könne er dem Kölner Ungehorsam und Bedrohung der Einheit im Reich sowie der burgundischen Hausmacht durch die Auswirkung der Reform auf die Niederlande vorwerfen, doch würde das Verfahren zu lange dauern. Bei Feststellung der Notorietät hingegen könne man direkt zur Bestrafung schreiten.[52] Da sich nun die Gelegenheit bot, Hermann gefangen zu nehmen, bedurfte Karl noch des festgestellten notorischen Fehlverhaltens, um ein solches Handeln zu rechtfertigen. Mit dem päpstlichen Breve sollte die Legitimierung des kaiserlichen Vorhabens durch diejenige Instanz garantiert werden, die das Notorietätskonzept aus der eigenen Rechtspraxis kannte.[53] Auf keinen Fall sollte der Eindruck entstehen, es handle sich dabei um ein päpstliches Urteil, das der Kaiser lediglich exekutiere. Vor dem Nuntius rechtfertigte Karl diese Absicht auch mit der Befürchtung, dass dieses Prozedere bei den Protestanten – und hier vor allem bei den Mitgliedern des Schmalkaldischen Bundes – Argwohn auslösen würde. Sie würden sein Handeln als religiös motiviert einstufen und sich zur Unterstützung

[50] NB I 8, Nr. 50, S. 247–254, S. 253.

[51] *...per esser sicura in conscientia* (NB I 8, Nr. 52, S. 262–271, S. 267).

[52] NB I 8, Nr. 52, S. 262–271, S. 267. Köln ist für ihn *come una chiave dell' una et l'altra Germania,* weshalb an dieser Schaltstelle ein zuverlässiger Fürst stehen müsse.

[53] SCHMOECKEL, S. 163 kommentiert zwar einen früheren Fall, in dem versucht worden war, sich des Notorietätskonzepts im weltlichen Recht zu bedienen, und zwar im Vorgehen Heinrichs VII. gegen Robert von Neapel, allerdings ist es unwahrscheinlich, dass dieses Unternehmen in Karls Umfeld als Präzedenzfall bekannt war. Der Versuch daran anzuknüpfen hätte sich mit großer Wahrscheinlichkeit im Briefverkehr und in den Gesprächsprotokollen um Hermanns Fall niedergeschlagen. Karl V. hingegen bezog sich im gesamten Verlauf der Ereignisse auf die päpstliche Vollmacht.

des Kölners einschalten. Vor allem befürchtete er, sie würden im Falle einer militärischen Auseinandersetzung merken, dass er sich bereits in Kriegsvorbereitungen gegen sie befand und seine weiteren Pläne verhindern.[54] Wahrscheinlich deshalb sollten beide über Hermann von Wied stehende Instanzen – Kaiser und Papst – dessen besonders schwerwiegendes Verschulden sowohl im Reich als auch vor der Kurie attestieren. Die notorische Häresie und Rebellion des Erzbischofs gegen den Papst würde sich auf das Reich übertragen, weshalb es nun eben jener Macht zustand, die Strafe zu exekutieren, die auch über die militärischen Mittel verfügte.

Ausgehend von diesem konkreten Fall und auch vor dem Hintergrund des nahenden Krieges gegen die Schmalkaldener, versuchte der Kaiser eine ähnliche Zusage des Papstes für alle Reichsprälaten zu erhalten.[55] Es sollte eine Art Generalvollmacht werden, die es ihm ermöglicht hätte, in Fällen von Insubordination die betreffenden Prälaten sofort ihres Amtes zu entheben, ohne sich im Vorfeld mit Rom darüber verständigen zu müssen. Langfristig hätte dies womöglich zur alleinigen Bindung der Reichsbischöfe und -äbte an den Kaiser geführt. Diese Bitte wurde von der Kurie im Briefverkehr nicht aufgegriffen, geschweige denn positiv beantwortet.[56] Es lag für beide Seiten auf der Hand, dass man dem Thema nicht mehr nachgehen konnte. Einen dadurch generierten Konflikt hätten sich in Anbetracht der politischen Lage weder Papst noch Kaiser leisten können.

Hermanns Festnahme kam jedoch nicht zustande. Zum Treffen mit dem Kaiser am 15. August vor den Mauern Kölns[57] kam er zwar mit kleinem Anhang auf dem Rhein, allerdings aus Angst vor dem Kaiser flankiert von 60 Reitern am Ufer.[58] Zusätzlich standen schon in unmittelbarer Nähe hessische Trup-

[54] NB I 8, Nr. 52, S. 262–271, S. 267. Anfang Juli hatte Karl V. die bereits angelaufenen Kriegsvorbereitungen gegen die Schmalkaldener unterbrochen und auf das nächste Jahr verschoben, sie sollten aber weiterhin geheim bleiben. Vgl. dazu ALFRED KOHLER, Karl V. 1500-1558. Eine Biographie, München [2]2000, S. 294.

[55] NB I 8, Nr. 52, S. 262–271, S. 268.

[56] In den erhaltenen Quellen findet sich kein Hinweis darauf, dass an der Kurie auch nur darüber gesprochen wurde. Auch am Hofe Karls V. wurde das Thema nicht weiterverfolgt.

[57] Im Vorfeld, wahrscheinlich zwischen dem 10. und 13. August, hatte Hermann von Wied den Kaiser heimlich aufgesucht, um die Konditionen der Audienz zu besprechen. Vereinbart wurde ein Treffen vor den Stadtmauern, vgl. dazu NB I 8, Nr. 54, S. 278–283, S. 280. Eine Abschrift des Gesprächsprotokolls zwischen Karl V. und Hermann von Wied findet sich unter der Signatur HStA München Kasten blau 105/5a, fol. 10r–13v, ediert wurde es bei POLLET 2, Nr. 35, S. 130–134.

[58] Philipp von Hessen berichtete in einem Brief an Moritz von Sachsen, der Kölner Erzbischof habe das Treffen mit Karl gefürchtet, weshalb er auf den Begleitschutz bestanden und auch nicht länger als eine Stunde mit dem Kaiser gesprochen habe, vgl. dazu BRANDENBURG, Nr. 736, S. 312–313. Verallo schrieb ebenfalls über die große Angst des Kurfürsten und seine Sicherheitsmaßnahmen, vgl. NB I 8, Nr. 55, S. 281–283, S. 281.

pen bereit, die zwar nicht als Hilfe für Hermann vorgesehen waren, aber durchaus für einen derartigen Zweck hätten eingesetzt werden können.[59] Immerhin scheint der Kölner die Gefahr, welche mit dem kaiserlichen Besuch verbunden war, richtig eingeschätzt zu haben. Unter diesen Umständen war die Festnahme nicht mehr möglich.[60] Unbeantwortet muss aber bleiben, ob er von Karls Plänen wußte oder ob er diesem sowieso die Festnahme als Mittel der Konfliktlösung auch ohne rechtliche Absicherung zutraute.
Das Gespräch verlief erfolglos für beide Seiten. Auf die kaiserlichen Drohungen hin, das Weiterführen der Reformation würde den Entzug aller kirchlichen Ämter und Würden mit sich ziehen, was den Verlust der weltlichen Privilegien und Rechte beinhaltete, reagierten Hermann und seine Räte indem sie ihren Gegnern, den Domkapitularen, vorwarfen, nicht die vorgeschriebenen rechtlichen Schritte in ihrem Protest gegen ihn eingehalten zu haben und direkt zur Appellation übergegangen zu sein.[61] Auch Versuche Karls, Hermann zur Abdankung zu bewegen wurden von jenem tunlichst geheimgehalten, was den Ärger des Kaisers hervorrief.[62]
Nach seiner Abreise befahl Karl die Veröffentlichung des Schutz- und Schirmbriefes und der Ladung vom 27. Juni,[63] womit der Prozess gegen Hermann eingeleitet wurde. Auch die Rota verfolgte das Verfahren weiter. Die

[59] NB I 8, Nr. 60, S. 293–298, S. 295. Auch Jodokus Hoetfilter berichtet Farnese zumindest, dass es in der Kölner Diözese zu größeren Soldatenansammlungen gekommen sei, vgl. dazu NB I 8, Nr. 21*, S. 645–646.
[60] Anders SOMMER, er sieht das Unterlassen der Festnahme direkt abhängig von der tatsächlichen Absenz des päpstlichen Breve. Vgl. dazu RAINER SOMMER, Hermann von Wied, Erzbischof und Kurfürst von Köln, Teil I: 1477–1539, Köln 2000, S. 449.
[61] HStA München Kasten blau 105/5a, ediert in POLLET 2, Nr. 35, S. 130–134.
[62] Verallo berichtete Farnese, Naves wäre in Begleitung des Geldrischen Statthalters, des Grafen von Hochstraten bei Hermann gewesen, um diesen zu überzeugen, sein Kurfürstentum zu Gunsten Adolfs von Schaumburg aufzugeben, vgl. dazu NB I 8, Nr. 60, S. 293–298, S. 295. Obwohl Karl sogar Hermanns nächstes Umfeld für seine Pläne zu gewinnen vermochte und die Wetterauer Grafen Wilhelm von Nassau, Dietrich von Manderscheid und Wilhelm von Neuenaar dazu mobilisieren konnte, Hermann von den kaiserlichen Abdankungsplänen zu überzeugen, prallten diese Vorschläge an dem Kurfürsten ab. Er ging einfach nicht auf sie ein in der weiteren Korrespondenz mit dem Kaiser, vgl. dazu NB I 8, Nr. 60, S. 293–298, S. 689. Auch verheimlicht er diesen Versuch Karls gegenüber allen anderen Reichsständen und auch aus dem Kurfürstentum sind wenigstens heute keine Belege mehr erhalten. Zu den kaiserlichen Beziehungen zu den Wetterauer Grafen und deren Interessen in Kurköln und im Reich vgl. VARRENTRAPP, S. 86, Anm. 2 sowie S. 99/100 und GEORG SCHMIDT, Der Wetterauer Grafenverein, Organisation und Politik einer Reichskorporation zwischen Reformation und Westfälischer Friede, Marburg 1989, S. 232–234. Über seinen von Hermanns Verhalten ausgelösten Unmut schrieb der Kaiser an Granvelle, vgl. dazu NB I 8, Nr. 40*, S. 686–690.
[63] Vgl. dazu Anmerkung 11.

Gelegenheit zur Gefangennahme aufgrund notorischer Häresie und Rebellion war verstrichen.
Allerdings griff Karl V. ein Jahr später im Falle der Ächtung Philipps von Hessen und Johann Friedrichs von Sachsen am 20. Juli 1546 erneut auf das Rechtskonzept der Notorietät zurück.[64] Der mit dem Experiment von 1545 eingeleitete Rechtstransfer des Notorietätskonzepts wurde so mit der ersten tatsächlichen Anwendung zu seinem Abschluss geführt.
Wie bereits in seiner Argumentation für die Festnahme Hermanns von Wied, verzichtete Karl auch in der *Sententia Declaratoria* gegen die beiden Anführer des Schmalkaldischen Bundes auf eine religiöse Begründung seiner Entscheidung.[65] Er verhänge die Acht, weil ihre Rebellion und ihr Landfriedensbruch offenkundig und für alle zu sehen seien und sie mit einer Anhörung weder zur Vertuschung noch zur Beschönigung ihrer Taten beitragen könnten. Mit ihrer Rebellion gegen den Kaiser hätten sie ihre Unfähigkeit, sich einer richterlichen Hoheit unterzuordnen, bewiesen. Aufgrund dessen sei ein gerichtliches Verfahren obsolet und ihre Ächtung mittels *Sententia Declaratoria* legitim.[66]

---

[64] GFS 2040.

[65] Vgl. dazu KONRAD REPGEN, Was ist ein Religionskrieg?, in: DERS: Von der Reformation zur Gegenwart. Beiträge zu Grundfragen der neuzeitlichen Geschichte, hg. von KLAUS GOTTO und HANS GÜNTER HOCKERTS, Paderborn u.a. 1988, S. 84–97, S. 92–94 sowie THOMAS BROCKMANN, Die Konzilsfrage in den Flug- und Streitschriften des deutschen Sprachraums 1518–1563, (= Schriftenreihe der historischen Kommission bei der Bayerischen Akademie der Wissenschaften 57) Göttingen 1998, S. 359.

[66] GFS 2040, S. 18: *Dieweil dann obgedachte jre erzaigte ungehorsam, Rebellion, betrübung und zerruttung, friedens unnd Rechtens, veracht und verletzung unserer Kayserlichen Maiestat und Hochait, unnd andere jre muotwillige, fraeventliche, gewaltsame, frydbrüchtige geuobte handlung unnd empoerung, allenthalben offenbar, Lautkündig, unnd am tag ligen, deren sie auch, der genannt Churfürst von Sachssen, und Landtgrave zu Hessen, mit kainem grundt, fueg, oder schirm entschuldigen oder beschoenen koennen. Auch ohn das kain ordentlich Recht, Gericht noch Richter uber sich leiden woellen. Sonder uns an unsere Hochhait unnd Gewalt selbs greiffen, und sich desselben underziehen. Auch gegen andern Stenden, nur thatlichs Gewalts und gewapneter hand gebrauchen.*

Zusammenfassung

In Anbetracht der politischen Lage im Juli 1545 sah der Kaiser die Möglichkeit, die Kölner Reformation durch die Gefangennahme Hermanns von Wied und die Übertragung seiner Ämter auf Adolf von Schaumburg zu beenden. Weil das Reichsrecht keinen rechtlichen Rahmen dafür bot, wandte er sich an den Papst. Dieser sollte ihm die Bestätigung geben, dass der Kurfürst ein notorischer Rebell und Häretiker sei, was die sofortige Strafexekution, in welcher Form auch immer, legitimierte. Da Hermann als Erzbischof und Kurfürst beiden Rechtskreisen untergeordnet war, hatte der Kaiser die Möglichkeit, durch die päpstliche Vollmacht den Transfer einer geeigneten rechtlichen Grundlage des von ihm geplanten Vorhabens durchzuführen.

Ein Jahr später griff Karl erneut auf das Notorietätskonzept als Erweiterung der bisher im Reichsrecht bekannten Sachverhalte Rebellion und Landfriedensbruch im Falle der beiden weltlichen Fürsten, Philipp von Hessen und Johann Friedrich von Sachsen zurück. Damit gelang ihm die Aushöhlung der Bestimmungen, wie sie in den letzten zwei Landfrieden und in der Wahlkapitulation festgesetzt worden waren, ohne sie aber de facto zu übertreten. Die Bestimmungen der Wahlkapitulation und der Landfrieden grenzten die kaiserliche Macht ein, indem sie das gerichtliche Verfahren als Voraussetzung für die Verhängung der Reichsacht vorschrieben. Durch den Transfer des Notorietätskonzepts als zusätzliche Steigerung bisher bekannter Sachverhalte räumte der Kaiser sich auch das Recht einer schärferen Reaktion ein als die im Reichsrecht für die abgeschwächte Form des Tatbestandes bereits bekannten. So schuf er den rechtlichen Rahmen für die direkte Ächtung allein mittels *Sententia Declaratoria*.

Archive

Archivio Segreto Vaticano
Hauptstaatsarchiv Düsseldorf
Hauptstaatsarchiv München
Historisches Archiv der Stadt Köln

Literaturverzeichnis

Friedrich BATTENBERG, Reichsacht, in: Adalbert ERLER/Ekkehard KAUFMANN (Hg.), Handwörterbuch zur deutschen Rechtsgeschichte, Bd. 4, Berlin 1986, Sp. 523–529.

DERS., Reichsacht und Anleite im Spätmittelalter. Ein Beitrag zur Geschichte der höchsten königlichen Gerichtsbarkeit im Alten Reich, besonders im 14. u. 15. Jahrhundert (= Quellen und Forschungen zur höchsten Gerichtsbarkeit im Alten Reich 18) Köln u.a. 1986.

BIBLIOTHECA PALATINA, Mikrofiche 42x, München [u.a.] 1990.

Erich BRANDENBURG, Politische Korrespondenz des Herzogs und Kurfürsten Moritz von Sachsen. Bd. 2, Leipzig 1904.

Thomas BROCKMANN, Die Konzilsfrage in den Flug- und Streitschriften des deutschen Sprachraums 1518–1563, (= Schriftenreihe der historischen Kommission bei der Bayerischen Akademie der Wissenschaften 57) Göttingen 1998.

DEUTSCHE REICHSTAGSAKTEN, Jüngere Reihe: Deutsche Reichstagsakten unter Karl V., hg. durch die Historische Kommission bei der Bayerischen Akademie der Wissenschaften, Band 2, bearb. von Adolf WREDE, Gotha 1896, ND Göttingen 1962. (RTA JR).

DEUTSCHE REICHSTAGSAKTEN, Mittlere Reihe: Deutsche Reichstagsakten unter Maximilian I. Der Reichstag von Worms 1495, hg. durch die Historische Kommission bei der Bayerischen Akademie der Wissenschaften, Band 5, Teil 1, bearb. von Heinz ANGERMEIER, Göttingen 1981. (RTA MR).

G. DROUVEN, Die Reformation in der Cölnischen Kirchenprovinz zur Zeit des Kurfürsten Hermann V., Graf von Wied, Neuss/Köln 1876.

Adalbert ERLER, Notorietät, in: Adalbert ERLER/Ekkehard KAUFMANN (Hgg.), Handwörterbuch zur deutschen Rechtsgeschichte, Bd. 3, Berlin 1984, Sp. 1062–1064.

Carlo GHISALBERTI, La teoria del notorio nel diritto commune, Annali di storia nel diritto commune 1 (1957) S. 403–451.

Carl GROß, Die Beweistheorie im canonischen Prozeß mit besonderer Rücksicht auf die Fortentwicklung derselben im gemeinen deutschen Civilprozeß, Wien 1867.

Erwin ISERLOH, Die protestantische Reformation, in: Hubert JEDIN, Handbuch der Kirchengeschichte, Band IV. Reformation – Katholische Reform / Gegenreformation, Freiburg i. Br. 1967, S. 3–446.

Hubert JEDIN, Geschichte des Konzils von Trient, 4 Bände, Freiburg i. Br. 1949–1975.

Chirstoph KAMPMANN, Reichsrebellion und kaiserliche Acht. Politische Strafjustiz im Dreißigjährigen Krieg und das Verfahren gegen Wallenstein 1634, (= Schriftenreihe zur Erforschung der Neueren Geschichte 21), Münster 1992.

Alfred KOHLER, Karl V. 1500-1558. Eine Biographie, München ²2000.

Gerd KLEINHEYER, Die kaiserlichen Wahlkapitulationen. Geschichte, Wesen und Funktion (= Studien und Quellen zur Geschichte des deutschen Verfassungsrechts, Reihe A: Studien 1) Karlsruhe 1968.

Marijn de KROON, Bucer und die Kölner Reformation, in: Christian KRIEGER, Marc LIENHARD (Hg.), Martin Bucer and sixteenth century Europe. Actes du colloque de Strasbourg 28.-31. août 1991 Bd. 2, Leiden/New York/Köln 1993, S. 493–506.

THEODOR JOSEPH LACOMBLET, Urkundenbuch für die Geschichte des Niederrheins. Bd. 4, Düsseldorf 1858. Zitiert als Lacomblet 4.

Dietrich LANDES, Achtverfahren vor dem Reichshofrat, Frankfurt a. M. 1964.

DERS., Acht (Neuzeit), in: Adalbert ERLER/Ekkehard KAUFMANN (Hg.), Handwörterbuch zur deutschen Rechtsgeschichte, Bd. 1, Berlin 1971, Sp. 32–36.

Rosalio CASTILLO LARA, Los primeros desarollos doctrinales del notorium en la canonistica classica, Salesianum 22 (1960) S. 410–433.

DERS., El concepto del "notorium" desde Joannes Teutonicus hasta el código de derecho canónico, Salesianum 22 (1962) S. 403–449.

Jean-Philippe LÉVY, La hiérarchie des preuves dans le droit savant du moyen-age depuis la Renaissance du Droit Romain jusqu'à la fin du XIVe siècle, Paris 1939.

Johannes LIMNEUS, Capitulationes Imperatorumet regum Romanogermanorum, Straßburg 1658.

Joseph LORTZ, Die Reformation in Deutschland, 2 Bände, Freiburg i. Br. 1939/40, ⁶1982.

Friedrich MERZBACHER, Corpus Iuris Canonici, in: Adalbert Erler/ Ekkehard Kaufmann (Hgg.), Handwörterbuch zur deutschen Rechtsgeschichte, Bd. 1, Berlin 1971, Sp. 637–640.

MONUMENTA GERMANIAE HISTORICA. Constitutiones et acta publica imperatorum et regum, Band 4 Teil 2, hg. von Jakob SCHWALM, Hannover Leipzig 1896–1891 (MGH).

NUNTIATURBERICHTE AUS DEUTSCHLAND nebst ergänzenden Aktenstücken, 1. Abt.: 1533–1559, Bd. 8. Nuntiatur des Verallo 1545–1546, bearb. von Walter FRIEDENSBURG, Gotha 1898, ND Frankfurt a. M. 1968. (NB I 8).

Joseph POETSCH, Die Reichsacht im Mittelalter und besonders in der neueren Zeit (= Untersuchungen zur Deutschen Staats- und Rechtsgeschichte, 105), Breslau 1911, ND Aalen 1971.

Jaques Vincent POLLET, Martin Bucer. Études sur les Relationes de Bucer avec les Pays-Bas, l'Électorat de Cologne et l'Allemagne du Nord, Bd.1: Études (= Studies in Medieval and Reformation Thought, Band 33) Leiden 1985.

DERS., Martin Bucer. Études sur les Relations de Bucer avec les Pays-Bas, l'Électorat de Cologne et l'Allemagne du Nord, Bd. 2: Documents (= Studies in Medieval and Reformation Thought, Band 34) Leiden 1985.

Konrad REPGEN, Was ist ein Religionskrieg?, in: DERS., Von der Reformation zur Gegenwart. Beiträge zu Grundfragen der neuzeitlichen Geschichte, hg. von Klaus GOTTO und Hans Günter HOCKERTS, Paderborn u.a. 1988, S. 84–97.

Emil Ludwig RICHTER, Corpus Iuris Canonici, editio lipsiensis secunda, Neuauflage hg. von Emil FRIEDBERG, Bd. 1, Graz 1959.

Hinrich RÜPING, Der Grundsatz des rechtlichen Gehörs und seine Bedeutung im Strafverfahren (= Strafrechtliche Abhandlungen, Neue Folge 26) Berlin 1976.

Heinrich Christian von SENCKENBERG und Johann Jakob SCHMAUSS, Neue und vollständige Sammlung der Reichsabschiede, Welche von den Zeiten Kayser Conrads des II. bis jetzo, auf den Teutschen Reichs-Tägen abgefasset worden, Band 2, Frankfurt a. M. 1747.

Georg SCHMIDT, Der Wetterauer Grafenverein, Organisation und Politik einer Reichskorporation zwischen Reformation und Westfälischer Friede, Marburg 1989.

Mathias SCHMOECKEL, "Excessus notorius examinatione non indiget". Die Entstehung der Lehre der Notorietät, in: Orazio CONDORELLI (Hg.), "Panta rei" Studi dedicati a Manlio Bellomo, Rom 2004, S. 133–163.

Wolfgang SELLERT, Ladung, in: Adalbert ERLER/Ekkehard KAUFMANN (Hgg.), Handwörterbuch zur deutschen Rechtsgeschichte, Bd. 2, Berlin 1978, Sp. 1336–1350.

Rainer SOMMER, Hermann von Wied, Erzbischof und Kurfürst von Köln, Teil I: 1477–1539, Köln 2000.

Stadt- und Universitätsbibliothek Frankfurt am Main. Flugschriftensammlung Gunstav FREYTAG. Vollständige Widergabe der 6265 Flugschriften aus dem 15. bis 17. Jahrhundert sowie des Kathalogs von Paul Hohenemser auf Microfiche, München 1980–1981. (GFS).
Conrad VARRENTRAPP, Hermann von Wied und sein Reformationsversuch in Köln. Ein Beitrag zur deutschen Reformationsgeschichte, Leipzig 1878.

„Volksgruppenrecht“

Zum Transfer(versuch) eines politischen Paradigmas in das europäische Minderheitenrecht

Samuel Salzborn, Giessen

Following World War I, the League of Nations promoted a system of liberal minority rights conceived on the basis of individual rights and designed to provide human rights protection against discrimination. In a rejectionist reaction to this democratic protection of minorities an opposing, ethnically-oriented concept was developed in German language countries which was based on collective rights and whose goal was special ethnically-based legislation (called „Volksgruppenrecht“ or ethnic group law). This political concept was developed step-by-step for a system of international standards and was meant to replace the liberal-democratic international law with a law based on ethnicity. The present paper examines to what extent the political paradigm of collective rights was redefined during the 1920s into a concept for a system of legal standards, and how successful the efforts were to lend a legal status to the social theoretical term of „Volksgruppe“.

In der Vergangenheit sind zahlreiche Versuche unternommen worden, wirkungsvolle Instrumentarien zum Schutz von Minderheiten zu entwickeln. Bezüglich des völkerrechtlichen Umgangs mit ethnischen Minderheiten ist festzustellen, dass sich in der Debatte über den europäischen Minderheitenschutz in der Gegenwart mit dem individual- und dem kollektivrechtlichen Ansatz zwei konkurrierende Positionen gegenüberstehen.[1] Die in der Tradition der Aufklärung stehende individualrechtliche Interpretation orientiert auf den Schutz des Individuums vor Diskriminierungen jeder Art. Die kollektivrechtliche Auffassung (im deutschen Sprachraum für gewöhnlich mit dem Begriff des *Volksgruppen*rechts benannt) argumentiert hingegen in Abgrenzung zum Gleichheitspostulat von der Basis einer grundsätzlichen Differenz zwischen den Menschen ausgehend, die diese aufgrund vorpolitischer Kriterien voneinander abgrenzbar mache. Während der individualrechtliche Ansatz die Überwindung historisch bedingter Ungleichheit durch die Integration von Menschen zum Gegenstand hat, geht der kollektivrechtliche Ansatz von der Segregation nach ethnischen, sprachlichen, kulturellen und bisweilen auch „rassischen“ Kriterien aus, was rechtlich auf ein Modell ethnisch-kollektiver Sondergesetzgebung hinausläuft.

[1] Vgl. zur geschichtlichen Entwicklung und theoretischen Einordnung Salzborn 2005.

Aus rechtsgeschichtlicher Perspektive ist an diesem Dualismus (der in der Praxis freilich auch Schnittmengen bildet) bemerkenswert, dass beide Ansätze entstehungsgeschichtlich in Bezug zueinander stehen, da der individualrechtliche *Minderheiten*schutz völkerrechtlich nach dem Ersten Weltkrieg etabliert wurde, während der kollektivrechtliche *Volksgruppen*ansatz unmittelbar in ablehnender Reaktion auf dieses demokratische Minderheitenschutzkonzept formuliert wurde und als völkische Konzeption in das Völkerrechtssystem transferiert werden sollte.
Im Folgenden soll eine Skizze zur Entstehung des europäischen Nationalitätenrechts erarbeitet werden, die wesentlich die Entwicklung in den 1920er Jahren thematisieren wird. Denn nach Ende des Ersten Weltkriegs war im deutschen Sprachraum mit der Entwicklung einer spezifischen völkerrechtlichen Minderheitenkonzeption begonnen worden, die vor dem Hintergrund der europäischen Neuordnung infolge der Pariser Vorortverträge das Ziel verfolgte, statt eines individualrechtlichen Antidiskriminierungsschutzes ein System ethnisch-kollektiver Sonderrechte zu etablieren.
Da die völkerrechtlichen Bestimmungen unter der Ägide des Völkerbundes individualrechtlich ausgerichtet und zuförderst als Antidiskriminierungsschutz konzipiert waren, stellen die im deutschen Sprachraum von Angehörigen der damaligen völkischen Bewegung seit Anfang der 1920er Jahre entwickelten rechtstheoretischen Entwürfe zugunsten eines auf ethnisierend-kollektive Sondergesetzgebung zielenden Volksgruppenrechts eine fundamentale Umorientierung dar. In Anlehnung an die von Max Hildebert Boehm formulierte Theorie des „eigenständigen Volkes“ sollte ein Rechtssystem geschaffen werden, das als expliziter Gegenentwurf zur liberalen Minderheitenpolitik des Völkerbundes zu verstehen war. Die theoretische Abgrenzung von dieser wirkte sich auf terminologischer Ebene dahingehend aus, dass nun nicht mehr von Minderheitenschutz, sondern von Nationalitäten- bzw. Volksgruppenpolitik die Rede war. Somit soll untersucht werden, inwiefern ein politisches Paradigma während der 1920er Jahre in ein Konzept für ein rechtliches Normensystem umdefiniert wurde und wie erfolgreich die Bemühungen um Verrechtlichung des gesellschaftstheoretischen Theorems „Volksgruppe“ waren.

Zur Entstehung des völkerrechtlichen Schutzes nationaler Minderheiten

Das Kriterium Ethnizität, das in der jüngeren Geschichte des Minderheitenschutzes eine wesentliche Bedeutung hat, spielte bei der Entstehung von Minderheitenschutznormen noch keine Rolle.[2] Denn der Schutz von Minderheiten hat seine Ursprünge vor der Entstehung der bürgerlichen Gesellschaft und

[2] Vgl. Flachbarth 1937, 2ff.; Turegg 1950, 95ff.

war nicht ethnisch fundiert, da Ethnizität als Scheidungskriterium erst im Zuge der Entstehung der modernen Nationalstaaten signifikant wurde. Die Schutzmechanismen während des ausgehenden Spätmittelalters und der beginnenden frühen Neuzeit bezogen sich im Kontext der Spaltung des Christentums durch die Reformation auf religiöse Minderheiten, da seinerzeitige Gebietsabtretungen verbunden mit Auswanderungs- und Optionsrechtsgarantien zu Minderheits- und Mehrheitsrelationen in religiöser Hinsicht in den jeweiligen Herrschaftsterritorien führten: „Nationale Probleme tauchten erst im 19. Jahrhundert auf, während die religiöse Duldsamkeit bereits im 16. Jahrhundert ein Problem auf internationaler Ebene war."[3]

Neben dem Nürnberger Religionsfrieden vom 23. Juli 1532 – der allgemein als ältestes Instrument des religiösen Minderheitenschutzes gilt – und dem Augsburger Religionsfrieden vom 25. September 1555 ist besonders der Westfälische Friede vom 24. Oktober 1648 von Bedeutung, da dieser erstmals auf völkerrechtlicher Ebene minderheitenschutzrechtliche Regelungen beinhaltete.

Der Nürnberger Religionsfriede legte als erstes verfassungsrechtliches Dokument einen „Gemeinen Frieden" für die Protestanten fest, während im Augsburger Religionsfrieden die Lutheraner dann schließlich anerkannt wurden:

> *„Die aus diesem Friedenschluß resultierende Formel ‚cuius regio, eius religio', die den Ständen Glaubensfreiheit gab, war allerdings auf das katholische und das evangelisch-lutherische Bekenntnis beschränkt. Für Personen, die nicht mit der Religion des Landesherrn einverstanden waren, bestand, das Recht der freien, unbehelligten Auswanderung aus Glaubensgründen' das der Augsburger Religionsfriede allen Untertanen bis zu den Leibeigenen gewährte."*[4]

Im Westfälischen Frieden wurde dann das protestantische dem katholischen Bekenntnis gleichgestellt und beiden Glaubensgruppen entsprechende Freiheiten gegenüber andersgläubigen Landesherrn zugestanden, wie auch das Recht auf Auswanderung bei Güterschutzgarantie eingeräumt. In der Folgezeit finden sich im europäischen Kontext mit zunehmender Häufigkeit Bestimmungen zur Religionsfreiheit und zum Schutz religiöser Minderheiten in bilateralen Vertragsschlüssen.

Dieter Blumenwitz betont, dass der religiöse Minderheitenschutz für die Bestimmungen zum Schutz nationaler Minderheiten „eine gewisse Vorbildfunktion" hatte, wobei er jedoch eher das kontinuierliche Moment dieser Entwicklung betont, als das diskontinuierliche.[5] Der Schutz religiöser Minderheiten, der auch heute noch Gegenstand des Völkerrechts ist, ist mit dem modernen *demokratischen* Schutzkonzept zugunsten nationaler/ethnischer Minderheiten

---

[3] Kimminich 1980, 37.
[4] Blumenwitz 1992, 35.
[5] Vgl. ebd.

durchaus vergleichbar. Dies zeigen nicht nur die Entwicklungen auf dem europäischen Kontinent, sondern auch die in Amerika, etwa durch die Verankerung des religiösen Toleranzprinzips in der *Virginia Bill of Rights* vom 12. Juni 1776 und die Garantie der freien Ausübung der Religion in der *Verfassung der Vereinigten Staaten von Amerika* vom 17. September 1787 – die ihrerseits wiederum Einfluss auf die *Erklärung der Menschen- und Bürgerrechte* der Französischen Revolution von 1789 genommen haben.
Im Zentrum stand das Individuum als Rechtssubjekt, dem die freie Ausübung seines Glaubens zugesichert wurde. Derartige Vorstellungen können als Antidiskriminierungsansatz interpretiert werden, der sich hier auf mögliche Diskriminierungen aus religiösen Motiven bezog und seiner Motivation nach somit einem modernen Verständnis von Schutz vor Diskriminierung aus vielfältigen Motiven – auch solchen ethnischer Art – ähnlich ist. Retrospektiv zeigt sich diese Parallele auch in späteren minderheitenschutzrechtlichen Reglementierungen, in denen neben anderen Gründen auch immer wieder religiöse genannt werden.[6] Exemplarisch sei hier auf die frühen Dokumente der United Nations (UN) nach Ende des Zweiten Weltkriegs hingewiesen, in denen stets vom Schutz vor Diskriminierung sowohl aus religiösen, wie auch aus ethnischen bzw. „rassischen" Motiven die Rede war, wie etwa in der *Allgemeinen Erklärung der Menschenrechte* vom 10. Dezember 1948:

„Jeder Mensch hat Anspruch auf die in dieser Erklärung verkündeten Rechte und Freiheiten, ohne irgendeine Unterscheidung, wie etwa nach Rasse, Farbe, Geschlecht, Sprache, Religion, politischer und sonstiger Überzeugung, nationaler oder sozialer Herkunft, nach Eigentum, Geburt oder sonstigen Umständen." (Art. 2 Abs. 1)

Der Schutz religiöser Minderheiten *vor* Entstehung der bürgerlichen Gesellschaft gilt somit zu Recht als Vorbild, ja sogar als Vorgeschichte des später als *Menschen*rechtsschutz konzipierten Minderheitenschutzes, dem ein individualrechtlicher Antidiskriminierungsansatz zu Grunde liegt.
Das ethnisierende Moment der späteren Volksgruppenrechtskonzeptionen, die Annahme von zu schützenden und zu fördernden Differenzen biologischer und/oder kultureller Provenienz zwischen den Menschen sowie die Segregation nach ethnischen Kriterien weisen jedoch deutlich auf das diskontinuierliche Moment des völkerrechtlichen Minderheitenschutzes hin. Denn das Ziel eines modernen *Volksgruppen*rechts ist gerade nicht die beim religiösen Minderheitenschutz verfochtene Funktion des individuellen Diskriminierungsschutzes bei Forcierung des Toleranzprinzips, sondern die kollektive Differenzierung, Klassifizierung und Separierung von Menschen.[7]

---

[6] Vgl. Lanarès 1964.
[7] Vgl. Salzborn 2003, 19ff.

Einen ersten Ansatz für einen völkerrechtlichen Schutz für nationale Minderheiten stellte die Wiener Kongressakte vom 9. Juni 1815 infolge des Wiener Kongresses dar, in deren Art. 1 Abs. 2 den zu Untertanen Russlands, Preußens und Österreichs gewordenen Polen eine „nationale Vertretung und nationale Einrichtungen innerhalb eines andersnationalen Staatsverbandes" unter Maßgabe der Gesetze der jeweiligen Territorialherren zugesichert wurden.[8] Da die an diesem Vertrag beteiligten Signatarstaaten zugleich auch die Garantiemächte dieser Übereinkunft bildeten, muss davon ausgegangen werden, dass es sich bei Art. 1 Abs. 2 inhaltlich um „nationale Rechte eines Volkes, anerkannt und garantiert durch einen internationalen Vertrag", also um einen echten Schutz einer nationalen Minderheit im völkerrechtlichen Sinn handelte – wenn auch mit nur partikulärer Geltung.[9] Ungeachtet dieses ersten völkerrechtlichen Vorläufers in minderheitenschutzrechtlicher Perspektive wird im rechtsgeschichtlichen Kontext in aller Regel davon ausgegangen, dass es bis zum Ende des Ersten Weltkriegs keinen ernst zu nehmenden, d.h. in größerem Kontext gültigen völkerrechtlichen Schutz nationaler Minderheiten gegeben hat.[10] Der Volksgruppentheoretiker Rudolf Laun geht sogar soweit zu sagen, dass erst der Erste Weltkrieg überhaupt einem „internationalen Nationalitätenrecht zum Entstehen verholfen" habe.[11]

Wichtiger als der völkerrechtliche Aspekt waren zu dieser Zeit in Bezug auf die Geschichte des Minderheitenrechts innerstaatliche Entwicklungen und zwar nicht nur, weil in einigen Staaten Schutzmechanismen für Minderheiten verankert worden sind, sondern vor allem weil durch sie eine für die Minderheiten- und Volksgruppendiskussion elementare begriffliche Differenzierung eingeführt worden ist, bei der aus den zunächst rein zahlenmäßig verstandenen *Minderheiten* terminologisch *Volksstämme* bzw. *Nationalitäten* wurden.[12] Denn der Begriff der nationalen bzw. ethnischen Minderheit war in rechtspositivistischer Hinsicht zunächst eher ungebräuchlich. In dem Staat, der als erster minderheitenrechtliche Bestimmungen in diesem Sinne rechtlich verankerte (die Österreichisch-Ungarische Monarchie), gab es nach der der ethnischen Minderheiteninterpretation zu Grunde liegenden Differenzierung von Volk(snation) und Staat(snation) absolut betrachtet keine sprachlichen oder nationalen Minderheiten, sondern lediglich relative Mehrheiten, die im österreichischen Teil (cisleithanische Reichshälfte) von den so genannten österreichischen Deutschen, im ungarischen (transleithanische Reichshälfte) von den

---

[8] Vgl. Kimminich 1980, 40; Pan 1999, 72.

[9] Vgl. Kimminich 1980, 40. Siehe hierzu auch Duparc 1922, 114ff.

[10] Vgl. Veiter 1968, 227.

[11] Vgl. Laun 1923, 256.

[12] Vgl. Kann 1964 (Bd. 1), 40ff.

Magyaren gebildet wurden.[13] Die Donaumonarchie wurde als Vielvölkerstaat verstanden, unabhängig von der Frage, ob eine der genannten Gruppen als staatstragend zu interpretieren gewesen wäre. Da es in Österreich-Ungarn keine Staatsnation im bürgerlich-republikanischen Sinne gab, war auch nicht die Klassifizierung nach Minder- und Mehrheiten geboten, sondern die nach Volksstämmen bzw. Nationalitäten.[14] Terminologisch betrachtet weisen diese Begriffe bereits auf eine höhere Eigenständigkeit der jeweiligen Gruppe hin, die antizipiert wird: während eine Minderheit definitorisch immer von der Mehrheit abhängig ist, da es sie ohne diese überhaupt nicht geben würde, stellt ein Volksstamm bzw. eine Nationalität sprachlich betrachtet ein eigenständiges Gebilde dar, das sich auf dem Weg der Emanzipation zum Volk bzw. zur Nation befinde und das überdies durch positive Kollektiveigenschaften miteinander verbunden sei. Der Ausdruck Volksstamm/Nationalität findet Verwendung für eine „ethnische Gruppe mit angestammtem Siedlungsboden (‚Heimat‘) und Gemeinschaftsbewußtsein sowie einem gewissen Ausmaß an gesellschaftlicher (Verbands-)Ausgliederung“.[15] Unter dem Label des Nationalitätenrechts fand somit der *Volksgruppen*ansatz im Zuge der „Ethnisierung der Politik in Altösterreich“ (Gerald Stourzh)[16] erstmals Mitte des 19. Jahrhunderts Einzug in Recht und Politik:

„In der österreichischen Reichshälfte wurde er rechtlich und faktisch, in der ungarischen rechtlich-theoretisch, aber nicht auch verfassungswirklich, zur Grundlage eines echten Volksgruppencharakters der verschiedenen ethnischen Gemeinschaften, also ihrer Anerkennung als ausgegliederten, gesellschaftswirklichen volklichen Gemeinschaften. Diese sollten als solche erhalten und geschützt werden und eine Gemeinschaftspflege gesichert bekommen.“[17]

Kernelemente der den Nationalitäten verfassungsrechtlich gewährten Rechte waren die in Art. 19 des Staatsgrundsatzgesetzes (1867) festgelegten Garantien:

„1. Alle Volksstämme des Staates sind gleichberechtigt und jeder Volksstamm hat ein unverletzliches Recht auf Wahrung seiner Nationalität und Sprache.
2. Die Gleichberechtigung aller landesüblichen Sprachen in Schule, Amt und öffentlichem Leben wird vom Staat anerkannt.

---

[13] Vgl. Veiter 1984, 19.

[14] Franz Pan (1999, 73) weist darauf hin, dass erst seit dem Ausgleich zwischen Österreich und Ungarn und der Gleichberechtigung beider Völker im Jahre 1867 überhaupt „von einem Minderheitenschutz im eigentlichen Sinn“ gesprochen werden könne. Otto Kimminich (1980, 43) betont hingegen, dass das „Nationalitäten- und Volksgruppenproblem“ des alten Österreich nach 1867 „in seiner Gesamtheit nicht aus dem Blickwinkel des Minderheitenschutzes“ betrachtet werden könne, da es keine Staatsnation gegeben habe.

[15] Vgl. Veiter 1970, 1f.

[16] Stourzh 1999, 35.

[17] Veiter 1970, 1.

3. In den Ländern, in welchen mehrere Volksstämme wohnen, sollen die öffentlichen Unterrichtsanstalten derart eingerichtet werden, daß ohne Anwendung eines Zwanges zur Erlernung einer zweiten Landessprache jeder dieser Volksstämme die erforderlichen Mittel zur Ausbildung in seiner Sprache erhält."

Bis zum Ende des Ersten Weltkriegs blieb Österreich der einzige Staat in Europa, der die den Nationalitäten verfassungsrechtlich gewährten Grundrechte auch zu einem vor dem Verfassungsgericht einklagbaren Anspruch machte.

Völkerrechtliche Minderheitenschutzkonzepte nach dem Ersten Weltkrieg

Die in Folge des Ersten Weltkriegs geschlossenen Pariser Vorortverträge führten zu einer staatlichen Neuordnung des europäischen Kontinents, bei der nicht nur Grenzverläufe verschoben wurden, sondern auch neue Staaten wie die Tschechoslowakei entstanden. Ein zentrales Ergebnis dieser Neuordnung war die Herausbildung nationaler Minderheiten, die oft – wenn auch nicht nur – in den neuen Grenzregionen lebten. Zuvor Bevölkerung eines anderen Staates, waren sie nun grundlegend modifizierten politischen und gesellschaftlichen Rahmenbedingungen ausgesetzt. Die im Kontext der Pariser Verhandlungen für die betroffenen Staaten und Minderheiten entworfenen Minderheitenschutzverträge sollten die Entstehung neuer Auseinandersetzungen und Friedensgefährdungen verhindern, derer sich eine Vielzahl entwickelten – von Loyalitätskonflikten über irredentistische Bestrebungen bis hin zu staatlichen oder gesellschaftlichen Diskriminierungen.

In den Minderheitenschutzbestimmungen nach dem Ersten Weltkrieg fehlte der identitätsstiftende Charakter der Anerkennung ethnischer Gruppen als Kollektive fast völlig, der noch im Österreichischen Nationalitätenrecht eine profunde Rolle gespielt hatte. Die Grundlage des völkerrechtlichen Minderheitenschutzes der Völkerbundära bildeten die von den Alliierten und Assoziierten mit den ost- und südosteuropäischen Staaten geschlossenen Minderheitenschutzverträge, die generell das Ziel der Konfliktprävention verfolgten. Formal bediente sich dabei das System des Minderheitenschutzes in der Völkerbundära der klassischen Mittel des Völkerrechts, also des multilateralen Vertrags, der einer Implementierung in das innerstaatliche Recht der Signatarstaaten bedarf; es unterstützte zugleich aber auch die Umsetzung durch eine staatengemeinschaftliche Garantie, bei der der Völkerbund als die organisierte Staatengemeinschaft auftrat.[18]

Mit den Minderheitenschutzverträgen wurde insgesamt ein demokratisches Minderheitenschutzsystem entwickelt, das als vorbildlich gelten musste, weil

[18] Vgl. Kimminich 1980, 49.

es nicht nur den Schutz der Minderheiten in bis dahin ungekanntem Ausmaß und Umfang gewährte, sondern vor allem weil es entgegen der völkischen die republikanische Komponente betonte und somit im Wesentlichen auf den Schutz vor negativer Diskriminierung orientierte. Ich schließe mich hier explizit der Auffassung von Franz L. Neumann an, der in seiner berühmten Studie *Behemoth* den Gedanken des Minderheitenschutzes als „zum besten Erbe des Liberalismus" gehörend begriff und dies unmittelbar auf den vertraglichen Minderheitenschutz der Völkerbundära bezog.[19]
Martin Scheuermann hat in einer Arbeit zur Minderheitenpolitik des Völkerbundes den Kern der völkerrechtlichen Regelungen des Minderheitenschutzes deutlich auf den Punkt gebracht:

„Die [...] Rechte unterscheiden sich zumeist nicht von den Verpflichtungen, die einem Rechtsstaat normalerweise gegenüber jedem einzelnen seiner Bürger selbstverständlich sein sollten. Der Begriff der ‚positiven Diskriminierung', heute ein Schlüsselbegriff im Minderheitenschutz, war damals als Terminologie noch völlig unbekannt, wenn er auch von einzelnen Minderheitentheoretikern sinngemäß gefordert wurde. Die Minderheitenschutzverträge gewährleisteten lediglich Individualrechte, also nur dem einzelnen Individuum, aber keiner Gruppe gewährte Ansprüche. Die sehr auf ihre innere wie äußere Souveränität bedachten Vertragsstaaten wollten unbedingt vermeiden, durch kollektive Gruppenrechte so etwas wie ‚Staaten im Staate' zu schaffen."[20]

Diese Befürchtung war in der Tat nicht unbegründet, denn beim retrospektiven Blick auf die Entwicklungen in der Völkerbundära zeigt sich, dass die Minderheitenpolitik in der Praxis nicht nur an Unzulänglichkeiten in der Minderheitenabteilung des Völkerbundes scheiterte,[21] sondern auch aufgrund der Volkstums- und Irredentapolitik der Minderheiten in den Grenzgebieten, vor allem in den an das Deutsche Reich angrenzenden. Denn die nicht selten von außen stimulierte Volkstums- und Irredentapolitik der Minderheiten provozierte überhaupt erst das Entstehen einer Reihe von Konflikten.[22]
Obgleich das Deutsche Reich durch den Versailler Vertrag keinerlei Minderheitenverpflichtungen im Innern auferlegt bekam,[23] fühlte es sich neben Österreich-Ungarn als der Hauptverlierer des Ersten Weltkriegs. Mit der Kriegsniederlage und dem darauf folgenden Versailler Friedensvertrag waren für es zahlreiche Gebietsabtretungen verbunden: im Westen fiel Elsass-Lothringen an Frankreich zurück, der Kreis Eupen-Malmedy ging an Belgien, Nordschleswig zum größten Teil an Dänemark, Danzig wurde als Freie Stadt unter Völkerbundmandat und das Memelgebiet unter alliierte Verwaltung ge-

[19] Vgl. Neumann 1984, 204.
[20] Scheuermann 2000, 29f.
[21] Vgl. Gütermann 1979; Reydellet 1937, 59ff.; Scheuermann 2000, 30ff.
[22] Vgl. Bamberger-Stemmann 2000, 35ff.
[23] Vgl. Göthel 2002.

stellt, Posen und der größte Teil Westpreußens fielen wie auch Teile Oberschlesiens an Polen zurück. Deutschland musste überdies auf all seine Kolonien verzichten.
Alle in diesen Gebieten lebenden Deutschen wurden infolge des Versailler Vertrages Ausländer und somit in der Volkstumsinterpretation zu „Grenz- und Auslanddeutschtum“, das jenseits des deutschen Staates weiterhin nach völkischen Kriterien als Deutschtum verstanden wurde: „Das Auslanddeutschtum ist unabhängig von der Staatsangehörigkeit; als ausschlaggebend hat einzig die Volksgemeinschaft zu gelten.“[24] Da das Deutsche Reich mit dem Ansinnen in den Ersten Weltkrieg gezogen war, sich den Platz in der „Völkerordnung“ zu verschaffen, der ihm zustehe und sich weitere Kolonien und Märkte durch Eroberung sichern wollte, wurde der Verlust der Kolonien sowie der Grenzregionen als besonderes Verdikt des über Parteigrenzen hinweg verhassten Versailler Vertrages, des so verstandenen „Schandfriedens von Versailles“ wahrgenommen und interpretiert – ein Prozess, den Hans Mommsen zu Recht als „innere Verweigerung des Friedens“ beschrieben hat.[25] Alle weiteren als solche empfundenen Demütigungen schienen aufs Engste verknüpft mit der Frage des Deutschtums im Ausland und bildeten somit die Grundlage für eine gemeinsame „ethno-nationale Identifikation“.[26]

Die völkische Reaktion auf Minderheitenkonflikte: Volksgruppenrecht

Getragen wurde die deutschnationale Bewegung von einer konsensuellen Kritik am Versailler Vertrag. Neben anderen Ansätzen (wie etwa dem explizit imperialistischen und expansionistischen Konzept der Alldeutschen) begann sich im intellektuelleren Teil dieser Bewegung eine völkische Strömung herauszubilden, die sich gegen die liberal-demokratischen Bestimmungen der Minderheitenschutzverträge wandte und eine explizit völkische Gegenkonzeption entwickeln wollte.[27] Kern dieses Ansinnens war die Annahme vom „eigenständigen Volk“, wie Max Hildebert Boehm es formuliert hat, die die wichtigste theoretische Grundannahme für die europäische Volksgruppenpolitik der Weimarer Zeit darstellte.[28]
Boehm, der „Vordenker der Ethnopolitik“ (Ingo Haar)[29] und einer der wichtigsten Volkstumstheoretiker der Weimarer Republik, des Nationalsozialismus und auch der frühen Bundesrepublik, versuchte systematisch „das Volk“ von

---

[24] Grothe 1921, 38.
[25] Vgl. Mommsen 1989, 101.
[26] Münz/Ohliger 2001, 373f.
[27] Vgl. Boehm 1959, 9ff.
[28] Vgl. Boehm 1932.
[29] Haar 2000, 27.

allen anderen politischen und sozialen Kategorien abzugrenzen.[30] Zentral war ihm die Abgrenzung des „Volkes“ von den Kategorien Staat/Nation und somit eine Lösung vom westlichen Nationsbegriff, der auch die Basis für die Minderheitenschutzverträge darstellte. So sollte vor allem die „Eigenständigkeit“ des deutschen Volkes bestimmt und ihm zu einer Vormachtstellung in Europa verholfen werden. Ausgangspunkt für dieses „‚europäisch‘ gewendete deutsche Sendungsbewußtsein“ ist, wie Ulrich Prehn treffend herausgearbeitet hat, der fortwährende Bezug auf die Aspekte des Volkstumskampfes und der Heimatpflege in den deutschen Grenzgebieten als „Parallelmotiv zu seiner massiven Kritik an der angeblichen ‚Verwestlichung‘ Mittel- und Osteuropas“, für die „insbesondere Frankreich, England und die Wilsonsche Völkerbund- und Minderheitenpolitik verantwortlich“ zu machen seien.[31] Boehms ethnopolitischen und volkstheoretischen Arbeiten lieferten „‚magische Formeln‘ zur Stiftung einer deutschen Kollektividentität, die, wie das emotional besonders aufgeladene Projekt der zu verwirklichenden Volksgemeinschaft, darauf angelegt waren, die internationale Ordnung der Nationen und ‚Volksgruppen‘ in Europa nach Beendigung des Ersten Weltkriegs aufzusprengen.“[32]
Auf der Theorie der Volkseigenständigkeit aufbauend, die zwar das deutsche Volk in den Mittelpunkt rückte, anderen „Völkern“ bzw. Volksgruppen ihre Eigenständigkeit jedoch keinesfalls absprach, sondern vielmehr von der zeitgenössisch ubiquitär verwandten Formel des „Volkes unter Völkern“ ausging,[33] gelangte man zur Theorie der „umstrittenen Grenzstriche“, wie Boehm formulierte, zum „Europa Irredenta“.[34] Im Kampf gegen den Völkerbund und für den „Sturz der französischen Kontinentalherrschaft“ sollte die „Loslösung der Volkstümer aus jahrhundertelanger staatlicher Umklammerung“ durch Abbau der westlichen, d.h. demokratisch-republikanisch orientierten „Staatsallmacht“ zum Anwachsen des „völkischen Freiheitsbereichs“ führen:[35]

„Gesunde politische Abrundungen im gegenwärtigen Staatenbild werden sich auf die Dauer behaupten, andrerseits aber ist die Aufhebung der gröblichsten Verzwängungen und Zerstückelungen der unterdrückten Völker eine erste Voraussetzung der politischen wie auch der wirtschaftlichen Sanierung Europas. Alsdann aber wird der Versuch gemacht werden müssen, die umfassenderen raumpolitischen Gebietseinheiten des Kontinents herauszuarbeiten und in Form zu bringen.“[36]

[30] Vgl. Boehm 1932, 17ff. u. 265ff.
[31] Vgl. Prehn 2001, 57f.
[32] Ebd., 58f.
[33] Vgl. Loesch 1925.
[34] Vgl. Boehm 1923, 310.
[35] Vgl. ebd., 316 u. 320.
[36] Ebd., 314.

Den Ausgangspunkt hierfür sollte die „Anerkennung der Völker als Volkspersönlichkeiten und damit als der natürlichen Grundlage des neuen Europas" bilden.[37] Die Volksgruppen fungierten in dieser Theorie als „natürliche Verbände oder Korporationen" innerhalb des jeweiligen Staates, der diesen seinerseits „national-korporativer Rechte" zuerkennen sollte, um die Volksgruppen in die Lage zu versetzen im Bereich des „national-kulturellen Lebens eigenverantwortlich ihr Leben" zu gestalten.[38] Um diesem Modell auf überstaatlicher Ebene entsprechende Weihen zu verleihen, wurde der liberaldemokratischen Staatsbürgerschaft die völkische Volksbürgerschaft entgegengestellt, der grenzübergreifende Gültigkeit unterstellt wurde.[39]

Dabei wandten sich die Volksgruppentheoretiker explizit gegen die – wie einer ihrer prominentesten Vertreter, Hermann Raschhofer, sie nannte – „Großpariser Minderheitenschutzverträge", die dahingehend kritisiert wurden, dass „die Nationalitäten unter dem Rechtszustand von atomisiert gedachten nationalen Individuen unter Minderheitenrecht leben müssen", ohne dabei als „organische Persönlichkeiten" anerkannt zu werden bzw. ohne als „Rechtspersönlichkeit selbst anerkannter Träger von Recht" zu sein:[40]

„Nationalität ist [..] nicht Eigenschaft, die zufällig bei diesen und jenen Staatsbürgern per se auftritt und diese sozusagen erst nachträglich zusammenführt, wie sich etwa die Mitglieder eines Vereins zur Vertretung irgendwelcher Interessen durch Assoziation ursprünglich sich Fremder zusammenfinden; sie ist nicht Summe, sondern Totalität."[41]

Von Nationalität war in diesem Verständnis somit auch nur dann zu sprechen, wenn „ihre Mitglieder gruppenhaft-organisch, und zwar als historisch-kulturell positiv qualifizierbare Volksgruppen erscheinen."[42] Und von Nationalitätenrecht wiederum könne folglich nur gesprochen werden, wenn „eine nationale Sonderung der Personen auch zu einer rechtlichen Sonderung" mit dem Zweck führe, „personal getrenntes Imperium und personal getrennte Organschaft zu begründen".[43]
Entgegen einer liberalen Position in der Minderheitenfrage wurde von den völkischen Interpreten eine „rechtliche Neukonstruktion" (Heinrich Bodensieck)[44] des Völkerrechts erstrebt und dabei stets die (völkische) Eigenständig-

---

[37] Vgl. Loesch 1926, 50.
[38] Vgl. Raschhofer 1980, 67.
[39] Vgl. ebd.
[40] Vgl. Raschhofer 1931, 76f. u. 78.
[41] Ebd., 77.
[42] Ebd.
[43] Ebd., 154.
[44] Vgl. Bodensieck 1958, 507.

keit der Minderheiten betont, was auch die Verwendung der Termini Nationalität bzw. Volksgruppe zeigt. Die Minderheiten bzw. Volksgruppen galten der Annahme der Volksgruppentheorie folgend in der Weimarer Republik als „zwischenstaatliche Konnationale", die sich zwar bereits eine gewisse konventionale Geltung erzwungen habe, aber es im Sinne des Volksrechts „noch kaum zu klaren, systematischen und positiven Ausprägungen" gebracht habe,[45] was im Klartext hieß, dass diese Vorstellung bis dahin völkerrechtlich keine Relevanz entfaltete. Die „Konnationale" schaffe sich „zunächst ansatzweise ihr eigenes Recht, das naturrechtliche Begründung sucht und durch Zusammenstoß mit Normen des staatlich geltenden positiven Rechts [...] in schwere Konflikte verwickelt werden wird: ein Recht, das in den nationalstaatlichen Kerngebieten gedanklich vorgeformt und staatlich gestützt werden kann".[46] Die „metapolitische Substanz" einer Autonomieregelung habe dabei ihre „eigenen Gesetze, die von den äußeren Formen und gar der positiv rechtlichen Anerkennung durchaus getrennt werden sollten", wie Boehm im Widerspruch zum geltenden Völkerrecht 1927 betonte.[47] Das Konzept der Autonomie stelle dabei „nur eine historische Vorstufe der staatlichen Souveränität" – und damit also: die Legitimationsbasis für Separatismus und Separation – dar.[48] Carl Georg Bruns brachte diesen Widerspruch zwischen Recht und Politik wie folgt auf den Punkt:

„Völlig verläßt den Boden des geltenden Minderheitenvertragsrechtes der Gedanke, daß die auf personale Grundlage aufgebaute, von Grenzen unabhängige Volksgemeinschaft rechtlich selbständig neben dem Staat stehen soll. So richtungsgebend dieser Gedanke im Kampf um einen neuen Inhalt der nationalen Idee ist, so bestimmend er für die Neuordnung Europas werden kann, mit dem Rechte der Verträge [...] hat er nichts mehr zu tun."[49]

Waren die jeweiligen völkisch verstandenen Minderheiten zum *Subjekt* des völkisch begründeten Kampfes gegen die liberal-demokratische Minderheitenordnung des Völkerbundes geworden, so war es das Konzept der „Nationalen (Kultur-)Autonomie", das zum *Objekt* der Begierde der Volksgruppentheoretiker der Zwischenkriegszeit wurde.[50] Den rechtlichen Ordnungsrahmen für das Konzept der Nationalen Autonomie bildete jedoch nicht eine aus dem völkerrechtlichen Kontext herrührende Norm – die völkerrechtliche Ordnung

[45] Vgl. Boehm 1927, 147. Boehm sprach später von der „gesamtvölkischen ‚Konnationale'" (1935, 79) und offenbarte mit dieser Begriffswahl noch deutlicher deren politische Implikation.
[46] Vgl. Boehm 1938, 153f.
[47] Vgl. Boehm 1927, 141.
[48] Vgl. ebd., 136.
[49] Bruns 1929, 17.
[50] Vgl. Veiter 1938.

war durch das liberale Minderheitenrecht des Völkerbundes geprägt – sondern ausschließlich das innerstaatliche Recht der jeweiligen Staaten,[51] denn es gab „keine völkerrechtliche Bestimmung, durch welche kollektive (Persönlichkeits-)Rechte einer Volksgruppe, die sich als ein Anspruch internationalen Rechtes darstellen, unmittelbar begründet würden", wie Theodor Veiter noch 1938 zutreffend betonte.[52]
Das Konzept der Autonomie wurde dabei gleichermaßen als eigenständige Rechtsquelle innerhalb des innerstaatlichen Kontextes verstanden, wie es auch durch den Verweis auf seine naturrechtliche Geltung als „nicht zufällig oder zeitbedingt"[53] apostrophiert wurde und somit im Sinne von Max Hildebert Boehms auf das „Volk" gemünzter Formulierung als „zeitewig"[54] gelten sollte. Das Konzept der Nationalen Autonomie stellte dabei theoretisch in der Volksgruppentheorie den Höhepunkt dar, ja galt als die „dem Wesen des Volkstums gemäßeste Regelung des Volksgruppenrechts", da es die „Anerkennung der Volksgruppe als Persönlichkeit" verwirkliche, wie Theodor Veiter 1938 in dem wohl wichtigsten Werk der 1920er und 1930er Jahre zum Thema Volksgruppenrecht schrieb.[55]

Vom völkischen Gesellschaftstheorem zum völkerrechtlichen Rechtsgrundsatz?

Gemäß der Auffassung von der „Eigenständigkeit des Volkstums und der Zugehörigkeit aller Deutschen zu *einem* Volk", schrieb Kurt Sontheimer mit Blick auf die Bedeutung des völkischen Anteils am antidemokratischen Denken in der Weimarer Republik, wurden die durch die Friedensverträge

> *„entstandenen völkischen Minderheitenprobleme, ja die neuen Staatsgründungen überhaupt, in ein kritisches Licht gerückt. Aus dem ‚Europa Irredenta', das Versailles hinterlassen hatte, sollte die Neuordnung im Sinne des völkischen Prinzips entstehen, d.h. die Staatsgrenzen sollten mit Volksgrenzen gleichlaufen. Dies und nicht allein die Wiederherstellung der alten Grenzen war das Ziel, welches die völkische Ideologie den außerordentlich regen Bemühungen der nationalen Gruppen um das Deutschtum im Ausland vorschrieb."*[56]

Die politische Perspektive verlagerte sich mit der völkischen Politik in der Weimarer Republik dabei hin zum völkischen Subjekt *Volk* und weg vom bürgerlich-demokratischen Subjekt *Nation.* In der Begriffsanwendung begann

[51] Vgl. Dörge 1931.
[52] Vgl. Veiter 1938, 73.
[53] Gerber 1926, 251.
[54] Vgl. Boehm 1932, 222.
[55] Vgl. Veiter 1938, 81.
[56] Sontheimer 1994, 247, Herv. i. Orig. Siehe zur konzeptionellen Dimension der hierbei zu Grunde liegenden sozialen Grenzkonstruktionen Pinwinkler 2003, 31ff.

parallel zum Ersetzen des Wortes Nation im allgemeinen und wissenschaftlichen Sprachgebrauch durch „Volk" auch die Ergänzung des Begriffs der Nationalitäten (und Minderheiten) durch den der Volksgruppen, was – wie Martin Broszat treffend analysiert hat – eine „innere Abwendung" vom „westlichen, durch die Französische Revolution geprägten demokratisch-liberalen Begriff ‚Nation'" bekundete.[57] Der Begriff Volksgruppe wurde zu Beginn der 1920er Jahre von den Kritikern des Minderheitenbegriffes „neugeschaffen" (Max Hildebert Boehm), politisch „lanciert" (Heinz Kloss) und damit überhaupt erst als wirkungsmächtiger und inhaltsvoller Begriff in den Sprachkontext gesellschaftlich eingeführt.[58] Das Österreichische Nationalitätenrecht fungierte dabei zwar zweifelsohne als partiell adaptierbare Inspiration für die Volksgruppentheoretiker der Zwischenkriegszeit, jedoch sollte der „terminologische Wandel" (Hermann Raschhofer)[59] bei Beibehaltung des korporativen Moments das Konzept des „eigenständigen Volkes" auch sprachlich im Kontext der Minderheitenpolitik durchsetzen, um so die völkischen Ziele des anti-aufklärerischen Denkens auch sprachlich-symbolisch als anti-national-(staatlich) zu manifestieren. Denn während der Begriff der Nationalität auf den – auch republikanisch denkbaren – Bezugspunkt der Nation verweist, zielt der Volksgruppenbegriff auf den des völkisch verstandenen Volkes als Basiseinheit.[60] Das Volksgruppenkonzept als Antwort auf die mit den territorialen Abtretungen des Deutschen Reiches infolge des Ersten Weltkriegs verknüpft gesehene demokratische Minderheitenpolitik des Völkerbundes war somit so wirkungsmächtig, dass es sich auch sprachlich als eigenständiger Entwurf für ein völkerrechtliches Normensystem verfestigen konnte.

Mit dem Volksgruppenkonzept wurde also ein gesellschaftstheoretischer Entwurf formuliert, der in fundamentaler Opposition zum europäischen Minderheitenrecht der Völkerbundära stand, gegen dessen liberal-demokratische Implikationen gerichtet war und in der völkischen Bewegung dieser Zeit großen Zuspruch fand. Da das Volksgruppentheorem völkerrechtlich keine Anknüpfungspunkte hatte, wurde es als naturrechtliches System konzipiert, wobei unterstellt wurde, dass „Volk" und „Volksgruppe" soziologische Tatsachen – und nicht spezifische, ideologische Interpretationen gesellschaftlicher Realität – seien, die notwendig in rechtliche Normensysteme transferiert werden müssten.

Im Zentrum der Volksgruppenkonzeption der 1920er Jahre stand die Orientierung auf national-korporative Rechte für die in primordialer Differenz zur

---

[57] Vgl. Broszat 1958, 58.
[58] Vgl. Boehm 1959, 26; Kloss 1969, 68.
[59] Raschhofer 1964, 83f.
[60] Vgl. zum Volksbegriff ausführlich Hoffmann 1991, 191ff.

Mehrheitsgesellschaft gesehenen Minderheiten und die Entgegensetzung von Staats- und Volksbürgerschaft. Diese doppelte Frontstellung zum System der bürgerlichen Nationalstaaten im Europa der Zwischenkriegszeit führte dazu, dass der Erfolg beim Versuch der Transferierung des Volksgruppenkonzepts in das europäische Minderheitenrecht auf völkerrechtlicher Ebene ausblieb, was sich erst mit dem *politischen* Versuch der nationalsozialistischen Neuordnung Europas nach völkischen Prämissen änderte.
Denn im diametralen Gegensatz zur völkerrechtlichen Minderheitenschutzkonzeption war es das volksgruppentheoretische Ziel des Nationalsozialismus, eine vom Staatsrecht ausgehende Rechtsordnung zu schaffen, nach der sich ein neues Völkerrecht formen sollte, in dem auf einem antiaufklärerischen und völkischen Naturrechtsansatz fußend die staatliche Souveränität der Nationalstaaten in Abrede gestellt werden sollte.[61] Die notwendige Grundlage für ein funktionierendes Völkerrecht war nach Auffassung des Nationalsozialismus nicht die Formel der Rationalität und Souveränität, sondern eine „gemeinsame politisch-weltanschauliche Grundhaltung", die in der „allgemeinen Anerkennung des völkischen Prinzipes" bestehe.[62] Nicht ein „liberal-demokratisch-etatistisches", sondern ein „*völkisch bestimmtes Europa*" wurde als Ausgangspunkt angesehen und da Deutschland der einzige Staat in Europa gewesen sei, in dem die Anfänge einer derartigen Rechtsauffassung staatsrechtlich verankert seien, sollte es auch die missionarische Aufgabe übernehmen, dieses Rechtsverständnis nach ganz Europa zu exportieren.[63]
Die Volksgruppenpolitik des Nationalsozialismus wurde dabei von drei integrativen Leitlinien dominiert: Zunächst verfolgte man das Ziel der Anerkennung der deutschen Minderheiten im Ausland als körperschaftlich organisierte Volksgruppen mit entsprechenden kollektiven Sonderrechten bis hin zu separatistischen Autonomieregelungen. In unmittelbarem Kontext hierzu stand die Umsiedlung der deutschen Minderheiten in das Deutsche Reich oder in annektierte Gebiete, deren Bevölkerung zuvor aus rassistischen und antisemitischen Motiven vertrieben und zumeist ermordet worden war. Untergeordnet waren diese Aspekte dem zentralen Ziel der NS-Volkstumspolitik wie der NS-Ideologie überhaupt: der Massenvernichtung der europäischen Juden.
Statt des Minderheitenschutzes unter internationaler Ägide verlagerte sich die Garantievollmacht für die jeweiligen „Volksgruppen" auf das Mutterland als „politischer Hüter der Minderheiten", was wie Franz Neumann betonte, „nicht nur die Ablehnung rationaler internationaler Beziehungen" bedeutete,

---

[61] Vgl. Neumann 1984, 191ff.
[62] Klauss 1937, 107.
[63] Vgl. ebd., Herv. i. Orig.

sondern „auch das Ende der inneren Einheit jedes Staates mit einer beträchtlichen Minderheit":[64]

„Diese Technik kennzeichnet den gesamten Begriffs- und Denkapparat des Nationalsozialismus. In seinen Händen bedeutet die ‚konkrete Persönlichkeit' der Volksgruppe in Wirklichkeit die Sonderung der einzelnen Gruppen, um so die eine gegen die andere auszuspielen. Der Eroberer verhängt eine Hierarchie der Rassen. Der Volksgruppengedanke ist nichts anderes als ein Kniff, einige Gruppen zu unterdrücken und andere einzuladen, an der Beute der Eroberung teilzuhaben. [...] Die Abstammung bekommt Vorrang vor der Staatsangehörigkeit, ‚Deutschstämmige' in der ganzen Welt bleiben Deutsche, Angehörige der deutschen Volksgruppe, dem ‚Volksgruppenrecht' unterworfen. [...] Die Anerkennung der Minderheit als öffentlichrechtlicher Körperschaft, wie die Deutschen sie verstehen und in der Tschechoslowakei, in Ungarn und Rumänien verwirklicht haben, schafft mithin einen Staat im Staate und entzieht die deutsche Volksgruppe staatlicher Souveränität."[65]

Der liberal-demokratische Versuch, „Staaten im Staate" durch individualrechtlichen Minderheitenschutz zu verhindern, wurde durch das zum völkischen Interventionsrecht zugespitzte Volksgruppenrecht während des Nationalsozialismus zur handlungsleitenden politischen Maxime umgekehrt. Das Ziel, die Volksgruppenkonzepte in allgemeine völkerrechtliche Normen zu transferieren, scheiterte damit aber dennoch. Denn die NS-Rechtskonzeption war nur noch *voluntas*, nicht mehr *ratio* und löste damit das Universalitätspostulat im dezisionistischen Primat von Macht und Gewalt auf – und das liberale Minderheitenrecht der Völkerbundära wurde damit zwar politisch zerstört, aber völkerrechtlich dennoch nicht durch eine völkische Ordnung ersetzt.

---

[64] Vgl. Neumann 1984, 207.
[65] Ebd., 206f.

Literaturverzeichnis

Bamberger-Stemmann, Sabine (2000): Der Europäische Nationalitätenkongreß 1925 bis 1938. Nationale Minderheiten zwischen Lobbyistentum und Großmachtinteressen, Marburg.

Blumenwitz, Dieter (1992): Minderheiten- und Volksgruppenrecht. Aktuelle Entwicklung, Bonn.

Bodensieck, Heinrich (1958): Volksgruppenrecht und nationalsozialistische Außenpolitik nach dem Münchener Abkommen 1938, in: Zeitschrift für Ostforschung, 7. Jg.

Boehm, Max Hildebert (1923): Europa Irredenta. Eine Einführung in das Nationalitätenproblem der Gegenwart, Berlin.

Boehm, Max Hildebert (1927): Die Nationalitätenfrage, in: Gottfried Salomon (Hg.): Jahrbuch für Soziologie, Erster Ergänzungsband: Nation und Nationalität, Karlsruhe.

Boehm, Max Hildebert (1932): Das eigenständige Volk. Volkstheoretische Grundlagen der Ethnopolitik und Geisteswissenschaften, Göttingen.

Boehm, Max Hildebert (1935): Volkstheorie und Volkstumspolitik der Gegenwart, Berlin.

Boehm, Max Hildebert (1938): Volkstumswechsel und Assimilationspolitik, in: Roland Freisler/George Anton Löning/Hans Carl Nipperdey (Hg.): Festschrift Justus Wilhelm Hedemann zum sechzigsten Geburtstag am 24. April 1938, Jena.

Boehm, Max Hildebert (1959): Die Reorganisation der Deutschtumsarbeit nach dem ersten Weltkrieg, in: Ders./Fritz Valjavec/Wilhelm Weizsäcker (Hg.): Ostdeutsche Wissenschaft. Jahrbuch des Ostdeutschen Kulturrates, Bd. 5, München.

Broszat, Martin (1958): Die völkische Ideologie und der Nationalsozialismus, in: Deutsche Rundschau, Heft 1.

Bruns, Carl Georg (1929): Grundlagen und Entwicklung des internationalen Minderheitenrechts, Berlin.

Dörge, Heinrich (1931): Der autonome Verband im geltenden Staats- und Völkerrecht. Ein Beitrag zu den Grundlagen des Rechts der nationalen Minderheit, Wien/Leipzig.

Duparc, Jacques Fouques (1922): La protection des minorités de race, de langue et de religion. Étude des droit des gens, Paris.

Flachbarth, Ernst (1937): System des internationalen Minderheitenrechtes. Geschichte des internationalen Minderheitenschutzes; positives materielles Minderheitenrecht, Budapest.

Gerber, Hans (1926): Kulturautonomie als Eigenart minderheitenrechtlicher Ordnung und ihre Verwirklichung nach der estnischen Verfassung, in: Juristische Fakultät der Universität Marburg (Hg.): Festschrift für Ludwig Traeger zum 70. Geburtstage am 10. Juni 1926, Berlin.

Göthel, Thomas (2002): Demokratie und Volkstum. Die Politik gegenüber den nationalen Minderheiten in der Weimarer Republik, Köln.

Grothe, Hugo (1921): Schicksale und Entwicklung des Auslanddeutschtums seit 1914, in: Verein für das Deutschtum im Ausland (Hg.): Jahrbuch für 1922, Berlin.

Gütermann, Christoph (1979): Das Minderheitenschutzverfahren des Völkerbundes, Berlin.

Haar, Ingo (2000): Historiker im Nationalsozialismus. Deutsche Geschichtswissenschaft und der „Volkstumskampf" im Osten, Göttingen.

Hoffmann, Lutz (1991): Das „Volk". Zur ideologischen Struktur eines unvermeidbaren Begriffs, in: Zeitschrift für Soziologie, Heft 3.

Kann, Robert A. (1964): Das Nationalitätenproblem der Habsburgermonarchie. Geschichte und Ideengehalt der nationalen Bestrebungen vom Vormärz bis zur Auflösung des Reiches im Jahre 1918 (2 Bände), 2. erw. Aufl., Graz/Köln.

Kimminich, Otto (1980): Regelungen der Minderheiten- und Volksgruppenprobleme in der Vergangenheit, in: Fritz Wittmann/Stefan Graf Bethlen (Hg.): Volksgruppenrecht. Ein Beitrag zur Friedenssicherung, München/Wien.

Klauss, Herbert (1937): Nationalsozialistisches Volksgruppenrecht (Diss.), Heidelberg.

Kloss, Heinz (1969): Grundfragen der Ethnopolitik im 20. Jahrhundert. Die Sprachgemeinschaften zwischen Recht und Gewalt, Wien u.a.

Lanarès, Pierre (1964): La liberté religieuse dans les conventions internationales et dans le droit public général (Diss.), Genève.

Laun, Rudolf (1923): Die Volkszugehörigkeit und die völkerrechtliche Vertretung der nationalen Minderheiten, in: Niemeyers Zeitschrift für Internationales Recht, Bd. XXXI.

Loesch, Karl C. von (1926): Paneuropa – Völker und Staaten, in: Ders. (Hg.): Staat und Volkstum, Berlin.

Loesch, Karl C. von (Hg.) (1925): Volk unter Völkern, Breslau.

Mommsen, Hans (1989): Die verspielte Freiheit. Der Weg der Republik von Weimar in den Untergang 1918 bis 1933, Frankfurt a.M./Berlin.

Münz, Rainer/Rainer Ohliger (2001): Auslandsdeutsche, in: Etienne François/Hagen Schulze (Hg.): Deutsche Erinnerungsorte, Bd. 1, München.

Neumann, Franz L. (1984): Behemoth. Struktur und Praxis des Nationalsozialismus 1933–1944, Frankfurt a.M. (Erstauflage: 1942).

Pan, Franz (1999): Der Minderheitenschutz im Neuen Europa und seine historische Entwicklung, Wien.
Pinwinkler, Alexander (2003): „Grenze" als soziales Konzept: Historisch-demographische Konstrukte des „Eigenen" und des „Fremden", in: Comparativ. Leipziger Beiträge zur Universalgeschichte und vergleichenden Gesellschaftsforschung, Heft 3.
Prehn, Ulrich (2001): „Volk" und „Raum" in zwei Nachkriegszeiten. Kontinuitäten und Wandlungen in der Arbeit des Volkstumsforschers Max Hildebert Boehm, in: Habbo Knoch (Hg.): Das Erbe der Provinz. Heimatkultur und Geschichtspolitik nach 1945, Göttingen.
Raschhofer, Hermann (1931): Hauptprobleme des Nationalitätenrechts, Stuttgart.
Raschhofer, Hermann (1964): Zur Entstehung des Volksgruppenrechts, in: Niedersächsisches Ministerium für Vertriebene, Flüchtlinge und Kriegssachgeschädigte (Hg.): Heimatrecht in polnischer und in deutscher Sicht, 2. überarb. Aufl., Leer/Ostfriesland.
Raschhofer, Hermann (1980): Das altösterreichische Nationalitätenrecht und die deutschen Volksgruppen nach 1918, in: Fritz Wittmann/Stefan Graf Bethlen (Hg.): Volksgruppenrecht. Ein Beitrag zur Friedenssicherung, München/Wien.
Reydellet, René (1937): La protection des minorités. Etat du problème – Ses possibilités d'évolution (Diss.), Paris.
Salzborn, Samuel (2003): Kampf gegen die Aufklärung. Das ethnokulturelle Konzept der Volksgruppenpolitik, in: Forum Wissenschaft, Heft 1 (auch online verfügbar unter http://www.salzborn.de/aufsaetze.html).
Salzborn, Samuel (2005): Ethnisierung der Politik. Theorie und Geschichte des Volksgruppenrechts in Europa, Frankfurt a.M./New York.
Scheuermann, Martin (2000): Minderheitenschutz contra Konfliktverhütung? Die Minderheitenpolitik des Völkerbundes in den zwanziger Jahren, Marburg.
Sontheimer, Kurt (1994): Antidemokratisches Denken in der Weimarer Republik. Die politischen Ideen des deutschen Nationalismus zwischen 1918 und 1933, 4. Aufl., München.
Stourzh, Gerald (1999): Ethnisierung der Politik in Altösterreich, in: Wiener Journal, Nr. 228.
Turegg, Kurt Egon von (1950): Minderheitenrecht. Untersuchungen zum Recht der völkischen Minderheiten, Köln.
Veiter, Theodor (1938): Nationale Autonomie. Rechtstheorie und Verwirklichung im positiven Recht, Wien/Leipzig.

Veiter, Theodor (1968): Völkerrechtsnormen und Völkerrechtsgrundsätze zum Schutz nationaler Minderheiten, in: Österreichische Juristen-Zeitung, Heft 9.

Veiter, Theodor (1970): Volksgruppenrecht und ewige Rechtsgrundsätze (undatiert, zirka 1970), Vorarlberger Landesbibliothek Bregenz, Nachlass Veiter AS 10.

Veiter, Theodor (1984): Nationalitätenkonflikt und Volksgruppenrecht im ausgehenden 20. Jahrhundert. Die Entwicklung des ethnischen Konflikts – Rechtsprobleme im ausgehenden zwanzigsten Jahrhundert – Schlußfolgerungen, Bd. 1, 2. erw. Aufl., München.

Die nationale Autonomie Karl Renners als Vorbild für die jüdische Kulturautonomie in Litauen und Lettland während der Zwischenkriegszeit[1]

Kaspar Näf, Basel

The article first shortly discusses the basic problems of the application of common frameworks of knowledge transfer in social sciences. It argues that in the historical perspective it is more appropriate to speak about the reception of ideas, since any intention of the sender can be identified. After that the article explains, that Karl Renner's comprehension of 'nation' has been derived from Georg Jellineck's famous term of 'state' and it furthermore refers to Karl Renner's concept of national autonomy in the Danube Monarchy. In the second part, the article points out the similarity of Renner's ideas in the declarations and the draft-laws on cultural autonomy of interwar Lithuania (1919–1920) and Latvia (1925). In the case of Lithuania, we can recognise a development to a more thorough application of the theory, but there still lacks a clearly defined area of responsibility of autonomy. In the contrary, in the Latvian draft-law we can discern a lower comprehension of its area of responsibility. Both of these laws demonstrate in addition the problem of Jewish cultural self-determination as there is no language mentioned. Another problem is religion, since left Jewish political actors didn't accept this area of responsibility as a cultural need. Even though this article provides no historical evidence, that the legislators in these Baltic Republics knew Renner's ideas, it argues ex negativo and gives the polemics of Stalin against Renner's conception as an example of Renner's popularity in former Tsarist Russia.

1. Einleitung

Transferwissenschaft nennt eine Gruppe um die beiden in Halle und Göttingen lehrenden Sprachwissenschafter Gerd Antos und Sigurd Wichter einen interdisziplinären Zugang zu Fragen des Wissenstransfers. Konkreter Gegenstand der Transferwissenschaft ist die Erforschung der

> *kulturellen, sozialen, kognitiven, sprachlich-medialen und emotionalen Bedingungen, die medialen Wege sowie Prinzipien und Probleme der Wissensproduktion und -rezeption unter dem Gesichtspunkt ihrer strukturellen und sozialen Vernetzung, ihrer Relevanz für Nicht-Experten und den Chancen ihres globalen sowie gruppen- und zielspezifischen Transfers.* (Antos 2001, 5 und 16).

[1] Der vorliegende Aufsatz ist im Rahmen eines von der Janggen-Pöhn-Stiftung, St. Gallen, geförderten Dissertationsprojektes zur Rezeptionsgeschichte der Autonomiekonzeption von Renner entstanden. Für die großzügige Unterstützung möchte ich mich bei der Janggen-Pöhn-Stiftung bestens bedanken. Für wertvolle Hinweise zum Manuskript dieses Aufsatzes bin ich Prof. Dr. Heiko Haumann, Basel, zu aufrichtigem Dank verpflichtet.

Antos geht es also darum, Bedingungen, Prinzipien, Probleme und die Relevanz des Wissenstransfers zu erforschen. In seinem programmatischen Aufsatz zur transdisziplinären Annäherung an Fragen des Wissenstransfers lädt Antos Vertreter verschiedener Disziplinen (namentlich der Linguistik, der Medien- und Kommunikationswissenschaften, der Didaktik, der Soziologie, der Ökonomie, aber auch der Philosophie und anderer Kulturwissenschaften) dazu ein, sich „theoretisch und anwendungsorientiert" mit den „Chancen und Barrieren" des Zugangs zu Wissen zu beschäftigen (Antos 2001, 7). Damit zählt er zuerst diejenigen Disziplinen auf, die sich schon bis anhin mit Fragen des Transfers beschäftigt hatten.

Zuerst stellte sich die Transferfrage in der Pädagogik. Dabei ging es darum, den Lerntransfer zu optimieren und darüber – wie auch im Programm der Transferwissenschaften festgehalten – ein Metawissen über bestimmte Aspekte des Transfers zu erlangen (Spelsiek 2005, 21). Auch die Soziologie beschäftigt sich seit längerer Zeit mit Fragen des Wissenstransfers. Eine Verstehensweise des Transfers in Sozialsystemen hat uns Rudolf Stichweh in seinem Einführungsvortrag vermittelt. Unter Heranziehung der Systemtheorie bezeichnete er – sinngemäß – die Einheiten des soziokulturellen Transfers als Replikatoren oder eben als „kompakte Sinneinheiten", wobei er die Ebene des Sinnes über diejenige von Informationen stellte. Die Sozialwissenschaften – die Soziologie zusammen mit der Psychologie – haben anschließend auch bei den Betriebswirtschaftern das Interesse an Wissen und seiner Übertragbarkeit geweckt.[2] Mittlerweile wird die Bedeutung des Wissens in einer Unternehmung derart hoch eingeschätzt, dass es neben Boden, Kapital und Arbeit den Stellenwert eines Produktionsfaktors erhielt, durch dessen gezielten Einsatz Wettbewerbsvorteile erzielt werden können. Das Wissensmanagement versucht das Wissen in Kategorien aufzugliedern und anhand dieser Kategorien auf seine Transferierbarkeit zu untersuchen (Spelsiek 2005). Mit der sprachpragmatischen Wende wandte sich die Sprachwissenschaft der Kommunikationsforschung zu. Die von Gerd Antos und Sigurd Wichter ins Leben gerufene Wissenschaftsrichtung setzt hier an. Wichtig ist, dass bei all diesen Wissenschaften die Frage nach dem Erfolg des Transfers im Zentrum steht. Wie kann man den Transfer optimieren? Es gibt etwa in der Sprachwissenschaft seit John L. Austin so genannte Glückensbedingungen, von denen das Zustandekommen eines Sprechaktes abhängt. Zentral ist dabei, dass dem Sender im Kommunikationskontext immer eine Absicht, ein Ziel zugeschrieben wird.

[2] Es spricht deshalb für sich, dass Stichweh gerade in diesem Überlappungsbereich von Soziologie und Ökonomie schon zur Transferfrage gearbeitet hat: Stichweh 1999, besonders 36–38.

Doch: Inwiefern ist die Rechts- und Geschichtswissenschaft, mit der wir uns befassen, dabei eingeschlossen, wie verstehen diese den Transferbegriff?
Fragen wir zuerst disziplinär: Der moderne Historiker versteht sich als Kulturwissenschafter. Auch die Rechtswissenschaft versteht sich m. E. als solche (Horn 1996, 32). Insofern könnte man sich im Aufruf Gerd Antos' durchaus mitverstanden wissen.
Nehmen wir indessen den Begriff „Transfer" unter die Lupe, so zeigt sich, dass dieser in der Geschichtswissenschaft bisher kaum Einzug gehalten hat und nicht geläufig ist. In der Rechtsgeschichte wird er aber immerhin genutzt, wie der einleitende Aufsatz von Barbara Dölemeyer über „Transfer juristischen Wissens – Wissenschaft und Rechtspolitik in K. J. A. Mittermaiers Werk und Korrespondenz" zum interdisziplinären Projekt „Wissenskultur und gesellschaftlicher Wandel", das von der Deutschen Forschungsgemeinschaft an der Johann Wolfgang Goethe-Universität in Frankfurt am Main seit 1999 gefördert wird, zeigt (Fried/Kailer 2003: 9; Dölemeyer 2003: 73–86). Trotzdem möchte ich mich im Folgenden an den in der Geschichtswissenschaft verbreiteten, angestammten Begriff der **Rezeption** halten. Dieser unterscheidet sich von demjenigen des Transfers vor allem dadurch, dass an den Absender keine Erwartungshaltung gestellt wird. Er ist quasi in Bezug auf die hier dargelegte Kommunikation willenlos. Dies scheint mir vor allem bei der Übertragung über lange Zeitperioden bedeutsam – etwa wenn römische Rechtsregelungen im Mittelalter oder in der Neuzeit wieder zur Anwendung kommen, doch, wie zu zeigen sein wird, scheint es mir auch beim hier zu beleuchtenden Thema nicht unerheblich. Den Rezeptionsbegriff verstehe ich somit als Teilbegriff des Transferbegriffs, der in diesem Band zur Diskussion steht und die Klammer bildet.
Zumindest eine begriffliche Unschärfe ist noch geblieben, die Gleichsetzung von Recht und Wissen. Beides sind weite Begriffsfelder mit verschiedenen Perspektiven.[3] Eine genauere Auseinandersetzung mit ihnen muss hier ausbleiben, doch möchte ich in diesem Aufsatz Recht im Sinne **juristischen Wissens** als Teilmenge von „Wissen" verstehen. Insofern wird Recht im Begriff „Wissen" immer mitgemeint.[4]
Im Zentrum der folgenden Kapitel soll nun die Frage danach stehen, was von Karl Renners Autonomie-Konzept transferiert oder eben rezipiert wurde. Dazu soll nach einer Verortung der Theorie Karl Renners in seinem Leben in einem ersten Schritt sein Autonomiekonzept kurz vorgestellt werden, um anschließend zu zeigen, wo sich dieses in den Rechtsakten in Litauen und Lett-

[3] Zum Begriff „Wissen" vgl. etwa Spelsiek 2005, 8–15; zu den Facetten und Aufteilungen des Rechtsbegriffes vgl. Forstmoser 2003, 123–157, und auch Horn 1996, 1–5.
[4] Zu den Problemen des Begriffs „juristisches Wissen" vgl. Dölemeyer 2003, 73f.

land wiederfindet. Schließlich folgen noch einige Bemerkungen zur Frage, ob tatsächlich ein unmittelbarer Einfluss Karl Renners auf die Rechtsakten in Litauen zu vermuten ist.

2. Karl Renners Leben und die nationale Frage

Karl Renner ist kein unbeschriebenes Blatt. Er war Rechtsphilosoph, Politiker und Schriftsteller, um nur die wichtigsten seiner Tätigkeitsfelder zu nennen. Um den Kontext seiner Theorie besser verstehen zu können, seien am Anfang einige Worte zu seinem Leben gesagt.[5] – Renner wurde am 14. Dezember 1870 in Untertannowitz (Dolní Dunajovice) in Südmähren nahe der Grenze zu Niederösterreich geboren. Er entstammte folglich einem Gebiet, in dem die Nationalitätenfrage zunehmend aktuell und besonders brennend war. Renner studierte nach dem Militärdienst, der ihm das Vielvölkergemisch der Donaumonarchie und seine Probleme vor Augen führte, von 1890 bis 1894 an der Universität Wien Rechts- und Staatswissenschaften. In diese Zeit fällt auch sein Eintritt in die Sozialdemokratische Partei Österreichs. Trotz dieses Parteibuches wurde er von einem seiner Lehrer, Eduard Bernatzik, für den angesehenen Posten des Parlamentsbibliothekars, also den Staatsdienst empfohlen. Er bekleidete diesen Posten bis 1907, als er Abgeordneter des Reichsrates, des österreichischen Parlamentes wurde. Obwohl er 1914 zu den Kriegsbefürwortern gehörte, war Renner sehr bald für einen schnellen Frieden und wurde im März 1919 nach dem Wahlsieg seiner Partei erster Ministerpräsidenten der Ersten Republik Österreich. Er leitete in dieser Funktion auch die Delegation seines Landes an der Friedenskonferenz in Paris. Da Renner gegen seinen Willen den Friedensvertrag von St. Germain unterzeichnen musste, trat er danach von seinem Amt zurück und nahm in der Zwischenkriegszeit kein Exekutivamt mehr an. Anfang der Dreißigerjahre Parlamentspräsident, wurde Renner nach der Befreiung von den Nationalsozialisten 1945 zum Präsidenten der neuen Republik gewählt. Renner starb – noch im Amt – am 31. Dezember 1950 kurz nach seinem 80. Geburtstag.

Rücken wir aber nochmals die Zeit vor dem Ersten Weltkrieg ins Blickfeld: Renners Zeit als Parlamentsbibliothekar und Abgeordneter. Der seit 1895 bekleidete Posten des Parlamentsbibliothekars verschaffte dem in sehr ärmlichen Verhältnissen aufgewachsenen Renner zuerst einmal finanzielle Unabhängigkeit. Gleichzeitig bot er Renner genügend Freiräume, um sich mit seinen eigentlichen Interessengebieten zu beschäftigen: mit sozialwirtschaftlichen Fragen und vor allem den Nationalitätenproblemen der Donaumonarchie. Zwischen 1897 und 1918 hat Renner deshalb die Nationalitätenprobleme der k.u.k.-Monarchie in mehreren Monographien und zahlreichen

[5] Zur Biographie Karl Renners vgl. Rauscher 1995 und auch Merkl 1951.

Zeitschriften-Aufsätzen, ab 1907 besonders in der Zeitschrift „Der Kampf" erörtert. Diese mussten jedoch bis zu seiner Wahl ins Parlament wegen seiner staatlichen Anstellung anonym oder unter Pseudonymen erscheinen. Deshalb sind die Werke Renners auch unter den Namen wie Synopticus, Rudolf Springer, Thomas Wahrenmund, Karl Springer, O. W. Payer, Dr. Joseph Karner und noch weiteren bekannt geworden.
Die Nationale Frage hat er zuerst in anonymen Schriften 1897 und 1898 behandelt. 1899 publizierte Renner seine Grundideen in der Broschüre „Staat und Nation" (Renner 1899). Sein Hauptwerk zur nationalen Frage ist 1902 unter dem Titel „Der Kampf der Österreichischen Nationen um den Staat" erschienen (Renner 1902). Später hat er seine Standpunkte wiederholt und ergänzt und kurz vor dem Zerfall der Donaumonarchie 1918 eine zweite, erweiterte Auflage vom „Kampf der Österreichischen Nationen um den Staat" unter dem Titel „Das Selbstbestimmungsrecht der Nationen in besonderer Anwendung auf Österreich" (Renner 1918) herausgebracht.
Schon an den Überschriften der Bücher fällt auf, dass Renner seine Ideen in den Zusammenhang der Donaumonarchie stellte und sie dort angewandt wissen wollte. Die konkrete Anwendung auf denjenigen Staat, in dem er lebte und den er retten wollte, zeigt deutlich, dass es ihm nicht darum ging, seine Theorie zu exportieren und zu universalisieren. Seine Schriften sind zwar in Übersetzungen erschienen, doch zum ersten Mal erst, nachdem er seine Hauptgedanken schon zu Papier gebracht hatte.[6]

Im Folgenden werde ich mich hauptsächlich an Renners 1902 erschienenes Hauptwerk, also den „Kampf der Österreichischen Nationen um den Staat" halten. Das historische Detail in Renners Gedankenentwicklung muss deshalb ausgeblendet bleiben.

3. Die Theorie von Karl Renner

Zur Bestimmung des Staatsbegriffs wird in der heutigen Staatsrechtslehre meist die um die Jahrhundertwende vom 19. zum 20. Jahrhundert vom bekannten Rechtswissenschafter Georg Jellinek (1851–1911) in seiner „Allgemeinen Staatslehre" geprägte Definition herangezogen. Danach ist der Staat aus rechtlicher Begriffsperspektive

> *die mit ursprünglicher Herrschermacht ausgerüstete Körperschaft eines sesshaften Volkes oder [...] die mit ursprünglicher Herrschermacht ausgestattete Gebietskörperschaft.* (Jellinek 1914, 183 – im Original gesperrt).

---

[6] Als erstes ist „Staat und Nation" 1906 in St. Petersburg auf Russisch erschienen. Renner 1906.

Daraus werden im Allgemeinen folgende konstitutive Elemente abgeleitet:

- die Staatsgewalt (ursprüngliche Herrschermacht)
- das Staatsvolk (sesshafte Menschen, sesshaftes Volk)
- das Staatsgebiet (Gebietskörperschaft) (vgl. Haller/Kölz 1999, 6–10)

Der in Leipzig geborene Jellinek hat wie Renner in Wien studiert und hat ebenda auch seine wissenschaftliche Karriere begonnen. Aufgrund seiner jüdischen Abstammung und des damals in Wien zunehmenden antisemitischen Klimas war er zur Emigration gezwungen, um in Deutschland und zeitweise in der Schweiz seine wissenschaftliche Karriere fortzusetzen. Wenn auch die Person Jellineks in Wien nicht willkommen war, so tat dies seinem wissenschaftlichen Werk wenig Abbruch. Seine Ideen wirkten auch in Wien fort. Es ist deshalb nicht verwunderlich, dass auch Karl Renner, der hauptsächlich bei Edmund Bernatzik (1854–1919) studiert hatte, an diesen Begriff – ihn etwas erweiternd und differenzierend – anknüpfte. Renner nennt den Staat eine „souveräne Gebietskörperschaft" und schreibt ihm folgende Merkmale zu:

- eine Bevölkerung
- die Organisation derselben als Zwangskörperschaft
- die Souveränität des Gesamtwillens
- die ausschließliche Herrschaft dieser souveränen Körperschaft über ein Gebiet. (Renner 1902, 55)

Doch für Renner lassen sich mit diesem Begriff die Verhältnisse in der Donaumonarchie im Zeitalter des Nationalismus nicht vollständig juristisch fassen. Renner sagt nämlich weiter, dass im Gegensatz zum Staat die Nation mit dieser Definition nicht erfasst werden könne, da die Nation keine Gebietskörperschaft sei, sondern eine Personalkörperschaft, deren primäres Merkmal die gemeinsame Kultur sei. Er stellt fest, dass die Beziehung der Nationalität bzw. Nation nicht an das Territorium gebunden ist:

Die Nationaliät hat ihrer inneren Natur nach zunächst keine Beziehung zum Gebiet. Man verliert sie nicht, wenn man das Gebiet verlässt, man gewinnt sie nicht, wenn man das Gebiet betritt [...] Jedes gesunde Nationalitätsbewusstsein muß gegen eine solche Nationszugehörigkeit protesti[e]ren. (Renner 1902, 35)

Er stellt der Definition des Staates eine solche der Nation gegenüber. Für Renner ist die *Nation* folglich

ein Verband gleich denkender und gleich redender Personen, eine Kulturgemeinschaft moderner Menschen, die nicht mehr an die Scholle gebunden ist. (Renner 1902, 132 – der erste Teil bis zu „ ... Menschen" ist im Original gesperrt)

Während der Staat also nach dem Territorialprinzip organisiert sei, müsse die Nation aufgrund ihrer fehlenden Schollenbindung nach dem Personalprinzip wie eine Genossenschaft organisiert werden. Da aber nach Renner außer der Territorialbindung alle Elemente des Staatsbegriffs auch auf die Nation zutreffen, müsse diese als Zwangskörperschaft konstituiert werden. Dadurch würde auch die Nation zu einer öffentlich-rechtlichen Einheit. Staat und Nation müssten auch nicht, wie im Nationalstaat, deckungsgleich sein, auch wenn ein Nationalstaat durchaus effektiver sei. Für Renner geht der Nationalstaat aber von falschen Voraussetzungen aus, nämlich der Gleichung von Staat und Nation. Diese lehnt Renner entschieden ab.

Mit der Idee der Konstituierung der Nation als öffentlich-rechtliche Zwangskörperschaft stellt er sich in eine Gegenposition zu den bisherigen Lösungsansätzen des Nationalitätenproblems in Österreich-Ungarn, denn er konstituiert die Nation – und nicht nur ihre Angehörigen – als selbständiges Rechtssubjekt. Genau darin verortet er als Jurist den großen Vorteil seiner Theorie.

Nach Renner schließen sich Staat und Nation – beide öffentlich-rechtliche Einheiten auf demselben Gebiet – auch nicht a priori aus. Sie ergänzen sich vielmehr. Das *staatliche Gewaltmonopol* ist nach Renner nicht absolut zu verstehen und kann durchaus geteilt werden. Während früher der Staat und somit die Zwangsgemeinschaft das ganze Leben ausgefüllt habe, seien im Verlaufe der Jahrhunderte Freiräume, eine so genannte staatsfreie Sphäre entstanden. In diesen Freiräumen hätten sich neue Gruppen mit Kollektivinteressen gebildet. Eine solche Gruppe sei auch die Nation, die autonom neben dem Staat existieren könne. Zur Untermauerung dieser These zieht Renner außerdem die katholische Kirche heran, die ebenfalls als öffentlich-rechtliche Organisation neben dem Staat existiere. Renner bemüht die Kirche sogar noch weiter und sagt, dass es seit der Trennung von Kirche und Territorium keine Religionskriege mehr gebe. Genau deshalb müsse die Nation vom Territorium getrennt werden.

Anhand der katholischen Kirche nennt Renner weiter die konstitutiven Elemente einer autonom organisierten Nation, die ich hier kurz anführen möchte. Da wäre zuerst das Bekenntnisprinzip. Jeder muss seine Nationalität selbst bestimmen. Dies bedeutet, dass die Zugehörigkeit des Einzelnen zu einer Nation nicht mittels so genannt objektiver Kriterien oder Surrogaten wie Sprache oder Religion von Amtes wegen bestimmt wird, sondern ein rein subjektives Kriterium ist, das positiv bestimmt wird. Gegen offensichtliche Missbräuche dieses Prinzips (den Versuch der Unterwanderung einer Nation) fordert Renner strafrechtliche Bestimmungen. Wichtig ist außerdem, dass das Bekenntnis zu einer Nation ein bindender Rechtsakt ist, der in der Nationsgemeinschaft berechtigt, aber auch verpflichtet. Neben den Rechten an der Teilhabe an den Institutionen der Nationsgemeinschaft unterstreicht Renner auch dasjenige

des Schutzes vor Übergriffen und das der Wahrung der Rechte der Nation gegenüber dem Staat (Renner 1899, 10f.; Renner 1902, 66f.). Als Pflicht führt er an, die Lasten – vor allem die finanziellen – mitzutragen.
Zweitens sind die Organisation und die Organe der autonomen Organisation zu bestimmen: Hier beginnt Renner auf der untersten Hierarchiestufe. Er nennt die Gemeinde, den Bezirk und darüber den Kreis. Letzterer kann nach Renner auch zweigeteilt und als nationaler Doppelkreis geführt werden, sofern die Minderheitsnation eines Kreises eine humanistische, naturwissenschaftliche und fachliche Mittelschule zu errichten vermag (Renner 1902, 188). Während in Doppelkreisen drei Verwaltungen – zwei nationale und eine staatliche – bestehen, fallen in einem einheitlichen Kreis die nationale und die staatliche zusammen. Alle dieser Verwaltungen haben selbstverständlich Kataster ihrer Angehörigen zu führen.
Über diese Ebene hinaus bilden aber alle in diesen Kreisen und Doppelkreisen wohnenden Angehörigen einer Nation zusammen einen Nationsverband. Auf diese Weise werden sie organisch miteinander verbunden und wählen als höchstes Gremium der Nation ein Parlament – den Nationalrat. Mit der Durchführung der vom Nationalrat gefassten Beschlüsse ist ein Nationalminister betraut, der im Kabinett des Staates Einsitz hat und dem Nationalrat verantwortlich ist. Der Nationalminister ist auch Vorsteher der nationalen Kulturinstitute sowie der Finanz- und Schulverwaltung (Renner 1902, 201–203, 205).
Von diesem Nationsverband – auch von den Nationalratswahlen – sind nun aber nach Renner diejenigen Vertreter der betreffenden Nation ausgeschlossen, die in der so genannten Diaspora wohnen. Sie erhalten nach Renner nur den oben erwähnten Rechtsschutz.
Drittens verteilt Renner – wie es für den Staatsrechtler üblich ist – der Nation bestimmte Hoheiten (Renner 1902, 81, 84–86):

- die Repräsentativhoheit, also das Recht im Interesse des Gemeinwesens zu sprechen
- die Finanzhoheit, also das Recht Vermögen zu besitzen und über dieses zu verfügen
- die Amtshoheit, also das Recht, Individuen mit der Vertretung der Gesamtinteressen zu betrauen
- und die Personalhoheit, also das Recht, über die Individuen des Gemeinwesens zu verfügen. Dies schließt insbesondere auch das Recht ein, die Nationsangehörigen mit Steuern zu belegen und ihnen Verordnungen aufzuerlegen.

Dem Staat weist Renner lediglich eine Kontrollfunktion zu. Er soll lediglich Mindeststandards für die Schule, die Lehrerausbildung, die Staatsprüfung und dergleichen setzen. Renner erwähnt speziell auch die Schulpflicht. Die Durchführung dieser Mindeststandards liegt in den Händen des Staates. – Die Kontrollfunktion darf aber nicht mit einem Unterstellungsverhältnis verwechselt werden (Renner 1902, 177).
Schließlich gilt es noch einen Blick auf die inhaltliche Seite, den sachlichen Aufgaben- oder Geschäftsbereich der Nation zu werfen. Renner charakterisiert diese als „geistige Kulturhoheit" (Renner 1902, 83 u. 91). Konkret möchte er dem Nationalrat

die ganze Obsorge für das nationale Unterrichtswesen, für die nationale Literatur, für Kunst und Wissenschaft, die Errichtung von Akademien, Museen, Galerien, Theater, Bibliotheken und die Denkmalpflege, die Förderung der nationalen Geschichtswissenschaft ec.

unterstellen (Renner 1902, 200). Doch darüber hinaus ist die Nation auch frei, den Tätigkeitsbereich auszuweiten. Er selbst sagt folgendes:

Sie [die Nation] kann landwirtschaftliche und gewerbliche Kreditanstalten, Versuchsanstalten, Banken und Sparkassen für [die] innere nationale Kolonisation errichten und subventioni[e]ren, sie kann ihr etwa verfügbares Vermögen in Industriebetrieben anlegen und dergleichen mehr (Renner 1902, 201).

4. Litauen

Wenden wir uns nun Litauen zu. In der jüdischen Autonomie Litauens fanden die Ideen Renners nach ersten Gehversuchen in einigen Ausgleichsgesetzen am Vorabend des Ersten Weltkrieges in Österreich selbst und danach in der ersten umfassenden Umsetzung im ukrainischen „Statut der personalen Autonomie in der Ukraine" vom 9. Januar 1918[7] eine erste längerfristige rechtliche Anwendung.
Als Rechtsquellen, die zwar zum Teil nie Gesetzeskraft erlangten und damit als Gewohnheitsrecht bezeichnet werden müssen (Landauer 1924, 45), sind folgende zu nennen: Die „Erklärung der litauischen Regierung über die den Juden in Litauen zu gewährende nationale Autonomie" vom 5. August 1919[8], die in Paris von der litauischen Delegation bei der Friedenkonferenz an das „Comité des Délégations Juives", also die jüdische Delegation an der Pariser Friedenskonferenz, überreicht worden ist. Als zweites folgte dieser Erklärung

[7] In deutscher Übersetzung abgedruckt bei Landauer 1924, 104–107.
[8] Abgedruckt bei Garfunkelis 1920, 24–26; ebenso bei Bliuminas 2003, 74; eine deutsche Übersetzung findet sich bei Landauer 1924, 107–109, welche für die folgenden Zitate herangezogen wurde. – Diese Deklaration wurde später, am 21. Oktober 1920, von der litauischen Regierung bestätigt (vgl. Mintz 1927, 101).

ein „Litauisches Gesetz betreffend das Recht der jüdischen Gemeinderäte, die jüdische Bevölkerung mit Steuern zu belegen“[9]. Dieses wurde von der litauischen Regierung am 10. Januar 1920 in Kaunas, der damaligen Hauptstadt Litauens, auf dem Verordnungsweg verabschiedet. Als drittes formulierte der zuständige Minister für jüdische Angelegenheiten, der Zionist Max Soloveitschik (1883–1957), die „Instruktionen zur Ausführung dieses Gesetzes“[10]. Diese Instruktionen sind auf den 29. März 1919 datiert. Schließlich sind diese Rechte der jüdischen Autonomie auch in der litauischen Verfassung[11] vom 1. August 1922 als Paragraphen 73 – das Recht auf autonome Gemeinschaften – und 74 – das Steuerrecht – verankert worden (Robinson 1928, 320)[12].

Litauen war bis zum Ende des Ersten Weltkrieges Teil des Russischen Reiches. Am 16. Februar 1918 erklärte die Taryba, der Rat Litauens, auf der Basis des Selbstbestimmungsrechts der Völker das Land für unabhängig. Um eine breite internationale Anerkennung der angestrebten Unabhängigkeit zu erlangen, schickte das litauische Außenministerium eine Delegation an die Pariser Friedenskonferenz, auf der über das Erbe des Ersten Weltkrieges entschieden werden sollte. In Paris trafen sich 1919 aus allen damals einflussreichen Staaten Persönlichkeiten von Rang und Namen, so dass sich die Konferenz geradezu anbot, für den eigenen Staat Propaganda zu machen. Neben der Donaumonarchie und dem Deutschen Reich war es gerade auch das russische Imperium, für welches eine Nachfolgelösung gesucht wurde, da sich Russland nach der Machtübernahme der Bolschewiki zum Feind der Alliierten gewandelt hatte. Litauen war Teil dieser Konkursmasse und wollte auf keinen Fall einem neuen Russland zugeschlagen werden. Es ging den Litauern in Paris aber auch darum, gegen die polnisch-französische Allianz anzukämpfen, welche Teile des neuen litauischen Staates für sich beanspruchte (Liekis 2003, 124). Insofern war man bei den Litauern bemüht, die jüdische Seite in diesem Kampf an sich zu binden und ihr Zugeständnisse zu machen (Atamukas 2001, 118). In Paris selbst wollte man darüber hinaus auch mit einem umfassenden Minderheitenschutz gegenüber den Juden die Alliierten beeindrucken und eine bessere Anerkennung erwirken (Liekis 2003, 123f., 126f.). Die Pariser

[9] Abgedruckt bei Garfunkelis 1920, 28f.; eine deutsche Übersetzung findet sich bei Landauer 1924, 109f., welche für die folgenden Zitate herangezogen wurde.

[10] Abgedruckt bei Garfunkelis 1920, 29–31; eine deutsche Übersetzung findet sich bei Landauer 1924, 110–113, welche für die folgenden Zitate herangezogen wurde.

[11] Als Broschüre: Lietuvos Valstybės konstitucija 1949, 1–23. Eine deutsche Übersetzung findet sich bei Robinson 1928, 315–323.

[12] Die §§ 73 und 74 wurden als §§ 74 und 75 auch in die neue Verfassung vom 15. Mai 1928 (Robinson 1928, 323–326) übernommen (vgl. ibid. 325).

Deklaration und die Steuerverordnung wurden also unter diesen Auspizien geboren.
Betrachten wir die Pariser Deklaration vom 5. August 1919, in der die jüdische Autonomie von Litauen zum ersten Mal und auch grundsätzlich anerkannt wurde (Garfunkelis 1920, 15; Landauer 1924, 44; Mintz 1927, 101), so stechen mit der Brille Renners vor allem die Punkte 7 und 8 ins Auge. Sie lauten folgendermaßen:

> *7. Die Juden sind autonom in ihren inneren Angelegenheiten, insbesondere den Angelegenheiten der Religion, Wohltätigkeit, sozialen Hilfe, des Unterrichts und allgemeinen kulturellen Angelegenheiten. Der Wirkungskreis der nationalen Autonomie wird auf dem Wege der Gesetzgebung genau festgelegt und durch die Verfassung garantiert werden. Die Organe der jüdischen Autonomie sind die örtlichen Gemeinden und der Gemeindebund [...]*
>
> *8. Die Organe der jüdischen nationalen Autonomie werden nach dem Vorgang der territorialen Autonomie als staatliche Einrichtungen betrachtet, sie haben das Recht, in den Grenzen der ihnen zugewiesenen Geschäfte und Rechte Bestimmungen zu treffen, die für alle Angehörigen ihrer Nationalität verpflichtend sind. Sie haben außerdem das Recht, ihren Mitgliedern besondere Steuern zur Deckung ihrer Ausgaben aufzuerlegen.*
>
> *Die jüdischen Gemeinden und der Gemeindebund haben die Rechte juristischer Personen des bürgerlichen Rechts. Sie haben das Recht, Zuwendungen und Geschenke unter Lebenden und von Todes wegen anzunehmen. Sie erhalten eine Beihilfe von der Regierung, wenn eine solche Beihilfe für dieselben Zwecke ähnlichen Organen anderer Nationalitäten gewährt wird. Die Beihilfe soll unter alle Nationalitäten proportional verteilt werden.* (Landauer 1924, 108f.)

In den vorliegenden Punkten sind schon einige Elemente aus der Theorie von Renner eingeflossen. Im zweiten Absatz von Punkt 8 werden die jüdischen Gemeinden und auch der Gemeindebund als juristische Person bezeichnet und mit Rechten einer solchen ausgestattet. Damit wird die Nation als Rechtssubjekt konstituiert. Dieses Rechtssubjekt wird auch schon im ersten Absatz als nationale Autonomie bezeichnet und mit Organen ausgestattet. Da die Organe als staatliche Einrichtungen zu betrachten sind, lässt sich außerdem auf den öffentlich-rechtlichen Charakter der Autonomie schließen. Mit der Konstituierung als staatliche Einrichtung und juristische Person wird der nationalen Autonomie-Verwaltung auch die Finanzhoheit übertragen. Ebenfalls erhält die Nation mit dem Recht, Bestimmungen zu treffen – also Verordnungen zu erlassen –, und mit dem Besteuerungsrecht die volle Personalhoheit. Allerdings fehlt explizit die Repräsentationshoheit, was wiederum als Indiz dafür gewertet werden muss, dass die Nation noch nicht vollständig als Rechtssubjekt konstituiert ist. Weiter fehlen in den zitierten Paragraphen auch das Bekenntnisprinzip, das daraus resultierende Kataster, die Amtshoheit und auch die im Prinzip der Repräsentativhoheit immanenten Schutzrechte des Individuums. Im Punkt 7 ist indessen der Wirkungskreis ebenfalls in einen ob-

ligatorischen und einen – weit gefassten – noch zu bestimmenden Bereich aufgeteilt. Ebenfalls werden die Organe beim Namen genannt.
Die als Steuergesetz überschriebene, sieben Paragraphen umfassende Verordnung vom 10. Januar 1920 enthält nun eine Ergänzung. Diese reicht über eine Steuergesetzgebung hinaus, ist jedoch für diese dennoch zwingend: Die Nennung von Normadressaten.

§ 1. Alle Juden, die an einem Orte wohnen, sind Mitglieder der örtlichen jüdischen Gemeinde [...] (Landauer 1924, 109).

Dies bedeutet nach Renner implizit die Anwendung des Bekenntnisrechts und des Zwangskatasters. Mit dieser Bestimmung wird nämlich ausgeschlossen, dass sich ein Jude zur jüdischen Nationalität – also als Jude – bekennen, jedoch gleichzeitig außerhalb der Autonomie stehen kann. Allerdings reicht hier schon das religiöse Bekenntnis auch als nationales aus. Eine Verdeutlichung, aber gleichzeitige Einschränkung oder gar Abweichung von Renner enthalten schließlich die Instruktionen des Ministers für jüdische Angelegenheiten vom 29. März 1920. Hier lauten die ersten drei und der sechste Paragraph folgendermaßen:

§ 1. Alle Juden, die an einem Ort wohnen, sind Mitglieder der örtlichen jüdischen Gemeinde. In den Grenzen eines Ortes kann nur eine Gemeinde bestehen.
§ 2. Als Jude wird jeder anerkannt, welcher als solcher in den Stammrollen, Familienlisten und anderen Personenstandsregistern eingetragen ist.
§ 3. Die Umstände, welche als genügender Grund zum Austritt aus der Gemeinde angesehen werden können sind: Glaubenswechsel und Nachweis der Unrichtigkeit des Personenstandsregisters.
§ 6. Der Gemeinderat ist die Vertretung der am Orte wohnhaften jüdischen Bevölkerung. (Landauer 1924, 110f.)

In Paragraph 1 wird klargestellt, dass es keine Konkurrenzgemeinden geben kann. Damit wird nicht nur die Frage des Zwangskatasters wiederholt, sondern auch der Ausschließlichkeitsanspruch der Gemeinde bekräftigt. Dieser Anspruch wird auch in Paragraph 6 der Instruktionen wiederholt. Insofern wird hier auf Gemeindeebene auch gesagt, dass die Gemeinde die Juden als Rechtskörperschaft vertritt, also auch die Repräsentationshoheit innehat. In Paragraph 2 wird dem Bekenntnisprinzip indessen eine Absage erteilt, da nicht das religiöse Bekenntnis, sondern die Abstammung entscheidend ist. Im Paragraph 3 wird nochmals wiederholt, dass man nicht austreten kann, wenn man weiterhin Jude bleiben möchte, dass aber gleichzeitig auch die Möglichkeit besteht, gegen eine Eintragung Einspruch zu erheben.
Während die Paragraphen 3 bis 7 des Steuergesetzes und 12 bis 19 der Instruktionen nähere Bestimmungen zur Besteuerung enthalten, so finden

sich in den Paragraphen 2 des Steuergesetzes und 4 und 5 der Instruktionen Angaben zu den Wahlen der Gemeinderäte. Eine genauere Auseinandersetzung mit diesen erübrigt sich hier.
Bedeutender scheinen aber die Paragraphen 10 und 11 der Instruktionen Soloveitschiks, in denen die inhaltliche Seite der autonomen Gemeinschaft – also der Zuständigkeitsbereich – bestimmt wird. Es fällt auf, dass hier Soloveitschik im Vergleich zur Pariser Deklaration keine Konkretisierung vorgenommen hat. Dies entspricht aber lediglich der Theorie von Renner, der hier ebenso keine klaren Grenzen setzt.
Festzuhalten gilt es, dass die Amtshoheit aus Renners Theorie – sieht man vom Nationalminister ab – nirgends erwähnt wird. Dies lässt sich am besten damit erklären, dass diese Frage in Österreich zur Zeit der Entstehung der Schriften Renners am meisten umstritten war, in Litauen hingegen weniger. Schließlich steht die Bestimmung, wonach die Zugehörigkeit durch Abstammung festgelegt wird, im Widerspruch zu Renners Theoriegebäude. Diese Bestimmung wird aber verständlich, wenn man sie vor dem Hintergrund der jüdischen Tradition betrachtet, so dass hier der Einfluss der Religion auf das Gesetz auszumachen ist. Die eigene Tradition ging hier offensichtlich vor.

5. Lettland

Von Lettlands Minderheitenrecht hat bisher besonders die Schulautonomie in der Zwischenkriegszeit größere Bekanntheit erlangt. Sie wurde zum einen im „Gesetz über die Bildungsanstalten Lettlands“[13] („Allgemeine Schuldordnung“) und zum anderen in einem „Gesetz über die Ordnung der Minderheitenschulen in Lettland“[14] („Minderheitenschulgesetz“) am 8. Dezember 1919 von der provisorischen Regierung angenommen und rechtlich verankert. Diese beiden Gesetze, die etwa aus der gleichen Zeit stammen wie die oben besprochenen Rechtsakte in Litauen, waren quasi eine frühe Vorstufe zu einer umfassenden Kulturautonomie. Auch wenn mit ihnen einige Ideen von Renner verwirklicht worden sind, so haben doch wichtige Postulate Renners in sie keinen Eingang gefunden:
Erstens wird die Zugehörigkeit zu einer Minderheitengemeinschaft nicht allein durch das Bekenntnis bestimmt, sondern durch die Familiensprache festgelegt (Allgemeine Schulordnung, § 40). Dies war vor allem für die jüdische Minderheit verheerend, ließen sich die Juden in Lettland doch mindestens vier Sprachgruppen zuordnen: der deutschen, der russischen, der jiddischen und

[13] Abgedruckt in Latvijas Pagaidu Valdības Likumu un Rīkojumu Krājums, 1919 g. 31. dec., Nr. 155.
[14] Abgedruckt in Latvijas Pagaidu Valdības Likumu un Rīkojumu Krājums, 1919 g. 31. dec., Nr. 156.

der hebräischen. Außerdem gilt es zu bedenken, dass gerade für die Juden, wie im Paragraph 2 der Instruktionen Soloveitschiks festgehalten, die Abstammung als Merkmal eine bedeutende Rolle spielte und in Litauen für die Bestimmung der Zugehörigkeit herangezogen werden sollte.

Zweitens gilt es einzuwenden, dass auch wenn das Kollektivrecht der Minderheiten anerkannt ist und die Organisation für autonom erklärt wird (Minderheitenschulgesetz, § 1), es sich hierbei lediglich um eine Abteilung im Bildungsministerium handelt (Minderheitenschulgesetz, § 6). Eine eigene Konstitution ohne Unterordnung unter den Staat ist damit nicht möglich. Der Staat hat weit mehr als nur Kontrollrechte. Ein Besteuerungsrecht entfällt.

Vor allem aufgrund des zweiten Einwandes wurde auch in Lettland von den nationalen Minderheiten, die immerhin mehr als einen Viertel der Bevölkerung ausmachten, eine allgemeine Autonomie angestrebt. Während man bis zur Annahme der Verfassung[15] in der Konstituante am 15. Februar 1922 alle Energie darauf verwendete, dort entsprechende Bestimmungen aufzunehmen, so konzentrierte man sich danach auf Spezialgesetze.

Zur lettischen Verfassung vom 15. Februar 1922 ist anzumerken, dass diese im Gegensatz zur litauischen Verfassung in ihrer endgültigen Form keine Grundlage für eine kulturelle Autonomie der Minderheiten enthielt. Dies lag daran, dass der Grundrechtsteil, in welchem die entsprechenden Paragraphen 115 (Sprachenfrage) und 116 (kulturelle Autonomie) enthalten waren, in der dritten Lesung von der Konstituante in toto abgelehnt wurde (Laserson 1924, 258; 263). Folglich fühlte man sich in Lettland nicht gebunden und hat den nationalen Minderheiten – einschließlich der jüdischen – auf dem Gesetzesweg nie eine kulturelle Autonomie gewährt. Dieser Umstand hatte zur Folge, dass die weiteren Bestrebungen der nationalen Minderheiten für eine kulturelle Autonomie kaum bekannt sind und es auch keine offiziellen Rechtsakten dazu gibt.

In Lettland stellten neben den Juden vor allem die Deutschen (genauer Deutschbalten), die Russen und die Polen größere Minderheitengruppen. Anstatt aber gemeinsam ein einziges Gesetzesprojekt einzureichen, waren aufgrund des deutschbaltischen Alleinganges alle vier Volkgruppen gezwungen, ein eigenes Gesetz auszuarbeiten. Die Vorlagen unterscheiden sich allerdings nur geringfügig.[16] Im Anschluss an das vorangehende Kapitel und aufgrund

---

[15] Als Broschüre: Latvijas Republikas Satversme 1946, 1–15. Eine deutsche Übersetzung findet sich bei Laserson 1924, 265–269.

[16] So entsprechen sich das russische und das jüdische Projekt (das mir auch nur auf Russisch vorliegt) über weite Strecken wortwörtlich. Das „Proekt russkoj avtonomii" ist abgedruckt bei: Fejgmane 2000, 342–346, das „Proekt" zakona o nacional'no-kul'turnom" samoupravkenii ob"edinenija evrejskago naselenija v" Latvii." in: Narodnaja Myzl', 1. fevralja 1925 g., 3.

der Kritik an der Schulautonomie (Sprachenfrage) soll hier im Folgenden das „Projekt eines Gesetzes über die national-kulturelle Selbstverwaltung der Vereinigung der jüdischen Bevölkerung in Lettland“[17] ins Zentrum gerückt werden. Dieses wurde am 30. Januar 1925 der zuständigen öffentlich-rechtlichen Kommission eingereicht. Es ist – wie die anderen Projekte – in drei Teile gegliedert. Der erste – 6 Paragraphen enthaltende – Teil ist der Organisation der Minderheit gewidmet, der zweite – mit 11 Paragraphen – dem Bildungswesen und der letzte, drei Paragraphen umfassende Teil sollte die Sprachanwendung im öffentlichen Leben regeln (Goldmanis 2003, 27).
Im ersten Abschnitt wird einleitend festgehalten, dass sich alle lettischen Bürger jüdischer Nationalität zu einer öffentlich-rechtlichen Gemeinschaft vereinigen (§ 1). Die Gemeinschaft beansprucht für sich alle Rechte einer juristischen Person (§ 3), sie konstituiert sich als solche. Daraus ergibt sich, dass im jüdischen Projekt in Lettland wie schon in Litauen der autonomen Gemeinschaft die Finanzhoheit überantwortet wird. In Paragraph 5 wird der Gemeinschaft außerdem das Steuerrecht – also ein Teil der Personalhoheit – verbrieft. Von besonderer Bedeutung sind nun aber die Regelungen der Zugehörigkeit (§ 2). Diese wird zweifach definiert. Sie hängt einerseits – positiv formuliert – vom Nationalitätenvermerk in Pass oder Personalausweis ab. Andererseits aber wird in einer Anmerkung (zu § 2) festgelegt, dass – negativ formuliert – die Konversion zu einer anderen Religion dem Austritt aus der Gemeinschaft gleichkommt. In diesem Paragraph ist also das Bekenntnisrecht Renners zweifach geregelt. Da im Grunde genommen keine andere Austrittsmöglichkeit als die Konversion und Abkehr vom Judentum gegeben wird, kann von einem Zwangskataster gesprochen werden. Auffallend ist, dass hier ein Hinweis auf die jüdische Abstammung fehlt.
Im Paragraph 4 ist der Geschäftsbereich der autonomen Gemeinschaft umschrieben:

Die Tätigkeitssphäre der Selbstverwaltungsorgane der Bürger jüdischer Nationalität umfasst die Pflicht, die Befriedigung aller Bedürfnisse des national-kulturellen Lebens, die soziale Versorgung, sofern sie nicht vom Staat oder den Selbstverwaltungsorganen oder sofern sie nicht in ausreichendem Masse gewährt wird, und Obhut über die öffentlich-religiösen Bedürfnisse, mit Ausnahme der Synagogen und der Bethäuser, sicherzustellen. (Narodnaja Myzl’ 1. fevralja 1925 g, 3).

Zuerst fällt auf, dass die Zuständigkeit der jüdischen kulturellen Autonomiegemeinschaft im Gegensatz zu Litauen genau umschrieben und relativ eng gefasst ist: die kulturellen Belange, die Fürsorge und öffentlichen-religiösen Bedürfnisse. Dass gerade die Synagogen und Bethäuser ausgeschlossen wurden, muss vor dem Hintergrund der starken Fraktionierung der jüdischen Minder-

[17] Vgl. die bibliographischen Angaben in Anmerkung 16.

heit in Lettland in sechs Parteien gesehen werden, deren Spektrum von der orthodoxen „Agudas-Israel“ bis zum linken, 1897 gegründeten „Allgemeinen Jüdischen Arbeiterbund in Litauen, Polen und Russland“ (kurz „Bund“), der auch im Lettland der Zwischenkriegszeit fortbestand, reichte. Stellte für die Orthodoxen der Einbezug der Religion quasi eine *conditio sine qua non* dar, so sollte die Gemeinschaft für die atheistische Linke von der Religion befreit sein. Mit dem Paragraph 4 wurde hier insofern ein „*homousios*“ gefunden.
Sehr vage sind die allgemeinen Bestimmungen über die zu unterhaltenden Organe (§ 6). Es wird lediglich festgelegt, dass die nationale Vereinigung sowohl lokale als auch zentrale Organe unterhält und dass das Zentrale Organ – also der Nationalrat – aus 60 auf drei Jahre gewählten Mitgliedern bestehen soll. Dies entspricht zwar weitgehend den Postulaten Renners. Auffallend ist aber, dass der Nationalminister in diesen allgemeinen Bestimmungen fehlt.
Die Anzahl und Ausgestaltung der Organe wird aber im zweiten Abschnitt, demjenigen zum Bildungswesen, konkretisiert. Hier wird auch der Chef der Bildungsverwaltung erwähnt, der analog zum Schulgesetz die Rolle des Nationalministers weitgehend übernehmen sollte (§ 13). Er hat zudem die Aufgabe, die jüdische Minderheit gegenüber der Regierung zu vertreten. Damit ist die Repräsentationshoheit geregelt (§ 12 und 13). Auch die Amtshoheit (§ 11 und 12) und das Verordnungsrecht (§ 14 Pkt. e) sind erst in der Abteilung zum Bildungswesen geregelt.
In der Frage der Schulsprache konnte man sich einerseits darauf einigen, dass in den öffentlichen jüdischen Schulen entweder auf Jiddisch oder Hebräisch zu unterrichten sei (§ 7). Mehr Mühe bereiteten die Privatschulen. Hier wurde als Kompromissformel beschlossen, diese Frage dem Nationalrat zu überlassen. Die zionistische Fraktion wollte den Nationalrat aber dahingehend binden, dass dieser lediglich eine Übergangsbestimmung festsetzen könne. Diese zwei Ansichten haben dazu geführt, dass der Entwurf für die Anmerkung zu Paragraph 7 zwei Varianten vorschlägt. – Die weiteren Bestimmungen des Projekts sind für unsere Fragestellung nicht relevant.
Zusammenfassend kann deshalb gesagt werden, dass in diesem Projekt alle Postulate Renners verwirklicht wurden. Eine Rezeption seiner Theorie ist auch in diesem Gesetzesprojekt kaum zu verneinen. Wenn der Geschäftsbereich der autonomen Gemeinschaft sehr eng gefasst wurde, so bedeutet dies lediglich, dass der Aufgabenbereich auf das Nötigste beschränkt wurde. Dies hat nicht zuletzt mit den geänderten Voraussetzungen zu tun. Während die Donaumonarchie ein Nationalitätenstaat war, verstanden die Letten Lettland als einen von ihnen geführten Nationalstaat. Folglich wollte man die Minderheiten auf ihren Kernbereich zurückdrängen bzw. war man sich bei den Minderheiten bewusst, dass mehr auf keinen Fall zugestanden würde. Sicherlich war dies auch in Litauen der Fall, doch stand der Nationalstaat zum Zeit-

punkt, als die oben besprochenen Rechtsakten angenommen wurden, noch auf sehr unsicheren Fundamenten.

6. Renner als Vater der kulturellen Autonomie

Haben die oben analysierten Rechtstexte durchaus eine Ähnlichkeit mit Renners Theorie gezeigt, so stellt sich nun die Frage, ob eine Rezeption von Karl Renners Schriften tatsächlich zwingend ist. Könnten die in den Gesetzen verwirklichten Gedanken nicht auch von jemand anderem her kommen? Nun, es ist hier nicht der Ort, die Linie zwischen Renners Theorie und den jüdischen Autonomien in Litauen und Lettland im Einzelnen nachzuzeichnen. Ich möchte aber doch zwei Punkte erwähnen:

Erstens nennt Leib Garfunkel im Kapitel zum Personalprinzip seines 1920 erschienen Werkes zur jüdischen Autonomie in Litauen Rudolf Springer, also Karl Renner, den Gründer des Autonomiegedankens (Garfunkelis 1920, 5).

Zweitens sei erwähnt, dass sich Josef Stalin[18] 1913 in Wien dazu veranlasst sah, unter dem Titel „Marxismus und nationale Frage“ eine Polemik zu verfassen, die über weite Strecken eine Kritik an der austromarxistischen Nationalitätentheorien ist (Stalin 1950, 266–333). Zwar kommt vor allem Otto Bauer unter Beschuss, doch manchmal steht auch Karl Renner im Zielfeld. Ein Kapitel widmet Stalin im Speziellen der national-kulturellen Autonomie (Stalin 1950, 292–302). Auch wenn Stalin damals in Wien war, so kann der Grund für diese Broschüre lediglich darin liegen, dass Renners Ideen in Russland auf offene Ohren stießen und weit verbreitet waren. Wie aus Stalins Ausführungen zu entnehmen ist, war dies besonders in Kreisen des oben erwähnten „Bundes“ der Fall, also unter Juden. Dass man sich 1920 offenbar veranlasst sah, diese Broschüre neu aufzulegen[19], zeigt nur, wie hartnäckig sich Renners Gedankengut in Russland hielt.

7. Schluss

Die diskutierten Punkte in den herangezogenen Rechtstexten aus Litauen und Lettland weisen eine frappante Ähnlichkeit mit dem Theoriegebäude Karl Renners auf, auch wenn es im Einzelnen Unterschiede gibt. Es zeigt sich auch eine zu erwartende Tendenz zur Konkretisierung und genaueren Ausgestaltung. In den dargelegten Rechtstexten zeigt sich auch, dass die Rezeption und Anwendung stufenweise vor sich gegangen ist. Weiter lässt sich sagen, dass der Zuständigkeitsbereich der autonomen Gemeinschaft in Litauen am wenigsten genau bestimmt ist. Dies war aber jedoch schon bei Renner der Fall. Mit der Zeit hat man auch einen gemeinsamen Nenner gefunden, so dass die-

[18] Die Bolschewiki lehnten die nationale und national-kulturelle Autonomie kategorisch ab.
[19] Vgl. dazu die Anmerkung des Herausgebers zu Stalins Werkausgabe: Stalin 1950, 363f.

ser Bereich in Lettland weit genauer bestimmt ist. Die Frage, ob die Rechtstexte tatsächlich auf Renners Ideen beruhen, konnte hier zwar nicht im Einzelnen beantwortet werden, doch scheinen zwei angeführte Indizien doch mindestens stark darauf hinzuweisen.
Die vorangehenden Zeilen haben gezeigt, dass Karl Renner – zumindest als er seine Werke verfasst hat – die Rezipienten im russischen Zarenreich und später in Litauen und Lettland nicht gekannt hat. Ebensowenig werden sie ihn – zumindest nicht persönlich – gekannt haben. Renner hat mit seinen Rezipienten nicht persönlich korrespondiert, vielmehr wurden seine Bücher gelesen. Wir können deshalb – in Anlehnung an Sigurd Wichter – hier von einer Makrokommunikation sprechen, die „jenseits der individuellen Kommunikation zwischen als Einzelpersonen wechselseitig wahrnehmbaren Partnern" zu verstehen sei (Wichter 2004, 12). Rechtstransfer oder -rezeption spielt sich oft auf dieser Ebene ab, jedoch nicht nur, wie das Beispiel des Briefwechsels von K. J. A. Mittermaier zeigt, der „als Spinne im Netz der Kommunikation" (Dölemeyer 2003, 75) geradezu auf geniale Weise auf einer Mikroebene agierte und ein dichtes Kommunikationsnetz aufbaute. Beides sind unterschiedliche Formen eines Transfers. Eine eingehende, differenziertere Erforschung dieser Unterschiede würde sich sicherlich im Rahmen der Transferwissenschaften lohnen.

Literaturverzeichnis

Antos, Gerd (2001): „Transferwissenschaft. Chancen und Barrieren des Zugangs zu Wissen in Zeiten der Informationsflut und Wissensexplosion.“ In: Wichter, Sigurd/Antos, Gerd (Hrsg.): *Wissenstransfer zwischen Experten und Laien: Umriss einer Transferwissenschaft.* Frankfurt am Main et al.: Peter Lang. 3–33.

Atamukas, Solomonas (2001): Lietuvos žydu kelias. Nuo XIV amžiaus iki XX a. pabaigos. Antras papildztas leidimas. Vilnius: Alma Litera.

Bliuminas, Arkadijus (2003): *Žydų frakcija Lietuvos seimuose.* Vilnius: Lietuvos tūkstantmečio programmos leidinys.

Dölemeyer, Barbara (2003): „Transfer juristischen Wissens – Wissenschaft und Rechtspolitik in K. J. A. Mittermaiers Werk und Korrespondenz.“ In: Fried, Johannes/Kailer, Thomas (Hrsg.): *Wissenskulturen. Beiträge zu einem forschungsstrategischen Konzept.* Berlin: Akademie Verlag. 73–85.

Fejgmane, Tat'jana (2000): *Russkie v dovoennoj Latvii na puti k integracii.* Riga: Baltijskij Russkij Institut.

Forstmoser, Peter (2003): *Einführung in das Recht.* Dritte, neu bearbeitete Auflage. Bern: Stämpfli.

Fried, Johannes/Keller, Thomas (2003): „Einleitung: Wissenskultur(en) und gesellschaftlicher Wandel. Beiträge zu einem forschungsstrategischen Konzept.“ In: Fried, Johannes/Kailer, Thomas (Hrsg.): *Wissenskulturen. Beiträge zu einem forschungsstrategischen Konzept.* Berlin: Akademie Verlag. 7–19.

Garfunkelis, Leibas (1920): *Žydų Tautinė Autonomija Lietuvoje.* Kaunas: Š. Neumano spaustuvė.

Goldmanis, Juris (2003): „Ebreju kultūras autonomijas (nacionāli kulturālās pašvaldības) jautājums Latvijas parlamentā (1918-1925).“ In: *Latvijas Vēsture.* (3)51: 24–37.

Haller, Walter/Kölz, Alfred (1999): *Allgemeine Staatsrechstlehre.* Zweite Auflage. Basel: Helbing & Lichtenhahn.

Jellinek, Georg (1914): *Allgemeine Staatslehre.* Dritte Auflage. Berlin: O. Häring.

Landauer, Georg (1924): *Das geltende jüdische Minderheitenrecht. Mit besonderer Berücksichtigung Osteuropas.* Leipzig und Berlin: Teubner.

Laserson, Max Matatyahu (1924): „Das Verfassungsrecht Lettlands.“ In: *Jahrbuch des Öffentlichen Rechts der Gegenwart.* 12: 258–269.

Latvijas Pagaidu Valdības Likumu un Rīkojumu Krājums, 1919 g. 31. dec., nr. 155, nr. 156.

Latvijas Republikas Satversme (1946). Stokholm: LPK.

Liekis, Šarūnas (2003): *A State within a State? Jewish Autonomy in Lithuania 1918-1925.* Vilnius: Versus Aureus publishers.

Lietuvos Valstybės konstitucija (1949). Stuttgart: Lux.

Mintz, Moritz (1927): *Die nationale Autonomie im System des Minderheitenrechts unter besonderer Berücksichtigung der Rechtsentwicklung in den baltischen Randstaaten.* Riga: Walters & Rapa.
Merkl, Adolf (1951): „Karl Renners staatswissenschaftliches Lebenswerk". In: *Juristische Blätter.* 73: 121–126.
Narodnaja Myzl'. Riga, 1. fevralja 1925 g., 3.
Rauscher, Walter (1995): *Karl Renner: Ein österreichischer Mythos.* Wien: Überreuter.
[Renner, Karl] Synopticus (1899): *Staat und Nation.* Wien: Josef Dietl.
[Renner, Karl] Springer, Rudolf (1902): *Der Kampf der Österreichischen Nationen um den Staat. Erster Theil: Das nationale Problem als Verfassungs- und Verwaltungsfrage.* Wien/Leipzig: Franz Deuticke.
[Renner, Karl] Springer, Rudolf (1906): *Gosudarstvo i nacija. Issledovanie s gosudarstvenno pravovoj točki zrenija vozmožnych principov razrešenija nacional'nogo voprosa.* Sankt Peterburg: Iskra.
Renner, Karl (1918): *Das Selbstbestimmungsrecht der Nationen in besonderer Anwendung auf Oesterreich. Erster Teil: Nation und Staat.* Leipzig und Wien: Franz Deuticke.
Robinson, (1928): „Der litauische Staat und seine Verfassungsentwicklung." In: *Jahrbuch des öffentlichen Rechts der Gegenwart.* 16: 295–326.
Spelsiek, Jan (2005): *Motivationsorientierte Steuerung des Wissenstransferverhaltens. Modellierung, empirische Analyse und Anreizgestaltung.* Wiesbaden: Deutscher Universitäts-Verlag.
Stalin, Josef W. (1950): *Werke. Band 2: 1907-1913.* Berlin: Dietz Verlag.
Stichweh, Rudolf (1999): „Globalisierung von Wirtschaft und Wissenschaft: Produktion und Transfer wissenschaftlichen Wissens in zwei Funktionssystemen der modernen Gesellschaft." In: *Soziale Systeme.* 5: 27–39.
Wichter, Sigurd (2004): „Wissenstransfer und gesellschaftliche Kommunikation." In: Wichter, Sigurd/Stenschke, Oliver (Hrsg.): *Theorie, Steuerung und Medien des Wissenstransfers.* Frankfurt am Main et al.: Peter Lang. 11–15.

Der Wissenschaftstransfer des deutschen Verwaltungsrechts in die Schweiz

Semantik und Sozialstruktur einer „Gelehrtenrezeption"

Roger Müller, Zürich

German administrative law is a product of the foundation of the German Reich in 1871, which on the one hand was orientated towards a national jurisdiction and on the other took account of the comparative horizon of related "Culturstaaten". The result was a paradox: a legal field both enhanced national borders in a very distinct way and was at the same time capable of stepping across borders. This essay investigates the semantic coupling of academia and nation following the example of Fritz Fleiner, especially his "Institutionen". When Fleiner came back from Germany to Switzerland, his administrative law became "adopted" there and was spread by his lectures and his "pupils". As easily as the coupling of legal science and university outwith the nation-state was achieved, so problematic proved the connection to politics, which let itself get distracted by the academic debate on the establishment of administrative courts, but nevertheless offered continuing resistance.

1. Die Paradoxie: Wissenschaft und Nation

Paradoxien bilden stets den Anfang einer Geschichte[1] – und bei einer Transfergeschichte steht am Anfang zumeist die Frage nach dem *was* des Transfers, mithin die Frage nach dem Transferobjekt, welches die Grenze überschreitet. In unserem Fall also das deutsche Verwaltungsrecht:

> *Das deutsche Verwaltungsrecht entwickelte sich in autonomer Weise und ohne dabei fremden Einflüssen ausgesetzt zu sein. (...) Zu allen Zeiten hat es, so wie auch die Lehre, welche ihm das wissenschaftliche System verlieh, über die deutschen Grenzen hinausgewirkt. Entsprechend verlief die Entwicklung dieses Rechtszweiges in gewissen Ländern – allen voran in meiner Heimat, der Schweiz, so wie in Österreich, Italien, Spanien u. a. – in ähnlicher Richtung wie in Deutschland, und dies erklärt das hohe Ansehen, welches das deutsche Verwaltungsrecht und die deutsche Verwaltungsrechtswissenschaft in diesen Ländern geniesst. Nirgends hat jedoch dieser Einfluss die Autonomie des nationalen Rechts beeinträchtigt. (...) So überschritt denn das Wesentliche des deutschen Verwaltungsrechts, seine freie geistige Schöpfung, die politischen Grenzen.*

[1] Siehe dazu LUHMANN (1990), 19: „Die Selbstbeobachtung des Anfangens und Endens läuft auf eine Paradoxie hinaus."; CLAM (2004), 136 ff. („Paradoxie als Systemgenese").

Der besondere Reiz dieses Textausschnittes aus dem Vorwort zur französischen Übersetzung der „Institutionen des Deutschen Verwaltungsrechts“[2] von Fritz Fleiner liegt zunächst in seiner Selbstreferentialität, stammt er doch aus einem Buch, das gerade durch seine zahlreichen Übersetzungen in verschiedene Sprachen zum wohl bedeutendsten literarischen Medium des beschriebenen Wissenschaftstransfers des deutschen Verwaltungsrechts werden sollte.[3] Im deutschen Sprachraum galten die „Institutionen“ seit ihrem Erscheinen im Jahre 1911[4] – folgt man den zeitgenössischen Rezensionen – als das verbreitetste und populärste Lehrbuch des deutschen Verwaltungsrechts.[5] Dies gilt es um so mehr noch mit Blick auf die vorliegende Fallstudie zu beachten, da dessen Autor – Fritz Fleiner – in seiner Rolle als Hochschullehrer zugleich als aktiver Mittler in diesem Transferprozess fungierte.
Soweit sich eine Transfersemantik von der Was-Frage leiten lässt, läuft sie unweigerlich auf die Paradoxie einer dreiwertigen Verlaufslogik auf. Denn sie orientiert sich an der Begrenzung des Eigenen, der Ausgrenzung des Anderen und der über die Grenzen hinweggehenden Definition des Gemeinsamen.[6] Oder anders formuliert: Transfer orientiert sich unter dieser Beobachterperspektive ebenso an Identität wie an Differenz – eine Beobachtung, die Mauern errichtet, über die sie blicken will.[7]
Als eine solche beobachtungsleitende Unterscheidung liegt dabei der Semantik des vorliegenden Textes die Zwei-Seiten-Form der Nation und damit eine räumlich-segmentäre Differenz zugrunde.[8] Diese nationenspezifische Semantik lässt sich historisch wiederum einem Phänomen zuordnen, das man zuweilen auch als „die Paradoxie des 19. Jahrhunderts“ oder „die Paradoxie des Na-

---

[2] Les principes généraux du droit administratif allemand, Übersetzung von M. CH. EISENMANN (Universität Strassburg), Paris 1933, Avant-propos von F. FLEINER, 5 f. (deutsche Übersetzung des zitierten Textes von RM).

[3] Neben dem Französischen wurden FLEINERS „Institutionen“ ins Spanische, Griechische und Japanische übersetzt. Dazu auch STOLLEIS (1992), 409 Anm. 157.

[4] Erschienen beim Verlag „J. C. B. Mohr (Paul Siebeck)“ in Tübingen. Es folgten zwei „vermehrte“ Auflagen (1912 und 1913), vier unveränderte Auflagen (1919, 1920 und 1922) sowie eine „neubearbeitete“ Auflage (1928). Die gesamte Auflagenzahl für diesen Zeitraum betrug 15'050.

[5] Siehe etwa F. STIER-SOMLO, in: Archiv des öffentlichen Rechts 29 (1912), 500: „Es ist auch ohne Bedenken als das bisher beste Lehrbuch des deutschen Verwaltungsrechts (...) anzusprechen.“ Für die Schweiz später H. LEEMANN, in: Schweizerische Juristen-Zeitung 25 (1928/29), 366: „Die Neubearbeitung dieses im deutschen Sprachgebiet wohl verbreitetsten Lehrbuches des Verwaltungsrechts (...).“

[6] BÖS (1998), 240; siehe ebd., 260: „Sinnlogisch basiert jede soziale Grenzkonstruktion auf dem Eigenen, dem Anderen und dem Gemeinsamen.“; vgl. auch KORTLÄNDER (1995), 16.

[7] ZWEIGERT/PUTTFARKEN (1982), 599.

[8] Zur (Selbst-)Beschreibung anhand der segmentären Differenzierung der Nation siehe HAHN (1993), 193 ff.; LUHMANN (1998), 1045 ff.; RICHTER (1996), 141 ff.

tionalismus" bezeichnet hat[9]: dem Phänomen, wonach die Nationalisierung des Wissenschaftsdiskurses im Laufe des 19. Jahrhunderts mit einem zunehmenden internationalen Wissenschaftsaustausch korrelierte. „Die (deutsche) Wissenschaft ist ihrem Wesen nach weltbürgerlich", wie es der renommierte Physiologe Emil du Bois-Reymond im Jahre 1878 in seiner Rede „Über das Nationalgefühl" formulierte.[10]

Bei der deutschen Verwaltungsrechtswissenschaft gibt sich dieses Phänomen nun besonders deutlich zu erkennen. War sie zum Einen das Kind der deutschen Reichsgründung von 1871, die sich dergestalt am territorialen Geltungsraum einer staatlichen Rechtseinheit orientierte, so bildete sie zum Anderen ihr nationales Selbstverständnis erst eigentlich am Vergleichshorizont der sogenannten „verwandten Culturstaaten" Frankreich und England aus, wie dies aus den Schriften von Rudolf von Gneist, Lorenz von Stein, Otto Mayer und Julius Hatschek hinlänglich bekannt ist.[11] Damit trat also gerade hier die paradoxe Situation zum Vorschein, dass ein Rechtgebiet, das in besonderer Weise dazu geeignet schien, die nationalen Grenzen zu bestärken und zu befestigen, diese Grenzen ebenso leicht und wirksam zu überwinden verstand. Nicht von ungefähr konnte daher Fleiner späterhin noch feststellen: „Wenn irgendwo, so ist im Rahmen des Verwaltungsrechts Rechtsvergleichung am Platze."[12]

Aus systemtheoretischer Perspektive lässt sich hierbei beobachten, wie diese semantische Kopplung von Wissenschaft und Nation insbesondere in Fleiners „Institutionen" eine besondere Form der Selbstbeschreibung ausbildete, die sich in anderen Rechtsdisziplinen bereits früher bewährt hatte: die Einheit des gemeinen deutschen Verwaltungsrechts.[13] Diese asymmetrische Konzeption einer wissenschaftlichen Emanation als höhere Einheit in der Mannigfaltigkeit sollte es der deutschen Verwaltungsrechtswissenschaft gleichermassen ermöglichen[14], das Spannungsverhältnis zwischen dem Universalismus ihrer Funktionsorientierung und dem Partikularismus ihrer segmentären Raumorientierung aufzulösen. Auf diese Weise gelang es denn auch Fleiner – wie es im Text sichtbar wird –, sowohl die normative Geschlossenheit einer territorialstaatlich vermittelten Positivität des Rechts als auch die kognitive Offenheit

---

[9] METZLER (2000), 12; STICHWEH (2003), 13 ff.

[10] In: Reden von Emil du Bois-Reymond, hrsg. von ESTELLE DU BOIS-REYMOND, Bd. 1, Leipzig 1912, 654 ff.

[11] Dazu HEYEN (1996), 163 ff.; STOLLEIS (1998), 23.

[12] F. FLEINER, Die politischen Grundlagen des modernen Verwaltungsrechts, Vortrag gehalten in Istanbul im Mai 1936, in: Fleiner (1941), 451.

[13] Vgl. aus dem Zivilrecht etwa A. L. REYSCHER, Die Einheit des gemeinen deutschen Rechts, in: Zeitschrift für deutsches Recht und deutsche Rechtswissenschaft 9 (1845), 337 ff.

[14] Zur Entparadoxierungsform der „Emanationshierarchie" siehe LUHMANN (1992), 488 ff.

einer wissenschaftlich ausdifferenzierten Fachdogmatik in den Blick zu bekommen. Das „autonome" nationale Verwaltungsrecht überschritt die politischen Grenzen.

2. Die Einheit: Wissenschaft und Erziehung

Stellt man im Anschluss hieran die Frage, *wie* denn diese „freie geistige Schöpfung" des deutschen Verwaltungsrechts die politischen Grenzen überschritt, so rückt damit eine andere Semantik in den Vordergrund:

Herr Fleiner hat darüber hinaus in unsrer Fakultät eine verwaltungsrechtliche Tradition geschaffen. Das Verwaltungsrecht ist die jüngste juristische Disziplin. Es ist im deutschen Sprachgebiet erst in den letzten Jahrzehnten, teilweise unter dem Einfluss der französischen Theorie, aus einer Verwaltungslehre zu einem Zweig der Rechtswissenschaft geworden. Herr Fleiner hat nun mit seinen Institutionen, wohl seine bedeutendste Leistung, die in mehrere fremde Sprachen übersetzt worden sind, die Wissenschaft des modernen Verwaltungsrechts in der Schweiz eingebürgert. Er hat diese Disziplin in unsrer Fakultät in hohem Masse ausgebaut und ihr darin die ihr heute gebührende Stellung verschafft. (...) So wurde unsre Fakultät zu einer berühmten Stätte des Verwaltungsrechts. Fleiner hat hier eine verwaltungsrechtliche Schule geschaffen.

Auch dieser Textausschnitt aus einer Rede des Schweizer Staatsrechtsprofessors Zaccaria Giacometti, gehalten aus Anlass von Fleiners Emeritierung an der rechts- und staatswissenschaftlichen Fakultät Zürich auf Ende des Wintersemesters 1935/36[15], weist insofern Züge einer gewissen Selbstreferentialität auf, als es sich bei Giacometti um den wohl prominentesten „Schüler" Fleiners auf dem Gebiete des schweizerischen Verwaltungsrechts handelt.[16] So entsprach es denn auch ganz dem Geiste seines „Meisters", wenn Giacometti mit seiner Zürcher Habilitationsschrift „Über die Grenzziehung zwischen Zivilrechts- und Verwaltungsrechtsinstituten in der Judikatur des schweizerischen Bundesgerichts"[17] den Befund Fleiners zusätzlich unter-

[15] Das Manuskript dieser (unpublizierten) Rede befindet sich in: Zentralbibliothek Zürich, Handschriftenabteilung, Nachlass F. FLEINER, Mappe 29.
[16] ZACCARIA GIACOMETTI (1893–1970) verfasste bei FLEINER eine kirchenrechtliche Dissertation über „Die Genesis von Cavours Formel ‚libera chiesa in libero stato'" (Diss. Zürich 1919). Nach seiner Habilitation (1924) wurde GIACOMETTI an der rechts- und staatswissenschaftlichen Fakultät der Universität Zürich im Jahre 1927 zum ausserordentlichen und 1936 – in der Nachfolge von FLEINER – zum ordentlichen Professor für öffentliches Recht und Kirchenrecht ernannt. Ab dem Wintersemester 1936/37 übernahm GIACOMETTI daher insbesondere auch FLEINERS Hauptvorlesung über „Allgemeines Verwaltungsrecht". Vgl. dazu auch STOLLEIS (1999), 237 Anm. 214.
[17] Tübingen 1924.

mauerte[18], wonach sich die öffentlichrechtliche Ausbildung eines selbständigen Verwaltungsrechts in der Schweiz „als ein getreues Spiegelbild der Entwicklung des deutschen Verwaltungsrechts" darstellen liess.[19]
Die Transfersemantik – die mit dem Begriff der *Einbürgerung* prägnant zum Ausdruck gelangt – wird im vorliegenden Text in die Genese einer Rechtsdisziplin eingebettet. Der Text trägt so die Signatur der Selbstbeschreibung einer Disziplin, welche die Einheit ihrer eigenen Lehr- und Forschungstradition reflektiert, wie dies in den folgenden disziplinenspezifischen Identitätskonstruktionen deutlich wird[20]:
Historische Identität: Die Selbstvergewisserung historischer Kontinuität bezog die neue Disziplin aus der wissenschaftlichen Reputation ihres „geistigen Gründervaters" Fleiner, dem auf diese Weise aufgrund seiner langjährigen Lehrerfahrung in Deutschland[21] ebenso die Rolle des Vermittlers des deutschen Verwaltungsrechts zugeschrieben wurde.[22]
Literarische Identität: Mit Fleiners „Institutionen des Deutschen Verwaltungsrechts" wurde dabei zugleich ein kanonisierter Wissenskorpus – ein Urtext – der neuen Disziplin erkoren. Dieser Aspekt einer gleichsam normativen Geltungskraft von Fleiners Kompendium sollte sich im schweizerischen Kontext in verschiedenen Variationen tradieren. Während Peter Liver später etwa davon sprach, dass Fleiners „Institutionen" „beinahe die ehemalige Geltung der Institutionen Justinians erlangen konnten"[23], wurde diesem Lehrbuch – nach Alfred Kölz – in der schweizerischen Judikatur „beinahe Gesetzescharakter" zuerkannt.[24]
Soziale Identität: Der Text weist ferner auf die institutionelle Etablierung des Verwaltungsrechts als selbständiges Lehrfach an der Zürcher Rechtsfakultät hin. Diesen organisatorischen Aspekt gilt es dabei vor dem Hintergrund von

---

[18] Siehe dazu F. FLEINER in seiner Verwaltungsrechtsvorlesung an der Universität Zürich (undatierte und anonyme Mitschrift, Typoskript), 19: „Im grossen und ganzen hat sich in der deutschen Schweiz – aber nicht als Kopie des deutschen Rechtes – die gleiche Entwicklung durchgesetzt wie in Deutschland.", in: Zentralbibliothek Zürich, Handschriftenabteilung, Nachlass F. FLEINER, Mappe 2.
[19] GIACOMETTI (1924), 45 f.
[20] Grundlegend hierzu: LEPENIES (1981), I ff.
[21] FRITZ FLEINER (1867–1937) lehrte von 1906 bis 1908 an der Universität Tübingen und von 1908 bis 1915 an der Universität Heidelberg unter anderem „Deutsches Verwaltungsrecht", bevor er im Jahre 1915 als Ordinarius für öffentliches Recht und Kirchenrecht an die Universität Zürich berufen wurde.
[22] Siehe auch GIACOMETTI (1937), 145: „Er (Fleiner; RM) war zusammen mit Otto Mayer der eigentliche Begründer der modernen deutschen Verwaltungsrechtswissenschaft."
[23] LIVER (1955), 36.
[24] KÖLZ (1989), 607.

Fleiners regelmässigen Vorlesungen und Übungen zu sehen[25], welche der neuen Disziplin eine nachhaltige Stabilität im juristischen Fächerkanon verliehen. *Kognitive Identität*: Wie schliesslich der Begriff der „Schule" impliziert, war mit Fleiners Verwaltungsrecht nicht zuletzt auch ein neues Methodenparadigma verbunden: die „juristische Methode" im öffentlichen Recht. Diese sollte im Zuge von Fleiners Lehrveranstaltungen als wissenschaftliches Bildungsmodell einer rein formaljuristischen Durchdringung des verwaltungsrechtlichen Stoffes auch in der Schweiz erfolgreich assimiliert werden.[26]

Ist es aus dieser Perspektive betrachtet die *Einheit der Disziplin*, an der sich die vorliegende Semantik des Transferprozesses orientiert, so ist nunmehr nach dem sozialstrukturellen Korrelat und damit nach den Bedingungen der Möglichkeit dieses Transferprozesses zu fragen. Zu dem Zweck gilt es vorab die systemtheoretische Prämisse zu formulieren, wonach sich die Disziplinenbildung als ein spezifischer Differenzierungsprozess in der strukturellen Kopplung von Wissenschaftssystem und Erziehungssystem vollzieht und diese wiederum über die Organisationsform der Universität in ihrer Selbstbeschreibung als Einheit von Forschung und Lehre ermöglicht wird.[27] Gestützt hierauf soll im Folgenden beschrieben werden, wie der Wissenschaftstransfer des deutschen Verwaltungsrechts einem transnational wirksamen „drift" disziplinärer Differenzierung folgte und sich so letzthin der strukturellen Kopplung zweier global wirksamer Funktionssysteme verdankte.

Öffnet man hierzu das weite Beobachtungsfeld einer „longue durée" fakultätsinterner Strukturtransformation, so zeichnet sich im Curriculum der Zürcher Rechtsfakultät ein fortschreitender Ausdifferenzierungsprozess ab, der im Laufe des 19. Jahrhunderts von der enzyklopädischen „Einheit" der Staatswissenschaften über die Verwaltungslehre bzw. Polizeiwissenschaft zu

---

[25] Gemäss den Vorlesungsverzeichnissen der Universität Zürich hielt Fleiner im Zeitraum von 1916 bis 1936 die Vorlesung „Allgemeines Verwaltungsrecht" insgesamt 19 Mal. Neben der in Anm. 18 erwähnten Vorlesungsmitschrift sind dem Verfasser zwei weitere (handschriftliche) Mitschriften von A. SAUTER und W. SCHNEIDER aus der Vorlesung des Sommersemesters 1916 bekannt, in: Zentralbibliothek Zürich, Handschriftenabteilung, Ms Z IV 704, sowie Privatbesitz. Kaum erstaunlich ist, dass sich diese Verwaltungsrechtsvorlesung sowohl im systematischen Aufbau als auch in der inhaltlichen Gliederung fast durchweg an den „Institutionen" orientierte.

[26] Siehe dazu SCHINDLER (1987).

[27] Zur strukturellen Kopplung von Wissenschaftssystem und Erziehungssystem über die Organisationsform der Universität siehe LUHMANN (1998), 784 f.; dazu auch LIECKWEG (2001), 276. Zur Disziplinenbildung als Differenzierungsprozess siehe STICHWEH (1994), 15 ff.

einer eigenständigen Disziplin des Verwaltungsrechts führte.[28] Der Beginn der letzten „Phase" eines selbständigen Verwaltungsrechts lässt sich dabei um das Jahr 1890 datieren, als der Zürcher Publizist Gustav Vogt erstmals „Allgemeines Verwaltungsrecht"[29] las, welches schon kurz darauf als mündliches Prüfungsfach festgeschrieben wurde.[30]
Vergleicht man diesen Befund mit den einschlägigen Studien zu einzelnen deutschen (und österreichischen) Universitäten[31], so wird dabei nicht bloss die parallele Phasenstruktur jenes Ausdifferenzierungsprozesses sichtbar, sondern vor allem auch dessen signifikante Synchronizität – insbesondere was die letzte „Phase" eines selbständigen Verwaltungsrechts betrifft. Ein solcher synchroner Verlauf disziplinärer Differenzierung in Deutschland und in der Schweiz deutet mithin auf universale, grenzüberschreitende Strukturen hin. Wie diese gerade in der Organisation der Universität wirksam werden konnten, lässt sich mit Blick auf die schweizerische Hochschullandschaft an drei Phänomenen veranschaulichen:
Grenzüberschreitender Imitationszusammenhang: Die schweizerischen Universitäten des 19. Jahrhunderts orientierten sich in ihrer Organisationsstruktur allesamt am deutschen Universitätsmodell humboldtscher Prägung und können so gleichsam als getreue Kopien dieses Typs bezeichnet werden.[32] Aus dieser Sicht kann es denn auch nicht Wunder nehmen, wenn die Zürcher Rechtsfakultät im Rahmen ihrer Reformbestrebungen regelmässig auf deutsche Vorbilder zurückgriff.[33]
Grenzüberschreitende soziale Inklusion: Im 19. Jahrhundert – ja noch bis zum Ausbruch des Ersten Weltkrieges – profitierten die schweizerischen Universitäten von einem breiten Zustrom deutscher Professoren, deren Anteil am Lehr-

[28] Zur Geschichte der rechts- und staatswissenschaftlichen Fakultät der Universität Zürich vgl. GAGLIARDI (1938), 511 ff., 657 ff., 831 ff.; spezifisch zum öffentlichen Recht: FLEINER (1933), 311 ff.; SCHINDLER (1981), 275 ff.

[29] GUSTAV VOGT (1829–1901), der seit 1870 als Ordinarius für öffentliches Recht an der Universität Zürich wirkte, kündigte diese Vorlesung erstmals für das Wintersemester 1890/91 an (Vorlesungsverzeichnis der Universität Zürich). Das Manuskript hierzu befindet sich in: Zentralbibliothek Zürich, Handschriftenabteilung, Nachlass G. VOGT, Mappe 54.

[30] In der Promotionsordnung vom 26.11.1896 wurde „Allgemeines oder Schweizerisches Verwaltungsrecht" erstmals als mündliches Prüfungsfach sowohl für den Doktor der Rechte wie auch für denjenigen der Staatswissenschaften vorgesehen (§§ 8 und 9), in: Staatsarchiv Zürich, U 105 a.1.

[31] Vgl. etwa GÖTZ (1987), 336 ff.; HOLLERBACH (1984), 285 ff.; KÜHN (2000), 102 ff.; WALTER (1988), 611 ff.

[32] Siehe dazu IM HOF (1967a), 9; SCHWINGES (2001), 10 f.; RÜEGG (2004), 25 ff.

[33] Darauf deuten in den Fakultätsakten die zahlreichen Prüfungsordnungen und Studienpläne deutscher Universitäten hin (etwa aus Tübingen, Würzburg und Bonn), in: Staatsarchiv Zürich, U 105 a.1.

körper 30 bis 50 Prozent betrug.[34] Gleichzeitig waren die schweizerischen Lehranstalten aber auch bestrebt, ihre Attraktivität für die ausländische Studentenschaft zu erhöhen, wie dies etwa an der Universität Zürich mit der frühen Einführung des Frauenstudiums gelang.[35] Aus dieser „Peregrinatio academica" erklärt sich denn auch der hohe Anteil an ausländischen – und insbesondere deutschen – Rechtsmaterien in den Vorlesungsverzeichnissen der Zürcher Rechtsfakultät.[36]

Grenzüberschreitende Selbstbeschreibung: Schliesslich lässt sich für die schweizerische Universitätskultur auch eine Semantik ausmachen, welche immer wieder den internationalen, kosmopolitischen Charakter der akademischen „Gelehrtenrepublik" betonte.[37] Als Beispiel hierfür sei ein Textausschnitt aus Fleiners Rede über „Die Universität als Stätte der Forschung und Lehre" aus dem Jahre 1933 angeführt[38]:

---

[34] Vgl. dazu etwa den Beitrag „Das deutsche Hochschulsystem und die schweizerischen Universitäten" von M. GUTZWILLER im Sammelband „Das Akademische Deutschland", Bd. 3, Berlin 1930, 80 ff.

[35] Die Universität Zürich war die erste Hochschule im deutschen Sprachraum (und in Europa die zweite nach Paris), an der seit 1867 Frauen zum Studium zugelassen wurden. Der Ausländeranteil bei den weiblichen Studierenden war daher ausserordentlich hoch (im Wintersemester 1895/96 beispielsweise stammten von 142 immatrikulierten Studentinnen nur gerade 12 aus der Schweiz). Dazu STADLER-LABHART (1991), 261 ff.; GAGLIARDI (1938), 618 ff.; ERB (1937).

[36] Vgl. z. Bsp. die Vorlesungsverzeichnisse vom Sommersemester 1871 bis Wintersemester 1872/73: „Einleitung in die deutsche Rechtswissenschaft"; „Gemeiner deutscher Civilprocess"; „Deutsches Strafrecht"; „Deutsches Criminalrecht"; „Deutscher Strafprocess"; „Deutsches Privatrecht"; „Deutsche Staats- und Rechtsgeschichte". Hieraus erklärt sich weiterhin auch die in den Zürcher Promotionsordnungen zu findende Regelung, wonach ausländischen Prüfungskandidaten die spezifische Kenntnis des schweizerischen Rechts erlassen wurde, in: Staatsarchiv Zürich, U 105 a.1. Dazu IM HOF (1967b), 619: „Wenn gerade der Intellektuelle der deutschen Schweiz sich derart mit der deutschen Sache identifizierte, so ist das doch wohl die Frucht des deutschen Charakters unserer Hochschulen; man brauchte ja nicht einmal Auslandsemester zu machen, denn in Basel, Zürich und Bern konnte man den gleichen Geist aufnehmen."

[37] Siehe dazu etwa den Altphilologen H. BLÜMNER, in: Neue Zürcher Zeitung v. 2.10.1902 (Nr. 273): „Die Schweiz ist nicht in dem Sinne eine wissenschaftliche Provinz, sei es Deutschlands, sei es Frankreichs, dass sie ihre wissenschaftlichen Anregungen und Direktiven von Berlin oder Paris empfinge, wie etwa eine Provinz vom Regierungszentrum aus dirigiert wird; sie ist überhaupt keine wissenschaftliche Provinz Deutschlands oder Frankreichs, sie ist vielmehr eine freie und unabhängige Provinz der allgemeinen grossen Gelehrtenrepublik, die nicht an Sprachgrenzen gebunden, sondern kosmopolitisch ist."

[38] Abgedruckt in: FLEINER (1941), 417 ff., 422.

Aber indem jede Universität ihre geistigen Güter, ihre geistigen Elemente pflegt, tritt sie in den grossen internationalen Kontakt der Wissenschaften ein. (...) Diese grosse internationale Gemeinschaft der Wissenschaft und der Forschung wird uns an der Universität jeden Tag lebendig.

Vor dem Hintergrund der aufgezeigten Universalitätserwartung an den schweizerischen Universitäten erscheint nunmehr aber auch deren Präferenz gegenüber einer gemeindeutschen Variante des Verwaltungsrechts plausibel. Vergegenwärtigt man sich nämlich die damalige alternative Option eines bloss partikular ausgerichteten kantonalen Verwaltungsrechts staatswissenschaftlichen Zuschnitts[39], so wird um so deutlicher, wie sehr sich der selektive Erfolg von Fleiners Lehrsystem ebendiesen universalen Strukturen zu verdanken hatte. „Der Internationale Geist in der Jurisprudenz", wie ihn ein anderer Zürcher Rechtsprofessor – Friedrich Meili – damals verkündete[40], sollte daher gerade auch das disziplinäre Bewusstsein einer grossen Schar von Fleiners Doktoranden prägen[41]:

Dass das Thema eher dem allgemeinen, als einem nationalen Verwaltungsrecht angehört, dass also eine Bearbeitung erfolgen kann nach Sätzen, die jeder Rechtsordnung eigen sind, auch der schweizerischen, und dass deshalb zur Durchführung der Arbeit auf ein – unbewusst – patriotisches und eigenstämmiges Rechtsdenken und -gefühl verzichtet werden kann.[42]

So wird nach alledem sichtbar, dass es die Strukturen im internen Milieu der Universitäten waren, welche den Möglichkeitsspielraum zugunsten von

---

[39] Dieses wurde an der Zürcher Rechtsfakultät insbesondere von Professor JAKOB SCHOLLENBERGER (1851–1936) repräsentiert, der von 1892 bis 1917 regelmässig die Vorlesung über „Kantonales Verwaltungsrecht der Schweiz" hielt. Die Lehrveranstaltung erfreute sich jedoch bei der Studentenschaft offenbar keiner grossen Nachfrage, wurde sie doch nach MAURER (1972), 48, jeweils bloss von zwei bis drei Studenten besucht.

[40] Als „akademischer Rathausvortrag" gehalten am 19.11.1896 in Zürich; siehe aus dem Separatdruck, Zürich 1897, 5: „Ich hoffe immerhin bewiesen zu haben, dass der internationale Geist in der Jurisprudenz lebt. (...) Stets muss die Universität das heilige Feuer der Wissenschaft unterhalten, aber es ist Sache der gebildeten Volksgruppen, die grundlegenden Gedanken dieser internationalen Geistesrichtung in sich aufzunehmen, sie zu verteidigen, für sie zu plädieren und sie praktisch zu vertreten. Und ich meine, gerade die schweizerischen Universitäten sollten eine Art Vorbild für eine geistige Kosmopolis sein." FRIEDRICH MEILI (1848–1914) war an der Universität Zürich ab 1885 ausserordentlicher und von 1890 bis 1912 ordentlicher Professor für internationales Privatrecht, vergleichendes Recht und Verkehrsrecht. Vgl. dazu RUNGE (1978).

[41] FLEINER betreute in der Zeit von 1915 bis 1937 an der Zürcher Universität insgesamt 141 Dissertationen, wovon rund die Hälfte auf spezifisch verwaltungsrechtliche Themen entfielen (daneben vor allem auch Schweizerisches und Allgemeines Staatsrecht sowie Kirchenrecht).

[42] KUCZYNSKI (1936). – Notabene: Der „urschweizerische" Name des Autors deutet wiederum auf die grenzüberschreitende soziale Inklusion hin.

Fleiners Verwaltungsrecht einschränkten und dessen Etablierung im akademischen Lehrplan prädisponierten.[43] Der Wissenschaftstransfer des deutschen Verwaltungsrechts verdankte sich aus dieser Sicht nicht so sehr einem *externen* Importmechanismus, denn vielmehr einem *internen* Selektionsmechanismus wissenschaftlicher Selbstorganisation.
So oder so fristete Fleiners Verwaltungsrecht in der Folgezeit das Dasein eines deutsch-schweizerischen Doppelbürgers. Dies bis zu jenem Zeitpunkt, als in den 30er Jahren, im Zuge der nationalsozialistischen Machtergreifung, die „Institutionen" ob ihrer rechtsstaatlich-liberalen Gesinnung aus Deutschland ausgebürgert werden sollten.[44] Da ergriff Fleiners getreuer Schüler Giacometti erneut die Gelegenheit und bot dem deutschen Verwaltungsrecht in der Schweiz auch noch politisches Asyl an, indem er das „klassische" Lehrwerk im Jahre 1939 als einen speziellen „Neudruck für die Schweiz" auflegen liess.[45]

3. Die Differenz: Wissenschaft und Politik

War es das Ziel der vorangehenden Darstellung, die Semantik des Transferprozesses in Korrelation zu den sozialstrukturellen Bedingungen einer Kopplung von Wissenschaft und Hochschulerziehung zu setzen, so soll nunmehr eine Semantik aufgegriffen werden, die den Wissenschaftstransfer des deutschen Verwaltungsrechts in einen spezifisch rechtspolitischen Beziehungszusammenhang setzt und die dabei weniger die Grenzüberschreitung als solches thematisiert, denn jenes Phänomen, welches man – alteuropäisch – gemeinhin

[43] Zum hier verwendeten Begriff der „Strukturen" und deren erwartungsbildenden Funktion im Sinne einer Einschränkung des Möglichkeitsspielraumes siehe LUHMANN (1987), 377 ff.

[44] Siehe dazu KÖTTGEN (1938), 47 ff., 49: „Die ‚Institutionen des Deutschen Verwaltungsrechts' sind letztens ein kühles Buch, dessen Autor ohne eine letzte Bindung an die Sache der von ihm geschilderten Verwaltung an seine damals ungeheuer schwere Aufgabe herangehen musste – schwer aus den geschilderten Gründen gerade auch für ihn als den ausserhalb reichsdeutscher Staatstraditionen erzogenen Schweizer."

[45] Siehe aus dem Vorwort GIACOMETTIS zu dieser Ausgabe: „Die achte Auflage der Institutionen ist nun seit Jahren vergriffen und eine Neuauflage kann angesichts des Wechsels in den ideellen Grundlagen des deutschen Verwaltungsrechtes nicht in Frage kommen. Da kein ähnliches grossangelegtes Werk der allgemeinen Grundlehren des liberalen Verwaltungsrechtes, welches auf dem schweizerischen Verwaltungsrecht aufbaut, vorhanden ist, fehlt dem Rechtsstudenten der deutschen Schweiz ein Lehrbuch, das ihm in eingehender Weise die Grundsätze des liberalen Verwaltungsrechtes und damit aber des modernen Rechtsstaates, die auch dem schweizerischen Verwaltungsrecht zu Grunde liegen, vermitteln." GIACOMETTI unternahm später selbst den Versuch zu einem „grossangelegten" Werk über die „Allgemeinen Lehren des rechtsstaatlichen Verwaltungsrechts", dessen erster (und einziger) Band im Jahre 1960 erschien.

als die *national-kulturelle Integration* des importierten Gedankengutes zu bezeichnen pflegt[46]:

Auf dem Gebiete der Verwaltungsgerichtsbarkeit sind sowohl im Bund als auch in den Kantonen seit dem Weltkrieg bedeutende Fortschritte erzielt worden. Ein besonderer Verdienst hieran ist Fritz Fleiner beizumessen. (...) Von ganz besonderem Einfluss waren für die Entwicklung des verwaltungsrechtlichen Rechtsschutzgedankens auch seine wissenschaftlichen Forschungen und Darstellungen. (...) Freilich bleibt gerade auf diesem Gebiete noch viel zu tun, und die autoritären Tendenzen in unserer Bundesregierung sind auch der Idee eines wirksamen Verwaltungsrechtsschutzes abträglich gewesen. (...) Der rechtsstaatliche Geist, den Fritz Fleiner durch seine akademische Lehrtätigkeit und seine Schriften gepflanzt und gefördert hat, wird nicht zuletzt dazu beitragen, diesen Bestrebungen zum Durchbruch zu verhelfen.

Auch dieser Textausschnitt aus einem Aufsatz mit dem Titel „Fritz Fleiner und der schweizerische Rechtstaatsgedanke", den der Berner Professor Ernst Blumenstein aus Anlass von Fleiners Tod im Jahre 1937 verfasste[47], lässt sich vorab unter dem Blickwinkel der Selbstreferentialität beobachten. So galt Blumenstein sowohl auf legislatorischer Ebene – als Redaktor des Entwurfes für ein Bernisches Verwaltungsrechtspflegegesetz[48] – wie auch auf publizistischer Ebene – als Redaktor der „Monatsschrift für Bernisches Verwaltungsrecht und Notariatswesen"[49] – als einer der wohl profiliertesten Fürsprecher des „rechtsstaatlichen Ausbaus der schweizerischen Demokratie"[50] in den ersten Jahrzehnten des 20. Jahrhunderts.
Indem sich die vorliegende Transfersemantik – wie sie mit der Metaphorik des *Einpflanzens* veranschaulicht wird – mittels der Form des Rechtsstaates in den politischen Kontext um die Einführung der Verwaltungsgerichtsbarkeit ein-

---

[46] Zum Aspekt der „Integration" in Transferprozessen siehe KORTLÄNDER (1995), 8; EISENBERG (2003), 399.
[47] In: Monatsschrift für Bernisches Verwaltungsrecht und Notariatswesen 35 (1937), 369 ff. ERNST BLUMENSTEIN (1876–1951) wirkte ab 1904 als ausserordentlicher und von 1907 bis 1947 als ordentlicher Professor für Verwaltungsrecht, Schuldbetreibungsrecht, Notariatsrecht und Zivilprozessrecht an der Universität Bern. Zu seinen Hauptwerken zählte das zweibändige „Schweizerische Steuerrecht" von 1926/29.
[48] Gesetz betreffend die Verwaltungsrechtspflege vom 14.11.1908.
[49] BLUMENSTEIN gründete diese Zeitschrift im Jahre 1903. Zur Programmatik siehe Bd. 1 (1903), 1 f., sowie rückblickend auf „Fünfundzwanzig Jahre bernischer Verwaltungsgesetzgebung, Verwaltungspraxis und Verwaltungsrechtsprechung", Bd. 26 (1928), 1 ff. Von den zahlreichen darin publizierten Aufsätzen BLUMENSTEINS sei hier insbesondere zu erwähnen: Der Grundsatz der gesetzmässigen Verwaltung, Bd. 46 (1948), 321 ff.
[50] So der Titel von BLUMENSTEINS Rektoratsrede, gehalten am 23.11.1929 in Bern; siehe aus dem Separatdruck, Bern 1930, 5: „Dieser öffentlichrechtliche Rechtsschutz bildet deshalb ein notwendiges und charakteristisches Merkmal des Rechtsstaates. Seine begriffliche Bedeutung wird sogar öfters dermassen in den Vordergrund gerückt, dass man das Vorhandensein des Rechtsstaates ausschliesslich mit der Schaffung einer unabhängigen Verwaltungsrechtspflege identifizierte." (mit dem Hinweis auf OTTO BÄHR und RUDOLF GNEIST).

binden lässt[51], steht dieser Text für eine in der Schweiz ebenso verbreitete Semantik, welche Fleiner zum „Vorkämpfer der Verwaltungsgerichtsbarkeit" bzw. zum „Vorkämpfer des Rechtsstaates" apostrophierte.[52] Mit der zeitgenössischen Rhetorik des „Kampfes" klingt dabei bereits an, dass hier weniger auf eine harmonische Einheit, als vielmehr auf eine spezifische Differenz rekurriert wird!

In diesem Bezugsrahmen sei daher zunächst an die symbiotische Beziehung erinnert, welche die deutsche Verwaltungsrechtswissenschaft mit der Rechtsstaatsidee eingegangen war. Der in der zweiten Hälfte des 19. Jahrhunderts einsetzende Prozess einer wissenschaftlichen Verselbständigung des deutschen Verwaltungsrechts stand dabei in einem engen Wechselverhältnis zu einer politischen Entwicklung, die darauf abzielte, durch eine gesetzmässige Verwaltung und eine unabhängige Verwaltungsjustiz den Rechtsstaat bürgerlich-liberaler Prägung zu verwirklichen.[53] „Der Rechtsstaat ist der Staat des wohlgeordneten Verwaltungsrechts", wie es Otto Mayer in seinem „Deutschen Verwaltungsrecht" paradigmatisch formulierte.[54] Dass das Selbstverständnis einer unabhängigen Verwaltungsgerichtsbarkeit um so mehr noch die dogmatische Gestalt von Fleiners Verwaltungsrechtssystem zu prägen vermochte[55], bezeugte denn auch Blumenstein in dem zitierten Aufsatz, wenn er darin ausführte, dass „das Kapitel ‚Rechtsschutz' in den ‚Institutionen' zu den schönsten Teilen des Werkes" zähle, welches „die besondere Neigung des Verfassers gerade zu dieser Materie" verrate.[56] Nicht von ungefähr proklamierte daher Fleiner selbst – aus seiner dezidiert liberalen Rechtsschutzperspektive – die Verwaltungsgerichtsbarkeit allenthalben als die „Krönung des Rechtsstaates".[57]

Vor diesem Hintergrund würde die Vermutung nahe liegen, dass die koevolutive Entwicklung von Verwaltungsrechtswissenschaft und Politik in der Schweiz in gleichen oder zumindest ähnlichen Bahnen verlief wie in Deutschland. Dem war aber nicht so. Wie der vorliegende Text bereits andeutet, setzte

---

[51] Zur Zwei-Seiten-Form des Rechtsstaates siehe LUHMANN (1989), 493 ff.

[52] Siehe etwa wiederum GIACOMETTI (1937), 147: „Fleiner war von Beginn des Jahrhunderts an der eigentliche Vorkämpfer der Verwaltungsgerichtsbarkeit in der Schweiz."; BLUMENSTEIN (1937), 372 („Vorkämpfer des rechtsstaatlichen Gedankens").

[53] Beispielhaft hierzu die von R. THOMA im Jahre 1909 gehaltene Tübinger Antrittsrede „Rechtsstaatsidee und Verwaltungsrechtswissenschaft", in: Jahrbuch des öffentlichen Rechts 4 (1910), 196 ff.

[54] MAYER (1914), 60; dazu STOLLEIS (1992), 313; HUEBER (1982), 64; SCHMIDT-DE CALUWE (1999), 118.

[55] Vgl. auch STOLLEIS (1992), 409 („seine durchgängig liberale, den Rechtsschutz des Bürgers berücksichtigende Einstellung"); MEYER-HESEMANN (1981), 56 f.

[56] BLUMENSTEIN (1937), 377.

[57] FLEINER (1911), 38; ders. (1916), 12.

das politische System der Schweiz den programmatischen Forderungen der Verwaltungsrechtswissenschaft deutlich mehr Widerstand entgegen und zeigte sich im Hinblick auf die Einführung einer unabhängigen Verwaltungsgerichtsbarkeit zunächst äusserst resistent.[58] Während das rechtsstaatliche Pflänzchen, gehegt und gepflegt von Professoren wie Gustav Vogt und Fritz Fleiner in Zürich, Erwin Ruck in Basel oder Ernst Blumenstein in Bern, auf akademischem Boden zwar schon beizeiten kräftig zu gedeihen schien, sollte es auf dem politischen Boden der Schweiz nur zaghaft seine Wurzeln schlagen.[59] Und so trat mit Blick auf die Institutionalisierung der Verwaltungsgerichtsbarkeit – ganz im Gegensatz zum synchronen Verlauf der disziplinären Differenzierung des Verwaltungsrechts – eine signifikant asynchrone Konstellation zwischen Deutschland und der Schweiz ein.[60]
Als daher von akademischer Seite ab ca. 1890 – also just zu jenem Zeitpunkt als sich das Verwaltungsrecht als Lehrfach an den schweizerischen Hochschulen zu etablieren begann – der Ruf nach Einführung einer unabhängigen Verwaltungsgerichtsbarkeit ertönte, da konnte es nicht Wunder nehmen, wenn in der kontrastiven Wahrnehmung zu den Nachbarstaaten immer wieder die „Rückständigkeit" der Schweiz und deren Nachholbedarf betont wurde.[61] Was so vermittels einer grenzüberschreitenden disziplinären Beobachtung als „Verwaltungsrechtspflege in vergleichender Darstellung" bereits im ausgehenden 19. Jahrhundert Einzug in den Zürcher Vorlesungsbetrieb hielt[62], sollte später wiederum – vermittels des „rechtsstaatlichen Geistes" von Fleiner – auch in zahlreichen Zürcher Dissertationen seinen Niederschlag finden[63]:

---

[58] So waren Basel (1905) und Bern (1909) die beiden einzigen Schweizer Kantone, die vor dem Zweiten Weltkrieg eine unabhängige Verwaltungsgerichtsbarkeit errichteten. Im Kanton Zürich wurde eine entsprechende Vorlage im Jahre 1933 in einer Volksabstimmung (knapp) abgelehnt.
[59] Siehe aus der zeitgenössischen Literatur etwa A. ZIEGLER, Verwaltungsgerichts-Streitfragen, in: Politische Rundschau 4 (1925), 409: „Für die Idee der unabhängigen Verwaltungsgerichtsbarkeit ist die Schweiz kein günstiger Boden."
[60] Zu asymmetrischen Konstellationen bei Transferprozessen siehe WERNER (1997), 87 ff.; ders. (1995), 31 f.
[61] F. FLEINER, Verwaltungsrechtsvorlesung (Anm. 18), 20: „Keine Verwaltungsgerichtsbarkeit bis heute. Die Schweiz ist der rückständigste Staat in Europa."; später etwa A. IM HOF, Verwaltungsgerichtsbarkeit in der Schweiz, in: Reichsverwaltungsblatt und preussisches Verwaltungsblatt 51 (1930), 2: „Während alle ihre Nachbarstaaten die Verwaltungsgerichtsbarkeit als eine dem Rechtsstaat unentbehrliche Einrichtung betrachten, hat sich die Schweiz dieser Einrichtung gegenüber bisher sehr zurückhaltend gezeigt."
[62] G. VOGT kündigte diese Vorlesung an der Zürcher Universität in den Sommersemestern 1896 und 1900 an (Vorlesungsverzeichnisse der Universität Zürich).
[63] Der – abermalige – Hinweis auf Zürcher Dissertationen kann von einem externen Beobachter durchaus als Selbstreferentialität auf Seiten von „RM" gedeutet werden (siehe eingangs den Hinweis auf meine Dissertation).

Zugleich einen kleinen Beitrag zu leisten an die Beweisführung für die unvermeidliche Notwendigkeit der Einführung einer eidgenössischen Verwaltungsgerichtsbarkeit ist nicht zuletzt das Bestreben dieser Schrift.[64]

Inwieweit sich jedoch das politische System von diesem „wissenschaftlichen Lärm über das Verwaltungsgericht“[65] irritieren liess und welche Differenzen dabei zwischen Politik und Wissenschaft zutage traten, soll abschliessend anhand der schematisch dargestellten Gesetzgebungsgeschichte der eidgenössischen Verwaltungsgerichtsbarkeit verdeutlicht werden.[66] In der Interaktion zwischen Fleiner und der Bundesverwaltung (Eidg. Justiz- und Polizeidepartement, EJPD) lassen sich dergestalt – „dem Rechtsstaat entgegen“[67] – die konfligierenden Erwartungshaltungen im „Kampf“ um die Einführung einer unabhängigen Verwaltungsgerichtsbarkeit plastisch vor Augen führen:

Die Widerstände, die Bundesrat und höhere Bundesbureaukratie der Verwirklichung der Verwaltungsgerichtsbarkeit entgegensetzen, sind Offenbarungen eingewurzelter Vorurteile.[68]

---

[64] BEETSCHEN (1923), Vorwort.
[65] Zitiert nach einem Votum des Ständerates BRÜGGER in den parlamentarischen Verhandlungen v. 9.02.1926 zum Entwurf eines Gesetzes über die eidg. Verwaltungs- und Disziplinarrechtspflege, in: Stenographisches Bulletin der Bundesversammlung 1926, Ständerat, 9. Zum „outside noise, der wilde Turbulenzen im Zusammenspiel der Diskurse“ auslöst, siehe TEUBNER (2001), 353.
[66] Siehe dazu KÖLZ (2004), 851 ff.
[67] So der doppelsinnige Titel eines umfangreichen und viel beachteten Aufsatzes von O. HUNGERBÜHLER zum Entwurf des Bundesgesetzes über die eidg. Verwaltungs- und Disziplinarrechtspflege, in: Schweizerisches Zentralblatt für Staats- und Gemeinde-Verwaltung 26 (1925), 209 ff., 243 ff., 289 ff., 321 ff.
[68] FLEINER (1921), 177. Vgl. dazu TEUBNER (1989), 112: „Die Motivationsprobleme sind noch grösser, wenn das Recht nicht nur die Lebenswelt kolonialisiert, sondern in andere funktionale Teilsysteme oder in formale Organisationen expandiert. Dann muss es mit dem Widerstand systemspezifischer Motivationsquellen rechnen, der zwar kommunikativen Anschluss nicht verhindert, aber die Abnahmebereitschaft drastisch absinken lässt.“

	Politik	**Wissenschaft**
1895	Einen ersten Gutachterauftrag zur Frage eines eidg. Verwaltungsgerichts erteilte das EJPD dem Zürcher Professor Gustav Vogt: *Sie würden uns zu grossem Dank verpflichten, hochgeehrter Herr, wenn Sie uns in dieser Sache mit Ihrem reichen Wissen und ihren langjährigen Erfahrungen im Gebiete der Staats- und Verwaltungsrechtspflege zur Seite stehen wollten.*[69]	
1903	Nach dem Tode Vogts (1901) wurde Fleiner mit der Ausarbeitung eines entsprechenden Gesetzesentwurfes betraut.	
1906		Fleiner verfasste einen ersten Gesetzesentwurf.
1907	Gegenüber diesem Entwurf formierten sich innerhalb der Bundesverwaltung die ersten Widerstände; befürchtet wurde vor allem ein Autoritätsverlust der Verwaltung angesichts einer unabhängigen Verwaltungsjustiz.	
		Nach einer verwaltungsinternen Vernehmlassung reichte Fleiner einen überarbeiteten zweiten Gesetzesentwurf ein:

[69] Schreiben des EJPD an G. VOGT v. 19.12.1895, in: Zentralbibliothek Zürich, Handschriftenabteilung, Nachlass G. VOGT, Mappe 32.

Überall hat zunächst in den Kreisen der Verwaltung die Befürchtung bestanden, es möchte die Verwaltungsgerichtsbarkeit die Tätigkeit der Verwaltungsbehörden beengen und sich einseitig zu einem Schutz der Bürger gegen die Verwaltung auswachsen.[70]

1911 Gestützt auf eine Vorlage Fleiners erliess der Bundesrat eine amtliche Botschaft zur Teilrevision der Bundesverfassung. Diese zeugte von einem geradezu symbiotischen Zusammenwirkungen von Wissenschaft und Politik:

So wird also ganz von selbst mit der Wissenschaft des Verwaltungsrechts Fühlung genommen und durch die wissenschaftliche Pflege desselben eine konsequente Ausgestaltung des Verwaltungsrechts nach einheitlichen Grundsätzen in die Wege geleitet.[71]

1916 Nach Annahme der Verfassungsrevision durch das Schweizer Stimmvolk (1914) arbeitete Fleiner einen dritten Gesetzesentwurf aus, worin er eine umfassende Zuständigkeit des künftigen Verwaltungsgerichts im Sinne der sog. „Generalklausel" statuierte.

---

[70] F. FLEINER, Vorentwurf zu einem Bundesgesetz über die Errichtung eines Eidgenössischen Verwaltungsgerichtes. Mit Erläuterungen. Im Auftrag des Eidgenössischen Justiz- und Polizeidepartements ausgearbeitet (zweiter Entwurf), Mai 1907, 34.

[71] Botschaft des Bundesrates an die Bundesversammlung betreffend die Revision der Bundesverfassung zur Errichtung eines eidg. Verwaltungsgerichtes v. 20.12.1911, in: Bundesblatt 1911, Bd. V, 336.

1917 Dieser Gesetzesentwurf wurde in einer grossen Expertenkommission beraten, an der sich zahlreiche Vertreter von Politik, Wissenschaft, Recht und Wirtschaft beteiligten.[72] Mit den Alternativen „Generalklausel oder Enumerationsmethode" wurde dabei eine eigentliche Kontroverse in der Entscheidung über die Zuständigkeitsfrage ausgelöst.[73]

Fleiner trat als Referent dieser Kommission entsprechend für die „Generalklausel" ein:

So verwirklicht die Generalklausel das Postulat der Verwaltungsgerichtsbarkeit vollkommener als die Enumerationsmethode.[74]

Eine Mehrheit der Kommissionsmitglieder sprach sich im Anschluss daran für die „Generalklausel" aus.

1919 Aufgrund der Ergebnisse der Expertenkommission verfasste Fleiner einen vierten Gesetzesentwurf, der weiterhin auf der „Generalklausel" beruhte.

---

[72] Vgl. dazu LUHMANN (2000a), 398: „Jenes Erzeugen und Wegarbeiten von Entscheidungsmöglichkeiten durch Organisation nach dem allgemeinen Prinzip von Überschuss und Repression (...) bietet einen Treffraum für die unterschiedlichsten Funktionssysteme, ohne dass deren systemeigene Autopoiesis dadurch eingeschränkt würde."

[73] Vgl. dazu LUHMANN (2000b), 135: „Aber ohne Alternative gäbe es auch keine Entscheidung; nur die Alternative macht die Entscheidung zur Entscheidung. Also scheint die Entscheidung das eingeschlossene ausgeschlossene Dritte zu sein."

[74] Aus dem Referat FLEINERS v. 12.02.1917, in: Eidgenössische Verwaltungs- und Disziplinargerichtsbarkeit, Verhandlungen der Expertenkommission, I. Konferenz: 12. bis 17. Februar 1917, 5. bis 9. März 1917, Bern, 69.

1920 Ungeachtet dessen entschied sich der Bundesrat schliesslich definitiv gegen Fleiners Vorschlag:

Die Kompetenzen des Verwaltungsgerichts sind nach der Enumerationsmethode zu umschreiben.[75]

1921 Als Konsequenz hiervon setzte Fleiner der Interimsbeziehung zwischen Wissenschaft und Politik mit einem „Abschiedsbrief" ein Ende:

Der Grundgedanke meines Gesetzesentwurfes (...) soll gemäss Bundesratsbeschluss weichen. Da bleibt mir nur übrig, gegen ein solches Vorhaben in Opposition zu treten und öffentlich für eine wahrhafte Verwaltungsgerichtsbarkeit zu wirken.[76]

1925 Der Bundesrat erliess die Botschaft zu dem nunmehr von der Bundesverwaltung ausgearbeiteten Entwurf eines Verwaltungsrechtspflegegesetzes:

Wir wollen im folgenden einige Gründe beispielsweise aufführen. Sie werden zeigen, zu welch unannehmbaren Ergebnissen die Generalklausel führt.[77]

Als „oppositioneller" Wortführer wandte sich Fleiner an die politische Öffentlichkeit:

---

[75] Aus dem Protokoll des Bundesratsbeschlusses v. 26.10.1920, in: Bundesarchiv Bern, E 22 (Verwaltungs- und Disziplinargerichtsbarkeit, 962/63).

[76] Schreiben FLEINERS an Bundesrat HÄBERLIN v. 6.06.1921 (MS), in: Zentralbibliothek Zürich, Handschriftenabteilung, Nachlass F. FLEINER, Mappe 25 u. 26.

[77] Botschaft des Bundesrates an die Bundesversammlung zum Entwurf eines Bundesgesetzes über die eidgenössische Verwaltungs- und Disziplinarrechtspflege v. 27.03.1925, in: Bundesblatt 1925, Bd. II, 194.

[78] FLEINER (1925).

Heute stehen wir in der Entwicklung des Bundes an einem Scheideweg. Wir haben zu wählen zwischen dem autoritären Beamtenstaat und dem die Bürger und die Kantone schirmenden Rechtsstaat.[78]

1926 In den darauffolgenden parlamentarischen Verhandlungen stand die von der Wissenschaft geforderte „Generalklausel" kaum noch zur Diskussion:

Zum mindestens wäre die Einführung der Generalklausel zurzeit ein Sprung ins Dunkle, sie könnte unangenehme Überraschungen bringen.[79]

1928 Auch die Verwaltungsrechtswissenschaft wich jedoch in der Folge nicht von ihrer rechtsstaatlichen Überzeugung ab:

Aber die Erfahrung lehrt, dass das Ziel, dem die Verwaltungsgerichtsbarkeit dient – die Aufrichtung einer Rechtskontrolle über der Verwaltung – in rechtsstaatlichem Sinne nur durch die Einführung der Generalklausel zu erreichen ist. (...) Der Generalklausel gehört die Zukunft.[80]

1929 Das Bundesgesetz über die eidgenössische Verwaltungs- und Disziplinarrechtspflege trat in Kraft.

[79] Votum des Kommissionspräsidenten GEEL in den parlamentarischen Verhandlungen v. 9.02.1926 (Anm. 65), 4.
[80] F. FLEINER, Institutionen, 8. Aufl. (Anm. 4), 255.

Literaturverzeichnis

BEETSCHEN BRUNO (1923), Die materielle Rechtskraft von Verwaltungsverfügungen, unter Berücksichtigung der bundesrechtlichen Praxis, Diss. Zürich 1923.

BÖS MATHIAS (1998), Zur Evolution nationalstaatlich verfasster Gesellschaften, in: Gerhard Preyer (Hrsg.), Strukturelle Evolution und das Weltsystem. Theorien, Sozialstruktur und evolutionäre Entwicklungen, Frankfurt a. M. 1998, 239 ff.

BLUMENSTEIN ERNST (1937), Fritz Fleiner und der schweizerische Rechtsstaatsgedanke, in: Monatsschrift für Bernisches Verwaltungsrecht und Notariatswesen 35 (1937), 369 ff.

CLAM JEAN (2004), Kontingenz, Paradox, Nur-Vollzug. Grundprobleme einer Theorie der Gesellschaft, Konstanz 2004.

EISENBERG CHRISTIANE (2003), Kulturtransfer als historischer Prozess. Ein Beitrag zur Komparatistik, in: Hartmut Kaelble/Jürgen Schriewer (Hrsg.), Vergleich und Transfer. Komparatistik in den Sozial-, Geschichts- und Kulturwissenschaften, Frankfurt a. M./New York 2003, 399 ff.

ERB HANS (1937), Geschichte der Studentenschaft an der Universität Zürich 1833 – 1936, Zürich 1937.

FLEINER FRITZ (1911), Institutionen des Deutschen Verwaltungsrechts, 1. Aufl., Tübingen 1911.

FLEINER FRITZ (1916), Entstehung und Wandlung moderner Staatstheorien in der Schweiz, Akademische Antrittsrede an der Universität Zürich, Zürich 1916.

FLEINER FRITZ (1921), Eidgenössische Verwaltungsgerichtsbarkeit, Vortrag gehalten am 56. Schweizerischen Juristentag in St. Gallen, Berichterstattung von M. Wolff, in: Schweizerische Juristen-Zeitung 18 (1921/22), 149 ff., 172 ff.

FLEINER FRITZ (1925), Am Scheideweg, in: Basler Nachrichten v. 13./14.08.1925.

FLEINER FRITZ (1928), Institutionen des Deutschen Verwaltungsrechts, 8. Aufl., Tübingen 1928.

FLEINER FRITZ (1933), Die Pflege der staatswissenschaftlichen Disziplinen an der Universität Zürich, in: Schweizerische Juristen-Zeitung, Sondernummer zur Jahrhundertfeier der Universität Zürich, 29 (1932/33), 311 ff.

FLEINER FRITZ (1941), Ausgewählte Schriften und Reden, hrsg. von Fanny Fleiner, Zürich 1941.

GAGLIARDI ERNST (1938), Die Universität Zürich 1833 – 1933, in: Die Universität Zürich 1833 – 1933 und ihre Vorläufer. Festschrift zur Jahrhundertfeier, hrsg. vom Erziehungsrat des Kantons Zürich, Zürich 1938, 167 ff.

GIACOMETTI ZACCARIA (1924), Über die Grenzziehung zwischen Zivilrechts- und Verwaltungsrechtsinstituten in der Judikatur des schweizerischen Bundesgerichts, Tübingen 1924.

GIACOMETTI ZACCARIA (1937), Fritz Fleiner. 24. Januar 1867 – 26. Oktober 1937, in: Schweizerische Juristen-Zeitung 34 (1937/38), 145 ff.

GÖTZ VOLKMAR (1987), Verwaltungsrechtswissenschaft in Göttingen, in: Fritz Loos (Hrsg.), Rechtswissenschaft in Göttingen. Göttinger Juristen aus 250 Jahren, Göttingen 1987, 336 ff.

HAHN ALOIS (1993), Identität und Nation in Europa, in: Berliner Journal für Soziologie 3 (1993), 193 ff.

HEYEN ERK VOLKMAR (1996), Französisches und englisches Verwaltungsrecht in der deutschen Rechtsvergleichung des 19. Jahrhunderts: Mohl, Stein, Gneist, Mayer, Hatschek, in: ders. (Hrsg.), Verwaltung und Verwaltungsrecht in Frankreich und England (18./19. Jh.), Jahrbuch für europäische Verwaltungsgeschichte, Band 8, Baden-Baden 1996, 163 ff.

HOLLERBACH ALEXANDER (1984), Die Entwicklung des Verwaltungsrechts als akademische Disziplin und Prüfungsfach an der Universität Freiburg i. Br., in: Erk Volkmar Heyen (Hrsg.), Wissenschaft und Recht der Verwaltung seit dem Ancien Régime, Ius Commune Sonderheft 21, Frankfurt a. M. 1984, 285 ff.

HUEBER ALFONS (1982), Otto Mayer. Die „juristische Methode" im Verwaltungsrecht, Berlin 1982.

IM HOF ULRICH (1967a), Unsere Universitäten – Kinder des 19. Jahrhunderts, in: Schweizerische Zeitschrift für Nachwuchs und Ausbildung, Heft 1/2 – 1967, 8 ff.

IM HOF ULRICH (1967b), Die Schweizerischen Varianten der kleindeutschen Universität. Zum Problem der ausländischen Einflüsse auf das schweizerische Hochschulwesen im 19. Jahrhundert, in: Ernst Walder u. a. (Hrsg.), Festgabe Hans von Greyerz zum sechzigsten Geburtstag, Bern 1967, 593 ff.

KÖLZ ALFRED (1989), Von der Herkunft des schweizerischen Verwaltungsrechts, in: Walter Haller u. a. (Hrsg.), Im Dienst an der Gemeinschaft, Festschrift für Dietrich Schindler zum 65. Geburtstag, Zürich 1989, 597 ff.

KÖLZ ALFRED (2004), Neuere Schweizerische Verfassungsgeschichte. Ihre Grundlinien in Bund und Kantonen seit 1848, Bern 2004.

KÖTTGEN ARNOLD (1938), Fritz Fleiner und die deutsche Verwaltungsrechtswissenschaft, in: Zeitschrift der Akademie für deutsches Recht 5 (1938), 47 ff.

KORTLÄNDER BERND (1995), Begrenzung – Entgrenzung. Kultur- und Wissenschaftstransfer in Europa, in: Lothar Jordan/Bernd Kortländer (Hrsg.), Nationale Grenzen und internationaler Austausch. Studien zum Kultur- und Wissenschaftstransfer in Europa, Tübingen 1995, 1 ff.

KUCZYNSKI HEINZ (1936), Die Haftung des Bundes für seine technischen Funktionäre. Versuch einer Auslegung von Art. 61 OR nach öffentlichrechtlichen Grundsätzen, Diss. Zürich 1936.

KÜHN ULRICH (2000), Die Reform des Rechtsstudiums zwischen 1848 und 1933 in Bayern und Preussen, Berlin 2000.

LEPENIES WOLF (1981), Einleitung zu ders. (Hrsg.), Geschichte der Soziologie. Studien zur kognitiven, sozialen und historischen Identität einer Disziplin, 4 Bände, Frankfurt a. M. 1981, I ff.

LIECKWEG TANIA (2001), Strukturelle Kopplung von Funktionssystemen „über" Organisation, in: Soziale Systeme 7 (2001), 267 ff.

LIVER PETER (1955), Der Begriff der Rechtsquelle, in: Rechtsquellenprobleme im schweizerischen Recht, Zeitschrift des Bernischen Juristenvereins 91bis (1955), 1 ff.

LUHMANN NIKLAS (1987), Soziale Systeme. Grundriss einer allgemeinen Theorie, Frankfurt a. M. 1987.

LUHMANN NIKLAS (1989), Zwei Seiten des Rechtsstaates, in: Conflict and Integration: Comparative Law in the World Today. The 40th anniversary of the Institute of Comparative Law in Japan, Chuo University, Tokyo 1989, 493 ff.

LUHMANN NIKLAS (1990), Anfang und Ende: Probleme einer Unterscheidung, in: Niklas Luhmann/Karl Eberhard Schorr (Hrsg.), Zwischen Anfang und Ende. Fragen an die Pädagogik, Frankfurt a. M. 1990, 11 ff.

LUHMANN NIKLAS (1992), Die Wissenschaft der Gesellschaft, Frankfurt a. M. 1992.

LUHMANN NIKLAS (1998), Die Gesellschaft der Gesellschaft, Frankfurt a. M. 1998.

LUHMANN NIKLAS (2000a), Die Politik der Gesellschaft, Frankfurt a. M. 2000.

LUHMANN NIKLAS (2000b), Organisation und Entscheidung, Opladen/Wiesbaden 2000.

MAURER RUDOLF (1972), Jakob Schollenberger 1851 – 1936. Rechtsgelehrter und Patriot, MS, Bern 1972.

MAYER OTTO (1914), Deutsches Verwaltungsrecht, Band 1, 2. Aufl., München/Leipzig 1914.

METZLER GABRIELE (2000), Internationale Wissenschaft und nationale Kultur. Deutsche Physiker in der internationalen Community 1900 – 1960, Göttingen 2000.

MEYER-HESEMANN WOLFGANG (1981), Methodenwandel in der Verwaltungsrechtswissenschaft, Heidelberg/Karlsruhe 1981.

RICHTER DIRK (1996), Nation als Form, Opladen 1996.

RÜEGG WALTER (2004), Hrsg., Geschichte der Universität in Europa, Band III: Vom 19. Jahrhundert zum Zweiten Weltkrieg (1800 – 1945), München 2004.

RUNGE MARIANNE (1978), Friedrich Meili (1848 – 1914). Lebensbild eines vielseitigen Zürcher Juristen, Diss. Zürich 1978.

SCHINDLER DIETRICH (1981), Das öffentliche Recht an der Universität Zürich seit 1833, in: Ulrich Häfelin u. a. (Hrsg.), Festschrift zum 70. Geburtstag von Hans Nef, Zürich 1981, 275 ff.

SCHINDLER DIETRICH (1987), Begründer der wissenschaftlichen Methode des öffentlichen Rechts. Zum 50. Todestag von Fritz Fleiner, in: Neue Zürcher Zeitung vom 24./25.10.1987 (Nr. 247).

SCHMIDT-DE CALUWE REIMUND (1999), Der Verwaltungsakt in der Lehre Otto Mayers. Staatstheoretische Grundlagen, dogmatische Ausgestaltung und deren verfassungsbedingte Vergänglichkeit, Tübingen 1999.

SCHWINGES RAINER CHRISTOPH (2001), Hrsg., Humboldt International. Der Export des deutschen Universitätsmodells im 19. und 20. Jahrhundert, Basel 2001.

STADLER-LABHART VERENA (1991), Erste Studentinnen der Rechts- und Staatswissenschaft in Zürich, in: dies. (Hrsg.), „Der Parnass liegt nicht in den Schweizer Alpen ...“. Aspekte der Zürcher Universitätsgeschichte. Beiträge aus dem „Zürcher Taschenbuch“ 1939 – 1988, Zürich 1991, 261 ff.

STICHWEH RUDOLF (1994), Wissenschaft, Universität, Professionen. Soziologische Analysen, Frankfurt a. M. 1994.

STICHWEH RUDOLF (2003), Genese des globalen Wissenschaftssystems, in: Soziale Systeme, Zeitschrift für soziologische Theorie 9 (2003), 3 ff.

STOLLEIS MICHAEL (1992), Geschichte des öffentlichen Rechts in Deutschland, Band 2: Staatsrechtslehre und Verwaltungswissenschaft 1800 – 1914, München 1992.

STOLLEIS MICHAEL (1998), Nationalität und Internationalität: Rechtsvergleichung im öffentlichen Recht des 19. Jahrhunderts, Akademie der Wissenschaften und der Literatur. Abhandlungen der geistes- und sozialwissenschaftlichen Klasse, Jg. 1998, Nr. 4, Mainz/Stuttgart 1998.

STOLLEIS MICHAEL (1999), Geschichte des öffentlichen Rechts in Deutschland, Band 3: Staats- und Verwaltungsrechtswissenschaft in Republik und Diktatur 1914 – 1945, München 1999.

TEUBNER GUNTHER (1989), Recht als autopoietisches System, Frankfurt a. M. 1989.

TEUBNER GUNTHER (2001), Rechtsirritationen: Zur Koevolution von Rechtsnormen und Produktionsregimes, in: Günter Dux/Frank Welz (Hrsg.), Moral und Recht im Diskurs der Moderne: Zur Legitimation gesellschaftlicher Ordnung, Opladen 2001, 351 ff.

WALTER ROBERT (1988), Die Lehre des Verfassungs- und Verwaltungsrechts an der Universität Wien von 1810 – 1938, in: Juristische Blätter 110 (1988), 611 ff.

WERNER MICHAEL (1995), Massstab und Untersuchungsebene. Zu einem Grundproblem der vergleichenden Kulturtransfer-Forschung, in: Lothar Jordan/Bernd Kortländer (Hrsg.), Nationale Grenzen und internationaler Austausch. Studien zum Kultur- und Wissenschaftstransfer in Europa, Tübingen 1995, 20 ff.

WERNER MICHAEL (1997), Dissymmetrien und symmetrische Modellbildung in der Forschung zum Kulturtransfer, in: Hans-Jürgen Lüsebrink/Rolf Reichardt (Hrsg.), Kulturtransfer im Epochenumbruch. Frankreich – Deutschland 1770 bis 1815, Band 1, Leipzig 1997, 87 ff.

ZWEIGERT KONRAD/PUTTFARKEN HANS-JÜRGEN (1982), Zum Nationalismus der Rechtsvergleichung – Ein Essay, in: Norbert Horn (Hrsg.), Europäisches Rechtsdenken in Geschichte und Gegenwart, Festschrift für Helmut Coing zum 70. Geburtstag, Band 2, München 1982, 593 ff.

„Good governance“ – Importe und Re-Importe

Margrit Seckelmann, Speyer

This paper examines how the principle of "good governance" was developed by the Western nations as an institutional precondition for development cooperation. Later on, when dealing with the legitimacy of the European Union, this principle indirectly found its way into the European Law as the principle of "good administration" was introduced into the Fundamental Rights Charter of the EU and into the draft for the EU Constitutional Treaty, thus giving rise to demands for corresponding alterations in the administrative laws of the EU member states. Hence, institutional transplantations do not only change those who "import" them but leave the donor of the transplant changed as well. Ironically, the transplant can come back to the donor but may have changed its nature in the meantime, as this example of post-colonial law demonstrates.

Was passiert, wenn man ein Rechtsprinzip in ein Säurebad taucht? *Josef Kohler* beschrieb im Jahre 1887 das Zusammentreffen von Rechtsprinzipien und Rechtswirklichkeit in Analogie zu einer chemischen Reaktion:

> *„Wie es nun Sache des chemischen Forschers ist, durch richtige Vereinigung von chemischen Stoffen neue Verbindungen herzustellen, und wie gerade die erfinderische Kraft darin beruht, daß derselbe aus der Unzahl der Möglichkeiten solche Combinationen wählt, aus welchen neue fruchtbare Gebilde hervorzugehen scheinen: so ist es Sache des dogmatischen Juristen, ein Princip in der Fülle der Lebensverhältnisse einzutauchen und ihm gerade diejenigen Verhältnisse zu nähern, in welchen das Prinzip seine interessantesten Bildungen zu Stande bringt.“*[1]

Können Rechtsdogmatik oder Gesetzgebung Rechtsprinzipien in die „Fülle der Lebensverhältnisse“ eintauchen oder können sie sie gar verpflanzen? *Josef Kohler* bejahte dies und bediente sich rechtsdogmatisch intensiv beim französischen Recht.

Ich möchte im Folgenden eine Geschichte erzählen, die von der europäischen Mehrebenenpolitik einerseits und von den Folgen des Kolonialismus andererseits handelt – mit anderen Worten: von den rechtlichen Folgen der Globalisierung. Sie erzählt auch von der Kraft, welche institutionelle Transplantationen entwickeln können, und von der Dynamik, mit welcher diese letztlich nicht nur den Empfänger, sondern auch den „Spender“ der Transplantate selbst herausfordern. Die Geschichte beginnt zeitlich mit dem Ende des Kolonialismus nach dem Zweiten Weltkrieg und endet mit dem Europäischen Verfassungsvertrag, der derzeit den Einzelstaaten zur Ratifikation vorliegt und am 29. Mai 2005 dem französischen Staatsvolk zur Abstimmung gestellt wur-

[1] Kohler (1887, 271).

de.[2] Es geht um den Begriff der „Guten Verwaltung“ (*Good Administration*) in Art. II 101 des *Verfassungsvertrags der Europäischen Union.*[3] Nach der Grundrechtecharta der Europäischen Union beziehungsweise nach den in Art. II 99 ff. des EU-Verfassungsvertrags übernommenen Regelungen dieser Charta hat jeder Unionsbürger einen Anspruch auf Sicherung eines Mindestbestands von Rechten gegen die Organe und Institutionen der Europäischen Union. Zu diesen gehören die Wahrung der körperlichen Unversehrtheit, des Eigentums und auch gewisse Prozessgrundrechte wie die *fairness* des Verfahrens. Letztere werden in Art. II 101 des EU-Verfassungsvertrags wie auch in Art. 41 der EU-Grundrechtecharta unter den Oberbegriff der *Good Administration* subsumiert. Art. II 101 umfasst neben einem Anspruch auf faire, unparteiische und zügige Verfahrenserledigung (Abs. 1) insbesondere das Recht auf Gehör bei den für die Entscheidung zuständigen Stellen (Abs. 2 a), das Recht auf Akteneinsicht (Abs. 2 b) sowie auf eine Begründung der Entscheidungen (Abs. 2 c). Daneben sind unter das Recht auf gute Verwaltungsführung (*Good Administration*) auch die Existenz eines Staatshaftungsanspruchs (Abs. 3) sowie das Recht zu subsumieren, sich in jeder der Amtssprachen der Europäischen Union an deren Organe wenden zu können und eine Antwort in derselben Sprache zu erhalten (Abs. 4). Der ganzheitliche Begriff einer qualitativ als „gut“ vorgegebenen Verwaltung erfasst mithin über die Garantie gewisser Prozessgrundrechte auch die Legitimität des politischen Systems, die Transparenz der Findung staatlicher Entscheidungen, die Integrität, Effizienz, Kohärenz und Anpassungsfähigkeit des öffentlichen Sektors an neue Herausforderungen, die Partizipation und Konsultation der Bürger sowie die Existenz eines Staatshaftungsanspruchs.

Der Begriff der *Good Administration* entstammt den Bemühungen des europäischen *Ombudsman* um einen *Code of Good Administrative Behaviour* für die Organe der Europäischen Union, der im Folgenden näher vorzustellen ist. In der Grundrechtecharta der Europäischen Union wurde dieser Begriff zusätzlich mit den Bedeutungen unterlegt, die die Europäische Union in ihrem ebenfalls noch vorzustellenden Weißbuch *Europäisches Regieren* vom 25. Juli 2001 mit

---

[2] Das Ergebnis dieser Abstimmungen und die danach auch in anderen Mitgliedstaaten entwickelte Dynamik war während des Vortrags am 27. Mai 2005 nur in Ansätzen abzusehen. Die Entwicklung spricht aber für die in diesem Artikel beschriebenen Befürchtungen der französischen Seite. Diese sträubt sich gegen eine Überformung ihrer etatistisch orientierten Rechtstradition durch Prozessmaximen und ganzheitlich orientierte Grundsätze, welche eher dem Kontext des *common law* entstammen. Ich danke Frau Ass. iur. Petra Kempf, M.C.L., für Hinweise und eine bereitwillige Diskussion meiner Thesen.

[3] Vertrag über eine Verfassung für Europa, Teil II, Art. 99 – 114, Amtsblatt der Europäischen Union, 47. Jahrgang, 16. Dezember 2004, C 310, C 310/51 – C 310/54; download unter http://europa.eu.int/eur-lex/lex/JOHtml.do?uri=OJ:C:2004:310:SOM:DE:HTML.

dem Begriff der *Good Governance* als Mindeststandards für Regierungen und Verwaltungen in der Europäischen Union eingeführt hatte.[4] Die Auswirkungen dieser ganzheitlich formulierten Zielvorgabe für die Institutionen und Organe der Europäischen Union auf die Verwaltungen der Mitgliedstaaten der Europäischen Union sind noch weitgehend ungeklärt. Es zeichnet sich ab, dass die Mindeststandards der im Wege einer Vereinheitlichung der Regelungen für die Verwaltungsverfahren der Mitgliedstaaten eingeführt werden wird. Seit 2001 ist eine *task force* des Ministerrats mit dieser Frage beschäftigt.[5]

Das Recht „auf gute Verwaltung“ findet seine Vorläufer in den belgischen und niederländischen Grundsätzen für eine „ordnungsgemäße Verwaltung“[6] sowie den noch näher vorzustellenden Bestrebungen der OECD und der Weltbank. Es bildet einen Oberbegriff über bestimmte Verwaltungspraktiken, die in Art. 41 der EU-Grundrechtecharta sowie in Art. II 101 des Verfassungsvertrags enumerativ aufgezählt werden. Diese Artikel stellen aber keinesfalls vollständig neue Regelungen dar, sondern kodifizieren teilweise auch die Rechtsprechung des EuGH, der aus einer Gesamtschau der genannten nationalstaatlichen Bestimmungen gewisse Verfahrensgrundrechte entwickelte.[7]

In seiner Aufzählung von „guten“ Praktiken ist der Begriff der *Good Administration* durchaus fassbar, ist aber dennoch durch eine ganzheitlich formulierte Zielvorgabe charakterisiert. Auf die Probleme der Umsetzung einer derartigen Vorgabe, beziehungsweise auf deren Rechtsqualität als Optimierungsgebot oder als Auslegungsgrundsatz für das nationalstaatliche Recht, wird noch zu sprechen zu kommen sein. Die mitgliedstaatlichen Reaktionen auf die EU-Grundrechtecharta fielen entsprechend unterschiedlich aus. Monierten viele, dass sie von „legistisch fragwürdiger Qualität“[8] sei, so amüsierten sich andere über den „Charme der Unbekümmertheit“, den der Entwurf verströme.[9]

Schwierigkeiten bereitet auch die dogmatische Fassung des Grundrechtskatalogs des Europäischen Verfassungsvertrags, der auf der EU-Grundrechtecharta beruht. Durch diesen wird – sofern der Verfassungsvertrag ratifiziert werden sollte – erstmalig ein Grundrechtskatalog in das *Primärrecht* der Europäischen Union aufgenommen.[10] Dieser geht nicht nur inhaltlich aufgrund

[4] Kommission der Europäischen Gemeinschaften (2001).

[5] Dazu: Siedentopf/Speer (2002).

[6] Schilling (2000, 3); Lais (2002).

[7] Zur Entwicklung von formellrechtlichen Verfahrensgrundsätzen und solchen, die aus materiellrechtlichen Prinzipien entwickelt wurden, vgl. Haibach (1998, 456); Weber (1999, 37); Gornig/Trüe (2003).

[8] Dutzler/Lukaschek/Vranes/Weidel (2001, 369); ähnlich: Pache (2001).

[9] Tettinger (2001, 1014).

[10] Die EU-Grundrechtecharta hatte ohne die Inkorporation in den Verfassungsvertrag grundsätzlich nur deklaratorischen Charakter, vgl. Iber (2002, 493). Jedoch gibt sich nach Magiera (2003, 129) eine faktische Selbstbindung der an der Proklamation beteiligten Ge-

einer Aufnahme von ganzheitlichen Prinzipien deutlich über das liberale Freiheitsgewährleistungsprogramm der Europäischen Menschenrechtskonvention des Europarats hinaus, sondern entfaltet direkte und nicht nur mittelbare Wirkungen durch die bereits jetzt bestehenden Verweise auf die EMRK des Europarats. Offen ist insbesondere auch das Verhältnis des Grundrechtsteils zu den Grundfreiheiten des Vertrags über die Europäische Union, die – worauf noch zu sprechen zu kommen sein wird – durch den EuGH oftmals in ihrer Wirkung[11] als nahezu grundrechtsäquivalent interpretiert werden.[12] Problematisch erscheint insbesondere die – aus deutscher und französischer Sicht als (unzulässige) Vermengung empfundene – Verknüpfung von subjektiven Rechten und Prinzipien. Diese Prinzipien umfassen etwa die zügige und unabhängige, aber auch freundliche Erledigung des Verfahrens (die durch den europäischen Ombudsman *Jacob Söderman* entwickelte Vorlage für den von der EU-Kommission angenommenen *Kodex für gute Verwaltungspraxis*[13] enthielt neben dem in Art. II 101 Abs. 1 des Verfassungsvertrags enthaltenen Recht auf unparteiische und objektive Verfahrenserledigung [Art. 8 und 9 des Söderman-Entwurfs] und dem in Art. II 101 Abs. 4 enthaltenen Recht auf Kommunikation mit den EU-Organen in allen Amtssprachen [Art. 13 des Söderman-Entwurfs] und der Sicherstellung einer gewissen Erwartungssicherheit [Art. 10 des Söderman-Entwurfs] auch die Verpflichtung der Beamten zur *fairness*[14] und zur Höflichkeit[15]).

---

meinschaftsorgane einschließlich des Europäischen Rates. Mahlmann (2000, 425f.) entwickelt die Perspektive, dass die Rechtsprechung des EuGH faktisch mittelbar die Grundrechtecharta in das Primärrecht der EU überführen wird, auch wenn sie (was jetzt bei einem Nichtzustandekommen des Verfassungsvertrags wieder als möglich erscheint) zunächst torsohaft bestehen bleibt, ohne unmittelbar in das Primärrecht inkorporiert zu werden. Magiera teilt diese Perspektive und weist überdies auf die Möglichkeit der Orientierung des Bundesverfassungsgerichts an diesen Grundsätzen hin (2003, 129). Diese können zudem als Teil der gemeinsamen Verfassungsüberlieferungen der Mitgliedstaaten nach Art. 6 Abs. 2 EU-Vertrag auch als allgemeine Grundsätze des Gemeinschaftsrechts gelten, so Magiera (2003, 129).

[11] Zur rechtlichen Qualifikation des Rechts auf Freizügigkeit nach Art. 18 Abs. 1 EG-Vertrag durch den EuGH und durch die europarechtliche Literatur vgl. etwa: Ziekow (2004, 109–112) mit weiteren Nennungen.

[12] Eine historische Analyse der Rechtsprechung des EuGH und der „Wende" hin zur Anerkennung von gemeinsamen Verfassungsüberlieferungen der Mitgliedstaaten im Sinne allgemeiner Rechtsgrundsätze des Gemeinschaftsrechts bereits vor der Klarstellung in Art. 6 Abs. 2 EU-Vertrag liefern: Wolf (2002, 13) und insbesondere Schilling (2000).

[13] Download unter: http://europa.eu.int/comm/secretariat_general/code/index_de.htm.

[14] „Der Beamte soll fair und vernünftig handeln." (Art. 10 – Fairness).

[15] Art. 12 ("Höflichkeit") regelt in Abs. 1 S. 1: „Der Beamte legt in den Beziehungen zur Öffentlichkeit ein dienstleistungsorientiertes, korrektes, höfliches und zugängliches Verhalten an den Tag."

Der Richter am Bundesverfassungsgericht, *Rudolf Mellinghoff*, umriss im Februar 2005 diese Unklarheiten wie folgt:

> *„Die Regelungen über die Grundrechte im Verfassungsvertrag werfen zahlreiche Fragen auf, die geklärt werden müssen, wenn der Verfassungsvertrag zur Anwendung kommt. So fehlt es an einer Abstimmung des Grundrechtskapitels mit den übrigen Teilen des Verfassungsvertrages. Auch die durch den Verfassungsvertrag noch einmal verdeutlichte Unterscheidung zwischen subjektiven Rechten und Grundsätzen bedarf der dogmatischen Bewältigung."*[16]

I. Folgen der Transplantationen für den Spender von Rechtsprinzipien

1. Export und Import von Rechtsprinzipien

Zunächst aber setze ich meine Geschichte fort, wie der Begriff der *Good Administration* und der damit verwandte, ebenfalls ganzheitliche Begriff der *Good Governance* seinen Weg in den Europäischen Verfassungsvertrag fand. Ich werde beschreiben, wie die sogenannten „entwickelten" Staaten Vorgaben für die institutionelle Gestaltung der Empfängerstaaten von Entwicklungshilfe, ihrer früheren Kolonien, machten und schließlich selbst ihre eigene staatliche Verfasstheit einem gesteigerten demokratischen Legitimationsbedürfnis ausgesetzt sahen. Ich werde Ihnen also vorstellen, wie letztlich Prinzipien vor allem des angloamerikanischen Rechts über die Vergabebedingungen der Weltbank für Kredite und Gelder zur Entwicklungszusammenarbeit schließlich ihren Weg in das deutsche, französische und sonstige nationalstaatliche Recht finden können. Inwieweit diese Entwicklung problematisch sein kann oder nicht, soll der letzte Teil meines Vortrags darstellen. Ich werde Sie zum einen auf mögliche Folgen eines derartig ganzheitlichen Ansatzes für das nationalstaatliche Recht hinweisen, welche ich am Beispiel des deutschen öffentlichen Rechts exemplifizieren möchte. Ich werde beschreiben, warum die Abstraktion klarer, rechtsstaatlicher Regeln und die Trennung von Justiz und Verwaltung einen enormen Demokratisierungsgewinn für das deutsche Recht darstellte. Ich werde kurz darauf eingehen, ob die jetzigen Vorgaben nicht eher mit den neoaristotelischen Vorstellungen von einer *„guten Policey"* der deutschen Staatsrechtslehre[17] zu vergleichen sind, die sich allerdings nach 1750 bereits in einem Ausdifferenzierungsprozess befand.[18] Ich werde schließlich auch fragen, inwieweit „Exportverbote" bestehen.

---

[16] Mellinghoff (2005, 5).

[17] Dazu Stolleis (1988, insbesondere 366–393) sowie die dort genannte Literatur (369); Simon (2004); Pauly (2000); Blickle/Kissling/Schmidt (2003).

[18] Stolleis (1988, 379).

Das deutsche Rechtsstaatsprinzip etwa wurde von *Robert von Mohl*,[19] *Otto Bähr*,[20] *Rudolf von Gneist*[21] und anderen ebenfalls aus einer Gesamtschau und immer weiter gehenden Abstraktion von englischen Prozessgrundrechten und französischen Verfassungsprinzipien entwickelt.[22] Bestehen nun Zweitimportverbote für Grundsätze, aus denen das Rechtsstaatsprinzip seinerzeit entwickelt wurde? Im Bereich der europäischen Mehrebenenpolitik lassen sich viele „Importe“ dogmatischer Figuren aus einer mitgliedstaatlichen Verwaltungsrechtsordnung in eine andere beobachten.[23] Das gilt auch für die „Exporte“ von dogmatischen Figuren des deutschen öffentlichen Rechts, etwa die Übernahme des deutschen Verhältnismäßigkeitsverbots in die Gemeinschaftsrechtsordnung und von dort aus in das englische öffentliche Recht.[24] Ist die Sicherung gewisser Grundrechtsstandards, wie sie das deutsche Bundesverfassungsgericht in seinen „Solange“-Entscheidungen[25] und dem Maastricht-Urteil[26] formuliert hat, mit anderen Worten ein Versuch kultureller Hegemonie in der deutschen Europäschen Union, der den Export rechtsdogmatischer Figuren nur in einer Richtung zulässt? Sind Importe oder Re-Importe zulässig?

2. Rechtliche und institutionelle Transplantationen in der Literatur

Rechtliche und institutionelle „Transplantationen“ sind derzeit stark in der Diskussion. Es stehen sich, wie *Martin de Jong*, *Virginie Mamadouh* und *Konstantinos Lalenis* jüngst festgestellt haben, im Prinzip zwei Extrempositionen gegenüber: Die *evolutionäre* Perspektive geht davon aus, dass sich Institutionen historisch entwickelt haben.[27] Diese Position betrachtet die Verpflanzung von Institutionen aus anderen Rechtssystemen mit Misstrauen. Eine andere Position geht davon aus, dass Institutionen ein soziales Konstrukt sind, welches durch Gesetzgeber, Verwaltung, Rechtsdogmatik oder Rechtsprechung auch radikal geändert werden kann. Diese Position sieht den Transfer von Rechts-

---

[19] Mohl (1832). Dazu: Stolleis (1992), 258–261.
[20] Bähr (1864 [1961]).
[21] Gneist (1879).
[22] Dazu auch: Sommermann (2002, 138).
[23] Die Erzeugung eines gegenseitigen weltpolitischen Drucks der Nationalstaaten, sich auf die „Institutionen der Modernität“, welche von anderen Staaten garantiert werden, zu verpflichten, prognostiziert darüber hinaus Stichweh (2000, 25–26).
[24] Ruffert (2004, 199); Harlow (2000, 240).
[25] BVerfG – II. Senat vom 29. Mai 1974 – BvL 52/71, BVerfGE 37, 271 (Solange I); BVerfG – II. Senat vom 22. Oktober 1986 – , 2 BvR 197/83, BVerfGE 73, 339 (Solange II).
[26] BVerfG – II. Senat vom 12. Oktober 1993 – 2 BvR 2134, 2159/92, BVerfGE 89, 155 (Maastricht).
[27] de Jong/Mamadouh/Lalenis (2002, 283).

prinzipien und Institutionen eher optimistisch.[28] Wie *de Jong, Mamadouh* und *Lalenis* ausführen, ist die transferpessimistische Position im Rahmen der europäischen Mehrebenenpolitik durch die faktischen Entwicklungen ein wenig in die Defensive geraten.

Eine empirische Beobachtung jedoch kann aber meines Erachtens nicht bereits als Gegenargument gegen eine gewisse Skepsis gegenüber dem Transfer von Institutionen in andere Mitgliedstaaten herangezogen werden. Sonst würde ein deontologischer (Fehl-)Schluss vom Sein auf das Sollen vorgenommen werden, welcher nach *Immanuel Kant* nichts beweist.[29] Vielmehr denke ich, dass *Josef Kohlers* eingangs erwähnte Beobachtung zutreffend ist, welche sich auch mit systemtheoretischen Überlegungen deckt: Wenn man ein Rechtsprinzip in „die Fülle der Lebensverhältnisse" taucht, wie es *Kohler* formuliert hat, oder wenn man es mit anderen Prinzipien „reagieren" lässt, ist folgendes zu beobachten: Das Prinzip verändert nicht nur die übernehmende Rechtsordnung, auch das „eingetauchte" Prinzip muss sich zwangsläufig auch selbst verändern.

II. Im Labor der Mehrebenenpolitik:

Zu den Begriffen *Good Governance* und *Good Administration*

Aber zurück zu meiner Geschichte. Zur Aufnahme des ganzheitlich klingenden Anspruchs „auf gute Verwaltung" (wie die Analogie zur *Good Administration* im deutschen Text des Verfassungsvertrags heißt) in die Dokumente der Europäischen Union kam es aus verschiedenen Bestrebungen in den Jahren 1999–2001. Diese Bestrebungen verfolgten alle das Ziel, die mangelnde Identifikation der Unionsbürger mit der Europäischen Union abzubauen.

Unmittelbarer Anlass dafür, den Begriff der *Good Governance* als Oberbegriff für eine Gesamtheit von Mindeststandards für die Regierungen und Verwaltungen der europäischen Mitgliedstaaten wie für die Organe der europäischen Union einzuführen, war bereits ein negatives Referendum in einem Mitgliedsstaat gewesen. Die Bürger der Republik Irland, die wie wenige andere von der Europäischen Union profitiert hatten, hatten zuvor dem Vertrag von Nizza ihre Zustimmung verweigert. Durch den negativen Bürgerentscheid eines Landes, welches bislang zu den stärksten Verbündeten der europäischen Idee gehört hatte, war „die Kluft zwischen der Europäischen Union und ihren Bürgern" den Mitgliedern der Europäischen Kommission offensichtlich ge-

[28] So namentlich Watson (1993); dazu: de Jong/Mamadouh/Lalenis (2002, 283).
[29] Kant (1788 [1968], 38).

worden.[30] Die Kommission suchte daraufhin nach Maßnahmen, um „die politische Entscheidungsfindung zu öffnen, und mehr Menschen und Organisationen in die Gestaltung und Durchführung der EU-Politik einzubinden“.[31] Die Integration der Unionsbürger in die Politik der Europäischen Union sollte insbesondere dadurch hergestellt werden, dass die Rechtsschutzmöglichkeiten verbessert und die Handlungen der Organe der EU ebenso wie ihrer Mitgliedstaaten für die Unionsbürger transparenter gemacht werden sollten. Das Weißbuch plädierte für mehr Offenheit wie für eine größere Verantwortung und Rechenschaftspflicht der Organe der EU, der nationalen Regierungen und der Regionen und Kommunen und schlug ein Maßnahmenbündel vor, das sich auch an den Vorschlägen der OECD[32] für eine gute Verwaltung orientierte. Dazu gehörte etwa die Pflicht zur fristgerechten Bearbeitung von Entscheidungen, eine Notwendigkeit zur Begründung derselben, die Einführung einer Regressmöglichkeit gegen Entscheidungen und die Pflicht zu einer Anzeige von Entscheidungskonflikten.
Wie kam es zur Einführung des Begriffs der *Good Governance* und wo kam er her? Bereits vor dem Vertrag von Nizza wurde das Vertrauen der Unionsbürger in die Unbestechlichkeit und Bürgerfreundlichkeit der Europäischen Organe durch Skandale hinsichtlich der Auswahl der Mitarbeiter der EU-Organe und der von diesen beauftragten Firmen heftig erschüttert. Diese Umstände führten letztlich zum Rücktritt der von *Jacques Santer* geleiteten Europäischen Kommission im Jahre 1999. Ein Teil dieser Vorkommnisse wurde durch den Jahresbericht des Europäischen Bürgerbeauftragten oder Europäischen Ombudsman,[33] *Jacob Söderman*, von 1997 aufgedeckt, welcher sich insbesondere der Frage der Auswahlverfahren zur Europäischen Kommission und der Frage des Zugangs zu Dokumenten widmete. *Söderman* setzte daher 1998 eine Initiative in Gang, die die Funktionsfähigkeit und Bürgerfreundlichkeit der Einrichtungen der Europäischen Union untersuchen sollte. Ziel seiner Initiative war es, einen *Code of Good Administrative Behaviour* für die Institutionen der Europäischen Union zu erarbeiten. Er versuchte zunächst, eine Art *„best practise“*-Modell einer dieser Institutionen zu übernehmen, musste aber bald feststellen, dass keine dieser Institutionen über einen *Code of Conduct* verfügte.[34] Im Juli und im September 1999 legte *Söderman* seine Empfehlungen zur Etablierung eines Codes zur Behandlung der Bürger durch die Institutionen

[30] Kommission der Europäischen Gemeinschaften (2001, 4).
[31] Kommission der Europäischen Gemeinschaften (2001, 4).
[32] Zu den unterschiedlichen Definitionen von *Good Governance* durch die Weltbank und die *Organisation for Economic Control and Management* (OECD) vgl. Theobald (2001c); Fuster (1998); Adam (2001).
[33] Dazu: Guckelberger (2004).
[34] Söderman (2001b).

der Europäischen Union vor. Er versuchte, existierende Prinzipien der einzelnen Mitgliedstaaten über das Verhältnis des Umgangs von Staaten mit ihren Bürgern in einem einzelnen Code zusammenzufassen. Der Begriff des *Good Administrative Behaviour* (oder kurz: der *Good Administration*) war bewusst als Gegenprogramm zu den im Jahresbericht von 1997 aufgedeckten Missständen gewählt worden, welche *Söderman* mit dem Begriff *Maladministration* zusammengefasst hatte.[35]

Die Prinzipien für gutes Verwaltungshandeln (*Good Administrative Behaviour*) stellte *Söderman* in seinen Empfehlungen für alle europäischen Organe, Institutionen und Agenturen nach Art eines Musterkodex zusammen.[36] Derzeit ist eine *task force* der Europäischen Mitgliedstaaten mit der Frage der Angleichung ihrer Verwaltungskodizes und der Frage nach der Festlegung von Standards für die Verwaltungsverfahren der EU-Mitgliedstaaten beschäftigt.

Ein weiterer Impetus für das Weißbuch *Europäisches Regieren* der EU-Kommission wie für die soeben genannte *task force*, welcher nicht zu vernachlässigen ist, ist die Erweiterung der Europäischen Union zum 1. Mai 2004. Während die Europäischen Gemeinschaften der Vollzugsorganisation ihrer Mitgliedstaaten zunächst eher indifferent gegenüberstanden, stellte sich im Rahmen der Osterweiterung die Frage nach dem *acquis communautaire*.[37] Im Gefolge von Evaluationen der postsozialistischen Verwaltungen wurden Modernisierungsanforderungen an diese formuliert, welche die Verwaltungsorganisation (insbesondere die Gewaltenteilung und die Schaffung von Überprüfungs- und Regressmöglichkeiten), die Verfahrensweisen, die Koordinationsmechanismen, die Auswahl und Organisation des Öffentlichen Dienstes, die Haushaltskontrolle und anderes betrafen.

Söderman machte schließlich den Vorschlag, das Recht des Bürgers auf gute Verwaltungsführung in der Grundrechtecharta der Europäischen Union zu verankern. Die Verabschiedung einer solchen Grundrechtecharta wurde durch den Europäischen Rat von Köln im Juni 1999 beschlossen.[38] Sie wurde von einer Arbeitsgruppe erarbeitet, die im Oktober 1999 durch den Europäischen Rat in Tampere eingesetzt wurde.[39] Die Arbeitgruppe, die sich in bewusster

[35] „Maladministration occurs when a public body fails to act in accordance with a rule or principle which is binding upon it". Zitiert nach: Söderman (2001b, 2).

[36] Kodex für gute Verwaltungspraxis vom 28. Juli 1999, Download unter: http://www.euro-ombudsman.eu.int/recommen/pdf/de/code1_de.pdf.

[37] König (2003, 53); Siedentopf/Speer (2002). Zum OECD-Programm *Support for Improvement in Governance and Management in Central and East European Countries* (SIGMA), vgl. Speer (2001a, 67); Speer (2001b, insbesondere 216–222).

[38] Schlussfolgerungen des Europäischen Rats von Köln, Ziffer 44, Bulletin der Deutschen Bundesregierung Nr. 49 vom 16. August 1999, 514; dazu: Hector (2002, 181).

[39] Söderman (2002a); Lais (2002).

Anlehnung an die verfassunggebenden Versammlungen in Nordamerika[40] als „Konvent" bezeichnete und von Roman Herzog geleitet wurde, legte im Oktober 2000 einen ausgearbeiteten Entwurf vor.[41] Dieser enthielt 54 Artikel unter den Überschriften „Würde des Menschen", „Freiheiten", „Gleichheit", „Solidarität", „Bürgerrechte", „Justizielle Rechte" und „Allgemeine Bestimmungen".[42] Unter dem Rubrum „Bürgerrechte" wurde in Art. 41 das „Recht auf eine gute Verwaltung" aufgenommen. Der Konvent verfolgte bei seiner Arbeit das Ziel, die Grundrechtecharta so zu formulieren, dass diese später – wie geschehen – in einen Verfassungsvertrag integriert werden könnte.[43]
Woher kam nun die Idee, einen Kodex für gutes Verwaltungshandeln zu entwickeln und diesen in die Grundrechtecharta der EU aufzunehmen, um ihn letztlich sogar in den Rang des EU-Primärrechts erheben zu wollen?

III. Die Geburt eines dynamischen Rechtsprinzips aus dem Geist der Entwicklungszusammenarbeit

Der Begriff der *Good Governance* entstammt der Entwicklungszusammenarbeit.[44] Seine Entwicklung fällt in eine Zeit, in der die Entwicklungshilfe zunehmend in den Rahmen von Strukturanpassungsprogrammen eingebunden wurde.[45] In den Jahren nach dem Zweiten Weltkrieg hatten die Kolonialmächte die Staaten in Afrika, Asien und Mittel- und Südamerika in die Unabhängigkeit entlassen. Letztere waren – je nach Kolonialmacht in unterschiedlicher Intensität – von Europa aus verwaltet worden. Nun galt es in diesen Staaten, eine eigene Verwaltung und eine eigene Infrastruktur aufzubauen. Entwicklungshilfe wurde gezahlt, um diese Prozesse zu unterstützen. Sie wurde zu Zeiten des Kalten Krieges zunächst jedoch eher in einer Art Systemwettbewerb geleistet. Demgegenüber wurde auf ihre Effizienz in Zeiten des wirtschaftlichen Booms und des Primats der Politik weniger Wert gelegt.
Ab 1980 wurde die Ressourcenknappheit zu einem zentralen Thema der Entwicklungshilfe. Zunehmend wurde nicht mehr lediglich auf einen Wettbewerb zwischen Ost und West geachtet, sondern von den westlichen Staaten auch die Frage gestellt, warum sich Programme zur Entwicklungshilfe als ineffizient erwiesen. Als Motoren dieser Debatte erwiesen sich die *Weltbank* und der *Internationale Währungsfonds*, denen nach ihrem Statut eigentlich die Betreibung

[40] Hobe (2003, 9).
[41] Hilf (2000, 5).
[42] Der Entwurf findet sich unter anderem abgedruckt bei Hilf (2000, 7–15).
[43] Sogenannte *"Als Ob"*-Doktrin, dazu: Barriga (2003, 65).
[44] Theobald (2001a); Hill (2000, 3); Hill (2005); Steinich (2000, 159–160). Zur Begriffslogik und Begriffsgeschichte vgl. König (2001); König (2002); König (2003).
[45] König (2002, 17).

von Politik untersagt ist.[46] Die Weltbank vermochte es jedoch, sich über ihre Vergabebedingungen bis auf den heutigen Tag als wichtiger Akteur zu etablieren. Dies erklärt auch die Heftigkeit, mit der regelmäßig um die Vergabe des Postens des Weltbankpräsidenten gerungen wird.

Die Weltbank machte den Grund für die Ineffizienz der Entwicklungshilfe in manchen Staaten in der institutionellen Gestaltung unabhängig gewordenen Volkswirtschaften aus: Anstatt sich von den Importen unabhängig zu machen und eine eigene, nachhaltige Volkswirtschaft aufzubauen, beschränkten sich einige Staaten darauf, den Überschuss des Erwirtschafteten nach ihrer jeweiligen Ideologie zu verteilen, ohne diesen zu reinvestieren.[47] Im Zeichen der neoliberalen Ökonomie, die immer mehr Anhänger in den westlichen politischen Systemen gewann, erschien dieser Zustand indes nicht mehr als wünschenswert. Man entschied sich, die weitere Vergabe von Entwicklungshilfe – abgesehen von der Unterstützung in aktuellen Notlagen – von der Umsetzung struktureller Reformen abhängig zu machen, welche die Mängel der staatlichen Entwicklungsstrategien abbauten, die die Länder immer weiter in die staatliche Verschuldung trieben. Diese Reformen sollten den Markt fördern und den Rückzug des Staates aus den wirtschaftlichen Aktivitäten vorantreiben.[48] Die Liberalisierung beschränkte sich jedoch nicht nur auf ökonomische Fragen: Vielmehr wurden die Strukturanpassungsprogramme auch zur Durchsetzung politischer Modernisierungs- und Demokratisierungsprogramme verwendet und zielten auf den Aufbau einer Zivilgesellschaft ab.[49] Als Partner wurden bewusst zivilgesellschaftliche Organisationen wie die Kirchen, Gewerkschaften oder (Wohlfahrts-)verbände, die politische Opposition sowie der gering vorhandene Mittelstand gesucht. Aus dieser Zeit resultiert eine Konnotation von *Good Governance*, welche in der heutigen Diskussion immer zentral mitgedacht wird: eine starke Partizipation der Bürger oder der sogenannten „Zivilgesellschaft“ an den Fragen des politischen Gemeinwesens.

Allerdings erwies sich ein reines Liberalisierungsprogramm ebenfalls bald als nur teilweise effizient. Gegen Ende der 1980er Jahre stellte sich heraus, dass es bestimmten Staaten, insbesondere Brasilien und Argentinien sowie anderen lateinamerikanischen Nationen, im Rahmen der aktuellen Entwicklungspolitik der Weltbank gelungen war, marktwirtschaftliche Elemente zu implementieren. Andere Staaten jedoch, insbesondere die afrikanischen und manche asiatischen, hatten weiterhin mit dem Problem zu kämpfen, dass ihre Märkte teilweise zu schwach oder gar nicht vorhanden waren, um sich unvorbereitet

[46] Diese Restriktion ergibt sich aus Artikel 10 des Weltbankstatuts (http://worldbank.org); dazu: Adam (2000, 272).

[47] Murphy (2002, 9).

[48] Murphy (2002, 2).

[49] Pitschas (2001).

einem Liberalisierungsprogramm zu unterziehen. Zunehmend wurde daher die Rolle des Staates als Verteilungs- und Modernisierungsagentur wieder entdeckt. Nur dem Staat wurde zugetraut, Maßnahmen gegen Kapitalflucht zu unternehmen und umfassende Sozialprogramme zum Schutz der ärmeren sozialen Schichten aufzulegen.[50] In Staaten, in denen Märkte noch recht wenig etabliert waren, wurde auch die Rolle des Staates als ökonomischer Akteur betont, da es zu wenig andere bedeutende Akteure auf diesem Gebiet gab.[51] Teilweise erwies sich die Zusammenarbeit mit den zivilgesellschaftlichen Akteuren als schwierig. Oftmals nutzten diese ihre neuen Kompetenzen, um die Programme zum Abbau von Privilegien und Subventionen zu boykottieren, sofern sie selbst betroffen waren.[52] Die Bedeutung der institutionellen Regimes, der gesetzlichen oder organisatorischen Regeln für das effiziente Funktionieren von Märkten, rückten daher wieder in den Blick.[53]
In einer Studie aus dem Jahre 1989 über Vergabedingungen von Geldern für das südliche Afrika stellte die Weltbank daher auf die institutionellen Rahmenbedingungen für die Funktionsfähigkeit von Märkten ab. *Governance* wurde von der Weltbank in einem Epoche machenden Bericht über das südliche Afrika als *„the exercise of political power to manage a nation's affairs"* definiert,[54] also als „Art und Weise, in welcher bei dem Management der wirtschaftlichen und sozialen Ressourcen eines Landes im Interesse einer nachhaltigen Entwicklung die Ausübung von Macht gehandhabt wird“.[55] Die Weltbank, der – wie erwähnt – eine politische Aktivität ausdrücklich untersagt ist, begann über diesen Begriff zumindest Kriterien an die *Effizienz* und *Transparenz* der Verfasstheit eines Staates und seiner Organisationen zu stellen. Entwicklungshilfe sollte nach diesen Kriterien daran gebunden werden, dass die Staaten ein zuverlässiges Rechtssystem, eine Trennung von öffentlichem und privatem Sektor, ein transparentes Verfahren der öffentlichen Entscheidungsfindung und der Besetzung der öffentlichen Ämter entwickelten, um die Entwicklungshilfe nicht länger zu einer Art „Hausgut“ der traditionellen Eliten werden zu lassen.

Die Weltbank verknüpfte mit ihrer Definition der *Good Governance* als „Fähigkeit, auf auftretende Probleme angemessen zu reagieren,“ formelle und materielle Kriterien – wie die Respektierung der Menschenwürde der Bürger und die Verantwortlichkeit der Regierungsführung.[56] Im Zentrum der Betrachtung

---

[50] Murphy (2002, 2–3).
[51] Nyang'oro (1999, 264).
[52] Murphy (2002, 3.).
[53] North (1988); Theobald (2001b, 35).
[54] World Bank (1989, 60).
[55] Übersetzung von Helmut Klages in: Klages (2000, 3).
[56] World Bank (1989, 3); dazu: Adam (2000, 272).

sollte zudem nicht mehr nur der Staat, sondern auch seine Umfeldbeziehungen stehen. Neben dem formellen Verwaltungshandeln, wird gerade auch das informelle Zusammenwirken des Staates mit zivilgesellschaftlichen Akteuren nach dem *(Good) Governance*-Ansatz einer Effizienzbetrachtung unterzogen, welche weniger nach den Formen als nach den Ergebnissen staatlichen Handelns fragt. Charakteristisch für die Fragestellung nach der *Governance* eines politischen Systems ist daher die Umstellung von einer Verfahrens- auf eine Ergebniskontrolle bei der Steuerung in komplexen Regelsystemen.[57]
Der *Good Governance*-Ansatz ist daher zugleich umfangreicher wie enger als der des Rechtsstaatsprinzips nach deutschem Vorbild. Er meint über eine willkürfreie Verwaltung hinaus auch eine solche, welche bürgerfreundlich ist und auf neue Probleme angemessen reagieren kann. Diese Umstellung von einer Ergebnis-Rechtmäßigkeit auf eine Verfahrensrichtigkeit und ein die Schaffung von Strukturen zur Problemlösung ausgerichtetes Konzept[58] hat vor allem angloamerikanische Wurzeln, insbesondere die beschriebenen Rechtsprinzipien des *common law*, welche in vielen ehemalige Kolonien ohnehin weitergalten. Dafür ist Objekt der *Governance*-Betrachtung nicht nur der Staat, sondern die Gesamtheit der formellen und informellen institutionellen Formen, welche sich um das Gemeinwohl kümmern. Wie gleich noch zu beschreiben sein wird, besteht daher auch die Befürchtung, dass der Begriff der *Good Governance* das Rechtsstaatsprinzip auch wieder verengt, oder sagen wir, um im Bild der chemischen Reaktion zu bleiben: aufweicht. Neben Aussagen, die noch dem *hard law* zugerechnet werden können, wie die Existenz der Prozessgrundrechte, enthält er – bislang – auch wenig justiziable Elemente wie die Bürgerfreundlichkeit, deren Beachtung derzeit vorwiegend in Großbritannien nach quantitativen Indikatoren erfasst wird.[59]

IV. Die Importeure schlagen zurück: Von der Wirkung der exportierten Legitimitätsstandards in den Ursprungsländern

Rechtsprinzipien haben es, wie es *Josef Kohler* beschrieb, jedoch an sich, bei der Reaktion mit Rechtsordnungen eine eigene Dynamik zu entwickeln. Der Begriff der „guten Gouvernanz", wie er im Deutschen oft genannt wird, unterwarf schließlich auch die Organisation der „entwickelten" Staaten einem gesteigerten Rechtfertigungsbedürfnis. Der Begründungsaufwand für Defizite innerhalb der demokratischen Struktur der „entwickelten" Staaten,[60] insbesondere der für das bekannte Demokratiedefizit der Europäischen Union,[61]

[57] Benz (2005, 112); Benz (2004, 125).
[58] Hoffmann-Riem (2004, 25–26); Bullinger (2002, 25).
[59] Bovaird/Löffler (2003).
[60] Klages (2000, 3).
[61] Dazu: Benz (2005, 99); Benz (2004, 125).

erhöhte sich angesichts derjenigen Erwartungen, die man an die Empfängerländer von Entwicklungshilfe formulierte. Von einem Oberbegriff über die von einer Regierung zu gewährleistenden Mindeststandards für die Teilnahme an internationalen Strukturentwicklungsprogrammen, avancierte der Begriff der „guten Gouvernanz“[62] mithin nach und nach zu einem „Kernbegriff der zeitgenössischen politischen Ökonomie“.[63] Er wurde „zu einem Leitbegriff aktueller Erörterungen über die Aufgaben moderner Staatswesen und über die Wege“, die „ganz allgemein zu der zukunftshaltigen Weiterentwicklung institutioneller Strukturen hinführen“.[64] Er verband sich mit Bestrebungen zu einer verbesserten Bürgerbeteiligung, da der Begriff der *Governance* – wie bereits ausgeführt – nicht nur das staatliche Handeln selbst, sondern auch seine Umfeldbeziehungen erfasst.

In Großbritannien wurde die Stärkung der Problemlösungsfähigkeit des Staates im Zeichen sinkender staatlicher Einnahmen unter dem Begriff der *Governance* etwa durch das Regierungskonzept *Modernising Government* der Regierung *Blair* eingeführt. Dieses beeinflusste das deutsche Konzept zur Modernisierung des Staatswesens, welches die deutsche Bundesregierung von 1998-2005 in zwei Phasen unter dem Begriff *Moderner Staat – Moderne Verwaltung* verfolgte und nun – in modifizierter Form – unter dem Oberbegriff *Moderner Staat – Effiziente Verwaltung* weiterverfolgt.[65] Sie wird in ihren Bemühungen zur Qualitätsverbesserung staatlichen Handelns von verschiedenen Institutionen unterstützt, etwa von der Bertelsmann-Stiftung. Letztere bezog das Konzept der *Good Governance* insbesondere auf den Aspekt der Bürgerbeteiligung und widmete ihm mehrere Forschungsprogramme, die diesen Begriff in die deutsche Verwaltungsmodernisierungsdiskussion einführten. Nach der Definition der Bertelsmann-Stiftung[66] umfasst das *Good Governance*-Konzept die Strukturierung von Verwaltungsprozessen nach Art eines strategischen Managements auf der einen Seite und eine strukturelle Verankerung partizipativer Ansätze auf der anderen.[67]

---

[62] König (2002, 17).
[63] Murphy (2002, 1).
[64] Klages (2000, 3).
[65] Näheres dazu unter http://www.staat-modern.de.
[66] Wegener (2002, 16).
[67] Pröhl (2002, 7). Vgl. dazu die Protokolle des Bundestags-Unterausschusses „Bürgerschaftliches Engagement“, http://www.bundestag.de/parlament/gremien15/a12/a12_buerger/Protokolle/index.html

V. Importverbote? Mögliche Auswirkungen für das deutsche Rechtsstaatsprinzip

Was bedeutet nun die Aufnahme eines für das deutsche Rechtsstaatsverständnis recht offenen und dynamischen Begriffs in die Grundrechtscharta der Europäischen Union und in den Europäischen Verfassungsvertrag? Es ist zu konstatieren, dass der dort verwendete Begriff der *Good Administration* durch die Bildung von Regelbeispielen deutlich schärfere Konturen aufweist als derjenige der *Good Governance*. Dennoch tun sich Staaten mit stark etatistischer Tradition wie Deutschland oder Frankreich, welche eine starke Trennung von Justiz und Verwaltung vornehmen, schwer mit der Beschreibung von inhaltlichen Qualitätsvorgaben für die drei Gewalten, sofern diese über deren Bindung an die Verfassung sowie an Recht und Gesetz hinausgehen sollen. Daher wurde – insbesondere von den Staaten mit einem an der französischen oder deutschen Tradition orientierten Rechtssystem – teilweise der Wunsch nach einer weiteren Konkretisierung beider Begriffe geäußert, die im Endeffekt auf die Aufgabe der Qualitätsbeschreibung „gut" in der „guten Governanz" hinauslaufen.[68] Die bloße Aufgabe des Begriffs „gut" für die „Gouvernanz" hat jedoch teilweise lediglich terminologischen Charakter. Der scheinbar neutrale Begriff der *Governance*[69] hat sich – aus der Entwicklungshilfe stammend – zur Funktionsbeschreibung von Gemeinwesen etabliert. Er wird jedoch keineswegs inhaltsneutral gebraucht, sondern oftmals inhaltlich mit einer politischen Leitidee – nämlich derjenigen nach einer – globalen – Zivilgesellschaft oder Zivil*rechts*gesellschaft[70] oder dem Wunsch nach einer Art transdisziplinärer *lingua franca*[71] verknüpft.[72]

Für eine Konkretisierung des *Governance*-Begriffs spricht insbesondere das europarechtliche Prinzip der begrenzten Einzelermächtigung. Der aus der Entwicklungszusammenarbeit stammende Begriff der *Good Governance* könnte sonst die Gefahr in sich bergen, dass über den Umweg der in ihrer Rechtsnatur noch nicht hinreichend erfassten europäischen Grundrechte die deutsche Verwaltungsorganisation europarechtlich durchgesteuert werden könnte.[73] Eine chemische Reaktion mithilfe eines Rechtsprinzips, wie sie *Josef Kohler* beschrieb, könnte auch deswegen im deutschen Recht erfolgen, als dass die

---

[68] Dazu insbesondere: Demers (1997, 367).

[69] Neben dem Begriff der "Governance" wird teilweise auch der Terminus „Modern Governance" verwendet. So etwa: Kuhlmann (2004, 221).

[70] Teubner (2004, 71).

[71] Trute/Denkhaus/Kühlers (2004, 451).

[72] Zu den Kollisionen dieses hauptsächlich aus dem „Global Governance"-Konzept entwickelten Governance-Konzepts und zu seinen Kollisionen mit den „harten" Grundsätzen des Völkerrechts vgl. Koskenniemi (2004).

[73] Riedel (1999, 177).

EU-Kommission grundsätzlich über keine Kompetenz für Vorschriften zur Gestaltung von Verwaltungsverfahren verfügt und eine Durchsteuerung der Verwaltungsorganisation in Widerspruch zum Prinzip der begrenzten Einzelermächtigung stünde. Für die Möglichkeit der „Zündung“ einer solchen Reaktion spricht, dass die EU-Kommission bereits zuvor mit sogenannten „Querschnittsklauseln“, insbesondere im Bereich der Dienstleistungen,[74] operiert hat, um auf die nationalstaatlichen Verwaltungsverfahren einzuwirken. Der EuGH wird zu dieser Frage Stellung nehmen müssen. Seine bisherige Rechtsprechung zur Kollision der Grundfreiheiten mit den nationalen Grundrechten[75] deutet jedoch darauf hin, dass er den nationalen Grundrechten nicht unbedingt einen Vorrang vor der EU-Grundrechtecharta einräumen wird. Schließlich ist der Rechtscharakter der EU-Grundrechte, welche über ihre qualitative Aufladung auch auf außerrechtliche Perspektiven[76] verweisen, eher vage. Eine Art „Verfassungsbeschwerde“ gibt es nicht, so dass sie nur mittelbar durch die Rechtsprechung des EuGH überprüft werden können. Diese ist jedoch – insbesondere hinsichtlich des Verhältnisses zu den EU-Grundfreiheiten noch nicht absehbar. Es ist jedoch zu vermuten, dass die Bestimmungen des Grundrechteteils (Art. II 99 ff.) des Verfassungsvertrags nicht als bloße Optimierungsgebote, sondern vielmehr auch als Auslegungsgrundsätze[77] zu verstehen sind, dass diese also nicht nur in die Abwägung eingehen müssen, sondern gegebenenfalls sogar eine bestimmte Auslegung des nationalstaatlichen Rechts vorgeben.

VI. Historische Vorläufer eines ganzheitlichen Konzepts von Regieren und Verwalten

Die Konzeption eines ganzheitlichen Ansatzes „guten“ Verwaltens ist indes nicht neu. Sie gemahnt an die aristotelisch angeleitete wissenschaftliche Lehre von der Ordnung des Staates, die in den deutschen Territorien unter dem Begriff *„gute Policey“* Karriere machte.[78] Dieses Konzept einer integrierten Verwaltung, die neben legalistischen Prinzipien auch Fragen der Wirtschaftlichkeit und Vernünftigkeit staatlichen Handelns behandelte, war mit der Etablierung des Öffentlichen Rechts als eigenständiger Disziplin in Deutschland immer stärker in die Kritik geraten. Letztere betonte die Notwendigkeit

---

[74] Kämmerer (2004, 39); Hatje (2000, Rz. 5).
[75] EuGH, Rs. C-112/00, Slg. 2003, I-5659 (Schmidtberger/Österreich).
[76] Baer (2004, 225); Vosskuhle (2001, 184).
[77] Prognostizierend: Magiera (2003, 129). Zu den Möglichkeiten der Überprüfung gemeinschaftswidrigen Rechts durch die nationalen Gerichte vgl. Dünchheim (2004, 137). Skeptisch hinsichtlich der Behandlung der „allgemeinen Rechtsgrundsätze“ nach Art. 6 Abs. 2 EG-Vertrag als Auslegungsdirektiven: Schilling (2000, 36).
[78] Stolleis (1988, 366–393).

juristischer Methodenreinheit und der kantianischen Trennung von Sein und Sollen sowie der liberalen Unterscheidung zwischen Gesellschaft und Staat gegenüber den Wohlfahrtszielen der Nationalökonomie. [79]

Es ist zu fragen, ob über Art. II 101 des EU-Verfassungsvertrages und Art. 41 der Grundrechtecharta der EU in der deutschen Rechtskultur Vorstellungen einer ganzheitlichen Staatswissenschaft (re-)importiert werden, wie sie in der policeywissenschaftlichen Literatur bis zur Mitte des 19. Jahrhunderts in Deutschland gelehrt wurden und wie weit die Tragfähigkeit einer solchen Übernahme wäre.

Es stellte, wie eingangs erwähnt, gerade die besondere Leistung der Entwicklung der rechtsstaatlichen Dogmatik durch die Staatswissenschaft des 19. Jahrhunderts dar, eine gesellschaftliche Sphäre zu schaffen, die frei von staatlichem Zugriff war und diese Freiheit auch justiziell zu sichern. Während *Lorenz von Stein* in seiner *Verwaltungslehre* noch das Konzept der Einheit der gesamten Staatswissenschaft vertreten hatte,[80] hatte er zugleich die Bedeutung gesetzesgebundenen Handelns zur Sicherung der bürgerlichen Freiheit gegen die Obrigkeit herausgearbeitet und eine methodenreine rechtswissenschaftliche Betrachtung etabliert, welche die Dogmatik des Zivilrechts[81] gegenüber den Wohlfahrtszielen der Nationalökonomie in den Vordergrund stellte.[82] Die Notwendigkeit juristischer Methodenreinheit ergänzte die kantianische Trennung zwischen Sein und Sollen sowie die bürgerliche Unterscheidung zwischen Wirtschaftsgesellschaft und Staat. Mit allem erschien ein ganzheitlicher Zugang nur noch schwer vereinbar.

VII. Versuch einer Antwort: Die kontrollierte Explosion

Ansätze zu einer erneuten methodischen Verbindung hat es aber auch in der deutschen Verwaltungswissenschaft in der neueren Zeit durchaus gegeben. *Klaus König* hat ein Programm einer Verklammerung von pluralistischer Verwaltungswissenschaft und integrierender Verwaltungstheorie vorgelegt,[83] welches er mit dem Begriff der *Integrationswissenschaft*[84] als einer Zusammenführung der sich „absichtsvoll auf das rein normative beschränkenden Verwaltungsrechtswissenschaft“ und der „sich ebenso absichtsvoll auf das Nichtjuristische der Verwaltung beschränkenden Verwaltungslehren“[85] umrissen hat. *Gunnar Folke Schuppert* konzipierte darauf aufbauend die Verwaltungs-

[79] König (1970, 14).
[80] von Stein (1865–1868); König (1970, 237).
[81] König (1970, 15).
[82] König (1970, 238).
[83] König (1970, 292–293).
[84] König (1970, 292–293); Dazu: Ziekow (2003, 63).
[85] So Schuppert (2000, 42).

(rechts)wissenschaft als eine Steuerungswissenschaft,[86] die sich als Initiator von Reformprozessen etablieren könne[87] und letztlich eine „Verwaltungs-*modernisierungswissenschaft*" darstelle.[88] Beide Ansätze würden jedoch niemals so weit gehen, das Rechtsstaatsprinzip durch *soft law*-Grundsätze überformen zu lassen.

Dennoch könnte die Betrachtung etwas kurz greifen, das einheitliche deutsche Rechtsstaatsprinzip als den Goldstandard der Rechtmäßigkeitsvorschriften für staatliches Handeln anzusehen. In der *common law*-Tradition wird über die Garantie von Prozessgrundrechten und anderen Verfahrensregeln pfadabhängig ein ähnlicher Effekt erreicht, mehr noch, diese Regeln bildeten das Vorbild, aus dem das Rechtsstaatsprinzip abstrahiert wurde. *Montesquieu*, der zugleich vor einer naiven Form der Übernahme von Institutionen warnte,[89] setzte mit seiner Beschreibung des englischen Parlamentarismus die gedanklichen Grundlagen für die Dogmatik des von ihm nicht erwähnten Grundsatzes der Gewaltenteilung[90] – und damit für einen essentiellen Bestandteil des deutschen Rechtsstaatsprinzips.

Es ließe sich daran denken, dass das deutsche Rechtsstaatsprinzip sozusagen eine friedliche Koexistenz mit den auf europäischer Ebene garantierten Verbürgungen der europäischen Grundrechtecharta führen wird, auch wenn die Ergebnisse der Wechselwirkungen dieser Prinzipien noch nicht abzusehen sind.[91] Schließlich „exportiert" – wie bereits erwähnt – auch die deutsche Rechtsdogmatik Rechtsfiguren in die Gemeinschaftsrechtsordnung und von da aus in andere mitgliedstaatliche Verwaltungsrechtsordnungen, etwa den Grundsatz der Verhältnismäßigkeit (Art. II 109 des Verfassungsvertrags) – und von da aus in das öffentliche Recht der Mitgliedstaaten.[92] Daher könnte eine Prognose auch lauten, dass die Begriffe der *Good Administration* und der *Good Governance* ihrerseits im Lichte der mitgliedstaatlichen Grundrechtsverbürgungen auszulegen sein werden und erst im Lichte dieser Interpretation ihre Sprengkraft in den nationalstaatlichen Rechtsordnungen entfalten können. Die Entwicklung einer „europäische[n] Methodenlehre" befindet sich noch *in statu nascendi*.[93]

---

[86] Schuppert (2003, 35); Schmidt (2000, 149); Schuppert (1993, 90).
[87] Schuppert (2003, 41).
[88] So die Zusammenfassung von Bull (2003, 133).
[89] Montesquieu (1951). Zum Verhältnis von Montesquieu, der die „Gewachsenheit" von Institutionen betonte, vgl. Mohnhaupt (1999, 136–137).
[90] Merten (1999, 31).
[91] Zu vergleichbaren Prognosen für den Einfluss der internationalen Organisationen auf das nationalstaatliche Recht vgl. Stichweh (2000, 26).
[92] Ruffert (2004, 199); Harlow (2000, 240).
[93] Häberle (2004, 271–272).

Schließlich ist auch zu verzeichnen, dass viele Beobachter der aktuellen Entwicklungen die These vertreten, dass gerade durch die EU-Grundrechtecharta und mehr noch durch den EU-Verfassungsvertrag, wenn er denn ratifiziert werde, die EU „jene Merkmale, die als Indiz für Nicht- oder Poststaatlichkeit angesehen werden könnten, im Konstitutionalisierungsprozess zunehmend verlieren könnte und sich mit anderen Worten letztlich auf dem ‚Weg zur Staatlichkeit'" befinde.[94] Sollte der Verfassungsvertrag jedoch nicht ratifiziert werden, so könnte die Gefahr bestehen, dass die Grundrechtecharta trotz einer Ausstrahlungswirkung in die Rechtsprechung des EuGH und vielleicht auch der nationalstaatlichen Gerichtsbarkeit letztlich torsohaft bleibt, ähnlich vielleicht wie der Grundrechtskatalog der Paulskirche, und damit verdammt ist, zu „verwelken"[95]. Entscheidend wird es daher sein, die „offene und kooperativ untereinander verbundene Staatlichkeit" der Europäischen Union deutlicher als bisher den Unionsbürgern darzustellen und um die Akzeptanz einer neuen „europäischen Öffentlichkeit"[96] für diese neue Organisationsform zu werben, die am „Leitbild der nationalen Verfassungstraditionen" so geformt werden sollte, dass „die Ideen von Freiheit und Demokratie nicht verloren gehen".[97]

Insofern lautet meine Antwort auf das Bild von der chemischen Reaktion: kontrollierte Laborversuche sind möglich. Das Laborpersonal, insbesondere die (oberste) Gerichtsbarkeit, aber auch Regierungen und Verwaltungen sollten wachsam die neuen Entwicklungen beobachten und – wie das deutsche Bundesverfassungsgericht in seiner „Maastricht"-Entscheidung[98] – notfalls steuernd eingreifen. Der Rest ist Sache des Souveräns.

[94] Nettesheim (2004, 61).
[95] Pernice (2000, 858).
[96] Häberle (2000, 844).
[97] Di Fabio (2000, 743).
[98] BVerfGE 89, 155.

Literaturverzeichnis

Adam, Markus (2000), „Die Entstehung des Governance-Konzepts bei Weltbank und UN. Die EZ wird politischer", in: *Entwicklung und Zusammenarbeit* 41, 272–274.

Adam, Markus (2001), „Governance als Ansatz der Vereinten Nationen. Das Beispiel des UNDP", in: Klaus König/Derselbe (Hrsg.), *Governance als entwicklungspolitischer Ansatz*, Speyer: Speyerer Forschungsberichte, 11–33.

Baer, Susanne (2004), „Schlüsselbegriffe, Typen und Leitbilder als Erkenntnismittel und ihr Verhältnis zur Rechtsdogmatik", in: Eberhard Schmidt-Aßmann/Wolfgang Hoffmann-Riem (Hrsg.), *Methoden der Verwaltungsrechtswissenschaft*, Baden-Baden: Nomos, 223–251.

Bähr, Otto (1864 [1961]), *Der Rechtsstaat. Eine publicistische Skizze*, Nachdruck, Aalen: Scientia.

Barriga, Stefan (2003), *Die Entstehung der Charta der Grundrechte der Europäischen Union. Eine Analyse der Arbeiten im Konvent und kompetenzrechtlicher Fragen*, Baden-Baden: Nomos.

Benz, Arthur (2004), „Multilevel Governance – Governance in Mehrebenensystemen", in: Derselbe (Hrsg.), *Governance – Regieren in komplexen Regelsystemen*, Wiesbaden: Verlag für Sozialwissenschaften, 125-146.

Benz, Arthur (2005), „Governance in Mehrebenensystemen", in: Gunnar Folke Schuppert (Hrsg.), *Governance-Forschung. Vergewisserung über Stand und Entwicklungslinien*, Baden-Baden: Nomos, 95-120.

Blickle, Peter/Kissling, Peter/Schmidt, Heinrich R. (2003), *Gute Policey als Politik im 16. Jahrhundert. Die Entstehung des öffentlichen Raumes in Oberdeutschland*, Frankfurt am Main: Klostermann.

Bovaird, Tony/Löffler, Elke (eds.) (2003), *Public Management und Governance*, London: Routledge.

Bull, Hans Peter (2003), „Beitrag zur Podiumsdiskussion ‚Verwaltungswissenschaft – disziplinär und transdisziplinär", in: Jan Ziekow (Hrsg.), *Verwaltungswissenschaften und Verwaltungswissenschaft,* Berlin: Duncker & Humblot, 119–151.

Bullinger, Martin (2002), „Das Recht auf gute Verwaltung nach der Grundrechtecharta der EU", in: Carl-Eugen Eberle et. al. (Hrsg.), *Der Wandel des Staates vor den Herausforderungen der Gegenwart, Festschrift für Winfried Brohm zum 70. Geburtstag*, München: Beck, 25–33.

Bundestags-Unterausschuss „Bürgerschaftliches Engagement" (2005), http://www.bundestag.de/parlament/gremien15/a12/a12_buerger/Protokolle/index.html.

de Jong, Martin/Mamadouh, Virginie/Lalenis, Konstantinos (2002), "Drawing Lessons about Lesson Drawing. What the case reports tell us about institutional transplantations", in: Dieselben (eds.), *Institutional Transplantation*, Dordrecht: Kluwer, 283–299.

Demers, Maurice (1997), "La gouvernance de la gouvernance: Faut-il freiner l'engouement?", in: Joan Corkery (ed.), *Governance. Concepts et Applications/ Governance: Concepts and Applications*, Brüssel: International Institute for Administrative Sciences, 367–380.

Di Fabio, Udo (2000), „Eine europäische Charta. Auf dem Weg zur Unionsverfassung", *Juristenzeitung*, 737–796.

Dünchheim, Thomas (2004), „Die Einwirkungen des Europarechts auf die verwaltungsprozessuale Normabwehr-, Normerlaß- und Normergänzungsklage", *Die Öffentliche Verwaltung* 57, 137–146.

Dutzler, Barbara/Lukaschek, Anita/Vranes, Erich/Weidel, Birgit (2001), „Grundrechte für Europa. Die Europäische Union nach Nizza", *Zeitschrift für Verwaltung*, 178–183.

Europäische Kommission (2000), „Kodex für gute Verwaltungspraxis", *Amtsblatt der Europäischen Gemeinschaften L 267 vom 20.10.2000*, download unter: http://europa.eu.int/comm/secretariat_general/code/_docs/code_de.pdf.

Fuster, Thomas (1998), *Die „Good Governance"-Diskussion der Jahre 1989 bis 1994. Ein Beitrag zur jüngeren Geschichte der Entwicklungspolitik unter spezieller Berücksichtigung der Weltbank und des DAC*, Bern/Stuttgart/Wien: Haupt.

Gneist, Rudolf von (1879), Der Rechtsstaat und die Verwaltungsgerichte, 2. Auflage, Berlin: Springer.

Gornig, Gilbert/Trüe, Christiane (2000), „Die Rechtsprechung des EuGH und des EuG zum Europäischen Verwaltungsrecht", Teil 1–3, *Juristenzeitschrift*, 395–406; 446–457; 501–512.

Guckelberger, Annette (2004), *Der Europäische Bürgerbeauftragte und die Petitionen zum Europäischen Parlament. Eine Bestandsaufnahme zu Beginn des 21. Jahrhunderts*, Berlin: Duncker & Humblot.

Häberle, Peter (2000), „Europa als werdende Verfassungsgemeinschaft", *Deutsches Verwaltungsblatt*, 840–847.

Häberle, Peter (2004), *Europäische Verfassungslehre*, 2., erweiterte Auflage, Baden-Baden: Nomos.

Haibach, Georg (1998), „Die Rechtsprechung des EuGH zu den Grundsätzen des Verwaltungsverfahrens", *Neue Zeitschrift für Verwaltungsrecht*, 456–462.

Harlow, Carol (2000), "Export. Import. The Ebb and Flow of English Public Law", *Public Law*, 240–253.

Hatje, Armin (2000), Kommentierung zu: Art. 16, in: Jürgen Schwarze (Hrsg.), *EU-Kommentar*, Baden-Baden: Nomos.

Hector, Pascal (2002), „Die Charta der Grundrechte der Europäischen Union", Jürgen Bröhmer (Hrsg.), *Der Grundrechtsschutz in Europa. Wissenschaftliches Kolloquium aus Anlass des 65. Geburtstages von Prof. Dr. Dr. Dr. h. c. mult. Georg Ress*, Baden-Baden: Nomos, 180–204.

Hilf, Meinhard (2000), „Die Charta der Grundrechte der Europäischen Union", Sonderbeilage zur *Neuen Juristischen Wochenschrift.*

Hill, Hermann (2000), „Good Governance", in: Hermann Hill/Helmut Klages, *Good Governance und Qualitätsmanagement – Europäische und internationale Entwicklungen*, Speyer: Speyerer Forschungsberichte.

Hill, Hermann (2005), „Good Governance – Konzepte und Kontexte", in: Gunnar Folke Schuppert (Hrsg.), *Governance-Forschung. Vergewisserung über Stand und Entwicklungslinien*, Baden-Baden: Nomos, 220–250.

Hobe, Stephan (2003), *Eine europäische Verfassung – wünschenswert oder überflüssig?*, Köln: Otto Schmidt.

Hoffmann-Riem, Wolfgang (2004), „Methoden einer anwendungsorientierten Verwaltungsrechtswissenschaft", in: Eberhard Schmidt-Aßmann/Derselbe (Hrsg.), *Methoden der Verwaltungsrechtswissenschaft*, Baden-Baden: Nomos, 9–72.

Iber, Andrea (2002), „Der Status der Grundrechtscharta im Gemeinschaftsrecht: Derzeitige Verbindlichkeit und Zukunftsperspektiven der Charta – insbesondere im Verfassungskonvent", *Zeitschrift für Europarechtliche Studien* 5, 483–505.

Kämmerer, Jörn Axel (2004), „Strategien zur Daseinsvorsorge. Dienste im allgemeinen Interesse nach der ‚Altmark'-Entscheidung des EuGH", *Neue Zeitschrift für Verwaltungsrecht*, 28–34.

Kant, Immanuel (1788 [1968]), „Kritik der praktischen Vernunft", wieder abgedruckt in: *Werke, Akademie Textausgabe*, Band 5, Berlin: de Gruyter, 1–162.

König, Klaus (1970), *Erkenntnisinteressen der Verwaltungswissenschaft*, Berlin: Duncker & Humblot.

König, Klaus (2001), „Governance als Steuerungskonzept", in: Derselbe et. al. (Hrsg.), *Governance als entwicklungs- und transformationspolitisches Konzept*, München: Beck, 9–54.

König, Klaus (2002), „Gute Gouvernanz als Steuerungs- und Werkkonzept des modernen Verwaltungsstaates", in: Derselbe (Hrsg.), *Verwaltete Regierung. Studien zur Regierungslehre*, Köln et. al.: Heymanns, 11–37.

König, Klaus (2003), „Governance im Mehrebenensystem", in: Karl-Peter Sommermann (Hrsg.), *Aktuelle Fragen zu Verfassung und Verwaltung im europäischen Mehrebenensystem*, 2. Auflage, Speyer: Speyerer Forschungsberichte, 45–70.

Klages, Helmut (2000), „Good Governance in entwickelten Ländern? Erfordernisse und Handlungsspielräume ‚aktivierender' Politik", in: Hermann Hill/Derselbe (Hrsg.), *Good Governance und Qualitätsmanagement – Europäische und internationale Entwicklungen*, Speyer: Speyerer Forschungsberichte.

Kohler, Josef (1887), „Die schöpferische Kraft der Jurisprudenz", *Jahrbücher für die Dogmatik des heutigen römischen und deutschen Privatrechts* 25 (N.F. 8), 262–297.

Kommission der Europäischen Gemeinschaften (2001), *Europäisches Regieren. Ein Weißbuch*, Brüssel den 25.7.2001 (KOM 2001) 428, 3 (download unter http://europa.eu.int/eur-lex/lex/LexUriServ/site/de/com/2001/com2001_ 0428de01.pdf).

Koskenniemi, Martti (2004), "Global Governance and Public International Law", *Kritische Justiz* 37, 241–254.

Kuhlmann, Sabine (2004), „Kooperativer Gesetzesvollzug in ostdeutschen Kommunen: Vom Systembruch zu ‚Modern Governance'?", *Rechtssoziologie* 25, 221–240.

Lais, Martina (2002), „Das Recht auf eine gute Verwaltung unter besonderer Berücksichtigung der Rechtsprechung des Europäischen Gerichtshofs", *Zeitschrift für Europarechtliche Studien* 5, 447–482.

Magiera, Siegfried (2003), „Die Bedeutung der Grundrechtecharta für die Europäische Verfassungsordnung", in: Dieter H. Scheuing (Hrsg.), *Europäische Verfassungsordnung*, Baden-Baden: Nomos, 117–132.

Mahlmann, Matthias (2000), „Die Grundrechtscharta der Europäischen Union", *Zeitschrift für Europarechtliche Studien* 3, 419–444.

Mellinghoff, Rudolf (2005), „Einführendes Statement zum Vertrag über eine Verfassung für Europa anlässlich des Besuchs beim Conseil Constitutionnel", in: Conseil Constitutionnel, *Recontre avec la Cour constitutionelle fédérale d'Allmagne, 10 et 11 février 2005*, download unter: (http://www.conseil-constitutionnel.fr/bilan/annexes /20050211/int2a.htm).

Merten, Detlef (1999), „Montesquieus Gewaltenteilungslehre und deutsche Verfassungsstaatlichkeit", in: Paul-Ludwig Weinacht (Hrsg.), *Montesquieu. 250 Jahre „Geist der Gesetze": Beiträge aus Politischer Wissenschaft, Jurisprudenz und Romanistik*, Baden-Baden: Nomos, 31–62.

Mohl, Robert von (1832), *Die Polizei-Wissenschaft nach den Grundlagen des Rechtsstaates*, Band 1, Tübingen: Laupp.

Mohnhaupt, Heinz (1999), „Deutsche Übersetzungen von Montesquieus ‚De l'esprit des lois'", in: Paul-Ludwig Weinacht (Hrsg.), *Montesquieu. 250 Jahre „Geist der Gesetze": Beiträge aus Politischer Wissenschaft, Jurisprudenz und Romanistik*, Baden-Baden: Nomos, 135–151.

Mombaur, Peter M. (2001), „Die Charta der Grundrechte der Europäischen Union – Ein Bericht in neun Punkten", *Die Öffentliche Verwaltung*, 595–596.

Montesquieu, Charles-Louis de Secondat et de (1951), *Vom Geist der Gesetze*, in neuer Übertragung eingeleitet und herausgegeben v. Ernst Forsthoff, Band 1, Tübingen: Laupp.

Murphy, Emma C. (2002), „Good Governance – Ein universal anwendbares Konzept?“, *Internationale Politik*, 1–9.

Nettesheim, Martin (2004), „Europäische Integration und Europäisierung der Demokratietheorie“, in: Oliver Dörr (Hrsg.), *Ein Rechtslehrer in Berlin. Symposium für Albrecht Randelzhofer*, Berlin/Heidelberg/New York: Springer, 55–80.

North, Douglass C. (1988), *Theorie des institutionellen Wandels. Eine neue Sicht der Wirtschaftsgeschichte*, Tübingen: Mohr Siebeck.

Nyang'oro, Julius E. (1999), “Hemmed in? The State in Africa and Global Liberalization”, in: David Smith/Dorothy Solinger/Stephen Topik (eds.), *States and Sovereignty in the Global Economy*, London, 264–277.

Pache, Eckhard (2001), „Die Europäische Grundrechtscharta – ein Rückschritt für den Grundrechtsschutz in Europa?“, *Europarecht*, 475–494.

Pauly, Christian (2000), *Die Entstehung des Polizeirechts als wissenschaftliche Disziplin*, Frankfurt am Main: Klostermann.

Pernice, Ingolf (2000), „Eine Grundrechte-Charta für die Europäische Union“, *Deutsches Verwaltungsblatt*, 847–859.

Pitschas, Rainer (2001), „Dezentralisierung und Good Governance – Zivilgesellschaftliche Entwicklung im Konflikt mit dem effizienten Staat“, in: Walter Thomi/Markus Steinich/Winfried Polte (Hrsg.), *Dezentralisierung in Entwicklungsländern. Jüngere Ursachen, Ergebnisse und Perspektiven staatlicher Reformpolitik*, Baden-Baden: Nomos, 125–149.

Pröhl, Marga (2002), „'Good Governance'. Gemeinsame Verantwortung für Demokratie und Lebensqualität“, in: Dieselbe (Hrsg.), *Good Governance für Lebensqualität vor Ort. Internationale Praxisbeispiele für Kommunen*, Gütersloh: Bertelsmann, 7–12.

Riedel, Eibe (1999), „Rechtliche Optimierungsgebote oder Rahmensetzungen für das Verwaltungshandeln?“, *Veröffentlichungen der Vereinigung der Deutschen Staatsrechtslehrer* 58, 177–217.

Ruffert, Matthias (2004), „Die Methodik der Verwaltungsrechtswissenschaft in anderen Ländern der Europäischen Union“, in: Eberhard Schmidt-Aßmann/Wolfgang Hoffmann-Riem (Hrsg.), *Methoden der Verwaltungsrechtswissenschaft*, Baden-Baden: Nomos, 165–221.

Schilling, Theodor (2000), „Bestand und allgemeine Lehren der bürgerschützenden allgemeinen Rechtsgrundsätze des Gemeinschaftsrechts“, *Europäische Grundrechte-Zeitschrift*, 3–43.

Schmidt, Reiner (2000), „Die Reform von Verwaltung und Verwaltungsrecht. Reformbedarf – Reformanstöße – Reformansätze", *Verwaltungsarchiv*, 149–168.

Schuppert, Gunnar Folke (1993), „Verwaltungsrechtswissenschaft als Steuerungswissenschaft", in: Wolfgang Hoffmann-Riem/Eberhard Schmidt-Aßmann/Derselbe (Hrsg.), *Reform des Allgemeinen Verwaltungsrechts: Grundfragen*, Baden-Baden: Nomos, 65–114.

Schuppert, Gunnar Folke (2000), *Verwaltungswissenschaft. Verwaltung, Verwaltungsrecht, Verwaltungslehre,* Baden-Baden: Nomos.

Schuppert, Gunnar Folke (2003) „Ist Verwaltungs(Staats-)wissenschaft möglich?", in: Jan Ziekow (Hrsg.), *Verwaltungswissenschaften und Verwaltungswissenschaft*, Berlin: Duncker & Humblot, 15–41.

Siedentopf, Heinrich/Speer, Benedikt (2002), „Europäischer Verwaltungsraum oder Europäische Verwaltungsgemeinschaft? – Gemeinschaftsrechtliche und funktionelle Anforderungen an die öffentlichen Verwaltungen in den EU-Mitgliedstaaten", *Die Öffentliche Verwaltung*, 753–763.

Simon, Thomas (2004), *„Gute Policey". Ordnungsleitbilder und Zielvorstellungen politischen Handelns in der Frühen Neuzeit*, Frankfurt am Main: Klostermann.

Söderman, Jacob (2001a), "Gute Verwaltung als Grundrecht in der Europäischen Union", *Die Union – Zeitschrift für Integrationsfragen*, 60–66.

Söderman, Jacob (2001b), "What is good administration? The European Ombudsman's Code of Good Administrative Behaviour", Rede auf dem Internationalen Seminar *The Ombudsmen and the European Union Law*, Bukarest 21–24 April 2001, download unter: http://www.euro-ombudsman.eu.int/speeches/en/2001-04-23.htm.

Sommermann, Karl-Peter (2002), „Verwaltung im Rechtsstaat", in: Klaus König (Hrsg.), *Deutsche Verwaltung an der Wende zum 21. Jahrhundert*, Baden-Baden: Nomos, 97–118.

Speer, Benedikt (2001a), „Das SIGMA-Progamm der OECD: Ein Governance-Ansatz für Mittel- und Osteuropa?", in: Klaus König/Markus Adam (Hrsg.), *Governance als entwicklungspolitischer Ansatz*, Speyer: Speyerer Forschungsberichte, 67–89.

Speer, Benedikt (2001b), „Governance, Good Governance und öffentliche Verwaltung in den Transformationsländern Mittel- und Osteuropas – Das Sigma-Programm als gemeinsame Initiative von EU und OECD", in: Klaus König et. al. (Hrsg.), *Governance als entwicklungs- und transformationspolitisches Konzept*, München: Beck, 207–275.

Stein, Lorenz von (1869), *Verwaltungslehre*, Stuttgart: Cotta.

Steinich, Markus (2000), „Governance als Ansatz der GTZ", in: Klaus König/Markus Adam (Hrsg.), *Governance als entwicklungspolitischer Ansatz*, Speyer: Speyerer Forschungsberichte, 157–176.

Stichweh, Rudolf (2000), „Zur Theorie der Weltgesellschaft", in: Derselbe, *Die Weltgesellschaft. Soziologische Analysen*, Frankfurt am Main: Suhrkamp, 7–30.
Stolleis, Michael (1988), *Geschichte des öffentlichen Rechts in Deutschland*, Erster Band 1600 – 1800, München: Beck.
Stolleis, Michael (1992), *Geschichte des öffentlichen Rechts in Deutschland*, Zweiter Band 1800 – 1914, München: Beck.
Tettinger, Peter J. (2001), „Die Charta der Grundrechte der Europäischen Union", *Neue Juristische Wochenschrift*, 1010–1015.
Teubner, Gunther (2004), "Global Private Regimes: Neo-Spontaneous Law and Dual Constitution of Autonomous Sectors?", in: Karl-Heinz Ladeur (ed.), *Public Governance in the Age of Globalization*, Aldershot: Ashgate, 71–87.
Theobald, Christian (2001a), „Governance in der Perzeption der Weltbank", in: Klaus König et. al. (Hrsg.), *Governance als entwicklungs- und transformationspolitisches Konzept*, München: Beck, 55–127.
Theobald, Christian (2001b), „Zehn Eckpunkte zu Good Governance", in: Klaus König/Markus Adam (Hrsg.), *Governance als entwicklungspolitischer Ansatz*, Speyer: Speyerer Forschungsberichte, 35–65.
Theobald, Christian (2001c), *Zur Ökonomik des Staates: Good Governance und die Perzeption der Weltbank*, Baden-Baden: Nomos.
Trute, Hans-Heinrich/Denkhaus, Wolfgang/Kühlers, Doris (2004), „Governance in der Verwaltungsrechtswissenschaft", *Die Verwaltung*, 451–473.
Vertrag über eine Verfassung für Europa, Teil II, Art. 99 – 114, Amtsblatt der Europäischen Union, 47. Jahrgang, 16. Dezember 2004, C 310, C 310/51 – C 310/54; download unter: http://europa.eu.int/eur-lex/lex/JOHtml.do?uri=OJ:C:2004: 310:SOM:DE:HTML.
Voigt, Rüdiger/Sack, Peter (Hrsg.) (2001), *Kolonialisierung des Rechts. Zur kolonialen Rechts- und Verwaltungsordnung*, Baden-Baden: Nomos.
Voßkuhle, Andreas (2001), „'Schlüsselbegriffe' der Verwaltungsrechtsreform – Eine kritische Bestandsaufnahme", *Verwaltungsarchiv* 92, 184–215.
Watson, Alan (1993), *Legal Transplants. An Approach to Comparative Law*, 2nd edition, Athens: The University of Georgia Press.
Weber, Albrecht (1999), „Entwicklungen im europäischen Verwaltungsrecht", in: Jörn Ipsen/Bernhard Stüer (Hrsg.), *Öffentliche Verwaltung in Europa. Symposium aus Anlaß des 60. Geburtstages von Professor Dr. Hans-Werner Rengeling*, Köln et al.: Heymanns, 35–51.
Wegener, Alexander (2002), „Die Kriterien zu Good Governance", in: Marga Pröhl (Hrsg.), *Good Governance für Lebensqualität vor Ort. Internationale Praxisbeispiele für Kommunen*, Gütersloh: Bertelsmann, 16–115.
World Bank (ed.) (1989), *Sub-Saharan Africa: From Crisis to Sustainable Growth. A Long-Term Perspective Study*, Washington.

Wolf, Joachim (2002), "Vom Grundrechtsschutz 'in Europa' zu allgemeinverbindlich geltenden europäischen Grundrechten – Wege der Grundrechtssicherung unterhalb der Ebene europäischer Verfassungsgebung", in: Jürgen Bröhmer (Hrsg.), *Der Grundrechtsschutz in Europa. Wissenschaftliches Kolloquium aus Anlass des 65. Geburtstages von Prof. Dr. Dr. Dr. h. c. mult. Georg Ress*, Baden-Baden: Nomos, 9–65.

Ziekow, Jan (2003), „Der Beitrag der Rechtswissenschaft zu einer Verwaltungswissenschaft im Integrationsprozess", in: Derselbe (Hrsg.), *Verwaltungswissenschaften und Verwaltungswissenschaft*, Berlin: Duncker und Humblot, 63–66.

Ziekow, Jan (2004), „Die Freizügigkeit des Unionsbürgers", in: Oliver Dörr (Hrsg.), *Ein Rechtslehrer in Berlin. Symposium für Albrecht Randelzhofer*, Berlin/Heidelberg/New York: Springer, 101–115.

Mitteleuropäische Strafrechtsvereinheitlichung – Internationale Zusammenarbeit versus Großraumkonzeption (1914–1933)[1]

David von Mayenburg, Bonn

I. Einleitung und Fragestellung

Nicht erst seit dem 11. September 2001 finden sich Bestrebungen, die bislang vor allem auf wirtschaftliche Fragen begrenzte europäische Einigung auch in den Bereich des Strafrechts und der Strafverfolgung zu erweitern. So schreibt der Vertrag über die Europäische Union seit Februar 2001 das Ziel fest, durch die schrittweise „Festlegung von Mindestvorschriften über die Tatbestandsmerkmale strafbarer Handlungen und die Strafen in den Bereichen organisierte Kriminalität, Terrorismus und illegaler Drogenhandel" zu einer Vereinheitlichung des Rechtsschutzes der EU-Bürger zu gelangen[2]. Bereits 1997 hatten europäische Strafrechtsgelehrte in gewagter Anlehnung an große historische Vorbilder den Entwurf eines „Corpus Juris"[3] vorgelegt, der sich vordergründig mit dem strafrechtliche Schutz europäischer Einrichtungen beschäftigt, nach dem Willen seiner Verfasser aber „Modellcharakter für die Vereinheitlichung des europäischen Strafrechts" haben soll[4].

Derartige Konzepte eines einheitlichen Strafrechts treffen allerdings keinesfalls auf ungeteilte Zustimmung. Es bedarf nicht erst des Hinweises auf das spektakuläre Urteil des deutschen Bundesverfassungsgerichts, mit dem das Umsetzungsgesetz des „Europäischen Haftbefehls" für nichtig erklärt wurde[5],

---

[1] Für wertvolle Anregungen und Hinweise zu diesem Beitrag, der aus Überlegungen im Zusammenhang mit meiner Dissertation hervorgegangen ist, danke ich Prof. Dr. Mathias Schmoeckel sowie Matthias Maetschke (beide Bonn).

[2] Vertrag über die Europäische Union i.d.F. vom 24.12.2002, Abl. EU C 325/5, Art. 31 Abs. 1 e).

[3] Trotz ihrer historischen Konnotationen ist die Bezeichnung offenbar ein unhistorischer Verlegenheitsbegriff und dient lediglich der Abgrenzung zu einem nicht beabsichtigten europäischen Strafgesetzbuch. Die Verfasser selbst sprechen bezeichnenderweise von „einer Art [!] Corpus Iuris": Delmas-Marty (Hg.) (1998, 28). Kritisch zu Recht auch: Michaels (2004, 876).

[4] Sieber (1998, 9).

[5] Vgl. BVerfG, 2 BvR 2236/04 vom 18.7.2005, http://www.bverfg.de/entscheidungen/rs20050718_2bvr223604.html (28.7.2005). Der Europäische Haftbefehl wurde unter dem Eindruck des 11. September 2001 vom EU-Ministerrat durch Rahmenbeschluss aus der Taufe gehoben (Rahmenbeschluss 2002/584/JI des Rates über den Europäischen Haftbefehl und die Übergabeverfahren zwischen den Mitgliedsstaaten, Abl. L 190 vom 18.7.2002) und in Deutschland umgesetzt durch das nunmehr für nichtig erkannte

um eine tiefer reichende Kontroverse über die anzustrebende Reichweite einer internationalen Koordinierung von Strafrecht und Strafprozess zu konstatieren.
Auffällig oft wird in dieser Debatte mit Horrorvisionen operiert: So weist die eine Seite auf die Bedrohung des internationalen Terrorismus, den grassierenden Handel mit Prostituierten aus dem Osten, oder die alles überschwemmende Welle der Kinderpornographie hin und wirbt damit für eine engere Koordination der strafrechtlichen Kontrolle und im Ergebnis auch der einzelnen Strafrechtsordnungen[6]. Die Vereinheitlichung der europäischen Strafverfolgungssysteme erscheint damit als moderne, geradezu zwingende Antwort auf die Herausforderungen des globalisierten 21. Jahrhunderts.
Die Gegner einer solchen Integration beschwören demgegenüber die Gefahr eines zu weitgehenden Kontrollverlusts der Einzelstaaten im Kernbereich ihrer hoheitlichen Befugnisse herauf. Sie weisen nicht nur auf eine schleichende Aushöhlung individuellen Grundrechtsschutzes hin, sondern appellieren auch an die verbreitete Sorge vor einem Verlust nationaler Rechtskultur[7]. So wird etwa der fiktive Fall eines Rheinländers diskutiert, der mit Hilfe des „europäischen Haftbefehls" aufgrund eines Zungenkusses im Karneval in Holland wegen vollendeter Vergewaltigung angeklagt werden könne, weil dort besonders strenge Sittlichkeitsdelikte gelten[8]. Die Sorge um die Sicherheit der deutschen Staatsbürger wird mit Hilfe einer Perhorreszierung „fremder" Strafrechtssysteme begründet.
Der folgende Beitrag möchte der Frage der internationalen Koordination strafrechtlicher Systeme im rechtshistorischen Kontext nachgehen. Dabei stellt sich bald heraus, dass Themen und Inhalte der aktuellen Debatte bei weitem nicht so neu sind, wie es den Anschein hat. Furcht vor Terrorismus und international operierenden Sittlichkeitsverbrechern lieferten vielmehr bereits zum Ende des 19. Jahrhunderts das Motiv für die Forderung nach engerer Verzahnung der Strafrechtssysteme. Betrachtet man die entsprechenden Diskussionen allerdings genauer und ordnet sie in ihren politischen und strafrechtshistorischen Kontext ein, so ergeben sich bald Zweifel, ob das Verlangen nach strafrechtlicher Koordination tatsächlich allein einem praktischen Bedürfnis nach effizienterer Verbrechensbekämpfung entstammte.

Europäische Haftbefehlsgesetz (EuHbG) vom 11.3.2004, BGBl. I, 1748. Vgl. zu den Einzelheiten:
Seitz (2004, 546ff.).
[6] Seitz (2004, 546).
[7] So auch mehrfach das BVerfG in seiner oben zitierten Entscheidung: BVerfG, 2 BvR 2236/04 vom 18.7.2005, Leitsatz 2, Rn.74, 75. Vgl. hierzu auch das abweichende Votum der Richterin Lübbe-Wolff, ebd., Rn. 154ff., bes. 156.
[8] Rath (2005, 6).

Nicht zuletzt ist zu klären, ob nicht vielmehr externe Faktoren, wie beispielsweise Konzepte einer raumorientierten Hegemonialpolitik eine viel entscheidendere Rolle spielten.

II. Vorüberlegung

Angesichts der Komplexität und des nicht geringen Umfangs der Themenstellung ist eine zweckmäßige Eingrenzung des Gegenstands und der Quellen erforderlich. Inhaltlich beschränken sich die folgenden Überlegungen auf die Debatte, wie sie sich aus der juristischen Literatur des Untersuchungszeitraums erschließen lässt. Da die Frage der Strafrechtsvereinheitlichung bislang von der Literatur eher stiefmütterlich behandelt wird[9], soll dabei erstmals eine systematische Auswertung von Beiträgen zur Strafrechtskoordination aus der juristischen Literatur bis 1933 erfolgen.
Zur Bezeichnung des Untersuchungsgegenstandes wird dabei der bewusst übergreifend gewählte Begriff der „Koordination" gewählt. Im Gegensatz zu den in der Literatur kontrovers diskutierten Modellen des *legal transplant*[10], soll damit nicht ein Prozess bezeichnet werden, durch den Regeln von einer Rechtsordnung in eine andere transferiert werden[11], sondern Vorgänge des wechselseitigen Abstimmens und Harmonisierens unterschiedlicher Regelungen in den Blick genommen werden. Das Ergebnis kann dabei zwar durchaus im Transfer eines bestimmten Modells von einem Staat in den anderen bestehen, denkbar ist aber auch, dass als Resultat der Koordinierung eine Neuregelung entsteht, die bislang in keiner der beteiligten Rechtsordnungen existierte.
Versucht man nun einen Zugriff auf das Problemfeld aus der Perspektive der Quellen, so zeigt sich, dass „strafrechtliche Koordination" dort sehr unterschiedlich benannt wird: So stehen Begriffe wie „Strafrechtsannäherung" neben „Strafrechtsangleichung", „Strafrechtsausgleichung", „Strafrechtsvereinheitlichung" oder „Strafrechtseinigung"[12]. Damit ist aber selten ein homogenes Konzept gemeint, sondern allenfalls eine persönliche Akzentuierung des jeweiligen Autors. Es empfiehlt sich daher, weniger von der Terminologie der Quellen, als von den jeweils verfolgten Strategien auszugehen. Dabei lassen sich, trotz vieler Überschneidungen und Übergänge im

---

[9] Vgl. aber: Festl-Wietek (1989), in überarbeiteter Fassung wieder abgedruckt in: Brauneder (Hrsg.) (1996, 15–41, 87–106); Polaschek (1996); Schubert (Hrsg.) (1995, bes. XXIV–XXXII).
[10] Grundlegend: Watson (1993). Vgl. auch: Nelken (2003).
[11] Watson (1993, 19) definiert „legal transplant" als „the borrowing and transmissibility of rules from one society or system to another".
[12] Terminologisch unscharf z.B.: Becker (1930, 43).

Einzelfall, für den Untersuchungszeitraum zwei Diskussionszusammenhänge unterscheiden:

Auf der einen Seite stehen Versuche, die als „punktuelle Rechtsannäherung" bezeichnet werden sollen. Kennzeichnend ist der Gedanke, dass die Internationalität bestimmter Formen von Kriminalität eine entsprechende Koordination der staatlichen Repressionssysteme verlange. Rechtstechnisch sollen die Nationen dabei zunächst hinsichtlich dieser Materien, z.B. der Bekämpfung von Mädchenhandel oder der Falschmünzerei, punktuell auf der Ebene des Völkerrechts zusammenarbeiten und entsprechende Abkommen schließen. Diese Zusammenarbeit kann dann durchaus darauf hinauslaufen, auf lange Sicht eine europa- oder sogar weltweit uniforme Regelung von Strafrecht und Strafverfahren auch in weiteren Rechtsmaterien oder im Strafrecht insgesamt zu erreichen.

Auf der anderen Seite stehen Ansätze, die sich als „umfassende Rechtsvereinheitlichung" beschreiben ließen. Hier geht es darum, die Strafrechtssysteme, teilweise auch das Prozessrecht und die Gerichtsverfassung, zweier oder mehrerer Länder insgesamt und lückenlos zu vereinheitlichen. Die Technik hierbei ist nicht das Völkerrecht, sondern eine parallele Verabschiedung gleich lautender Gesetze in den nationalen Parlamenten, die es erlauben sollte, auch ohne staatsrechtliche Verschmelzung der betreffenden Nationen einen einheitlichen Strafrechtsraum zu schaffen.

Die folgende Untersuchung wird zeigen, dass beide Ansätze in der europäischen Diskussion in unterschiedlicher Akzentuierung stets präsent waren und in verschiedenen Varianten auch die Strafrechtsreformdebatten der beteiligten Staaten mitbestimmten. Nach einer Darstellung der Ausgangslage vor 1914 (III) soll zunächst die Entwicklung im Ersten Weltkrieg skizziert werden (IV), ehe für die Zwischenkriegszeit zwei unterschiedliche Modelle rechtlicher Koordination einander gegenüberzustellen sind (V).

III. Die Ausgangslage: Internationale Wissenschaft und Annäherung der Strafrechtsordnungen

Die Idee einer internationalen Koordinierung von Strafrecht und Strafverfolgung ist keine Erfindung der Nachkriegszeit. Bereits im 19. Jahrhundert lassen sich erste Ansätze erkennen.

Ein wesentlicher Motor war dabei eine von nationalen Rivalitäten weitgehend unbeeinflusste, international ausgerichtete Strafrechtswissenschaft[13]. Das Aufblühen der „modernen Strafrechtsschulen", vor allem in Italien und Deutschland, hatte diese wissenschaftliche „Globalisierung" stark begünstigt. Während die Kriminalstatistiken, vor allem die besorgniserregenden Rückfallziffern, die Reformbedürftigkeit der Strafrechtssysteme zu belegen schienen, hörte man europaweit den Ruf nach einer effizienteren Verbrechensbekämpfung, nicht zuletzt durch eine am naturwissenschaftlichen Positivismus orientierte Reform des Strafrechts[14]. Sah man „den Verbrecher" als anthropologischen, biologischen oder soziologischen Typus, so ließ sich dieser auch ohne Rückgriff auf national definierte juristisch-dogmatische Erwägungen überall auf der Welt ausfindig machen und erforschen. Zumindest in der Theorie mussten sich dann aber auch die Wege zur Bekämpfung dieses Übels entsprechen: Besserung der Besserungsfähigen, Abschreckung der Abschreckungsfähigen und Eliminierung der Unverbesserlichen war der überall in Europa spätestens seit etwa 1880 zu hörende Dreiklang der Verbrechensbekämpfung[15].

Bereits vor dem Krieg gelang es daher im Strafrecht stärker als in vielen anderen Rechtsgebieten, sich auch institutionell zu internationalisieren. So vereinigte etwa die 1888 gegründete „Internationale Kriminalistische Vereinigung" (IKV) Strafrechtsexperten aus beinahe allen europäischen und vielen weiteren Nationen in ihrem gemeinsamen Bemühen um eine Reform des Strafrechts[16].

In der Praxis bot sich hier ein Potential sowohl in Richtung auf eine punktuelle Rechtsannäherung als auch sogar auf eine umfassendere Rechtsvereinheitlichung der diversen Strafrechtsordnungen. So bewirkte die Aufbruchsstimmung der Modernisier, dass überall in Europa gleichzeitig mit der Arbeit an grundlegenden Reformen des Strafrechts begonnen wurde. Obwohl der Gesetzgebungsprozess in den verschiedenen Staaten unterschiedlich schnell betrieben wurde und sich in Norwegen beispielsweise bereits 1902, in Österreich

[13] Sofern „nationale Schulen" wie die italienische und die französische Schule der Kriminalanthropologie rivalisierten, folgten diese Debatten jedenfalls nicht den außenpolitischen Konstellationen. Näher zu diesem Konflikt: Gadebusch Bondio (1995, bes. 123ff.).

[14] Ausführlich hierzu: Wetzell (1991, 43ff.), Ders. (2000, 15ff.), Müller (2004). Vgl. demnächst auch von Mayenburg (2006, im Erscheinen).

[15] Liszt (1882 a, 166).

[16] Zur IKV vgl. Bellmann (1994); Kitzinger (1905). Vgl. auch die Internationalen Kongresse für Kriminalanthropologie. Hierzu: Gadebusch Bondio (1995, 123ff.).

aber erst 1975 in strafrechtlichen Neuregelungen niederschlug, führte der gemeinsame Start der Reform zumindest aber dazu, dass über einen längeren Zeitraum Probleme der Strafrechtsreform relativ synchron diskutiert wurden[17].

Getragen wurde die Debatte von einem scharfen Bewusstsein für die Bedeutung rechtsvergleichender Studien[18]. Allerdings zögerte man, die in großer Zahl entstehenden vergleichenden Arbeiten auch zum Vorbild für eine praktische Rechtsangleichung im europäischen Rahmen zu nehmen: Als 1890 der Schweizer Strafrechtsprofessor Karl Stooss einen eingehenden Vergleich der kantonalen Rechtsverhältnisse unterbreitete, bot dies den Anlass für die IKV, basierend auf dem Arbeitsplan Stooss' ein ähnliches Projekt für die ganze Welt anzustreben[19]. Doch anders als in der Schweiz, wo die rechtsvergleichenden Arbeiten der Schaffung eines einheitlichen Strafgesetzbuchs dienten, gab man sich über die Möglichkeiten einer weltweiten Strafrechtseinheit keinen Illusionen hin. Auch wenn für Franz von Liszt 1894 die „Ausarbeitung eines europäischen Strafgesetzbuchs (...) nicht gar so utopisch [zu sein schien], als es auf den ersten Blick scheinen möchte“[20] und er betonte, seiner Ansicht nach sei es „heute jeden Augenblick möglich, einen Strafgesetzentwurf auszuarbeiten, der in *seinen Grundzügen* ebensogut für Frankreich wie für das deutsche Reich, für Österreich-Ungarn so gut wie für die Niederlande annehmbar wäre“[21], so waren diese Gedanken für ihn, wie im übrigen auch für alle anderen Strafrechtsreformer in Wahrheit noch Zukunftsmusik.

Einstweilen vertraute man eher der mit der „unwiderstehlichen Kraft eines Naturgesetzes“ gleichgestellten „Attraktionskraft des völkerrechtlichen Verbandes“[22], strebte also eine punktuelle strafrechtliche Koordination mit den Mitteln des internationalen Rechts an. Bereits 1882 hob Liszt in einem Gutachten für den Deutschen Juristentag die Dringlichkeit von internationalen Vereinbarungen für Fälle grenzüberschreitenden Terrorismus und anderer Angriffe auf internationale Rechtsgüter hervor[23]. Die beschworenen „Naturkräfte des Völkerrechts“ zeigten sich aber in der Praxis bis zum Ersten Weltkrieg nur sehr vereinzelt. Aufgeschreckt durch eine Serie politischer Morde einigten sich im März 1904 in St. Petersburg zehn Nationen auf ein Geheim-

---

[17] Polaschek (1996, 261, 270–273).
[18] Dies gilt besonders auch für die monumentalen Vorarbeiten zur deutschen Strafrechtsreform, die zwischen 1906 und 1909 erschienen: Birkmeyer et. al. (Hrsg.) (1906–09).
[19] Liszt (1894, XI–XXVII).
[20] Liszt (1894, XII).
[21] Liszt (1894, XX f.), Hervorhebung im Original.
[22] Liszt (1894, XIV).
[23] Liszt (1882 b, 50–81).

protokoll über den „Internationalen Kampf gegen den Anarchismus“[24] und noch im Mai desselben Jahres führte die Furcht vor international operierenden Zuhälterbanden auf französische Initiative zur Unterzeichnung eines Abkommens „über Verwaltungsmaßregeln zur Gewährung wirksamen Schutzes gegen den Mädchenhandel“[25].

Diese völkerrechtlichen Verträge lassen sich vor allem als emotional geleitete Reaktionen der beteiligten Regierungen auf tagesaktuelle Ereignisse verstehen und weniger als das Ergebnis längerfristiger Koordinierungsbemühungen. Denn die vereinbarten Abkommen blieben nicht nur aus Sorge um die nationale Souveränität hinter den vorbereitenden Beschlüssen diverser Fachkonferenzen zurück, wo sogar die Abfassung vertraglich umschriebener Straftatbestände beschlossen worden war[26], sondern sie waren vor allem nur von begrenztem praktischen Nutzen. So musste 1926 der Leiter des sächsischen Landeskriminalamts, Johannes Palitzsch einräumen, dass „Fälle des rein kriminellen Mädchenhandels nicht allzu häufig sind“ und entsprechende Zeitungsmeldungen „meist auf falschen Gerüchten“ beruhten[27].

Bereits im Vorfeld des Ersten Weltkriegs geriet auch die zuvor relativ „außenpolitikferne“ Strafrechtsreformdebatte in den Bann der sich abzeichnenden Kriegsallianzen. Hatte sich Franz von Liszt etwa noch 1894 gegen eine kleinkarierte Beschränkung des Strafrechts auf nationale Eigenarten gewehrt und auf die breite gemeineuropäische Strafrechtstradition verwiesen[28], so ließ er sich acht Jahre später in einem Gutachten für den Deutschen Juristentag 1902 selbst zu antifranzösischen Ausführungen hinreißen. Mit Blick auf die französischen Vorbilder des RStGB von 1871 hielt er es nun

„für eine Kränkung unseres nationalen Empfindens (...), daß noch heute, dreißig Jahre nach den Siegen auf den französischen Schlachtfeldern, die Gesetze des ersten Napoleon für unser deutsches Rechtsleben maßgebend sein sollen. Schon aus politisch-nationalen Gründen muß die Umgestaltung unseres Strafgesetzbuches im Sinne der deutschen Rechtsanschauung gefordert und gewährt werden.[29] “

Auch wenn Liszts Mitberichterstatter, Kammergerichtsrat Dr. Kronecker diese „nationalpolitischen Gründe“ in ihrer Bedeutung abzuschwächen suchte[30],

---

[24] Hierzu ausführlich: Deflem (2002, 66–68).

[25] Das Abkommen wurde am 18.5.1904 in Paris zwischen Deutschland, Belgien, Dänemark, Spanien, Frankreich, England, Italien, Holland, Portugal, Russland, Schweden, Norwegen und der Schweiz abgeschlossen. Einen Auszug des Wortlauts bietet: Palitzsch (1926, 26–31). Näher hierzu auch Deflem (2002, 68f.).

[26] Zur Rolle der IKV im beim Kampf gegen den Mädchenhandel: Bellmann (1994, 73–75).

[27] Palitzsch (1926, 31f.).

[28] Liszt (1894, XXII f.).

[29] Liszt (1902, 261f.).

[30] Kronecker (1903, 240).

so zeigt sich doch bereits hier die wachsende nationale Aufladung der Strafrechtsreformdiskussion.

IV. Die Entwicklung im Ersten Weltkrieg

Der Erste Weltkrieg bewirkte eine abrupte Beendigung der internationalen Kooperation im Strafrecht. Am deutlichsten wird dies in der Austrittserklärung der Herausgeber des „Gerichtssaal", August Finger und Friedrich Oetker aus der IKV vom Januar 1915, die auch in der Tagespresse[31] abgedruckt wurde:

„Durch ungeheuren Frevel haben England, Frankreich, Rußland und ihre Bundesgenossen die Kulturgemeinschaft mit dem Deutschen Reiche aufgehoben. Damit ist für deutsche Gelehrte die Voraussetzung der Fortführung gemeinsamer wissenschaftlicher Arbeit in internationalen Vereinigungen mit Berufsgenossen jener Länder zerstört. (...) Die über alles Lob erhabene Haltung unseres Volkes in diesem furchtbaren Kriege hat der Menschheit eine große Wahrheit wieder klar zum Bewußtsein gebracht, den unendlichen Vorzug der ethischen vor allen anderen, auch den intellektuellen Werten. (...).[32]"

Diese Rhetorik blieb nicht ohne Widerspruch. So schrieb der junge Kriminologe Hans von Hentig aus dem Schützengraben der Westfront:

„Der Abbruch aller internationalen wissenschaftlichen Beziehungen ist ein Zweifel an unserem Siege. Denn wäre es nicht erschreckend und quälend, wenn die ungeheuren Opfer dieses Krieges nur dazu geführt hätten, daß unsere siegreiche Hand (...) zu diesem Werk der Selbstverstümmelung jetzt schon sich feierlich und öffentlich verpflichtete?[33]"

Doch derartige Rufe der Vernunft verhallten ungehört. Vielmehr geriet die Strafrechtsreform fortan in den Windschatten der geostrategisch orientierten Kriegszielpolitik. In diesem Kontext wurde nun erstmals eine umfassende Vereinheitlichung mehrerer Strafrechtssysteme nicht nur gefordert, sondern auch in den Ministerialbürokratien vorbereitet.

Unter dem Eindruck des Waffenbündnisses der Mittelmächte suchten die Politik, teilweise aber auch einflussreiche wirtschaftliche Gruppen, nach einer dauerhaften Integration der Bündnispartner Deutschland, Österreich-Ungarn, Bulgarien und später teilweise auch der Türkei. Dabei herrschte die bereits im 19. Jahrhundert verbreitete Absicht vor, einen engeren wirtschaftlichen und kulturellen Zusammenschluss der deutsch besiedelten Regionen Mittel-, Südmittel-, und Südosteuropas unter deutscher Suprematie zu bewirken[34]. Dieses

---

[31] „Deutsche Tageszeitung" vom 1.2.1915: Bellmann (1994, 142, Fn. 527).

[32] Finger/Oetker (1915, 444).

[33] Hentig (1915, 499).

[34] Die Literatur zur Mitteleuropaidee ist unübersehbar; vgl. nur für die Zeit bis zum Ersten Weltkrieg: Brechtefeld (1995, 39–57); Mommsen (2004), Müller (2001), Weimer (1992, 74–144); und als Überblick: Baumann/Hauser (2002, 30–115); Elvert (1999), Le Rider (1994),

Konzept, das zunächst auch in der Reichsleitung viele Anhänger hatte, wurde durch das im Oktober 1915 erschienene Werk Friedrich Naumanns, „Mitteleuropa“, eines der erfolgreichsten politischen Bücher des Kaiserreichs, stark verbreitet[35]. Der besonders in seinen geographischen Bezügen diffuse Mitteleuropagedanke war dabei durchaus ambivalent: Einerseits trug er deutliche Züge eines imperialistischen, auf deutsche Interessen bezogenen Großmachtstrebens. Zumindest in seiner gemäßigten Spielart lässt er sich aber auch als ein prinzipiell auf das Selbstbestimmungsrecht bezogenes Gegenmodell zur zunehmend annexionistischen Politik der Reichsleitung begreifen[36]. Ein Exponent dieser moderaten Variante war auch Franz von Liszt, der bereits im Herbst 1914 als einer der ersten deutschen Intellektuellen in einer kurzen Schrift einen „mitteleuropäischen Staatenverband als nächstes Ziel der deutschen auswärtigen Politik“ gefordert hatte und Deutschland dabei die Rolle eines *primus inter pares* zuwies[37].
War der Mitteleuropagedanke zunächst außen- und wirtschaftspolitisch ausgerichtet, so verwundert es nicht, dass dessen juristischen Exponenten vorrangig auf eine Vereinigung der beteiligten Staaten im Bereich des Wirtschaftsrechts hinwirkten. Nachdem sich die „Ältesten der Kaufmannschaft in Berlin“ und die „Waffenbrüderliche Vereinigung“ seit August 1915 für die Vereinheitlichung der auf Handel und Industrie bezogenen Gesetzgebung zwischen Deutschland und Österreich-Ungarn ausgesprochen hatten[38], trafen sich am 8. April 1916 einige hochrangige Vertreter der deutschen, österreichischen und ungarischen juristischen Prominenz, darunter der preußische Justizminister Max Beseler und der ungarische Staatssekretär, Prof. Dr. Franz von Nagy. Letzterer sprach sich vorsichtig optimistisch für eine Teilangleichung bestimmter Rechtsgebiete, vor allem im Wirtschaftsrecht aus[39]. Noch am gleichen Tag beschloss die Ständige Deputation des Juristentags, die Vorarbeiten für ein einheitliches Recht der drei Staaten zu beginnen[40], wobei ebenfalls der Schwerpunkt nicht auf dem Strafrecht, sondern im Handelsrecht lag[41]. Unter dem Motto „Deutsch-österreichisch-ungarische Juristen, vereinigt Euch!“

Meyer (1955), sowie die Aufsätze in: Stirk (Hrsg.) (1994). Zur Kriegszielpolitik: Fischer (1967, bes. 109ff.).

[35] Mommsen (2004, 109ff.).

[36] Mommsen (2004, 109–114).

[37] Liszt (1914). Vgl. hierzu: Meyer (1955, 141). Liszts Schrift war auch eine der Grundlagen für die Mitteleuropakonzeption Friedrich Naumanns: Ebd., 194 ff. Vgl. auch dessen Darstellung der weiteren Aktivitäten Liszts: Ebd., 219, 234.

[38] Schiffer (1916, Sp. 457f.).

[39] o.V. (1916 a, Sp. 517–519).

[40] Hachenburg (1916, Sp. 506).

[41] Hachenburg (1916, Sp. 506).

propagierte auch die juristische Fachpresse, allen voran die Deutsche Juristen-Zeitung die Rechtseinheit der Verbündeten[42].
Kurz darauf wurde auch das Strafrecht von der Vereinheitlichungsbegeisterung erfasst: Im Frühjahr 1916 forderte der Wiener Strafrechtsprofessor Wenzeslaus Graf Gleispach die Vereinheitlichung des Strafrechts, zunächst in Deutschland und Österreich[43] und legte damit die bis dahin radikalste Konzeption einer internationalen Strafrechtskoordination unterhalb der Ebene des staatlichen Zusammenschlusses vor. An der sich anschließenden lebhaften Diskussion beteiligten sich eine Reihe der führenden Strafrechtswissenschaftler der Zeit: Neben dem ungarischen Professor Rustem Vámbéry und seinen deutschen Kollegen Wolfgang Mittermaier, James Goldschmidt und dem Richter Ludwig Ebermayer äußerte sich auch Franz von Liszt in einem längeren Aufsatz positiv zur Frage einer mitteleuropäischen Rechtsvereinheitlichung[44]. Eher skeptisch waren dagegen die Reaktionen von Wilhelm Kahl, August Finger, Ernst Delaquis und Friedrich von Doleschall[45].
Die strafrechtlichen Pläne teilen die geschilderten Ambivalenzen der Mitteleuropakonzeption: Liszt hielt es für töricht, aus „Deutschen, Österreichern und Ungarn durchschnittliche Mitteleuropäer züchten zu wollen", sondern plädierte für eine „Kulturgemeinschaft", die die „selbständige Eigenart" jedes einzelnen Teilnehmers wahrte[46]. Daher forderte er, dass die Ausarbeitung der erforderlichen Gesetzesinitiativen grundsätzlich von gleichberechtigten Vertretern der beteiligten Länder bewerkstelligt werden sollte[47]. Lässt sich somit die strafrechtliche Planung eher als Ausprägung einer moderaten Mitteleuropakonzeption verstehen, so zeigte sich bald, dass allein bereits die großen praktischen Schwierigkeiten der Strafrechtsvereinheitlichung eine Orientierung des Gesamtprojekts an deutschen und österreichischen Vorbildern nahe legten: Bereits die Einbindung Ungarns und seiner völlig eigenständigen Strafrechtstradition stellte ein nicht unerhebliches Problem dar[48]. Nur vereinzelt wurde eine Einbeziehung Bulgariens gefordert oder die Problematik angesprochen, dass auf dem Gebiet der Habsburgermonarchie neben der österreichischen und der ungarischen auch die bosnisch-herzegowinische und die kroatisch-slavonische

[42] o.V. (1916 b, Sp. 208f.).
[43] Gleispach (1916, Sp. 107–117). Etwa zeitgleich, im Mai 1916, sprach sich auch der Geschäftsausschuss des DJT für die Aufnahme des Strafrechts in die Bestrebungen zur Rechtsvereinheitlichung aus: Liszt (1917, 5).
[44] Vámbéry (1916, Sp. 195–201); Goldschmidt (1917, 417–436); Mittermaier (1917, 347–355); Liszt (1917, 1–20).
[45] Kahl (1916, 275–285); Finger (1917, 319–334); Delaquis (1918, 276–299, bes. 278–283); zu von Doleschall: o.V. (1917, Sp. 431f.).
[46] Liszt (1917, 2f.).
[47] Liszt (1917, 16ff.).
[48] Vgl. die Beiträge in: Máthé/Ogris (Hrsg.) (1996).

Gesetzgebung zu koordinieren gewesen wären[49]. So wurde die Diskussion dann auch vorwiegend von Deutschen und Deutsch-Österreichern geführt. Die Mitteleuropaidee diente dabei als ideologische Plattform für eine dezidiert deutsch-nationale und gleichzeitig antifranzösische Strafrechtspolitik. Liszt schrieb 1917:

„Die Eigenart der preußisch-deutschen Kultur um die Mitte des 19. Jahrhunderts, ja selbst die der gesamtdeutschen Kultur um 1870 ist kein Hindernis gewesen für die Aufnahme des fremdartigen und noch dazu veralteten französischen Strafrechts. Das deutsche Volk hat es nicht einmal bemerkt, daß es unter fremdem Recht lebte; und Jahrzehnte hat es gedauert, bis die maßgebenden Kreise in Deutschland sich entschließen konnten, die Emanzipation von der napoleonischen Gesetzgebung in Angriff zu nehmen"[50].

Drei konkrete Ziele wollten die Anhänger des „mitteleuropäischen Strafrechts" erreichen: Die Beseitigung praktischer Probleme im Strafrechtsverkehr vor allem bei der Auslieferung und der Bekämpfung der internationalen Kriminalität, die „Förderung der Wissenschaft" und die Schaffung einer politischen und vor allem auch kulturellen Einheit der beteiligten Nationen[51].
Blickt man auf den ersten dieser Punkte, so mussten selbst die Anhänger des Mitteleuropaplanes zugestehen, dass die konkreten praktischen Vorzüge einer mitteleuropäischen Strafrechtseinheit eher gering waren[52]. Rhetorik überwog gegenüber rechtspolitischer Argumentation. Selbst Liszt ließ sich auf dieses Niveau ein und erklärte: „Mit Kulturgemeinschaft ist die *Gemeinschaft der Kulturschädlinge* notwendig gegeben; und auch sie erfordert die Einheitlichkeit der Strafgesetzgebung[53]." Eine nähere Begründung blieb Liszt schuldig.
Hinsichtlich des zweiten Punkts, des wissenschaftlichen Mehrwerts einer mitteleuropäischen Strafrechtsvereinheitlichung, wurde zwar postuliert, dass der Gedankenaustausch um so fruchtbarer sein müsse, je „größer das Rechtsgebiet [sei,] auf dem und für das wir arbeiten"[54]. Auch dieses Argument war aber eher vorgeschoben. Es lief nämlich letztlich auf den absurden Schluss hinaus, das Recht sei zu verändern, um damit die wissenschaftliche Beschäftigung mit ihm zu erleichtern. Zudem hatte man selbst innerhalb Deutschlands inzwischen erkannt, dass die „Verschiedenheiten der Praxis" in den einzelnen Staaten durch Rechtsvereinheitlichung nicht beseitigt werden konnten[55].

---

[49] So allerdings Hoegel (1916, 1020f.). Zum „österreichischen Rechtsraum": Slapnicka (1973, 14ff.).
[50] Liszt (1917, 11).
[51] Liszt (1917, 1ff.); Mittermaier (1917, 350ff.).
[52] Mittermaier (1917, 350).
[53] Liszt (1917, 4), Hervorhebung im Original. Zur Bedeutung des „Schädlings" in der Rassenhygiene der Jahrhundertwende vgl. Jansen (2003, bes. 257 ff.).
[54] Mittermaier (1917, 351).
[55] Mittermaier (1917, 350).

Auch die letztgenannte, besonders von Liszt betonte kulturpolitisch-volkspädagogische Argumentationslinie kann den ideologischen Kern der Konzeption kaum verbergen:

„Die Gemeinsamkeit der kulturellen Anschauungen, d.h. der Anschauungen über das was ‚richtig' ist, bindet die Völker nicht weniger stark als die Gemeinsamkeit ihrer materiellen Interessen. (...) Von allen Zweigen des Rechts aber (...) steht keines der gesamten Kultur eines Volkes näher als gerade das Strafrecht.[56]*"*

Mit einer gemeinsamen strafrechtlichen Moral könne ein ähnlicher Siegeszug angetreten werden, wie ihn das napoleonische Strafrecht im 19. Jahrhundert erlebt habe[57]. Es wird deutlich, dass die Vereinheitlichung des Strafrechts vor allem dem Zweck dienen sollte, die kulturell heterogenen Völker der Kriegsverbündeten durch Schaffung gemeinsamer moralischer Standards näher zusammenführen. All diese Argumente offenbaren sich damit als kriegstypische Propaganda, vor allem wenn man sie mit der zwar polemischen, aber jedenfalls stets anwendungsorientierten Reformdiskussion der Vorkriegszeit kontrastiert. Weniger die Bedürfnisse des Strafrechts, als vielmehr die Kriegsziele der Mittelmächte diktierten die strafrechtlichen Mitteleuropakonzepte zwischen 1914 und 1918.
Nicht nur die sprachlichen Barrieren zum ungarischen Strafrecht, das zumindest in Deutschland weitgehend unbekannt war, sondern auch die verstärkt hervortretenden inhaltlichen Divergenzen führten bereits vor dem Zusammenbruch der Donaumonarchie 1918 zu einer deutlichen Abkühlung der Begeisterung für die Strafrechtsvereinheitlichung. Die Abfassung eines einheitlichen StGB wurde nun weitgehend abgelehnt und lediglich eine Angleichung der Grundzüge des Strafrechts vorgeschlagen[58]. Liszt forderte zunächst lediglich eine „gemeinsame Kriminalpolitik der Mittelmächte[59]." Mit den zunehmenden Misserfolgen in der Kriegführung nahm die Zahl der Beiträge zur Strafrechtsvereinheitlichung nach 1917 rapide ab. Der Wiener Anwalt Julius Ofner resümierte 1920: „Das Wort ‚Rechtsannäherung' (...) hat den Klang verloren. Das Recht war zu auffällig vor den politischen Wagen gespannt worden."[60]

---

[56] Liszt (1917, 10).
[57] Mittermaier (1917, 353).
[58] Mittermaier (1917, 348).
[59] Liszt (1917, 9); vgl. auch Mittermaier (1917, 348).
[60] Ofner (1920, 11).

V. Strafrechtliche Koordination in der Zwischenkriegszeit

1. Die Ausgangslage

Mit dem Kriegsende schien sich das Problem der Strafrechtsvereinheitlichung für einen historischen Augenblick in neuem Gewand wieder zu stellen, denn das nach dem Zerfall des Habsburgerreichs entstandene Deutsch-Österreich strebte zur Sicherung seines wirtschaftlichen und strategischen Überlebens nach einer staatsrechtlichen Fusion mit Deutschland und verkündete am 12.11.1918 sogar den Anschluss[61]. Begeistert stellte schon der Wiener Richter von Engel in der Deutschen Juristenzeitung ein Programm der zu erwartenden Rechtsvereinheitlichung auf. Gerade die Strafrechtseinheit sei leicht herzustellen, da die „sittlichen Grundanschauungen" in beiden Ländern identisch seien[62]. Und auch im Wiener Staatsamt für Justiz arbeitete man bereits an den nächsten Schritten zur Vereinheitlichung des Rechts[63]. Während die reichsdeutsche Regierung in der Anschlussfrage zögernd taktierte, verboten dann aber bekanntlich der Versailler Vertrag und der Vertrag von St. Germain auf Betreiben Frankreichs in ihren Art. 80 bzw. 88 den Anschluss Österreichs an das deutsche Reich. Damit waren mittelfristig sämtliche Versuche erledigt, ein deutsch dominiertes Mitteleuropa im Wege der Fusion zu erzeugen.

Hinsichtlich der Möglichkeiten einer internationalen strafrechtlichen Zusammenarbeit zeigten sich in den folgenden Jahren die zerstörerischen Wirkungen des Krieges. Die wissenschaftliche Infrastruktur war zerfallen und ließ sich trotz einiger Bemühungen von Vertretern neutraler Staaten, vor allem aus der Schweiz und Holland[64], zunächst nicht neu errichten. Zwar blieben einzelne Landesgruppen der IKV, so auch in Deutschland und Österreich, bestehen. Die französischen Strafrechtler, darunter einige frühere Verehrer der Listzschen Schule, erklärten jedoch die IKV für beerdigt. 1924 gründeten sie eine Konkurrenzvereinigung, die *Association Internationale de Droit Pénal*, die nach ihren Statuten nur Vertreter „loyaler und friedliebender" Nationen aufnahm, wozu man die deutschen Kollegen jedenfalls nicht rechnete[65].

Vor diesem Hintergrund entstanden beiderseits des Rheins unterschiedliche Modelle strafrechtlicher Koordination.

---

[61] Hierzu und zum Folgenden eingehend: Elvert (1999, 113); Schausberger (1978, 29–68).

[62] von Engel (1919, Sp. 36).

[63] Festl-Wietek, in: Brauneder (1996, 117f.).

[64] o.V. (1925, Sp. 794).

[65] Näher: Bellmann (1994, 144f.) mit Nachdruck der Satzung, 251–255. Vgl. zu den Bemühungen Kohlrauschs, eine Aufnahme zu erreichen: Karitzky (2002, 61f. m.Fn. 47).

2. Das deutsch-österreichische Modell: Umfassende Rechtsvereinheitlichung

Mit dem verlorenen Krieg, dem Anschlussverbot und dem Zerfall des Habsburgerreichs spielte die Vereinigungsfrage zumindest in Deutschland bis etwa 1923 keine vorrangige Rolle mehr[66]. Anders lagen die Dinge in Österreich, wo eine starke Anschlussbewegung den Gedanken der Einheit mit dem Deutschen Reich aufrechterhalten wollte[67]. Angesichts des Fusionsverbots suchte man in der Öffentlichkeit, aber auch in Regierungskreisen nach Umgehungsstrategien. In diesem Zusammenhang wurde von österreichischen Juristen auch die Frage der Rechtsangleichung wieder aktualisiert. Weite Teile der Rechtsordnung sollten bis in den Wortlaut hinein einheitlich gestaltet werden, so dass auch ohne formellen staatlichen Zusammenschluss in Wahrheit ein einheitlicher Rechtsraum entstünde. Entscheidend für die weitere Entwicklung war, dass dieser Gedanke trotz einer allgemein abflauenden Anschlussbegeisterung Anhänger im österreichischen Justizministerium fand[68].

Anders als man vielleicht erwarten könnte, waren es nun nicht Bereiche des Wirtschafts- oder Verkehrsrechts, die als erste Kandidaten einer Rechtsvereinheitlichung gehandelt wurden, sondern ausgerechnet das Strafrecht[69]. Die Schaffung eines einheitlichen Strafrechts für Deutschland und Österreich bildete fortan den „Schwerpunkt der materiellen und organisatorischen Bemühungen zur Rechtsangleichung“[70].

Die Gründe für die Bevorzugung gerade dieser Materie können hier nicht abschließend vertieft werden. Man glaubte wohl, dass eine Einigung hier am leichtesten zu erzielen sei, weil es sich beim Strafrecht, anders als beim Zivilrecht, um ein Rechtsgebiet handelte, das in beiden Ländern als stark reformbedürftig galt und wo sich auch die bislang unternommenen Reformprozesse auf einem annähernd gleichen Stand befanden. Im übrigen war hier weit weniger Widerstand seitens der Betroffenen zu befürchten als im Wirtschaftsrecht. Denn gerade die österreichische Wirtschaft plädierte keinesfalls einhellig für einen engeren Zusammenschluss mit Deutschland[71]. Auffällig ist allerdings, dass von den Anhängern der deutsch-österreichischen Strafrechtsvereinheitlichung zu keinem Zeitpunkt eine genuin strafrechtliche Argumentation ins Feld geführt wurde. Nicht einmal der Topos eines „Kampfs gegen das internationale Verbrechen“ wurde bemüht. Vielmehr wurde stets mehr oder

---

[66] Hillgruber (1988, 123); näher: Elvert (1999, 114).
[67] Ausführlich: Elvert (1999, 113–121); Garscha (1984); Festl-Wietek, in: Brauneder (1996, 109ff.).
[68] Frank (1924, Sp. 485ff.).
[69] Gleispach (1921, Sp. 578).
[70] Festl-Wietek, in: Brauneder (1996, 204).
[71] Differenzierend: Elvert (1999, 118f.).

weniger unverhohlen darauf hingewiesen, dass die Vereinigung der Strafrechtssysteme allein dem Ziel diente, die staatsrechtliche Vereinigung zu umgehen oder vorzubereiten. Graf Gleispach, einer der führenden Vertreter dieser juristischen Angleichungsbewegung brachte 1921 das Ziel dieser Strategie ohne Umschweife auf den Punkt: „Wir stehen heute auf der ersten Stufe: ein Volk im Sinne geeinten Volksbewußtseins. Wir streben der zweiten Stufe zu: ein Recht, um endlich die dritte zu erreichen: ein Staat[72]".
Die praktische Umsetzung dieser Politik begann mit einem Akt der Selbstunterwerfung: Unter Billigung der österreichischen Strafrechtswissenschaft ließ das Wiener Ministerium seinen seit Jahrzehnten entwickelten und als ausgezeichnetes Werk anerkannten Strafrechtsentwurf fallen und signalisierte Berlin, nunmehr den deutsche Entwurf als Grundlage für ein gemeinsames Strafgesetzbuch zu betrachten[73]. Im Gegenzug erklärte sich Berlin bereit, österreichische Vertreter am deutschen Strafrechtsreformprozess aktiv zu beteiligen. In Österreich wurde 1922 durch Ferdinand Kadečka ein Gegenentwurf zur deutschen Reforminitiative verfasst[74], der als Grundlage der weiteren Diskussion auch in Deutschland diente. Als der sog. Radbruch-Entwurf 1924 dem Reichsrat zur Beratung vorgelegt wurde, trug er den Titel „amtlicher Entwurf eines allgemeinen deutschen Strafgesetzbuches" und brachte durch das Wort „allgemein" bereits zum Ausdruck, dass es sich um eine deutsch-österreichische Gemeinschaftsproduktion handelte[75]. Auch der überarbeitete Entwurf von 1927 war hinter den Kulissen zwischen deutschen und österreichischen Vertretern abgestimmt worden und wurde nunmehr in beiden Parlamenten eingebracht[76]. Abweichungen der Entwürfe gab es vereinzelt, vor allem bei der gesellschaftlich umstrittenen Frage der Todesstrafe, die in Deutschland beibehalten, in Österreich aber abgeschafft war[77]. Die Schwierigkeit, die im Übrigen gefundenen Kompromisse über die Ausschussarbeit der Parlamente zu retten, wurde durch eine einzigartige Verfahrenstechnik gelöst. Als Ergebnis einer Absprache zwischen den beiden für die Strafrechtsreform zuständigen Parlamentsausschüssen wurde eine „deutsch-österreichische parlamentarische Konferenz für die Beratung eines gemeinsamen StGB" beschlossen, der zehn Reichstags- und sechs Nationalratsabgeordnete angehörten. Außerdem nahmen auch Regierungsmitglieder an den Beratungen teil, die zwischen 1927

[72] Gleispach (1921, Sp. 580).
[73] Bumke (1925, Sp.22); hierzu auch: Festl-Wietek, in: Brauneder (1996, 206).
[74] o.V. (1922).
[75] Reichsjustizministerium (Hrsg.) (1925).
[76] Entwurf eines Allgemeinen Deutschen Strafgesetzbuchs vom 19.5.1927, RT.-Dr. III, 3390, 1 ff.
[77] Ausführlich zur Debatte um die Todesstrafe: Für Deutschland: Evans (2001, 620ff.); für Österreich: Polaschek (1992, 148ff.).

und 1930 zu insgesamt 13 Sitzungen zusammentraten und jeweils abschnittsweise und ohne Bindungswirkung über die einzelnen Vorschriften berieten. Anschließend wurden die entsprechenden Passagen zunächst im deutschen Strafrechtsausschuss beschlossen und dann zeitversetzt im entsprechenden österreichischen Ausschuss[78].

Obwohl einige neuralgische Punkte auch in den Gremien nicht geklärt werden konnten, lag den Parlamenten 1930 ein weitgehend harmonisierter Gesetzentwurf zur abschließenden Beratung vor. Die zahlenmäßig erstarkten nationalsozialistischen Vertreter boykottierten jedoch die Fortführung der ihrer Meinung nach zu liberalen Strafrechtsreform. Spätestens mit der Machtergreifung der Nationalsozialisten war das Projekt endgültig gescheitert[79].

In der zeitgenössischen und auch der strafrechtshistorischen Literatur wird das Projekt der deutsch-österreichischen Strafrechtsvereinheitlichung zumeist positiv bewertet und als Beispiel einer gelungenen interparlamentarischen Kooperation gefeiert[80]. Sein Scheitern wird dabei meist externen Faktoren zugeschoben. Gewiss, die politischen Umwälzungen der Zeit, die Erosion von Demokratie und Parlamentarismus in beiden Ländern ließen die Verabschiedung einer weitgehend noch auf dem liberalen Gedankengut der modernen Schule beruhenden Strafrechtsreform nicht zu. Auch führte das Scheitern der deutsch-österreichischen Zollunion 1931 zu einer Desillusionierung der Anschlussbewegung. Diese sicherlich richtige Bewertung lenkt aber von einer genaueren Analyse der inhaltlichen Schwierigkeiten ab, die gravierender waren, als häufig dargestellt. Es war nämlich nicht allein die bis zuletzt ungeklärte Frage der Todesstrafe, die einer Lösung hätte zugeführt werden müssen. Blickt man auf die Ergebnisse der interparlamentarischen Reform, so zeigt sich eine erhebliche Zahl unerledigter Probleme, darunter rechtspolitisch so heikle Fragen wie die der Abtreibung[81]. Der Vorsitzende des deutsch-österreichischen Strafrechtsausschusses, Wilhelm Kahl, musste beim Auseinandertreten des Gremiums am 5.3.1930 konzedieren, dass „noch manche Verantwortlichkeit auf uns ruhen wird, ehe wir zu einem Abschlusse kommen.[82]“

Doch selbst wenn man unterstellen mag, dass auch in diesen Bereichen eine Harmonisierung gelungen wäre, so bleibt die Bewährung des einheitlichen Strafrechts in der Praxis offen. Ohne eine Harmonisierung des Verfahrensrechts und vor allem der Gerichtsorganisation wäre die erreichte Einheit möglicherweise schnell durch eine unterschiedliche Praxis wieder zerstört worden.

[78] Ausführlich: Schubert (1995, XXIV ff.); Festl-Wietek, in: Brauneder (1996, 214ff.).
[79] Näher: Schmidt (1995, 425ff.).
[80] Festl-Wietek, in Brauneder (1996, 216).
[81] Eine Synopse findet sich bei Schubert (Hrsg.) (1996, 784ff.).
[82] Kahl in Schubert (Hrsg.) (1996, 783).

Erstmals auf dem Deutschen Juristentag 1930 wurde die Problematik einer einheitlichen Anwendung des neuen Rechts diskutiert und die Frage aufgeworfen, ob nicht ein gemeinsames Strafrecht auch einer gemeinsamen höchsten Gerichtsbarkeit bedürfe. Nicht zuletzt wegen der sachfremden Motivation der Beteiligten bei der Strafrechtsvereinheitlichung wurden derartige Fragen nicht schon von Anfang an gestellt.
Bereits 1931 wagte der Strafrechtsprofessor Hellmuth von Weber aus Jena einen skeptischen Ausblick auf die zukünftigen Chancen der Strafrechtsvereinheitlichung und gestand ein, „dass die Schwierigkeiten der Aufgabe erheblich größer sind, als man bei ihrem Beginn angenommen hat.[83]" Weber legte dabei die Axt an die Doktrin vom angeblich einheitlichen Volksbewusstsein der Deutschen und Österreicher und betonte vielmehr die Unterschiede, die eine jahrzehntelange Praxis unterschiedlicher Strafrechtstraditionen mit sich gebracht hätten. Man mag dieser Analyse folgen oder nicht. Die Tatsache, dass erst jetzt, 1931, begonnen wurde, über die Fundamente der Strafrechtseinheit nachzudenken, zeigt nicht zuletzt auch, dass das Projekt zwar mit großem Enthusiasmus und juristisch-technischem Geschick in Angriff genommen wurde, die eigentliche Debatte über Sinn und Unsinn der Vereinheitlichung des Strafrechts aufgrund der Verfolgung letztlich strafrechtsfremder Zielsetzungen aber vernachlässigt wurde.

3. Das französische Modell: Punktuelle Rechtsannäherung

Ein ganz anders geartetes Modell strafrechtlicher Koordination wurde jenseits des Rheins, vor allem in Frankreich propagiert. Obwohl in den Pariser Vorortverträgen und bei der Begründung des Völkerbundes strafrechtliche Fragen kaum eine Rolle spielten, begannen führende Strafrechtslehrer aus Frankreich, Belgien und Italien bereits kurz nach dem Krieg eine Debatte über die zukünftige internationale Koordination in strafrechtlichen Fragen. Zumindest auf den ersten Blick knüpfte man hier inhaltlich und rechtstechnisch an die Politik der punktuellen Rechtsannäherung aus der Vorkriegszeit an. Doch wenn man auch an der Idee einer völkerrechtlichen Annäherung festhielt, so zeigt sich bei näherer Betrachtung eine teilweise durchaus radikale Weiterentwicklung des Koordinierungsgedankens.
In der unmittelbaren Nachkriegszeit standen dabei Versuche im Mittelpunkt, durch eine internationale Strafgerichtsbarkeit eine Aburteilung von Kriegsverbrechern der Mittelmächte zu erreichen[84]. Der Präsident des beratenden Juristenausschusses des Völkerbunds, der belgische Baron Descamps, forderte

---

[83] Weber (1931, 1).
[84] Näher zu den unterschiedlichen Modellen in diesem Zusammenhang: Hankel (2003, 21ff.).

beispielsweise 1920 die Ausstattung des Internationalen Gerichtshofs mit strafrechtlichen Kompetenzen zur Aburteilung von Verbrechern gegen die öffentliche Ordnung und das allgemeine Völkerrecht, also vor allem Kriegsverbrechen. Die Formulierung entsprechender Tatbestände und Sanktionen sollte dabei im Ermessen des Gerichts liegen[85]. Rechtsstaatliche Bedenken gegen diese Lösung führten zu ihrem Scheitern und von nun an war klar, dass jeder Versuch der Institutionalisierung einer internationalen Strafgerichtsbarkeit von der entsprechenden Formulierung zumindest eines Grundbestands internationaler Straftatbestände begleitet sein musste.

In der Folgezeit ergab sich eine enge Verzahnung von Aktivitäten des Völkerbunds und einer Reihe westlich dominierter Expertenkommissionen, allen voran der 1924 gegründeten *Association internationale de droit pénal*. Es würde zu weit führen, die in einer Abfolge von Konferenzen, meist unter Ausschluss von Vertretern der ehemaligen Mittelmächte, gefassten Konzepte im einzelnen zu präsentieren. Entscheidend ist, dass nunmehr die strafrechtliche Ahndung des Angriffskriegs und entsprechender Handlungen einen zentralen Stellenwert einnahm. Daneben sollten der neu zu schaffenden internationalen Gerichtsbarkeit auch Kompetenzen im Zusammenhang mit der Bekämpfung bestimmter Formen internationaler gewerbsmäßiger Kriminalität zukommen. Insgesamt bezogen sich die Beratungen bis Ende der 1920er Jahre nicht auf die Koordination innerstaatlicher Rechtsnormen, sondern allein auf die Verletzung internationaler Rechtsgüter. Auch dort, wo über die Bekämpfung des internationalen gewerbsmäßigen Verbrechens diskutiert wurde, ging man nicht so weit, eine Vereinheitlichung der jeweils im Inland geltenden Strafrechtsnormen zu fordern. Auch der gelegentlich geäußerte Vorschlag eines internationalen Haftbefehls oder einer internationalen mobilen Brigade wurde mit Blick auf den Vorrang der nationalen Souveränität abgelehnt[86].

Allerdings wurde parallel zu dieser Entwicklung auch an eine Koordination der in verschiedenen europäischen Ländern laufenden Strafrechtsreformbemühungen gedacht. Auch hier setzte sich die *Association internationale de droit pénal* an die Spitze entsprechender Tendenzen. Seit 1926 beschäftigten sich mehrere Konferenzen mit dieser Frage und 1929 gründete man ein „Internationales Institut zur Vereinheitlichung des Strafrechts“[87]. Auf dem tatsächlich international besetzten „Internationalen Gefängniskongress“ in Prag zeigten sich aber die Grenzen derartiger Bestrebungen. Man beschloss zwar, dass eine weltweite Unifikation punktuell wünschenswert sei. Ein deutscher Vertreter

---

[85] Vgl. auch zum folgenden die übersichtliche, allerdings wegen ihrer teilweise problematischen und zeitgebundenen Wertungen vorsichtig zu gebrauchende Gesamtdarstellung bei Weber (1934, 7–9).
[86] Palitzsch (1926, 47f.).
[87] Vgl. o.V. (1929).

betonte aber, dass dies dort seine Grenzen fände, „wo man Gefahr [laufe], dem Strafrecht in den verschiedenen Ländern die unentbehrlichen Kräfte zu entziehen, die ihm aus der geschichtlichen Entwicklung jedes Landes und aus den tiefen Wurzeln zufließen, die es im Herzen des Volkes geschlagen hat.“[88]
Immerhin gelang es dem Völkerbund noch bis 1932, die nach politischen Blöcken zerstrittenen Strafrechtsgesellschaften unter einem einheitlichen Dach zu vereinigen und damit die institutionellen Voraussetzungen dafür zu schaffen, dass eine schrittweise Angleichung der Strafrechtssysteme zumindest denkbar wurde[89]. Auch diese Initiative kam jedoch zu spät und der grassierende Totalitarismus der 30er Jahre ließ die Vorstellung einer internationalen Strafrechtsordnung in weite Ferne rücken.
Bewertet man die Chancen und das Scheitern der Initiativen aus den Entente-Staaten, so zeigt sich zunächst eine völlig andersartige Motivation als im Falle der deutsch-österreichischen Strafrechtsangleichung. Im Kontext einer steigenden Kriminalität in allen Ländern, vor allem im Zuge der Weltwirtschaftskrise, erscheint der Ruf nach einer verstärkten internationalen Koordination durchaus glaubhaft[90]. In diesem Punkt konnte man auch auf Zustimmung aus Deutschland und Österreich hoffen, wo bereits 1920 die liberale „Liga für Völkerbund“ die Forderung eines „gemeinsamen Vorgehens der Kulturvölker gegen die Hochflut der Kriminalität“ erhoben hatte. Es sei für einen Deutschen „gewiß ein mißliches Ding, gegenüber der gerade auch auf wissenschaftlichem Gebiet noch immer durchgeführten Boykottierung von Feind zu Feind den Ruf nach Vereinigung zu erheben. Aber die Flut steigt und steigt und bedroht die Existenzen und kostbarsten Güter hüben und drüben.[91]“
In einer entspannteren weltpolitischen Lage wäre sicher auch das zweite französische Motiv, die Beschwörung eines aus der Weltkriegserfahrung geborenen „esprit international“[92], zustimmungsfähig gewesen, ebenso der aus heutiger Sicht wie eine Vorwegnahme der Globalisierungsdebatte erscheinende Aspekt, nationale Verschiedenheiten spielten angesichts der Verbreitung von Rundfunk, Kraftwagen und Flugzeug nunmehr keine große Rolle mehr und das „internationale Leben“ fordere auch eine Einheit der Rechtsordnung[93].
Weniger anschlussfähig war allerdings, dass derartige idealistische Formulierungen stets mit durchaus vernehmbaren nationalen Erwägungen gekoppelt wurden. Dies gilt nicht nur für den Ausschluss der ehemaligen Mittelmächte von den wissenschaftlichen Beratungen. Besonders die Verknüpfung der

[88] Delaquis (1933, 137f.).
[89] Hierzu ausführlich: Delaquis (1933).
[90] Weber (1934, 52).
[91] o.V. (1920, Sp. 241).
[92] Weber (1934, 52, 59).
[93] Weber (1934, 52).

Strafrechtsannäherung mit der Frage der Aburteilung deutscher Kriegsverbrecher war geeignet, ein grundsätzliches Misstrauen in die französischen Pläne zu erzeugen. Ein deutscher Beobachter schrieb etwa: „Solange die Macht des Siegers gegenüber dem zusammengebrochenen Gegner ausgeübt wird, gibt es kein internationales Recht“[94]. Gegen Ende der Weimarer Republik wurden schließlich einige selbstbewusste Äußerungen französischer Strafrechtsgelehrter, die von der Strafrechtsannäherung eine Ausbreitung französischer Rechtsgedanken erwartet hatten, von deutscher Seite zum Anlass genommen, die gesamte Strafrechtsannäherung als „Propaganda“ zu diskreditieren[95].

---

[94] Hachenburg (1919, Sp. 573).
[95] Weber (1934, 59).

VI. Schlussbewertung

Das Ergebnis der vorangegangenen Überlegungen lässt sich abschließend in drei Thesen zusammenfassen:

1. Obwohl das Strafrecht immer als Symbol nationaler Rechtskultur betrachtet wurde, war dessen Reform nie eine rein interne Angelegenheit. Die Diskussion wurde vielmehr stets auch in einem europäischen Kontext geführt. Nicht nur in der Theorie, sondern auch in der strafrechtspolitischen Praxis unternahm man ganz konkrete Schritte zur internationalen und sogar supranationalen Koordination des Rechts.

2. Fragt man nach den Auswirkungen der theoretischen und praktischen Versuche der Strafrechtsangleichungen auf die Chancen einer Modernisierung des Strafrechts in den untersuchten Ländern, so fällt die Antwort zwiespältig aus. Rechtspolitisch gesehen muss das vorläufige Scheitern dieser Bemühungen spätestens mit dem Jahr 1933 konstatiert werden. Aus methodischer Sicht erweisen sich dagegen die verschiedenen Vereinheitlichungsansätze durchaus als innovativ. Gerade die in Deutschland und Österreich erprobten Versuche einer umfassenden Strafrechtsvereinheitlichung liefern ein für den Rechtshistoriker faszinierendes Beispiel einer internationalen rechtlichen Koordination jenseits des Völkerrechts.

3. Betrachtet man die im Rahmen dieser Debatte vorgebrachten Argumente genauer, so zeigen sich verblüffende Parallelen zur heutigen Diskussion: Immer wieder wird gefordert, die nationalen Strafrechtssysteme zu koordinieren, um die Gesellschaft gegen ein international operierendes Verbrechertum zu wappnen. Zumindest in der historischen Perspektive erweist sich diese Argumentation allerdings häufig als vorgeschoben. Im Hintergrund derartiger Forderungen stand nur selten ein fundiertes Interesse an einer Modernisierung des Strafrechts. Besonders im Ersten Weltkrieg, aber auch in der Zwischenkriegszeit wurde das Strafrecht vielmehr zum Spielball strafrechtsfremder geopolitischer, teilweise sogar hegemonialer Bestrebungen. Diese historische Erfahrung sollte in Erinnerung behalten, wer sich mit den aktuellen Forderungen nach einer Europäisierung des Strafrechts befasst.

Literaturverzeichnis

Baumann, Wolfgang/Hauser, Gunther (2002): *Mitteleuropa. Im geopolitischen Interesse Österreichs.* Wien: Austria Medienservice.

Becker, Walter (1930): „Österreichs Anschluß als rechtlich-politisches Problem". *Fischers Zeitschrift für Verwaltungsrecht.* 64:1–63.

Bellmann, Elisabeth (1994): *Die Internationale Kriminalistische Vereinigung (1889-1933).* Frankfurt/M. etc.: Peter Lang.

Birkmeyer, Karl et al. (Hrsg.) (1906-09): *Vergleichende Darstellung des Deutschen und Ausländischen Strafrechts. Vorarbeiten zur Deutschen Strafrechtsreform.* 16 Bände. Berlin: Otto Liebmann.

Brauneder, Wilhelm (Hrsg.) (1996): *Österreichisch-deutsche Rechtsbeziehungen I. Rechtsangleichung 1850-1938.* Frankfurt/M. etc.: Peter Lang.

Brechtefeld, Jörg (1996): *Mitteleuropa and German Politics 1848 to the Present.* New York: St. Martin's Press.

Bumke, [Erwin] (1925): „Der neue Strafgesetzentwurf". *DJZ.* 30: Sp. 21–28.

Deflem, Mathieu (2002): *Policing World Society.* Oxford/New York: OUP.

Delaquis, Ernst (1918): „Strafrechtliche Kriegsziele. Vortrag, gehalten in der Juristischen Gesellschaft zu Frankfurt a.M. am 26. November 1917". *ZStW.* 39:276–299.

Delaquis, Ernst (1933): „Internationale Zusammenarbeit auf dem Gebiete des Strafrechts". *MIKV NF.* 6:127–140.

Delmas-Marty, Mireille (Hrsg.) (1998): *Corpus Juris der strafrechtlichen Regelungen zum Schutz der finanziellen Interessen der Europäischen Union.* Köln, etc.: Carl Heymanns.

Elvert, Jürgen (1999): *Mitteleuropa! Deutsche Pläne zur europäischen Neuordnung (1918-1945).* Stuttgart: Steiner.

von Engel (1919): „Rechtseinheit. Ein Beitrag zum Anschlusse Deutsch-Oesterreichs an Deutschland." *DJZ.* 24: Sp.34–38.

Evans, Richard J. (2001): *Rituale der Vergeltung. Die Todesstrafe in der deutschen Geschichte 1532-1987.* Berlin etc.: Kindler und Hamburger Edition.

Festl-Wietek, Wolfgang (1989): *Die deutsch-österreichische Rechtsangleichung.* Hagen: Diss.

Finger, August (1917): „Einheitliches mitteleuropäisches Strafrecht". *ZStW.* 38:319–334.

Finger, August/Oetker, Friedrich (1915): „Mitteilung". *Der Gerichtssaal.* 83:44.

Fischer, Fritz (1967): *Griff nach der Weltmacht. Die Kriegszielpolitik des kaiserlichen Deutschland 1914/18.* Düsseldorf: Droste.

Frank, Felix: „Strafrechtsangleichung". *DJZ.* 29: Sp.485–487.

Gadebusch Bondio, Mariacarla (1995): *Die Rezeption der kriminalanthropologischen Theorien von Cesare Lombroso in Deutschland.* Husum: Matthiesen.

Garscha, Winfried R. (1984): *Die deutsch-österreichische Arbeitsgemeinschaft.* Wien/ Salzburg: Geyer.

Gleispach, [Wenzeslaus] Graf (1916): „Strafrechtsvereinheitlichung in Deutschland und Österreich-Ungarn". *DStZ.* 3: Sp. 107–117.

Gleispach, [Wenzeslaus Graf] (1921): „Die Rechtsangleichung zwischen Deutschland und Österreich". *DJZ.* 26: 574–580.

Goldschmidt, James (1917): „Zur mitteleuropäischen Strafrechtsvereinheitlichung". *ZStW.* 38:417–436.

Hachenburg, [Max] (1916): „Juristische Rundschau". *DJZ.* 21: Sp. 505–509.

Hachenburg, [Max] (1919): „Juristische Rundschau". *DJZ.* 24: Sp. 572–577.

Hankel, Gerd (2003): *Die Leipziger Prozesse. Deutsche Kriegsverbrechen und ihre strafrechtliche Verfolgung nach dem Ersten Weltkrieg.* Hamburg: Hamburger Edition.

Hentig, Hans von (1915): „Zur Frage der internationalen Förderung des Strafrechts". *ZStW.* 36:499f.

Hillgruber, Andreas (1988): „Das ‚Anschluß'-Problem (1918-1945) aus deutscher Sicht". In: Ders. (1988): *Die Zerstörung Europas. Beiträge zur Weltkriegsepoche 1914 bis 1945.* Frankfurt/M./Berlin: Propyläen. 121–136.

Hoegel, [Hugo] (1916): „Zur Frage der Strafrechtsannäherung". *DJZ.* 21: Sp. 1020–1023.

Jansen, Sarah (2003): *Schädlinge. Geschichte eines wissenschaftlichen und politischen Konstrukts 1840-1920.* Frankfurt/M.: Campus.

Kahl, Wilhelm (1916): „Strafrechtseinheit in Österreich-Ungarn und im Deutschen Reiche". *DStZ.* 3: Sp. 275–285.

Karitzky, Holger (2002): *Eduard Kohlrausch - Kriminalpolitik in vier Systemen. Eine strafrechtshistorische Biographie.* Berlin: Berlin-Verlag Spitz.

Kitzinger, Friedrich (1905): *Die Internationale Kriminalistische Vereinigung. Betrachtungen über ihr Wesen und ihre bisherige Wirksamkeit.* München: Beck.

Kronecker (1903): „Beitrag". In: Schriftführer-Amt der ständigen Deputation (Hrsg.) (1903): *Verhandlungen des sechsundzwanzigsten Deutschen Juristentages.* Dritter Band (Verhandlungen). Berlin: J. Guttentag, 240.

Le Rider, Jacques (1994*): Mittel-Europa. Auf den Spuren eines Begriffes. Essay.* Wien: Deuticke.

Levitt, Albert (1929): „A Proposed Code of International Criminal Law." *Revue international du droit pénal.* 6:18–32.

Liszt, Franz von (1882 a): „Der Zweckgedanke im Strafrecht. Marburger Universitätsprogramm 1882". In: Ders. (1905). 126–179.

Liszt, Franz von (1882 b): „Sind gleiche Grundsätze des internationalen Strafrechts für die europäischen Staaten anzustreben? und eventuell welche?" In: Schriftführer-Amt der ständigen Deputation (Hrsg.) (1882): *Verhandlungen des sechzehnten Deutschen Juristentages.* Erster Band. Berlin: J. Guttentag. 1–32, wieder abgedruckt und hier zitiert nach: *ZStW.* 2: 50–81.

Liszt, Franz von (1894): „Zur Einführung. Rückblick und Zukunftspläne". In: Ders. (Hrsg.): *Das Strafrecht der Staaten Europas. Im Auftrage der Internationalen Kriminalistischen Vereinigung*. Berlin: Otto Liebmann.

Liszt, Franz von (1902): „Gutachten über die Frage: Nach welchen Grundsätzen ist die Revision des Strafgesetzbuchs in Aussicht zu nehmen?" In: Schriftführer-Amt der ständigen Deputation (Hrsg.) (1902): *Verhandlungen des sechsundzwanzigsten Deutschen Juristentages*. Erster Band (Gutachten). Berlin: J. Guttentag. 261f.

Liszt, Franz von (1905): *Strafrechtliche Aufsätze und Vorträge. Erster Band. 1875 bis 1891*. Berlin: de Gruyter.

Liszt, Franz von (1914): *Ein mitteleuropäischer Staatenverband als nächstes Ziel der deutschen auswärtigen Politik*. Leipzig: S. Hirzel.

Liszt, Franz von (1917): „Einheitliches mitteleuropäisches Strafrecht". *ZStW*. 38:1–20.

Máthé, Gábor/Ogris, Werner (Hrsg.) (1996): *Die Entwicklung der österreichisch-ungarischen Strafrechtskodifikation im XIX-XX. Jahrhundert*. Budapest: Unió.

von Mayenburg, David (erscheint 2006): *Kriminologie und Strafrecht zwischen Kaiserreich und Nationalsozialismus. Hans von Hentig (1887-1974)*. Baden-Baden: Nomos.

Meyer, Henry Cord (1955): *Mitteleuropa in German Thought and Action 1815-1945*. Den Haag: Nijhoff.

Michaels, Ralf (2004): [Rezension zu]: Faure, Michael et. al. (eds.): Towards a European Ius Commune in Legal Education and Research. Groningen 2002. *ZEuP*. 11: 874–877.

Mittermaier, Wolfgang (1917): „Einheitliches mitteleuropäisches Strafrecht". *ZStW*. 38:347–355.

Mommsen, Wolfgang J. (2004): „Die Mitteleuropaidee und die Mitteleuropaplanungen im Deutschen Reich vor und während des Ersten Weltkrieges". In: Ders. (2004): *Der Erste Weltkrieg. Anfang vom Ende des bürgerlichen Zeitalters*. Frankfurt/M.: Fischer. 94–117.

Müller, Achim (2001): *Zwischen Annäherung und Abgrenzung. Österreich-Ungarn und die Diskussion um Mitteleuropa im Ersten Weltkrieg*. Marburg: Tectum.

Müller, Christian (2004): *Verbrechensbekämpfung im Anstaltsstaat. Psychiatrie, Kriminologie und Strafrechtsreform in Deutschland 1871-1933*. Göttingen: Vandenhoeck & Ruprecht.

Nelken, David (2003): "Towards a Sociology of Legal Adaptation?". In: Ders./Feest, Johannes (eds.) (2003): *Adapting Legal Cultures*. Oxford/ Portland: Hart Publishing. 7–54.

Ofner, Julius (1920): „Vereinigung im Rechtsdenken". *JW*. 49:11–13.

o.V. (1916 a): „Festsitzung der Berliner Juristischen Gesellschaft". *DJZ*. 21: Sp. 517–519.

o.V. (1916 b): „Deutsch-österreichisch-ungarische Juristen, vereinigt Euch!". *DJZ*. 21: Sp. 208f.

o.V. (1917): „Die Rechtsannäherung im Strafrecht Deutschlands und Österreich-Ungarns". *DStZ*. 4: Sp. 431f.

o.V. (1920): „Internationale Verbrechensbekämpfung". *DStZ*. 7: Sp. 241f.

o.V. (1922): *Österreichischer Gegenentwurf zu dem Allgemeinen Teil des ersten Buches des deutschen Strafgesetzentwurfes vom Jahre 1919*. Wien: Staatsdruckerei.

o.V. (1925): „Die internationale Gefängniskommission". *DJZ*. 29: Sp. 794.

o.V. (1929): „Statut du bureau international pour l'unification du droit pénal." *Revue international du droit pénal* 6:6–11.

Palitzsch, [F. Johannes] (1926): *Die Bekämpfung des internationalen Verbrechertums*. Hamburg: Meissner.

Polaschek, Martin F. (1992): *Die Rechtsentwicklung in der Ersten Republik. Die Gesetzgebung im Verfassungs- und Strafrecht 1918-1933*. Graz: Diss.

Polaschek, Martin F. (1996): „Historische Determinanten eines gemeinsamen europäischen Strafrechts". In: Terlitza, Ulfried et al. (Hrsg.) (1996): *Die internationale Dimension des Rechts. Festschrift für Willibald Posch zum 50. Geburtstag*. Wien: Verlag Österreich. 261–285.

Rath, Christian (2005): „Zungenküsse werden Rechtsproblem". *taz*. Nr. 7640, 15.4.2005:6.

Reichsjustizministerium (Hrsg.) (1925): *Amtlicher Entwurf eines Allgemeinen Deutschen Strafgesetzbuchs nebst Begründung*. Zwei Teile. Berlin: de Gruyter.

Schausberger, Norbert (1978): *Der Griff nach Österreich. Der Anschluß*. Wien/München: Jugend und Volk.

Schiffer (1916): „Mitteleuropäische Rechtsannäherung". *DJZ*. 21: Sp. 457–465.

Schmidt, Eberhard (1995): *Einführung in die Geschichte der deutschen Strafrechtspflege*. 2. Nachdruck der 3. Auflage. Göttingen: Vandenhoeck & Ruprecht.

Schubert, Werner (Hrsg.) (1995): *Protokolle der Strafrechtsausschüsse des Reichstags. 1. Teil. Sitzungen vom Juli 1927 – März 1928. Sitzungen der deutschen und österreichischen parlamentarischen Strafrechtskonferenzen (1927-1930)* (= Quellen zur Reform des Straf- und Strafprozeßrechts, I. Abteilung, Weimarer Republik (1918-1932), Bd. 3). Berlin/New York: de Gruyter.

Seitz, Helmut (2004): „Das Europäische Haftbefehlsgesetz". *NStZ*. 24:546–549.

Sieber, Ulrich (1998): „Auf dem Weg zu einem europäischen Strafrecht - Einführung zum Corpus Juris der strafrechtlichen Regelungen zum Schutz der finanziellen Interessen der EU." In: Delmas-Marty (1998). 1–10.

Slapnicka, Helmut (1973): *Österreichs Recht außerhalb Österreichs. Der Untergang des österreichischen Rechtsraums*. München: Oldenbourg.

Stirk, Peter (Hrsg.) (1994): *Mitteleuropa. History and Prospects.* Edinburgh: Edinburgh University Press.

Vámbéry, Rustem (1916): „Zur Vereinheitlichung des Strafrechts. Ein Widerhall aus Ungarn". *DStZ.* 3: Sp. 195–201.

Watson, Alan (1993): *Legal Transplants. An Approach to Comparative Law.* Athens/London: The University of Georgia Press.

Weber, [Hellmuth von] (1931): *Aufgaben der deutsch-österreichischen Strafrechtsvereinheitlichung. Ein Vortrag.* Leipzig: Noske.

Weber, H[ellmuth] von (1934): *Internationale Strafgerichtsbarkeit.* Berlin/Bonn: Dümmler.

Weimer, Christian (1992): *"Mitteleuropa" als politisches Ordnungskonzept? Darstellung und Analyse der historischen Ideen und Pläne sowie der aktuellen Diskussionsmodelle.* Regensburg: Diss.

Wetzell, Richard (1991): *Criminal Law Reform in Imperial Germany.* Stanford: Diss.

Wetzell, Richard (2000): *Inventing the Criminal.* Chapel Hill/London: The University of North Carolina Press.

Unfreiheit in Ostelbien

oder:

Schufen Juristen die „zweite Leibeigenschaft"?

Marion Wiese, Münster

East of the Elbe river, peasants emerged from the agrarian crisis of the late Middle ages under new forms of seigniorial control. In the course of the sixteenth century, this control was consolidated in a system that German scholars call Gutsherrschaft, marked by large estates, a strong nobility and a servile peasantry. The peasants sank into a condition little better than that of Roman slaves.
This deterioration was not at first in any way due to the jurists or the Roman law, but by the time the deterioration was largely accomplished, there appeared Roman jurists who recklessly applied the Roman law of slavery to these poor east-Elbian peasants.
On the other hand, jurists like David Mevius tried to co-ordinate and harmonize German and Roman principles, even modifying Roman principles to make them accord better with existing German institutions and pointing out that German unfree peasants are like slaves in a certain few respects but are more like freedmen.
The example of the "usucapio libertatis" illustrates the fatal consequences which the choice between these two concepts of the Reception of the Roman law of slavery had for the German serf.

Wie aber der mehrertheil derer, so den Titul eines Rechtsgelahrten sich anmassen der Unarth ist, daß wann sie von denen Dingen und Gewohnheiten, so in Teutschland sich heutiges Tages begeben urtheilen sollen, auff des Römischen Reichs vor alters gemachete Satzungen und Ordnungen alleine sehen, dabey aber vergessen, daß die Zeite, und mit denenselben alle Dinge veränderlich seyn, darumb zum offtern weit verfehlen und sich stossen, so geschiehet daßelbe auch in dieser materie, so die Bawrsleute, die man zu diesen Zeiten findet, angehet, denen viele alles ohne Unterscheid, was man in iure veteri Romano von den Agricolis, colonis Ascriptitiis, Rusticanis und dergleichen Leuten lieset, appliceren und darnach ihre Meynung richten; Die sie doch zuerst die jenigen, so an sich ganz unterschiedener condition gewesen, confunderen und wann was von iedem gesetzet, allein auff heutige Bawrsleute sol gezogen seyn, ihre Unwissenheit an den Tag geben, darneben durch die übelzustimmende application zu vielen Weitläufftigkeiten, Irthumb und schädlichen opinionen Anlaß geben.[1]

[1] David Mevius, Ein kurtzes Bedencken über die Fragen so von dem Zustand, Abforderung und verwiederter Abfolge der Bawrsleute, zu welchen jemand Zuspruch zu haben vermeynet, bey jetzigen Zeiten entstehen und vorkommen, 2. Auflage, Stralsund 1656, 1. Hauptfrage, n. 2–3.

Mit diesen Worten beklagt sich David Mevius über die Art und Weise, in der seine Zeitgenossen das römische Recht bedenkenlos auf die bäuerlichen Lebensverhältnisse seiner Zeit anwandten.
Welches aber waren die „Weitläufftigkeiten, Irthumb und schädlichen opinionen", die die Anwendung des römischen Rechts den Bauern seiner Zeit antat?

1. Teil: Die agrarischen Verhältnisse in Ostelbien

Der zitierte Stoßseufzer ist Teil eines Gutachtens, das David Mevius im Jahre 1645 in Stralsund verfasste, also zu einer Zeit, in der sich der 30jährige Krieg gerade seinem Ende zuneigte. Die ländlichen Verhältnisse waren in dieser Zeit in einem Umbruch begriffen.

A. Leibeigenschaft – Dienstpflicht – Leibeigenschaft

In den altdeutschen, westlich der Elbe gelegenen Gebieten hatte während des längsten Teils des Mittelalters eine große Bevölkerungsschicht von Unfreien existiert, die rechtlos waren.[2] Deren Stellung hatte sich zwischen dem 12. Jahrhundert und dem Beginn der Neuzeit stark verbessert, so dass die ehemals Unfreien persönliche Rechte gewannen und nur noch Dienste insbesondere für die Überlassung von Grund und Boden zu leisten hatten. [3] Begünstigt hatte diese Verbesserung die starke Stellung der deutschen Städte,[4] daneben aber auch der Umstand, dass man Bauern zur Besiedlung der ostelbischen Gebiete gewinnen wollte und dies nur durch die Zusage günstigerer Lebensbedingungen als in ihrer Heimat erreichen konnte.[5]

Schon zu Beginn der Neuzeit erfuhr diese positive Entwicklung der bäuerlichen Rechte insbesondere in den kolonisierten ostelbischen Gebieten jedoch eine Kehrtwende hin zu einem Zustand, der in der Forschung als „Gutsherrschaft" bezeichnet wird.[6]

---

[2] RÖSENER, Bauern im Mittelalter, 4. Auflage, München 1991, S. 214 f.

[3] RÖSENER, Bauern im Mittelalter, S. 214 ff., 223, 226; SUGENHEIM, Geschichte der Aufhebung der Leibeigenschaft und Hörigkeit in Europa bis um die Mitte des 19. Jahrhunderts, Neudruck der Ausgabe Sankt Petersburg 1861, Aalen 1966, S. 350.

[4] RÖSENER, Bauern im Mittelalter, S. 223; SUGENHEIM, S. 351; BADER/DILCHER, Deutsche Rechtsgeschichte. Land und Stadt – Bürger und Bauern im Alten Europa, Berlin, Heidelberg 1999, S. 355 f.

[5] SUGENHEIM, S. 354 f.; RÖSENER, Die Bauern in der europäischen Geschichte, München 1993, S. 139; KORN, Geschichte der Bäuerlichen Rechtsverhältnisse in der Mark Brandenburg von der Zeit der deutschen Kolonisation bis zur Regierung des Königs Friedrich I., in: ZRG (GA) 11 (1873), S. 1; CHRISTOPH SCHMIDT, Leibeigenschaft im Ostseeraum. Versuch einer Typologie, Köln, Weimar, Wien 1997, S. 24 f.

[6] MELTON, *Gutsherrschaft* in East Elbian Germany and Livonia, 1500-1800: A Critique of the Model, in: Central European History 21, Atlanta 1988, S. 317, 320; RÖSENER, Die Bauern

Wichtigstes Charakteristikum der bis zum Beginn des 19. Jahrhunderts mit seiner Bauernbefreiung bestehenden Gutsherrschaft war die außerordentlich weitgehende, rechtlich sanktionierte Herrschaft des Gutsherrn über die in seinem Gutsbezirk ansässigen Bauern und über den von diesen bewirtschafteten Boden.[7] Der Herr war Grundherr und Gerichtsherr in einer Person und forderte daher nicht nur ungemessene Dienste und Abgaben von den Bauern,[8] sondern saß zudem im Namen des Landesherrn über sie zu Gericht.[9] Zugleich konnte er die Bauern unter Aberkennung jedes Rechts an dem Boden von ihren Ländereien vertreiben, sie andererseits umgehend zurückfordern, wenn sie sich unerlaubt von seinem Land entfernt hatten.[10]

Aufgrund ihrer Parallelen zu der gerade überwundenen mittelalterlichen Unfreiheit bezeichnete gerade die marxistische Geschichtswissenschaft diese Lebensform der bäuerlichen Bevölkerung als „zweite Leibeigenschaft".[11] Zu dem erneuten Versinken der Bauern in einer unfreien Lage trugen viele Faktoren bei. Von besonderer Auswirkung war der Umstand, dass die Landesherrschaft gerade in den Gebieten östlich der Elbe wie etwa Mecklenburg im Mächtespiel mit den adeligen Grundbesitzern des Landes Schwäche (insbesondere finanzielle Schwäche) zeigte und immer mehr Rechte an den Adel abtreten musste.[12]
Zu diesen Rechten gehörte zuvorderst die Gerichtsherrschaft, die etwa in Mecklenburg stufenweise an die adeligen Grundbesitzer abgegeben wurde. Zunächst war dem Grundherrn nur die Rechtsprechungsgewalt im Bereich des Zivilrechts und der leichteren Delikte im Lehnsvertrag übertragen

---

in der europäischen Geschichte, S. 137; V.BELOW, Der Osten und der Westen Deutschlands, in: Territorium und Stadt – Aufsätze zur deutschen Verfassungs- Verwaltungs- und Wirtschaftsgeschichte, 2. Auflage, München 1923, S. 1 ff.

[7] RÖSENER, Bauern im Mittelalter, S. 271; KNOTHE, Zur Entwicklung des Rechts der Grundherrschaft im deutschen Ostseeraum im Spiegel von Mevius' Abhandlung über die „Bauers-Leute", in: Jörn Eckert, Kjell A. Modéer (Hrsg.), Geschichte und Perspektiven des Rechts im Ostseeraum, Frankfurt a.M. u.a. 2001, S. 237.

[8] RÖSENER, Die Bauern in der europäischen Geschichte, S. 140.

[9] RÖSENER, Die Bauern in der europäischen Geschichte, S. 137; KNAPP, Über Leibeigenschaft in Deutschland seit dem Ausgang des Mittelalters, ZRG (GA) 19 (1898), S. 16, 35.

[10] RÖSENER, Die Bauern in der europäischen Geschichte, S. 140; KORN, S. 41.

[11] RÖSENER, Bauern im Mittelalter, S. 226 f.; HEITZ, Zum Charakter der „zweiten Leibeigenschaft" in: Zeitschrift für Geschichtswissenschaft 20 (1972), S. 25 ff.

[12] KORN, S.13 ff.; ENDERS, Von der Freiheit zur Leibeigenschaft. Pervertierung in der frühneuzeitlichen Mark Brandenburg, in: Jan Klußmann (Hrsg.), Leibeigenschaft – Bäuerliche Unfreiheit in der frühen Neuzeit, Köln Weimar Wien 2003, S. 61 f.; RÖSENER, Die Bauern in der europäischen Geschichte, S. 145; LÜTGE, Geschichte der deutschen Agrarverfassung vom frühen Mittelalter bis zum 19. Jahrhundert, in: Günther Franz (Hrsg.), Deutsche Agrargeschichte, Band III, Stuttgart 1963, S. 115.

worden.[13] Das hohe Gericht, das über Schwerkriminalität Recht sprach, den „Blutbann" verhängen und Urteile über „Hals und Hand" sprechen konnte, oblag noch dem landesherrlichen Vogt. Gerade diese Gerichtsherrschaft aber war die von den Grundherren am meisten begehrte, da verhängte Strafen durch Geldzahlungen abgelöst werden konnten und zudem der Gerichtsherr über die ungemessenen öffentlich-rechtlichen Dienste seiner Untertanen und damit über ein sehr weitreichendes Recht verfügte.[14] Bis zur Mitte des 14. Jahrhunderts kam eine Übertragung der Hochgerichtsbarkeit durch die mecklenburgischen Landesherrn an Grundherren nur sehr selten vor, wurde aber bis Mitte des 15. Jahrhunderts zur Regel.[15]

B. Gerichte im Spannungsfeld der Interessen

Ein Faktor, der die Stellung der Bauern noch einmal schwächte, war der 30jährige Krieg.[16] In den am schlimmsten betroffenen[17] norddeutschen Gebieten war die Bevölkerung von plündernden Kriegshorden immer wieder mit brutaler Gewalt und Rücksichtslosigkeit ausgepresst worden. Diese Opfer und das Wüten der Pest führten dazu, dass Brandenburg, Pommern und Mecklenburg bis zu 80 Prozent ihrer Bevölkerung verloren.[18] In Mecklenburg als einer

---

[13] MAGER, Geschichte des Bauerntums und der Bodenkultur im Lande Mecklenburg, Berlin 1955, S. 68.

[14] RÖSENER, Agrarwirtschaft, Agrarverfassung und ländliche Gesellschaft im Mittelalter, München 1992, S. 109 f.; MAGER, S. 68.

[15] CHRISTOPH SCHMIDT, S. 26. In den westelbischen Gebieten dagegen hatte ein Untertan in der Regel mit mehreren Herren in unterschiedlichen Funktionen zu tun, so dass etwa Leib- und Gerichtsherrschaft durchaus nicht stets in einer Hand lagen (NEUGEBAUER, Die Leibeigenschaft in der Mark Brandenburg. Eine Enquête in der Kurmark des Jahres 1718, in: Friedrich Beck, Klaus Neitmann (Hrsg.), Brandenburgische Landesgeschichte und Archivwissenschaft. Festschrift für Lieselott Enders zum 70. Geburtstag, Weimar 1997, S. 226). Es vereinte in diesen Gebieten daher kaum einmal eine Person eine derartige Machtfülle über untertänige Bauern, wie dies in den ostelbischen Gebieten regelmäßig der Fall war.

[16] MÜNCH, Die Folgen des Dreißigjährigen Krieges für Mecklenburg, in: Horst Wernicke, Hans-Joachim Hacker (Hrsg.), Der Westfälische Frieden von 1648 – Wende in der Geschichte des Ostseeraums, Hamburg 2001, S. 279; HAGEN, Die brandenburgischen und großpolnischen Bauern im Zeitalter der Gutsherrschaft 1400-1800. Ansätze zu einer vergleichenden Analyse, in: Jan Peters (Hrsg.), Gutsherrschaften im europäischen Vergleich, Berlin 1997, S. 23; RÖSENER, Die Bauern in der europäischen Geschichte, S. 148; SCHLEINERT, Personenrechtliche Abhängigkeitsverhältnisse im Herzogtum Pommern-Wolgast zwischen Reformation und Dreißigjährigem Krieg, in: Jan Klußmann (Hrsg.), Leibeigenschaft – Bäuerliche Unfreiheit in der frühen Neuzeit, Köln Weimar Wien 2003, S. 30.

[17] MÜNCH, S. 279.

[18] LÜTGE, S. 124; BRANIG, Geschichte Pommerns, Teil I: Vom Werden des neuzeitlichen Staates bis zum Verlust der staatlichen Selbständigkeit, Köln, Weimar, Wien 1997, S. 186.

der am schwersten getroffenen Regionen waren die meisten Dörfer niedergebrannt worden und der Großteil der Bauern war umgekommen oder geflohen.[19]
Diese Lage führte dazu, dass die Großgrundbesitzer in Ostelbien, als sie nach Ende der Kriegshandlungen die Wirtschaft auf ihren Gütern wieder aufnehmen wollten, nicht die hierzu nötigen Bauern vorfanden.[20] Folge war, dass diese Grundbesitzer vor den Gerichten Prozesse anstrengten, um Bauern, die ihnen angeblich vor dem Krieg gedient hatten, zurückzufordern.[21] Beklagte dieser Prozesse waren entweder Städte, in die die Bauern geflohen waren, oder andere Grundherren, für die die Geflohenen jetzt arbeiteten. Angesichts einer Überschwemmung der Gerichte mit derartigen Prozessen[22] sah sich David Mevius veranlasst, ein Gutachten zu der Frage zu verfassen, in welchen Konstellationen ein Bauer in einem solchen Prozess erfolgreich zurückgefordert werden kann.

C. Einflussmöglichkeiten des römischen Rechts

Rechtsgrundlage dieser Klagen war die *rei vindicatio*[23], d.h. die Grundeigentümer machten geltend, es handele sich bei den geflohenen Bauern um ihr Eigentum, das sie nun von unrechtmäßigen Besitzern zurückverlangen könnten.[24]
Schon die Wahl dieser Anspruchsgrundlage lässt ahnen, welche gravierenden Folgen die Anwendung römischen Rechts für die Bauern der frühen Neuzeit haben konnte, die die harsche Kritik des David Mevius an seinen Kollegen rechtfertigen: gab der Richter einer auf die *rei vindicatio* gestützten Klage statt, erklärte er den betroffenen Bauern zum Eigentum des Klägers, bestätigte also dessen *Leib"eigen"schaft* und rückte ihn in die Nähe des römischen Sklaven, der ebenfalls Eigentum seines Herrn war. Das römische Recht war also prinzipiell

---

[19] NICHTWEISS, Das Bauernlegen in Mecklenburg – Eine Untersuchung zur Geschichte der Bauernschaft und der zweiten Leibeigenschaft in Mecklenburg bis zum Beginn des 19. Jahrhunderts, Berlin 1954, S. 62.

[20] KNOTHE, S. 257.

[21] Mevius, Einleitung zu seinem Gutachten „Ein kurtzes Bedencken"; KNOTHE, S. 257.

[22] Mevius, Einleitung zu seinem Gutachten „Ein kurtzes Bedencken": „*Welches das publicum, cum ex litium multitudine, tum ex neglectu Agriculturae, zugleich nicht wenig empfindet, und besorglich hinführo, wann deroglechen processus erweitert, und gar ordinarii würden, man mit mehren Schaden in publicis & privatis vermercken dürffte.*"

[23] Mevius, 1. Hauptfrage, n.12: „*Dann im fall der abgewichene Bawer sich bey andern bereits zu Dienst und Pflichten wiederumb nieder gelassen, und derselbe sich dessen als des seinigen annimmt, dienet zur Abforderung zu erst das genus actionis quod rei vindicationem vocamus*".

[24] Mevius, 1. Hauptfrage, n.14: „*ist von nöthen, daß von Seiten des vindicerenden Theils das dominium oder Eigenthumsrecht an der vindicerten Persone angezogen und bewiesen werde, an Seiten dessen aber so belanget wird befindlich sey, daß er possessor vel quasi deroselben oder dafür rechtlich zuachten.*"

dazu geeignet, die Lage der bäuerlichen Bevölkerung der frühen Neuzeit drastisch zu verschlechtern.
Als Beispiel für einen Juristen, der in der von Mevius kritisierten Weise das römische Recht pauschal auf die Bauern seiner Zeit anwenden wollte, soll Johann Friedrich Husanus, Sohn des mecklenburgischen Kanzlers Heinrich Husanus, dienen. Er schreibt in seinem erstmals im Jahre 1590 erschienenen Traktat „Über Sklaven, leibeigene Menschen und Knechte“, dass alles, was in den Gesetzen über Sklaven verordnet ist, mit Fug und Recht auf die Bauern seiner Zeit übertragen werden könne, solange es mit dem zeitgenössischen Gerichtsbrauch übereinstimme.[25] Für Husanus erscheint die Leibeigenschaft also lediglich als „jüngere Variante“ der römischen Sklaverei:

Servitutem, moderatam quidem illam, et minus asperam, sed tamen vetustae magna ex parte similem, non discessisse ab usu, ac ne posse quidem, si status Reipublicae salvus esse debeat.[26]

David Mevius hingegen stellt schon zu Beginn seiner oben genannten Abhandlung fest, dass die Bauern sich mit keiner Art der dienstbaren Leute vergleichen ließen, von denen die römischen Rechte befänden:

Darumb wer genowest dero heutigen statum betrachtet, wird befinden, daß sie sich überalle mit keiner art derer dienstbaren Leute, davon die Römischen Rechte gedencken, eigentlich vergleichen lassen.[27]

Er will daher, wie er mehrfach betont, die Umstände seiner Zeit jeder rechtlichen Ausgestaltung der Leibeigenschaft zugrunde legen und an diesen zeitgenössischen Zuständen messen, welche Vorschriften des römischen Rechts sich ohne gewaltsame Umgestaltung der bestehenden Verhältnisse anwenden lassen, und welche nicht:

Angesehen dabey ein jedweders Land und territorium seine eigene Weisen, Gewonheiten und Gebräuche hat. (…) Darumb dieselbe wol erforschen und beleuchten muß, wer von der Bawren Zustand, Gebühr und Rechten urtheilen will.[28]

Die Spannbreite, die sich zwischen diesen beiden Äußerungen findet – zwischen einer Grundsatzentscheidung zu Lasten der Bauern bei Husanus und einer differenzierenden Einzelbetrachtung im Interesse der Leibeigenen bei

[25] Friedrich Husanus, Tractatus de servis seu hominibus propriis, 4. Auflage, Gießen 1663, 2. Kapitel, n. 37 : "*omnia quae in iure sancita sunt de servis, ea si foro nostro moribusque conveniant, transferri ad rusticos nostros recte possint*".
[26] Husanus, 2. Kapitel, n. 2.
[27] Mevius, 1. Hauptfrage, n. 26.
[28] Mevius, 1. Hauptfrage, n. 29 f.

Mevius – belegt den Ermessensspielraum des Juristen bei der Beschäftigung mit der Frage der Leibeigenschaft.
Gleichzeitig belegt sie die Neutralität des römischen Rechts innerhalb dieses Spannungsfeldes: die Vorgehensweise von David Mevius, der sich in seinem Werk in den meisten Fällen auf Regelungen des römischen Rechts stützt, belegt, dass eine Anwendung römischen Rechts nicht zwingend zu einer Verschlechterung der Lage der Bauern führen musste. Denn das römische Recht stellte nicht nur das Sklavenrecht zur Verfügung, sondern auch die mit sehr viel weniger Beschränkungen für die Betroffenen einhergehenden Konstruktionen etwa des Kolonen- oder Freigelassenenrechts – ganz zu schweigen von den für die freien Bürger geltenden Normen.
Je nachdem, in welchem Maße sich der frühneuzeitliche Jurist bei diesen einzelnen Teilgebieten für Werk oder Praxis bediente, hatte er es in der Hand, durch die Rezeption des römischen Rechts die Lage der Bauern seiner Zeit zu verschlimmern, in dem durch die tatsächlichen Verhältnisse vorgegebenen Zustand zu belassen oder gar zu verbessern.

2. Teil: Die Ersitzung der Freiheit

Als Beispiel für eine materiellrechtliche Frage, in der das römische Recht besonders deutlich zu Gunsten oder zu Lasten der Bauern gebraucht oder missbraucht werden konnte, soll die Frage der Ersitzung der Freiheit durch den leibeigenen Bauern dienen.
Dieses Problem bildet einen der Kernpunkte des Gutachtens des David Mevius, da es nach seiner Aussage in der Praxis eine große Rolle spielte und gleichzeitig einen besonders deutlichen Einschnitt in die Rechte des Herrn oder des Bauern bedeutete.[29] Gleichzeitig ist die Art und Weise, in der sich etwa Husanus und Mevius mit dieser Frage beschäftigen, geradezu programmatisch für die grundsätzliche Tendenz beider Autoren.

1. Ersitzung – Verjährung nach römischem Recht

Das römische Recht der Ersitzung gestaltete Justinian im Corpus Iuris umfassend um. Ursprünglich hatte die *usucapio* mit einer Ersitzungszeit von zwei Jahren bei italischem Land und einem Jahr bei beweglichen Sachen[30] neben der *longi temporis praescriptio* existiert, die Provinzialgrundstücke und Mobilien in Provinzen erfasste und eine Ersitzungszeit von zehn Jahren *inter praesentes* und

[29] Mevius, 3. Hauptfrage, n. 134.
[30] KASER, Das Römische Privatrecht, Erster Abschnitt: Das altrömische, das vorklassische und klassische Recht, 2. Auflage, München 1971, S. 354; LEVY, Die nachklassische Ersitzung, in: Bullettino dell'Istituto di diritto Romano Vittorio Scialoja, Band 10/11, Mailand 1948, S. 352.

zwanzig Jahren *inter absentes* vorsah.[31] Nur die *longi temporis praescriptio* hatte dabei ein *iustum initium possessionis* gefordert sowie die Ungestörtheit des Besitzes während der Ersitzungszeit.[32]
Justinian verschmilzt *usucapio* und *longi temporis praescriptio* in C. 7, 31, 1 zu einer einzigen Institution mit dem Argument, daß das Nebeneinander von *usucapio* für italischen Grundbesitz und *longi temporis praescriptio* für nicht-italischen Boden zu einer Schlechterbehandlung der Eigentümer italischen Landes geführt habe, die unterbunden werden müsse.[33] Danach erfordert die *usucapio* beweglicher Sachen eine dreijährige Frist, *bona fides* und *iusta causa.* Die neu geschaffene *longi temporis praescriptio* bei italischen und Provinzgrundstücken verlangt eine Ersitzungsdauer von 10 Jahren *inter praesentes*, von 20 Jahren *inter absentes*, zudem ebenfalls *bona fides* und *iusta causa.* Daneben schafft Justinian in C. 7, 39, 3 eine subsidiäre 30jährige Verjährungsfrist (*longissimi temporis praescriptio)* für sämtliche dingliche und persönliche Klagen, die nicht früher erhoben wurden. Eine noch einmal subsidiäre, 40jährige Verjährungsfrist erfasst gemäß C. 7, 39, 4 jeden Vertrag und jede Klage, die nicht ausdrücklich unter die bereits vorhandenen Verjährungsfristen fallen. Beide subsidiären Formen fordern zwar keinen gültigen Titel, jedoch die *bona fides* des Besitzers.

Die Ersitzung der Freiheit war Gegenstand mehrerer Spezialregelungen, die im Reformwerk Justinians neben den allgemeinen Regelungen der *usucapio – praescriptio* Platz fanden.
Ursprünglich konnte ein Sklave gemäß C.Th. 4, 8, 9 aus dem Jahre 393 die Freiheit nach 20 Jahren ersitzen, wenn er diesen Zeitraum über in Freiheit gelebt hatte. Justinian erkennt diese Ersitzung der Freiheit durch den Gutgläubi-

[31] NÖRR, Die Entstehung der longi temporis praescriptio. Studien zum Einfluß der Zeit im Recht und zur Rechtspolitik in der Kaiserzeit, Köln 1969, S. 76 ff.
[32] NÖRR, S. 85, 90.
[33] Jedenfalls auf die Arbeit der Juristen unter Justinian ist die in C. 7, 31 und C. 7, 33 niedergelegte Neufassung der Institution *usucapio – praescriptio* in schriftlicher Form zurückzuführen. Er schuf damit eine neue Form dieser Einrichtung, die für die Juristen späterer Jahrhunderte, wie etwa zur Zeit des David Mevius, die überlieferte und gültige einzige Version war. Unabhängig hiervon ist die Frage, ob die von Justinian behaupteten Missstände tatsächlich noch im 6. Jh. existierten, was voraussetzt, dass auch das klassische Ersitzungsrecht bis in diese Zeit fortgegolten haben müsste. Dies wird etwa von LEVY (Die nachklassische Ersitzung, S.354 f.) bezweifelt, der davon ausgeht, dass sich bereits zu dieser Zeit ein vom klassischen Recht weit entferntes Gewohnheitsrecht gebildet hatte. Diese These stützt er mit dem einleuchtenden Argument, dass die von Justinian in C. 7, 31 beklagte Schlechterbehandlung italischen Bodens durch das klassische römische Recht von seiner Seite keinesfalls hätte abgeschafft werden können, da in Italien etwa bis ins Jahr 535 der König der Ostgoten die Gesetzgebungsgewalt faktisch ausübte.

gen nach 20 Jahren in C. 7, 22, 2 an. Gleichzeitig legt er fest, dass keine Ersitzung zu Gunsten Bösgläubiger (z.B. Flüchtiger) stattfindet.
Für Kolonen galten zunächst Sonderregelungen gemäß C.Th. 5, 18, 1 pr, § 3 (a. 419) und Nov. Val. 27, 6 (a. 449), wonach Kolone und Kolonin ihre Freiheit ersitzen, wenn sie 30 bzw. 20 Jahre als Freie gelebt oder in fremdem Besitz gestanden haben. Justinian hob die Ersitzung der Freiheit durch den inzwischen als Freier lebenden Kolonen gänzlich auf, so dass von dieser Zeit an die Vindikation des Herrn gegen den Kolonen selbst niemals aufhörte. Dies belegt die Regelung in C. 11, 48, 22, 1: wird der Sohn eines Kolonen, der 30, 40 Jahre oder noch länger in Freiheit gelebt hat, während sein Vater den Boden bestellte, weshalb der Herr die Anwesenheit des Sohnes nicht verlangte, nach dem Tod des Vaters von dessen Herrn zurückgefordert, kann er sich nicht darauf berufen, derart lange Zeit in Freiheit gelebt zu haben, da der Vater den abwesenden Sohn repräsentiert hat, so dass quasi ein Teil dieser Person in Form der Verwandten auf Grund und Boden geblieben ist.
Die Verjährung zugunsten eines dritten Besitzers regelte Justinian nicht und übernahm auch die früheren Bestimmungen nicht. Für diesen Fall sollten also wohl die allgemeinen Regeln der Verjährung der Klage eintreten,[34] nach denen 30jähriger Besitz gegen die Vindikation des Gutsherrn schützen musste.

2. Ersitzung der Freiheit für leibeigene Bauern

Mevius nennt die Ersitzung der Freiheit einen der wichtigsten Beendigungsgründe, durch den die Bauern seiner Zeit von ihrer Leibeigenschaft befreit wurden.

A. Verjährungsdauer

Die Frage, wie viele Jahre der leibeigene Bauer in Freiheit verleben muss, um auch vor dem Gesetz als frei zu erscheinen und um vor jeder Rückforderung seines ehemaligen Herrn sicher zu sein, ist laut Mevius unterschiedlich zu beurteilen je nachdem, aus welchen Gründen der Leibeigene sich entfernt hat und wie sich die Umstände der Trennung darstellen.

Verjährungsdauer bei flüchtigen Leibeigenen

Dem flüchtigen Leibeigenen, dem *fugitivus*, der sich bösgläubig in Freiheit aufgehalten hat, kommt laut Mevius eine ordentliche Verjährung nicht zugute, auch wenn er schon 30 oder mehr Jahre in Umständen gelebt habe, die nach außen wie ein Leben in Freiheit erschienen, damit weder eine fremde Sache

[34] SAVIGNY, Über den Römischen Colonat, in: Vermischte Schriften Band II, Berlin 1850, S. 36 f.

noch die erschlichene Freiheit ersessen werden können.[35] Hierfür stützt er sich auf die von Justinian geschaffene Regelung des C. 7, 22, 1, wonach demjenigen, der im bösen Glauben in Freiheit gelebt hat, die Einrede der ordentlichen Verjährung nicht von Nutzen ist. Mevius schließt damit in Übereinstimmung mit dem römischen Recht die *longi temporis praescriptio* für jene aus, die bei Verjährungsbeginn nicht gutgläubig waren. Zugleich stützt er sich auf die kolonenrechtliche Spezialregelung des C. 11, 48, 22, 1, die dem unberechtigt abwesenden Sohn eines Kolonen die Freiheitsersitzung verwehrt. Weiteres Argument ist für Mevius die Behauptung, dass der Sohn in solchen Fällen durch seinen Wegzug in die Freiheit Diebstahl an seiner eigenen Person begehe. Diese Ansicht stützt er explizit auf römisches Sklavenrecht, wonach ein entlaufener Sklave an sich selbst einen Diebstahl begeht, so dass weder Ersitzung noch ordentliche Verjährung stattfänden.[36]

Der Grundsatz, dass bösgläubige *fugitivi* ihre Freiheit nicht ersitzen können, wird laut Mevius von den Rechtsgelehrten sehr unterschiedlich weit ausgelegt. Einige gingen so weit, dass sich die Ersitzung erst nach 100 Jahren gegen die Sklaverei durchsetzen könne.[37] Zu diesen Stimmen gehört neben Anton Faber[38] auch Friedrich Husanus: er erwähnt als einzige Möglichkeit des leibeigenen Bauern, seine Freiheit durch Verjährung zu gewinnen, diejenige der Verjährung *infinitae memoriae* in 100 Jahren.[39] Denn im besten Falle könne das Leben eines Menschen so lange dauern. Diese Äußerung kommentiert Mevius dahingehend, dass es wohl nur sehr selten geschehen werde, dass dieser Fall einen Menschen berührt. Auch wenn nämlich eine Lebenszeit von einhundert Jahren bei einem Menschen möglich sei, werde unter Myriaden von Menschen kaum einer dieses Alter erreichen. Und selbst wenn ein Mensch eine derart lange Lebensspanne vollenden sollte, würden doch niemals zugleich 100 Jahre unbehelligter Gebrauch der Freiheit und 100 Jahre Bösgläubigkeit zusammenfallen.[40] Denn entweder würde sich über diese lange Zeit der gute Glaube ein-

[35] Mevius, 3. Hauptfrage, n. 135 f.
[36] Mevius, 3. Hauptfrage, n. 137.
[37] Mevius, 3. Hauptfrage, n. 140.
[38] Antoine Favre, Codex Fabrianus definitionum forensium et rerum in sacro Sabaudiae Senatu tractatarum. Ex Ordine Titvlorvm Codicis Ivstinianei, quantùm fieri potuit, accomodatè ad vsum Forensem, In Novem Libros Distribvtvs, Lvgdvni 1610, 7. Buch, 4. Titel, 1. Definition, n.1.
[39] Husanus, 8. Kapitel, n. 8.
[40] Allerdings konnte dem Herrn eine derart lange Verjährungsfrist, die der betroffene Kolone selbst nie erleben dürfte, dann zugute kommen, wenn er sich an dessen Sohn oder Enkel als Rechtsnachfolgern des verstorbenen Leibeigenen schadlos halten konnte, solange diese die 100jährige Verjährungsdauer nicht vollendet hatten.

schleichen, oder die Zeit würde den Kolonen für den Herrn unbrauchbar und dessen Rechtsmittel sinnlos machen.[41]
Gerade der Umstand, dass Husanus derart eine Ersitzungsdauer annimmt, die weder in der Realität sinnvoll, noch vom römischen Recht vorgezeichnet ist, lässt daran zweifeln, ob es sich bei seinen Äußerungen über die Möglichkeiten leibeigener Bauern, ihre Freiheit zu ersitzen, um ernsthafte Versuche handelt, das römisch-rechtliche Ersitzungssystem auf die Bauern seiner Zeit zu übertragen. Denn während Husanus andernorts stets detailliert die Regelungen des römischen Rechts zur Anwendung zu bringen weiß, ignoriert er diejenigen zur Ersitzung der Freiheit vollkommen. Denn er begnügt sich mit der Äußerung, dass alle – nicht etwa nur die flüchtigen – Leibeigenen ihre Freiheit allein durch Ablauf undenklicher Zeit, *infinitae memoriae*, nämlich nach 100 Jahren erlangen können. Angesichts der unbestreitbaren Kenntnisse dieses Juristen vom römischen Recht lässt sich kaum glaubhaft machen, dass ihm dessen Ersitzungsmöglichkeiten unbekannt gewesen wären. Es handelt sich bei seinem Ausschluss jeglicher realistischer Ersitzung der Freiheit vielmehr um eine weder vom römischen Recht, noch vom Gewohnheitsrecht getragene, rein ergebnisorientierte Behauptung. Husanus will es den Leibeigenen so weit wie möglich erschweren, durch ungestörten Aufenthalt in Freiheit ihrer Leibeigenschaft ledig zu werden. Oder besser: er will die begüterten Grundbesitzer vor jeglicher Vermögensminderung durch einen Beendigungsgrund der Leibeigenschaft schützen, der schon durch bloße Unachtsamkeit von ihrer Seite eintreten kann.

Andere Autoren verweigern bösgläubigen flüchtigen Bauern zwar ebenfalls die ordentliche Verjährung, gehen aber davon aus, dass sie ihre Freiheit erlangen, wenn sie 40 Jahre lang in tatsächlicher Freiheit gelebt haben.
Diese These begründet etwa Johannes de Platea damit, dass der flüchtige Kolone als freie, aber an den Boden gebundene Person seine Freiheit nur durch den Ablauf einer dreißigjährigen Frist (er bezieht sich insoweit auf die justinianische Regelung, nach der persönliche Klagen nach 30 Jahren verjähren) erwerbe, die erst zu laufen beginne, sobald der Herr seinen Willen zum zivilrechtlichen Besitz des Flüchtigen aufgegeben hat.[42] Und hiervon sei erst nach dem Ablauf eines längeren Zeitraums, nämlich eines Jahrzehnts, ab dem Zeitpunkt der Flucht auszugehen. Beide Zeiträume zusammengerechnet ergeben die genannte 40jährige Frist. Argument für diese Sichtweise ist für de Platea,

---

[41] Mevius, 3. Hauptfrage, n. 141.
[42] Johannes de Platea, Super tribus ultimis libris codicis Justiniani commentaria, in: Sacratissimas leges clarissimi interpretis, atque Doctoris eximii D. Ioannis de Platea, super tribus ultimis libris codicis Iustiani commentaria nunc primum castigata, et emendata: ornataque annotationibus..., Lugduni 1550, zu C. 11, 48, 23.

dass C. 7, 39, 4 diese für flüchtige leibeigene Bauern errechnete vierzigjährige Verjährungsfrist für ausnahmslos all diejenigen Rechte und Verträge vorschreibt, die nicht von einer kürzeren Verjährungsdauer erfasst werden. Daher müsse es auch flüchtigen *coloni* möglich sein, nach Ablauf von 40 Jahren ihre Freiheit zu erlangen.[43]
Diese Argumentation ist zwar in sich schlüssig, jedoch setzen sich ihre Vertreter über das Gutgläubigkeitserfordernis des römischen Ersitzungsrechts hinweg.
Mevius betont deshalb, dass trotz des scheinbar allumfassenden Wortlauts des C. 7, 39, 4 diese vierzigjährige Verjährung denjenigen nicht zugute kommen könne, die sich bösgläubig entfernt haben und von ihrer Leibeigenschaft wussten. Denn diese Personen vertrauten nicht in ihre arglistig erworbene Freiheit, weshalb ihnen auch nicht der Vertrauensschutz gewährt werden dürfe, den gutgläubig in Freiheit Lebende laut Mevius nach 40 Jahren genossen.[44]

Von den bisherigen Fällen unterscheidet Mevius denjenigen, in dem die von ihrem Herrn fortgezogenen Bauern sicher annehmen, entlassen und frei zu sein, und etwa aufgrund eines Titels gerechtfertigten Grund zu dieser Annahme haben: „*zu solcher Meynung auch auß einem beweglichen titul und Ursache bewogen werden*“.[45] Ein solcher *titulus* existiert, wenn eine rechtmäßige *causa* für den Erwerb der Freiheit besteht, also ein Erwerbsgrund. Während bei der Ersitzung beweglicher oder unbeweglicher Sachen etwa die Erwerbstitel *pro emptore*, *pro donato*, *pro dote*, *pro herede* oder *pro legato*[46] möglich waren, müssen im Falle der Ersitzung der Freiheit Umstände vorliegen, die den Bauern gerechtfertigt an seine Freiheit glauben lassen („Putativtitel“).
In einem solchen Fall reicht nach Mevius schon eine geringere Zeitspanne zur Ersitzung der Freiheit aus. Für die Dauer der Verjährungsfrist im Falle der Gutgläubigkeit beruft sich Mevius auf C. 7, 22, 2, wonach der gutgläubig begonnene und unangefochten gebliebene Besitz schon nach 20 Jahren einen sicheren Schutz der eigenen Freiheit bietet.[47] Argument dafür, dass diese Frist auch gutgläubigen leibeigenen Bauern zugute kommen muss, ist für Mevius, Johann de Platea und Johann Hermann Stamm[48] ein Vergleich zwischen Kolonen und Sklaven des römischen Rechts. Der *ascriptitius* sei nur dann, wenn er flüchtig ist, durch C. 11, 48, 23 schlechter gestellt als ein Sklave und erlange

[43] de Platea, zu C. 11, 48, 23.
[44] Mevius, 3. Hauptfrage, n. 138.
[45] Mevius, 3. Hauptfrage, n. 153.
[46] KASER, RPR I, S. 354; NÖRR, S. 88.
[47] Mevius, 3. Hauptfrage, n. 154.
[48] Johann Hermann Stamm, Tractatus de servitute personali, 3. Auflage, Francofurti 1699, 38. Kapitel, n. 2 ff.

seine Freiheit erst nach Ablauf von vierzig Jahren. In anderen Fällen müsse aber auch der Kolone nach 20 Jahren seine Freiheit erlangen, da nach dieser Frist sogar ein nicht flüchtiger Sklave frei werde. Keinesfalls aber dürfe ein nur leibeigener, nicht versklavter Bauer schlechter gestellt sein als ein Sklave.[49]

Anstatt das römische Recht der *coloni adscriptitii* auf die leibeigenen Bauern ihrer Zeit unverändert anzuwenden und ihnen auch bei Gutgläubigkeit die Freiheit erst nach 40 Jahren zuzugestehen, wendet Mevius unter Zustimmung mehrerer Zeitgenossen auf die gutgläubig in Freiheit lebenden Bauern die allgemeine Regelung zur Ersitzung der Freiheit in C. 7, 22 an, die nicht auf Kolonen zugeschnitten ist. Die Folge des Kolonenrechts, dass freie Menschen, die an ihre Freiheit glauben, diese im Gegensatz zu Sklaven erst nach einer Zeitspanne erlangen würden, die kaum ein Mensch als Gesamtlebensdauer erreichte, lässt sich offenbar nicht aufrechterhalten. Auch die hinter der starken Bodenbindung der *coloni adscriptitii* durch C. 11, 48, 23, pr. stehende Motivation, die Funktionstüchtigkeit der für den Staat überlebenswichtigen Landwirtschaft durch dauerhafte Versorgung mit Arbeitskräften sicherzustellen, kann Mevius nicht von der Anwendung der günstigeren Folge des C. 7, 22, 2 abbringen.
Im Interesse der Bauern übernimmt Mevius sogar die noch weiter gehende Verkürzung der Verjährungsfrist, die C. 7, 33, 12 für in derselben Provinz Anwesende vornimmt[50]: in einem solchen Fall ersitzt der Leibeigene seine Freiheit in 10 Jahren. Die von einigen Zeitgenossen[51] aufgeworfene Frage, ob nicht im Interesse des Herrn auch für Fälle *inter praesentes* eine Frist von 20 Jahren (wie *inter absentes*) anzusetzen ist, tangiert Mevius nicht.
Insgesamt findet die kurze 20jährige Ersitzung in den Fällen statt, in denen sich der Bauer nicht aus Mutwillen entfernt hat, sondern aus unverschuldeten Gründen hat abziehen müssen und davon ausgehen durfte, dass der Herr sich seiner nicht weiter annehmen wollte. Hierzu gehören etwa Fälle, in denen der Bauer sich aus unumgänglicher Not, nach Zerstörung des Landes oder in ähnlichen Unglücksfällen mangels herrschaftlicher Hilfe entfernt hat[52]. Bemüht sich der Herr dann trotz Kenntnis des Abzugs der Bauern innerhalb von 20 Jahren nicht, sie wieder zum Dienst zu bringen, oder duldet er die Weigerung des Bauern, kann sich der Bauer später mit der Einrede der Verjährung schützen. Das Zusammenspiel von rechtfertigendem Grund für das Weggehen und Nachlässigkeit des Herrn gewährt laut Mevius hier den Titel der

---

[49] de Platea, zu C. 11, 48, 23.
[50] Mevius, 3. Hauptfrage, n. 155.
[51] Etwa Stamm, 38. Kapitel, n. 4.
[52] Mevius, 3. Hauptfrage, n. 159.

Verjährung, der dem gutgläubig in Freiheit lebenden, unfreien Bauern ebenso zustehe wie dem tatsächlich Freien.[53]

B. Modifikation der Ersitzung durch Stadtrechte

Die dem römischen Recht entnommenen Grundsätze zur Verjährung gelten laut Mevius aber nur so lange, wie nicht einheimische Gesetze oder Gewohnheiten etwas anderes vorschreiben und die Ersitzung der Freiheit abweichend regeln.[54] Die Rückforderung finde nicht statt gegen diejenigen Bauern, die sich *„eine gewiesse, dazu in den Rechten, Privilegien, Statuten oder Gewonheiten bestimpte Zeit, in welchen der Ansprache praescriberet wird, in Städten sich Hauß- und Bürgerlich auffhalten"*[55].

An dieser Stelle seines Gutachtens gibt Mevius zu Gunsten einheimischer Partikularrechte seine bis dahin primär auf römisches Recht gestützte Argumentation auf und wendet sich den Regelungen dieser Statute zu.

Als Beispiel für Stadtrechte seiner Zeit[56], die ihren Einwohnern sehr schnell die Freiheit sichern, nennt Mevius an erster Stelle das Lübische Recht.[57] Hier sei verordnet, dass ein Bürger, der in der Stadt ein Jahr und einen Tag die Lübischen Rechte genossen hat, und dann von einem anderen als leibeigen zurückgefordert wird, als von solcher Verfolgung aufgrund seines früheren Standes ledig und frei anzusehen ist.[58] Andere von Mevius zitierte Gelehrte berichten ähnliches von den Städten Nizza, Toulouse und Bourges[59]. Die Statuten der Stadt Hamburg dagegen bestimmen laut Mevius, dass erst nach Ablauf von zehn Jahren die Inanspruchnahme derjenigen, die so lange Bürger gewesen sind, verjährt ist.[60]

Diese Privilegien würden, berichtet Mevius, von vielen für unbillig und widerrechtlich gehalten, da sie es ermöglichen, dass ein Herr schon nach der kurzen

[53] Mevius, 3. Hauptfrage, n. 161.

[54] Mevius, 3. Hauptfrage, n. 184 f.

[55] Mevius, 3. Hauptfrage, n. 184.

[56] Die ersten Freiheitsverbürgungen für Zuwanderer finden sich bereits in der zweiten Hälfte des 12. Jahrhunderts, gehäuft treten sie in der ersten Hälfte des 13. Jahrhunderts auf. Derartige Privilegien gewähren in erster Linie die Städte welfischer Gründung im Norden des Reiches, die vom Freiburger Recht abhängigen Zähringergründungen im Südwesten, einzelne Reichsstädte sowie staufische Gründungsstädte (BADER/DILCHER, S. 355).

[57] Mevius, 3. Hauptfrage, n. 186.

[58] Lübisches Recht, lib.1 tit.2 artic.3.

[59] Henricus Boguetus, In consuetudines generales comitatus Burgundiae observationes. Referuntur et explicantur pleraeque aliae aliarum provinciarum consuetudines his similes, Lugduni 1604, tit. de la main mort. 15. § 1.

[60] Hamburgische Statuten, part.1 tit.2 artic.2.

Dauer nur eines Jahres seiner Leibeigenen verlustig geht[61]. Diese Ansicht erklärt Mevius jedoch kurzerhand als schon allein deswegen unvertretbar, da gerade von ihren Vertretern auch diejenigen Privilegien und Statuten für gültig gehalten würden, durch die jemand, der sich unter der Botmäßigkeit eines anderen niedergelassen hat, sofort bauerspflichtig und leibeigen wird. Wolle man zulassen, dass ein Bauer in demselben Moment, in dem er sich unter der Herrschaft eines Grundbesitzers niederlässt, seine Freiheit einbüßt, müsse man im Sinne ausgleichender Gerechtigkeit erst recht Privilegien und Statuten für rechtmäßig halten, durch die jemand nicht sofort, sondern erst nach Verlauf eines Jahres und eines Tages die Freiheit genießen kann.[62] So verschließt sich Mevius der Argumentation derjenigen, die eine kurzfristige Standesveränderung nur dann zulassen wollen, wenn sie zu Gunsten der besitzenden Grundeigentümer geschieht.

Die Freiheit durch Stadtrecht kommt aber, schränkt Mevius ein, nur denen zugute, die aus einem rechtfertigenden Grund von ihren Herren abgeschieden sind.[63] Denn nur unter dieser Voraussetzung seien sie nicht wie Flüchtige zu behandeln und seien, wenn sie während der in den Stadtrechten angeordnete Zeit nicht in Anspruch genommen würden, der Freiheit fähig.
Hier findet sich insoweit eine Parallele zur *praescriptio* des römischen Rechts, da diese ebenso wie die Ersitzung der Freiheit durch Erlangung von Bürgerrechten verlangt, dass die früheren Leibeigenen aus einem gerechtfertigten Grund von ihren Herren fortgezogen sind, ihre Freiheitsersitzung also ein *iustum initium* hatte. Ein deutlicher Unterschied zur Freiheit durch *praescriptio* besteht hingegen darin, dass die Freiheit dank Bürgerrechts nicht für die Lebenszeit gilt, sondern reversibel ist.[64] Während ein Sklave oder Kolone durch Zeitablauf eine dauerhafte Freiheit erlangt, verliert der Leibeigene das Bürgerrecht, wenn er die Stadt verlässt, um wieder auf dem Land zu leben.[65]

---

[61] Mevius, 3. Hauptfrage, n. 188.
[62] Mevius, 3. Hauptfrage, n. 189.
[63] Mevius, 3. Hauptfrage, n. 192.
[64] Mevius, 3. Hauptfrage, n. 205 ff.
[65] Grund für diese zeitliche Grenze der Freiheit war es, dass es sich bei der durch städtische Privilegien gewährten Freiheit nicht um eine absolute handelte, sondern um eine aus der Stellung als Bürger abgeleitete. Die Freiheit war keine individuelle, sondern bestand in der Teilhabe an den Freiheiten der Stadt (DIESTELKAMP, Freiheit der Bürger – Freiheit der Stadt, in: Johannes Fried (Hrsg.), Die abendländische Freiheit vom 10. zum 14. Jahrhundert. Der Wirkungszusammenhang von Idee und Wirklichkeit im europäischen Vergleich, Sigmaringen 1991, S. 510; BADER/DILCHER, S. 359).

3. Teil: Römisches Recht zwischen Gebrauch und Missbrauch

Die Art und Weise, in der Mevius, Husanus und ihre Zeitgenossen das römische Ersitzungsrecht zu der Frage der Freiheitsersitzung durch leibeigene Bauern ihrer Zeit „ausschlachten" oder aber ignorieren, belegt den angedeuteten weiten Spielraum der Juristen in ihrem Umgang mit dieser Rechtsquelle. Während, wie gezeigt, das römische Recht durchaus harte Folgen für die Bauern bereithält, wenn man sie mit Sklaven oder Kolonen gleichsetzt bzw. den diese betreffenden Normen unterordnet, zeigt gerade das Beispiel des Husanus aber auch, dass die Nicht-Anwendung römischen Rechts sehr viel schlimmere Folgen für die Bauern haben kann als die Anwendung. Denn die Annahme des Husanus, dass jeder, auch der gutgläubige leibeigene Bauer, erst nach 100 Jahren frei werden könne, wird gerade nicht vom römischen Recht gedeckt, das eine solche Ersitzungszeit nicht kennt. Mevius hingegen, der sich sehr viel enger an das römische Recht hält, ermöglicht eine sehr viel weitergehende und schnellere Ersitzung der Freiheit für die leibeigenen Bauern.

Da viele Rechtsgelehrte der frühen Neuzeit in der Art des Husanus das römische Recht benutzten, um im Interesse der herrschenden Schicht (die auch meist Brötchengeber der Juristen war, da in ihrem Auftrag Rechtsgutachten verfasst wurden) eine Verschärfung der Leibeigenschaft zu bewirken, muss man zugestehen, dass insoweit der Status der Bauern durch ihren Einfluss durchaus verschlechtert worden ist. Bis dahin nicht durchgehend existierende Leibeigenschaft wurde großflächig eingeführt oder gefördert, bereits bestehende Leibeigenschaft in ihrer jeweiligen Ausformung verschärft.
Dies ist aber genau *der* Missbrauch des römischen Rechts, den Rechtsgelehrte wie Mevius in dem zu Beginn zitierten Passus anprangerten, wenn sie sich gegen die Unart ihrer Zeitgenossen wandten, alle Regelungen des römischen Rechts über die Unfreiheit pauschal auf sämtliche Verhältnisse bäuerlicher Unfreiheit oder Bodenbindung anzuwenden. Dieser Programmatik folgend differenziert Mevius, wie am Beispiel der Ersitzung der Freiheit gezeigt, haarfein zwischen gerechter- und angemessenerweise noch anwendbaren Vorschriften des römischen Rechts und solchen, die durch ihre Rezeption neue Missstände für die bäuerliche Bevölkerung schaffen würden. Durch sein Werk kann eine Verschärfung der Leibeigenschaft kaum angenommen werden – auch wenn ihm häufig der Vorwurf gemacht worden ist, das Institut der Leibeigenschaft in Mecklenburg und Pommern erst „zementiert" zu haben. Dies lag aber, wie bei einer Analyse seiner Aussagen deutlich wird, nicht an seiner Art und Weise, das römische Recht anzuwenden, sondern wohl eher daran, dass eine Person seiner Autorität sich umfassend mit dem Problem der Leibeigenschaft auseinandergesetzt hatte. Dieser Umstand weckte offenbar in an-

deren Zeitgenossen die Überzeugung einer großen Bedeutung dieses Instituts für die von Mevius behandelten Landstriche.

Im Ergebnis lässt sich die Frage, ob die Rezeption des römischen Rechts die Leibeigenschaft in den ostelbischen Gebieten verschärft hat, nicht ohne Ansehung der Person beantworten, in deren Händen das zur Rezeption bereitstehende römische Recht sich jeweils befand.
Wer im Interesse der wohlhabenden Schicht der Grundeigentümer die Leibeigenschaft begründen oder festschreiben wollte, dem konnte das römische Recht sehr dienlich sein. Andererseits ist diese Anfälligkeit für einen Missbrauch nicht etwa eine Besonderheit des römischen Rechts, da es ebenso möglich war, eine für die leibeigenen Bauern nachteilige örtliche Gewohnheit zu behaupten und in den Vordergrund zu stellen und auch so das gesteckte Ziel einer Benachteiligung der Bauern zu erreichen.
Wer im Gegensatz hierzu gewissenhaft das römische Recht nach denjenigen Vorschriften durchkämmte, unter deren Tatbestand sich die nach über 1000 Jahren stark veränderten sozialen Verhältnisse noch ohne Gewaltanwendung fassen ließen, verschärfte dadurch auch nicht das Gesicht der Leibeigenschaft seiner Zeit.

Quellenverzeichnis

Henricus Boguetus, In consuetudines generales comitatus Burgundiae observationes. Referuntur et explicantur pleraeque aliae aliarum provinciarum consuetudines his similes, Lugduni 1604.

Antoine Favre, Codex Fabrianus definitionum forensium et rerum in sacro Sabaudiae Senatu tractatarum. Ex Ordine Titvlorvm Codicis Ivstinianei, quantùm fieri potuit, accomodatè ad vsum Forensem, In Novem Libros Distribvtvs, Lvgdvni 1610.

Friedrich Husanus, Tractatus de servis seu hominibus propriis, 4. Auflage, Gießen 1663.

David Mevius, Ein kurtzes Bedencken über die Fragen so von dem Zustand, Abforderung und verwiederter Abfolge der Bawrsleute, zu welchen jemand Zuspruch zu haben vermeynet, bey jetzigen Zeiten entstehen und vorkommen, 2. Auflage, Stralsund 1656.

Johannes de Platea, Super tribus ultimis libris codicis Justiniani commentaria, in: Sacratissimas leges clarissimi interpretis, atque Doctoris eximii D. Ioannis de Platea, super tribus ultimis libris codicis Iustiani commentaria nunc primum castigata, et emendata: ornataque annotationibus..., Lugduni 1550.

Johann Hermann Stamm, Tractatus de servitute personali, 3. Auflage, Francofurti 1699.

Literaturverzeichnis

K.S. BADER/G. DILCHER, Deutsche Rechtsgeschichte. Land und Stadt – Bürger und Bauern im Alten Europa, Berlin, Heidelberg 1999.

G. v. BELOW, Der Osten und der Westen Deutschlands, in: Territorium und Stadt – Aufsätze zur deutschen Verfassungs- Verwaltungs- und Wirtschaftsgeschichte, 2. Auflage, München 1923, S. 1–54.

H. BRANIG, Geschichte Pommerns, Teil I: Vom Werden des neuzeitlichen Staates bis zum Verlust der staatlichen Selbständigkeit, Köln, Weimar, Wien 1997.

B. DIESTELKAMP, Freiheit der Bürger – Freiheit der Stadt, in: Johannes Fried, Die abendländische Freiheit vom 10. zum 14. Jahrhundert. Der Wirkungszusammenhang von Idee und Wirklichkeit im europäischen Vergleich, Sigmaringen 1991, S. 485–510.

L. ENDERS, Von der Freiheit zur Leibeigenschaft. Pervertierung in der frühneuzeitlichen Mark Brandenburg, in: Klußmann, Jan (Hg.), Leibeigenschaft – Bäuerliche Unfreiheit in der frühen Neuzeit, Köln Weimar Wien 2003, S. 37–62.

W.W. HAGEN, Die brandenburgischen und großpolnischen Bauern im Zeitalter der Gutsherrschaft 1400-1800. Ansätze zu einer vergleichenden Analyse, in: Jan Peters (Hrsg.), Gutsherrschaften im europäischen Vergleich, Berlin 1997, S. 17–27.

G. HEITZ, Zum Charakter der „zweiten Leibeigenschaft“ in: Zeitschrift für Geschichtswissenschaft 20 (1972), S. 24–39.

M. KASER, Das Römische Privatrecht, Erster Abschnitt: Das altrömische, das vorklassische und klassische Recht, 2. Auflage, München 1971.

TH. KNAPP, Über Leibeigenschaft in Deutschland seit dem Ausgang des Mittelalters, ZRG (GA) 19 (1898), S. 16–51.

H.-G. KNOTHE, Zur Entwicklung des Rechts der Grundherrschaft im deutschen Ostseeraum im Spiegel von Mevius‘ Abhandlung über die „Bauers-Leute“, in: Jörn Eckert, Kjell A. Modéer (Hrsg.), Geschichte und Perspektiven des Rechts im Ostseeraum, Frankfurt a.M. u.a. 2001, S. 237–274.

L. KORN, Geschichte der Bäuerlichen Rechtsverhältnisse in der Mark Brandenburg von der Zeit der deutschen Kolonisation bis zur Regierung des Königs Friedrich I., in: ZRG (GA) 11 (1873), S. 1–44.

E. LEVY, Die nachklassische Ersitzung, in: Bullettino dell'Istituto di diritto Romano Vittorio Scialoja, Band 10/11, Mailand 1948, S. 352–371.

F. LÜTGE, Geschichte der deutschen Agrarverfassung vom frühen Mittelalter bis zum 19. Jahrhundert, in: Günther Franz (Hrsg.), Deutsche Agrargeschichte, Band III, Stuttgart 1963.

F. MAGER, Geschichte des Bauerntums und der Bodenkultur im Lande Mecklenburg, Berlin 1955.

E. MELTON, *Gutsherrschaft* in East Elbian Germany and Livonia, 1500-1800: A Critique of the Model, in: Central European History 21, Atlanta 1988, S. 315–349.

E. MÜNCH, Die Folgen des Dreißigjährigen Krieges für Mecklenburg, in: Horst Wernicke, Hans-Joachim Hacker (Hrsg.), Der Westfälische Frieden von 1648 – Wende in der Geschichte des Ostseeraums, Hamburg 2001, S. 279–283.

W. NEUGEBAUER, Die Leibeigenschaft in der Mark Brandenburg. Eine Enquête in der Kurmark des Jahres 1718, in: Friedrich Beck, Klaus Neitmann (Hrsg.), Brandenburgische Landesgeschichte und Archivwissenschaft. Festschrift für Lieselott Enders zum 70. Geburtstag, Weimar 1997, S. 225–241.

J. NICHTWEISS, Das Bauernlegen in Mecklenburg – Eine Untersuchung zur Geschichte der Bauernschaft und der zweiten Leibeigenschaft in Mecklenburg bis zum Beginn des 19. Jahrhunderts, Berlin 1954.

D. NÖRR, Die Entstehung der longi temporis praescriptio. Studien zum Einfluß der Zeit im Recht und zur Rechtspolitik in der Kaiserzeit, Köln 1969.

W. RÖSENER, Die Bauern in der europäischen Geschichte, München 1993.

W. RÖSENER, Agrarwirtschaft, Agrarverfassung und ländliche Gesellschaft im Mittelalter, München 1992.

W. RÖSENER, Bauern im Mittelalter, 4. Auflage, München 1991, S. 214 f.

C. F. V. SAVIGNY, Über den Römischen Colonat, in: Vermischte Schriften Band II, Berlin 1850, S. 1–59.

D. SCHLEINERT, Personenrechtliche Abhängigkeitsverhältnisse im Herzogtum Pommern-Wolgast zwischen Reformation und Dreißigjährigem Krieg, in: Jan Klußmann (Hrsg.), Leibeigenschaft – Bäuerliche Unfreiheit in der frühen Neuzeit, Köln Weimar Wien 2003, S. 21–35.

CHR. SCHMIDT, Leibeigenschaft im Ostseeraum. Versuch einer Typologie, Köln, Weimar, Wien 1997.

S. SUGENHEIM, Geschichte der Aufhebung der Leibeigenschaft und Hörigkeit in Europa bis um die Mitte des 19. Jahrhunderts, Neudruck der Ausgabe Sankt Petersburg 1861, Aalen 1966.

Zur Rezeption des Deutschen Bürgerlichen Gesetzbuches in China

Rüdiger Ham, Marburg

Einleitung

Das deutsche Bürgerliche Gesetzbuch vom 1. Januar 1900 erwies sich schnell als ein Exportschlager. In zahlreichen Staaten, beispielsweise in Griechenland, Brasilien, Peru und Thailand, wurde es in weiten Teilen übernommen oder als Vorlage für eine eigene Kodifikation verwendet[1].

Auch in Japan und China fand das deutsche Recht in nahezu allen Rechtsgebieten Eingang. Nur wenige Jahre nach Einführung des neuen chinesischen Zivilgesetzbuches (ZGB) in den Jahren 1929 bis 1931 verglich der Jurist und Sinologe *Karl Bünger* die Aufnahme des deutschen und europäischen Rechts in Japan und China mit der Rezeption des römischen Rechts und der Ausbreitung des Code Civil. Erstere sei allerdings in ihrer Dimension noch gewaltiger als letztere, „wegen der ungeheuren Menschenmenge, des großen Raumes und der" schon damals „wachsenden politischen Bedeutung Ostasiens"[2].

Das rezipierte kontinentaleuropäische Recht gilt in Japan und Taiwan im wesentlichen bis heute fort[3]. Demgegenüber hielt die Volksrepublik China nicht an der Übernahme des deutschen Zivilrechts fest. Heute kommt dem deutschen BGB in Ostasien daher kaum noch eine ähnliche Bedeutung zu wie dem römischen Recht für den europäischen Rechtskreis. Darüber hinaus ist auch die historische Entwicklung kaum vergleichbar: Während das römische Recht in einem Jahrhunderte andauernden Prozess über Rechtswissenschaft und Praxis Eingang in das deutsche Rechtsleben fand, übernahm der chinesische Gesetzgeber die Bestimmungen kurz zuvor in Kraft getretener deutscher bzw. europäischer Gesetzbücher[4].

So sehr der Vergleich zwischen der Rezeption des römischen Rechts in Europa und der des deutschen Rechts in Ostasien also auch hinkt – festzuhalten ist, dass es sich bei der chinesischen Rezeption des deutschen Rechts, insbesondere des BGB, in der ersten Hälfte des 20. Jahrhunderts um einen Rechtstransfer in ganz erheblichem Ausmaß handelte, sowohl in geographischer, wie auch in materiell-rechtlicher Hinsicht.

---

[1] Isele (1971, 559); siehe auch Zweigert/Kötz (1996, 153–155).

[2] Bünger (1934, 5); Wang (1966, 343).

[3] Vgl. David/Grasmann/Jauffret (1988, 563); Wang (1966, 343); ders. (1986, 238); Scheil (1999, 9).

[4] Ähnlich auch Wang (1966, 344).

A. Die Entstehung des chinesischen Zivilgesetzbuches

I. Das Privatrecht zur Zeit der Qing-Dynastie

Kodifikationen waren dem chinesischen Rechtsdenken auch zur Zeit der Qing-Dynastie (1644–1911) keineswegs fremd. Das große Gesetzbuch der letzten Dynastie ging im wesentlichen auf den Gesetzeskodex der Tang-Dynastie (618–907) zurück, der seit seiner Schaffung 654 den nachfolgenden Dynastien jeweils als Vorlage für die Einführung eigener Gesetzbücher gedient hatte[5]. Wie schon der Tang-Kodex war allerdings auch das Gesetzbuch der Qing hauptsächlich ein Strafgesetz, das etwa 3900 Straftatbestände aufzählte und nur am Rande, vermittelt durch strafrechtliche Sanktionen, privatrechtliche Regelungen enthielt[6]. Positive privatrechtliche Vorschriften bestanden lediglich auf den Gebieten des Familien- und Erbrechts sowie ansatzweise im Grundstücksrecht. Hingegen waren Geschäfte des täglichen Lebens, wie beispielsweise Kauf-, Miet- und Werkvertrag, im kaiserlichen China gesetzlich nicht geregelt[7]. Privatrechtliche Normen galten demgemäss vorwiegend gewohnheitsrechtlich, ihre Durchsetzung erfolgte in erster Linie außergerichtlich auf dem Wege von Familien- und Dorfjustiz. Nur selten rief man die misstrauisch betrachteten staatlichen Gerichte an, die einen Zivilprozess nicht viel anders als einen Strafprozess führten[8].

Zu einer tiefgreifenden Umgestaltung des chinesischen Privatrechts kam es erst infolge des Konflikts zwischen der Qing-Dynastie und den westlichen Seemächten, allen voran Großbritannien, der sich im 19. Jahrhundert an den divergierenden Handelsinteressen entzündete: Während Importe aus China für die europäische Wirtschaft große Bedeutung besaßen, war China seinerseits, aufgrund seiner autarken wirtschaftlichen Bedingungen, nicht in gleichem Maße an europäischen Importen interessiert. Um das anhaltende Handelsbilanzdefizit zu senken und den Abfluss von Edelmetallen nach China zu unterbinden, exportierten die Briten in den 20er und 30er Jahren des 19. Jahrhunderts in zunehmendem Maße Opium von Indien nach China[9]. Den sich daraus ergebenden wirtschaftlichen und sozialen Problemen begegnete die Qing-Regierung mit dem Versuch, den Opiumhandel zu unterbinden. Schnell weitete sich der Handelskonflikt zum Krieg mit Großbritannien aus, das zur

---

[5] Bünger (1934, 13).
[6] Bünger (1934, 13); Manthe (1987, 12); Betz/Lautenschlager (1929, 328 und 331).
[7] Bünger (1934, 13); ders. (1980, 448).
[8] Manthe (1987, 12).
[9] Osterhammel (1989, 140); Gernet (1988, 450)

Durchsetzung seiner Interessen 1839 seine Kriegsflotte nach China entsandte[10].

Der sogenannte erste Opiumkrieg endete 1842 mit dem Friedensschluss von Nanjing, der den Qing harte Friedensbedingungen auferlegte: Neben Entschädigungszahlungen in Höhe von 21 Millionen Dollar, der Aufgabe des chinesischen Handelsmonopols, der Bereitstellung von fünf „offenen Häfen" und der Abtretung der Insel Hongkong hatte die chinesische Regierung vor allem den sich im Land aufhaltenden Ausländern Exterritorialität zusichern müssen, also die Freistellung der Ausländer von chinesischem Recht[11]. Infolge des zweiten Opiumkriegs[12] 1856 bis 1860 musste China weiteren Souveränitätseinschränkungen zustimmen. Auch andere Staaten, die sich nicht am ersten Opiumkrieg beteiligt hatten, nutzten die Schwäche der Qing-Dynastie und ließen sich vertraglich ähnliche Rechte zusichern, die über eine seit 1843 übliche „Meistbegünstigungsklausel" automatisch auf alle anderen Vertragsmächte ausgedehnt wurden[13].

Die militärischen Niederlagen im Opiumkrieg und die harten Bestimmungen der sogenannten „ungleichen Verträge" setzten die Qing einem erheblichen Modernisierungsdruck aus. Im Mittelpunkt der Reformbestrebungen stand nicht zuletzt das von den Westmächten als barbarisch bezeichnete Staats- und Rechtssystem[14], dessen Umgestaltung sowohl im außen- wie auch im innenpolitischen Interesse der Qing lag:

Mehrfach verlangten Großbritannien, Japan und die USA als Vorbedingung für die Aufgabe ihrer exterritorialen Rechte die Einführung eines modernen Rechts nach europäischem Muster[15]. Ganz offen unterbreitete beispielsweise Großbritannien seine Forderung im britisch-chinesischen Handelsvertrag vom 5. September 1902, in dem es hieß:

„Da China den dringlichen Wunsch ausgedrückt hat, sein Rechtssystem zu verbessern und in Einklang mit dem westlicher Nationen zu bringen, wird Großbritannien [...] bereit sein, auf seine extraterritorialen Rechte zu verzichten, wenn sichergestellt ist, daß der Zustand der chinesischen Gesetze, die Vorbereitung für ihre Anwendung und andere Erwägungen den Verzicht auf die extraterritorialen Rechte zulassen können"[16].

---

[10] Osterhammel (1989, 148).
[11] Osterhammel (1989, 149); Gernet (1988, 453).
[12] Die Bezeichnung „zweiter Opiumkrieg" ist eigentlich ungenau, da es in der Hauptsache nicht mehr um den Opiumhandel ging, vgl. Osterhammel (1989, 149).
[13] Osterhammel (1989, 149).
[14] Wang (1966, 345).
[15] Wang (1966, 345); Manthe (1987, 13); Bünger (1931, 259); Betz/Lautenschlager (1929, 329).
[16] Zit. nach Manthe (1987, 13).

Zu diesen unverhohlenen Erpressungsversuchen kam zum Ende des 19. Jahrhunderts ein weiterer außenpolitischer Faktor hinzu, der China die Notwendigkeit von Reformen nach westlichem Vorbild deutlich vor Augen zu führen schien[17]: Im Krieg gegen Japan 1894/95 hatte China erneut eine militärische Niederlage erlitten – gegen ein Land, das seit 1867 unter dem neuen tennô Meiji (1852–1912) eine Reihe tiefgreifender Reformen in Angriff genommen hatte. Die Einführung eines westlichen Verfassungs- und Rechtssystems hatte nicht nur zur Aufgabe der Exterritorialität der Westmächte geführt, sondern offenbar auch zur Überlegenheit Japans über China beigetragen.

Die außenpolitische Lage gab damit am Ende des 19. Jahrhunderts den Anstoß zu innenpolitischen Forderungen nach einer umfassenden Umgestaltung des Staats- und Rechtswesens nach westlichem Muster[18]. Die offenkundige Übermacht des Westens beruhte nach Ansicht der Reformer nämlich nicht nur auf der militärisch-technologischen Dominanz von Europäern und Amerikanern, sondern ebenso auf der Überlegenheit des westlichen Staats- und Rechtssystems[19]. Ob nun in erster Linie innenpolitische Erwägungen den Ausschlag gaben[20], oder die Reformmaßnahmen eine Antwort auf die Forderungen der Siegermächte waren[21] – fest steht, dass die Qing-Dynastie am Ende des 19. Jahrhunderts einer umfangreichen Reform des Rechtssystems nicht länger ausweichen konnte.

II. Die Reformbemühungen zur Zeit der Qing und der Republik

Nach der Niederschlagung des Boxeraufstandes kehrte am 7. Januar 1902 der kaiserliche Hof in die Verbotene Stadt zurück. Mit der Rückkehr war zugleich ein Politikwechsel verbunden, da die Witwe des Kaisers Xianfeng (1861–1861), die für Tongzhi (1862–1874) und Guangxu (1875–1908) regierende Cixi (1862–1908), nunmehr bereit schien, sich mit der Präsenz der Fremden im Land abzufinden. Dementsprechend wurden nun auch die seit langem notwendigen Reformen in Angriff genommen: Zur Modernisierung des Rechtswesens entsandte die Qing-Regierung eine Studienkommission nach Japan, Europa und Nordamerika, um die dortigen Rechtssysteme zu studieren[22]. Gleichzeitig beschloss die Regierung die Einsetzung einer Kodifikationskommission, die 1904 zusammentrat und sich zunächst mit der Reform des Strafrechts befasste[23].

---

[17] Dazu Bünger (1980, 444); Wang (1966, 346).
[18] So Bünger (1980, 444); ders. (1931, 258).
[19] Manthe (1987, 13).
[20] So insbesondere Wang (1966, 345).
[21] Ähnlich auch Bünger (1931, 258); ders. (1980, 444).
[22] Betz/Lautenschlager (1929, 329); Bünger (1931, 259); ders. (1934, 14).
[23] Manthe (1987, 13); Betz/Lautenschlager (1929, 329).

1907 trat eine zweite Kommission zusammen, zum Großteil bestehend aus den zurückgekehrten Mitgliedern der Studienkommission, die auch mit der Ausarbeitung eines Bürgerlichen Gesetzbuches begann[24]. Schon 1911 legte sie einen ersten Entwurf vor, der sich stark am deutschen BGB orientierte[25]. Die revolutionären Ereignisse des Jahres 1911 verhinderten jedoch das Inkrafttreten dieses ersten Entwurfes[26].

Unter der Führung des 1868 in der Nähe von Macao geborenen Sun Yatsen war es seit 1905 immer wieder zu Aufständen gegen die Qing gekommen. 1911 schlossen sich meuternde Soldaten in Hankou den Aufständischen an, denen es schließlich gelang, am 12. Februar 1912 den letzten Kaiser, Puyi, zur Abdankung zu zwingen. Die Macht übernahm eine provisorische republikanische Regierung in Nanjing unter dem neuen Präsidenten Sun Yatsen, der im Jahr darauf von General Yuan Shikai abgelöst wurde[27].

Schon 1911 hatten die Revolutionäre eine neue Gesetzgebungskommission eingesetzt, die 1925 einen neuen, zweiten Entwurf für ein Bürgerliches Gesetzbuch vorlegte[28]. Maßgeblichen Einfluss auf die Kodifikationsarbeiten hatte dabei nicht zuletzt die Rechtsprechung des 1910 eingesetzten obersten Gerichtshofs in Beijing (Peking), der sich bei seinen Entscheidungen an dem 1911 veröffentlichten ersten Entwurf orientierte[29]. Da sich das Gericht bei Fehlen positiver Normen an Gewohnheitsrecht und, sofern auch dieses fehlte, an allgemeinen Rechtsgrundsätzen orientierte, erlangte der erste Entwurf trotz fehlender Gesetzeskraft entscheidende Bedeutung: Denn einerseits enthielt das Qing-Gesetzbuch, wie oben bereits erwähnt wurde, nur ganz am Rande privatrechtliche Regelungen – andererseits machte sich das oberste Gericht nur selten die Mühe, gewohnheitsrechtliche Sätze aufzusuchen, so dass es in ausgedehntem Maße auf die „allgemeinen Rechtsgrundsätze" des ersten Entwurfes zurückgriff[30].

In den Jahren 1914 bis 1923 wurden zudem weitere wichtige Gesetzgebungsprojekte verwirklicht: Neben modernen Prozessordnungen und einem Gerichtsverfassungsgesetz traten insbesondere ein neues Strafgesetzbuch und mehrere Verordnungen zur Regelung des Handelsrechts in Kraft[31].

---

[24] Bünger (1931, 259).
[25] Bünger (1931, 259).
[26] Betz/Lautenschlager (1929, 329).
[27] Gernet (1988, 526 f.).
[28] Bünger (1931, 260); ders. (1934, 20 f.).
[29] Dazu ausführlich Betz/Lautenschlager (1929, 332 ff.).
[30] Bünger (1931, 259); ders. (1934, 20); Manthe (1987, 14); Betz/Lautenschlager (1929, 331).
[31] Bünger (1934, 14); Betz/Lautenschlager (1929, 330).

Die innenpolitische Kämpfe der 20er Jahre verhinderten jedoch zunächst den Abschluss der Reformarbeiten, die erst 1928 fortgesetzt wurden. Nach dem Tode Yuan Shikais 1916 hatte, trotz formell fortbestehender Zentralregierung, eine Vielzahl lokaler Militärmachthaber, die sogenannten Warlords, die Macht in den verschiedenen Territorien übernommen. 1926 hatte der militärische Führer der Guomindang, Jiang Kaishek, von Kanton aus einen Feldzug gegen die Warlords begonnen und 1927 ein neues Regime unter seiner Führung in Nanjing etabliert[32].
Im November und Dezember des selben Jahres erneuerten die Westmächte ihre Zusage, auf ihre Exterritorialität zu verzichten, sobald in China ein modernes Privatrecht galt. Dies beschleunigte die weitere Gesetzgebungstätigkeit ganz erheblich, die im Oktober 1928 dem Gesetzgebungsamt, einem der fünf höchsten neuen Regierungsbehörden, übertragen worden war[33]. In fünf neu eingesetzten Kommissionen wurden hier neben einem neuen Strafgesetzbuch, neuen Prozessordnungen und einem neuen Gerichtsverfassungsgesetz vor allem ein Zivil- und Handelsgesetzbuch beraten. Dabei diente der Entwurf von 1925 einschließlich der „authentischen Interpretationen" des obersten Gerichtshofes als Vorlage, der jedoch von der neuen Kommission zum Teil erheblich umgearbeitet wurde[34]. Die verschiedenen Bücher des neuen Zivilgesetzbuches wurden dabei einzeln überarbeitet und nach dem jeweiligen Abschluss der Beratungen nacheinander publiziert: Der am 23. Mai 1929 verkündete Allgemeine Teil trat als erster Teil des neuen Zivilgesetzbuches am 10. Oktober 1929 in Kraft. Ihm folgten am 5. Mai 1930 das am 22. November 1929 verkündete Obligationenrecht und das am 30. November 1929 verkündete Sachenrecht. Abschließend wurden das Familien- und Erbrecht am 26. Dezember 1930 verkündet und am 5. Mai 1931 in Kraft gesetzt[35].

B. Systematik und Inhalt des chinesischen Zivilgesetzbuches

I. Die Grundlagen

Mit dem Inkrafttreten des Zivilgesetzbuches in den Jahren 1929 bis 1931 hatte China zwar ein modernes Privatrecht erhalten, allerdings handelte es sich bei der neuen Kodifikation im wesentlichen um die Übernahme einer fremden Rechtsordnung, nicht aber um genuin chinesisches Recht[36]. Als Vorlage des ZGB hatte in erster Linie das deutsche BGB gedient, das unmittelbar und

[32] Vgl. Osterhammel (1989, 577 f.); Gernet (1988, 531).
[33] Bünger (1934, 15); ders. (1931, 260); Manthe (1987, 13).
[34] Bünger (1934, 15 und 20).
[35] Bünger (1934, 21); ders. (1931, 261).
[36] Wang (1966, 344) beziffert die von ausländischen Rechtsordnungen übernommenen Bestimmungen auf 95 % des neuen Gesetzbuches.

mittelbar den größten Einfluss auf die Kodifikationsarbeiten ausgeübt hatte: Unmittelbar, weil der Gesetzestext nebst Motiven direkt für die Beratungen herangezogen wurde, mittelbar, weil das deutsche BGB Vorbild auch für weitere Kodifikationen war, an denen sich die chinesischen Gesetzesberatungen orientierten. An erster Stelle ist hier das während der Meiji-Ära ausgearbeitete und am 27. April 1896 verkündete japanische BGB zu nennen, das im wesentlichen auf den ersten Entwurf für das deutsche BGB von 1887 zurückging[37]. Daneben fanden bei der Ausarbeitung des ZGB vor allem das Schweizer Zivilgesetzbuch und Obligationenrecht sowie das russische, türkische und italienische Recht Aufnahme[38].

Ulrich Manthe erklärt die Übernahme des europäischen Rechts, insbesondere des deutschen Gesetzbuches, damit, dass „man es für das beste hielt", während politische Gründe keine Rolle gespielt hätten[39]. Sicherlich dürfte nicht nur die zeitliche Nähe zum Inkrafttreten des BGB, sondern auch dessen hohe juristische Qualität für seine besondere Berücksichtigung bei der Ausarbeitung des chinesischen ZGB eine große Rolle gespielt haben. Dennoch waren nicht allein wissenschaftliche Motive ausschlaggebend: Über Japan war in der Meiji-Ära der preußisch-deutsche Einfluss in Ostasien erheblich gestiegen. Die räumliche und kulturelle Nähe Japans zu China ließ es wiederum naheliegend erscheinen, dass chinesische Juristen zum Studium nach Japan gingen und dort mit der rezipierten deutschen Rechtslehre in Kontakt kamen[40]. So ist die Rezeption des deutschen BGB in China nicht allein dessen wissenschaftlicher Wertschätzung, sondern auch dem über Japan vermittelten deutschen Einfluss auf das juristische Denken in China zu verdanken.

Es überrascht daher nicht, dass sich im chinesischen ZGB nur wenige überkommene, typisch chinesische Rechtsinstitute finden. Lediglich das Grundstücks- sowie das Familien- und Erbrecht enthalten in nennenswertem Umfang alt-chinesische Normen, wohingegen im übrigen ausländische Einflüsse, vor allem des deutschen BGB, vorherrschen[41]. Anders als das deutsche BGB umfasste das chinesische ZGB aber nicht nur das „Bürgerliche Recht" im engeren Sinne, also Regelungen, die für alle Privatpersonen galten, sondern auch handelsrechtliche Normen, die als Sonderprivatrecht lediglich für Kaufleute Anwendung fanden. So beispielsweise das kaufmännische Zurückbehaltungsrecht nach § 929 chin. ZGB, die Bestimmungen über Prokura und Handlungsvollmacht, §§ 553 – 564 chin. ZGB, und die Vorschriften über das

[37] Bünger (1934, 22); Manthe (1987, 14).

[38] Bünger (1931, 260 f.); ders. (1934, 22); Manthe (1987, 14).

[39] Manthe (1987, 14); ähnlich auch Wang (1966, 347).

[40] Bünger (1934, 16).

[41] Bünger (1934, 15).

Kommissionsgeschäft, §§ 576 – 588 chin. ZGB[42]. Dem deutschen und japanischen Vorbild entsprechend, hatten auch die ersten beiden Entwürfe für ein chinesisches ZGB von 1911 und 1925 eine Trennung von Zivil- und Handelsrecht in jeweils eigene Kodifikationen vorgeschlagen. Politische Gründe gaben dann allerdings den Ausschlag dafür, dass während der Schlussberatungen in den Jahren 1928 bis 1930 eigentlich handelsrechtliche Bestimmungen in das ZGB aufgenommen wurden. Hauptmotiv für die Zentralisierung des Privatrechts in einer einheitlichen Kodifikation war die Annahme, dass die Unterscheidung von Zivil- und Handelsrecht eine Besonderheit europäischer Rechtstradition sei, die sich nicht auf China übertragen lasse, da sich hier nie ein besonderer Kaufmannsstand gebildet habe. Dahinter stand jedoch das politische Ziel der Guomindang, politische und soziale Gleichheit herbeizuführen, mit der die Etablierung eines besonderen Kaufmannsstandes, herbeigeführt durch die Schaffung eines eigenständigen Handelsrechts, nicht vereinbar gewesen wäre[43].

Auffällig ist jedoch, dass das chinesische ZGB trotz der Aufnahme des Handelsrechts im Vergleich zum BGB einen verhältnismäßig geringen Umfang aufweist: Mit 1225 Paragraphen ist das chinesische Gesetzbuch nur etwa halb so umfangreich wie das deutsche BGB. Dieser erstaunliche Befund erklärt sich nicht aus der naheliegenden Vermutung, der deutsche Gesetzgeber habe eine Reihe überflüssiger Bestimmungen in das BGB aufgenommen. Denn anders als eine Vielzahl heutiger Gesetzgebungswerke zeichnet sich das BGB, zumindest in seiner ursprünglichen Gestalt, gerade durch eine präzise und möglichst knappe Sprache aus.

Zutreffend ist allerdings, dass der chinesische Gesetzgeber einen Großteil der dispositiven Vorschriften nicht übernommen hat, da er der Ansicht war, für ein so großes Land wie China mit seinen damals rund 400 Millionen Einwohnern lasse sich ohnehin keine umfassende Kodifikation aller Lebensverhältnisse erreichen. Vielmehr müsse den unterschiedlichen örtlichen Gewohnheiten Rechnung getragen werden, die nicht durch dispositive oder gar zwingende Regelungen eines einheitlichen Kodex beseitigt werden dürften[44]. Aus dieser Überlegung folgte schließlich eine weitere Besonderheit des chinesischen ZGB: Das weitgehende Fehlen dispositiver Normen ließ trotz der umfassenden Kodifikation des Privatrechts breiten Raum für die Anwendung von Gewohnheitsrecht, dessen Bedeutung auch das ZGB in § 1 selbst hervorhob: Sofern sich keine gesetzliche Regelung eines bürgerlichrechtlichen Falls finde, war die Gewohnheit maßgebend – zugleich eines der wenigen Zugeständnisse

[42] Bünger (1934, 17 f.).
[43] Bünger (1934, 17).
[44] Bünger (1934, 21 f.); ders. (1931, 262).

an die Jahrhunderte alte chinesische Rechtstradition, die im Privatrecht ohnehin fast ausnahmslos gewohnheitsrechtliche Regelungen kannte.

II. Die fünf Bücher des ZGB

Im Übrigen lehnte sich das neue chinesische Privatrecht in Aufbau und Inhalt eng an das deutsche Vorbild an. Ebenso wie das deutsche BGB folgte das chinesische ZGB dem Pandektensystem, also der Aufteilung in einen Allgemeinen Teil, Schuld- und Sachenrecht sowie Familien- und Erbrecht. Ebenso übernahm das chinesische ZGB die wichtigsten Grundprinzipien des deutschen Rechts, wie beispielsweise Vertragsfreiheit, den numerus clausus der Sachenrechte sowie das Trennungs- und Abstraktionsprinzip[45].

1. Allgemeiner Teil

Wie auch dem deutschen BGB war dem chinesischen ZGB ein Allgemeiner Teil an die Spitze gestellt, der ebenfalls in sieben Abschnitte zerfiel. Allerdings verzichtete das chinesische ZGB zugunsten eines ersten Abschnittes über die Anwendung und Auslegung des Rechts (§§ 1 bis 5 chin. ZGB) auf einen eigenen Abschnitt über Sicherheitsleistung. Die weiteren Abschnitte gleichen mitunter wörtlich der deutschen Vorlage: Lediglich die Bestimmungen über den Vertrag, §§ 153 – 166 chin. ZGB, und über die Vollmachtserteilung, §§ 167 – 171 chin. ZGB, die im deutschen BGB im Allgemeinen Teil geregelt sind, wurden in der chinesischen Fassung dem zweiten Teil, dem Obligationenrecht, zugewiesen. Während diese Abweichung im Hinblick auf den Vertragsschluss dogmatisch bedenklich erschien – die schuldrechtlichen Regelungen der §§ 153 – 166 chin. ZGB waren systematisch nicht ohne weiteres auf die dingliche Einigung nach § 761 chin. ZGB anwendbar –, war die Einordnung der Vollmachtserteilung in das Schuldrecht konsequent: Zwar regelten die §§ 103 – 110 chin. ZGB die Vertretung im allgemeinen; durch die Einordnung der Vollmachtserteilung in das Schuldrecht unterstrich der chinesische Gesetzgeber jedoch die Abstraktheit der Vollmacht von dem zugrundeliegenden Kausalgeschäft und den Charakter der Vollmachtserteilung als Rechtsgeschäft. Ungewöhnlich ausführlich regelte das chinesische ZGB das Recht der juristischen Personen (§§ 25 – 65 chin. ZGB). Konsequenter noch als das deutsche BGB folgte das ZGB auch hier der Trennung zwischen Allgemeinem und Besonderem Teil: Den Regelungen über den Verein und die Stiftung (Teil 2 und 3) wurden auch hier allgemeine Bestimmungen über juristische Personen (Teil 1) vorangestellt, die nicht nur für den Verein und die Stiftungen, sondern darüber hinaus für alle juristischen Personen galten[46].

---

[45] Manthe (1987, 15).
[46] Bünger (1931, 263).

2. Obligationenrecht

Das zweite Buch des chinesischen ZGB enthielt, dem deutschen Vorbild folgend, das Obligationenrecht. Deutlicher noch als das BGB hob das chinesische ZGB allerdings schon im Aufbau die erneute Unterteilung in einen Allgemeinen und einen Besonderen Teil hervor: Während der erste Abschnitt allgemeine Bestimmungen enthielt, regelte der zweite Abschnitt einzelne Arten der Obligationen. Die Differenzierung zwischen einem Allgemeinen und einem Besonderen Teil ging sogar noch weiter: So war beispielsweise selbst dem 6. Titel des Allgemeinen Teils über das Erlöschen der Obligationen ein Allgemeiner Teil vorangestellt, der gemeinsame Bestimmungen für Erfüllung, Hinterlegung, Aufrechnung, Erlass und Konfusion enthielt.

a. Der Allgemeine Teil des Obligationenrechts

Der erste Titel des Allgemeinen Teils regelte in §§ 153 – 198 chin. ZGB das Entstehen der Obligation und unterschied hierbei in klarer dogmatischer Abgrenzung zwischen vertraglichen und gesetzlichen Schuldverhältnissen. Deutlicher als das deutsche BGB sprach § 153 chin. ZGB aus, dass ein Vertrag geschlossen war, wenn die Parteien gegenseitig ausdrücklich oder stillschweigend ihren übereinstimmenden Willen erklärt hatten. Auf die weiteren Regelungen des Vertragsschlusses und der Vollmachtserteilung folgten konsequenterweise die Bestimmungen über die Geschäftsführung ohne Auftrag, §§ 172 – 178, die ungerechtfertigte Bereicherung, §§ 179 – 183, und die unerlaubten Handlungen, §§ 184 – 198 chin. ZGB.

Auch bei den Regelungen der gesetzlichen Schuldverhältnisse handelte es sich um eine fast wörtliche Übernahme des deutschen Vorbildes. Selbst wenn auf den ersten Blick vermeintlich Unterschiede auszumachen sind – so etwa in § 179 chin. ZGB, der dem § 812 BGB entsprach und keine ausdrückliche Unterscheidung zwischen Leistungs- und Nichtleistungskondiktion enthielt – hatten diese ihre Ursache oftmals nur in einer unterschiedlichen Formulierung. So ergab sich im genannten Beispiel auch für das chinesische Zivilgesetzbuch aus den in § 180 chin. ZGB enthaltenen Kondiktionsausschlussgründen zumindest implizit eine Unterscheidung zwischen Leistungs- und Nichtleistungskondiktion.

Der dritte Titel des allgemeinen Teils über die Wirkungen der Obligation regelte in erster Linie das Recht der Leistungsstörungen. Wie nach den Bestimmungen des BGB war ein auf eine unmögliche Leistung gerichteter Vertrag nichtig (§ 246 chin. ZGB). Trat die Unmöglichkeit erst nach Vertragsschluss ein, so wurde der Schuldner nach § 225 chin. ZGB von der Leistungsverpflichtung frei, hatte aber nach § 226 chin. ZGB Schadensersatz zu leisten, sofern er die Unmöglichkeit zu vertreten hatte. Anstelle des Schadensersatzes konnte der Gläubiger nach § 256 chin. ZGB auch vom Vertrag zurücktreten. Hatte der Schuldner die Unmöglichkeit nicht zu vertreten, so wurde beim gegenseitigen Vertrag der Gläubiger nach § 266 chin. ZGB von der Verpflichtung zur Erbringung der Gegenleistung frei.

b. Der Besondere Teil des Obligationenrechts

Der zweite Abschnitt des Obligationenrechts behandelte schließlich einzelne Arten der Obligation, an erster Stelle den Kaufvertrag, dem in 23 weiteren Titeln die übrigen bekannten vertraglichen Schuldverhältnisse folgten. Dem deutschen Vorbild entsprachen dabei im wesentlichen die Titel über Kauf, Tausch, Schenkung, Miete, Leihe, Dienstvertrag, Werkvertrag, Auftrag, Maklervertrag, Verwahrung, Gesellschaft, Anweisung, Inhaberschuldverschreibung, Leibrente, Vergleich und Bürgschaft[47]. Chinesische Besonderheiten bestanden in der Einbeziehung handelsrechtlicher Regelungen in den zweiten Abschnitt, so etwa bei den Bestimmungen über Kontokorrent (3. Titel), Prokura und Handlungsvollmacht (11. Titel), Kommissionsgeschäft (13. Titel), Lagergeschäft (15. Titel), Beförderungsgewerbe (16. Titel), Spedition (17. Titel) und Stille Gesellschaft (19. Titel). Mit dem Verlagsgeschäft kam im 9. Titel schließlich ein Schuldverhältnis hinzu, das im deutschen Recht durch ein besonderes Gesetz geregelt war[48].

Eine weitere Besonderheit bot das kaufrechtliche Gewährleistungsrecht: Wie auch nach deutschem Recht haftete nach § 354 chin. ZGB der Verkäufer einer Sache dem Käufer für die Mangelfreiheit der Kaufsache zum Zeitpunkt des Gefahrübergangs. Ist der Kauf für beide Seiten ein Handelsgeschäft, so hat nach § 377 des deutschen HGB der Käufer die Ware unverzüglich nach deren Ablieferung zu untersuchen und dem Verkäufer einen eventuell auftretenden Mangel unverzüglich anzuzeigen. Unterlässt der Käufer die Anzeige, so verliert er nach § 377 II HGB seine Gewährleistungsrechte.

Eine solche Käuferobliegenheit zur unverzüglichen Untersuchung der Ware und Anzeige eines Mangels, die nach deutschem Recht nur für Kaufleute galt, statuierte § 356 chin. ZGB, hierin dem schweizerischen Vorbild folgend, für jeden Kauf. Damit kam das chinesische ZGB nicht nur den Verkäuferinteressen weit entgegen, sondern verlangte auch dem Käufer mehr Aufmerksamkeit und Geschäftsgewandtheit ab als das deutsche Recht.

[47] Bünger (1931, 264).
[48] Bünger (1931, 264).

3. Sachenrecht

Das dritte Buch des chinesischen ZGB enthielt das Sachenrecht. Anders als das deutsche BGB stellte das chinesische ZGB auch den sachenrechtlichen Regelungen einen allgemeinen Teil voran. Dieser regelte insbesondere den *numerus clausus* der Sachenrechte (§ 757 chin. ZGB) und die Übertragung von Rechten an beweglichen Sachen (§ 761 chin. ZGB). Zugleich enthielt § 761 chin. ZGB neben dem Traditionsprinzip implizit auch das vor allem dem deutschen Recht eigentümliche Trennungs- und Abstraktionsprinzip: Zur Übertragung eines dinglichen Rechts an einer beweglichen Sache war damit nicht nur die Übergabe der Sache, sondern auch die Einigung über die Eigentumsübertragung erforderlich. Das dingliche Verfügungsgeschäft war demnach nicht nur von dem zugrundeliegenden schuldrechtlichen Verpflichtungsgeschäft zu trennen, sondern auch in seinem Bestand von dem Kausalgeschäft unabhängig[49]. Anders als etwa nach dem Einheitsprinzip des Code Civil ging mit dem Abschluss des Kaufvertrages das Eigentum an der verkauften Sache noch nicht auf den Erwerber über. Dies ergab sich auch schon aus § 348 chin. ZGB, der als Rechtsfolge des Kaufvertrages lediglich die Verpflichtung des Verkäufers zur Eigentumsübertragung aussprach.

Auch der gutgläubige Eigentumserwerb vom Nichtberechtigten war nach §§ 801, 948 chin. ZGB möglich. Der Eigentümer konnte nach § 949 chin. ZGB die Sache aber dann von dem Erwerber zurückverlangen, wenn sie ihm gestohlen worden war oder er sie verloren hatte und er sein Verlangen innerhalb von zwei Jahren nach dem Verlust stellte. Allerdings sah § 950 chin. ZGB – anders als § 935 BGB – keine entschädigungslose Vindikation des Eigentümers vor, wenn der Erwerber die gestohlene oder verlorene Sache auf einem öffentlichen Markte oder von einem Kaufmann gutgläubig gekauft hatte. Dann hatte der Erwerber die Sache dem Eigentümer nur gegen Erstattung des von ihm gezahlten Kaufpreises herauszugeben[50].

Eine typisch chinesische Besonderheit stellte schließlich das im 8. Abschnitt geregelte *dian* dar, das *Bünger* mit Antichrese (Nutzpfand) übersetzt[51]. Nach § 911 chin. ZGB war *dian* das Recht, gegen Zahlung einer Pfandsumme eine fremde unbewegliche Sache in Besitz zu nehmen, sie zu gebrauchen und ihre Erträge zu gewinnen. Das *dian* geht in seiner Entstehung auf die ursprüngliche prinzipielle Unveräußerlichkeit des Grundeigentums zurück. Zur vorübergehenden Geldbeschaffung standen dem Grundeigentümer nach altem chinesischen Recht zwei Möglichkeiten zur Verfügung: Der Verkauf des Grundstücks verbunden mit einem Wiederkaufsrecht (*dian-mai*) und die Verpfändung

[49] Manthe (1987, 27).

[50] Vgl. dazu auch Manthe (1987, 28).

[51] Bünger (1934, 236); ders. (1931, 265).

(*dian-dang*)[52]. In beiden Fällen war der Gläubiger zum Besitz und zur Nutzung des Grundstücks ebenso berechtigt wie zur Weitervermietung und zur Übertragung seines Rechtes. Der Unterschied zwischen beiden Rechtsinstituten bestand hauptsächlich darin, dass der ursprüngliche Eigentümer beim *dian-mai* sein Eigentum verlor, er sein „Pfand" aber innerhalb einer Frist von 10 Jahren wieder auslösen konnte.

Das chinesische ZGB hat im wesentlichen die Regelungen des *dian-dang* übernommen. Das Eigentum verblieb demnach dem Schuldner, der Gläubiger erhielt jedoch neben dem Recht zum Besitz und zur Nutzung des Grundstücks nach § 919 chin. ZGB ein Vorkaufsrecht. Darüber hinaus erwarb er das Eigentum an dem Grundstück, wenn der Schuldner nicht rechtzeitig – zwei Jahre nach Ablauf der vereinbarten Dauer oder, bei Fehlen einer solchen Vereinbarung, spätestens 30 Jahre nach der Bestellung des *dian* – sein Pfand „auslöste"[53].

4. Familien- und Erbrecht

Anders als die ersten drei Bücher des chinesischen BGB folgten die Regelungen des Familien- und Erbrechts nicht in gleichem Maße ausländischen Vorbildern[54].

Auch zu Beginn des 20. Jahrhunderts basierte die chinesische Familien- und Gesellschaftsstruktur noch immer auf agrarischen und patriarchalischen Grundlagen. Während dem „pater familias" als Familienoberhaupt nahezu unumschränkte väterliche und häusliche Gewalt über die Familienmitglieder zukam, war die Frau nicht einmal als Person sui juris anerkannt[55]. Sie war demnach nicht erbberechtigt, hatte aber unter Umständen eine Nebenfrau zu dulden; ihr Ehebruch war Scheidungsgrund, wohingegen ihr der Ehebruch des Mannes kein Recht zur Scheidung gab[56].

Diese archaische Familienverfassung versuchte das neue Gesetzbuch durch eine Stärkung der individuellen Rechte und der Loslösung des Individuums aus der familiären Unterordnung zu überwinden. Da hierbei mit erheblichen Widerständen gerechnet werden musste, hatte der Gesetzgeber erwogen, die Einführung des neuen Familienrechts zugunsten einer Übergangsphase aufzuschieben, um die Anpassung an die neuen Regelungen zu erleichtern[57]. Letzt-

[52] Bünger (1934, 72 f.).
[53] Bünger (1934, 73 f.).
[54] Bünger (1931, 266); ders. (1934, 79); anders Wang (1966, 344 f. und 349), der die Ansicht vertritt, der Einfluss des fremden Rechts mache sich besonders stark im Familien- und Erbrecht geltend.
[55] Bünger (1934, 79).
[56] Bünger (1934, 79).
[57] Bünger (1934, 78).

lich entschied sich der Gesetzgeber jedoch dafür, auch das Familienrecht neu zu regeln, dabei aber auf die besonderen Verhältnisse des bisherigen Rechts Rücksicht zu nehmen. So fanden beispielsweise nach dem Vorbild des japanischen Rechts Bestimmungen über die Hausgemeinschaft (§§ 1122 – 1128 chin. ZGB) Aufnahme. Danach hatte der Kreis der Verwandten, die zum Zwecke der dauernden Lebensgemeinschaft zusammenwohnten (Hausgemeinschaft), einen Hausältesten zu bestimmen, dem die Führung der Geschäfte der Hausgemeinschaft oblag.
Ebenso wie die familienrechtlichen Regelungen ließen auch die knappen erbrechtlichen Bestimmungen in nur 88 Paragraphen viel Raum für bestehende Gewohnheiten, ohne sich an einem bestimmten ausländischen Vorbild zu orientieren[58]. Dennoch führte auch das neue Erbrecht von 1931 zu zahlreichen Neuerungen: So war beispielsweise dem alten chinesischen Recht das Testament unbekannt, das im dritten Abschnitt des fünften Buches (§§ 1186 – 1225 chin. ZGB) eine ausführliche Regelung fand. Der Unterschied zum deutschen Recht zeigte sich dabei aber schon in der Form des Testaments, das nach §§ 1189 chin. ZGB neben der eigenhändigen und öffentlichen Errichtung auch geheim, durch Überreichung an einen Notar (§ 1192), durch Diktat (§ 1194) und im Notfall mündlich (§ 1195 chin. ZGB) errichtet werden konnte.

III. Die Tropfen „sozialen Öls“ im chinesischen ZGB

1. Privatautonomie und soziale Gerechtigkeit im BGB und ZGB

Schon der erste Entwurf des deutschen BGB hatte erheblichen Widerspruch hervorgerufen. Kritik kam vor allem von dem sozialistischen Wiener Professor Anton Menger und dem Germanisten Otto von Gierke. Während Gierke vor allem die Ausrichtung des BGB an den römisch-rechtlichen Grundlagen bemängelte und von einem in „Gesetzesparagraphen gegossenen Pandektenkompendium“ sprach kritisierte Menger insbesondere die seiner Meinung nach eklatante Benachteiligung der besitzlosen Volksklassen durch das neue „bürgerliche Recht“[59].
In der Tat basiert das BGB im wesentlichen auf dem individualistischen römischen Recht und den liberalen Staats- und Rechtsvorstellungen des 19. Jahrhunderts, die ihren Ausdruck beispielsweise in Privatautonomie, der Freiheit des Eigentums und der Testierfreiheit finden. Das BGB orientiert sich damit vor allem an den Interessen der bürgerlichen Wirtschaftsgesellschaft, weniger

---

[58] Bünger (1934, 89).
[59] Vgl. dazu Eisenhardt (2004, Rn. 577).

hingegen an den Bedürfnissen der unselbständigen Lohnarbeiter[60]. Nur vereinzelt trägt das BGB sozialen Anliegen Rechnung, was schon *Gierke* zu der nüchternen Feststellung veranlasste, das BGB sei lediglich „mit einem Tropfen sozialen Öls“ gesalbt.

In welcher Weise aber bemühte sich der chinesische Gesetzgeber um einen Ausgleich zwischen den individualistischen Grundlagen des BGB und den sozialen Forderungen? *Ping-Sheung Foo* ist der Ansicht, die chinesische Republik habe bei der Kodifizierung des bürgerlichen Rechts der Lehre vom „sozialen Wohlergehen“ großen Wert beigelegt. So habe sich der Gesetzgeber neben der Vereinigung des bürgerlichen Rechts mit dem Handelsrecht vor allem um die Aufnahme wichtiger sozialer Grundsätze bemüht[61]. In der Tat enthielt das chinesische ZGB eine Reihe von Regelungen, die dem Schutz des wirtschaftlich schwächeren Vertragspartners und der Gleichberechtigung der Rechtssubjekte dienten. Das chinesische Recht folgte zwar auch hier in weiten Teilen dem deutschen Vorbild, ging in einzelnen Regelungen aber über den „sozialen Schutzgehalt“ des BGB hinaus.

Dem § 138 BGB entsprach zunächst die Vorschrift des § 74 chin. ZGB, demzufolge

> *„ein Rechtsgeschäft, durch das unter der Ausbeutung der Notlage, des Leichtsinns oder der Unerfahrenheit eines anderen eine vermögenswerte Leistung bewirkt oder vereinbart wurde, die nach der Sachlage zu der betreffenden Zeit offenbar unbillig ist, […] aufgehoben“*

oder die betreffende Leistung herabgesetzt werden konnte. § 148 chin. ZGB enthielt das Schikaneverbot, das sich auch in § 226 BGB findet: Danach war die Ausübung eines Rechts mit dem wesentlichen Zweck, einem anderen zu schaden, unzulässig. Ebenso wie das deutsche BGB gewährte § 765 chin. ZGB schließlich dem Eigentümer nur das Recht, im Rahmen der gesetzlichen Grenzen, mit seiner Sache nach Belieben zu verfahren, sie also zu gebrauchen, zu nutzen, über sie zu verfügen und andere Personen auszuschließen.

2. Besondere schuldnerfreundliche Regelungen des ZGB

Allerdings enthielt das chinesische Zivilgesetzbuch eine Reihe darüber hinausgehender schuldnerfreundlicher Normen[62]: Im Gleichklang mit § 276 BGB regelte § 220 chin. ZGB zunächst die Verantwortlichkeit des Schuldners, der für vorsätzliches und fahrlässiges Handeln haftete. Im Unterschied zum deutschen Recht machte § 220 chin. ZGB die Haftung des Schuldners jedoch von den jeweiligen Umständen des Einzelfalles abhängig, was nichts anderes be-

---

[60] Eisenhardt (2004, Rn. 582).
[61] Foo (1931, 268).
[62] Ähnlich auch Wang (1966, 348).

deutete, als dass der Richter nach eigenem Ermessen den Grad des Verschuldens zu ermitteln hatte[63]. Darüber hinaus ordnete § 220 S. 2, 2. HS chin. ZGB an, dass eine leichtere Haftung eintrat, wenn der Schuldner keinen Vorteil aus der schuldhaften Handlung gewonnen hatte. Mit den genannten Regelungen war daher eine im Vergleich zum deutschen Recht erhebliche Haftungsprivilegierung des Schuldners verbunden.

Noch weitergehende, im alten chinesischen Rechtsdenken begründete Regelungen zugunsten des Schuldners enthielten die §§ 217 und 218 chin. ZGB. Nach § 217 chin. ZGB war, wie auch nach § 254 BGB, das Mitverschulden des Beschädigten bei der Beurteilung des Schadensumfanges zu berücksichtigen. Allerdings war es nach § 217 chin. ZGB ausdrücklich in das Ermessen des Gerichts gestellt, den Betrag des Ersatzes herabzusetzen oder den Ersatz ganz zu erlassen[64]. Noch weitergehend gab jedoch § 218 chin. ZGB dem Gericht die Möglichkeit, den Betrag des Schadensersatzes unabhängig von einem Mitverschulden des Beschädigten zu mindern, sofern dem Schädiger nur leichte Fahrlässigkeit vorzuwerfen war und „die Ersatzleistung den Lebensunterhalt des Schadensersatzpflichtigen schwer beeinträchtigen würde". § 218 chin. ZGB, für den kein deutsches Vorbild bestand, machte also die Höhe des Schadensersatzes von der persönlichen Leistungsfähigkeit des Schuldners abhängig[65] – eine Regelung, die einerseits zwar dem in eine wirtschaftliche Notlage geratenen Schuldner zugute kam, die aber andererseits eine unfaire Risikoverschiebung zu Lasten des Gläubigers mit sich brachte. Denn der Geschädigte konnte nur mit dem vollständigen Ersatz des ihm entstandenen Schadens rechnen, wenn die Lebensverhältnisse des Schädigers dies nach Ansicht des Gerichts erlaubten, ohne dass ein Grund ersichtlich war, warum dem Geschädigten das Insolvenzrisiko des Schädigers aufgebürdet wurde. Auch § 318 chin. ZGB stärkte die Position des Schuldners[66]: Während nach § 266 BGB der Schuldner im gesetzlichen Regelfall nicht zu Teilleistungen berechtigt war, gab § 318 chin. ZGB ihm die Möglichkeit, bei Gericht einen Erfüllungsaufschub oder die ratenweise Begleichung seiner Schuld zu beantragen. Während das deutsche Recht demnach den Gläubiger vor der Belästigung durch mehrfache Leistungen schützt und Teilleistungen nur in engen Ausnahmefällen nach § 242 BGB gestattet[67], gab das chinesische Recht den Interessen des Schuldners den Vorzug: Sofern der Gläubiger durch einen Erfüllungsaufschub oder eine Teilleistung nicht übermäßig benachteiligt wurde, konnte die „Lage" des Schuldners dessen Antrag nach § 318 chin. ZGB recht-

[63] Foo (1931, 272).
[64] Foo (1931, 271).
[65] Siehe dazu Manthe (1987, 14); Wang (1966, 348); Foo (1931, 271).
[66] Auch hierzu siehe Manthe (1987, 14); Wang (1966, 348); Foo (1931, 272 f.).
[67] Palandt/*Heinrichs* (2004, § 266 Rn. 1 und 8).

fertigen. Mit dieser Regelung, die in zahlreichen unbestimmten Rechtsbegriffen viele Fragen offen ließ, war jedoch dem Schuldner stets die Möglichkeit gegeben, sich einer pünktlichen Leistung zu entziehen: Insbesondere dann, wenn der Schuldner aufgrund seiner finanziellen „Lage" kaum im Stande war, seine Verpflichtung zu erfüllen, konnte das Gericht auf seinen Antrag zum Nachteil des Gläubigers eine Teilleistung oder einen Erfüllungsaufschub anordnen. Der Gläubiger eines Schuldners, der sich in verantwortungsloser oder gar vorsätzlicher Weise seiner Leistungsverpflichtung entzog, hatte dann die sich daraus ergebenden Folgen zu tragen, sofern er dadurch „nicht übermäßig benachteiligt" wurde. Da jedoch kaum einzusehen ist, warum dem Gläubiger die sich aus einem Leistungsverzug des Schuldners ergebenden Nachteile aufgebürdet werden sollten, war in der Regelung des § 318 chin. ZGB eine unangemessene Benachteiligung des Gläubigers zu sehen, die einem fairen Interessenausgleich zwischen Schuldner und Gläubiger wenig dienlich war.

Eine weitere Privilegierung des Schuldners, die nur dem gemeinen Recht, nicht aber auch dem deutschen Recht bekannt war, bot § 457 chin. ZGB dem Pächter eines landwirtschaftlichen Grundstücks[68]. Infolge häufiger Naturkatastrophen waren Ernteausfälle durch „höhere Gewalt" in China keine Seltenheit. Da die Mehrheit der Bauern bei der Zahlung des Pachtzinses auf die jährlichen Ernteerträge angewiesen war, musste sie ein durch „höhere Gewalt" bedingter Ernteausfall in eine existenzgefährdende Lage bringen[69]. Daher gab § 457 chin. ZGB dem Pächter eines landwirtschaftlich genutzten Grundstücks das Recht, Herabsetzung oder Erlass des Mietzinses zu verlangen, wenn die Ertragsgewinnung infolge höherer Gewalt vermindert wurde oder vollkommen aufhörte.

Jedoch musste auch diese gut gemeinte Bestimmung zu erheblichen Schwierigkeiten führen: So konnte einerseits der Pächter unter Berufung auf „höhere Gewalt" die Herabsetzung oder gar den Erlass des Pachtzinses auch dann verlangen, wenn die Ernte aufgrund ungünstiger Witterungsbedingungen schlecht ausgefallen war. Damit war ein jährlicher Streit um die Höhe des zu entrichtenden Pachtzinses vorprogrammiert, da der Pächter stets behaupten konnte, die Ernte sei wegen schlechten Wetters nicht wie erwartet ausgefallen. Zudem konnte sich die Frage ergeben, ob ein Ernteausfall tatsächlich auf „höherer Gewalt" beruhte oder nicht vielleicht auf eine mangelhafte Bestellung des Bodens zurückzuführen war.

Andererseits ist nicht einzusehen, warum der Verpächter eines Grundstücks die Gefahr tragen sollte, dass aus der Nutzung des Grundstücks, die er ja gerade in Erfüllung seiner Hauptleistungspflicht dem Pächter zu verschaffen

[68] Siehe dazu Manthe (1987, 14); Foo (1931, 273 f.).
[69] Vgl. dazu Foo (1931, 273 f.).

hatte, kein oder ein nur unzureichenden Ertrag zu erzielen war. Auch hier bestand keine faire Risikoverteilung, wenn der Pächter zwar den Gewinn aus der Grundstücksnutzung ziehen konnte, bei einem Ausbleiben des Gewinns aber den Pachtzins nicht zu entrichten brauchte.

Das chinesische ZGB ging demnach in einzelnen Bestimmungen zum Schutz des wirtschaftlich vermeintlich schwächeren Vertragspartners über das deutsche Vorbild hinaus. Allerdings ist ebenso festzuhalten, dass derart politisch motivierte Regelungen einem gerechten Interessenausgleich oftmals zuwider liefen und dadurch kaum geeignet waren, dem Rechtsfrieden zu dienen.

C. Die weitere Entwicklung des chinesischen Privatrechts

I. Das chinesische ZGB zwischen Krieg und Bürgerkrieg

Anders als dem deutschen Vorbild war dem chinesischen ZGB, bedingt durch endogene wie durch exogene Faktoren, kein dauerhafter Erfolg beschieden[70]. Nachteilig auf die Akzeptanz des neuen Gesetzbuches wirkte sicherlich bereits die Tatsache, dass China das neue Recht durch die Westmächte aufgezwungen worden war. Es handelte sich nicht um die Weiterentwicklung chinesischer Rechtstraditionen, sondern um die Übernahme westlicher Normen und der dahinter stehenden Werte. So war nicht nur der äußere Zwang, sondern auch der Inhalt des neuen Gesetzbuches geeignet, in ihm einen Kolonialisierungsversuch der Westmächte zu sehen. Allerdings ließ ein Rückblick auf die chinesische Geschichte die Erwartung zu, das neue Recht werde eine Assimilation an die chinesischen Verhältnisse erfahren – es wäre schließlich nicht das erste Mal gewesen, dass die Chinesen ihnen aufgezwungene fremde Kulturelemente verändert und ihren Wertvorstellungen angepasst hätten[71].

Es mussten daher weitere Umstände hinzukommen, die der Einführung des neuen Rechts hindernd im Wege standen. *Bünger* nennt als einen wesentlichen Faktor die überhastete Abfassung des neuen Gesetzbuches, die zu manchen Ungereimtheiten geführt habe[72]. Hinzu kam, dass der chinesische Gesetzgeber bei der Übernahme der deutschen juristischen Fachausdrücke – deren sich nicht wenige im BGB finden – oftmals darauf angewiesen war, einen neuen chinesischen Ausdruck zu kreieren. Die so entstandenen Wortneuschöpfungen waren jedoch der Umgangssprache fast immer unbekannt, was dazu führte, dass die neue Rechtssprache dem Laien unverständlich war und auch auf längere Sicht unverständlich bleiben musste[73]. Doch nicht nur diese Sprach-

---

[70] Manthe (1987, 15); Bünger (1980, 445).

[71] Man denke nur an die Erfahrungen der Yuan- und Qing-Dynastie, vgl. dazu Bünger (1931, 258).

[72] Bünger (1980, 446).

[73] Bünger (1934, 23).

barriere verhinderte eine allgemeine Akzeptanz des neuen ZGB. Hinzu kam, dass durch die Übernahme eines fremden Rechts auf der einen Seite die bisherige juristische Literatur zum alten Recht mit einem Schlage überholt war, auf der anderen Seite aber keine aktuellen Lehrbücher oder Entscheidungssammlungen vorhanden waren, die zu einem leichteren Verständnis des abstrakten und fremden Gesetzestextes hätten beitragen können[74]. Darüber hinaus hatte sich unter der Geltung des alten chinesischen Rechts kein eigener Juristenstand etabliert. Das Recht wurde vielmehr traditionell von den in der konfuzianischen Sittenlehre geschulten Beamten angewendet, so dass das rezipierte Recht im Rechtsbewusstsein der Chinesen auch aus diesem Grund nur schwerlich Aufnahme fand[75].

Von diesen eher formalen Hindernissen abgesehen, standen jedoch auch inhaltliche Defizite einer erfolgreichen Aufnahme des ausländischen Rechts in China entgegen. So konstatiert bereits *Manthe*, das rezipierte ausländische Recht sei den Bedürfnissen der chinesischen Gesellschaft nicht genügend entgegengekommen, zum einen, weil es eher die Bedürfnisse der städtischen Bevölkerung als die der Bauern berücksichtigt habe, zum anderen, weil es die sozialen Ungerechtigkeiten in der halbkolonialen und wenig industrialisierten chinesischen Republik weiter verschärft habe[76]. Insbesondere habe die privatautonome Aushandlung der Verträge, von der das neue Zivilgesetzbuch im Grundsatz ausgegangen sei, nicht der Wirklichkeit entsprochen, diktierten doch die ausländischen Investoren den Chinesen die Vertragsbedingungen ebenso wie Arbeitgeber den Arbeitnehmern und Grundbesitzer den Landpächtern[77].

Obwohl das neue Zivilgesetzbuch in seinen egalisierenden Tendenzen über das deutsche BGB hinaus ging und der chinesische Gesetzgeber um die Herstellung sozialer Gerechtigkeit bemüht war, blieben diese Ansätze doch hinter den realen gesellschaftlichen Bedürfnissen zurück. In der Tat waren die verschiedenen Tropfen „sozialen Öls", die das chinesische ZGB enthielt, in einer zunehmend vom Klassenkampf geprägten Atmosphäre nicht geeignet, den sozialen Frieden entscheidend zu fördern. Im Gegenteil: Die unreflektierte Übernahme einer auf Privatautonomie und Eigenverantwortlichkeit gegründeten Rechtsordnung überforderte die Mehrheit der Bevölkerung, die familiäre und wirtschaftliche Abhängigkeit gewohnt war, und verschärfte dadurch die gesellschaftlichen Spannungen weiter.

Zu diesen der Rezeption des ausländischen Rechts immanenten Schwierigkeiten kamen schließlich äußere Faktoren hinzu, die eine kontinuierliche Rechts-

---

[74] Manthe (1987, 15).

[75] Wang (1966, 350 f.); Betz/Lautenschlager (1929, 328 f.).

[76] Manthe (1987, 15).

[77] Manthe (1987, 15).

entwicklung behinderten[78]: Schon vor dem Inkrafttreten des neuen Zivilgesetzbuches hatten die Auseinandersetzungen zwischen der Kommunistischen Partei Chinas (KPCh), die in der Provinz Jiangxi ihr Basisgebiet hatte, und den Truppen Jiang Kaisheks begonnen. In den 30er Jahren weitete sich der Konflikt schließlich zum Bürgerkrieg aus. Nur wenige Monate nachdem mit dem Familien- und Erbrecht die beiden letzten Bücher des neuen Zivilgesetzbuches in Kraft getreten waren, besetzten zudem japanische Truppen die Mandschurei[79], woraufhin 1937 der chinesisch-japanische Krieg begann, der erst 1945 mit der Kapitulation Japans endete. In dieser von Krieg und Bürgerkrieg, von Unruhen und Fremdherrschaft geprägten Zeit war eine nachhaltige Aufnahme des rezipierten Privatrechts nicht zu erwarten.
Schließlich musste die Übertragung des deutschen bzw. europäischen Rechts nach China an strukturellen Differenzen scheitern. Damals wie heute erlag man einem Irrglauben, wollte man westliche Werte und Wertvorstellungen nach China transferieren. Ein solcher Versuch, damals von China selbst, heute von der westlichen Welt aus unternommen, musste nicht nur China, sondern auch die zu transferierenden Werte überfordern: China, weil die rezipierten Normen und Werte mit den historisch gewachsenen Gesellschaftsrealitäten nicht in Einklang zu bringen waren; die westlichen Werte, weil sie weder die Größe des Landes und seiner Bevölkerung, noch die chinesische Kultur in ihrer Vielfalt zu erfassen vermochten.

II. Das Privatrecht in der Volksrepublik China

Nach dem Ende des Krieges gegen Japan brach der chinesische Bürgerkrieg zwischen Kommunisten und Guomindang wieder aus. Nach dem Sieg der Volksbefreiungsarmee über die Truppen Jiang Kaisheks proklamierte Mao Zedong am 1. Oktober 1949 die Gründung der Volksrepublik China. Schon zwei Tage zuvor, am 29. September 1949, hatte die neue provisorische Verfassung in Art. 17 die Aufhebung aller republikanischer Gesetze angeordnet, zu denen auch das Zivilgesetzbuch von 1929/31 zählte[80].
Seit 1949 galt in China keine Gesamtkodifikation des bürgerlichen Rechts. Lediglich in einigen Verordnungen und Durchführungsbestimmungen waren vereinzelt privatrechtliche Normen enthalten, im wesentlichen griff man zur Regelung der Privatrechtsverhältnisse auf althergebrachtes Gewohnheitsrecht zurück. Die fehlenden Bemühungen um eine erneute Kodifizierung des bürgerlichen Rechts waren in erster Linie politisch motiviert: Einerseits lehnte Mao das bürgerliche Recht als Recht der kapitalistischen Gesellschaft über-

---

[78] Ähnlich auch Wang (1966, 351).
[79] Gernet (1988, 534 f.).
[80] Münzel (1982, 6); Manthe (1987, 16); Bünger (1980, 447); Süß (1991, 20).

haupt ab; andererseits galten, insbesondere während der Kulturrevolution, die Schriften der marxistischen Klassiker als wichtigste Rechtsquelle[81]. Sogar über die künftige Abschaffung des Kaufvertrages, der als Nährboden für Kapitalismus und Bourgeoisie angesehen wurde, dachte man nach[82].

Erst nach dem Tod Maos 1976 leitete das Zentralkomitee der KPCh eine Reformpolitik ein, die insbesondere auf wirtschaftlichem Gebiet zu einer Abwendung von der Planwirtschaft führen sollte. Die damit verbundene marktwirtschaftliche Öffnung des Landes machte zugleich eine Reform des Wirtschafts- und Zivilrechts erforderlich. Zwar setzte die Regierung 1979 eine Kommission zur Ausarbeitung eines Entwurfes für ein bürgerliches Gesetzbuch ein[83], doch wurde dieser Plan wenige Jahre später angesichts der zuvor erforderlichen umfassenden Wirtschaftsreformen wieder fallen gelassen[84]. Statt dessen traten zunächst eine Reihe von Einzelgesetzen in Kraft: 1979 das Gemeinschaftsunternehmensgesetz, 1980 das neue Ehegesetz, 1981 und 1985 das Wirtschaftsvertrags- bzw. das Außenwirtschaftsvertragsgesetz, 1982 das Warenzeichengesetz und die Zivilprozessordnung, 1984 das Patentgesetz sowie 1985 das Erbrechtsgesetz[85].

Am 15. April 1986 verabschiedete schließlich der Nationale Volkskongress die „Allgemeinen Grundsätze des Bürgerlichen Rechts der Volksrepublik China", die am 1. Januar 1987 in Kraft traten[86]. In Begriffsbildung, Systematik und Methode dem ersten Buch des deutschen BGB vergleichbar, regeln die „Allgemeinen Grundsätze" den allgemeinen Teil des Bürgerlichen Rechts[87]. Dieser ersten Teilkodifikation des bürgerlichen Rechts folgten in den nächsten Jahren weitere Einzelgesetze: 1991 ein neues Zivilprozessgesetz, 1993 ein Gesetz gegen unlauteren Wettbewerb und ein Gesellschaftsgesetz, das insbesondere das Recht der GmbH und der Aktiengesellschaft regelte, 1995 ein Wechsel- und Scheckgesetz und 1999 schließlich ein Vertragsgesetz[88], das seit dem 1. Oktober 1999 gilt und gleichzeitig das Wirtschaftsvertrags- und das Außenwirtschaftsvertragsgesetz außer Kraft setzte. Das Vertragsgesetz, unterteilt in einen Allgemeinen und einen Besonderen Teil, folgt in seinem Aufbau dem Pandektensystem und enthält in 428 Paragraphen eine Reihe altbekannter schuldrechtlicher Regelungen. Durch Systematik und Begrifflichkeit des neuen Vertragsgesetzes knüpft auch die Volksrepublik China damit an die Tradition

[81] Manthe (1987, 16).
[82] Manthe (1987, 18).
[83] Scheil (1999, 10).
[84] Manthe (1987, 22); Süß (1991, 24).
[85] Manthe (1987, 17); Scheil (1999, 10); Süß (1991, 24).
[86] Vgl. dazu Münzel (1986, 288–311).
[87] Manthe (1987, 22).
[88] Dazu ausführlich Scheil (1999)

des kontinentaleuropäischen Zivilrechts an[89]. Nach turbulenten und kodifikationsfeindlichen Jahrzehnten erlebt so das chinesische Zivilgesetzbuch von 1929/31 und damit auch das deutsche BGB in der neueren chinesischen Privatrechtsentwicklung eine Renaissance.

[89] Scheil (1999, 10).

Literaturverzeichnis

Betz, H./Lautenschlager H. (1929): „China", in: Schlegelberger F. (Hrsg.): Rechtsvergleichendes Handwörterbuch für das Zivil- und Handelsrecht, Berlin, S. 328–391.

Bünger, K. (1931): „Das neue chinesische BGB. Seine Entstehungsgeschichte und Systematik", in: Blätter für internationales Privatrecht, Leipzig, München, Sp. 257–267.

ders. (1934): *Zivil- und Handelsgesetzbuch sowie Wechsel- und Scheckgesetz von China*, Marburg.

ders. (1980): „Entstehen und Wandel des Rechts in China", in: Fikentscher, W./Franke, H./Köhler, O. (Hrsg.): Entstehung und Wandel rechtlicher Traditionen, Freiburg, München, S. 439–472.

David, R./Grasmann, G./Jauffret, C. (1988): *Einführung in die großen Rechtssysteme der Gegenwart*, 2. Auflage, München.

Eisenhardt, U. (2004): *Deutsche Rechtsgeschichte*, 4. Auflage, München.

Foo P. (1931): „Soziale Gesichtspunkte des bürgerlichen Gesetzbuches der chinesischen Republik", in: Blätter für internationales Privatrecht, Leipzig, München, Sp. 267–278.

Gernet J: (1988), *Die chinesische Welt*, Frankfurt.

Isele, H. (1971): „Bürgerliches Gesetzbuch", in: Erler, A./Kaufmann, E. (Hrsg.): Handwörterbuch zur Deutschen Rechtsgeschichte, 1. Band, Berlin, Sp. 557–562.

Manthe, U. (1987): „Bürgerliches Recht und Bürgerliches Gesetzbuch in der Volksrepublik China", in: Jahrbuch für Ostrecht, Band 28, München, S. 11–30.

Münzel, F. (1982): *Das Recht der Volksrepublik China. Einführung in die Geschichte und den gegenwärtigen Stand*, Darmstadt.

Münzel, F. (1986): „Die Allgemeinen Grundsätze des Bürgerlichen Rechts der Volksrepublik China", in: China Aktuell, Hamburg, S. 288–311.

Osterhammel, J. (1989): *China und die Weltgesellschaft*, München.

Palandt, O. (2004): *Bürgerliches Gesetzbuch*, 63. Auflage, München.

Scheil, J. u. a. (1999): *Vertragsgesetz der Volksrepublik China*, Hamburg.

Süß, R. (1991): *Grundzüge des chinesischen Internationalen Privatrechts*, Köln, u. a.

Wang, T. (1966): „Die Aufnahme des europäischen Rechts in China", in: Archiv für die civilistische Praxis, Band 166, Tübingen, S. 343–351.

ders. (1986): „Entwicklungslinien und Reform des chinesisch-taiwanesischen Schuldrechts", in: Archiv für die civilistische Praxis, Band 186, Tübingen, S. 237–267.

Zweigert, K./Kötz, H. (1996): *Einführung in die Privatrechtsvergleichung*, 3. Auflage, Tübingen.

Samoqalaqo kodexi. Die Quellen des postsowjetischen Zivilrechts von Georgien

Shalva Papuashvili/Tilmann J. Röder, Tbilissi

Einführende Bemerkungen

„Wenn ihr den Wunsch habt, gute Gesetze zu schreiben, so verbrennt die alten und schafft neue": Diese Parole des französischen Philosophen Voltaire schrieb sich im Jahr 1994 der georgische Rechtswissenschaftler Sergo Djorbenadze auf die Fahnen.[1] Djorbenadze war nicht irgendein Jurist. Er leitete seit zwei Jahren eine Gesetzgebungskommission, die ein neues Zivilgesetzbuch für die junge Republik im Kaukasus verfassen sollte.

Wie schafft man eine neue Privatrechtsordnung? Schafft man sie, indem man die alten Gesetze verbrennt und alle Brücken in die eigene Vergangenheit abbricht? Schafft man sie, indem man die Gesetze eines anderen Staates übersetzt und ihnen Geltung gibt in der Hoffnung, die Bevölkerung werde sich schon daran gewöhnen? Wie problematisch solch radikale Umbrüche sind, belegt auch Mahidé Aslans Studie zur Übertragung des schweizerischen Familienrechts in die Türkei.[2]

Es scheint, dass sich auch Sergo Djorbenadze der Schwierigkeiten eines Rechtstransfers durch eine bloße Kopie fremder Gesetze bewusst war. Vielleicht sollte die Referenz auf Voltaire nur die Reformbereitschaft der georgischen Gesetzgeber stärken. Jedenfalls wählte die Gesetzgebungskommission einen mittleren Weg zwischen der Übernahme von fremdem, westlichem Recht und der Beibehaltung älterer, der eigenen Bevölkerung vertrauter Strukturen.

I. Entstehungsgeschichte und Quellen des ZGB (1991–1997)

1. Historische Situation

Georgien erlebte ein turbulentes Jahr 1991. Im April hatte sich das kleine Land im südlichen Kaukasus für unabhängig erklärt.[3] Seitdem bemühten sich Regierung und Parlament gemeinsam, der ungewissen Zukunft des Landes eine klare Richtung zu geben. In rascher Folge verabschiedeten sie Reformge-

---

[1] S. Dshorbenadze (Djorbenadze), Grundprobleme des zukünftigen Zivilgesetzbuches von Georgien (1994), S. 140.

[2] M. Aslan, Man nehme ein Gesetzbuch, übersetze es und lasse es in Kraft treten? Über die Komplexität eines „Rechtstransfers" anhand des Beispiels der Türkei (in diesem Band).

[3] Akt über die Verkündung der Wiederherstellung der staatlichen Unabhängigkeit, veröffentlicht in: Sakartvelos parlamentis uzkebebi (SPU) 1991, Nr. 4.

setze.[4] Auch das Zivilgesetzbuch der Georgischen SSR aus dem Jahr 1964 sollte ersetzt werden.[5] Diese umfassende Umgestaltung des Wirtschaftsrechts zielte auf einen schnellen Übergang zur Marktwirtschaft und zur wirtschaftlichen Unabhängigkeit.

Doch die Umstände waren ungünstig. Georgiens Außenhandel brach zusammen. Arbeitslosigkeit grassierte. Zwei Landesteile, Südossetien und Abchasien, versuchten sich mit Waffengewalt aus dem jungen Staatsverband herauslösen.[6] Im Dezember 1991 verstärkten sich die politischen Unruhen zu einem Militärputsch.

2. Einsetzung der Gesetzgebungskommission

Dennoch blieb die nächste gewählte Regierung unter der Führung des ehemalige Außenministers der UdSSR, Edvard Shevardnadze, auf dem Reformkurs. Im Jahr 1992 setzte sie eine Kommission ein mit dem Auftrag, ein neues Zivilgesetzbuch zu verfassen.[7] Diese Kommission bestand aus etwa einem Dutzend Wissenschaftlern, Richtern und Rechtsanwälten. Als besonders einflussreich erwiesen sich drei Professoren, die in Georgien als „alte Koriphäen“ der Zivilrechtswissenschaft bekannt waren: Zurab Akhvlediani, Besarion Zoidze und der Kommissionsvorsitzende Sergo Djorbenadze. Wichtig war aber auch die Beteiligung von jüngeren Reformern wie Lado Chanturia, der gleichzeitig ein Projekt der deutschen Entwicklungsagentur GTZ[8] zur Unterstützung der Rechts- und Justizreformen leitete.[9]

Alle diese Juristen hatten in der Sowjetunion studiert und gelehrt. Dies bedeutete einerseits, dass sie sich vor allem in einer Rechtsordnung auskannten, in der das Privatrecht nur eine untergeordnete Rolle gespielt hatte. Andererseits bedeutete ihre Prägung als Sowjetjuristen, dass ihnen das kontinentaleuropäi-

---

[4] Am 14. Juni 1991 das Gesetz über die Grundlagen des Wirtschaftssystems, am 25. Juli 1991 das Gesetz über die Grundlagen der unternehmerischen Tätigkeit und am 9. August 1991 das Gesetz über die Privatisierung der staatlichen Unternehmen.

[5] Erste Vorarbeiten begannen im Jahr 1991. Siehe dazu S. Dshorbenadze, Grundprobleme des künftigen Zivilgesetzbuches von Georgien (1994), S. 139 f., 142, der von der "überraschend" aufgetretenen Frage der Reformorientierung spricht; L. Chanturia, Perspektiven der Privatrechtsreform in Georgien (1998), S. 35 ff.; B. Zoidze, The Influence of Anglo-American Common Law on the Georgian Civil Code, in: GLR 1999, S. 10 ff.; ders., From the History of the Creation of the Civil Code of Georgia, in: GLR 2003, S. 107 ff.

[6] Der Konflikt in Südossetien brach im Oktober 1990 aus, jener in Abchasien im August 1992.

[7] Von 1993 geht D. Kereselidze aus: Der Allgemeine Teil des Georgischen Zivilgesetzbuches von 1997, S. 23 mwN.

[8] D.h. Gesellschaft für Technische Zusammenarbeit GmbH.

[9] Chanturia wurde später Rechtsprofessor und Vorsitzender des Obersten Gerichts von Georgien.

sche Recht nicht fremd war. Das sowjetische Privatrecht beruhte nämlich weitgehend auf westlichen Vorbildern, insbesondere auf dem deutschen BGB. Bereits das erste sowjetische ZGB aus dem Jahr 1922 war aus Zeitgründen von dem deutschen, französischen und schweizerischen Zivilrecht geradezu abgeschrieben worden.[10] Seine Verfasser hatten lediglich eine geringe Zahl „sowjetrechtlicher" Artikel eingefügt, um ihm eine andere ideologische Prägung zu geben.[11] Auch nachdem die UdSSR im Jahr 1957 die Gesetzgebungskompetenz von der Union auf die Unionsrepubliken übertragen hatte[12], wichen diese von der bisherigen Struktur des Zivilrechts nicht mehr ab. Dementsprechend wies das ZGB der Georgischen SSR von 1964, mit dem die Mitglieder der Gesetzgebungskommission als Juristen groß geworden waren, starke Ähnlichkeiten zu den westeuropäischen Kodifikationen auf.[13]

So klingt es weniger überraschend, dass sich die georgischen Zivilrechtler schon zu Sowjetzeiten als „Pandektisten" bezeichnet hatten. Das georgische ZGB von 1964 spiegelte nämlich fast exakt das Pandektensystem der deutschen Historischen Schule des 19. Jahrhunderts wider[14]. Es ordnete den gesamten Rechtsstoff in einen vorgezogenen Allgemeinen Teil, der grundlegende Elemente des Zivilrechts umfasste, und vier weitere Bücher, die das Recht am materiellen Eigentum, das Schuldrecht, das Recht am geistigen Eigentum und das Erbrecht regelten. Bedeutende Unterschiede zum Pandektensystem bestanden nur in der Einbeziehung des Rechts am geistigen Eigentum als viertes Buch und in der Ausgliederung des Familienrechts als eigenes Gesetz.[15]

---

[10] K. Zweigert/H. Kötz, Einführung in die Rechtsvergleichung I (1984), S. 351 ff.; F. Wieacker, Privatrechtsgeschichte der Neuzeit (1967), S. 506 ff. Die Anlehnung an das deutsche Recht ging auf noch ältere Traditionen aus er Zarenzeit zurück. D. Kereselidze, Der Allgemeine Teil des Georgischen Zivilgesetzbuches von 1997, S. 34.

[11] Stuschka, Ausgewählte Werke zur marxistisch-leninistischen Rechtstheorie (1964), S. 381, 603 f. Die Zivilgesetzbücher der Unionsrepubliken waren nicht viel mehr als weitere Kopien. Bezüglich des georgische ZGB von 1923: S. Dshorbenadze, Grundprobleme der künftigen Zivilgesetzbuches von Georgien (1994), S. 140.

[12] 1957 erging ein Beschluss über die Änderung von Art. 14 der Verfassung der UdSSR. Danach blieb die Union – mit wenigen Ausnahmen – nur noch zur Rahmengesetzgebung ermächtigt. Ein Rahmengesetz auf dem Gebiet des Zivilrechts erging mit dem Unionsgesetz über die Grundlagen der Zivilgesetzgebung der UdSSR und der Unionsrepubliken vom 8.12.1961. Siehe dazu R. David/G. Grasmann, Einführung in die großen Rechtssysteme der Gegenwart (1966), S. 217.

[13] S. Dshorbenadze, Grundprobleme des zukünftigen Zivilgesetzbuches von Georgien (1994), S. 141.

[14] Die zugrunde liegende Gliederung erschien erstmals bei Heise, Grundlagen eines Systems des Gemeinen Zivilrechts zum Behuf von Pandekten-Vorlesungen, 1. Auflage (1897).

[15] Ein weniger bedeutender Unterschied ist die umgekehrte Reihenfolge von Sachen. und Schuldrecht im Vergleich zum klassischen Pandektenrecht, wie es z.B. im deutschen BGB, im griechischen ZGB und im portugiesischen Codigo Civil abgebildet ist.

Auch in seiner Dogmatik basierte das georgische ZGB von 1964 auf dem deutschen Zivilrecht. Wichtige Beispiele sind die Rechtsgeschäftslehre[16] und das Personenrecht[17].
Ob sich die Mitglieder der georgischen Gesetzgebungskommission bereits vor 1991 neben dem geltenden Zivilrecht auch mit älterem russischem oder georgischem Recht befasst hatten, ist bislang ungeklärt. Dies ist jedoch anzunehmen, weil sie bei ihrer Arbeit mit einigem Erfolg versuchten, alte georgische Rechtsbegriffe wieder zu beleben.
Jedenfalls spielten die Kommissionsmitglieder für den Transfer von Recht in das neue Zivilgesetzbuch eine bedeutende Rolle, weil ihnen als georgischen Juristen die gesamte Rechtsgeschichte des Landes kulturell und sprachlich zugänglich war. Die Gesetzgebungskommission ermöglichte insofern den Rechtstransfer auf historischer Ebene.

3. Beratung durch ausländische Juristen

Neben den georgischen Juristen beteiligten sich auch Ausländer maßgeblich an der Erarbeitung des neuen Zivilgesetzbuches.
Den stärksten Einfluss entfaltete die Bundesrepublik Deutschland, die seit dem Zusammenbruch der Sowjetunion besonders enge politische Beziehungen zu Georgien pflegte. Die damalige Bundesregierung setzte über die halbstaatliche Entwicklungsagentur GTZ vor allem den Bremer Rechtswissenschaftler Rolf Knieper ein, der in zahlreichen Transformationsstaaten Rechtsreformprojekte betreute. Daneben verpflichtete sie den Anwalt Mario Fromm sowie die Rechtswissenschaftler Dr. Mario Pellegrino[18] und Professor Helmut Heinrichs[19] zur Beratung der ZGB-Kommission. Die enge Einbindung deutscher Berater in den Prozess der Rechtsschöpfung trug immer wieder dazu bei, dass Regelungen aus dem deutschen Zivilrecht vor anderen bevorzugt wurden. Darin liegt ein weiterer Grund für die Tatsache, dass das deutsche BGB den stärksten Einfluss auf das neue georgische ZGB ausüben konnte.[20]
Die georgischen Verfasser des ZGB gingen mit dem starken Einfluss der deutschen Berater auf den Reformprozess ambivalent um. Einerseits suchten

---

[16] D. Kereselidze, Der Allgemeine Teil des Georgischen Zivilgesetzbuches von 1997, S. 41 ff.
[17] D. Kereselidze, Der Allgemeine Teil des Georgischen Zivilgesetzbuches von 1997, S. 39 ff
[18] R. Knieper, Vorwort zur deutschen Ausgabe, in: Das Zivilgesetzbuch Georgiens vom 26.6.1997 (2001), S. 3.
[19] Heinrichs entwarf später mit Prof. Tengiz Liluashvili eine neue georgische Zivilprozessordnung.
[20] D. Kereselidze, Der Allgemeine Teil des Georgischen Zivilgesetzbuches von 1997, S. 35.

sie fachlichen Rat und orientierten sich bereitwillig an den westlichen Rechtsordnungen, weil sie mit der Zivilrechtsreform ausdrücklich eine Eingliederung in den kontinentaleuropäischen Rechtskreis anstreben.[21] Mit Blick auf das deutsche BGB erklärten sie, sie wollten „dieses monumentale Werk keineswegs kopieren, sondern mit dem Beistand deutscher Kollegen lediglich berücksichtigen, wie die Deutschen dieses Gesetzbuch heute verfassen würden“[22].
Andererseits scheinen die Berater mitunter so vehement für ihre Vorschläge geworben zu haben, dass sich die Kommissionsmitglieder ihres Rates geradezu erwehren mussten. So berichtete das Kommissionsmitglied Lado Chanturia später, seine Kollegen und er hätten bei der Erarbeitung des ZGB nicht nur ihren eigenen Standpunkt finden, sondern ihn „energisch vertreten“ müssen.[23]
Neben der deutschen GTZ berieten niederländische Juristen von dem Centre for International Legal Cooperation, CILC, die georgische Gesetzgebungskommission. Auch sie agierten im Auftrag ihrer Regierung. Die Beratung durch CILC suchten in den 90er Jahren viele Transformationsstaaten, weil das Nieuw Niederlands Burgerlik Wetbok von 1992 als modernstes Zivilgesetzbuch der Welt galt.[24]
Flankiert wurde die Beratungstätigkeit der Deutschen und der Niederländer von einer rechts- und wirtschaftspolitischen Initiative der Europäischen Union (GEPLAC). Andere global players, etwa die USA oder Großbritannien, engagierten sich nicht im Bereich des Zivilrechts.
Es wäre allerdings falsch anzunehmen, dass die ausländischen Berater ausschließlich an der Übertragung ihres jeweils eigenen Rechts interessiert gewesen wären. Vielmehr rieten sie ihren georgischen Kollegen ausdrücklich zu Modifikationen und wiesen auf geeignete Alternativen aus anderen Rechtsordnungen hin. So hinterließen auch das österreichische ABGB, das schweizerische Obligationenrecht und verschiedene Kodifikationen aus dem romanischen Rechtskreis Spuren im georgischen ZGB. Einzelne Institutionen stammen sogar aus dem angloamerikanischen Common law.[25]

[21] S. Dshorbenadze, Grundprobleme des zukünftigen Zivilgesetzbuches von Georgien (1994), S. 142; B. Zoidze, The System of the Civil Code of Georgia, in: GLR 1998, S. 3.
[22] S. Dshorbenadze, Grundprobleme des zukünftigen Zivilgesetzbuches von Georgien (1994), S. 142.
[23] Siehe dazu L. Chanturia, Perspektiven der Privatrechtsreform in Georgien (1998), S. 35 f.; aber auch B. Zoidze, The System of the Civil Code of Georgia, in: GLR 1998, S. 3 f.; ferner zum „Wettbewerb des Rechtsexports“ R. Knieper, Konzepte und Methoden der Kodifikation in Übergangsgesellschaften am Beispiel Georgiens (1994), S. 166 ff.
[24] Die Einordnung neuerer Kodifikationen in die klassische Einteilung nach Rechtskreisen ist allerdings umstritten, vgl. K. Zweigert/H. Kötz, Rechtsvergleichung, S. 100, 102 ff.
[25] B. Zoidze, The Influence of Anglo-American La w on the Georgian Civil Code, in: GLR 1999, S. 10 ff.

Mit Blick auf die georgisch besetzte Gesetzgebungskommission kann von einer historischen Ebene des Rechtstransfer gesprochen werden. Der Rechtstransfer, den die ausländischen Berater vermittelten, verlief demgegenüber synchron, nämlich von verschiedenen Rechtsordnungen in eine andere zeitgenössische.

4. Entscheidung für eine eigenständige georgische Kodifikation

Die Gesetzgebungskommission erwog nie ernsthaft, von dem Konzept des geschriebenen Rechts abzuweichen, etwa um sich dem Common law anzuschließen.[26] Drei Gründe sprachen dagegen. Erstens hatte das in Georgien geltende Recht nicht nur während der Sowjetzeit, sondern schon seit Jahrhunderten unter dem Einfluss des kontinentaleuropäischen Rechts gestanden. Dies gilt ebenso für das vorsowjetische russische Recht wie für die wichtigste georgische Kodifikation, die Gesetzessammlung von König Vakhtang VI. aus dem Jahr 1708.
Zweitens ist die schriftliche Fixierung von Rechtsnormen der wohl einfachste Weg, um innerhalb weniger Jahre ein stabiles, umfassendes und dabei auch einheitliches Rechtssystem zu schaffen. Die Herausbildung von Richterrecht benötigt dagegen viel Zeit. Außerdem setzt das Funktionieren einer auf Richterrecht gestützten Rechtsordnung eine gut ausgebildete Richterschaft voraus, die es in Georgien in den 90er Jahren nicht gab.
Drittens eignet sich kodifiziertes Recht besser zum Transfer als richterlich geschaffenes Recht, das erst aus umfangreichen Entscheidungssammlungen extrahiert werden muss.

Nach der Entscheidung für die Einführung eines kontinental-europäischen Rechtssystems stand zur Debatte, welche Rechtsordnung innerhalb dieser Gruppe als Vorbild dienen sollte. Zur Wahl standen das französische, institutionelle Modell und das deutsche, pandektistische Modell.
Die Kommissionsmitglieder einigten sich auf das Pandektensystem, weil es dem vertrauten ZGB der Georgischen SSR von 1964 entsprach und weil sie sich am deutschen BGB orientieren wollten.[27] Sergo Djorbenadze notierte 1994, er sehe die „logische Vollständigkeit“ des Pandektensystems als vorbildlich an und betonte dabei besonders die Bedeutung des vorgezogenen Allge-

[26] Die Entscheidung für die Einführung eines kontinental-europäischen Rechtssystems fällte die Gesetzgebungskmmission nach nur zwei Sitzungen. Prof. Djorbenadze hielt zu dieser Frage einen Vortrag vor der Kommission. B. Zoidze, Rezeption des Europäischen Privatrechts in Georgien (2005), S. 114.
[27] S. Dshorbenadse, Grundprobleme des zukünftigen Zivilgesetzbuches von Georgien (1994), S. 140 ff.

meinen Teils.[28] Auch andere Mitglieder der Kommission äußerten sich ähnlich.[29] Vermutlich wollte die Kommission auch Brücken zur sowjetischen Rechtstradition schlagen, um der Bevölkerung und den im Sowjetrecht geschulten Richtern und Anwälten den Übergang zum neuen Recht zu erleichtern.

Also begann die Kommission, eine Reihe von Einführungsbestimmungen zu formulieren, und gliederte die weitere Rechtsmaterie in einen Allgemeinen Teil und fünf weitere Bücher: Güterrecht, Schuldrecht, dann nach sowjetischem Vorbild das Recht am geistigen Eigentum und anschließend das Familien- und das Erbrecht.

Mit diesem Gesetzesaufbau brach Georgien aus dem Kreis der Gemeinschaft Unabhängiger Staaten aus. Die ZGB-Kommission entschied sich nämlich implizit dagegen, das Modell-ZGB der GUS als Vorbild für ihr Werk zu verwenden. Damit erlangte die Frage der Reformorientierung im Zivilrecht auch eine außenpolitische Dimension.

Im Jahr 1994 hatte der GUS-Rat ein wissenschaftlich-konsultatives Zentrum für Privatrecht gegründet. Diese Institution stand unter starkem russischem Einfluss. Ihr Nukleus war und blieb ein Forschungszentrum für Privatrecht bei dem Präsidenten der Russischen Föderation[30]. Die Aufgabe des GUS-Zentrums war die Vereinheitlichung der Zivilgesetzgebung in den Mitgliedstaaten durch die Entwicklung von Modellgesetzen und Empfehlungen. Zwischen 1994 und 1996 entwarf es ein Modell-ZGB.[31] Viele Mitglieder der GUS orientierten sich bei ihrer folgenden Gesetzgebung an dem Modell-ZGB, darunter Russland und Weißrussland, Kasachstan, Kirgisien, Usbekistan und Armenien.[32] Aus ihrer Sicht stellte die Einführung unabhängig verfasster Zivilgesetze eine Abweichung von den Prinzipien der GUS dar. Daher verlangten sie von Georgien die Übernahme des Modellgesetzbuches.[33] Auch

[28] S. Dshorbenadze, Grundprobleme des zukünftigen Zivilgesetzbuches von Georgien (1994), S. 142; 147.

[29] B. Zoidze, Rezeption des Europäischen Privatrechts in Georgien (2005), S. 117.

[30] Die Webseite des Zentrums kann unter: http://www.privlaw.h1.ru/ruk_sic.shtml angesehen werden.

[31] Maßgeblichen Einfluss auf die Entstehung des Modell-ZGB hatten Berater von der holländischen Entwicklungsagentur CILC unter Führung des stellvertretenden Präsidenten des Obersten Gerichts der Niederlande W. Snijders. Unter anderem beteiligten sich hier Professoren J. De Boer und F.J.M Feldbrugge. Daneben war das USAid-finanzierte American Rule of Law Consortium an der Beratung stark beteiligt. http://www.cilc.nl/focusart1.html (25.03.05)

[32] A. Makovsky, „Unsere Pflicht – die Entwicklung der Zivilgesetzgebung aktiv zu fördern", Interview, Zeitschrift des russischen Rechts (online).

[33] L. Chanturia, Einführung in den Allgemeinen Teil des georgischen Zivilgesetzbuches (1997), S. 34. B. Zoidze wusste nichts Näheres zu berichten.

manche georgische Juristen plädierten hierfür, allerdings aus anderen Gründen: Sie fürchteten, den Anschluss an den russischsprachigen juristischen Diskurs zu verlieren.

Dass sich die georgische ZGB-Kommission für ein eigenständiges Gesetz entschied, erklärt sich nicht nur aus ihrem Bewusstsein für eigene Rechtstraditionen und aus dem Einfluss westlicher Reformberater. Das Verhältnis Georgiens zu Russland, das die Führung in der GUS beanspruchte und ausübte, war gespannt. Unter anderem warf man dem Nachbarn im Norden vor, die bürgerkriegsartigen Zustände in den separatistischen Provinzen mitverursacht zu haben. Die Weigerung, sich an einer russisch geprägten Rechtsvereinheitlichung zu beteiligen, war Teil einer politischen Richtungsentscheidung zugunsten von Westeuropa.

5. Verabschiedung des ZGB

Die Gesetzgebungskommission arbeitete fünf Jahre lang an ihrem ZGB-Entwurf, von 1992 bis 1997. Genau genommen gab es zunächst eine Verfasserkommission und anschließend eine redaktionelle Kommission, aber die einflussreichen Figuren waren in beide Gremien dieselben.[34]

Im Herbst 1996 begann das georgische Parlament mit der Erörterung des Entwurfes. Ein halbes Jahr später wurde er mit großer Mehrheit vom georgischen Parlament verabschiedet[35] und trat am 25. November 1997 in Kraft.

II. Inhaltliche Analyse des ZGB: Spuren des Rechtstransfers

1. Die einzelnen Bücher des ZGB

Zunächst zum Aufbau des Zivilgesetzbuches. Die Folge der Regelungsmaterien entspricht derjenigen im ZGB der Georgischen SSR von 1964. Die einzige nennenswerte Abweichung von dem älteren ZGB ist die Einbeziehung des Familienrechts nach dem Vorbild des deutschen Zivilrechts.

Untersucht man den Allgemeinen Teil des ZGB auf die Herkunft der Regelungen, so stößt man auf ein ekklektisch anmutendes Nebeneinander von Regelungen aus dem deutschen BGB, dem georgischen ZGB von 1964[36], dem schweizerischen Obligationenrecht[37] und sogar dem Common law[38].

---

[34] Die redaktionelle Kommission, ebenfalls geleitet vom Prof. Sergo Djorbenadze und unter Beteiligung von Professoren Akhvlediani, Chanturia, Zoidze, arbeitet ab 1995 an der endgültigen Fassung des ZGB.

[35] Sakartvelos parlamentis uzkebebi. Sakanonmdeblo damateba (PU), 1997, Nr. 31.

[36] Insbesondere das Personenrecht und die Rechtsgeschäftslehre.

[37] Bei der Erarbeitung des georgischen ZGB wurde ab und zu auch auf die Formulierungen des schweizerischen Obligationenrechts zurückgegriffen. Z.B. ist Art. 55 ZGB in Anlehnung an Art. 21 OR formuliert. Das gleiche gilt für das georgische Gesetz über die

Das Sachenrecht erweiterte die Gesetzgebungskommission zu einem allgemeinen Güterrecht, das auch immaterielle Vermögenspositionen umfasst.[39] Damit wichen sie erheblich von dem deutschen und dem sowjetischen Zivilrecht ab. Mit gewissem Schöpferstolz berichtete später der Reformberater Knieper:

„*Nicht ein Sachenrecht haben wir entworfen, sondern ein Güterrecht, das sowohl die res corporales als auch die res incorporales in sich aufnimmt und deshalb vom Besitz als einem der Identifikationsmerkmale des Eigentums Abschied nehmen muß.*"[40]

Bei dieser Innovation orientierten sich die Verfasser des ZGB an dem niederländischen Bürgerlichen Gesetzbuch von 1992.
Eine weitere Vereinfachung stellte der Verzicht auf das Abstraktionsprinzip dar, das im deutschen Zivilrecht eine zentrale Rolle bei Herausgabeansprüchen spielt. Auch hier nahm die Kommission das niederländische und das schweizerische Recht als Vorbild und beschränkte sich auf ein einfaches Trennungsprinzip.[41]

Gewerblichen Unternehmer. Dort sind manche Vorschriften fast Wortgleich mit den Normen des schweizerischen Obligationenrechts. So wiederholen z.B. Art. 14.2 und 14.3 II des georgischen Gesetzes über die Gewerblichen Unternehmer wortgleich die Regeln von Artt. 742, 743, 744 OR.

[38] Obwohl die Verfasser sich stark an das kontinental-europäische Recht orientierten, ließen sie trotzdem nicht die Möglichkeit aus der Hand auch von der Erfahrung des *common law* zu profitieren. Fast wörtlich wurde z.B. die Vorschrift der sec. 201 des Model Civil Code unter Redaktion von Eduard Jenks in Art. 53 ZGB übernommen. Dort heißt es: „Ein Rechtsgeschäft liegt nicht vor, wenn weder aus den Äußerungen noch aus anderen Umständen der Inhalt des Rechtsgeschäfts exakt festgestellt werden kann". B. Zoidze, Rezeption des Europäischen Privatrechts in Georgien (2005), S. 335.

[39] Art. 147 ZGB.

[40] R. Knieper, Konzepte und Methoden der Kodifikation in Übergangsgesellschaften am Beispiel Georgiens, in: S. Dshorbenadse et al. (Hrsg.): Rechtsreformen in Georgien (1994), S. 171.

[41] Der Unterschied liegt in der rechtlichen Konstruktion, wie ein Anspruch auf Herausgabe realisiert wird. Nach dem neuen georgischen ZGB wird das Verfügungsgeschäft mit der Unwirksamkeit des Verpflichtungsgeschäfts selbst unwirksam. Die Herausgabe erfolgt über eine spezielle Regelung. Nach deutschem Recht hingegen bleibt das Verfügungsgeschäft trotz der Unwirksamkeit des Verpflichtungsgeschäfts wirksam. Die Herausgabe erfolgt nach den Vorschriften über die ungerechtfertigte Bereicherung. Der Vorteil des Abstraktionsprinzips liegt in der Gewährleistung der Sicherheit des Rechtsverkehrs, wobei diese Konstruktion auch schwieriger ist.

Das Bemerkenswerte am Schuldrecht des ZGB ist die Kodifikation von drei Vertragstypen aus dem angloamerikanischen Common law: Das Treuhandverhältnis, das dem *trust* nachgebildet ist,[42] sowie Leasing[43] und Franchising[44]. Der Leasingvertrag ist ein gutes Beispiel für den Umgang mit diesen neuen Geschäftsmodellen. Während der Arbeiten am ZGB-Entwurf wollte man zunächst alle Arten der Leasingverhältnisse regeln. Am Ende entschied sich die Kommission dafür, nur die Grundsätze des Leasings in fünf Artikeln niederzulegen.[45] Alle weiteren Einzelheiten überließ die Kommission der späteren Gesetzgebung. Offenbar fand sie keine Einigkeit in der Frage, wer gesetzlich stärker geschützt werden sollte – der zumeist ausländische Leasinggeber oder der georgische Leasingnehmer. Diese Unsicherheit beruhte auch darauf, dass den Georgiern Mitte der 90er Jahre praktische Erfahrungen mit neueren Finanzierungsmodellen fehlten. Im Jahr 2002 wurde ein ergänzendes „Gesetz über die Förderung der Leasingtätigkeit" verabschiedet. Gleichwohl halten die Diskussionen über die Regelung des Leasingrechts bis heute an.
Die Einbeziehung des Rechts am geistigen Eigentum in das ZGB hatte geschichtliche Gründe. Diese Rechtsmaterie war auch in den sowjetischen Zivilgesetzbüchern geregelt worden. Im Jahr 1999, zwei Jahre nach Inkrafttreten des ZGB, verabschiedete das georgische Parlament allerdings ein Urheberrechtsgesetz und setze im gleichen Zug fast das gesamte vierte Buch des ZGB außer Kraft.[46]
Als fünftes Buch hat der georgische Gesetzgeber im Unterschied zu fast allen anderen postsowjetischen Staaten das Familienrecht in das ZGB eingeführt. In der sowjetischen Rechtslehre galt das Familienrecht als eine schutzwürdige Materie, die nicht mit den geschäftlich geprägten Gebieten des Zivilrechts gemeinsam geregelt werden sollte. Die georgische Gesetzgebungskommission löste sich von dieser idealistischen Betrachtungsweise, weil das Familienrecht durchaus mit anderen Materien in Zusammenhang stand, insbesondere mit dem Erbrecht.
Das Familienrecht des ZGB basiert auf Traditionen der georgischen Gesellschaft und weist am wenigsten Einflüsse aus anderen Rechtssystemen auf.

---

[42] Ein Beispiel für den Einfluss des Common law sind Artt. 724–729 ZGB (Treuhandvertrag). Dieses dem im Common law verbreiteten Trust ähnliche Institut hat im georgischen Zivilrecht eine Teilung des Eigentumsrechts zwischen dem Treugeber und dem Treuhänder eingeführt, da der letzte in den Verhältnissen mit Dritten wie ein Eigentümer auftritt.
[43] Artt. 576–580 ZGB.
[44] Artt. 607–614 ZGB.
[45] Subsidiär gelten die Vorschriften über den Mietvertrag. B. Zoidze, Rezeption des Europäischen Privatrechts in Georgien (2005), S. 344.
[46] Die verbleibenden sieben Vorschriften haben nun sehr allgemeinen Charakter.

Das Erbrecht hingegen entspricht wieder ganz dem deutschen BGB, wenn man von erheblichen Kürzungen und Vereinfachungen absieht.
An nur einer Stelle nahm die ZGB-Kommission altgeorgische Rechtstraditionen auf. Im Erbrecht wird an zwei Stellen das „Komli-Eigentum" erwähnt.[47] „Komli" bedeutet „Familie". Diese wohl vorsowjetische Eigentumsform existiert ausschließlich auf dem Land. Ein „Komli"-Grundstück gehört gemeinschaftlich einer Familie. Es darf nicht geteilt werden und muss in der engeren Familie verbleiben, bis das letzte Familienmitglied gestorben ist. Damit sollte offenbar verhindert werden, dass bestimmte Ländereien so weit geteilt würden, bis ihre Bewirtschaftung zur Versorgung von Familien nicht mehr ausreichte.
Die genaue Herkunft dieses Rechtsinstitut ist bislang unklar. Bekannt ist bislang nur, dass es wegen der starken Beschränkung der Verkehrsfreiheit und wegen seiner geringen Regelungsdichte zu erheblichen Konflikten führt.[48]

2. Die Rechtssprache des ZGB

Eine besonders spannende Problematik liegt in der Gesetzessprache des ZGB. Unter sowjetischer Herrschaft musste sich die georgische Rechtswissenschaft, insbesondere im Bereich des Zivilrechts, in den von sozialistischer Ideologie vorgegebenen Grenzen einrichten. Spätestens zu diesem Zeitpunkt avancierte Russisch zur alleinigen Gerichts- und Verwaltungssprache. Daher entwickelte sich die an sich schon wenig abstrakte georgische Sprache nicht als Rechtsprache weiter.
Dennoch sollte das neue ZGB in georgischer Sprache verfasst werden. Wann immer im heutigen Georgisch ein geeigneter Rechtsbegriff fehlte, versuchte die ZGB-Kommission zunächst, eine Entsprechung in den altgeorgischen Rechtsquellen zu finden und sie wieder einzuführen. Auf diese Weise wurden die Begriffe „umkvidro" – das heißt „erblos" –, „naskidoba" – ein einheitlicher Begriff für Kauf und Verkauf – und „aghnagoba" – das ist „Erbbaurecht" – wieder belebt.
Manchmal klangen die alten Begriffe allerdings so fremd in der heutigen Sprache, dass man auf ihre Verwendung verzichten musste. Deshalb hielt man sich z.B. davon zurück, den Begriff „anderdzi" für „Testament", der persischer Herkunft ist, durch das altgeorgische Wort „aghqmai" zu ersetzen.[49]
Nicht alle gesuchten Begriffe ließen sich jedoch in den altgeorgischen Rechtsquellen finden. Viele Rechtsinstitute des neuen Zivilrechts hatten zur Zeit

---

[47] Art. 1323 sowie Art. 1463 ZGB
[48] Dies berichteten den Verfassern Mitglieder der Georgian Young Lawyers' Association (GYLA).
[49] B. Zoidze, Rezeption des Europäischen Privatrechts in Georgien (2005), S. 142.

König Vakhtangs VI. noch nicht existiert oder waren den georgischen Juristen nicht bekannt. In diesen Fällen führte die ZGB-Kommission aus anderen Rechtsordnungen Lehnworte ein. Begriffe wie Franchising, Leasing, Servitut, Usufruktus, Hypothek, Indossament und Kontokorrent haben sich mittlerweile ohne große Probleme in der georgischen Rechtssprache eingebürgert.

An manchen Stellen erfand die Redaktionskommission auch neue georgische Rechtsbegriffe. Das Wort für „Erblasser" – „mamkvidrebeli" – leitete sie beispielsweise von einem georgischen Grundwort ab. Früher sprach man von „dem, der die Erbschaft hinterlässt": „samkvidros damtovebeli". Mitunter scheint es der Redaktionskommission jedoch an Kreativität gefehlt zu haben. So verwendete sie für den Rechtsbegriff „empfangsbedürftig" nicht weniger als sieben Worte: „romeliz moitchovs meore mxaris mier mis migebas".

Es gibt auch gravierendere Problemfälle. So kennt das Georgische nur einen Begriff für „Einwendung" und „Einrede", nämlich „shesagebeli". Noch mehr Verwirrung entsteht dadurch, dass der Gesetzgeber dasselbe Wort in der ZPO manchmal als Begriff für „Widerklage" verwendet.

Außerdem fehlt im Georgischen eine Unterscheidung zwischen „sollen" und „müssen". Das Wort „unda" kann daher keinen Aufschluss darüber geben, ob ein gesetzliches Gebot als dispositiv verstanden werden darf.

Diese Beispiele zeigen deutlich, wie stark linguistische Barrieren einen Rechtstransfer erschweren können.

III. Ekklektizismus oder Kohärenz? Kritische Würdigung des Gesetzes

Nach dieser Untersuchung setzt sich das ZGB aus Rechtsinstituten und -begriffen zusammen, die aus mindestens fünf zeitgenössischen Rechtsordnungen und aus zwei unterschiedlichen historischen Traditionslinien stammen. Damit drängt sich die Frage auf, ob ein derart ekklektisches Werk überhaupt den Anforderungen an das Herzstück einer Privatrechtsordnung gerecht werden kann.

Eine eindeutige Antwort kann ein knappes Jahrzehnt nach dem Inkrafttreten des Gesetzes nicht gegeben werden. Noch fehlt es an hinreichenden praktischen Erfahrungen mit dem ZGB.

1. Funktionalität trotz Vielfalt der Quellen

Dennoch scheint das ZGB als moderne Zivilrechtskodifikation insgesamt gelungen zu sein. Seine Zusammensetzung aus unterschiedlichsten Quellen führt zu erstaunlich wenigen Unebenheiten. Dies gilt auch für das Zusammenspiel von komplexen Teilmaterien, etwa von Schuld-, Sachen- und Bereicherungsrecht.

Als vorteilhaft erweist sich die Aufnahme moderner Geschäftstypen, die der wirtschaftlich wenig vorgebildeten Richterschaft erste Anhaltspunkte für die

Entscheidungsfindung geben. Nur wenige Rechtsinstitute stellen die Praxis vor so ernsthafte Schwierigkeiten wie das rätselhafte „Komli-Eigentum". Problematisch ist vor allem, dass viele Normen des ZGB für georgische Juristen unverständlich bleiben, solange sie ihnen die Bedeutung dieser Normen in den Ursprungsrechtsordnungen unbekannt ist. Oft klärt sich der Sinn einer Regelung erst bei dem Blick in einen Kommentar zum deutschen BGB. Zugang zu deutscher Rechtsliteratur haben aber nur wenige georgische Juristen. Schließlich sei noch ein positives Indiz für die Funktionalität des georgischen ZGB vorgetragen, nämlich seine Verwendung als Gesetzgebungsvorlage in Ländern wie Turkmenistan, Moldawien und in der Mongolei.[50] Nach dem Transfer ist vor dem Transfer.

2. Das ZGB in der Praxis (1997–2005)

Die Implementierung des Gesetzes ist noch nicht abgeschlossen. In den georgischen Gerichten und Anwaltskanzleien verursachte die Einführung des neuen Gesetzes erhebliche Schwierigkeiten. An sie gerichtet, schrieben 1996 die Kommissionsmitglieder Zoidze und Akhvlediani in einer Tageszeitung:

„Das sowjetische Rechtssystem ist auf dem Weg zum Untergang und auf seinen Ruinen entsteht ein völlig anderes Recht […] Viele „Fachleute" werden vielleicht auf ihren Beruf verzichten müssen, wenn sie nicht bereit sind sich umzubilden".[51]

Inzwischen wird das ZGB in der Rechtsprechung angewendet – allerdings häufig nur zum Schein. Viele Entscheidungen richten sich nicht nach dem Gesetz, sondern danach, wieviel für sie gezahlt wird. Seit der „Rosenrevolution" im Jahr 2003 nimmt die Richterkorruption ab, unter anderem wegen einer deutlichen Erhöhung der Richtergehälter.[52]

Über die Kenntnisse der Bevölkerung vom neuen Zivilrecht ist wenig bekannt. Es gibt nicht genügend rechtssoziologische Untersuchungen, auf die eine Einschätzung gestützt werden könnte.[53]

---

[50] R. Knieper, Vorwort zur deutschen Ausgabe, in: Das Zivilgesetzbuch Georgiens vom 26.6.1997 (2001), S. 3.

[51] B. Zoidze/Z. Akhvlediani, Interview, Zeitung „Die Republik Georgiens" N242 vom 3.12.1996

[52] Einen Teil der Lohnkosten hat eine georgische Stiftung übernommen, an die jeder spenden kann. Große Beiträge stammen von dem ungarisch-amerikanischen Philanthropen George Soros und von den Vereinten Nationen.

[53] Die Umfrage der Rechtsreformen und der Implementierung der Reformen in Georgien (sic), IPM (Institute for Polling and Marketing), 2 Hefte, Tbilisi 2004.

Literaturverzeichnis

Aslan, Mahide: Man nehme ein Gesetzbuch, übersetze es und lasse es in Kraft treten? Über die Komplexität eines „Rechtstransfers" anhand des Beispiels der Türkei (in diesem Band).

Chanturia, Lado: Perspektiven der Privatrechtsreform in Georgien, in: Mark Boguslawskij/Rolf Knieper (Hrsg.): Wege zum neuen Recht. Materialien internationaler Konferenzen in St. Petersburg und Berlin, Berlin 1998, S. 35–45.

Chanturia, Lado: Einführung in den Allgemeinen Teil des georgischen Zivilgesetzbuches, Tbilissi 1997 (in georgischer Sprache).

David, René/Grasmann, Günther: Einführung in die großen Rechtssysteme der Gegenwart, München 1966.

Dshorbenadse, Sergo: Grundprobleme des zukünftigen Zivilgesetzbuches von Georgien, in: Sergo Dshorbenadse/Rolf Knieper/Lado Chanturia (Hrsg.): Rechtsreformen in Georgien, Tbilissi 1994, S. 140–154 (in georgischer Sprache), S. 155–160 (in deutscher Sprache).

Heise, Georg Arnold: Grundlagen eines Systems des Gemeinen Zivilrechts zum Behuf von Pandekten-Vorlesungen, 1. Auflage, Heidelberg 1897.

Kereselidze, David: Der Allgemeine Teil des Georgischen Zivilgesetzbuches von 1997. Eine rechtsvergleichende Untersuchung, Frankfurt a.M. 2004.

Knieper, Rolf: Vorwort zur deutschen Ausgabe, in: Das Zivilgesetzbuch Georgiens vom 26.6.1997, Tbilissi 2001, S. 3.

Knieper, Rolf: Konzepte und Methoden der Kodifikation in Übergangsgesellschaften am Beispiel Georgiens, in: S. Dshorbenadze/R. Knieper/L. Chanturia (Hrsg.), Rechtsreform in Georgien, Tbilissi 1994, S. 161–175.

Makovsky, A.: „Unsere Pflicht – die Entwicklung der Zivilgesetzgebung aktiv zu fördern", Interview, Zeitschrift des russischen Rechts vom 25.03.2005, http://www.garweb.ru/project/vas/news/smi/02/03/20020325/1943618.htm

Stuschka, Ausgewählte Werke zur marxistisch-leninistischen Rechtstheorie, 1964.

Zweigert, Konrad/Kötz, Hein: Einführung in die Rechtsvergleichung, Bd. I, Tübingen 1984.

Wieacker, Franz: Privatrechtsgeschichte der Neuzeit, 2. Auflage, Göttingen 1967.

Zoidze, Besarion: The Influence of Anglo-American Common Law on the Georgian Civil Code, in: Georgian Law Review 1999, S. 10–19.

Zoidze, Besarion: The System of the Civil Code of Georgia, in: Georgian Law Review 1998, S. 3–14.
Zoidze, Besarion: From the History of the Creation of the Civil Code of Georgia, in: Georgian Law Review 2003, S. 87–115.
Zoidze, Besarion: Rezeption des Europäischen Privatrechts in Georgien, Tbilissi 2005 (in georgischer Sprache).

The legal transfer in charitable activity

Ewaryst Kowalczyk, Posen

Charitable institutions came into being nearly seventeen centuries ago. The original model of charitable activity arose on the ground of Ancient Christian Church and then was adopted by common practice, till now. Of course charitable activity was practiced already before Christianity. The Ancient people organized charity and practiced it in various ways. For example they held common meals, took offerings, offered to the needy the first fruits of their products and at last adopted orphans[1]. The care for the poor and the needy was an essence of the Christian religiousness, too[2]. In accordance to institutional development of the early Church the ways and models of charitable activity changed. Initially charitable activity consisted in personal assistance of the faithful to the poor. But from the 4th century A.D. onward appeared a new model of philanthropic activity – extraordinary houses.

An anonymous chronicle from 7th century A.D. *(Chronicon paschale)* mentions one of the first charitable institution called *xenodocheia*. Such a place was organized inside of a bishop's church in the middle of 4th century (probably in 344 A.D.). A chronicle also explains that the *xenodocheia* was a shelter for the poor and the newcomers[3]. John Chrysostom *(Ad Stagirium a daemone vexatum)* characterized another institution *(xenon)* leaded by Stagirius in the eighties of 4th century (381 A.D.).[4] According to this source the *xenon* was a place just for foreigners and deeply suffering people. A Church Father, Basil the Great, founded the famous complex of houses and shelters in Cesarea in the middle of 4th century A.D. There were a lot of *ptochotrophia (πτωχοτϱοφεῖον)*[5]. In this complex (that was almost a city), known as "Basiliad"[6], worked a great number of monks and laymen. Palladius, who lived in the second half of 4th century, informs us (*Dialogus de vita s. Johannis Chrysostomi*[7]) that John Chrysostom designed a part of his funds for a house called *nosokomeia.* In accordance to Palladius opinion, in this uncommon house worked voluntary as doctors,

[1] Homer, *Odyssey* 8, 546–547; Plato, *Definitiones* 412.

[2] Cyprianus, *Epistles* 35; *Treatise* 8; Tertulianus, *Apologeticus* 39, 5–6; Eusebios, *Eccl. Hist.,* IV.43, 11–12.

[3] *Chronicon paschale,* 1:535–6; T. S. Miller, *The Birth of the Hospital in the Byzantine Empire,* Baltimore 1985, p. 21.

[4] John Chrysostom, *Ad Stagirium a daemone vexatum* 3, PG 47, 490.

[5] Basil the Great, *Regulae brevius tractatae* 155, PG 31, 1183–1184.

[6] E.g. Gregoryn of Nyssa, *In Basilium fratrem* 7, PG 46, 809; Gregory of Nazianzus, *Sermo* 43, 63, PG 36, 577 C; Sozomen, *Hist. Eccl.* 6, 34, PG 67, 1397 A; Theodoret, *Hist. Eccl.* 6, 16, PG 82,1161 D.

[7] B. Altaner, A. Stuiber, *Patrologia*, Warsaw, p. 334.

nurses and cooks the monks, layman or even members of the imperial family[8], in order to expiate past sins (such as adultery). *Historia Ecclesiastica* of Theodoret mentioned Placylla, the wife of Emperor Theodosius I, who ruled in the end of 4th century (379–395). Placylla used to visit and nurse the sick in special shelters. Those houses were situated just next to the block of the great and glorious capital churches and were called *xenones* or *orphanotrophia*[9].

According to ancient sources, we can note that the original houses of altruistic and arranged rendering help came into existence in the fourth century. Arranged help was situated in certain places and based on specialized personal. Altruistic help depended on voluntary work of members of personnel. As we can see the Christian charitable institutions specialized in giving support to various groups of people: foreigners *(xenodochium)*, sick *(nosokomium)*, old people *(gerokomium)*, poor ones *(ptochotrophium)* and orphans *(orphanotrophium, brephotrophium)*. The first charitable institutions came into being by detachment from the property of a local church, intended for charitable activity. Literary sources also indicate that the establishment of charitable institutions was a subject of activity of popes, emperors and their families, as well as private benefactors.

The charitable institutions became part of the legal regulations of the Church in the 4th century A.D. In the beginning the early Councils promulgated canons to define staff duties or rules for the administration of their properties. For example Synods' regulations contained matters of spiritual qualities of candidates for an superior office or the prohibition of the alienation of the charitable institution's estates and the issue of separation of its property from the property of a bishop.

It is possible to reconstruct the model of the charitable institution that existed in the fourth century A.D. This model is based on the analysis of the early Christian literature and the rules of the canon law. The Christian charitable institutions exemplify a form of charitable activity that was very unusual for the fourth century. That form consisted in performing certain functions by certain persons in charitable institutions. These functions followed certain legal regulations. The fact that there were positions of superior as well as other staff members lead to the phenomenon that this form of charitable activity gained a durable and objective character.

Charitable institutions existed regardless who performed the given functions in the institution. Charitable institution existed regardless how often those who performed the given functions rotated. Finally, charitable institution existed regardless whether a given function was fulfilled by anyone at a given

[8] Palladius, *Dialogus de vita s. Johannis Chrysostomi,* PG, 47, 5–82.
[9] Theodoret, *Hist. Eccl.* 5, 19, 2–5, PG 82, 1161 D.

time or not. Charitable institutions started to exist as a defined and durable form of activity no matter who was in charge of it. The defined model of charitable institution allows us to distinguish between the so called private charitable activity connected to a certain person's action and merely institutional activity. In practice, the existence of charitable institution in such a sense founded its expression in the existence of financial resources and a headquarters in which the charitable activity was held.

The model of charitable institution became the subject of Roman legal regulations in the 5th and 6th century A.D. In this time, the Emperors started to impose laws with the intention to display charitable activity, to protect public and church benefits, to reform public administrations and Roman private law. Postcalssical legal regulations applied and habituated classical legal paradigmas and patterns or create new ones in the matter of charitable activity.

How much was postclassical Roman law changed by the Christian practice of the original model of charitable activity? How much did legal regulations of Christian charitable institutions increase the value of Roman legal dogma? What was the issue of legal transfer in that case?

Extraordinary regulations relating to charitable institutions enforced post-classical roman law from the seventies of the 5th century until the thirties of the 6th century A.D. (472 to 535 A.D.), f. e.:

- The first roman regulations referred to some tax privileges granted to charitable institutions in 472 A.D.[10] We can say that charitable institutions became the subject of roman legal regulations straight off as privileged institutions. This is unusual, isn't it?
- In that time (472 A.D.)[11] also special tutelary rights were granted to orphanage superiors. According to this immunity the orphanage-superior was not obliged at all to render accounts and calculations *(rationes)* of tutelage – *(ratiociniis tutelribus seu curationibus obnoxii sint)*. This was a new exemption from exception to a general obligation of tutors[12].

[10] C. 1, 3, 34 (35).

[11] C. 1, 3, 31 (32).

[12] *Gai. Inst. 1, 191: ...at ubi pupillorum pupillarumve negotia tutores tractant, eis post pubertatem tutelae iudicio rationem reddunt.*

- Emperor Zeno, who ruled at the end of the 5th century A.D. (474–491) imposed a law of actionable *pollicitatio* (a promise of donation)[13]. It is worthwhile to remember that there was no actionable promise of donation in classical Roman law. One could only sue someone for executing the promise, if the one who gave the promise solemnized a formal stipulation or already began to fulfill a promise[14]. Emperor Zeno made an exemption in such matter: the bishop can sue for performance of every promise of donation for an angel, prophet, martyr or a charitable institution.
- Emperor Anastasius, who ruled at the beginning of the 6th century (491–518) prohibited alienation of the property belonging to charitable institutions[15]. A superior of a charitable institution could sell or rent immovables only in case of indebtedness or in order to rebuild a temple.
- From 528[16] to 531[17] (it is 3 years) one could donate small property for charitable purposes without any public notice *(insinuatio)*. It was an exemption from general rules, too.
- Charitable institutions were an excluded form of *personae incertae* (uncertain) in 528[18]. The category of *personae incertae* came into being already in classical roman law. According to Gaius, *persona incerta* was a person who existed in the first place in an imagination of testator *(persona, quam per incertam opinionem animo suo testator subicit)*[19]. *Personae incertae,* for example, could not inherit property[20] or perform duties of tutors[21]. Generally speaking the category of *personae incertae* constituted practically all abstract beings, institutions or groups of people (like idols or even cities, associations or prisoners of war) [22]. In process of time charitable institutions, next to Christian churches or cities belonged to the privileged group of institutions that can inherit property in postclassical roman legal order.

---

[13] C. 1, 2, 15.
[14] E. Albertario, *La pollicitatio,* Milano 1929; J. Roussier, *Le sens du mot "pollicitatio" chez les juristes romains,* RIDA 3 (1956), pp. 269–317; J. P. Lévy, *Essai sur la promesse de donation en droit romain,* RIDA 3 (1949), p. 104.
[15] C. 1, 2, 17.
[16] C. 1, 2, 19.
[17] C. 8, 53 (54), 36, 3.
[18] C. 6, 48 (49), 1, 26.
[19] G. 2, 238.
[20] Reg. Ulp. 22, 4.
[21] G. 2, 240.
[22] P. Bonfatne, *Corso di diritto romano,* t. IV, Milano 1930, p. 383; P. W. Duff, *Personality in the Roman Private Law*, Cambridge 1938, p. 189; P. Voci, *Istituzioni di diritto romano,* Milano 1954, pp. 413–415; P. Voci, *Diritto ereditario romano,* t. I, Milano 1960, pp. 392–411.

- Emperor Iustinianus initiated a particular period of act's prescription (530[23] to 541[24]). This extraordinary prescription of acts considering charitable institutions existed for one hundred years. There was not longer period of act's prescription in the Roman law. I suppose that there is no longer period in the modern legal systems.
- Emperor Iustinanus also stated the highest interest of credits granted to charitable institutions. The interests amounted for 3%[25], while general interests were 6 %[26]. There were no lower interests in the Roman law.

Conclusion

This analysis of the early-Christian literature and norms of the canon law as well as of imperial legislative sources allows us to compare the two reconstructed models of charity institutions. The model depicted in the Roman law corresponds with the model given in the Christian sources. Both models defined a charitable institution as an institution managed by an appointed superior. The superior was allowed to administer the property belonging to the charitable institution within the frames of law. The superiors of charitable institutions and the remaining personal had to fulfill given duties. Moreover, the charitable institutions were obliged to bear public burdens, which they might have been exceptionally exempted of.

However, the Roman law encompassed a more extensive area of regulations than the issues depicted in the Christian literature and the canon law. Moreover, the Roman law describes in details the issues relating to establishment, management of charitable institutions, donations in favor of charitable institutions, property, privileges or prescribed complaints the institutions were entitled to. We have to record, that neither Christian literature nor canon laws were a source of ready-made norms for the imperial law as far as charitable institutions were concerned. It may be said that Christianity only submitted to legal discussion charitable institutions issues. The Roman law's regulations encompassing establishment of institutions, board of superiors, management the property, privileges and prescriptions of complaints while canon law and patristic literature treated for the most part about spiritual, moral and nursing duties.

With reference to the above it may be stated that Roman law did not just overtake the suggested solutions or developed in practice of Christian charitable institutions or proposed by canon law.

---

[23] C. 1, 2, 23.
[24] Nov. 111, 1.
[25] Nov. 120, 4.
[26] C. 4, 32, 26.

Instead, taking up the problem of functioning of the already existing charitable institution Roman legislators headed for solutions of practical issues. Those issues were connected with wielding power and emperors' care for efficiency functioning of the Roman Empire. The influence (transfer) of Christianity on the post-classical Roman law was only seen on the surface of creating the model of Christian institution as a form of charity, and not in the area of particular norms.

As we can see again social practice creates models and patterns and then transfers it to law. Law creates rules and transfers it to practice.

Konzepte der Armenfürsorge und Bettelbekämpfung und ihre Rezeption zu Beginn des 16. Jahrhunderts

Alexander Wagner, Trier

This Paper examines the transfer of concepts of poor relief at the beginning of the 16th century. After a short description of poor relief in the late middle ages, the main part begins with the examination of Vives' work "de subventione pauperum" and its efforts on the territorial and municipal legislation in Spanish Netherlands and in Spain. Thereby the examination focuses on the repetitive and schematic processes of transfer as well as their causes and efforts. In the second part, the free imperial city of Straßburg is chosen to demonstrate the transfer of foreign municipal norms into own poor relief laws. The analysis demonstrates that role models of poor relief are as well transferred as adjusted to the specific conditions of Straßburg. For the reform of poor relief met with criticism the undertaken attempts of legitimation are analysed in which way the argumentation should reach a stabilisation of acceptance.

Die rechtliche Ausgestaltung sozialer Sicherung und Unterstützung war und ist eines der zentralen Themen gesellschaftlicher Diskussion – heute ebenso wie zu Beginn des 16. Jahrhunderts. Gerade in wirtschaftlichen Krisenzeiten steht angesichts sich verknappender Mittel die bisherige Art des sozialen Schutzes in Frage. Forderungen nach Reform und Änderung des Unterstützungskonzepts werden laut. Dabei bilden die Kenntnisnahme und der Transfer von als erfolgreich beurteilten Organisationsformen außerhalb des eigenen Rechtskreises wesentliche Elemente von Reformvorhaben. Herausarbeiten lässt sich dies anhand zahlreicher Belege aus Vergangenheit und Gegenwart. Als ein jüngeres Beispiel lassen sich die Vorschläge des hessischen Ministerpräsidenten Koch im Jahr 2001 für die Reform des deutschen Sozialsystems anführen. Aufgrund der Erfahrungen anlässlich seines Besuchs im amerikanischen Bundesstaat Wisconsin empfiehlt er als einen wesentlichen Reformansatz: *„Jeder, der arbeiten kann, soll auch vom Staat eine - gegebenenfalls subventionierte - Arbeitsmöglichkeit erhalten. [...] Wer sich dennoch weigert zu arbeiten, muss mit empfindlichen Einschränkungen der staatlichen Leistungen rechnen. Ziel des Programms ist es, jedem Klienten wieder ein selbständiges Leben unabhängig von staatlicher Unterstützung zu ermöglichen. [...] Die Erfolge des Programms 'Wisconsin works' sind beeindruckend.*"[1]

Dass auswärtige Erfolge imposanter wirken können als eigene und in der Fremde vieles besser zu sein scheint als in der Heimat, zeigen schon die Äußerungen Alexander Berners. Dieser reist 1531 im Auftrag des Straßburger Rates

[1] So Koch (2001) in seinen Vorschlägen zur Sozialhilfereform.

durch süddeutsche Städte und äußert sich wohlwollend über die Erfolge des Fürsorgewesens in Augsburg und stellt für die Armen in Memmingen fest: „[...] Memmingen [...] haben nit sonders viel armer, dieweil jung und alt zu arbeiten findt und nit jedermann also uf den muessiggang geneigt ist wie bei uns.“[2] Die Idee einer subventionierten Arbeit bei gleichzeitiger Arbeitsverpflichtung und der Streichung von Unterhaltsleistungen bei Verweigerung kennt bereits Juan Luis Vives in seinem Werk ‚de subventione pauperum' aus dem Jahr 1526: „Wer nicht arbeiten will, soll auch nicht essen. [...] Wenn sie nachweisen, dass ihre Bedürfnisse größer sind, als das, was sie erarbeiten können, soll man ihnen dazugeben, was als ausreichend gilt“.[3] Dieses Werk übersetzt 1533 der Münsterprediger Caspar Hedio und widmet es dem Rat und der Bürgerschaft der Stadt Straßburg, damit diese die Versorgung der Bedürftigen und die Beseitigung der Ursachen der Bettelei besser bewerkstellige.[4]
Die letzten Zitate weisen bereits darauf hin, dass es in der Frühen Neuzeit zu Anfang des 16. Jahrhunderts einen wesentlichen Austausch über Organisationskonzepte der Fürsorge gibt. Den Anfangspunkt des vorliegenden Beitrags wird eine Darstellung des Transfers kirchlich-religiöser Unterstützungsvorstellungen in die ersten Städteordnungen bilden und dabei klären, inwiefern neue Elemente eingeführt werden und bekannte Kriterien sich als kompatibel erweisen.[5] Diese ersten Schritte des weltlichen Normgebers im Spätmittelalter sind der Ausgangspunkt des Verständnisses der weiteren Übertragungen von rechtlichen Konzepten. In der zeitlichen Nachfolge dieser Entwicklung stehen Anfang des 16. Jahrhunderts die Schriften von Theologen wie Johannes Geiler von Kaysersberg und dem Lehrer an der theologischen Fakultät der Sorbonne, John Mayor, die sich mit Fragen der Kompetenzverschiebung und des Umfangs der Befugnisse beschäftigen. Ein ganzheitliches Modell der Armenfürsorge beinhaltet die bereits erwähnte Schrift des Humanisten Vives. Die Wirkung dieser Schrift und deren Vorlage, der Yperner Armenordnung, auf die territoriale und städtische Gesetzgebung in den spanisch-habsburgischen Niederlanden und im Königreich Spanien wird einen Hauptteil des Beitrages bilden. Besondere Aufmerksamkeit wird den wiederkehrenden schematischen Abläufen der Transferprozesse und deren Ursachen bzw. Auswirkungen gewidmet. In einem zweiten Schritt soll am Beispiel der freien Reichsstadt Straßburg dargestellt werden, wie die Übertragung von Normen anderer Städ-

[2] Winckelmann (1971, 2. Teil, 274).
[3] Zitiert nach der deutschen Übersetzung bei Strohm (2004, 321, 324). Die lateinische Originalversion findet sich bei Matheeusen (2002, 98f., 106f.).
[4] Die Originalausgabe „Von Almusen geben“ der Übersetzung durch Hedio findet sich u.a. in der Universitätsbibliothek München.
[5] Zur Bedeutung religiöser Vorstellungen für Norm und Praxis von Armenfürsorge vgl. Schmidt/Wagner (2004, 479–509).

te ins eigene Stadtrecht durchgeführt wurde. Berücksichtigt wird insbesondere, inwiefern das so geschaffene neue Stadtrecht Regelungen übernahm bzw. den eigenen Gegebenheiten entsprechend änderte. Die als Reaktion auf Kritik an der neuen Normgebung unternommenen Legitimationsversuche werden daraufhin untersucht, welche Argumentationslinien eine Stabilisierung der Akzeptanz der Gesetzgebung erreichen sollten.

I. Armen- und Bettelgesetzgebung im Spätmittelalter

Die Armut ist das größte soziale Problem in einer spätmittelalterlichen Stadt.[6] Versorgungsmöglichkeiten für die städtischen Armen außerhalb der eigenen begrenzten Möglichkeiten bieten die institutionalisierte Unterstützung in Gestalt des Spitals und der Empfang des privat verteilten Almosens.[7] Diese Formen der Unterstützung von Bedürftigen unterliegen der kirchlich-theologischen Betrachtung und sind für den Stifter oder Spender eine Möglichkeit der Abbüßung der Sünden des diesseitigen Lebens.[8] Ausgangspunkt der karitativen Tätigkeit ist die Annahme der Notwendigkeit der Armut als Stand und das Verständnis des Almosengebens als religiös-ethische Pflicht. Grundlegend, wenn auch nicht alleinige Antriebsfeder, ist dabei die Motivation der christlichen Nächstenliebe.[9] Praktiziert wird das Almosen sowohl von kirchlichen Einrichtungen wie den Klöstern als auch durch Privatpersonen vom König bis hin zu den Bürgern und stellt damit eine Massenerscheinung dar.[10] Die Ausspendung von Almosen erfolgt zudem aus Stiftungen heraus, deren Verteilung der Kirche obliegt. Eindeutig ist die Gestaltungskompetenz hinsichtlich der Versorgungsleistungen für Bedürftige dem kirchlichen Rechtskreis zugeordnet.[11] Dass dies keine geregelte Versorgung sicherstellt, ist trotz der teilweise bedeutenden Summen der Almosen schon angesichts der starren

---

[6] So Schubert (2001, 661). Die Ursachen dieses vielschichtigen Differenzierungsprozesses können an dieser Stelle nicht ausführlich dargestellt werden, verwiesen sei daher u.a. auf Bräuer (1997a, 21), Maschke (1980, 314ff.).

[7] Vgl. Fischer (1979, 146ff., 149ff.) zur Bedeutung des Almosens, Groebner (1993, 233ff.) zu den eigenen finanziellen Möglichkeiten der Armen, darüber hinaus Jütte (2000, 106ff.), Sachße/Tennstedt (1980, 29), Scherpner (1962, 40), Schubert (2001, 686).

[8] Vgl. Geremek (1991, 30), Sachße/Tennstedt (1980, 29), Scherpner (1962, 26).

[9] Vgl. Geremek (1991, 34), Scherpner (1962, 25–27). Darauf, dass sich die Motivation zum Almosengeben über die Nächstenliebe und die Sorge um das eigene Seelenheil hinaus aus mehreren Quellen speist, weisen Bräuer (2001, 86,91), Schubert (1992, 252f., 257f.) hin.

[10] Vgl. Geremek (1991, 47f.). Zur religiösen Bedeutung der Almosenverteilung der Klöster vgl. Little (1978, 84ff.), zum Ausmaß vgl. Fischer, W. (1982, 30f.), Schubert (1992, 255), Oexle (1986, 80f.).

[11] So Tierney (1959, 5f., 126ff.), der von einem durch das Kirchenrecht ausgebildeten „Medieval Poor Law“ spricht und zudem den bindenden Rechtscharakter des Almosens betont.

Ausrichtung der Verteilung etwa an den Todestagen der Stifter oder hohen Kirchenfesttagen festzuhalten.[12]

Die Regulierung des Almosens als eine der Versorgungsformen ist zentraler Anknüpfungspunkt der ersten städtischen Ordnungen. Ab dem ausgehenden 14. Jahrhundert und verstärkt im Verlaufe des 15. Jahrhunderts greifen diese frühen weltlichen Normen die bisherige Art der Versorgung auf und modifizieren diese, ohne bislang eigene neuartige Versorgungskonzepte zu entwickeln.[13] Festgelegt wird, wer in der Stadt für wie lange zum Bettel berechtigt ist. Kennzeichnend ist, fremde Bettler von der Stadt und damit von den Fürsorgeeinrichtungen und der Möglichkeit des Almosenerbittens fernzuhalten und auszuschließen. Weitere Kernpunkte sind die Sichtbarmachung der Betteleraubnis durch Bettelzeichen und das Bemühen um die schriftliche Erfassung der Armen hinsichtlich ihrer Bedürftigkeit in Listen.[14] Die städtische Obrigkeit knüpft zwar bei der Festlegung von Kriterien für die Bedürftigkeit an die bekannten Tatbestände an: Gebrechlichkeit, Alter, Schwäche.[15] Die städtische Norm stellt dennoch einen Eingriff in die herkömmliche kirchlich-theologische Vorstellung dar. In zwei wesentlichen Punkten liegt die Veränderung: In der Überprüfung der Bedürftigkeit und dem Kriterium der Fremdheit.

Die anerkannten theologischen Voraussetzungen der Ausspendung von Almosen sind in den Schriften der Scholastiker niedergelegt.[16] Bekannt ist zwar das Kriterium der „extrema necessitas", der wirklichen Not, als Voraussetzung der Bedürftigkeit und damit der Berechtigung zum Empfang. Trotz der Feststellung einer generellen Arbeitspflicht und der scharfen Ablehnung betrügerischen Bettelns ist die nunmehr pflichtige Überprüfung der Bedürftigkeit vollzogen durch städtische Bedienstete so als Pflicht des Helfenden nach bisheriger Auffassung nicht feststellbar.[17] Auf dem Boden der bisherigen Ansicht steht allerdings die Belegung der gesunden, arbeitsfähigen Bettler, der „mendicantes validi", mit Strafe durch das bürgerlich-weltliche Gesetz, was bereits der Aquinate in seiner „summa theologica" anführt unter Heranzie-

---

[12] So u.a. Sachße/Tennstedt (1980, 29). Fischer (1979, 151) betont die unzureichenden finanziellen Kapazitäten dieser Form der Fürsorge.

[13] Als erstes Beispiel einer diesbezüglichen Bettelordnung ist die Nürnberger Verordnung 1370 zu nennen. Abgedruckt ist diese bei Rüger (1932, 68ff.), vgl. zu dieser Knefelkamp (2001, 522ff.).

[14] Zu Aussehen und Funktion der Bettelzeichen vgl. Bräuer (1997b, 84ff.), Maué (1999, 126ff.), Sachße/Tennstedt (1980, 35), Beispiele der Erfassung der Armen in Listen bei Knefelkamp (2001, 523f., 528).

[15] So z.B. in der Nürnberger Ordnung von 1478, abgedruckt bei Baader (1966, 316f.).

[16] Vgl. Geremek (1991, 35), Scherpner (1962, 25f.).

[17] Etwa bei Thomas von Aquin, Nachweis bei Scherpner (1962, 29ff., 35f.), gleicher Ansicht wie Thomas von Aquin ist Gratian, vgl. hierzu Tierney (1959, 55).

hung der Corpus juris Stelle in C 11, 25: „Lex autem civilis imponit poenam validis mendicantibus".[18] Die legistische Jurisprudenz der Kommentatorenzeit stützt die Ausführungen zur Strafbarkeit des betrügerischen Bettelns Arbeitsfähiger ebenfalls auf diese Stelle des Corpus juris.[19] Neuartig ist demnach nicht die Verweigerung von Fürsorge für Arbeitsfähige und deren Bestrafung durch die weltliche Gerichtsbarkeit, sondern Fremdheit als Kriterium der Exklusion von der Fürsorge.

Auch in den zweiten Bereich kirchlicher Zuständigkeit dringt die städtische Obrigkeit ein: Die institutionell organisierte Unterstützung Bedürftiger in Gestalt des Spitalwesen. Bereits seit dem 13. Jahrhundert versuchen städtische Obrigkeiten Einfluss auf die Leitung und Finanzverwaltung der institutionellen Fürsorge zu nehmen.[20] Bis zum 15. Jahrhundert gelingt es in Auseinandersetzungen mit der kirchlichen Aufsicht in Person des Bischofs, die Verwaltung der Spitäler zu übernehmen. Das Streben nach Entscheidungsbefugnis geht Hand in Hand mit der gerade im 13. und 14. Jahrhundert gesteigerten Stiftung privater und kommunaler Gelder der Bürger. Während sich die Zuständigkeiten in diesem Bereich jeweils auf die einzelnen Spitäler beziehen und sich in den Administrationsanweisungen der Stiftungsurkunden der einzelnen Spitäler niederschlagen, steht im weiteren Verlauf die Regulierung des Bettelwesens im Zentrum der zunehmenden Anzahl der Stadtordnungen. Gemeinsam ist beiden dargestellten Vorgängen, dass der Kompetenzbereich der Fürsorgeorganisation, welcher bisher vor allem innerhalb des kirchenrechtlich-moraltheologischen Bereiches lag, nun in die Entscheidungsgewalt des weltlichen Trägers politischer Macht übergegangen ist.

Die weitere Steigerung der Normierung auf städtischer und später auf territorialer Ebene zu Beginn des 16. Jahrhunderts lässt sich zweifach verorten: Sowohl in der auf demographischen und wirtschaftlichen Faktoren beruhenden zyklischen Zunahme der Bettelei als auch in der geänderten Wahrnehmung des Bettels.[21] Letztere kommt unter anderen in den Werken und Schriften wie

[18] Textstelle der Summ. Theo II 2 q. 187 in Christmann (1952, 184). Gleicher Ansicht sind die Dekretisten, vgl. Tierney (1959, 58f.), weitergehend zu deren Ausführungen zum bedürftigen Armen: Ders. (1958, 360–373).

[19] Vgl. hierzu Scherner (1988, 130f.).

[20] Zum „Verbürgerlichungsprozess" vgl. Begon (2002, 24ff.), Fischer (1979, 141), Oexle (1986, 84f.), Reicke (1970, 196ff.), für Straßburg Winckelmann (1971, 1. Teil, 187, 190f.).

[21] Allgemein zu dieser Frage Bog (1986, 61ff.), zur veränderten Wahrnehmung des Bettels u.a. in Testamenten Fischer (1979, 155ff.), bezüglich der strukturellen Ursachen ders. (1979, 166ff.). Scherner (1979, 58f.) sowie Scherpner (1962, 45ff.) betonen die Auswirkungen der ökonomischen Umbruchssituation ebenso wie den Willen der kaufmännisch ausgerichteten Bürgerschaft zur Regelung des sozialen Problems.

den Straßburger Betrügnissen[22], dem Narrenschiff[23] (1494) des Juristen Sebastian Brant und dem liber vagatorum[24] (1510) zum Ausdruck. Die augenscheinlich gewandelte Auffassung erfasst ebenfalls die Theologie, die sich weder in Praxis noch Lehre den Rückwirkungen entziehen kann. So ist schon in den Schriften des Straßburger Predigers Johannes Geiler von Kaysersberg (1445–1510)[25] an den Rat die Ablehnung des Bettelns der starken Bettler festzustellen. Bedeutsam für die Einordnung Geilers ist, dass sich in seinem geistigen Umfeld der Verfasser des Narrenschiffs, Sebastian Brant, befindet.[26] Geiler fordert die Pflicht der Obrigkeit zur Regulierung des Armenwesens ein und bezieht sich bei der Zuweisung der Kontrollkompetenz an Kaiser und Reichsfürsten auf „die Kaiser im Rechtsbuch".[27] Für die arbeitsfähigen Bettler fordert er deren „Anhaltung" zur Arbeit und den Ausschluss vom Almosen. Die Kontrolle der Bettler durch die Obrigkeit ist im Verständnis Geilers von Kaysersberg Zwischeninstanz zwischen dem Empfänger und dem Spender, der in Übereinstimmung mit der bisherigen Ansicht nicht das Leben des Armen untersuchen soll.[28] In der Sache einen Schritt weiter geht der Pariser Theologielehrer Mayor (1470–1550) in seinem Sentenzenkommentar von 1509. Er erkennt die Kompetenz des Fürsten zum gänzlichen Verbot des Bettelns, also auch für Gebrechliche und nicht Arbeitsfähige, an. Zulässig ist dies allerdings nur unter der Voraussetzung, dass jedem Bedürftigen angemessene Arbeit verschafft wird und das Almosenwesen geordnet wird, so dass die Versorgung der Bedürftigen sichergestellt ist.[29]

---

[22] Vgl. hierzu Voltmer (2000, 506f.). Die „Basler Betrügnisse der Gyler" stammten nach Voltmers Feststellung eindeutig aus Straßburg und gelangen im nachbarstädtischen Austausch nach Basel und werden später wegen ihrer Nützlichkeit nach Bern weitergeleitet.

[23] Vgl. Sachße/Tennstedt (1980, 36, 49ff.) mit Auszügen aus dem Narrenschiff und dem liber vagatorum, Scherner (1979, 59), Scherpner (1962, 48ff.). Zu möglichen Auswirkungen der Äußerungen Brants gegen die Bettelmönche im liber vagatorum vgl. Schubert (2000, 882). Zu weiteren Beispielen ähnlicher Schriften vgl. ders. (2000, 871, 881).

[24] Vgl. hierzu Assion, (1973, 76), Fischer (1979, 157), Jütte (1988, 106ff.). Allgemein zur Figur des betrügerischen Bettlers vgl. Schubert (1998, 79ff.).

[25] Vgl. zur Person Geiler von Kaysersberg und seinem Wirken Voltmer (2005, 537–613).

[26] Vgl. Sachße/Tennstedt (1980, 36), Scherner (1979, 60), Scherpner (1962, 54 ff., 59ff).

[27] Vgl. Dacheux (1965, XXIII), Textauszug Geiler von Kaysersberg: XXI Artikel an den Rat, hier Art. XIII bei Sachße/Tennstedt (1980, 56), dort der Bezug auf C 1,2, 12 § 2 : „et quia humanitatis nostrae est prospicere egenis ac dare operam, ut pauperibus alimenta non desint", vgl. hierzu Fischer (1979, 159), Scherpner (1962, 61f.).

[28] Vgl. Sachße/Tennstedt (1980, 36, 57ff.), Scherpner (1962, 61f.).

[29] Vgl. Scherpner (1962, 64 ff.), Nachweis der Textstelle u.a. bei Scherner (1980, 60 Fn.21); der Text findet sich bei Winckelmann (1914/1915, 196): Si princeps vel cummunitas statuat, ne sit mendicus in sua patria, et provideatur impotibus, probe agit et quod quidem licet.

II. Ypern, Vives und die Folgen

Von maßgeblicher Bedeutung für die weitere Entwicklung der Fürsorgeorganisation in den spanisch-habsburgischen Niederlanden und in Spanien selbst ist die Yperner Armenordnung von 1525.[30] Dort wird die Fürsorge insgesamt unter die zentrale Aufsicht städtischer Behörden gestellt. Anlass und Beweggrund des Stadtrates ist die Abstellung des Missbrauchs des Almosenempfangs durch betrügerische Bettler. Es wird angenommen, dass gerade diese sich durch Aufnahme von Arbeit selbst versorgen können. Die einzurichtende Verwaltungsorganisation gliedert sich nach den städtischen Pfarreien, in denen jeweils 4 Verordnete aufgrund der Erkenntnisse von Hausvisitationen Verzeichnisse der Armen anlegen sollen. Verzeichnet werden Lebensverhältnisse und Lebenswandel, woran sich die Zuweisung der Unterstützung orientiert.[31] Die Unterstützungsleistungen in Naturalien oder Geld erfolgen aus der neu geschaffenen Armenbörse, in welche die Einkünfte aus den Opferstöcken und aus den regelmäßig vorzunehmenden Armenkollekten fallen. Stiftungsvermögen wird nur dann zur Armenbörse gezogen, wenn es allgemein zur Versorgung der Armen bestimmt worden ist. Ausgenommen sind das Kirchengut und die Stiftungen zugunsten geistlicher Personen.[32] Festgelegt wird darüber hinaus die Ausbildung von Bettlerkindern durch Schule oder Handwerk.[33] Sowohl für Einheimische als auch Fremde wird der Bettel generell verboten und unter Strafe gestellt. Fremde Bettler werden nur auf der Durchreise geduldet und erhalten ein Wegalmosen. Diese Maßnahmen sollen erreichen, dass die Bettler aufgrund der nun gewährleisteten Versorgung durch vermehrte Predigtbesuche besser für ihr Seelenheil sorgen können.[34]

Den profiliertesten Ausdruck erhalten die neuen Ideen bei dem spanischen Humanisten Vives in dessen 1526 für den Rat der Stadt Brügge bestimmten Schrift „de subventione pauperum“.[35] Vives orientiert sich augenscheinlich an den Vorgaben der Yperner Armenordnung und stellt diese in ein Gesamtkonzept von Fürsorge, in dem deutlich zwischen privater und öffentlicher unterschieden wird. Während das erste Buch von der privaten Armenpflege handelt und auf die Pflichten von Armen und Reichen eingeht,[36] behandelt das zweite Buch die öffentliche Armenpflege. Grundvoraussetzung sowohl der privaten

---

[30] Die Yperner Armenordnung ist abgedruckt bei Winckelmann (1914, 13–18), zusammenfassend Dorn (2005, 95f.).
[31] Text bei Winckelmann (1914, 14).
[32] Vgl. Text bei Winckelmann (1914, 15).
[33] Vgl. Text bei Winckelmann (1914, 16).
[34] Vgl. Text bei Winckelmann (1914, 17).
[35] Zur Biographie von Vives vgl. Strohm (2004, 277). Bemerkenswert ist, dass er ebenfalls an der Pariser Sorbonne studierte.
[36] Vgl. Ehrle (1882, 29), Feuchtwanger (1909a, 194).

als auch der öffentlichen Armenpflege ist die christliche Nächstenliebe. Die Bedeutung des Almosens und seines himmlischen Lohns wird in den Schlussworten nochmals hervorgehoben.[37] Das Bemühen, den weltlichen und den theologischen Rechtskreis miteinander in Einklang zu bringen, wird überdeutlich.[38] Die Aufgabe zur Gestaltung der Armenfürsorge wird mehrfach und eindeutig der obrigkeitlichen Gewalt zugeordnet. Ausgangspunkt der weiteren Überlegungen ist die Annahme der Arbeitspflicht jedes Menschen.[39] Klingt dies zunächst wie Altbekanntes, übersteigt die Konsequenz des Gedankenganges die geläufigen Denkschemata. Neu ist, dass die Pflicht nicht nur wie bisher für starke Bettler gilt, sondern ausgehend von der Annahme eines nie gänzlich verschwundenen Rests an Arbeitsfähigkeit auch für Alte und Versehrte. Sogar Blinde seien befähigt, gewisse Arbeit zu erledigen. Als Beispiele nennt er die Nutzung einer Begabung für die Wissenschaft, das Musizieren mit der Flöte oder den Antrieb von Keltern.[40] Damit ist die Trennung des „mendicans validus" und des „egens", des Bedürftigen, hinsichtlich der Arbeitspflicht aufgebrochen. Gerade aus dieser Tatsache resultiert die Aufgabe der Obrigkeit, die Armen in Listen zu erfassen und deren Arbeitsfähigkeit zu prüfen. Anschließend ist jedem seiner Arbeitsfähigkeit entsprechend eine Arbeit zuzuweisen. Sowohl der Zwang der Handwerksmeister zur Einstellung von Arbeitskräften als auch die erzwungene Tätigkeit müßiger Arbeitnehmer sind für Vives zulässige Mittel.[41] Schon Kinder sind neben der Unterrichtung in Lesen, Schreiben und christlicher Religion in ein Arbeits- und Dienstverhältnis zu bringen.[42] Untrennbar mit der Arbeitspflicht verbunden ist das uneingeschränkte Verbot des Bettels. Statt durch Bettelerlaubnis soll die Versorgung durch Unterbringung in Hospitälern oder durch vorsorgende Unterstützung erfolgen. Bei Geringverdienst besteht die Möglichkeit von Zuschüssen zum Lohn.[43] Bei der Frage nach der Finanzierung greift Vives auf die bisheri-

---

[37] Textstelle Vives bei Strohm (2004, 339), vgl. zur Stellung der Nächstenliebe im Konzept von Vives Scherpner (1962, 81 Fn.44).

[38] Vgl. Bondolfi (2004, 132), der die theologische Grundausrichtung betont. Dass Vives aber auch durchaus weltlich-obrigkeitliche Argumentationsmuster verwendet, zeigt die Textstelle Vives in Strohm (2004, 317f.), wo er die resultierenden Gefahren u.a. für die Sicherheit und Gesundheit der Bürger aufführt.

[39] Vgl. die Textstellen von Vives bei Strohm (2004, 283f., 318, 321), zudem vgl. Ehrle (1882, 30 Fn.1), Scherpner (1962, 88f.).

[40] Textstelle Vives bei Strohm (2004, 322ff.).

[41] Textstelle Vives bei Strohm (2004, 322).

[42] Textstelle Vives bei Strohm (2004, 325). Geradezu modern wirkt angesichts der jüngsten Ergebnisse der PISA-Studie die Forderung von Vives: „Bei der Einstellung solcher Lehrer sollen die Behörden nicht am Geld sparen: Sie können dem Staat, dem sie vorstehen, etwas Großes bieten für einen geringfügigen Aufwand".

[43] Textstelle Vives bei Strohm (2004, 324), zudem Scherpner, (1962, 92), Ehrle (1882, 30).

gen Mittel zurück: Die finanzielle Ausstattung der Spitäler und das Almosen. Er ist überzeugt, dass die Spitäler über eine reiche finanzielle Grundlage verfügen und empfiehlt für Ausnahmefälle einen Überschussausgleich. Bei Bedarf sollen in den Kirchen, wie aus Ypern bekannt, Opferstöcke aufgestellt werden. Weiterhin empfiehlt er als übliche Quelle die Nutzung der bisherigen Motivation der Gabe an den Armen. Insbesondere Prediger sollten am Sterbebett zum Almosenspenden ermahnen.[44] Die Einführung einer Almosensteuer wird aufgrund der Freiwilligkeit des Almosens abgelehnt,[45] während Vives zur Frage des religiösen Bettels keine Stellung nimmt. Die Grenzen des Konzeptes zeigen sich hier: Die Finanzierung soll nicht im Vertrauen auf menschliche Fähigkeiten sichergestellt werden, sondern im Vertrauen auf Gott, durch den die Reichen ihren Beitrag leisten werden. In seinem Glauben an die Wirkkraft der Liebe zu Gott sieht er eher die Gefahr einer Überfinanzierung, angesichts der realen Verhältnisse nachweislich übertrieben optimistisch.[46] Deutlich wird jedenfalls, dass ungeachtet neuartiger Organisationsformen bisherige religiös begründete Vorstellungen in ein ganzheitliches System übernommen werden.

Trotz der Wirkung der Yperner Ordnung unter anderem als Vorbild für die Konzeption von Vives wird sie aufgrund der Kritik und des Vorwurfs der Ketzerei durch Mitglieder der vier Mendikantenorden am 28.12.1530 der theologischen Fakultät der Sorbonne zur Begutachtung vorgelegt. Insbesondere im Bettelverbot sehen die Vorsteher der Karmeliter, Augustiner, Dominikaner und Franziskaner die Nähe zu lutherischen Anschauungen und konstatieren zudem eine Belastung der wahren Armen.[47] Dennoch bestätigt die Sorbonne bald darauf in einem Bescheid vom 16.1.1531 grundsätzlich die getroffenen Regelungen.[48] Auffallend ist die Parallelität zu dem Gedanken Mayors, dass das Bettelverbot nur bei gleichzeitiger Gewährleistung der Versorgung statthaft ist. Wesentlich ist darüber hinaus, dass den anerkannten Bet-

---

[44] Textstelle Vives bei Strohm (2004, 327ff.), zur Finanzierungsmöglichkeit der Armenfürsorge durch letztwillige Verfügungen vgl. Klötzer (1997, 196ff.), Schmidt/Wagner (2004, 498). Zur Ermahnung der Testierenden zu Spenden durch spätere Verordnungen vgl. z.B. die VO vom 12.9.1739 in StA MZ LVO.

[45] Textstelle Vives bei Strohm (2004, 330).

[46] Textstelle Vives bei Strohm (2004, 329). Allgemein zur Beschränktheit der damaligen städtischen Leistungsfähigkeit Fischer (1979, 269, 277), Jütte (1984, 148ff.).

[47] Vgl. Ehrle (1882, 35f.).

[48] Vgl. Feuchtwanger (1909b, 221), Strohm (2004, 47). Die Pariser Universität spielte bereits im sogenannten Mendikantenstreit von 1252–1257, in dem es um die sündentilgende Kraft des Almosens und die Frage nach dem Entzug des Almosen für die wahrhaft Bedürftigen durch die arbeitsfähigen Beginen ging, eine entscheidende Rolle, vgl. hierzu Schubert (2000, 880ff.). Der Abdruck des Gutachtens findet sich u.a. bei Ehrle (1882, 37 Fn.1), Ratzinger (1884, 444, Fn.1).

telorden wie nach bisheriger Gewohnheit das Betteln nicht verboten ist und der privaten Wohltätigkeit keine Grenzen auferlegt werden.[49] Ein Konflikt zwischen der kirchlichen und der weltlichen Rechtssphäre wird von der Fakultät ausgeschlossen und die Ordnung als mit christlichen Gebräuchen vereinbar erklärt. Es zeigt sich, dass der Transfer von Kompetenzen aus der kirchlichen Zuständigkeit zur weltlichen Obrigkeit und die vorgenommenen Regelungen zusätzlicher Legitimation bedürfen. Die Sicherung vollzieht sich zum einen durch das positive Gutachten einer theologischen Fakultät selbst, die den Transfer als statthaft bestätigt. Zum andern liegt die Stärkung der Legitimation in der Einbeziehung und dem Fortbestehen bisheriger Vorstellungen. Dies geschieht in Form von Ausnahme- und Auffangtatbeständen, die trotz der Veränderung Kontinuitäten als Voraussetzung der Normakzeptanz sichern.

Gerade auch die letztgenannte Form der Grundlage eines erfolgreichen Transfers lässt sich an der Territorialordnung Karls V. von 1531 für die habsburgisch-niederländischen Städte darstellen.[50] Das Edikt weist den Städten die Aufgabe zur Einrichtung von Fürsorgeorganisationen zu. Nach den Vorgaben der Yperner Armenordnung und der Schrift von Vives – Zentralisierung des Armenfonds, städtische Verwaltung der Unterstützungsleistungen, Bettelverbot und Arbeitsverpflichtung – bildet das Edikt in der Folge die Grundlage für die Neuordnung zahlreicher weiterer flämischer Städte.[51] Auch die Aufforderung bei Vives, Testatoren durch die Prediger zu Spenden zugunsten des Almosenfonds aufzufordern, findet sich im Edikt.[52] Durch die Orientierung an Positionen, die bereits anerkannt und durch das Gutachten der Sorbonne gesichert sind, wird das Fundament der Akzeptanz der Norm gelegt.

Bei dem Edikt Karls V. handelt es sich zudem um die territorialstaatliche Adaption eines städtischen Modells. Die territoriale Rahmengesetzgebung vollzieht mittels des Wechsels der Normebenen den Rechtstransfer eines städtischen Konzeptes in weitere Städte. Vermittelt durch die Machtposition des Territorialherren bietet sich eine zusätzliche Legitimationsgrundlage zur Neuordnung des Armenwesens und des Ergreifens der Zuständigkeit an. Die Reformgrundsätze beinhalten im Gegensatz zu den Vorlagen eine Änderung: Das uneingeschränkte Bettelverbot gilt nicht für Gefangene, Aussätzige und die Bettelorden.[53] Dies legt den Schluss nahe, dass es sich bei den Ausnahmen bezüglich des Bettelverbotes um die Berücksichtigung der Vorbehalte der

[49] Vgl. Ehrle (1882, 37, 39), Scherpner, (1962, 78).
[50] Vgl. Geremek (1991, 174ff.), diese Ordnung findet sich in der französischen Übersetzung bei Steinbicker (1937, 246ff.).
[51] Vgl. Ehrle (1882, 40), Jütte (2004, 88f.).
[52] Vgl. Geremek (1991, 175), Steinbicker (1937, 248).
[53] Vgl. Geremek (1991, 174), Steinbicker (1937, 245f.).

Sorbonne handelt. Die Wirkung der Aufnahme von Ausnahmetatbeständen liegt im Fortbestehen von bislang nicht verzichtbaren Resten von hergebrachten Vorstellungen, welche die Neuordnung stabilisieren. Beispielhaft zeigt sich ebenso, wie sehr sich Normsetzung und Diskurs bei der Weiterentwicklung und Übertragung von Normen in andere Rechtskreise und -ebenen gegenseitig beeinflussen.

Im Reich vollzieht sich ein ähnlicher Prozess. 1530 wird die Reichspolizeiordnung erlassen, die als „leges fundamentales" gerade im Bereich des Bettelwesens die Rahmengesetzgebung für territoriale Normen bildet.[54] Für das Kurfürstentum Trier wird 1533 daraufhin eine umfangreiche Bettelordnung erlassen, in der sich zahlreiche Bezüge zur Polizeiordnung herstellen lassen. Bemerkenswert ist, dass sich Elemente der Entwicklung in den Niederlanden an verschiedenen Punkten, u.a. der Ausnahmeregelung für Bettelorden oder der Einrichtung zentraler Armenkassen in den Städten, nachweisen lassen.[55]

Der in Flandern begonnene Transfer führt über die Person Karls V. als spanischem König zur Armengesetzgebung in Spanien. Die Forderung nach Neuregelung ist bereits seit den 1520er Jahren Bestandteil der auf den Cortes geäußerten Klagen. Der bisherige Zustand wird als Missstand empfunden, wobei unter anderem das zahlenmäßige Ansteigen der vagabundieren Bettler als Belastung angegeben wird.[56] Ähnlich wie in den habsburgischen Niederlanden setzt in Spanien die städtische Normsetzung auf Grundlage der seit 1534 in Vorbereitung befindlichen und am 25.8.1540 durch Karl V. erlassenen Armengesetzgebung ein. Die Anordnungen folgen im Wesentlichen den bekannten Regelungen. Den Städten kommt die Pflicht und Kompetenz zu, das Problem der Armenversorgung zu lösen. Beabsichtigt als Idealvorstellung ist eine Versorgung durch obrigkeitlich verteilte Unterstützung und nicht durch Almosen, obgleich für den Fall, dass die Versorgung nicht sichergestellt werden kann, die Möglichkeit einer Bettelerlaubnis nach entsprechender Prüfung der Bedürftigkeit vorgesehen ist.[57] Ebenso wie schon zuvor folgen die Städte dem Auftrag und beginnen, sich mit der Regulierung des Armenwesens zu befassen. An der Verordnung in Zamora entzündet sich die Kritik seitens der Geistlichkeit. Dies hat die Vorlage der Verordnung durch den Magistrat an die theologische Fakultät von Salamanca zur Folge. Die Theologen bestätigen die Verordnung in einem Gutachten, zu dessen Unterzeichnern auch Domingo de Soto gehört. Die Parallelität der Vorgänge ist zunächst offenkundig. Wie-

[54] Text bei Schmauss (1967, Teil 2, 332–345), vgl. Battenberg (1991, 45), Schepers (2000, 56, 77ff.) mit Hinweis auf Umsetzung der reichsrechtlichen Vorgaben in Bayern 1551, Scherner, (1979, 51), ders. (1996, 123).

[55] Zur Trierer Armenordnung von 1533 vgl. Schmidt/Wagner (2004, 485).

[56] Vgl. Ehrle (1882, 42), Jütte (2004, 88).

[57] Textstelle de Soto bei Strohm (2004, 347), vgl. Bondolfi (2004, 139), Ehrle (1882, 42).

derum ist bei Übernahme von als wesensändernd empfundenen gesetzlichen Regelungen zum einen die Legitimierung seitens universitärer Gutachten erforderlich, zum anderen das Vorhandensein einer übergeordneten Territorialnorm. Angesichts der theokratischen Elemente im politischen System Spaniens gewinnt jedoch die Diskussion an Schärfe.[58]
Anlässlich der Vorbereitung der Armenordnung für Valladolid kommt es zu einem Gegengutachten durch Domingo de Soto.[59] Dieser ist anders als Vives Gegner der Neuorganisation der Fürsorge und stellt den Entwurf in Frage.[60] Aufgrund seiner vorherigen Zustimmung zu der Verordnung in Zamora muss er allerdings einräumen, dass er aus Nachlässigkeit gehandelt habe. Nun aber wolle er aufgrund der Aufforderung des Kardinals von Toledo seine Bedenken darlegen.[61] Die Wichtigkeit, die er diesem Vorhaben beimisst, zeigt sich schon daran, dass er das Werk sowohl in Latein als auch in Spanisch abfasst.[62] Grundsätzlich bestätigt er zwar die bestehenden obrigkeitlichen Verbote des arbeitsscheuen Bettels und verweist ebenso wie schon Aquin auf die bereits erwähnte Stelle C 11, 25. Aus diesem allgemeinen Gesetz speisen sich die zulässigen Straf- und Ordnungsgesetze in Spanien.[63] Dagegen spricht er sich jedoch entschieden gegen den Ausschluss auswärtiger Armer von der Unterstützung aus. Er befürwortet somit im Ergebnis die Freizügigkeit der Bettler entgegen dem bisher üblichen Gebrauch. Da eine Versorgung der Armen durch das Gesetz des Reiches nicht verpflichtend ist, kann nach der Argumentation de Sotos das Verbot des Umherziehens für Arme nicht gelten.[64] Entsprechend hält er zwar ein generelles Bettelverbot durch die Obrigkeit für zulässig, sofern die Versorgung gewährleistet ist, hält aber diesen Zustand in Spanien für nicht erreicht.[65] Zudem sei Barmherzigkeit und eine Überprüfung mittels gerichtlicher Methoden zur Feststellung „wahrer" und „falscher" Armer nicht gleichzeitig anwendbar.[66] Insgesamt sieht de Soto die Armenfürsorge aufgrund gefestigter Tradition als Sache der Kirche. Deutlich wird dies an der Aktualisierung der Bedeutung des Almosen im Sinne der Lehren von

---

[58] Vgl. Geremek (1991, 234f.), Jütte (2004, 88).
[59] Zur Biographie von de Soto vgl. Seelbach (2004, 340ff.). Insbesondere die Tätigkeit des Dominikaners als Beichtvater Karls V. und die wenige Wochen vor Veröffentlichung der Schrift erfolgte Abordnung zur Teilnahme am Konzil von Trient weisen auf seine Bedeutung für den Disput hin, vgl. hierzu Ehrle (1882, 44).
[60] Der Originaltitel lautet: Domingo de Soto, De Liberacion en la causa de los Probres, die deutsche Übersetzung findet sich bei Strohm (2004, 343–399).
[61] Textstelle de Soto bei Strohm (2004, 346).
[62] Textstelle de Soto bei Strohm (2004, 345f.).
[63] Textstelle de Soto bei Strohm (2004, 349, 352).
[64] Besonders deutlich wird dies an der Textstelle de Soto bei Strohm (2004, 354f.).
[65] Vgl. Ehrle (1882, 46f.).
[66] Textstelle de Soto bei Strohm (2004, 377f.).

Aquin.[67] Noch einmal wird das mittelalterliche Ideal der Armut eingefordert, indem die moralischen Vorzüge des Standes der Armut herausgestellt werden, ohne jedoch die soziale Realität aus dem Auge zu verlieren. Seine Kritik weist neben den religiös begründeten Bedenken in eine andere Richtung. Hierzu zählt zum einen der Vorwurf, dass die beanstandeten Stadtordnungen den durch das Edikt vorgegebenen Rahmen überschreiten.[68] Zum anderen sieht er anders als Vives die Möglichkeit eines arbeitssuchenden Armen ohne Arbeitsstelle aufgrund fehlender Ausbildung oder fehlender Arbeitsgeräte.[69]
Im unmittelbaren zeitlichen Zusammenhang kommt es zur Abhandlung von Juan de Robles, der die genaue Gegenposition vertritt.[70] Er befürwortet entschieden die städtische Reform der Fürsorge und deren Grundlage, das königliche Edikt. Anders als für de Soto stehen die Reformen für ihn im Einklang mit einer christlichen Haltung. Nicht unwesentlich ist dabei sicherlich die Tatsache, dass der Benediktinerabt bereits an der Ausarbeitung der Armenordnung in Zamora beteiligt war.[71] Offenkundig wird eine Wandlung des Almosenverständnisses. De Robles wendet sich gegen die Missstände des Bettlerwesens und steht dem Verlangen nach Almosen ablehnend gegenüber. Dahingehend propagiert er sogar, dass es besser wäre, wenn niemand Almosen verlange. Bevorzugt wird von ihm eine Kontrolle der Bettler, die Durchsetzung des Arbeitszwangs und die Unterstützung der Bedürftigen. Die Zuständigkeit der Almosenverteilung und der Finanzverwaltung der Hospitäler liegt bei den weltlichen Obrigkeiten. Diese Positionen sichert de Robles durch den Hinweis auf die Vorzüge der Reformen ab: Durch Kontrolle könne eine bessere Verwaltung und Versorgung erreicht, die Ausbreitung von Krankheiten verhindert, Bettler zu christlichem Leben geführt und die Anzahl der arbeitswilligen Personen gesteigert werden.[72] Die Wirkung der Debatte hat nach Geremek zur Folge, dass der beabsichtigte Transfer von neuen Fürsorgekonzepten in Spanien selbst zum Stillstand kommt und die Diskussionen um die Ausgestaltung eine Verwirklichung hemmen.[73]

---

[67] Textstelle de Soto bei Strohm (2004, 359, 365ff.), vgl. Bondolfi (2004, 140).
[68] Textstelle de Soto bei Strohm (2004, 354), vgl. Bondolfi (2004, 139ff.), Geremek (1991, 234ff.).
[69] Textstelle de Soto bei Strohm (2004, 370f.).
[70] Der Titel des Werks von Juan de Robles (de Medina) lautet: De la Orden, que en algunos pueblos de Espana se ha puesto en la limosina para el remedio de los verdaderos pobres.
[71] Vgl. Bondolfi (2004, 141f.), Geremek (1991, 236f.).
[72] Vgl. Geremek (1991, 237).
[73] Geremek (2004, 72) bezeichnet die Gesetzgebung der 1540er Jahre als tote Buchstaben, ausführlicher ist ders. (1991, 238ff.).

Die Frontenbildung bei der Entstehung der spanischen Armengesetzgebung wiederholt sich wiederum anlässlich der Brügger Armenordnung von 1562. Nach dem schon bekannten Ablauf: Verordnung des Rates, Kritik der Mendikantenorden, einschränkende Billigung durch das Gutachten der Universität, kommt es zu den Schriften des Augustiners Lorenzo de Villavincentio und Gilles Wyts.[74] Wyts spricht sich als Brügger Ratsherr für die Reform aus und bezieht sich eindeutig auf die Schrift von Vives.[75] Dabei versucht er die bisher aufgeworfenen Bedenken de Sotos und aus den verschiedenen Universitätsgutachten zu entkräften. Unter anderem weist er daraufhin, dass eine Unterdrückung der Privatwohltätigkeit angesichts zahlreicher Möglichkeiten nicht vorliege.[76] Dagegen lehnt de Villavincentio die Reform ab und unterstellt die Aufsicht über karitative Einrichtungen alleine der Kirche und deren Jurisdiktion.[77] Darüber hinaus greift er Wyts und das Werk von Vives in scharfen Worten und mit dem Vorwurf der Ketzerei an. Das Verbot des Bettelns sei dem Ursprung nach heidnisch, während die Übertragung der Kompetenz zur weltlichen Obrigkeit Idee des Luthertums sei. Das Betteln befürwortet der Augustiner uneingeschränkt.[78] Insgesamt argumentiert er – wenn auch wesentlich schärfer – auf der Linie von de Soto. Der Ausgangspunkt der Fehler der Brügger Verwaltung liegt für ihn in der Übernahme der Schrift von Vives.[79] Es zeigt sich zum wiederholten Male, dass der Wechsel des Rechtskreises und die Einführung von fremden und neuartigen Normen auf Widerstand der Vertreter des alten Normverständnisses führt. Die wiederum angerufene Löwener Universität schlichtet den Streit insofern, als sie beide Schriften lobt, jedoch die Art und Weise der Auseinandersetzung tadelt. Im Ergebnis bestätigt sie letztlich die Reorganisation der Armenpflege. Dass die Entscheidung der Löwener Universität indes nicht den Endpunkt der Debatte um die Reform des Armenwesens bildet, zeigt der Blick auf die sich anschließenden Werke, sei es in Spanien durch Miguel Giginta oder auch die Schriften von Thomas Peltanus und Adam Tanner.[80] Im 17. Jahrhundert greift der protestantische Jurist Ahasver Fritsch die Fragestellung in seinem Werk „de mendi-

[74] Vgl. zu den Vorgängen die teilweise konfessionell geprägten Einschätzungen von Ehrle (1882, 50ff.), Feuchtwanger (1909b, 224), Uhlhorn, (1959, 618f.).
[75] Die Schrift von Wyts in der Bremer Ausgabe von 1651 findet sich u.a. in der Bonner Universitätsbibliothek. Bzgl. des Verweises auf Vives vgl. Wyts (1651, 34).
[76] Vgl. Ehrle (1882, 50f.), Geremek (1991, 238f.).
[77] Die Angaben des Werkes finden sich bei Ehrle (1882, 52 Fn. 3). Zur Bedeutung von de Villavincentio sei auf seine Stelle als Berichterstatter des spanischen Königs über die religiösen Zustände des Landes verwiesen, hierzu Ehrle (1882, 51), Geremek (1991, 238).
[78] Vgl. Jütte (1984, 36).
[79] Vgl. Ehrle (1882, 52f.), Geremek (1991, 238f.).
[80] Vgl. Bondolfi (2004, 143f.), Ehrle (1882, 57ff.), Geremek (1991, 243), Jütte (1984, 38).

cantibus validis" auf und nimmt zu Fragen der Gesetzgebungskompetenz, Verwaltungszuständigkeit und Zulässigkeit von Bettelverboten Stellung.[81]

III. Armut als Problem: Zwei Städte, ein Konzept und jeweilige Lösungen

Stand bislang der Transfer städtischer Normen vermittelt durch Territorialordnungen und die jeweiligen Legitimationsschritte im Vordergrund, soll im Weiteren der Blick auf die innerstädtische Rezeption fremder Organisationsmodelle am Beispiel Straßburgs gerichtet werden. Das Straßburger Fürsorgewesen bis zum Beginn des 16. Jahrhunderts entspricht den gängigen Regelungen der Zeit: Begrenzung der Bettelerlaubnis für Fremde, generelle Bettelverbote für Arbeitsfähige und entsprechende Geldbußen, Bettelerlaubnis für kranke und schwache einheimische Arme, Ausstellen von Bettelzeichen, städtische Kontrolle des Bettels, weltliche Verwaltung der Spitäler.[82] Dass dieser Zustand als verbesserungsbedürftig angesehen wurde, belegen die in Straßburg verfassten Schriften von Geiler von Kaysersberg und Brant. Eingefordert wird die Pflicht zum Eingreifen der städtischen Obrigkeit. Zwar werden Missbräuche des religiösen Bettels kritisiert, eine völlige Abschaffung jedoch nicht gefordert.[83]

Die „Ordnung des gemeinen Almusens" von 1523[84] weist Neuregelungen auf, die über den bisherigen Stand hinausgehen. Anlass der Reform sind Missernten und Teuerungen, die das Problem des Bettelwesens auf die Tagesordnung der Stadtpolitik setzten. Das Ansteigen der Almosenempfänger trotz der Abgabe verbilligten Getreides an die armen Bürger verstärkt den Druck auf den Rat, darüber hinaus tätig zu werden.[85] Ein zusätzlicher Impuls ergibt sich aus dem unmittelbaren zeitlichen Zusammenhang mit der Reformation. Luther fordert in der Flugschrift „An den christlichen Adel" (1520) die Neuordnung der Armenpflege durch die Obrigkeiten, insbesondere durch die Städte. Jede Art von Bettelei sei unwürdig und statt durch Almosenbettelei solle die Versorgung durch das Gemeinwesen geleistet werden.[86] Die Entstehung der Straßburger Ordnung liegt zudem im zeitlichen Umfeld zweier einflussreicher

[81] Vgl. hierzu Scherner, (1988, 129–151).
[82] So die Straßburger Armenordnung von 1464, die zwar zwischen 1481 und 1506 geringfügig modifiziert wurde, jedoch keine Neuordnung erfuhr, vgl. Winckelmann (1971, 1. Teil, 70, 2. Teil, 83ff.).
[83] Vgl. zu den Forderungen Geilers und deren Auswirkungen auf den Straßburger Rat Winckelmann (1971, 1. Teil, 64, 72).
[84] Abgedruckt bei Winckelmann (1971, 2. Teil, 97ff.).
[85] Vgl. Winckelmann (1971, 1. Teil, 73).
[86] Vgl. Jütte (1984, 40), Winckelmann (1971, 1. Teil, 76), Textauszug bei Sachße/Tennstedt (1980, 59ff.), dort auch ein Text Wenzel Lincks über die Bettelei.

Städteordnungen, der Augsburger Armenordnung vom Frühjahr 1522 und der Nürnberger Ordnung vom 1.9.1522.[87] Gerade in letzterer werden die Änderungen zu den älteren Verordnungen deutlich. So wird ein generelles Bettelverbot festgelegt, das nur noch Ausnahmen für die Kollekten im Auftrag der Bettelmönche, für arme Schüler und an zwei von alters her bestimmten Tagen vorsieht.[88] Die Versorgung der Armen wird dementsprechend nicht mehr durch den Bettel sichergestellt, sondern durch die zentralisierte Zuteilung von Unterstützung entsprechend der obrigkeitlich festgestellten Bedürftigkeit. Die Finanzierung soll durch Sammlungen, Stiftungen und Vermächtnisse erfolgen. Die Nürnberger Ordnung erfährt im ganzen Reich eine ungewöhnliche Verbreitung durch Nachdruck u.a. in Breslau, Leipzig, Basel und schließlich in Straßburg. Wie prägend diese Verordnung für weitere Stadtordnungen ist, zeigt sich an der fast wörtlichen Übernahme in Regensburg 1523.[89]
Das Straßburger Ratsmitglied Daniel Mieg bringt die genannte Ordnung nach einem Aufenthalt in Nürnberg als Abschrift im Oktober 1522 nach Straßburg. Bereits am 10.11.1522 gibt der Straßburger Rat ein Gutachten zur Reform des Armenwesens in Auftrag. In der zuständigen Expertenkommission befinden sich zahlreiche Anhänger Luthers. Als Vorlage des Hauptentwurfs lässt sich schon anhand der ausdrücklichen Herausstellung des Bezugs unzweifelhaft die Nürnberger Verordnung bestimmen.[90] Erstaunen kann angesichts der Vorlage und des lutherischen Bekenntnisses einiger Ausschussmitglieder kaum, dass ein grundsätzliches Bettelverbot ausgesprochen wird.[91] Ausdruck der engen Anlehnung sind die Übernahme der Regelung für fremde Bettler, die Organisation und Einteilung der städtischen Bediensteten, die Verteilung der Unterstützungsleistungen, die Ausgabe von Almosenzeichen und die Ausnahme vom Bettelverbot für arme Schüler. Klar erkennbar ist hier die Orientierung an Vorbildern, die allerdings den eigenen Gegebenheiten entsprechend transformiert werden, so etwa in der Gestattung einer Ausnahme vom Bettelverbot für die nicht durch Renten versorgten Insassen des Blatter- und des Waisenhauses. Herangezogen, wenn auch mangels Fortschrittlichkeit nicht integriert,

[87] Vgl. Jütte (1984, 41), Maué (1999, 128f.), Winckelmann (1971, 1. Teil, 77). Die Nürnberger Armenordnung 1522 findet sich bei ders. (1913, 258ff.), Rüger (1932, 76ff.).
[88] Bzgl. der Ausnahmen vgl. Rüger (1932, 81 (Ausnahmetage), 82f. (arme Schüler, Kollekten)), vgl. auch Winckelmann (1971, 1. Teil, 78).
[89] Vgl. Maué (1999, 129), zur Übernahme in Regensburg vgl. Winckelmann (1913, 244, 256), Text bei ders. (1914, 8ff). Dass dieser Austausch von Normen zwischen Reichsstädten nicht erst ein Kind des 16. Jahrhunderts ist, zeigt die Rezeption der Nürnberger Armenordnung von 1478 in Köln, vgl. den Hinweis durch Jütte (1984, 30, Fn.103).
[90] Der Entwurf ist abgedruckt bei Winckelmann (1971, 2. Teil, 88ff.). Erwähnt wird Nürnberg ebd. (1971, 2.Teil, 90, 93) insbesondere betreffend der Ausnahme armer Schüler vom Bettelverbot.
[91] Vgl. Fischer (1979, 266ff.), Winckelmann (1971, 1. Teil, 79f., 2. Teil, 90).

wird die Augsburger Verordnung von 1522, die ebenfalls angefordert wurde. Das Konzept bleibt jedoch nicht bei der Übernahme von als fortschrittlich erachteten Regelungen stehen, sondern geht in Teilen weiter als die Originale. Bemerkenswert ist dabei, dass die in Nürnberg erst für die Zukunft beabsichtige zentrale Verteilung der Stiftungsalmosen durch die städtische Obrigkeit in Straßburg von Anfang an erfolgen soll. Zur Vorbereitung dieses Punktes der Almosenordnung werden bereits Ende 1522 die Stifte und Klöster zur Meldung und Überlassung ihrer Kapazitäten aufgefordert.[92] Diese reagieren darauf mit teilweiser Überlassung der Austeilung einzelner Stiftungen. Die Kooperation geschieht, wie sich im Fall des außerhalb der Stadt gelegenen Karthäuserklosters feststellen lässt, gerade auch infolge des faktischen Zwangs. Dieser liegt zum einen in der durch Luthers Schriften entfachten Stimmung gegen die Klöster, zum anderen befürchtet man durch das bevorstehende Bettelverbot einen Ansturm auf die eigenen Austeilungen infolge der erwarteten unzureichenden Versorgung innerhalb der Stadt. Daraus resultiert der Beschluss, sich zwar die Austeilung eines gewissen Teils vorzubehalten, den gesamten Rest jedoch der städtischen Verteilung zuzuweisen.
Die Vorschläge des Entwurfs gehen in allen wesentlichen Punkten in die am 29.9.1523 in Kraft getretene Almosenordnung ein. Im Gegensatz zur Nürnberger Verordnung wird auf eine religiöse Herleitung der Normkompetenz verzichtet, dagegen die Abschaffung des Missstandes der Bettelei und die Versorgung der Armen als Ziel genannt. Essentielle Elemente sind das generelle Bettelverbot, die Abweisung Fremder und deren Bestrafung bei Bettelei, die Zuweisung von arbeitsfähigen Kindern zu Arbeiten oder Lehre und die zentralisierte Austeilung von Unterstützung. Finanziert wird die Versorgung durch die Spenden der Stifte, Klöster, Bruderschaften sowie durch die Einrichtung von Sammelbüchsen. Auffällig ist, dass man trotz der Präferenzen für die lutherische Lehre die altgläubige Vorstellung des Almosens als „gutes Werk" ausdrücklich betont. Der Grund kann in der erhofften Beschwichtigung von Bedenken der Geistlichkeit und der Förderung des Kooperationswillens gesehen werden. Die Nürnberger Ausnahme des Bettelverbots für arme Schüler ist ebenso wie die im Gutachten vorgeschlagene Gestattung von Büchsensammlungen des Blatter- und des Waisenhauses aufgenommen.[93] Über die Nürnberger Vorlage hinausgehend ist die Einrichtung eines Almosenschaffners als besoldeten Angestellten der Stadt. Dieser wird in Person von Lukas Hackfurt zur zentralen Person des Fürsorgewesens. Von ihm stammen in den folgenden Jahren die Bedarfsfeststellungen des „gemeinen Almosens"

[92] Die Bestandsaufnahme findet sich bei Winckelmann (1971, 2. Teil, 93), weiterhin hierzu ders. (1971, 1. Teil, 80f.).
[93] Vgl. Winckelmann (1971, 1. Teil, 81ff.), Text der VO bei ders. (1971, 2. Teil, 97ff.).

und die aus dem Mangel resultierenden, stetig wiederkehrenden Forderungen nach Vereinigung aller Stiftungen im zentralen Almosen.[94] Aus diesen Forderungen und den Reibereien mit der nicht genau festgelegten Verwaltung der Stiftungen resultiert Unzufriedenheit über die Leistungen der Almosenverwaltung. Die Anfeindungen steigern sich Anfang der 30er Jahre, als neben Missernten und Teuerung die so nicht vorgesehene Unterstützung von Neubürgern mit Schultheißenbürgerrecht und von Fremden, unter ihnen arme evangelische Flüchtlinge, den Eindruck der Fehlverwaltung vermitteln.[95] Die Kritik kommt gerade auch aus dem Lager der altgläubigen Bürger. Hierauf reagiert der Almosenschaffner Hackfurt in weiteren Denkschriften, in denen er zu den Vorwürfen Stellung nimmt, jedoch seine bisherigen Forderungen beibehält.[96]

Aus den seit 1529 immer schärfer werdenden Angriffen resultiert eine Schwächung der Glaubwürdigkeit der bestehenden Almosenverwaltung hinsichtlich ihrer Leistungsfähigkeit. Um diese Bedenken auszuräumen, bereist Alexander Berner süddeutsche protestantische Städte.[97] Im Reisebericht werden die Leistungen des Armenwesens unter anderem in den Städten Nürnberg, Augsburg, Ulm, Memmingen, Zürich und Basel beurteilt.[98] Insbesondere bei den ausführlich besprochenen Städten prüft Berner die Erwerbsmöglichkeiten der armen Bevölkerung, den Aufbau der Verwaltung, die bestehenden Verordnungen, das Vorliegen von Bettelverboten sowie die Art und den Umfang der Unterstützungsleistungen für Einheimische systematisch ab. Einbezogen in die Beurteilung werden die Verwaltung der Spitäler, die Beschaffenheit der zentralen Almosenkassen und die Art und Weise der Durchführung. Dass gerade dem letzten Punkt von Berner viel Bedeutung zugemessen wird, zeigt sich am Vergleich der Städte Konstanz und Zürich, bei dem er spiegelbildlich Zürich zwar eine gute Verordnung bestätigt, die Ausführung aber im Gegensatz zu Konstanz für mangelhaft befindet.[99] Für empfehlenswert hält er wie bereits angeführt Augsburg, sichtlich beeindruckt durch die reichhaltigen Stiftungen der Fugger. Neben den Leistungen verweist er aber ebenso auf die aus seiner Sicht bestehenden Missstände: Die Gewährung von Versorgungsleistungen aus den Stiftungen der Fugger nur für Angehörige desselben Glaubens und die sogar in den Vorzeigebeispielen Augsburg und Nürnberg unzureichende Versorgung der verschämten Armen, die kein Almosenzeichen öffent-

[94] Vgl. Texte der zahlreichen Stellungnahmen bei Winckelmann (1971, 2. Teil, 104ff.).
[95] Vgl. Winckelmann (1971, 1. Teil, 100f.).
[96] Vgl. Winckelmann (1971, 1. Teil, 115); vgl. zum Text ders. (1971, 2. Teil, 119ff.).
[97] Vgl. Winckelmann (1971, 1. Teil, 117).
[98] Der Reisebericht Berners findet sich bei Winckelmann (1971, 2. Teil, 266ff.).
[99] Vgl. Winckelmann (1971, 2. Teil, 279).

lich tragen wollen.[100] Deutlich ist die Intention des Berichts: Durch ihn ist es möglich, gerade aus der Darstellung der Schwierigkeiten, mit denen auch andere Städte zu kämpfen haben, bei Magistrat und Bürgerschaft Überzeugungsarbeit für die in Straßburg bereits unternommenen Vorhaben zu leisten. Darüber hinaus kann er Argumentationshilfen bieten für noch zu bewerkstelligende Vorhaben entsprechend ihren Vorbildern.[101]

Das Bedürfnis nach zusätzlichen vertrauensbildenden Maßnahmen veranlasst den Straßburger Prediger Hedio zur Übersetzung der bekannten Schrift des Vives, die 1533 mit dem bereits erwähnten Vorwort erscheint.[102] Ausdrücklich nimmt Hedio Bezug auf die Vorschläge Hackfurts zur Verbesserung des Armenwesens und betont die bisherigen Erfolge der Straßburger Ordnung. Das Vorwort verfolgt eine zweigleisige Überzeugungsstrategie. Zum einen soll die religiöse Unbedenklichkeit belegt werden, zum anderen sollen durch Betonung der Erfolge Zweifel weggewischt werden. Das erste Ziel, die bestehende Ordnung als in wesentlichen Punkten mit den Grundsätzen des katholischen Glaubens übereinstimmend zu schildern, ergibt sich schon aus der Betonung der überlieferten Werke der Barmherzigkeit wie etwa das Speisen des Hungrigen oder das Kleiden des Nackten. Verstärkt wird dies aus der intendierten Vergleichbarkeit Straßburgs mit der Abhandlung des angesehenen katholischen Gelehrten. Beweggrund dieses Vorgehens mag die Erkenntnis sein, dass der Bezug auf Autoritäten eigene Entwürfe besser gegen Kritik sichern kann als die Brillianz der eigenen Idee. Der zweite Argumentationsstrang liefert durch die Nennung des tatsächlichen Umfangs der ausgeteilten Leistungen und der so versorgten Armen Munition für die Abwehr von Zweifeln an den Fähigkeiten der städtischen Fürsorgeverwaltung. Sowohl der Bericht Berners als auch die Übersetzung Hedios haben neben der sich abzeichnenden Besserung der Wirtschaftslage zur Folge, dass sich die Kritik an der Verwaltung in den Folgejahren wesentlich verringert.[103]

[100] Vgl. zur Lage dieser sogenannten Hausarmen Winckelmann (1971, 2. Teil, 266, 271).
[101] Vgl. Winckelmann (1971, 1. Teil, 117f.).
[102] Das Vorwort findet sich bei Winckelmann (1971, 2. Teil, 167–172).
[103] Zur Besserung der wirtschaftlichen Lage Winckelmann (1971, 1. Teil, 116).

IV. Fazit

Die dargestellten Abläufe zeigen beispielhaft für den Beginn der Frühen Neuzeit die Notwendigkeiten der Modulation beim Rechtstransfer auf. Bereits der Wechsel der Zuständigkeit vom theologischen Rechtskreis in den weltlich-obrigkeitlichen bringt eine Änderung der Herangehensweise hervor durch die Einbeziehung neuer Kriterien und die Einrichtung von Prüfungsinstanzen. Deutlich erkennbar sind die Schwierigkeiten, die sich aus der Ablösung und Überwindung hergebrachter Vorstellungen ergeben. Diese Wirksamkeitshindernisse der Normdurchsetzung werden durch legitimierende Maßnahmen oder Diskreditierung der Gegenargumentation zu überwinden gesucht. Ein weiteres Mittel ist die Möglichkeit der Einrichtung von Ausnahmetatbeständen, welche die Fortexistenz bisheriger Rechtsvorstellungen sichern und damit Kontinuitäten bewahren. Diese Problemstellung ergibt sich, wie gezeigt wurde, sowohl bei der Übertragung von Rechtsideen zwischen städtischer und territorialer Ebene als auch auf der Stadtebene selbst anlässlich interner Kritik. Institutionen der Argumentationshilfe sind Stellungnahmen von Experten, Gutachten der Universitäten und Berichte über Erfolg oder Misslingen vergleichbarer Normen. Vorgenommen wird der Transfer unter Adaption und Anpassung der Vorbilder entsprechend den eigenen Gegebenheiten. Die Entscheidung, ob der Normtransfer vorgenommen werden soll, ist geprägt von der Annahme einer grundsätzlichen Vergleichbarkeit der jeweiligen Umstände. Das Bedürfnis, neue Lösungen und damit fremde Normen zu übertragen, ist im Untersuchungszeitraum offensichtlich größer, als eine Absicherung durch eine langwierige Abwägung über den Nutzen eines Transfers.

Eine andere Frage wäre, inwiefern ein Transfer der Figuren des ehrlichen Unterstützungsempfängers und des sich auf Kosten der Allgemeinheit gar noch besser versorgenden Arbeitsunwilligen – bekannt aus zahllosen Normen und Schriften der Frühen Neuzeit – in die Legitimationsargumentationen moderner Sozialmodelle hinein vorliegen könnte. Dass man sich an das frühneuzeitliche Konzept der Zucht- und Arbeitshäuser, Müßiggänger und nutzlose Glieder der Gesellschaft durch Zwang zur Arbeit zu erziehen, bei aktuellen Überlegungen zumindest erinnern könnte, mag folgendes Beispiel veranschaulichen. So lautet eine Presseerklärung des hessischen Justizministers vom 10.3.2005 zur elektronischen Fußfessel: „[...] Mit Hilfe der Technik wird dem Verurteilten jeden Tag wieder neu klar gemacht, dass er sich an bestimmte Vorgaben zu halten hat. Bei einem Verstoß riskiert er den Bewährungswiderruf und muss die verhängte Strafe verbüßen. Die elektronische Fußfessel setzt bei den Straftätern Motivationen und Kräfte frei, die mit herkömmlichen Mitteln der Bewährungshilfe nicht erreicht werden können. Die Fußfesselträger werden zu einer für ihre Verhältnisse hohen Selbstdisziplin und zur Erfüllung des ihnen vorgegebenen Wochenplans angehalten. Die elektronische Fußfes-

sel bietet damit auch Langzeitarbeitslosen und therapierten Suchtkranken die Chance, zu einem geregelten Tagesablauf zurückzukehren und in ein Arbeitsverhältnis vermittelt zu werden. Viele Probanden haben es verlernt, nach der Uhr zu leben, und gefährden damit gerade auch ihren Arbeitsplatz oder ihre Ausbildungsstelle. Durch die Überwachung mit der elektronischen Fußfessel kann eine wichtige Hilfe zur Selbsthilfe geleistet werden.[...]"[104].
Weit entfernt liegt die Nennung von Langzeitarbeitslosen und Straftätern indes nicht von der Beschreibung Friedrich Nicolais der Zucht- und Arbeitshäuser in Berlin zum Ende des 18. Jahrhunderts. Deren ursprüngliche Aufgabe sollte es sein, dass „[...] verarmten Bürgern dadurch Arbeit verschaft, und muthwillige Bettler zu bessern Bürgern gemacht werden[...]"[105], bevor später durch Zweckzusammenlegung neben den sonst Erwerbslosen auch gerichtlich Verurteilte zur Arbeit angehalten wurden. Der Vorwurf des Betrugs am Staat als Grundargument einer Sozialreform wird bereits bei de Soto klar benannt: „Das Größte, was man den Armen in die Schuhe schiebt, um so viel Nachforschungen über sie anzustellen, ist, sie würden sich Kniffe und Betrügereien ausdenken, um den Staat zu betrügen, indem sie sich krank stellen und falsche Wunden und Behinderungen erfinden, um Geld herauszuholen."[106] Dass das Abstellen von Missbrauchsmöglichkeiten alleine keinen Erfolg der Sozialreform sicherstellt, ist mit Blick auf die dargestellten Vorgänge festzuhalten.

[104] Der Text der Presseerklärung Nr. 40 ist an dieser Stelle ungekürzt, um die hergestellten Verbindungen deutlich zu machen. Er ist ersetzt worden durch die Presseerklärung Nr. 80 vom 28.4.2005: „Die Idee, die elektronische Fußfessel für Langzeitarbeitslose zu fordern, ist absurd. Im hessischen Justizministerium gab und gibt es keine Überlegungen oder Pläne, die Fußfessel bei Langzeitarbeitslosen oder Suchtkranken zur Anwendung zu bringen. Die Formulierung in der Presseerklärung vom 10.März 2005 zu den Langzeitarbeitslosen ist unglücklich und missverständlich, sofern der Satz nur isoliert gelesen wird. [...]"
[105] Text der Beschreibung von Nicolai in Mitchell (1995, 442f.).
[106] Textstelle de Soto bei Strohm (2004, 371).

Quellenverzeichnis

Armenhausordnung 12.9.1739 StA MZ LVO.

Baader, Joseph (Hrsg.) (1966): *Nürnberger Policeyverordnungen aus dem XIII bis XV Jahrhundert.* Amsterdam.

Christmann, Heinrich Maria (Hrsg.) (1952): *Summa Theologica; vollständige, ungekürzte deutsch-lateinische Ausgabe. 24. Band Stände und Standespflichten.* Heidelberg.

De Soto, Domingo (1965 Neudruck Salamanca 1545): *De Liberación en la causa de los Probres.* Madrid.

Hedio, Caspar (1533): *Von Almusen geben. Zwey büchlin Ludouici Viuis / Auff disz new xxxiij. Jar durch D. Casparn Hedion verteütscht vnd eim Ersamen Radt vnnd frummer burgerschafft zu Straßburg zugeschriben. Allen Policeyen nutzlich zu lesen.* Straßburg.

Hessisches Ministerium der Justiz (2005): Presseinformation Nr. 40 10.3.2005. http://www.hmdj.justiz.hessen.de/internet/hmdj.nsf/Frame/N24XTGW2889RLIGDE (18.4.2005).

Hessisches Ministerium der Justiz (2005): Presseinformation Nr.80 28.4.2005. http://www.justiz.hessen.de/C1256BA6002C3380/vwContentByKey/C7E8E6EF9B893AACC12570190045AF3A/$File/Fussfessel.pdf (9.6.2005).

Laurenzio de Villavincentio (1564): *De oeconomia sacra circa pauperum curam a Christo instituta, apostolis tradita et in universa ecclesia inde ad nostra usque tempora perpetua religione observata cum quarundam propositionum, quae huic sacrae oeconomiae adversantur.* Antwerpen.

Koch, Roland (2001): „Sozialhilfe – eine zweite Chance, kein Lebensstil". http://www.roland-koch.de/akzente_im_fokus_sozialhilfe.php (10.6.2005).

Matheeussen, Constant u.a. (Hrsg.) (2002): *Selected Works of J. L. Vives, Vol. 4. De subventione pauperum sive de humanis necessitatibus. Libri II.* Leiden u.a.

Mitchell, Philipp M. u.a. (Hrsg.) (1995): *Friedrich Nicolai. Sämtliche Werke, Briefe, Dokumente. Kritsche Ausgabe mit Kommentar. Band 8. Teil II. Historische Schriften I. Beschreibung der Königlichen Residenzstädte Berlin und Potsdam.* Bern u.a.

Robles, Juan de (2003 Neudruck Salamanca 1545) : *De la Orden, que en algunos pueblos de Espana se ha puesto en la limosina para el remedio de los verdaderos pobres.* Barcelona.

Schmauss, Johann Jakob u.a. (Hrsg.) (1967 Neudruck Frankfurt 1747): *Neue und vollständige Sammlung der Reichs-Abschiede, welche von den Zeiten Kayser Conrad des II. bis jetzo, auf den Teutschen Reichs-Tägen abgefasset worden, sammt den wichtigsten Reichs-Schlüssen, so auf dem noch fürwährenden Reichs-Tage zur Richtigkeit gekommen sind. Teil 1–4.* Osnabrück.

Wyts, Gilles (1651 Neudruck Antwerpen 1562): *De continendis et alendis domi pauperibus et in ordinem redigendis validis mendicantibus Egidii Wiitsii, Jureconsulti Brugensis, consilium. – Ad Reverendissimum Dominum Episcopum et amplissimum Senatum Brugensem.* Bremen.

Literaturverzeichnis

Assion, Peter (1973): „Matthias Hütlin und sein Gaunerbüchlein, der „Liber vagatorum“. In: *Alemannisches Jahrbuch.* 74–92.

Battenberg, Friedrich (1991): „Obrigkeitliche Sozialpolitik und Gesetzgebung: Einige Gedanken zu mittelrheinischen Bettel- und Almosenordnungen des 16. Jahrhunderts.“ In: *Zeitschrift für historische Forschung* 18: 33–70.

Begon, Sabine (2002): *De Iure Hospitalium – Das Recht des deutschen Spitals im 17. Jahrhundert. Unter Berücksichtigung der Abhandlungen von Ahasver Fritsch und Wolfgang Lauterbach.* Marburg.

Bog, Ingomar (1986): „Über Arme und Armenfürsorge in Oberdeutschland und in der Eidgenossenschaft im 15. und 16. Jahrhundert.“ In: Bog, Ingomar (Hrsg.): *Oberdeutschland. Das Heilige Römische Reich des 16. bis 18. Jahrhunderts in Funktion.* Idstein. 56–72.

Bondolfi, Alberto (2004): „Die Debatte um die Reform der Armenpflege im Europa des 16. Jahrhunderts.“ In: Strohm, Theodor u.a. (Hrsg.): *Die Entstehung einer sozialen Ordnung Europas, Band I.* Heidelberg. 105–145.

Bräuer, Helmut (1997a): *Der Leipziger Rat und die Bettler. Quellen und Analysen zu Bettlern und Bettelwesen in der Messestadt bis ins 18. Jahrhundert.* Leipzig.

Bräuer, Helmut (1997b): „Bettel- und Almosenzeichen zwischen Norm und Praxis.“ In: Jaritz, Gerhard (Hrsg.): *Norm und Praxis im Alltag des Mittelalters und der Frühen Neuzeit.* Wien. 75–93.

Bräuer, Helmut (2001): „Almosenausteilungsplätze – Orte der Barmherzigkeit und Selbstdarstellung, des Gesprächs und der Disziplinierung.“ In: Bräuer, Helmut u.a. (Hrsg.): *Die Stadt als Kommunikationsraum. Beiträge zur Stadtgeschichte vom Mittelalter bis ins 20. Jahrhundert. Festschrift für Karl Czok zum 75. Geburtstag.* Leipzig. 57–100.

Dorn, Franz (2005): „Zur Armenpflege geistlicher Territorien in der Frühen Neuzeit am Beispiel der Erzstifte Köln und Trier.“ In: Saar, Stefan Chr. u.a. (Hrsg.): *Recht als Erbe und Aufgabe. Heinz Hozhauer zum 21.4.2005.* Berlin. 90–111.

Ehrle, Franz (1882): *Beiträge zur Geschichte und Reform der Armenpflege.* Freiburg im Breisgau.

Ehrle, Franz (1888). „Die Armenordnungen von Nürnberg (1522) und Ypern (1525).“ In: *Historisches Jahrbuch* 9: 450–479.

Feuchtwanger, Lion (1909 a): „Geschichte der sozialen Politik und des Armenwesens im Zeitalter der Reformation, 1. Teil." In: *Schmollers Jahrbuch für Gesetzgebung, Verwaltung und Volkswirtschaft im Deutschen Reich.* 32: 167–204.

Feuchtwanger, Lion (1909 b): „Geschichte der sozialen Politik und des Armenwesens im Zeitalter der Reformation, 2. Teil." In: *Schmollers Jahrbuch für Gesetzgebung, Verwaltung und Volkswirtschaft im Deutschen Reich.* 33: 191–228.

Fischer, Thomas (1979): *Städtische Armut und Armenfürsorge im 15. und 16. Jahrhundert. Sozialgeschichtliche Untersuchungen am Beispiel der Städte Basel, Freiburg i. Br. und Straßburg.* Göttingen.

Fischer, Wolfgang (1982): *Armut in der Geschichte. Erscheinungsformen und Lösungsversuche der "Sozialen Frage" in Europa seit dem Mittelalter.* Göttingen.

Geremek, Bronislaw (1991): *Geschichte der Armut. Elend und Barmherzigkeit in Europa.* München.

Geremek, Bronislaw (2004): „Armut und Armenfürsorge in Europa im Übergang vom Spätmittelalter zur Frühen Neuzeit." In: Strohm, Theodor u.a. (Hrsg.): *Die Entstehung einer sozialen Ordnung Europas Band I.* Heidelberg. 59–77.

Groebner, Valentin (1993): *Ökonomie ohne Haus. Zum Wirtschaften armer Leute in Nürnberg am Ende des 15. Jahrhunderts.* Göttingen.

Jütte, Robert (1984): *Obrigkeitliche Armenfürsorge in deutschen Reichsstädten der frühen Neuzeit. Städtisches Armenwesen in Frankfurt am Main und Köln.* Köln.

Jütte, Robert (1988): *Abbild und soziale Wirklichkeit des Bettler- und Gaunertums zu Beginn der Neuzeit. Sozial-, mentalitäts- und sprachgeschichtliche Studien zum Liber Vagatorum (1510).* Köln.

Jütte, Robert (2000): *Arme, Bettler, Beutelschneider. Eine Sozialgeschichte der Armut in der Frühen Neuzeit.* Weimar.

Jütte, Robert (2004): „Tendenzen öffentlicher Armenpflege in der Frühen Neuzeit Europas und ihre weiter wirkenden Folgen." In: Strohm, Theodor u.a. (Hrsg.): *Die Entstehung einer sozialen Ordnung Europas Band I.* Heidelberg. 78–104.

Klötzer, Ralf (1997): *Kleiden, Speisen, Beherbergen. Armenfürsorge und soziale Stiftung in Münster im 16. Jahrhundert (1535-1588).* Münster.

Knefelkamp, Ulrich (2001): „Sozialdisziplinierung oder Armenfürsorge? Untersuchung normativer Quellen in Bamberg und Nürnberg vom 14. bis zum 17. Jahrhundert." In: Bräuer, Helmut (Hrsg.): *Die Stadt als Kommunikationsraum - Beiträge zur Stadtgeschichte vom Mittelalter bis ins 20. Jahrhundert. Festschrift für Karl Czok zum 75. Geburtstag.* Leipzig. 515–533.

Little, Lester K.(1980): *Religious Poverty and the Profit Economy in Medieval Europe.* London.

Maschke, Erich: „Die Unterschichten der mittelalterlichen Städte Deutschlands." In: Maschke, Erich (Hrsg.): *Städte und Menschen. Beiträge zur Geschichte der Stadt, der Wirtschaft und Gesellschaft 1959-1977*. Wiesbaden. 306–379.

Maué, Hermann (1999): „Bettlerzeichen und Almosenzeichen im 15. und 16. Jahrhundert." In: *Anzeiger des Germanischen Nationalmuseums. Nürnberg*. 125–140.

Oexle, Otto Gerhard (1986): „Armut, Armutsbegriff und Armenfürsorge im Mittelalter." In: Sachße, Christoph/Tennstedt, Florian (Hrsg.): *Soziale Sicherheit und soziale Disziplinierung. Beiträge zu einer historischen Theorie der Sozialpolitik*. Frankfurt a.M. 73–100.

Ratzinger, Georg (1884): *Geschichte der kirchlichen Armenpflege*. Freiburg im Breisgau.

Reicke, Siegfried (1970): *Das deutsche Spital und sein Recht im Mittelalter. Erster Teil: Das deutsche Spital. Geschichte und Gestalt, Zweiter Teil: Das deutsche Spitalrecht*. Amsterdam.

Rüger, Willi (1932): *Mittelalterliches Almosenwesen. Die Almosenordnungen der Reichsstadt Nürnberg*. Nürnberg.

Sachße, Christoph/Tennstedt, Florian (1980): *Geschichte der Armenfürsorge in Deutschland, Band 1: Vom Spätmittelalter bis zum Ersten Weltkrieg*. Stuttgart.

Schepers, Elisabeth (2000): *Als der Bettel in Bayern abgeschafft werden sollte: Staatliche Armenfürsorge in Bayern im 16. und 17. Jahrhundert*. Regensburg.

Scherner, Karl Otto (1979): „Das Recht der Armen und Bettler im Ancien régime." *Zeitschrift der Savigny-Stiftung für Rechtsgeschichte, Germanische Abteilung*. 96: 55–99.

Scherner, Karl Otto (1988): „Arme und Bettler in der Rechtstheorie des 17. Jahrhunderts. Der 'Tractatus de mendicantibus validis' des Ahasver Fritsch." In: *Zeitschrift für neuere Rechtsgeschichte*. 10: 129–151.

Scherner, Karl Otto (1996): „Sozialrechtsgeschichte der Neuzeit. Stand der Forschung und offene Fragen." In: *Zeitschrift für neuere Rechtsgeschichte* 18: 102–148.

Scherpner, Hans (1962): *Theorie der Fürsorge*. Göttingen.

Schmidt, Sebastian/Wagner, Alexander (2004): „Gebt den Hußarmen umb Gottes willen...". Die Bedeutung der Religion für Norm und Praxis der katholischen Armenfürsorge in der Frühen Neuzeit." In: Gestrich, Andreas/Raphael, Lutz (Hrsg.): *Inklusion/Exklusion. Studien zu Fremdheit und Armut von der Antike bis zur Gegenwart*. Frankfurt/Main (u.a.). 479–509.

Schubert, Ernst (1992): „Gestalt und Gestaltwandel des Almosens im Mittelalter." In: Schneider, Jürgen u.a. (Hrsg.): *Festschrift Alfred Wendehorst. Zum 65. Geburtstag gewidmet von Kollegen, Freunden, Schülern*. Neustadt (Aisch). 241–261.

Schubert, Ernst (1998). „Der betrügerische Bettler im Mittelalter und in der frühen Neuzeit." In: Aufgebauer, Peter u.a. (Hrsg.): *Festgabe für Dieter Neitzert zum 65. Geburtstag*. Bielefeld. 71–107.

Schubert, Ernst (2000): „Der "starke Bettler": das erste Opfer sozialer Typisierung um 1500." In: *Zeitschrift für Geschichtswissenschaft* 48: 869–893.

Schubert, Ernst (2001): „Erscheinungsformen der Armut in der spätmittelalterlichen deutschen Stadt." In: Bräuer, Helmut u.a. (Hrsg.):*Die Stadt als Kommunikationsraum. Beiträge zur Stadtgeschichte vom Mittelalter bis ins 20. Jahrhundert. Festschrift für Karl Czok zum 75. Geburtstag*. Leipzig. 659–698.

Seelbach, Larissa C. (2004): „Einleitung „Über die Regelung der Armenhilfe (1545)." In: Strohm, Theodor u.a. (Hrsg.): *Die Entstehung einer sozialen Ordnung Europas*. Heidelberg. 340–343.

Steinbicker, Carl (1937): *Poor Relief in the Sixteenth Century*. Washington.

Strohm, Theodor (2004): „Wege zu einer Sozialordnung Europas in der Aufbruchszeit des 16. Jahrhunderts." In: Strohm, Theodor u.a. (Hrsg.): *Die Entstehung einer sozialen Ordnung Europas. Band 1 Historische Studien und exemplarische Beiträge zur Sozialreform im 16. Jahrhundert*. Heidelberg. 14–58.

Tierney, Brian (1958): „The decretists and the „deserving poor". In: *Comperative studies in society and history . Bd.1*. Cambridge: 360–373.

Tierney, Brian (1959): *Medieval Poor Law – A Sketch of Canonical Theory and its Application in England*. Berkeley, Los Angeles.

Uhlhorn, Gerhard (1959 Neudruck Stuttgart 1895): *Die christliche Liebestätigkeit in der alten Kirche*. Neukirchen Kreis Moers.

Voltmer, Rita (2000): „Die Straßburger Betrügnisse und das Verzeichnus der mutwillig[en] betler. Beobachtungen zum städtischen Armen- und Bettlerwesen im 15. Jahrhundert." In: Schnabel-Schüle, Helga/Giebmeyer, Angela (Hrsg.): *Das Wichtigste ist der Mensch. Festschrift für Klaus Gerteis zum 60. Geburtstag*. Mainz. 501–532.

Voltmer, Rita (2005): *Wie der Wächter auf dem Turm - ein Prediger und seine Stadt. Johannes Geiler von Kaysersberg (1445-1510) und Straßburg*. Trier.

Winckelmann, Otto (1914/15): „Über die ältesten Armenordnungen der Reformationszeit (1522-1525)." In: *Historische Vierteljahresschrift* 17: 187–228, 361–400.

Winckelmann, Otto (1971 Neudruck Leipzig 1922): *Das Fürsorgewesen des Stadt Straßburg vor und nach der Reformation bis zum Ausgang des 16. Jahrhunderts. Ein Beitrag zur deutschen Kultur- und Wirtschaftsgeschichte. 2 Teile in einem Band*. New York u.a.

Winckelmann, Otto (1913): „Die Armenordnungen von Nürnberg (1522), Kitzingen (1523), Regensburg (1523) und Ypern (1525).“ In: *Archiv für Reformationsgeschichte, Texte und Untersuchungen* 10: 242–280.

Winckelmann, Otto (1914): „Die Armenordnungen von Nürnberg (1522), Kitzingen (1523), Regensburg (1523) und Ypern (1525).“ In: *Archiv für Reformationsgeschichte, Texte und Untersuchungen* 11: 1–18.

The Application of Canon Law within Medieval Scotland, in light of the Evidence of the Registers of the *Sacra Penitenzieria Apostolica*

Jennifer R. McDonald, Centre for Medieval Studies, University of Bergen

Die päpstliche Pönitentiarie war eine der wichtigsten Einrichtungen der mittelalterlichen päpstlichen Kurie. Sie agierte als Delegation des Papstes, die Absolution, Dispensation und spezielle Konzession an Bittsteller der apostolischen Gnade verteilte. Während des Mittelalters gab die Pönitentiarie den Petitionen tausender Bittsteller im ganzen lateinischen Westen statt. Diese Ersuche, welche in verkürzter Form erhalten sind, beinhalten eine mannigfache Themenvielfalt; von Heirat zu Unehelichkeit, von Mord zu Geständnis reichend. Die Suppliken der Pönitentiarie erlauben einen neuen Einblick in die Gesellschaft des Mittelalters, indem sie Hinweise auf persönliche religiöse Praktiken, eheliche Sitten, Ausbildung und Rekrutierung des Klerus, sowie über die Beziehungen zwischen der päpstlicher Kurie und dem lateinische Westen enthalten. Des weiteren gestatten die Register Einsicht in die Ausübung kanonischen Rechtes. Sie dienen der Heraushebung der Anwendung kanonischen Rechtes durch die päpstlichen Pönitentiarie, unterstreichen aber auch, die verschiedenen Wege in welchen Diözesen im lateinischen Westen die Regulationen des kanonischen Rechtes bei den Männern und Frauen, die letztendlich zur päpstlichen Kurie fanden, applizierten und durchsetzen.

I. Introduction

The correction of behaviour and the salvation of souls were, according to Pope Leo X (1513–1521), the daily business of the Papal Penitentiary.[1] The Papal Penitentiary was an office of the papal curia, the administrative heart of the Latin Church, where thousands of Christians ventured seeking grace or favours from the pontiff.[2] The creation in the thirteenth century of the institution known as the Penitentiary paralleled the development and stratification of canon law – the legal code of the Latin Church. Canon law was the first fully functioning legal code of the Latin West, its stipulations affecting "everyone who accepted the Roman pontiff as the successor of Christ".[3] Its regulations,

---

[1] Schmugge, (1998, 345–361).

[2] For a general introduction to the papal curia, see, for example, Tangl, (1894), Southern, (1970); Oakley (1979); Morris (1989); Barraclough (1992 reprint, 63–101, 118–164); Brundage, (1995, 120–130); Salonen (2001, 40–50).

[3] Pedersen, (2000, pg. vii). For a general history of canon law, see, for example, Hinschius (1896–1897); Plöch, (1960–1962, i–ii); Sagmuller (1914); Kuttner, (1935); Berman (1983); Brundage, (1995), Bellomo, (1995).

in theory, applied equally to everyone, regardless of class, social status or gender.

Canon law enabled the popes to assert their influence over the whole of Latin Christendom. Its stipulations meant that laity and clergy were required to seek grace from the pope for a disparate variety of matters affecting their lives.[4] By the thirteenth century, the number of supplications that required the pope's personal attention had increased substantially. Unable to cope with the expansion of business, various popes delegated their authority to offices and courts within the papal curia. By the sixteenth century, a considerable part of the pope's authority had been delegated to the Papal Penitentiary.[5]

The Penitentiary's specific function was to grant grace to supplicants on the basis of their request and on behalf of the pope.[6] Grace was given in four forms: absolution from sin, dispensation to contravene the regulations of canon law, special license for particular devotional practices and official declarations. It granted these for a variety of reasons, of which just a few are noted here.[7] Absolution was most commonly granted to supplicants who committed sins that could only be absolved by papal authority, including murdering a cleric, violating monastic vows of celibacy, apostasy or simony. Dispensation was commonly granted to lay supplicants who canon law barred from marrying because of impediments, such as consanguinity. Clergy, on the other hand, frequently requested dispensation in order to be ordained to holy orders despite impediments, such as illegitimacy or physical disabilities. Special license was granted to supplicants – lay and clergy – who desired to choose a personal confessor or to eat certain types of food during times of fasting. The majority of official declarations granted by the Penitentiary declared the supplicant innocent of a crime, usually murder. Supplicants had to prove diminished cul-

---

[4] The development of papal authority occurred at the expense of local episcopal authorities throughout the Latin West, who were continually stripped of their authority, as more and more issues were reserved to the pope or his delegate. For a discussion of this, see Göller, (1907, i, 76–80).

[5] The Penitentiary's authority was based in the numerous faculties to which it had been delegated since the thirteenth century. See Göller, (Rome, 1907, i, 76–131; idem, (1911, ii, 103–163), and Salonen, (2001, 52–64).

[6] On the development of the Penitentiary, see Göller, (1907, i, 76–80, 85, 100–102, 108, 129–131; idem,(Rome, 1911, ii, 103, 107); Denifle and Ehrle, (1888, 209–238); Tamburini, (1988, 169–181); idem, (1969, 384–427); idem (1973, 149–208); idem, (1995); Schmugge, Hersperger, Wiggenhauser, (1996, 4–56); Schmugge, (1995, 81–129); Salonen, (2001, 34–36, 40–42, 52–57); idem, (1999, 283–318).

[7] For further discussion, see Schmugge, Hersperger, Wiggenhauser, (1996, 68–95); Schmugge, (1998, 350–361); idem, (2000, 164–171); Salonen, (2001, 103–118, 251–278). See, too, the various articles published in Salonen and Krötzl, eds., (2003), and Jaritz, Jørgensen and Salonen, eds., (2004).

pability in a crime through extenuating circumstances, such as murder in self-defence, in order to receive a declaration of innocence.[8]

It has been estimated that during the middle ages, the Penitentiary granted grace to on average between 3,000 and 4,000 supplicants annually.[9] On a typical day the office received up to 100 petitions from supplicants seeking grace for a multitude of reasons, ranging from matters of confession to marriage, murder to illegitimacy.[10] These requests have been preserved in registers which document the office's daily business during a pontifical year.[11] The material contained within deals with complex legal regulations, matters of conscience, impediments, irregularities and the spiritual and temporal ramifications of committing a violation against canon law.

Canonical regulations are behind each of the thousands of requests that were submitted to the Papal Penitentiary. Penitentiary supplications thus offer a unique insight into the ways in which canon law was applied during the middle ages. They illustrate how the Penitentiary upheld canonical stipulations, granting each supplicant's request on the basis of its validity in canon law. But the records also serve to highlight the application of canon law within the local dioceses of Latin Christendom. Numerous supplications demonstrate the ways in which diocesan authorities enforced canonical regulations upon supplicants who presented their requests for grace to the Penitentiary.

Evidence of this nature is particularly useful for countries like Scotland. While the reception of canon law in medieval Scotland has always been assumed, this has been difficult to prove because of the lack of native evidence, such as episcopal registers, or the fragmentary nature of surviving ecclesiastical court records.[12] Scottish Penitentiary supplications demonstrate not only that there

[8] Research has shown that the majority of Penitentiary supplicants who requested declarations had committed acts of murder. Declarations were also granted to nullify an invalid marriage or to release supplicants from their monastic vows. Salonen, (2001, 73–77).

[9] This number increased substantially during Jubilee Years. For example, 10,000 supplications were granted by the Penitentiary during the Jubilee year of 1450. Salonen, (2001, 42).

[10] Schmugge, (1998, 350–355).

[11] Supplications to which the Penitentiary did not grant grace were not recorded in the registers, and unfortunately, little evidence remains of these petitions. During the pontificates of Pius II (1458–1464) and Paul II (1464–1471) the volumes covered one calendar year. This changed during the pontificate of Sixtus IV (1471–1484), after which the volumes covered one pontifical year. Starting with the pontificate of Leo X, the Penitentiary maintained two volumes for each pontifical year to register exact copies of incoming supplications, as a result of the reforms enacted by Leo X, which required scribes to register an exact copy of the request, rather than an abbreviated version, as was the normal procedure in the fifteenth century.

[12] For a discussion of the surviving court records, see Ollivant, (1982, 7–45); Donaldson, (1985, 43–45); Macfarlane, (1995, 56–120).

was a reception of canon law within Scotland, but more importantly, they demonstrate how ecclesiastical authorities put canonical regulations into practice. These supplications highlight the various ways in which Scottish diocesan authorities employed the protocols established by canon law for enforcing canonical regulations upon the men and women in their charge.[13] This is particularly true of supplications submitted by clergy.[14]

Given the issues involved in their supplications, there were certain procedures – regulated by canon law – with which Scottish clerics (and their contemporaries throughout Latin Christendom) should have conformed before applying to the Penitentiary for grace. For instance, the majority of Scottish clerics who are found in the Penitentiary registers desired dispensation to be ordained to holy orders. These supplicants should have come to the Penitentiary as a result of procedures employed in the examination that was held before the ordination ceremonies. Other Scottish clerics desired absolution and dispensation, or declaration, in order to return to holy office, having been suspended from pastoral duties for violating canon law. These supplicants should have advanced their requests for grace as a result of actions conducted before diocesan consistory courts.

It is impossible to state that each of the 1,597 Scottish clerics who are found in the Penitentiary registers between 1449 and 1542 applied for grace as a result of either of these procedures.[15] Some supplicants may have circumvented these procedures, applying to the curia in the first instance, which they were within their right to do. Nevertheless, the evidence from a number of supplications from Scottish clerics suggests that these petitioners applied for grace only after diocesan authorities had considered their cases.

---

[13] Other Vatican sources, such as the decisions of the Roman Rota, currently under analysis by James J. Robertson of Dundee, also provide evidence of the application of canon law within medieval Scotland. For a discussion, see Robertson, (1977, 151–165); idem, (1988, 339–346).

[14] I am using Scotland as an example, as this has been the basis of my doctoral research. However, similar findings have been noted in other regional studies of the Penitentiary material. See the sources cited in notes 6 and 7.

[15] For further details of Scottish clerical cases in the Penitentiary registers, see McDonald, (2005).

II. The Evidence of Scottish Penitentiary Supplications

Two types of Scottish clergy are to be found in the Penitentiary registers: candidates for holy orders and ordained clergy. For the most part, the former applied for dispensation to be ordained to major orders despite their impediments. A typical petition was that from John Jardine, who was identified – in a petition granted in 1490 – as a scholar from the diocese of Galloway. It related that he was illegitimate, the son of a married man and an unmarried woman, and that he desired dispensation to be ordained to major orders and to hold a benefice *cum cura animarum.*[16] Like John, the majority of Scottish candidates identified themselves as scholars, others as acolytes or clerks in minor orders. These statuses suggest that these were men who were just beginning their ecclesiastical careers.[17]

These Scottish candidates required grace because they did not meet the canonical requirements to enter holy orders: subdeacon, deacon and priest. Canon law stipulated that candidates (and ordained clergy) were to be free from any impediment that caused irregularity, a canonical term which signified a cleric's unsuitability to enter (or remain in) ecclesiastical office or to perform pastoral duties. [18] Candidates were to be free from irregularity *ex defectu* (on the basis of a defect), incurred through impediments, including illegitimate birth, minority (of age), and physical or mental defects.[19] Candidates were also required to be free of irregularity *ex delicto* (on the basis of a crime or sin), incurred by violating canonical sanctions, and which rendered a cleric unfit to maintain pastoral care.[20]

The majority of Scottish candidates who applied to the Penitentiary for grace were irregular *ex defectu.* John Jardine, along with 1005 other clerics, was illegitimate. Fifty-five candidates were too young to be ordained to ecclesiastical office.[21] Eleven candidates suffered physical disabilities, mainly impaired

---

[16] Archivio Segreto Vaticano, Penitenzieria Apostolica, Registrum Matrimoniablius et Diversorum, vol. 39, fol. 419v. [Hereafter, ASV, Pent. Ap., Reg. Mat. et Div.,]

[17] For a discussion of the definitions of scholars, clerks and acolytes, see Schmugge, (1995, 154–61).

[18] Davis, (2000a, 11); Schmugge, (1998, 346–348).

[19] D. 24, c. 5, D. 24, c. 7.; X 1.11. 1–17 '*De Temporibus Ordinationum et Qualitatie Ordinandorum*', X 1.14. 1–15, 'De *Aetate et Qualitate et Ordine Praeficiendorum*'; VI 1.9. 1–4, '*De Temporibus Ordinationum et Qualitate Ordinandorum*'; Clem. 1. 6. 1–3, '*De Aetate et Qualitate et Ordine Praeficiendorum*'. See also Plöch, (1960–1962, i, 290–299).

[20]X 1.11.4, X 1.11.17. See also Plöch, (1960–1962, i, 290–299).

[21] Canon law prescribed a minimum age limit for orders. At the age of 7, a boy could receive tonsure and maintain a benefice without pastoral care. At the age of 14 a candidate could receive minor orders. At 18 a candidate could be ordained to the subdiaconate, the deaconate at 20, and at age 25 a candidate could be 3ordained as a priest. The stipulations concerning age are found at X 1.14.4, Clem 1.6.3

sight.[22] Thirty required absolution and dispensation from irregularity *ex delicto*. Such was the predicament for John Dickinson, a scholar from the diocese of St Andrews, who was guilty of the accidental death of a layman. He requested absolution and dispensation so that, as his petition related, he might in future enter an ecclesiastical career, notwithstanding the crime committed.[23]

Diocesan authorities throughout the Latin West were required by canon law to ensure that each candidate who presented himself for ordination was suitable for the order desired. In order to determine a candidate's qualifications and worthiness for office, canon law was explicit that diocesan authorities were to examine clerics, such as John Jardine and John Dickinson, before ordination.[24] This examination was designed to prevent invalid ordinations and to ensure that only the most qualified candidates were ordained. It was not an occasion for probing a candidate's knowledge of complicated theological tracts or liturgical issues. It was simply the process whereby examiners could enquire into a candidate's background and training to determine if he was suitable for the priesthood. [25] Pastoral theologians, including William of Pagula and John de Burgh, wrote that examiners were to assess whether a candidate held a reasonable degree of literacy and that he was not affected by any legal impediment.[26] Master Gratian conceded that candidates could forego the examination if a recognised member of the community provided a testament to their abilities.[27]

Examinations were normally held after the bishop announced his intention to confer orders.[28] This announcement would have been circulated throughout the diocese. No Scottish citations of this sort survive. English episcopal registers demonstrate, however, that the citation was delivered *via* the archdeacon and deans of Christianity.[29] Similar procedures were probably followed in Scotland. Scottish archdeacons and deans played a large role in promulgating

[22] The legal justifications for the regulations against disabled clerics are derived from scripture, particularly Leviticus 21:16–24. See Melcher, (1998, 55–71); Douglas, (1966, 51–54); Boyle, (1981, 83–85); Foss, (1989, 131–140).

[23] ASV, Pent. Ap., Reg. Mat. et Div., vol. 63, fol. 649v–650r.

[24] D. 24, c.2, c.5–7; X 1.11.1–3; X. 1.12.1; X 1.14.14, 15.

[25] See D.24, c. 2; X 1.14.14, 15; X 1.23.7; On the ordination examination, see Boyle, (1981, 83–90); Davis, (2000a, 38–51); idem, (2000b, 16–19); Dohar, (1992, 22–25); Dohar and Shinners, eds. (1998, 51–60); Reiss, (1953, 1–13); Reynolds, (1987, 263–266). For further details regarding the ordination examination in Scotland, see McDonald, (2005, 13–17, 74–80).

[26] Boyle, (1981, 92–95).

[27] D.24, c.5.

[28] Dohar, (1992, 20–22).

[29] Dohar, (1992, 20); Davis, (2000a, 16–19).

the decrees of the bishop, and it is likely that they would also have circulated the announcement of conferring orders.[30]

Once notified, candidates, such as John Jardine or John Dickinson, were required to present themselves at a specified time and place to undergo the examination.[31] Examinations and ordinations were usually held in the cathedral church, though some were, perhaps, held elsewhere. English evidence suggests that examinations and ordinations were held in a variety of places, such as a local priory or parish church.[32] Unfortunately, surviving Scottish evidence leaves little trace to indicate if a similar flexibility existed.

Canonical regulations specified that ordinations were to take place on the four seasonal ember days (*quatuor tempora*), which were the four three-day periods (Wednesday, Friday, and Saturday) following the first Sunday after Lent, Pentecost, Holy Cross Day (14 September) and St Lucy's Day (13 December).[33] Because of the time it took to examine each candidate, canon law decreed that examinations were to span the course of at least three days to ensure that ample time was available for each candidate to be examined. The examination was conducted in two parts. [34] The initial examination occurred before ordination, during which examiners inquired into the candidate's background and educational training, to learn where the candidate was raised, and if the candidate had ever been accused or convicted of a crime. The second examination occurred during the ordination ceremony, when the candidate was presented to the bishop by the archdeacon, who announced that the candidate was worthy for ordination.[35]

Canonical regulations dictated that the bishop was to be the chief examiner of candidates.[36] As with many other functions, the bishop may have delegated this authority to a subordinate cleric, which was permitted by canon law.[37] This may have been the custom in Scotland. In Bishop William Elphinstone's diocese of Aberdeen, evidence shows that the archdeacon and the chancellor played an active role in assessing candidates. Both had frequent contact with young candidates, as part of their responsibilities for training future clerics.

---

[30] Patrick, (1907, 58–59).

[31] Reynolds, (1987, 263–264).

[32] Reynolds, (1987, 263–265).

[33] D. 25, c.5.; X 1.11.1, 2. D. 25, c.5.; Reynolds, (1987, 265–266). D.24, c.5 allowed bishops to extend the length of the period in which examinations were held.

[34] Dohar and Shinners, eds., (1998, 51–60).

[35] Reynolds, (1987, 263–266).

[36] The twenty-seventh canon of the Fourth Lateran Council (1215) ordered bishops to refrain from ordaining candidates which they did not know or had not examined. See also D.24, c. 2; X 1.14.14, 15;

[37] D.24, c. 2; X 1.14.14, 15; X 1.23.7.

The chancellor, particularly, assumed a great deal of responsibility, providing tuition to candidates in the grammar schools.[38]

Canonical stipulations insisted that if an examiner uncovered a candidate's impediment during the initial examination, he was to prohibit that candidate from ordination, until he received dispensation (or absolution and dispensation, if required).[39] The candidate could, once in receipt of dispensation, be ordained at the next ordination ceremonies.[40] John Jardine, for example, presented his dispensation to George Vaus, bishop of Galloway, sometime in 1490.[41] The lack of domestic evidence makes it impossible to prove, but it seems safe to presume that Jardine, along with the majority of the 1121 candidates who petitioned for dispensation between 1449 and 1542, was ordained at the next ordination ceremony.

There are no surviving records concerning ordinations or ordination examinations in later medieval Scotland.[42] Despite the lack of domestic evidence, supplications from candidates in the Penitentiary registers suggest that Scottish ecclesiastical authorities did carry out examinations and ordinations in accordance with canon law. Moreover, the evidence suggests these regulations were enforced upon candidates at an early stage in their careers, given that the vast majority of supplicants were in minor orders or scholars, who had not yet begun an ecclesiastical career. Of the 1121 candidates for orders who applied for dispensation, the vast majority requested this before ordination, as canon law decreed. It seems likely that many of these candidates did so as a result of having been brought through the ordination examination. That only seventy-five of the 1121 candidates did not receive dispensation before they were ordained suggests that these stipulations were enforced reasonably effectively. Moreover, of those who did apply for dispensation, most submitted their supplications during the intervening periods between the stipulated times which canon law allowed for ordinations, which suggests that they had been prohibited

[38] Macfarlane, (1995, 208). On education in medieval Scotland, see Innes (1854, pg. iii–lxviii); Easson, (1936, 13–26); A more optimistic view of the Church's contribution to education in Scotland is given in Durkan, (1962, 145–168) and Cowan, (1977, 123–125).

[39] D.24, c. 2; X 1.14.14, 15; X 1.23.7.

[40] See Donaldson and Macrae, eds., (1942–1944, i, 273–274) for the procedures taken when a supplicant presented his dispensation to the ecclesiastical authorities.

[41] *National Archives of Scotland,* GD10/553. Papers of the Murray family of Broughton, Wigtownshire, and Cally, Kircudbrightshire. The date of the entry is 1482, but this is incorrect as Jardine did not receive dispensation until 1490.

[42] Episcopal registers and ordination rolls, such as those for England, do not exist for Scotland. It is likely that these were destroyed during the Reformation. See McRoberts, (1959, 126–172).

from ordination at the previous call for orders, and that they applied for dispensation in order to be ordained at the next call for orders.

While the majority of Scottish candidates for orders applied to the Penitentiary solely for dispensation, the majority (248) of the 476 ordained clerics who applied to the Penitentiary had violated canon law. Ninety-nine were guilty of murder or violent acts. Thirty-nine had been ordained without dispensation from minority. The same number had been ordained without dispensation from illegitimacy. Twenty-one were guilty of perjury, nineteen were guilty of simony, thirteen had been censured with special excommunication, twelve had failed to pay a debt, five committed apostasy and one was guilty of sacrilege.[43]

Clerics who violated canon law were subject to several penalties. Canonical stipulations dictated that guilty clerics were to suffer excommunication.[44] Those who committed murder, simony or apostasy were to suffer excommunication *latae sententiae*, or *ipso facto* excommunication, which was incurred immediately upon the performance of a forbidden act.[45] Clerics who had failed to pay a debt or who failed to fulfil a contractual obligation were to be censured with excommunication *ferendae sententiae*, or special excommunication, both of which were promulgated by an ecclesiastical judge.[46] Canonical regulations obliged the official who excommunicated the individual to absolve the sinner. Therefore, judges who censured sinners with excommunication *ferendae sententiae* or special excommunication were to absolve them. Excommunications *latae sententiae* were, however, promulgated by the general law of the church. In theory, individuals who incurred this censure were excommunicated by the pope, and could not be absolved by any other authority than the pope, or his delegate, such as the Penitentiary.[47] The majority of crimes whereby excommunication *latae sententiae* was incurred were reserved specifically to the pope. These included murder, simony, apostasy and perjury. Other crimes that warranted this type of censure, such as certain types of sacrilege were, however, reserved to the authority of the bishop.[48] As various Scottish cases, as well as those from other regions demonstrate, there were occasions

---

[43] For further details of these supplications, see McDonald, (2005, 112–170).

[44] Logan, (1968, 14–15); Vodola, (1986, 28–29).

[45] Excommunication *latae sententiae* was developed through the promulgation of the canon 15 (*si quis suadente*) of the Second Lateran Council (1139). It is found in canon law at C.17 q.4 c.29, see also X 5.39.9, 15. *Si quis suadente* called for immediate excommunication for any layman who perpetrated violence against a cleric or for any cleric that acted violently. See Huizing, (1955, 279–330), and Vodola, (1986, 28–29).

[46] Logan, (1968, 15).

[47] Logan, (1968, 138–139).

[48] Logan, (1968, 139).

on which bishops refused to absolve the supplicants from *ipso facto* excommunication; thus they applied to the Penitentiary for absolution.
Canon law also ordered that diocesan authorities were to suspend clerical malefactors from their office and benefice. Until they received absolution and/or dispensation, they were unsuitable to maintain pastoral care, a consequence of incurring irregularity *ex delicto*.[49] A number of Scottish supplicants indicated that, before dispatching supplications to the Penitentiary, they had been suspended and/or excommunicated by diocesan authorities. The archbishop of Glasgow suspended David Stewart, a priest from Glasgow, for killing another priest. Stewart applied to the Penitentiary for absolution and dispensation, which he was granted in 1532.[50] Including Stewart, more than one third of the supplicants who had committed murder and other serious felonies indicated that they had been suspended from office by diocesan authorities. So too did supplicants who failed to pay a debt or fulfil a contractual obligation. For instance, William Gordon, a prebend of the collegiate church of St Mary of the Rock (d. St Andrews), failed to pay a debt, for which the official of St Andrews had censured him with excommunication and suspended him, for which he petitioned the Penitentiary for absolution and dispensation. This was granted on 2 January 1541.[51] Another supplicant, Alexander Turnbull was granted absolution in 1518, having committed perjury in the presence of the commissary of the archbishop of St Andrews when he was brought to answer charges that he had committed murder. He was subsequently suspended, excommunicated and required to apply for absolution.[52]
These supplications are significant given that evidence relating to the activities of the Scottish ecclesiastical courts is limited. For the fifteenth century, only fragments from act books from the Glasgow consistory court dating from 1471–1478 are extant, though more relevant evidence dates to the period from 1513–1560.[53] These records are, however, limited geographically and jurisdictionally, originating from the dioceses of St Andrews and Dunblane, and various segments are missing.[54] The lack of evidence from the diocesan consistory courts has caused some to doubt if any records were ever kept. It

[49] C.11 q.3 c.103; X 2. 28.53; X 5.27.3–5, 7. Vodola, (1986, 56–58).
[50] ASV, Pent. Ap., Reg. Mat. et Div., vol. 79, fol. 4v–5r.
[51] ASV, Pent. Ap., Reg. Mat. et Div., vol. 105, fol. 266r–266v.
[52] ASV, Pent. Ap., Reg. Mat. et Div., vol. 62, fol. 799v–800v.
[53] These act books correspond to the period in which William Elphinstone was the official principal of Glasgow. For this, see Macfarlane, (1995, 56–120).
[54] The surviving manuscripts from the consistory courts in Scotland are discussed in Ollivant, (1982, 7–17), and Donaldson, (1985, 43–44).

is, however, more likely that those that were kept were destroyed during the Reformation.[55]

Scottish diocesan consistory courts were organised in much the same manner as those in England and the Continent, though there may have been some variation in their structure and practice. Here, for various reasons, Scottish consistory practice will be compared with the practices of English consistory courts. This should not be interpreted as suggesting that English practice was the only influence upon procedures applied in the Scottish consistory courts. Scottish ecclesiastical authorities were the educated elite in the kingdom, and many had studied canon and civil law in continental universities, such as Paris, Bologna, Louvain, Cologne and Orleans. As a result of their legal training, these men were heavily influenced by canonical practices and canonical commentators, such as William Durandus. Numerous copies of his *Speculum Judiciale* circulated throughout the medieval kingdom.[56] Moreover, they were influenced by decisions made by the Rota. Bishop Elphinstone of Aberdeen, for instance, possessed a copy of decisions of the Rota assembled by the auditor Willelmus de Horborch between 1376 and 1381.[57] One reason for comparing Scottish practice with that in England rests in the fact that there are an overwhelming number of sources, both primary and secondary, relating to the activities of English consistory courts to which comparisons can be made.[58] Furthermore, despite the political differences between the two kingdoms, the Scottish church often incorporated canons that were promulgated in English synods into its own synodial statutes, as did other countries, such as Denmark and France.[59]

The highest court in any medieval diocese was the bishop's court of audience convened to contend with controversies throughout the diocese.[60] Much of the bishop's judicial authority was, however, delegated to subordinate clerics. The majority of his judicial powers were delegated to the official principal,

---

[55] McRoberts, (1959, 126–172).

[56] Durkan and Ross, (1961, 5–167); Finlay, (2000, 87); Macfarlane, (1959, 253–271).

[57] Macfarlane, (1995, 73); See also Robertson, (1977, 151–152).

[58] Simon Ollivant has demonstrated the similarities that existed between the Scottish and English consistory courts. For this, see idem, (1982, 20–27); Donaldson, (1985, 40–53), and Walton, (1936, 133–153); McNeill, ed., (1962–1963, i, 30); Walker, (1989, 344–353); On English and Continental practice, see Woodcock, (1952, 26–29); Adams and Donahue, eds., (1981, 1–57); Owen, (1975, 180–220); Storey, (1972); Gabel, (1929, 25–60); Thompson, (1943, 140–160); Helmholz, (1987, 119–145); idem, (1974); idem, (1990); See also, Donahue, (1983, 144–158); idem, (Berlin, 1989–1994, i–ii); Brundage, (1995); idem, (1987); idem, (1993); Pedersen, (2000); Chapman, (1992); Fornier, (Reprint, 1984); Wahrmund, (1962); Riechel, (1922, i).

[59] Walker, (1989, 391); Patrick, (1907, pp. xxv–xxxvii).

[60] Brundage, (1995, 120–122).

who acted as the bishop's representative and chief judicial officer. A number of Scottish dioceses, including Argyll, Galloway, Glasgow, the Isles, Orkney, and St Andrews, were equipped with two officials who exercised the bishop's jurisdiction. The leading judicial officer was the official principal, and the lesser official, the *officialis foreanus*, held limited jurisdiction in a fixed locality.[61] Subordinate to the officials were commissaries, of which there were various types. Commissary generals presided over courts with jurisdiction in the outlying deaneries, such as those in Dunkeld, Galloway, Glasgow, Moray and St Andrews.[62] Other commissaries held peculiar jurisdiction in certain places such as Lesmahagow or over particular institutions such as the Chapel Royal in Stirling.[63] Meanwhile, other commissaries were delegated temporary authority to convene *ad hoc* tribunals, such as the commissaries of the greater excesses, commissioned by Archbishop Forman in 1518 to investigate into the moral offences of the clergy in St Andrews.[64] Lesser prelates, such as the archdeacons, maintained courts, such as those extant in St Andrews and Glasgow. These courts held limited jurisdiction over petty infractions and litigation that did not require the attention of the official or the bishop.[65]

Appeals from a bishop's commissary or officials' courts were to be addressed to an archbishop or to papal tribunals such as the Roman Rota.[66] Before 1472, however, Scots could only appeal to the curia, as the Scottish church had no archbishop until St Andrews was granted metropolitan status in that year.[67] It must be noted, however, that supplicants applied to the Penitentiary for absolution from sins and/or dispensation from irregularities that were reserved to papal authority. The Penitentiary was not a tribunal in the same sense as the Rota. It did not overturn sentences, nor did it hear cases involving litigation. The Penitentiary simply granted grace to supplicants on the basis of their request and on behalf of the pope.[68]

Church courts throughout Latin Christendom maintained jurisdiction over a disparate variety of matters. They exercised jurisdiction over issues that would now be classed as civil matters, including marriage and divorce, illegitimacy

---

[61] Watt, (2003, 52, 183–185, 244–256, 275–277, 343–345, 417–430).

[62] Watt, (2003, pp. xiii, 32, 52, 76, 98, 122, 163–165, 184–185, 248–256, 276–277, 319–321, 344–345, 374–3758, 424–430, 442).

[63] For a list of the commissariots with peculiar jurisdiction, see Ollivant, (1982, 37).

[64] Watt, (2003, pg. xiii); Donaldson and Macrae, eds., (1942–1944, i, 311–312); Ollivant, (1982, 33–34).

[65] Donaldson, (1985, 42); Brundage, (1995, 122–123).

[66] For discussion of the Rota, see Göller, (1911, 19–48).

[67] On this, see Barrell, (1995, 116–138). Metropolitan status was conferred upon St Andrews in 1472 and upon Glasgow in 1492. On this see Thompson, (1968, 23–31); Macfarlane, (1969, 111–129); idem, (1992, 99–118); Herkless and Hannay, (1907, i, 43–81).

[68] Salonen, (2001, 49).

and inheritance, contracts and obligations, wills, testaments and debts.[69] They also exercised sole jurisdiction over criminal matters, including defamation, adultery, fornication, usury, heresy, blasphemy and sacrilege.[70] In addition, the consistory courts retained the exclusive right to try clerics accused of crimes, such as murder or theft, which normally came under the jurisdiction of secular courts.[71] Clerics were protected by the *privilegium canonis*, the benefit of clergy, which prohibited secular authorities from trying or punishing clerical malefactors.[72]

Distinct procedures were employed in canonical civil and criminal causes. The former were normally brought to the courts through *ad instantium* actions, at the instance of two parties, and were conducted according to the rules of canonical civil procedure (*ordo iudiciarius*). The surviving Scottish court act books show that the majority of clerics who came before the consistory courts were involved in matters that concerned debt, contractual obligation, and disputes over benefices, which were normally brought to courts through *ad instantium* actions.[73] Of the 248 Scottish clerics who applied to the Penitentiary for grace from violations of canon law, forty-six dispatched supplications as a result of *ad instantium* actions. None of these supplicants are, however, found in the existing records. Nevertheless, using the available evidence, from Scottish and English sources, we can speculate as to what may have happened to these supplicants, using Laurence Piot, the archdeacon of Aberdeen, as a case study. Piot swore an oath, on behalf of a relative, Christopher Piot, a canon of Aberdeen, who promised to resign the prebend of Ellon (d. Aberdeen) to James Lindsay, another canon of Aberdeen in exchange for another prebend (unnamed).[74] The prebend was not, however, exchanged to Lindsay, but was instead exchanged for another prebend with an unnamed canon of Brechin. Piot came to the Penitentiary applying for absolution from perjury.

Ad instantium actions were often timely and expensive, given that they could extend over long periods. Wealthier litigants may have incurred further expenses if they hired a procurator or advocate to act on their behalf. Lindsay, the plaintiff, would have initiated the action by issuing a libel to the officiating

[69] See for example Donahue and Adams, eds., (1981, 72–104); Thompson, (1943, 140–160); Helmholz, (1987, 119–145); Donahue, (1983, 144–158).
[70] Brundage, (1995, 93–94); idem, (1987, 481); Donahue, (1974, 647–716); Helmholz, (1971), 255–268, idem, (1985, 31–63); idem, (1987, 121–137); idem, (1998, 258–268).
[71] See X 5.20.7, X 5.26.2, VI 5.9.5, for crimes that could be tried under either jurisdiction. See also, Helmholz, (1987, 129–134); idem, (1998, 303–304).
[72] Gabel, (1929, 7–10, 14–20, 27–30).
[73] Ollivant, (1982, 65, 77–85, 95–119).
[74] ASV, Pent. Ap., Reg. Mat. et Div., vol. 5, fol. 287v.

judicial officer.[75] This libel formed the basis of the plaintiff's complaint and listed the positions lodged.[76] If the judge determined he held the authority to convene a hearing, the defendant was then cited to appear to answer to the complaint. [77] The initial citation may have been announced publicly, during Mass, or it may have been delivered in written form by a parish curate to Piot.[78] Upon receipt, Piot would have had ten days in which to answer each of the positions lodged in the complaint.[79] If he did not appear, he would have been cited again, and given a further ten days to appear before the court. If he failed to appear on this occasion, a third citation would have been issued warning him that failure to appear would result in him being declared contumacious and an excommunicate.

Piot would have answered the positions listed in Lindsay's libel in a judicial diet known as the diet *ad respondendum*.[80] Here, Piot may have admitted the claims in the libel and made satisfaction to Lindsay. The action would then have been concluded. If, however, Piot contested the claims, the case would be put to trial (*litis contestatio*), requiring Lindsay to prove the basis of his claims. [81] Piot may have brought a libel against Lindsay or raised an objection, or exception, against Lindsay's libel.[82] If exceptions were raised, and the judge allowed them to be brought forward, trial was postponed, prolonging the action, in order to allow time for probatory diets, which afforded the defendant and plaintiff the opportunity to lodge responses to the exceptions.[83] The diet *ad articulandum* permitted the defendant to prove his claims and exceptions to the libel. The diet *ad respondendum exceptioni* allowed the plaintiff to answer to the exceptions raised.[84] Thereafter, witnesses were subpoenaed to appear before the judge or the court appointed examiner to give a deposition. Once the

---

[75] Ollivant, (1982, 98–102); Brundage, (1995, 129). The officiating judge in Piot's trial may have been the official Walter Idyll or the commissary Henry Hervy. Watt, (2003, 31–32).

[76] On the positions of a complaint, see Helmholz, (1986, 15).

[77] For examples of citation, see Fraser, (1859, 163); Ollivant, (1982, Appendix V, 191–192).

[78] Ollivant, (1982, 99); Fraser, (1859, 175).

[79] Citations were issued at each stage of the action. Each citation gave the parties three chances, extending over a period of thirty days, to appear before the judge. Brundage, (1995, 129).

[80] Ollivant, (1982, 102, 192–193).

[81] For *litis contestatio*, see McNeill, ed., (1962–1963, i, 291–292, ii, 339–343, 373–374); Brundage, (1995, 131); Helmholz, (1986, 15–19).

[82] Brundage, (1995, 129–131); According to Balfour, there were two forms of exceptions that could be lodged against libels. Dilatory exceptions served merely to delay the action, but did not contest the basic validity of the claims. Declinatory exceptions were made against the competence of the judge who convened the proceedings. McNeill, ed., (1962–1963, ii, 343).

[83] On probatory diets, see Donahue and Adams, eds., (1981, 37–57).

[84] Ollivant, (1982, 108–110).

exceptions and issues in the case had been defined, and witness testimony gathered, the judge would disclose the evidence to each party. The action would then proceed to trial. The litigants, or their procurators, would repeat the claims (although they may have been amended) in front of the judge. Once the cause had been completely presented in front of the judge, he would conclude the action and set a day upon which he would present his sentence. Given that Piot applied for absolution, it is certain that the decision in Piot's case was that he had indeed failed to fulfil the obligation, and as a result was guilty of perjury. Presumably, in addition to seeking absolution, Piot was required to make satisfaction to Lindesay, although we are left to speculate as to the exact nature of his amends.

While civil actions were brought to the courts by litigants themselves, canonical criminal trials were carried out by judicial authorities *ex officio*, on the basis of their office. Clerics accused of crimes were not cited to appear before the authorities based on a libel or complaint from an injured party. Rather, they were cited on the sole authority of the judge.

The surviving Scottish consistory records suggest that clerics accused of crimes were rarely prosecuted, at least in the consistory courts. The sentence book of the official principal of St Andrews records the prosecutions of only three clerics, and there are no records of criminal prosecutions against clerics in either the Lothian or Dunblane Sentence book.[85] As Richard Helmholz has observed in his analysis of English *ex officio* records, clerics were rarely tried before the consistory courts, but rather in *ad hoc* tribunals. It was always noted in cases that came before the consistory courts that these were exceptional.[86] The lack of recorded evidence in the Scottish consistory court records suggests that the Scottish authorities may have followed English practice and convened *ad hoc* tribunals to carry out *ex officio* prosecutions against clerics. English evidence also demonstrates that records relating to these tribunals were kept separate from episcopal registers and court records.[87] If similar practice was observed in Scotland, this could explain the lack of recorded actions in the surviving records.

Ad hoc tribunals were established under the authority of the bishop or archbishop who commissioned another senior cleric to inquire into the accusa-

---

[85] Ollivant, (1982, 85).

[86] Helmholz, (1987, 130); A.K. McHardy, who has assessed the evidence of trials of felonious clerks in English episcopal registers, also suggests that clerics in England may have been dealt with through *ad hoc* tribunals rather than in the consistory courts. See idem, (1995, 165–183).

[87] McHardy, (1995, 179).

tions or suspicions lodged against particular clerics.[88] There were many advantages to trying clerics in *ad hoc* tribunals. Bishops could institute the proceedings at any time, instead of waiting for the next (and often infrequent) sitting of the consistory.[89] Moreover, tribunals could be held in any convenient location. English evidence demonstrates that tribunals were sometimes held at the local consistory court. On other occasions, they were held in a parish church near to the place in which the alleged crime had been committed, enabling greater access to all who wished to attend the proceedings.[90] The authorities also had the flexibility to choose a suitable judge to act as commissary.[91] English evidence demonstrates that the bishop could commission the staff of the consistory courts to preside over these tribunals. In addition, other ecclesiastics, such as the archdeacon or dean, could also be commissioned to convene the tribunal.[92] Commissions issued by Archbishop Forman suggest a similar flexibility in Scotland. In 1518, for instance, the chancellor of St Andrews was commissioned to investigate into the accusations or suspicions levelled against clerics.[93] On other occasions, commissaries styled 'commissaries of the greater excesses' were commissioned to investigate into the moral offences of clerics. These commissions do not indicate the rank of the ecclesiastic commissioned to act in this capacity. Several commissions from the *St Andrews Formulare* also demonstrate that the procurator fiscal of the ecclesiastical courts often investigated into the offences of clerics.[94]

Whether in the consistory court or in an *ad hoc* tribunal, the ecclesiastical authorities could employ a number of different procedures for trying and sentencing clerical offenders.[95] The most common form employed in canonical criminal trials, particularly against clerical offenders, was *per inquisitionem*.[96] Developed by Innocent III, and promulgated as a new form of procedure in

[88] Canon 8 '*Qualiter et quando*' (X 5.1.24) of the Fourth Lateran Council (1215) instructed bishops that upon learning of a cleric who had offended against the law, he was to institute an investigation (*inquisitio veritatis*) to verify the accusations and learn more of the offence. On inquisitory procedures, see Brundage, (1995, 94).

[89] For the times in which the Scottish consistory courts met, see Ollivant, (1982, 47–49).

[90] McHardy, (1995, 179–181).

[91] McHardy, (1995, 179).

[92] McHardy, (1995, 179; see ftnt 86).

[93] Donaldson and Macrae, eds., (1942–1944, i, 20–23).

[94] Donaldson and Macrae, eds., (1942–1944, i, 326; ii, 7).

[95] On the forms of procedures which were employed in criminal actions see Brundage, (1995, 140–153).

[96] On *per inquisitionem*, and other procedures for bringing criminal cases to the ecclesiastical courts, see X 5.1.1–27. On *per inquisitionem* specifically, see X 5.1.17, 24. On canonical criminal procedure, see Brundage, (1995, 154); Helmholz, (1987, 119–145); Ullmann, (1947, 1–28); Fraher, (1992, 97–111); Shoemaker, (1999, 174–202).

1199, procedures *per inquisitionem* were initially used against those accused of clerical concubinage and simony. It was fully established as the form of procedure to be employed in canonical criminal trials in canon 8 (‘*qualiter et quando*’) of the Fourth Lateran Council.[97] *Per inquisitionem* was essentially an inquest designed to investigate rumours surrounding a cleric’s guilt. The methods used in the Inquisition developed out of procedures *per inquistionem*, although with significant differences.[98] Canonical *inquisitionem* offered the defendant some protection, including the right to legal counsel, access to witness statements and the right to refute the claims against him. This sort of protection was not offered to those brought before the Inquisition.[99]

Before 1199, canonical criminal trials were conducted along proceedings *per accusationis*, which required plaintiffs to make an accusation and to confront the accused. The judge acted as an arbiter between the plaintiff and accused.[100] The accuser, with the help of oath givers, was responsible for providing the proof against the accused, and was required to invoke a confession from the accused. It was difficult to convict a person through this method because if unsuccessful in proving a supplicant’s guilt, the accuser risked several penalties.[101] Accusers were, understandably, reluctant to bring accusations against others out of fear for these potential consequences. Procedures *per inquisitionem* were developed to overcome this by allowing a judge to convene proceedings based solely on the rumours that abounded as to the cleric’s guilt, rather than requiring an accuser to initiate proceedings.[102]

None of the *ex officio* prosecutions against clerics who are found in the Penitentiary records are recorded in the extant Scottish court act books. Nevertheless, given that the Penitentiary supplicants were suspended by the diocesan authorities before they applied for absolution, we can presume that they were cited before judicial officers. Just how their crimes were revealed remains a mystery. Evidence from the Canterbury court records of the thirteenth and fourteenth centuries suggests that crimes may have been uncovered during archdeaconal visitations.[103] This may have been the case in Scotland, with the archdeacon or perhaps the dean investigating rumours or accusations as part of their responsibilities. The victims themselves may have brought the crime to the attention of the authorities. On the other hand, clerics, such as David

[97] X 5.1.24
[98] Brundage, (1995, 92–93, 144–147).
[99] Cheyette, (1985, 478–480).
[100] Cheyette, (1985, 478–479).
[101] Cheyette, (1985, 478); Brundage, (1995, 142–143).
[102] Cheyette, (1985, 478); Brundage, (1995, 131–135).
[103] Donahue and Adams, eds., (1981, 57–58).

Stewart (who will be used as a case study) committed crimes that were so notorious that they were known in the vicinity where the cleric lived.

Proceedings *per inquisitionem* were conducted through two inquests. Canonical commentators, such as William Durandus, identified the first as the *inquisitio preparatorio.*[104] During this initial inquiry, judicial officers (in Stewart's case perhaps the archdeacon, the dean, or possibly even the archbishop) investigated rumours and *mala fama* of a crime, and collected the evidence (through the testimony of witnesses and other forms of proof) to determine and name the suspect.[105] Public knowledge or suspicion of a crime had to exist before this inquest could begin, and canon law was specific when it decreed that the suspicions against a defendant had to be lodged by a 'good and substantial person within the community'.[106] Accusations brought against by a known perjurer or an enemy were not sufficient to cause an inquisition to begin.

Once the judge (in Stewart's case the archbishop of Glasgow) had collected enough evidence, the second inquest, the *inquisitio solemnis*, would commence. It was at this stage that the process *per inquisitionem* began to follow similar procedures to those incorporated in *ad instantium* causes.[107] An agent of the court would have notified Stewart of the charges against him, as well as issuing Stewart with a citation to appear before the court or tribunal.[108] Stewart would have had three chances to appear before the judge. The third citation was peremptory – Stewart's failure to appear would result with him being declared contumacious and excommunicated. During the initial inquest, Stewart would not have been afforded legal counsel. Once charged, he would, however, have been allowed to seek legal counsel, and was also given a modicum of legal protection, particularly concerning the evidence given against him.[109] He was offered the chance to contest the evidence, to produce exceptions whereby he could show the lack of *mala fama* and to contest the charges against him.[110]

---

[104] Cheyette, (1985, 479).

[105] Cheyette, (1985, 479).

[106] In cases which lacked public suspicion or *mala fama* were not tried before the ecclesiastical courts. Under canon law, a defendant had to be suspected publicly before he could be brought to trial. See X 5.1.19; Helmholz, (1987, 132).

[107] Brundage, (1995, 149).

[108] See Donaldson and Macrae, eds., (1942–1944, I, 176–178) for examples of a summons to a cleric accused of murder.

[109] Johannes Teutonicus, *Glos. Ord. Ad* C.2 q.6 c.40; Bernard of Parma, *Glos. Ord. Ad* X 5. 1.15, cited in Brundage, (1995, 149). The same rule is found in common law. See Pluckett, (1948, 410).

[110] Helmholz, (1987, 124).

Initially, the archbishop would have confronted Stewart with the evidence in order to elicit a confession. If Stewart did confess, the proceedings would have been concluded and the sentence passed. If, however, Stewart did not confess, the proceedings would have been postponed in order to gather witness testimony or other evidence. Stewart would have been cited to appear before the judge who would have confronted him with the witness testimony. If Stewart continued to deny the charges, he would have been put to purgation.[111] Canonical purgation required a defendant, such as Stewart, to swear an oath of innocence (*iuramentum canonica purgatio*). The oath was attested by compurgators who also swore an oath, not to the validity of the facts involved in the case, but to their belief in the truthfulness of the defendant's oath.[112] The defendant could choose as many as six compurgators or as few as two to offer their oath.[113] The number of compurgators varied, but the choice of compurgators was always left to the defendant. Nominees were, however, subject to the confirmation of the bishop.[114] Compurgators were required to be of good repute and free from *mala fama*. In addition, they were to be familiar with the defendant. Clerics often choose other clerics to act as compurgators on their behalf.[115]

Canonists insisted that purgation was not to take the place of affirmative evidence that could bring about either a conviction or confession.[116] If such evidence had existed, then the defendant would have been prevented from purgation. However, if the accused denied the charges, and there was no full proof of his guilt, he might undergo canonical purgation.[117] Proceedings would again have been postponed to arrange a time and place for purgation. English evidence demonstrates that purgation was normally done in the parish church of the accused, in front of neighbours.[118] The date and place were an-

[111] *Nos inter alios* (X 5.34.6) instructed bishops to assign public purgation to those who were publicly defamed of a crime. On canonical compurgation, see Helmholz, (1998, 258–268, especially at 261); Cheney, (1936, 215–236); Gabel, (1929, 92–114). The three cases recorded in the St Andrews sentence book demonstrate that the clerics accused of crimes underwent canonical purgation. Ollivant, (1982, 85). See also Donaldson and Macrae, eds., (1942–1944, ii, 4–9), for proceedings undertaken during compurgation involving Scottish priests accused of murder.

[112] See X 5.34.5, 13; Helmholz, (1987, 131).

[113] X 5.34.10.

[114] X 5.34.10.

[115] X 5.34.7; Gabel has demonstrated that clerics often acted as compurgators for both laity and clergy. See idem, (1929, 102–104).

[116] X 5.34.14.

[117] X 5.1.19.

[118] Helmholz, (1987, 135).

nounced publicly to allow objectors the opportunity to offer proof against the defendant.[119]

Purgation was postponed if an objector produced affirmative proof of the defendant's guilt. If no objections were raised or objections brought forward were then withdrawn, purgation would take place. English evidence demonstrates that objections to purgation were rarely advanced.[120] The three records of prosecutions also demonstrate that the Scottish clerics who underwent purgation were successful, and that no objections were raised. These defendants were issued with testimonial or declaratory letters of their innocence, which confirmed that they had successfully purged themselves from guilt.[121] Clerics who successfully purged themselves were restored to their former status, and reinstituted in their benefices. Clerics who were unsuccessful were suspended from pastoral duties and instructed to receive absolution and dispensation. The cases that came to the Penitentiary as the result of criminal prosecutions are either the result of convictions based on affirmative proof or unsuccessful purgation.

III. Conclusions

Scottish Penitentiary supplications constitute a significant addition to the sources available for the study of the later medieval church in Scotland. The absence of native sources, such as ordination rolls or episcopal registers, and the fragmentary nature of surviving consistory court records, have hampered scholarly efforts to determine how canon law was applied in practice in the later medieval kingdom. The Penitentiary records demonstrate that Scottish diocesan authorities maintained the principles of canon law, and enforced them upon both candidates to orders and ordained clergy. Supplications from candidates to orders suggest that candidates were examined before they were ordained, as decreed by canon law. That so few of these supplicants did not seek dispensation before they were ordained suggests that the procedures established for ensuring that only the most qualified candidates were ordained were enforced reasonably effectively in the later medieval kingdom. Moreover, supplications from ordained clergy also demonstrate that the Scottish diocesan authorities adhered to the canonical procedures put in place to prosecute clerics. Most of these supplicants had been suspended for violating canon law, and most seem to have appeared before ecclesiastical courts before they dispatched supplications to Rome.

---

119 X 5.34.14; Helmholz, (1987, 133).

120 Gabel, (1929, 102–104); Helmholz, (1987, 130).

121 Ollivant, (1982, 84–85).

Certainly, it is impossible to state that every Scottish cleric who dispatched a supplication to the Penitentiary did so as a consequence of either the ordination examination or actions conducted before diocesan consistory courts. Nevertheless, the Penitentiary evidence demonstrates that several Scottish clerics did apply for grace as a result of domestic intervention. And it is for this reason that the Penitentiary registers are so invaluable for determining the application of canon law within medieval Scotland.

Bibliography

Unprinted Sources

Edinburgh, National Archives of Scotland

GD10/553 Papers of the Murray Family of Broughton, Wigtownshire, and Cally, Kirkcudbrightshire.

Vatican City, Archivio Segreto Vaticano

Penitenzieria Apostolica, Register Volumes 4–109, (1449–1542).

Published Primary Sources

Corpus Iuris Canonico editio Lipsiensis Secunda post Aemilli Ludovici Richteri curas as librorum manu scriptorium et editionis Romanae fidem recognouit et adnotatione critica instruxit, ed. Emil Friedburg (Graz: Akademische Druck- und Verlags-anstalt, 1959).

Fasti Aberdonensis: Selections from the records of the university and King's College of Aberdeen, 1494-1584, ed. C. Innes (Aberdeen: Spalding Club, 1854).

Fasti Ecclesiae Scoticanae Medii Aevi ad annum 1638, ed. D.E.R. Watt (Edinburgh: Scottish Record Society, 2003).

Practicks of Sir James Balfour of Pittendreich, The, ed. Peter G.B. McNeill (Edinburgh: Stair Society, 1962–1963).

Repertorium Poenitentiariariae Germanicum: Verzeichnis der in den Supplikenregistern der Pönitentiarie vorkommenden Personen, Kirchen und Orte des Deutschen Reiches / herausgegeben vom Deutschen Historischen Institut in Rom, i-v, eds., L. Schmugge, et al., (Tübingen: Niemeyer, 1996–2002).

Select Cases from the Ecclesiastical Courts of the Province of Canterbury, c. 1200-1301, eds. N. Adams and C. Donahue (London: Seldon Society, 1981).

St Andrews Formulare, 1514-1546, eds. G. Donaldson and C. Macrae (Edinburgh: Stair Society, 1942–1944).

Statutes of the Scottish Church, 1225-1559, ed. D. Patrick (Edinburgh: Scottish History Society, 1907).

William Hay's Lectures on Marriage, ed., John Barry (Edinburgh: Stair Society, 1967).

Secondary Sources

Boyle, L.E., *Pastoral Care, Clerical Education, and Canon Law, 1200-1400* (London: Variorium Reprints, 1981).

Barraclough, G., *The Medieval Papacy* (London: Thames and Hudson, 3rd reprint, 1992).

Barrell, A.D.M., 'The Background to *Cum Universi*: Scoto-papal relations, 1159–1192', *Innes Review,* 46 (1995).

Bellomo, M., *The Common Legal Past of Europe, 1000-1800*, trans. Lydia G. Cochrane (Washington, D.C.: Catholic University of America Press, 1995).

Brundage, J. A., *Law, Sex, and Christian Society in Medieval Europe*, (Chicago: University of Chicago Press, 1987).

Brundage, J.A., *Medieval Canon Law,* (London: Longman, 1995).

Cheyette, F.L., 'Inquest, Canonical and French', in Joseph Strayer, ed., *Dictionary of the Middle Ages*, vi, (New York: Scribner's, 1985).

Cheney, C.R., 'The Punishment of Felonious Clerks', *The English Historical Review*, 51 (1936).

Cowan, I.B., 'Church and Society', in Jenny Wormald, ed., *Scottish Society in the Fifteenth Century* (London: Edward Arnold, 1977).

Davis, V., *Clergy in London in the Late Middle Ages: A Register of Clergy Ordained in the Diocese of London Based on Episcopal Ordination Lists, 1361-1539* (London: Centre of Metropolitan History, Institute of Historical Research, 2000). (Davis, 2000a).

Davis, V., 'Preparation for Service in Late Medieval England', in Anne Curry and Elizabeth Matthew, eds., *Concepts and Patterns of Service in the Later Middle Ages* (Woodbridge: Boydell Press, 2000). (Davis, 2000b).

Denifle, P.H. and Ehrle, F., *Archiv Für Literatur- und Kirchengeschichte Des Mittelalters*, iv (Freiburg im Breisgau: Herder, 1888).

Dohar, W. J., 'Medieval Ordination Lists: The Origins of a Record', *Archives: The Journal of the British Records Association,* 20 (1992).

Dohar, W. J. and Shinners, J., eds. *Pastors and the Care of Souls in Medieval England*, (Notre Dame: University of Notre Dame Press, 1998).

Donahue, C., 'Roman Canon Law in the Medieval English Church: Maitland v. Stubbs re-examined after 75 years in the light of some records from the church courts', *Michigan Law Review*, 72 (1974).

Donahue, C., 'The Canon Law on the Formation of Marriage and Social Practice in the Later Middle Ages', *Journal of Family History*, 8 (1983).

Donahue, C., *The Records of Medieval Ecclesiastical Courts*, vol.1: The Continent, vol. 2: England (Berlin: Duncker & Humblot 1989–1994).

Donahue, C., 'The Policy of Alexander III's consent theory of Marriage', in *Proceedings of the Fourth International Congress of Medieval Canon Law* (Vatican City: Biblioteca Apostolica Vaticana 1976).

Douglas, M., *Purity and Danger: An Analysis of the Concepts of Pollution and Taboo* (London: Routledge, 1966).

Duncan, A.A.M., 'The Central Courts before 1532' in, *An Introduction to Scottish Legal History* (Edinburgh: Stair Society, 1958).

Durkan, J., 'Education in the Century of the Reformation' in D. MacRoberts, ed., *Essays on the Scottish Reformation* (Glasgow: J.S. Burns, 1962).

Easson, D.E., 'The Medieval Church in Scotland and Education', *Records of the Scottish Church Historical Society*, 6 (1936).

Finaly, J., *Men of Law in Pre-Reformation Scotland* (East Linton: Tuckwell Press, 2000).

Fornier, P., *Les Officialités au moyen âge: Études sur l'organisation, la competence et la procedure des tribunaux ecclésiastique ordinaries en France de 1180 à 1328* (Aalen: Scientia Verlag, 1984).

Foss, D.B., 'John Mirk's *Instructions for Parish Priests'*, in W.J. Sheils and Diana Wood, eds., *Studies in Church History: The Ministry: Clerical and Lay*, 26 (1989).

Fraher, R.M., 'IV Lateran's Revolution in Criminal Procedure: The Birth of the Inquisitio, the End of the Ordeals and Innocent III's vision of Ecclesiastical Politics', *Studia in honorem Eminentissimi Cardinalis Alfonsi M. Stickler*, ed. Rosalio Iosepho (Rome: LAS, Studia et Textus Historiae Iuris Canonici 7, 1992).

Gabel, L. C., *Benefit of Clergy in England in the Later Middle Ages* (Northhampton, Massachusetts: Department of History of Smith College, 1929).

Göller, E., *Die päpstliche Pönitentiarie bis Eugen IV*, 2 vols. (Rome: Loescher, 1907).

Göller, E., *Die päpstliche Pönitentiarie von Eugen IV bis Pius V*, 2 vols. (Rome: Loeshcer, 1911).

Göller, E., 'Zur Geschicte der Rota Romana: Ein Verzeichnis päpstlicher Rota-Auditoren vom Ende des 14. bis zur Mitte des 16. Jahrhunderts', *Archiv für katholisches Kirchenrecht*, 91 (1911).

Helmholz, R. H., 'Canonical Defamation in Medieval England', *American Journal of Legal History*, 15 (1971).

Helmholz, R. H., *Select Cases on Defamation to 1600* (London: Seldon Society, 1985).

Helmholz, R. H., *Marriage Litigation in Medieval England* (Cambridge: William W. Gaunt, 1986).

Helmholz, R. H., *Canon Law and the Law of England* (London: Hambledon, 1987).

Helmholz, R.H., *The Spirit of Classical Canon Law* (Athens: University of Georgia Press, 1996).

Helmholz, R.H., 'Harbouring Sexual Offenders: Ecclesiastical Courts and Controlling Misbehaviour', *The Journal of British Studies*, 37 (1998).

Herkless J. and Hannay, R.K., *The Archbishops of St Andrews* (Edinburgh: Green, 1907).

Huizing, P. S.J., 'The Earliest Development of Excommunication *Latae Sententiae* by Gratian and the Early Decretists', *Studia Gratiana* 3 (1955).

Jaritz, G., Jørgenson, T., and Salonen, K., eds., *The Long Arm of Papal Authority: Late Medieval Christian Peripheries and Their Communication with the Holy See* (Bergen: Centre of Medieval Studies, University of Bergen, 2004).

Kuttner, S., *Kanonistische Schuldlehre von Gratian bis auf die Dekretelan Gregors IX* (Vatican City: Biblioteca Apostolica Vaticana, 935).

Lea, H.C., 'The Taxes of the Papal Penitentiary', *English Historical Review,* 8 (1893).

Logan, F. D., *Excommunication and the Secular Arm in Medieval England: A Study in Legal Procedure from the Thirteenth to the Sixteenth Century* (Toronto: Pontifical Institute of Medieval Studies, 1968).

Macfarlane, L. J., 'The Primacy of the Scottish Church, 1472-1521', *Innes Review*, 20 (1969).

Macfarlane, L. J., 'The Elevation of the Diocese of Glasgow into an archbishopric in 1492', *Innes Review*, 43 (1992).

Macfarlane, L. J., *William Elphinstone and the Kingdom of Scotland, 1431-1514* (Aberdeen, Quincentenary Edition: University of Aberdeen Press, 1995).

McHardy, A.K., 'Church Courts and Criminous Clerks in the Later Middle Ages', in M.J. Franklin and Christopher Harper-Bill, eds., *Medieval Studies in Honour of Dorothy M. Owen*, eds. M.J. Franklin and Christopher Harper-Bill (Woodbridge: Boydell Press, 1995).

McRoberts, D., 'Material Destruction Caused by the Scottish Reformation', *Innes Review* 10 (1959).

Melcher, S.J., 'Visualizing the Perfect Cult: The Priestly Rationale for Exclusion', in Nancy L. Eiesland and Don E. Saliers, eds., *Human Disability and the Service of God: Reassessing Religious Practice* (Nashville: Abingdon Press, 1998).

Morris, C., *The Papal Monarchy: The Western Church from 1050-1250* (Oxford: Clarendon Press, 1989).

Oakley, F., *The Western Church in the Later Middle Ages* (London: Cornell University Press, 1979).

Ollivant, S., *The Court of the Official in Pre-Reformation Scotland* (Edinburgh: Stair Society, 1982).

Owen, D., 'Ecclesiastical Jurisdiction in England 1300-1500: The Records and Their Interpretation', *Studies in Church History,* 11 (1975).

Pedersen, F., *Marriage Disputes in Medieval England* (London: Hambledon, 2000).

Plöch, W., *Geschichte de Kirchenrechts*, i-ii, (Vienna: Auflage, 1960–1962).

Reiss, J.C., 'The Time and Place of Sacred Ordination', *The Catholic University of America Canon Law Studies* (Washington, D.C.: The Catholic University of America Press, 1953).

Riechel, O.J., *The Canon Law of Church Institutions* (London: Society for Promoting Christian Knowledge, 1922).

Reynolds, R.E., 'Ordination, Clerical', in Joseph Strayer, ed, *The Dictionary of the Middle Ages,* ix (New York: Scribner's, 1987).

Robertson, J. J., 'The Development of the Law', *Scottish Society in the Fifteenth Century*, ed. J.M. Brown (London: Edward Arnold, 1977).

Robertson, J. J., 'Scottish Legal Research in the Vatican Archives: a preliminary report', *Renaissance Studies* 2 (1988).

Salonen, K., *The Penitentiary as a Well of Grace in the Late Middle Ages: The Example of the Province of Uppsala, 1448-1527* (Saarijärvi: Annales Academiae Scientiarum Fennicae, 2001).

Salonen, K. and Krötzl, C., eds., *The Roman Curia, The Apostolic Penitentiary and the Partes in the Later Middle Ages* (Rome: Institutum Romanum Finlandiae, 2003).

Schmugge, L., ed., *Illegitimät im Spätmittelalter* (Munich: Oldenburg, 1994).

Schmugge, L., 'Cleansing on Consciences: Some Observations Regarding the Fifteenth-Century Registers of the Papal Penitentiary', *Viator*, 29 (1998).

Schmugge, L., 'Female Petitioners in the Papal Penitentiary', *Gender and History*, 12 (2000).

Schmugge, L., *Kirche, Kinder, Karrieren: Päpstliche Dispense von der unehelichen Geburt im Spätmittelalter* (Zürich: Artemis and Winkler, 1995).

Schmugge, L., Hersperger, P., Wiggenhauser, B., *Die Supplikenregister der päpstlichen Pönitentiarie aus der Zeit Pius II, 1458-1464* (Tübingen: Niemeyer, 1996).

Shoemaker, K. B., 'Criminal Procedure in Medieval European Law: A Comparison between English and Roman-canonical Developments after the IV Lateran Council', *Zeitschrift der Savigny-Stiftung für Rechtsgeschichte*, 85 (1999).

Southern, R.W., *Western Society and the Church in the Middle Ages* (Harmondsworth: Penguin Books, 1970).

Storey, R.L., *Diocesan Administration in Fifteenth Century England*, (2nd edition, York: St Anthony's Press, 1972).

Tamburini, F., 'Il primo registro di Suppliche dell'archivio della Sacra Penitenzieria Apostolica (1410-1411)', *Rivista di storia della Chiesa in Italia*, 23 (1969).

Tamburini, F., 'Note diplomatiche intorno a suppliche e lettere di Penitenzieria (sec. XIV-XV)', *Archivium Historiae Pontificae*, 11 (1973).

Tamburini, F., 'Sacra Penitenzieria Apostolica' in *Dizionario degli Instituti de Perfezione*, viii (Rome, 1988).

Tamburini, F., *Santi e peccatori: confessioni e suppliche dai Registri della Penitentzieria dell'Archivio Segreto Vaticano, 1451-1586* (Milan: Istituto di propaganda libraria, 1995).

Tangl, M., *Die päpstlichen Kanzleiordnungen von 1200-1500* (Innsbruck: Wagner, 1894).

Thompson, A.H., 'Diocesan Organisation in the Middle Ages', *Proceedings of the British Academy*, 29 (1943).

Ullmann, W., 'Some Medieval Principles of Criminal Procedure', *Juridical Review*, 59 (1947).

Walker, D., *A Legal History of Scotland: vol. ii: The Later Middle Ages* (Edinburgh: Green, 1989).

Walton, F.P., 'The Courts of the Officials and the Commissary Courts, 1512-1830', in *An Introductory Survey of the Sources and Literature of Scots Law* (Edinburgh: Stair Society, 1936).

Wahrmund, L., *Quellen zur Geschichte des römisch-kanonischen Prozesses im Mittelalter* (Aalen: Scientia Verlag, 1962).

Woodcock, B. L., *Medieval Ecclesiastical Courts in the Diocese of Canterbury* (Oxford: Oxford University Press, 1952).

Vodola, E., *Excommunication in the Middle Ages* (Berkeley: University of California Press, 1986).

Unpublished Secondary Sources

McDonald, J., 'The Penitentiary and Ecclesiastical Careers: The Requests of Scottish Clergy in the Registers of the *Sacra Apostolica Penitenzieria*, 1449-1542' (University of Aberdeen, unpublished PhD Thesis, 2005).

Ungarn zwischen Ost und West

Die Regelung der Klerikerehe durch frühere ungarische Synoden (11.–12. Jh.)

László Komáromi, Budapest

When the Magyars settled down in the Carpathian Basin after the period of their migration at the end of the 9th century, they were faced with a double cultural and political field. Their culture was influenced by the Latin as well as the Greek churches, and both the Western and Eastern Empire endeavoured to draw them to their political sphere of interest. An interesting question of this double influence is whether the rules laid down by two Hungarian synods at the turn of the 11th and 12th centuries concerning the marriage of priests originate from the Eastern or from Western canon law. According to the traditional point of view they are derived from the Byzantine canon law, because the Synod of Szabolcs (1092) and the first Synod of Esztergom (around 1100) – contrary to the requirements of the Gregorian reform which ordered celibacy – permitted the priests to keep their first legal wife after the ordination, in compliance with the custom of the Eastern church. However, in recent times some new arguments have emerged against this view, which trace back the indulgent Hungarian rules to reasons of the foreign policy or to the influence of Western canonical collections. This paper intends to show that the above mentioned Hungarian synods drew upon the Eastern canon law.

Die ungarische Geschichtswissenschaft erforscht seit langem, welche äußeren Faktoren die ungarische Kultur und das ungarische Recht im Mittelalter beeinflusst haben. Die reiternomadischen Ungarn unterlagen bereits während ihrer Wanderung in westliche Richtung vom südlichen Gebiet des Uralgebirges vielfältigen äußeren Einflüssen: damals hatten sie sowohl mit türkischen und slawischen Völkern als auch mit Byzanz Kontakt. Nachdem sie sich am Ende des 9. Jh. im Karpatenbecken angesiedelt und noch etwa 70 Jahre lang Feldzüge sowohl nach Westen als auch nach Süden geführt haben, begann eine neue Periode, in der Ungarn auch von den Fäden der westlichen Kultur durchwoben wurde. Das inzwischen geschwächte gemeinsame Fürstentum der ungarischen Stämme verstärkte Fürst Géza. Sein Sohn, Stephan I. wurde im Jahre 1000 (oder 1001) zum König gekrönt, und das von ihm gegründete ungarische Königtum existierte dann unter der Leitung der nach Arpad (einem früheren Fürsten der Ungarn) benannten Arpaden-Dynastie, deren Mannesstamm und mit ihm die Dynastie erst 1301 ausstarb.

Das ungarische Volk lebte von der Zeit der Staatsgründung an in einem zweifältigen kulturellen und politischen Kraftfeld. Schon seit der Wanderung der ungarischen Stämme bemühte sich Byzanz die Ungarn durch Missionsbischöfe zum östlichen Christentum zu bekehren; mehrere ungarische Führer wurden in Konstantinopel getauft. Fürst Géza bat aber Kaiser Otto I. um westliche Priester. Sie kamen vor allem aus der Passauer Diözese. Selbst König Stephan I. wurde von einem westlichen Priester getauft: dabei handelte es sich um Adalbert, Bischof von Prag. Der erste ungarische König bekam seine Krone von Papst Silvester II.; er gründete zehn Bistümer und rief Benediktiner ins Land. Obwohl sich später das westliche Christentum stärker verbreitete, lebten zu dieser Zeit in Ungarn – besonders im südlichen und östlichen Teil des Landes – auch griechische Priester und Mönche; bis zum 13. Jh. konnte in Ungarn sowohl die römische als auch die byzantinische Kirche ihren kulturellen Einfluss ausüben.[1]

Auch die außenpolitischen Beziehungen der Arpaden zeigen eine westlich-östliche Zweifältigkeit. Wie bei den anderen kleinen Völkern in Ost-Mittel-Europa, bemühten sich das Heilige Römische und das Byzantinische Reich darum, auch Ungarn in ihren Einflussbereich zu ziehen. Die ungarischen Könige hielten mit Erfolg zwischen den zwei damaligen Großmächten das Gleichgewicht: sie wählten für ihre Kinder manchmal westliche, in anderen Fällen byzantinische[2] Ehepartner(innen), und konnten so jedwedes Verhältnis der Abhängigkeit vermeiden. Auch die ungarische Krone, die in den späteren Jahrhunderten die wichtigste Insignie der ungarischen Staatsmacht wurde, ist in dieser Hinsicht symbolisch: an den oberen Teil *(corona Latina)*, den – laut Tradition – noch Stephan I. vom Papst bekommen hat, wurde später eine griechische Krone *(corona Graeca)* als unterer Teil befestigt, und diese zwei Teile zusammen werden als die Heilige Krone Ungarns verehrt.[3]

Es muss noch ein weiterer Faktor, nämlich der Handel erwähnt werden, der sowohl die westliche und wie auch die östliche Kultur nach Ungarn vermittelt hat. Den archäologischen Funden (Zierstücke, Schmucksachen, Reliquienschreine usw.) zufolge richtete sich die Mehrheit des ungarischen Handels im 10.–11. Jh. nach Byzanz und in Richtung Balkan, von dort bezog Ungarn die meisten seiner Waren.[4] Erst im 13. Jh. stellte sich das Land auf die westeuropäische Wirtschaft ein: die westlichen Kaufleute brachten vor allem Textilien und nahmen von Ungarn Edelmetall mit sich.

Es besteht kein Zweifel daran, dass unter den genannten Vermittlungsfaktoren der wichtigste die Kirche war, deren Kleriker sowohl das Christentum als auch andere geistliche Elemente – wie auch das Recht – der westlichen und östlichen Kultur mit sich gebracht haben. Die ungarischen Gesetze dieser Zeit

---

[1] Zu den kulturellen und politischen Beziehungen zwischen Ungarn und Byzanz siehe Moravcsik (1970).

[2] Siehe Kerbl (1979).

[3] Deér (1966).

[4] Mesterházy (1994).

enthalten eine Menge von kirchlichen Regeln, die häufig auch kirchendisziplinarische Fragen behandeln. Ich möchte diesmal einige Worte zu einem Thema sprechen, das seit langem Gegenstand der wissenschaftlichen Forschung ist, aber nach wie vor ein vielumstrittenes Thema darstellt, in dessen Zusammenhang die Kollision der westlichen und östlichen Rechtstradition deutlich zu Tage tritt: es handelt sich um die Regelung der Klerikerehe. Die meisten Forscher vertreten die Meinung, dass die diesbezüglichen Beschlüsse der unter König Ladislaus I. 1092 in Szabolcs, und die Kanones der etwas später (um 1100) unter König Koloman in Gran (Esztergom) gehaltenen Synode auf die Regeln des östlichen Kirchenrechts zurückzuführen sind.[5] Diese Synoden erlaubten nämlich den Priestern – wie auch die byzantinische Kirche, aber im Gegensatz zur römischen Auffassung –, dass sie ihre erste, gesetzmäßige Ehe auch nach der Priesterweihe fortsetzen konnten, und haben für sie nur eine zweite Eheschließung, die Ehe mit Witwen und das Zusammenleben mit Konkubinen verboten. In jüngerer Zeit haben aber mehrere Forscher den östlichen Einfluss bezweifelt, und die nachgiebigen ungarischen Regeln entweder mit außenpolitischen Gründen[6] oder mit westlichen Kirchenrechtssammlungen[7] erklärt.

Die mittelalterliche Auffassung über die Klerikerehe wurzelt in der apostolischen Zeit. Damals erwartete die Kirche von ihren Priestern noch nicht, dass sie ledig sind. Der Heilige Apostel Paulus formulierte in seinen Briefen nur die Anforderung, dass die Presbyter und Diakonen nur einmal verheiratete Männer seien.[8] Diese Texte wurden später auch so interpretiert, dass die Kleriker – nach der Weihe – ein zweites Mal nicht mehr heiraten dürfen, wenn ihre Frau gestorben ist. Die Fortsetzung der ersten, vor der Weihe geschlossenen Ehe wurde ihnen erlaubt.[9]

In den nächsten Jahrhunderten entwickelte sich aber die diesbezügliche Regelung im westlichen und östlichen Teil Europas unterschiedlich. Die östliche Kirche hielt an der erwähnten Auffassung fest: sowohl die Apostolischen Konstitutionen, die Beschlüsse von den früheren östlichen Lokalsynoden und die Apostolischen Kanones, als auch später, 692 die sog. trullanische Synode sanktionierten nur die zweite, nach der Weihe geschlossene Ehe der in den Klerusstand eintretenden Priester; die Fortsetzung der ersten, vor der Weihe

[5] Karácson (1888, 52–59); Békefi (1896, 197–198); Závodszky (1904, 58–61, 101); Juhász (1930, 319–320); Moravcsik (1953, 63–64); Moravcsik (1967, 338); Szentirmai (1961, 73–83); Timkó (1971, 405); Pirigyi (1990, 45); Sweeny (1991, 273); Zlinszky (1996, 274).
[6] Waldmüller (1987, 120–121); Jánosi (1992, 5–7); Jánosi (1996, 123–125).
[7] Szuromi (2002a, 91–97); Szuromi (2002b, 143–153).
[8] 1 Tim 3, 2; 1 Tim 3, 12; Tit 1, 5–6.
[9] Boelens (1968, 21).

geschlossenen Ehe hielten diese Regeln nicht für rechtswidrig.[10] Dies ist bis heute der Standpunkt der östlich-orthodoxen Kirche. Anders verlief die Entwicklung im Westen. Die Synode in Elvira (um 305) schrieb in ihrem Kanon 33 unter der Strafandrohung des Verlustes der priesterlichen Würde vor, dass Bischöfe, Presbyter, Diakonen „und alle Kleriker", die im Dienst der Eucharistie stehen, sich ihrer Frauen enthalten und keine Kinder zeugen sollen.[11] Die östliche Kirche nahm dagegen die erste, gesetzmäßige Ehe der Kleriker ausdrücklich in Schutz, und verpflichtete nur die Bischöfe zur Scheidung von ihren Frauen.

Im westlichen lokalen und gemeinen Kirchenrecht entfaltete sich aber im Sinne der erwähnten elviranischen Regelung eine Tendenz, die auch für Kleriker von niedrigerem Range vorschrieb, in ihrer ersten Ehe nach der Weihe in absoluter Enthaltsamkeit zu leben. Diese Bestrebung führte jahrhundertelang nicht zum gezielten Ergebnis. Um die Jahrtausendwende bekam aber die Zielsetzung einen neuen Aufschwung: Rom setzte die Frage der Enthaltsamkeit der Kleriker wieder auf die Tagesordnung. Dies geht seit der Synode in Bourges (1031) aus den Beschlüssen von mehreren römischen und anderen westlichen Synoden hervor; zur Blüte von derartigen Vorschriften kam es aber mit der gregorianischen Reformbewegung. Papst Gregor VII. fasste die früheren Regeln zusammen und legte großes Gewicht auch auf ihre Vollziehung. Das von ihm anberaumte Programm setzten auch seine Nachfolger fort.[12]

Die ungarischen Konzilien am Ende des 11. Jh. fanden sich also zwischen zwei verschiedenen Bestrebungen: einerseits den auch den einheimischen Verhältnissen entsprechenden östlichen Regeln, die die Fortsetzung der ersten Ehe für Priester und Diakonen erlaubten, andererseits dem Einfluss der gregorianischen Bemühung, die mit allen ihnen zur Verfügung stehenden Mitteln für die Verwirklichung der Idee des ehelosen Klerus kämpfen wollte. Es ist kein Zufall, dass viele Forscher, die diese zwei verschiedenen Konzeptionen gesehen haben, zu Schlussfolgerung gelangten, dass die nachgiebigen Beschlüsse der Synode in Szabolcs und der ersten Synode in Gran auf die Praxis der östlichen Kirche zurückzuführen sind. Der Kan. 3 der Synode in Szabolcs gab für solche Priester, die in ihrer ersten und rechtsmäßigen Ehe leben, um den Frieden und die Einheit des Heiligen Geistes zu bewahren, eine zeitweilige Erlaubnis für die Fortsetzung der Ehe, bis in dieser Sache der apostolische Heilige Vater Rat geben wird. In ähnlichem Sinne erlaubte der Kan. 31 der

[10] Zur Regelung und Praxis der östlichen Kirche siehe Zhishman (1864, 449–482); Freisen (1963, 720–723); Boelens (1968, 29–31, 40–43, 59–62).

[11] Conc. Elib. c. 33: „Placuit in totum prohibere episcopis, presbyteris et diaconibus vel omnibus clericis positis in ministerio abstinere se a conjugibus suis et non generare filios: quicumque vero fecerit, ab honore clericatus exterminetur." Mansi 2. 246.

[12] Boelens (1968, 73–75, 114–155).

ersten Synode in Gran – mit Rücksicht auf die menschliche Hinfälligkeit – für solche Presbyter, die ihre Frau gesetzmäßig geheiratet haben, sie zu behalten und mit ihnen mäßig zu verkehren. Als Parallelstelle aus dem byzantinischen Kirchenrecht kann der Kan. 13 der Synode in Trullo angeführt werden, der – in viel mehr weitschweifigerem Stil – ebenfalls Erlaubnis gab für die Fortsetzung der ersten, gesetzmäßigen Ehe, und – wie der zitierte Kan. 31 von Gran – nur für diejenige Zeit Enthaltsamkeit vorschrieb, wenn die Kleriker zum Sakrament gingen. Der Wesensgehalt der ungarischen und griechischen Synodalbeschlüsse stimmt also überein, besonders im Licht der gegensätzlichen westlichen Bestrebungen.

Syn. in Szabolcs Kan. 3:
Presbiteris autem, qui prima et legittima duxere coniuga, indulgencia ad tempus datur propter vinculum pacis et unitatem sancti spiritus, quousque nobis in hoc domini apostolici paternitas consilietur.[13]

Erste Syn. in Gran Kan 31:
Presbiteris uxores, quas in legitimis ordinibus acceperunt, moderacius habendas provisa fragilitate indulsimus.

Syn. in Trullo Kan. 13:
Ἐπειδὴ ἐν τῇ Ῥωμαίων ἐκκλησίᾳ ἐν τάξει κανόνος παραδεδόσθαι διέγνωμεν, τοὺς μέλλοντας διακόνου ἢ πρεσβυτέρου ἀξιοῦσθαι χειροτονίας καθομολογεῖν, ὡς οὐκέτι ταῖς ἑαυτῶν συνάπτονται γαμεταῖς, ἡμεῖς τῷ ἀρχαίῳ ἐξακολουθοῦντες κανόνι τῆς ἀποστολικῆς ἀκριβείας καὶ τάξεως, τὰ τῶν ἱερῶν ἀνδρῶν κατὰ νόμους συνοικέσια καὶ ἀπὸ τοῦ νῦν ἐρρῶσθαι βουλόμεθα, μηδαμῶς αὐτῶν τὴν πρὸς γαμετὰς συνάφειαν διαλύοντες, ἢ ἀποστεροῦντες αὐτοὺς τὴν πρὸς ἀλλήλους κατὰ καιρὸν τὸν προσήκοντα ὁμιλίας. Ὥστε, εἴ τις ἄξιος εὑρεθείη πρὸς χειροτονίαν ὑποδιακόνου ἢ διακόνου ἢ περσβυτέρου, οὗτος μηδαμῶς κωλυέσθω ἐπὶ τοιοῦτον βαθμὸν ἐμβιβάζεσθαι, γαμετῇ συνοικῶν νομίμῳ· μήτε μὴν ἐν τῷ τῆς χειροτονίας καιρῷ ἀπαιτείσθω ὁμολογεῖν, ὡς ἀποστήσεται τῆς νομίμου πρὸς τὴν οἰκείαν γαμετὴν ὁμιλίας... Ἴσμεν δέ, ὥσπερ καὶ οἱ ἐν Καρθαγένῃ συνελθόντες, τῆς ἐν βίῳ σεμνότητος τῶν λειτουργῶν τιθέμενοι πρόνοιαν, ἔφασαν, 'ὥστε τοὺς ὑποδιακόνους, τοὺς τὰ ἱερὰ μυστήρια ψηλαφῶντας, καὶ τοὺς διακόνους καὶ πρεσβυτέρους κατὰ τοὺς ἰδίους ὅρους καὶ ἐκ τῶν συμβίων ἐγκρατεύεσθαι,'... χρὴ γὰρ τοὺς τῷ θυσιαστηρίῳ προσεδρεύοντας ἐν τῷ καιρῷ τῆς τῶν ἁγίων μεταχειρήσεως ἐγκρατεῖς εἶναι ἐν πᾶσιν, ὅπως δυνηθῶσιν, ὃ παρὰ τοῦ θεοῦ ἁπλῶς αἰτοῦσιν, ἐπιτυχεῖν.'...[14]

---

[13] Der lateinische Text der ungarischen Synodalbeschlüsse wird nach der Textausgabe von Závodszky (1904) zitiert.

[14] Der griechische Text der Synode in Trullo wird nach der Textausgabe von Joannou (1962) zitiert. Übers.: „Da wir erfuhren, dass in der römischen Kirche kanonisch festgelegt wurde: diejenigen, die der Diakonatsweihe oder Priesterweihe würdig sind, sollen geloben, dass sie mit ihren Frauen nicht mehr verkehren, wollen wir, gemäß der Apostolischen Konstitution und den entsprechenden Kanones, dass die Ehe der heiligen Männer weiterhin gültig sei, und keinesfalls soll ihre Heiratsbeziehung aufgelöst oder ihnen der Verkehr zur richtigen Zeit mit ihren Frauen entzogen werden. Dementsprechend, wenn jemand der Subdiakonats-, Diakonats- oder Priesterweihe für würdig gehalten wurde, soll er von der Beförderung keineswegs dadurch zurückgehalten werden, dass er mit seiner rechtmäßigen Frau zusammenlebt; auch ein solches Gelübde darf von ihm bei der Weihe nicht erwartet werden, dass er sich dem rechtmäßigen Verkehr mit ihrer Frau enthalten wird… Wir wissen, dass auch diejenigen, die sich in Karthago versammelten, für die Sittenreinheit der Priester Sorge tragend, sagten, dass die Subdiakonen, die die Sakramente berühren, und die Diakone und Priester, sich ihren Umständen gemäß ihrer Frau enthalten sollen… Weil diejenigen, die beim Altar dienen, sollen in der Zeit, wo sie zu den Sakramenten gehen, in allem enthaltsam sein, um das zu erreichen, worum sie Gott bitten." Joannou (1962, 140–142). Bei der Übersetzung des griechischen Textes wurde auch die ungarische Übersetzung von Berki (1946) beachtet.

Überdies kann man auch weitere Beschlüsse der zwei ungarischen Konzilien mit trullanischen Kanones in Parallele stellen, bei denen handelt es sich aber um solche Regeln, die sich zur Praxis der westlichen Kirche nicht im Gegensatz befinden. Solche ist der Kan. 32 der ersten Synode in Gran, der für die unverheiratet geweihten Diakonen und Priester die Eheschließung verbot, wie auch der Kan. 6 der Synode in Trullo.

Erste Syn. in Gran Kan. 32:
Qui diacon(at)um vel presbiteratum sine matrimonio adepti sunt, uxorem ducere non licet.

Syn. in Trullo Kan. 6:
Ἐπειδὴ παρὰ τοῖς ἀποστολικοῖς κανόσιν εὕρηται, ‘τῶν εἰς κλῆρον προαγομένων ἀγάμων μόνους ἀναγνώστας καὶ ψάλτας γαμεῖν,’ καὶ ἡμεῖς τοῦτο παραφυλάττοντες, ὁρίζομεν, ἀπὸ τοῦ νῦν μηδαμῶς ὑποδιάκονον ἢ διάκονον ἢ πρεσβύτερον μετὰ τὴν ἐπ’ αὐτῷ προερχομένην χειροτονίαν, ἔχειν ἄδειαν γαμικὸν ἑαυτῷ συνιστᾶν συνοικέσιον· εἰ δὲ τοῦτο τολμήσοι ποιῆσαι, καθαιρείσθω. Εἰ δὲ βούλοιτό τις τῶν εἰς κλῆρον προερχομένων γάμου νόμῳ συνάπτεσθαι γυναικί, πρὸ τῆς τοῦ ὑποδιακόνου ἢ διακόνου ἢ πρεσβυτέρου χειροτονίας τοῦτο πραττέτω.[15]

Die zwei erwähnten ungarischen Synoden, sowie die – auch als erstes Gesetz von König Koloman bekannte – Synode in Tarcal galten auch für die zum zweiten Mal Verheirateten bzw. für diejenigen Priester, die Witwen bzw. entlassene Frauen geheiratet hatten. Für sie wurde vorgeschrieben, das rechtswidrige Verhältnis zu unterbrechen und dann – nach geeigneter Buße – zu ihrem Stand zurückzukehren; und wenn sie sich weigerten, die Frau zu verlassen, wurden sie kanonisch abgesetzt. Ganz ähnliche Regeln formuliert – viel weitläufiger – der Kan. 3 der Synode in Trullo.

[15] Joannou (1946, 132–132). Übers.: „Da in den Apostolischen Kanones ausgesprochen wurde, dass von denen, die in den Klerus ledig aufgenommen wurden, nur die Vorleser und Sänger heiraten dürfen, entscheiden auch wir – diese Regel beibehaltend –, dass von jetzt ab kein Subdiakon, Diakon und Priester nach seiner Weihe eine Ehe schließen darf. Und wenn er dies trotzdem wagen würde, soll er degradiert werden. Wenn aber jemand von denen, die in den Klerus treten, dem Gesetz der Ehe gemäß eine Frau heiraten möchte, soll dies vor der Subdiakonats-, Diakonats- oder Priesterweihe tun."

Syn. in Szabolcs Kan. 1:
Bigamos presbiteros et dyaconos, et viduarum vel repudiatarum maritos iubemus separari, et peracta penitencia ad ordinem suum reverti. Et qui noluerint illicita coniugia dimittere, secundum instituta canonum debent degradari. Separatas autem feminas parentibus suis iubemus reddi et quia non erant legittime, si voluerint, liceat eis maritari.

Erste Syn. in Gran Kan. 56:
Si quis de clero secundam uxorem vel viduam vel repudiatam duxerit, deponatur.

Erste Syn. in Gran Kan. 57:
Bigami presbiteri, qui ad ordines suos redire voluerint, ex consensu uxorum suarum recipiantur.

Erste Syn. in Gran Kan. 71:
Clerici repudiatarum viduarumque mariti, necnon et bigami ab ordine deponantur, et si teneant ecclesiam, careant ecclesia.

Syn. in Trullo Kan. 3:
(a) ...συνορῶμεν, ὥστε τοὺς μὲν δυσὶ γάμοις περιπαρέντας καὶ μέχρι τῆς πεντεκαιδεκάτης τοῦ διελθόντος ἰανουαρίου μηνὸς τῆς παρελθούσης τετάρτης ἰνδικτιῶνος, ἔτους ἑξακισχιλιοστοῦ ἑκατοστοῦ ἐννενηκοστοῦ ἐννάτου, δουλωθέντας τῇ ἁμαρτίᾳ καὶ μὴ ἐκνῆψαι ταύτης προελομένους, καθαιρέσει κανονικῇ ὑποβαλεῖν.
(b) Τοὺς δὲ τῷ τοιούτῳ μὲν τῆς διγαμίας πάθει περιπεσόντας, πρὸ δὲ τῆς ἡμῶν συνελεύσεως τὸ συμφέρον ἐπεγνωκότας καὶ τὸ κακὸν ἐξ ἑαυτῶν περικόψαντας καὶ πόρρω τὴν ξένην ταύτην καὶ νόθον συμπλοκὴν ἐκδιώξαντας, ἢ καὶ ὧν αἱ κατὰ δεύτερον γάμον γυναῖκες ἤδη τετελευτήκασιν, ἢ καὶ αὐτοὶ πρὸς ἐπιστροφὴν εἶδον, μεταμαθόντες τὴν σωφροσύνην καὶ τῶν πρώην αὐτοῖς παρανομηθέντων ταχέως ἐπιλαθόμενοι, εἴτε πρεσβύτεροι εἴτε διάκονοι εἴτε ὑποδιάκονοι ὄντες τυγχάνοιεν, τούτους ἔδοξε πεπαῦσθαι μὲν πάσης ἱερατικῆς λειτουργίας ἤτοι ἐνεργείας, ἤδη ἐπὶ ῥητόν τινα χρόνον ἐπιτιμηθέντας, τῆς δὲ τιμῆς τῆς κατὰ τὴν καθέδραν καὶ στάσιν μετέχειν, ἀρκουμένους τῇ προεδρείᾳ καὶ προσκλαίοντας τῷ κυρίῳ συγχωρηθῆναι αὐτοῖς τὸ ἐκ τῆς ἀγνοίας ἀνόμημα· εὐλογεῖν γὰρ ἕτερον τὸν τὰ οἰκεῖα τημελεῖν ὀφείλοντα τραύματα, ἀνακόλουθον.
(c) Τοὺς δὲ γαμετῇ μὲν μιᾷ συναφθέντας, χήρα δὲ ἡ προσληφθεῖσα ἐτύγχανεν, ὡσαύτως δὲ καὶ τοὺς μετὰ τὴν χειροτονίαν γάμῳ ἑνὶ παρανόμως προσομιλήσαντας, τουτέστι πρεσβυτέρους καὶ

---

[16] Joannou (1962, 125–129). Übers.: *(a)* „...wir entscheiden einstimmig, dass diejenigen, die zweimal geheiratet haben und bis zum 15. Januar der vergangenen vierten Indikton des Jahres 6109 der Sünde dienten und sich davon nicht läutern wollen, kanonisch abgesetzt werden sollen. *(b)* Diejenigen, die in den Irrtum der Bigamie verfallen sind, aber bereits vor unserer Aufklärung einsahen, dass es ihr Interesse ist, sich vom Bösen loszusagen und das von dem Kanon fremde und nicht gesetzmäßige Verhältnis von sich zu weisen, oder diejenigen, deren zweite Frau bereits gestorben ist und die sich auf den Weg der Bekehrung begeben haben, die Nüchternheit wieder erlernten und ihre frühere Gesetzwidrigkeit schnell vergaßen – ob sie Priester oder Diakonen sind –, von denen wurde entschieden, dass sie mit jedem kirchlichen Dienst aufhören und für eine bestimmte Zeit einen Verweis ertragen sollen, aber die Ehre des Sitzens und Stehens kann ihnen zuteil werden, sie sollen sich mit dem Zusammensitzen begnügen und Gott um die Vergebung ihrer aus Unverstand stammenden Gesetzwidrigkeit anflehen; weil es nicht folgerichtig wäre, wenn derjenige, der seine eigenen Wunden heilen soll, einen anderen segnen würde. *(c)* Diejenigen, die eine Frau heirateten, die aber eine Witwe war, und auch diejenigen, die nach der Weihe eine gesetzwidrige Ehe schlossen – ob sie Priester, Diakonen oder Subdiakonen sind –, sollen, nachdem sie einige Zeit Buße getan haben, wieder in ihr Amt eingesetzt werden, können aber keine höhere Stufe erlangen. Ihre unheilige Ehe muss aufgelöst werden."

Syn. in Tarcal (Erstes Gesetz von Koloman) Kan. 67:
Bigami et viduarum vel repudiatarum mariti a coniugi(i)s cessent illicitis, vel a cleri excludantur consorciis.

διακόνους καὶ ὑποδιακόνους, ἤδη ἐπὶ βραχύν τινα χρόνον εἰρχθέντας τῆς ἱερᾶς λειτουργίας καὶ ἐπιτιμηθέντας, αὖθις αὐτοὺς ἐν τοῖς οἰκείοις ἀποκατασтῆναι βαθμοῖς, μηδαμῶς ἐν ἑτέρῳ μείζονι προκόπτοντας βαθμῷ, προδήλως διαλυθέντος αὐτοῖς τοῦ ἀθέσμου συνοικεσίου...[16]

Auch die ungarischen Beschlüsse in Hinblick auf diejenigen Priester, die eine Sklavin oder Konkubine bei sich hielten, zeigen eine enge Verwandtschaft mit den Regeln der Kanones 3 und 5 der Synode in Trullo: sowohl die ungarischen als auch die griechischen Regeln verboten ein solches Verhältnis und schrieben als Sanktion seinen Abbruch bzw. Absetzung vor.

Syn. in Szabolcs Kan. 2:
Si quis autem presbiter ancillam suam uxoris in locum sibi associaverit, vendat; et si noluerit, venumdetur tamen, et precium eius ad episcopum transferatur.

Erste Syn. in Gran Kan. 58:
Similiter, si presbiter concubinam habuerit, deponatur.

Syn. in Trullo Kan. 3 (Ende):
...ἐτυπώσαμεν, ὁρίζοντες ἀπὸ τοῦ παρόντος καὶ ἀνανεούμενοι τὸν κανόνα τὸν διαγορεύοντα. 'τὸν δυσὶ γάμοις συμπλακέντα μετὰ τὸ βάπτισμα ἢ παλλακὴν κτησάμενον μὴ δύνασθαι εἶναι ἐπίσκοπον ἢ πρεσβύτερον ἢ διάκονον ἢ ὅλως τοῦ καταλόγου τοῦ ἱερατικοῦ·' ὡσαύτως καὶ 'τὸν χήραν λαβόντα ἢ ἐκβεβλημένην ἢ ἑταίραν ἢ οἰκέτιν ἢ τῶν ἐπὶ τῆς σκηνῆς, μὴ δύνασθαι εἶναι ἐπίσκοπον ἢ πρεσβύτερον ἢ διάκονον ἢ ὅλως τοῦ καταλόγου τοῦ ἱερατικοῦ.'

Syn. in Trullo Kan. 5:
Μηδεὶς τῶν ἐν ἱερατικῷ καταλεγομέων τάγματι, τῶν ἐν τῷ κανόνι ἐμφερομένων ἀνυπόπτων προσώπων ἐκτὸς διάγων, γυναῖκα κεκτήσθω ἢ θεραπαινίδας, τὸ ἀνεπίλητον ἑαυτῷ ἐντεῦθεν τηρῶν· εἰ δὲ παραβαίνοι τις τὰ παρ' ἡμῶν ὁρισθέντα, καθαιρείσθω...[17]

Schließlich kann man auch in Hinblich auf die Beschlüsse über die Ehelosigkeit der Bischöfe Parallelen herstellen: die ungarischen wie auch die griechischen Kanones verpflichteten die Bischöfe dazu, sich vor ihrer Weihe von ihren Frauen zu trennen und die Frauen wurden aus der Nähe des Bischofs entfernt.

---

[17] Joannou (1962, 129–131). Übers.: Kan. 3: „...beschließend und den Kanon verbessernd, der aussagt: wer nach der Taufe zweimal verheiratet war, oder eine Konkubine hatte, kann weder Bischof, noch Priester oder anderer Kleriker sein; ebenfalls derjenige, der eine Witwe, Entlassene, Lustdirne, Sklavin oder Schauspielerin heiratete, kann weder Bischof, noch Priester, Diakon oder anderer Kleriker sein." Kan. 5: „Kein Kleriker darf (in seinem Haus) – mit der Ausnahme der im Kanon erlaubten Personen, die vom Verdacht frei sind – eine Frau oder eine Sklavin halten, um so seinen guten Ruf zu behalten. Wenn aber jemand unsere Beschlüsse übertritt, soll degradiert werden."

Erste Syn. in Gran Kan. 11:
Ut hi, qui ad episcopatum promovendi sunt, si matrimonio legitimo iuncti sunt, nisi ex consensu uxorum, non assumantur.

Erste Syn. in Gran Kan. 33:
Uxores episcoporum episcopalia predia non inhabitent.

Syn. in Trullo Kan. 48:
Ἡ τοῦ πρὸς ἐπισκοπῆς προεδρίαν ἀναγομένου γυνή, κατὰ κοινὴν συμφωνίαν τοῦ οἰκείου ἀνδρὸς προδιαζευχθεῖσα, μετὰ τὴν ἐπ᾽ αὐτῷ τῆς ἐπισκοπῆς χειροτονίαν ἐν μοναστηρίῳ εἰσίτω πόρρω τῆς τοῦ ἐπισκόπου καταγωγῆς ᾠκοδομημένῳ, καὶ τῆς ἐκ τοῦ ἐπισκόπου προνοίας ἀπολαυέτω· εἰ δὲ καὶ ἀξία φανείη, καὶ πρὸς τὸ τῆς διακονίας ἀναβιβαζέσθω ἀξίωμα.[18]

Zusammenfassend kann festgehalten werden: die zitierten ungarischen Kanones, die den Priestern erlaubt haben, ihre erste, gesetzmäßige Ehe fortzusetzen, befinden sich in klarem Widerspruch mit der zeitgenössischen westlichen Regelung und scheinen den ähnlichen trullanischen Synodalbeschlüssen zu folgen. Die anderen erwähnten ungarischen Kanones (über Priester und Diakonen, die unverheiratet geweiht wurden oder zweimal heirateten, eine Sklavin oder Konkubine haben, schließlich jene, die über die Ehe der Bischöfe verfügen) stehen inhaltlich zwar nicht in Gegensatz zur westlichen Regelung, sind aber auch den entsprechenden trullanischen Beschlüssen ähnlich. Es liegt deshalb auf der Hand die Ähnlichkeit damit zu erklären, dass die Quelle der zitierten ungarischen Kanones das östliche Kirchenrecht gewesen ist.
Demgegenüber wurden bisher zwei andere – auf unterschiedlichen Gesichtspunkten basierende – Erklärungen formuliert. Die erste vertritt die ungarische Historikerin Mónika Jánosi; sie hält uns die zeitgenössische außenpolitische Situation vor den Augen (eine ähnliche Erklärung stellt auch Lothar Waldmüller dar). Ihr Gedankengang ist Folgender: König Ladislaus eroberte im Frühling 1091 den damals päpstlichen Vasallenstaat Kroatien und verletzte damit Roms Interessen. Der Papst hat deshalb seinen Legat (Kardinal Teuzo) nach Ungarn gesandt um Kroatien zurückzufordern. Der Legat hatte aber keinen Erfolg und es kam zu einem Bruch zwischen König Ladislaus und dem Papst Urban II.; der ungarische König trat in die Reihe der Unterstützer des Gegenpapstes Clemens III., der damals in Ravenna residierte. Diese außenpolitische Wendung sei der Anlass dafür gewesen, dass die kirchlichen und weltlichen Vornehmen des Landes ihre Entscheidungen im Frühling 1092 in Szabolcs bereits im Sinn des Gegenpapstes trafen, und deshalb über die Ehe von Priestern nachgiebigere Beschlüsse fassten, als jener der gregorianischen Auffas-

[18] Joannou (1962, 186). Übers.: „Die Frau eines solchen Mannes, der zum Bischof geweiht wird, soll sich, nachdem sie aufgrund einer gemeinsamen Vereinbarung von ihrem Mann getrennt hat, nach der Weihe ihres Mannes in ein solches Kloster zurückziehen, das vom Sitz des Bischofs weit ist, und soll dort die Sorge des Bischofs genießen; und wenn sie würdig ist, soll sie zu Diakonissin befördert werden."

sung. Diese Erklärung rechnet gar nicht mit der Möglichkeit des byzantinischen Einflusses.[19]
Um die Frage zu beurteilen, muss zunächst geprüft werden, wie sich der Gegenpapst (ursprünglich Wibert von Ravenna genannt) zur gregorianischen Reform und zum Problem der priesterlichen Ehelosigkeit verhielt.[20] Wibert machte relativ jung eine große kirchliche Karriere, er wurde Kardinal von Ravenna und pflegte gute Beziehungen zu den Reformpäpsten, unter denen sich auch Papst Gregor VII befand. Der Grund für den Bruch zwischen Wibert und dem Papst ist unklar; wir wissen aber, dass ihn Gregor auf der Fastensynode im Jahre 1078 exkommunizierte. Wibert wurde – unter dem Namen Clemens III. – von Heinrich IV. auf den Päpstlichen Stuhl gesetzt als Heinrich 1084 Rom eroberte. Der Gegenpapst hielt um die Wende von 1091/92 eine Synode in Rom ab. Darüber erließ er ein Rundschreiben, woraus klar wird, dass Wibert die wichtigsten Bestrebungen der gregorianischen Bewegung unterstützte, als Realpolitiker aber für die mäßige Reform war, und diese vorsichtiger durchsetzen wollte. Der Brief zeigt, dass Wibert auch hinsichtlich der Enthaltsamkeit der Kleriker eine ähnliche Auffassung vertrat wie seine Vorgänger, seine Formulierung aber weniger präzis und streng ist als die der früheren Synoden. Er ermahnt die Bischöfe ihre Priester an die Pflicht der Enthaltsamkeit zu erinnern, weil die Entrüstung des Volkes immer höher wird. Für jene Priester aber, die diese Pflicht verletzen, bestimmt der Gegenpapst keine Sanktion, eine Exkommunikation schreibt er für diejenigen vor, die an den Gottesdiensten der schuldigen Kleriker willkürlich nicht teilnehmen wollen und damit die oberste päpstliche Strafgewalt in Disziplinarangelegenheiten missachten.[21] Der Gegenpapst hat also die Reform nicht aufgegeben, wollte nur seine Ziele vorsichtiger erreichen und dabei den lokalen Kirchenführern wahrscheinlich einen größeren Spielraum lassen. Allein damit kann man – meiner Ansicht nach – die erwähnten milden ungarischen Synodalbeschlüssen nicht erklären, und aus der „nachgiebigen" Auffassung von Wibert folgt nicht die Ähnlichkeit der diesbezüglichen trullanischen und unga-

[19] Jánosi (1992, 5–7); Jánosi (1996, 123–125); Waldmüller (1987, 120–121).
[20] Siehe dazu Ziese (1982), zur folgenden Übersicht besonders 4, 13–25, 41–49, 191–199, 275–279.
[21] „Praeterea, quod silentio pretermittendum non fuit, quia murmur populi adversus incontinentiam clericorum passim crescit ac dilatatur, utile visum fuit, ut ea, qua debetis, diligentia ministros altaris secundum statuta canonum vivere atque mundiciam castitatis, sine qua teste apostolo placere Deo non possunt, irreprehensibiliter custodire commoneatis, quatenus de correctione eorum ab his qui foris sunt bonum testimonium habeatis et murmurantis populi insolentiam quiescere faciatis. Hi vero, qui missas peccatorum sacerdotum respuunt et qui eis ante iudicii nostri censuram opinionis suae preiudicium inferunt, communione sanctae ecclesiae usque ad emendationem priventur…" – Dümmler (1956, 626).

rischen Regeln. Man muss aber anerkennen, dass eine solche, weniger strenge gegenpäpstliche Einstellung die ungarischen Synoden ermuntern konnte, eine – zu den gregorianischen Forderungen gegensätzliche, aber den einheimischen Verhältnissen und dem byzantinischen Kirchenrecht näher stehende – Regelung anzunehmen. Der Anschluss an den Gegenpapst Clemens III. und die Übernahme der östlichen Synodalbeschlüssen schließen einander also nicht aus, diese zwei Faktoren konnten auch zusammen zur dargestellten Formulierung der ungarischen Kanones führen.

Die andere Erklärung, die den Einfluss der östlichen Kanones in Ungarn ablehnt, vertritt der ungarische Kanonist, Szabolcs Anzelm Szuromi. Seiner Meinung nach sind die fraglichen szabolcser und graner Synodalbeschlüsse auf solche westlichen Kanonessammlungen zurückzuführen, die damals in Ungarn wahrscheinlich in Gebrauch waren, wie die Kollektion Dionysio-Hadriana, Pseudo-Isidoriana und die Sammlung von Burchard von Worms.[22] Diese enthalten nämlich keine Regeln, die die Weihe von verheirateten Männern verboten; ihre diesbezüglichen Kanones verfügen nur über die nach der Weihe begangenen Vergehen wie z. B. die Wiederverheiratung und das Konkubinat. Szuromi zitiert aus diesen westlichen Sammlungen als Beispiel zwei solche Beschlüsse, die die Weihe von zweimal verheirateten *Laien* verbieten[23] und einen solchen, der für *Kleriker* untersagt eine Witwe oder eine entlassene Frau zu heiraten[24]. Das erste Verbot – über die Weihe von zweimal verheirateten Laien – taucht aber in den ungarischen Quellen nicht auf, diese verbieten nur die zweite Eheschließung von *bereits geweihten Priestern*. Die zweite Regel – über das Verbot der Ehe zwischen Priestern und Witwen oder entlassenen Frauen – ist auch unter den ungarischen Beschlüssen zu finden (z. B. Kan. 1 der Syn. in Szabolcs), diese stehen jedoch den byzantinischen Kanones näher (sie enthalten meistens z. B. die Sanktion der Absetzung, die im westlichen Beschluss fehlt). Szuromi sucht ferner Ähnlichkeit zwischen dem Kan. 31 der Synode in Gran, der den Priestern *den mäßigen Verkehr* mit ihren Frauen *erlaubte*

---

[22] Szuromi (2002a, 91–97); Szuromi (2002b, 143–153).

[23] Decretum Burchardi Wormatiensis Buch II Kan. 38: „Laicos, si secundo uxorem duxerit, clericos non fiat. Si quis de laicis, post uxorem, aliam cuiusqunque conditionis cognoverit mulierem, in clerum nullatenus admittatur." Migne: PL 140. col. 632.; Kan. 13 von Papst Innozenz (Dionysio-Hadriana): „Ne is qui secundum duxerit uxorem clericus fiat, quia scriptum est: Unius uxoris virum (I Tim. III); et iterum: Sacerdotes mei semel nubant (Levit. XXI); et alii: Sacerdotes mei non nubant amplius (Ezech. XLIV)..." Migne: PL 67. col. 243. Zitiert durch Szuromi (2002b, 150–151).

[24] Kan. 11 von Papst Innozenz (Dionysio-Hadriana): „Ut viduam clericus non ducat uxorem, quia scriptum est: Sacerdos uxorem virginem accipiat, non viduam, non ejectam (Levit. XXI, 13). Utique qui ad sacerdotium labore suo et vitae probitate contendit, cavere debet ne hoc praejudicio impeditus pervenire non possit." Migne: PL 67. col. 242. Zitiert durch Szuromi (2002b, 150).

und dem Kan. 33 der Synode in Elvira,[25] der aber für alle Kleriker vorschrieb, sich ihrer Frauen *gänzlich zu enthalten.* Wie wir gesehen haben, trennte sich gerade bei diesem Kanon die östliche und die westliche Auffassung, und die ungarische Regelung ist der östlichen ähnlich.
Die Regelungen der erwähnten westlichen Kanonessammlungen erklären deshalb – meiner Meinung nach – die fraglichen ungarischen Synodalbeschlüssen nicht überzeugend. Damit, dass diese westlichen Sammlungen *kein ausdrückliches Verbot* über die erste Ehe von Priestern enthalten, kann nicht erklärt werden, warum die ungarischen Synoden das Zusammenleben mit der ersten Frau *ausdrücklich erlauben;* außerdem sind die ungarischen Beschlüsse in mehreren Fällen den östlichen, auf der Synode in Trullo formulierten Regeln ähnlich. Wenn wir aber zur Folgerung kommen, dass in Szabolcs und Gran die Beschlüsse der Synode in Trullo verwendet wurden, sollten wir auch untersuchen, ob diese östlichen Kanones vielleicht aus westlichen Kirchenrechtssammlungen übernommen wurden.
Die Synode in Trullo wurde 691 (oder 692) von dem byzantinischen Kaiser Justinian II. im Kuppelsaal („trullos") des Kaiserpalastes in Konstantinopel einberufen, um – in Fortsetzung des V. und VI. ökumenischen Konzils – kirchendisziplinarische Kanones zu erlassen. Die Synodalakten wurden vom Kaiser, mehreren östlichen Patriarchen und 211 griechischen und anderen östlichen Bischöfen und Legaten unterschrieben, und das Material wurde der wichtigste Bestandteil des orthodoxen Kirchenrechts. Die Stelle für das Handzeichen des Papstes ist aber leer geblieben. Der Kaiser schickte die Akten umsonst zu Papst Sergius I. (687–701), später zu Johannes VII. (705–707), sie übernahmen diese entweder gar nicht oder schickten sie zurück, weil mehrere von den Kanones mit der westlichen Praxis ausdrücklich oder verblümt in Widerspruch standen (wie z. B. der erwähnte Kan. 13 über die Ehe von Priestern). Später haben einige römische Kirchenhäupter im 8. und 9. Jh. (Konstantin I., Hadrian I. und Johannes VII.) manche der trullanischen Synodalbeschlüsse sehr vorsichtig anerkannt, aber nur solche, die den früheren westlichen Kanones und den Dekreten des apostolischen Stuhles nicht widersprachen. Trotz dieser begrenzten Rezeption blieb die Ökumenizität der Synode in Trullo in der westlichen Kirche auch später umstritten, ihre Regeln fanden nie volle Anerkennung.[26] Den griechischen Text übersetzte erstmals Anastasius Bibliothecarius (800–879) im zweiten Teil des 9. Jh. ins Lateinische. In westlichen Kirchenrechtssammlungen tauchen aber trullanische Kanones erst vom Ende des 11. Jh. auf: erstmal in der Tripartita von Ivo von

[25] Szuromi (2002a, 93), Szuromi (2002b, 148).
[26] Zur Frage der Ökumenizität der Synode in Trullo siehe Hefele (Bd. 3, 1877, 345–348); Joannou (1962, 99–100); Dură (1995, 229–262).

Chartres und in seinem Dekret und in der Panormie. Die meisten trullanischen Beschlüsse sind in der Collectio Tripartita enthalten, aber nur solche, die mit der Praxis der westlichen Kirche zu vereinbaren waren.[27] Die übernommenen Beschlüsse geben in kurzer, knapper Form den weitläufigen griechischen Text. wieder.[28] Ob für Ivo die lateinische Übersetzung von Anastasius, oder das griechische Original die Quelle war, ist unbekannt. Sicher ist aber, dass die Tripartita erst 1094 fertig geworden ist, das Dekret und die Panormia erst um 1095, also 2–3 Jahre später als die ungarische Synode in Szabolcs stattfand, wo man deshalb aus Ivos Werken sicherlich nicht schöpfen konnte. Die erste Synode in Gran war zwar ein paar Jahre später als die Erscheinung der Werke von Ivo, aber auch unter den graner Synodalbeschlüssen sind solche Regeln zu finden, die den trullanischen Kanones ähnlich sind, bei Ivo aber nicht vorkommen. Von anderen westlichen Kanonessammlungen vor der Jahrhundertwende, aus denen die ungarischen Synoden diese östlichen Regeln hätten übernehmen können, wissen wir nichts.[29] Wäre es möglich, dass die ungarischen Synoden eine griechische Quelle benutzt haben?

Dafür haben wir keinen Beweis. Wenn man aber bedenkt, wie schwer für die Priester die von Rom immer kräftiger formulierte Forderung war, sich nach ihrer Weihe ihrer Frauen gänzlich zu enthalten, dann kommt man leicht zur Folgerung, dass sie früher oder später eine solche Kirchenrechtsquelle fanden, durch die sie ihre bestehende Lebenslage und Ehe irgendwie rechtfertigen konnten. Zur Zeit der gregorianischen Reform war der verheiratete Klerus sehr verbreitet, eine Großzahl der Priester hatte sowohl in West-Europa als auch in Ungarn Frau und Kinder. Dementsprechend war der Widerstand gegen die römischen Bemühungen groß.[30] Man kann mit gutem Grund vermuten, dass sich die Kleriker auf dem Grenzgebiet der östlichen und westlichen Kirche gegen den Papst oder seinen Legat auch auf die Regeln des griechischen Kirchenrechts berufen konnten, unter der Voraussetzung, dass sie diese kannten. Die Möglichkeit dafür war den Priestern im Karpatenbecken gegeben: im südlichen und östlichen Teil des Landes war das östliche Christentum damals noch stark, es funktionierten griechische Klöster, und auch in der südlichen und östlichen Nachbarschaft lebten die Priester in Ehe – aufgrund des byzantinischen Kirchenrechts. Aus der Mitte des 11. Jh. wurde eine kurze Synodalaufzeichnung über den Fall von Dabralis, dem Erzbischof von Spalato

---

[27] Landau (1995, 216–221).

[28] Auch hier möchte ich meinen Dank dem Münchener Kuttner Institut ausdrücken für die Zusendung der Mikrofilmkopie einer Handschrift der Tripartita aus dem 12. Jh. (MS Paris BN, lat. 3858B. 86v–88v).

[29] Erst Gratian nahm manche trullanischen Synodalbeschlüsse in sein Dekret auf, aber er benutzte dabei die Werke von Ivo – Landau (1995, 218–221).

[30] Boelens (1968, 144–146).

überliefert, der im erzbischöflichen Palast mit seiner Frau und seinen Kindern zusammenlebte.[31] Der Papst sandte sofort, als er ihm diese Tatsache zu Ohren kam, seinen Legaten nach Spalato, und als dieser den Erzbischof zur Rechenschaft zog, verteidigte sich Dabralis damit, dass er aufgrund der Gewohnheit der östlichen Kirche seine Frau bei sich halten darf.[32] Der Legat nahm diese Argumentation natürlich nicht an (sie war auch nicht zutreffend: schon der Kan. 12 der Synode in Trullo verbot den Bischöfen mit ihren Frauen nach dem Empfang der Bischofswürde zusammenzuleben) und enthob Dabralis endgültig von seinem Amt. Der Fall zeigt aber ganz klar, dass es auch auf dem Gebiet der westlichen Kirche – nicht weit von der östlichen geistigen Oberherrschaft – vorkam, dass ein verheirateter Kleriker die Regeln des orthodoxen Kirchenrechts zur Verteidigung vorbrachte. Dasselbe ist genauso auch für den Fall einer ungarischen Synode vorstellbar. Dazu brauchte man nicht einmal eine byzantinische Kirchenrechtssammlung: ein in Ungarn tätiger griechischer Priester konnte vielleicht die entsprechenden trullanischen Synodalbeschlüsse (oder mindestens ihren Inhalt) sogar auswendig zitieren und sie übersetzen, diese Regeln bildeten schon seit vierhundert Jahren den wichtigsten, unveränderten Bestandteil des griechischen Kirchenrechts.

Man kann sich deshalb meiner Meinung nach auch in Zukunft an den traditionellen Standpunkt halten, der die behandelten ungarischen Synodalbeschlüsse auf den Einfluss des byzantinischen Kirchenrechts zurückführt. Dieser Einfluss dauerte übrigens in diesem Bereich nicht mehr lange. Über die Frage der priesterlichen Enthaltsamkeit nahm bereits die zweite Synode in Gran im Jahre 1112 die gregorianische Auffassung an und ließ nur solche Laien zur priesterlichen Würde, die eine gänzliche Enthaltsamkeit versprachen, und für Wohnung und Deckung der Lebensbedürfnisse ihrer Frauen bereits vorher Sorge getragen haben, immer unter der Voraussetzung, dass auch die Frau ihre Zustimmung gegeben hatte.[33]

---

[31] Batthyán (1785, 401). Den Fall untersucht auch Waldmüller (1987, 51–54).

[32] „Dicebat enim praedictam mulierem sibi fore legitimam, quam ex consuetudine Orientalis Ecclesiae secum poterat licite retinere..." – Batthyán (1785, 401).

[33] Zweite Synode in Gran (1112) Kan. 9: „Ut nullus episcoporum aliquem promoveat clericorum ad diaconatum vel ultra, nisi prius continenciam voverit, et si uxorem habuerit, ex eius fiat consensu idem promittendis." Kan. 10: „Ut nullus coniugatus presbiter aut diaconus altari deserviat, nisi prius uxori concedenti et continenciam voventi locum separatum, et necessaria vite temporalis provideat, et secundum apostolum habens, quasi non habentem se esse intelligat." Závodszky (1904, 208).

Literaturverzeichnis

Batthyán, Ignatius de (1785): *Leges ecclesiasticae regni Hungariae, et provinciarum adiacentium Bd. I.* Albae-Carolinae.

Békefi, Remig (1896): „Vallásos és erkölcsi élet Magyarországon az Árpádházi királyok korában II." [Religiöses und moralisches Leben in Ungarn zur Zeit der Arpadenkönige II.]. *Katholikus Szemle* 1896. 181–239.

Berki, Feriz (1946): *Kánonok könyve [Buch der Kanones] I.* Budapest: Budapesti Görög Keleti Tudományos Intézet.

Boelens, Martin (1968): *Die Klerikerehe in der Gesetzgebung der Kirche unter besonderer Berücksichtigung der Strafe. Eine rechtsgeschichtliche Untersuchung von den Anfängen der Kirche bis zum Jahre 1139.* Paderborn: Ferdinand Schöningh.

Deér: Joseph (1966): *Die Heilige Krone Ungarns.* Wien: ÖAW.

Dură, Nicolae (1995): „The Ecumenicity of the Council in Trullo". In: Nedungatt, George/Featherstone, Michael (Hrsg.): *Council in Trullo revisited.* Roma: Pontificio Istituto Orientale. 229–262.

Dümmler, Ernestus (1956): *Decretum Wiberti vel Clementis papae.* In: Monumenta Germaniae Historica Scriptores, Libelli de lite imperatorum et pontificum saeculis XI. et XII. conscripti. Tomus I. Hannoverae, 1891. Neudruck: 1956. 621–626.

Freisen, Joseph (1963): *Geschichte des kanonischen Eherechts bis zum Verfall der Glossenlitaratur.* Neudruck der 2. Ausgabe Paderborn 1893. Aalen: Scientia.

Hefele, Carl Joseph (1877): *Conciliengeschichte* (9 Bde 1855–1890). Freiburg in Breisgau: Herder. (Bd. 3: 1877.)

Jánosi, Mónika (1992): „A Szent László-kori zsinati határozatok keletkezéstörténete" [Die Entstehungsgeschichte der Synodalbeschlüsse zur Zeit des Hl. Ladislaus']. *Acta Universitatis Szegediensis de Attila József Nominatae, Acta Historica.* 96:3–11.

Jánosi, Mónika (1996): *Törvényalkotás Magyarországon a korai Árpád-korban [Gesetzgebung in Ungarn in der frühen Arpadenzeit].* Szeged: Szegedi Középkorász Műhely.

Joannou, Périclès-Pierre (1962): *Discipline générale antique (IV-IX s.)* I, 1. Grottaferrata: Tipografia Italo-Orientale.

Juhász, Kálmán (1930): *Das Tschanad-Temesvarer Bistum im frühen Mittelalter 1030-1307.* Münster in Westfalen: Aschendorffsche Verlagsbuchhandlung.

Karácson, Imre (1888): *A XI. és XII. századbeli magyarországi zsinatok és azoknak a külföldi zsinatokhoz való viszonya [Die Synoden in Ungarn im XI. und XII. Jh. und ihr Verhältnis zu den ausländischen Synoden].* Győr: Surányi János Könyvnyomda-Intézete.

Kerbl, Raimund (1979): *Byzantinische Prinzessinnen in Ungarn zwischen 1050-1200 und ihr Einfluß auf das Apradenkönigreich.* Wien: Verband der wissenschaftlichen Gesellschaften Österreichs.

Landau, Peter (1995): „Überlieferung und Bedeutung der Kanones des Trullanischen Konzils im westlichen kanonischen Recht." In: Nedungatt, George/Featherstone, Michael (Hrsg.): *Council in Trullo revisited.* Roma: Pontificio Istituto Orientale. 215–227.

Mansi, Johannes Dominicus: *Sacrorum Conciliorum nova et amplissima collectio.* Nachdruck der Ausgabe Paris 1901–27. Graz: Akademische Druck- u. Verlagsanstalt (1960–62.)

Mesterházy, Károly (1994): „Der byzantinisch-balkanische Handel nach Ungarn im 10-11. Jahrhundert im Spiegel der Gräberfunden." In: Olajos, Thérèse (Hrsg.): *Byzance et ses voisins. Mélange à la mémoire de Gyula Moravcsik à l'occasion du centième anniversaire de sa naissance.* Szeged: Generalia. 117–128.

Migne, Jacques-Paul (Hrsg.): *Patrologiae cursus completus.* Series Latina (PL). (221 Bde, Lutetia Parisorum 1844–1865).

Moravcsik, Gyula (1953): *Bizánc és a magyarság [Byzanz und die Magyaren].* Budapest: Akadémiai Kiadó.

Moravcsik, Gyula (1967): „The Role of the Byzantine Church in Medieval Hungary." In: Harmatta, János (Hrsg.): *Studia Byzantina.* Budapest: Akadémiai Kiadó. 327–340.

Moravcsik, Gyula (1970): *Byzantium and the Magyars.* Budapest: Akadémiai Kiadó.

Pirigyi, István (1990): *A magyarországi görög katolikusok története I. [Die Geschichte der ungarischen griechisch-katholischen Kirche].* Nyíregyháza: Görög Katolikus Hittudományi Főiskola.

Sweeny, James Ross (1991): „Gregory VII, the reform program, and the Hungarian Church at the end of the Eleventh Century". *Studi Gregoriani.* 14:265–275.

Szentirmai, Alexander (1961): „Der Einfluss des byzantinischen Kirchenrechts auf die Gesetzgebung Ungarns im XI.-XII. Jahrhundert". *Jahrbuch der Österreichischen Byzantinischen Gesellschaft.* 10:73–83.

Szuromi, Szabolcs Anzelm (2002a): „Az első három esztergomi zsinat és a magyarországi egyházfegyelem a 12. században" [Die ersten drei graner Synoden und die ungarische Kirchendisziplin im 12. Jh.]. In: Erdő, Péter (Hrsg.): *Tanulmányok a magyarországi egyházjog középkori történetéről [Abhandlungen über die mittelalterliche Geschichte des ungarischen Kirchenrechts].* Budapest: Szent István Társulat. 87–142.

Szuromi, Szabolcs Anzelm (2002b): „A keleti egyházfegyelem befolyása a korai magyar zsinatokon" [Einfluss östlicher kirchendisziplinarischer Regeln auf früheren ungarischen Synoden]. In: Erdő, Péter (Hrsg.): *Tanulmányok a magyarországi egyházjog középkori történetéről [Abhandlungen über die mittelalterliche Geschichte des ungarischen Kirchenrechts].* Budapest: Szent István Társulat. 143–153.

Timkó, Imre (1971): *Keleti kereszténység, keleti egyházak [Östliches Christentum, östliche Kirchen]*. Budapest: Szent István Társulat.

Waldmüller, Lothar (1987): *Die Synoden in Dalmatien, Kroatien und Ungarn. Von der Völkerwanderung bis zum Ende der Arpaden (1311)*. Paderborn et al.: Ferdinand Schöningh.

Závodszky, Levente (1904): *A Szent István, Szent László és Kálmán korabeli törvények és zsinati határozatok forrásai [Die Quellen der Gesetze und Synodalbeschlüsse aus der Zeit des Hl. Stephans, des Hl. Ladislaus' und Kolomans]*. Budapest: Szent István Társulat.

Zhishman, Joseph (1864): *Das Eherecht der orientalischen Kirche*. Wien: Wilhelm Braumüller.

Ziese, Jürgen (1982): *Wibert von Ravenna. Der Gegenpapst Clemens III. (1084-1100)*. Stuttgart: Anton Hiersemann.

Zlinszky, János (1996): „A magyar jogrendszer kezdetei" [Die Anfänge des ungarischen Rechtssystems]. *Jogtudományi Közlöny* 1996/7–8:269–274.

The effects of Scandinavian Legal Realism on Finnish legal studies, 1929–1965

Toni Malminen, Helsinki

Introduction

"- - [T]he transplanting of legal rules is socially easy. Whatever opposition there might be from the bar or legislature, it remains true that legal rules move easily and are accepted into the system without too great difficulty", wrote Alan Watson in a concluding chapter of his 1974 "manifesto", Legal Transplants (Watson 1993, 95–96). Since its publication, his study has sparked both praise and outrage, and its arguments are still debated. With this rather short book, Watson reoriented the whole discipline of comparative law by emphasising the study of legal borrowing from one legal system to another. Watson also made some grand generalisations about the relationship between law and society. Against the then powerful sociology of law – according to which law reflects society like a mirror – Watson insisted that law is relatively independent from society. There is a legal elite in every society, and often it acts as a motor of legal change by borrowing law from any legal system it happens to be familiar with.

Instead of developing a high-brow theory of law and society, however, Watson presented his ideas in the midst of small historical case studies of legal transplants. From his study the reader finds analyses of such arcane topics as English law in Bengal, Drunkenness in Rome and Holland, and the goring ox in the Ancient Near East. Although Watson mostly refers to the borrowing of legal rules, he also gives some examples of the transfer of legal thinking and legal theory. He shows, for instance, how the basic systematisation of the legal order in Scotland was adopted from Roman Law. It is fair to say, then, that Watson seems to think that his thesis is applicable to law in general – to rules, principles, precedents, and to scholarly writings as well.

Watson's ideas have also been criticised. William Ewald, for one, has emphasised that sometimes Watson makes statements which are too bold. He suggests that there are actually two Watsons. Mr. Hyde making preposterous claims about the autonomous nature of law is gravely mistaken. Dr. Jekyll, who questions the validity of so-called "mirror-theories of law", however, is quite right (Ewald 1995, 491) . Roger Cotterell maintains that Watson's conception of "society" is flawed. It is not plausible to claim that law can be dysfunctional in a given society, because it will quite likely serve the purposes of some group or groups in that society. Cotterell also challenges Watson's view that there is, in each and every society, a homogenous legal elite that acts as a vehicle of legal change by borrowing legal rules and institutions from abroad. Cotterell argues that there is no such legal elite in any modern society. In its stead, there is a profession which consists of different groups with different aims, values, and strategies (Cotterell 2003, 142–153).

An interesting alternative comparative law methodology has been proposed by James Q. Whitman. In a series of books (Whitman 1990, 2003) and articles (Whitman 2000, 2003a, 2004) Whitman has developed a novel approach to comparative legal history, emphasising the difficulties of legal transfer, and showing how law is nearly always transformed in the process of reception. Whitman's point of departure is the fact that societies differ. In his own words: "[o]ur comparative literature is full of articles and books that can seem weirdly innocent of the fact that human societies differ" (Whitman 2003a, 313). As societies differ, legal systems differ. They differ especially in regards to the fundamental values they espouse. Thus, American law in general is much more committed to the free market, weak state and freedom of the press than, say, the French legal system. Consequently, it is extremely difficult to transplant law from France to the USA, or vice versa (on privacy, see Whitman 2004). Dissimilar values make the reception of foreign law often extremely difficult; foreign values arouse fear and hostility. Just imagine how difficult it would be to impose the extremely harsh American criminal justice system – in which the death penalty is still an option – on French, Swedish, or German society. However if foreign law arouses fear and hostility today, perhaps it has done so in the past? Perhaps, then, Watson's statement quoted earlier is hyperbole.

The object of my Article is the impact of so-called Scandinavian Legal Realism on Finnish legal theory in the first half of the 20th century. This article consists of two main chapters. In the first chapter, I will introduce the reader to the legal philosophy of Scandinavian Legal Realism. In the second chapter, I will assess its impact in Finland. Finally, I will return shortly to Alan Watson's model of legal transplants. I will argue that it explains rather poorly many phenomena in legal history. Instead of tracing legal transplants, comparative legal historians should pay attention to identity and the values of different societies and to the fear and anxiety that the reception of foreign law arouses.

The emergence of Scandinavian Legal Realism

The School of Scandinavian Legal Realism was born in 1911, when Swedish philosopher *Axel Hägerström* gave his inaugural lecture, Om moraliska föreställningars sanning (On the Truth of Moral Propositions), at the University of Uppsala, Sweden. In his lecture Hägerström argued that moral judgements have no truth-value; values are just projections of emotional attitudes. This proposition could, in Hägerstöm's view, be verified by two arguments. Firstly, Hägerström maintained that only physical and mental entities are real. Values are neither physical objects like stones nor mental objects like emotions, and consequently, they do not exist. What people call values, are actually emotions. Thus, to say "this is evil!", is to say "I do not like this at all!". Hägerström supported this ontological argument with historical evidence. Anthropology and history had shown that people living in different cultures had different sensibilities about good and right. In contemporary Swedish society, Hägerström wrote, capitalists and workers were fighting incessantly in regard to which side gets to define morality (Hägerstöm 1964, 78–83). Hägerström did not stop here. Not only do values lack existence, but norms, rights and obligations do as well. Hägerström demanded that jurisprudence should be reoriented; it should study empirical reality. Yet he never really told how to do this. This challenge was taken up by his students.

After Hägerström's inaugural lecture in 1911, the School of Scandinavian Legal Realism really began to gather momentum in the 1920s. In 1920 Hägerström published his main work on legal theory, Rätten och staten. By the end of the decade, Karl Olivecrona and Alf Ross had become his students. Ross was a Dane, who had studied legal theory in Vienna with Hans Kelsen. He had returned to Copenhagen in the 1920s to defend his doctoral dissertation. His version of the pure theory of law did not, however, please the leading Danish legal philosopher, Anders Vinding Kruse, and Ross's thesis was not accepted. After this defeat Ross travelled to Uppsala to study with Hägerström. Eventually, he became the leading Scandinavian legal philosopher of the 20th century.

Karl Olivecrona's legal studies had begun in the beginning of the 1920s. Almost immediately he felt that the whole subject, *rättsvetenskap*, was somehow "unscientific". Hägerström's lectures, however, felt refreshing and intellectually rigorous. Soon Olivecrona, too, was studying with Hägerström, and later on became one of the most influential scholars of procedural law and legal theory in Sweden.

Hägerström's most faithful follower was Vilhelm Lundstedt, a Swedish lawyer-politician, who had been nominated as a professor of civil law at the University of Uppsala in 1914. He was introduced to Hägerström by one of his colleagues from the Swedish social-democratic party, and Lundstedt was immediately mesmerised by Hägerström. Lundstedt had studied in Germany and his doctoral dissertation had represented ultra-traditional *Begriffsjurisprudenz* (Sundell 1987, 250–270). After listening to Hägerström's lectures, he was converted, and became the fiercest protagonist of Scandinavian Legal Realism. Lundstedt's scholarship was so aggressive and polemical that it was considered to be in bad taste almost everywhere it was read. For Lundstedt, Scandinavian Legal Realism was not just a legal theory, but a political ideology as well. His political speeches were filled with similar ideas he defended in his legal treatises.

In a rather similar fashion Östen Undén, law professor come Swedish Minister of Foreign Affairs, combined his social-democratic political ideology with his legal-theoretical outlook. Undén was never a protégé of Hägerström, but he, too, adopted the basic philosophical insights of Uppsala-philosophers. Undén's field was property law, and his conception of property became a sort of half-official conception of the Swedish social-democratic party (Tilton 1990, 58–60).

Finally, in the 1940s Per-Olof Ekelöf joined the school. By that time, legal realism had had a great impact on Swedish legal scholarship. Ekelöf was a procedural law scholar. His death in 1990 marked, at least symbolically, the death of Scandinavian Legal Realism.

The ferment or mood – it was not really a "school" of thought – known as Scandinavian Legal Realism produced an enormous amount of legal scholarship in a variety of fields: legal theory and legal philosophy, criminal law, procedural law, public international law, and private law. It is with a sense of audacity that I venture to generalise their legal philosophy. These great philosophers and legal scholars did not always agree. To the contrary, they were often each other's fiercest critics. However, one can argue that there is a core of Scandinavian Legal Realism, some fundamental similarities that are worth emphasising.

First, all legal realists, in Sweden and elsewhere, emphasised the instrumental nature of law (Summers 1982). In other words, they maintained that law has a fundamentally important role in social change and reform. In the nineteenth century it had been common to view law as a conservative phenomenon, an institution that upheld society and its morality. Scandinavian Legal Realism propounded a devastating critique of nineteenth-century legal science, especially so-called *Pandektenwissenschaft*, that had emphasised private autonomy and freedom of contract. Realists argued that law is an instrument of reform in the hands of active, strong government. Legal realism can indeed be described as a sort of legal ideology of a liberal welfare state.

Second, in a debate lasting nearly half a century, Scandinavian realists developed a novel theory of legal rights – perhaps their best-known work. Their point of departure was Hägerström's observation that "rights" and "duties" seemed to have no semantic reference; no one had seen or touched a single "right", and Hägerström had taught that only physical and mental objects are real. Hägerström himself thought that lawyers' world-views were filled with magical intuitions they had inherited from Roman times. His students tried to find the real meaning of such concepts as "right", "right of lien" and so forth. Despite their disagreement on philosophical details, all of them agreed on one thing; rights can not be an obstacle to legal reform. Vilhelm Lundstedt, to take one example, defined rights as products of legal machinery. Legislature and the courts protect some people, and consequently, we can empirically verify that they have rights (Lundstedt 1956, 93–114). This analysis turned legal terminology upside down. Ownership was no longer an obstacle to, for instance, tax law reform or expropriation, because ownership is basically what the state says it is. It was easy for Lundstedt to combine this ontological analysis with his social-democratic political agenda; in 1928 we see him in Swedish parliament defending an inheritance tax proposal on these grounds (Källström 1991, 3–15). In this regard also Scandinavian Legal Realism has a clear affinity with American Legal Realism that similarly emphasised the social dimension and non-absolute nature of private property (Horwitz 1992).

Finally, Scandinavian Legal Realism reoriented Swedish criminal law. In the beginning of the 20th century, the Swedish criminal justice system was marked by harsh penalties and a strong emphasis on deterrence. Lundstedt, Ross and Ekelöf criticised contemporary criminal policy. They argued that the ultimate justification of criminal law was not deterrence, but morality (Ekelöf 1948, 275–284). Criminal law creates and upholds moral values that citizens then internalise. The practical conclusion they drew from this idea was that penalties need not be harsh; morality, if not deterrence, can be created with fines

and suspended sentences also. Vilhelm Lundstedt was, once again, able to use this reasoning for his political ends. In the 1920s we find him repeatedly having a public discussion and demanding a more lenient criminal justice system for the benefit of the working class (Källström 1991, 10–13).
In conclusion, the Scandinavian Legal Realism can be defined as a participant in the Trans-Atlantic discourse on progressive, social democratic politics and legal reform (Kloppenberg 1986). In practice their analyses meant less vigorous protection of private property, more lenient criminal law, and strong emphasis on social reform. The reorientation of Swedish law that it brought in its wake had clear parallels in French, German, and American law. Indeed, legal scholarship was undergoing transformation almost everywhere. Almost everywhere, but not in Finland, and it is to Finnish legal history I now want to turn.

Scandinavian Legal Realism in Finland

In its heyday, Scandinavian Legal Realism caught the attention of many a prominent legal theorist and political philosopher. Their studies were reviewed by John Rawls (Rawls 1955, 421–422), H. L. A. Hart (Hart 1958,), Myres McDougal, and others. It also sparked interest in the neighbouring country, Finland.

Considering the great similarities between Swedish and Finnish societies today – both are technologically advanced liberal democracies strongly committed to the welfare state – one might guess that the School of Scandinavian Legal Realism had a great impact on Finnish legal studies. It was, after all, the most original school of legal philosophy ever to have emerged in Scandinavia, and all Finnish legal scholars knew Swedish, and many had strong cultural ties to that country. Besides, legal realism was an international phenomenon with similar schools of thought blossoming almost everywhere. If legal borrowing is easy, as Watson asserts, nothing should have prevented Scandinavian Legal Realism from gaining a foothold in Finland. Yet its impact remained rather modest, nearly non-existent until the 1950s, and especially the 1960s. I will argue, *pace* Watson, that the reason for hostility towards the Scandinavian Legal Realism was the great differences between Finnish and Swedish *societies* before the 1960s. These differences themselves were historical, mainly caused by the Finnish civil war of 1918.

Scandinavian Legal Realism was debated in Finnish legal scholarship from early on. The first major review was published in 1929 by a scholar named Ilmari Caselius, a professor of private law at the University of Helsinki. The occasion was his faculty opponent's statement of a doctoral dissertation that had been defended in the same year. In the said dissertation, a young scholar, Viljo Sainio, had defended some theses of the Uppsala school of legal philosophy. Caselius felt obliged to denounce those theses. He published a savage criticism of Scandinavian Legal Realism in both Swedish and Finnish.
Caselius' main criticism concerned the ideology of Scandinavian Legal Realism, which he suspected to be marxian. In his view, legal realism did not pay enough attention to individuals' rights. To the contrary, it over-exaggerates class conflict and material considerations. "No legal system", Caselius pointed out, "has accepted such a one-sided point of view" (Caselius 1929, 182). Now, to argue that social theory's validity depends on positive law is absurd and stupid. However, Caselius was not a stupid man. Therefore, we have to ask why he was at pains to prove that Finnish law did not recognise class conflict. Before trying to answer that question, I want to probe deeper into Finnish legal culture.

During the 1930s many Finnish legal scholars reviewed realist writings. Most reviews, however, were quite hostile. Af Hällström, for one, argued that Scandinavian Legal Realism was some sort of socialism; political ideology cloaked in a legal disguise. For that reason he distanced himself from realists. Similar arguments were echoed by almost all major Finnish law scholars in the 1930s (Helin 1988, 276–283).

There is, however, one exception to the above-mentioned rule. In 1938 Otto Brusiin defended his doctoral dissertation. The topic was discretionary powers of judges. Brusiin argued that the legal system is not closed, but full of gaps, and therefore judges are creative; they create law (Brusiin 1938, 246–253). From a comparative perspective it is obvious that Brusiin's insights were part of a general trend: the revolt against 19th century legal formalism (see, for instance, Frank 1949). Similar ideas had been expounded by Rudolf von Ihering, Jerome Frank and many other legal realists. If the transformation of legal thought would depend only on great legal minds, Brusiin would have been the father of Finnish Legal Realism. The truth is that Brusiin remained an outsider within legal academia, only getting tenure in the 1960s. Being a legal realist in Finland before the 1960s was not an accomplishment, it was a handicap.

In the 1940s the situation was pretty much similar. Scandinavian Legal Realism was still rejected. After the Second World War Germany no longer provided the similar scholarly and cultural ideal it had done in the past. In Finland it meant that inspiration for legal reform and new ideas were increasingly drawn from other Nordic countries. Scandinavian Legal Realism, however, still aroused suspicion. Most scholars still denounced their ideas as too radical. This decade witnessed a discussion that shows how different Sweden and Finland were at the time.

As mentioned earlier, most legal realists argued that ownership is not really an obstacle to legal reform; *ownership is what the laws and the courts say it is.* In political debates this analysis was used in justifying higher taxes and expropriation of private property. This realist analysis has had a great impact on Swedish social democracy, and protection of private property is still a rather weak constitutional argument in Sweden. In Finland, however, private property still had a near sacrilegious status in the 1940s. It is remarkable that in 1947, young constitutional law scholar Veli Merikoski had to publicly defend his view, that protection of private property is no more a fundamental constitutional right than, say, life and liberty (Merikoski 1947), and he represented a minority view! Of course, Merikoski admitted that property is equally important as the protection of life and limb. This is quite different from the Swedish discussion about ownership. The question from a comparative point of view is this: why was it much more important to protect private property in Finland than in Sweden?

Perhaps the most dramatic difference between Sweden and Finland can be found in the criminal justice system and criminal law theory. As pointed out earlier, legal realists in Sweden demanded more humane and lenient criminal justice. They argued that the reason for punishment was the maintenance of morality, not deterrence. This did not require harsh penalties, and at least Vilhelm Lundstedt admitted that his theory was intended to benefit the working class. In Finland the discourse and practice of criminal justice were dramatically different. As regards to day-to-day working of the criminal justice system, Sweden and Finland dramatically diverged in the 1920s. Before the First World War, there were c. 3000–4000 prisoners in both countries. In the beginning of the 1920s, the Swedish prison population began to decrease dramatically, while the Finnish prison population began to increase after 1918, and grew to over 10 000 prisoners (Hannula 2003, 238–240). A similar difference can be found in criminal law theory. Leading Finnish scholar, Bruno Salmiala, still advocated capital punishment in the 1950s (Backman 1992, 282). His colleague Brynolf Honkasalo, for his part, defended rather strict protection of private property. In his widely used criminal law textbook, Honkasalo gave an interesting example of self-defence. He maintained that if somebody tries to steal an apple from your yard, you have a legal right of self-defence; for instance, to shoot him! Once again, the discourse was pretty different from the Swedish one.

So, Finnish society was strongly committed to private property. Finnish legal scholars also had a hard time admitting the role of class conflict in society. Why? I tend to think that the main reason was the legacy of our civil war. In 1918 there was a bloody civil war in Finland. Historians agree that it was a conflict between the propertied class and the have-nots in the society. White side, that is, property owners and the upper-class, won the war. The legacy of this conflict was a repressive society where communists were hunted down and private property had a sacred status. Legal scholars had mainly an upper-class background. Those who participated in the socialist movement, like Otto Brusiin, really stood no chance of success within legal academia. Regal reception, then, was not easy, because societies were so different. This example shows that we should take Alan Watson's ideas with a pinch of salt.

In the end, of course, Finnish law underwent a transformation. The country became a liberal welfare state that it is today. Scandinavian Legal Realism was, after all, part of a large-scale modernisation of law and legal thought. Eventually, Finnish legal theory rejected the hair-splitting methods of 19th century German legal science. The watershed was, however, not the 1920s or 1930s, but the 1960s. It was the leftist spirit and student rebellions of the 1960s that started the modernisation of Finnish law. By that time, Hägerström and his ilk had become unfashionable in Sweden, too. Finnish legal thought was reoriented to a neo-Marxian direction, and in that scheme, Hägerström's philosophy counted for naught.

Conclusion

It has become commonplace to moan that Europe is undergoing a process of "Americanisation" or "MacDonaldisation". Comparative lawyers have even spoken about American leadership in law (Mattei 1994). According to this argument, European legal systems are transplanting more and more common law rules and institutions. Yet, we should be cautious in repeating this argument. As I have tried to show in this Article, societies differ. The fundamental difference lies often in values that certain societies (or the majority of people therein) espouse. Thus, Finnish society and its legal scholars were, comparatively speaking, much more committed to private ownership and harsh criminal justice than Swedish, or even German scholars after the Second World War. For this reason, Scandinavian Legal Realism was not as "easily accepted" as Watson's ideas might suggest it should have been nor was Sweden such a cultural or legal ideal as Mattei's theory might suggest it should have been. Quite the contrary. Swedish law and legal ideology aroused anxiety, suspicion, and hostility among many Finnish legal scholars. When there is such a deep rift between two societies, legal transplanting will be extremely difficult. Now, European and American sensibilities about crime, social welfare, and individual responsibility are often like night and day. Consequently, any widespread and deep "Americanisation" of our law is unlikely to come about anytime soon (see, from an American perspective, Whitman 2000, 2003 a and 2004).

Bibliography

Backman, Eero (1992): *Oikeustiede yhteiskuntatieteenä. Tutkimuksia oikeustieteen luonteesta erityisesti rikosoikeuden kannalta.* Helsinki: Lakimiesliiton kustannus.

Brusiin, Otto (1938): *Tuomarin harkinta normin puuttuessa.* Vammala: Suomalainen lakimiesten yhdistys.

Caselius, Ilmari (1929): Den Hägerström-Lundstedtska skolan i Finland. *Tidskrift utgiven av Juridiska Föreningen i Finland.* 65:177–186.

Cotterell, Roger (2003): "Comparatists and sociology". In: Legrand, Pierre/ Munday, Roderick (Edited by): *Comparative Legal Studies: Traditions and Transitions.* Cambridge University Press. 131–153.

Ekelöf, Per-Olof (1948: Om rätt och moral. *Svensk Juristtidning.* 33:275–284.

Ewald, William (1995): Comparative Jurisprudence (II): The Logic of Legal Transplants. *The American Journal of Comparative Law.* 43:489–510.

Frank, Jerome (1949): *Law and the Modern Mind.* London: Steven & Sons Ltd.

Hannula, Ilari (2004): *Rikosoikeudellinen järjestelmä kriisissä. Tutkimus kansalaissodan ja 1930-luvun alun kriisin vaikutuksesta vankilukuun, rikoslainsäädäntöön ja oikeudenkäyttöön.* Vammala: Suomalainen Lakimiesyhdistys.

Hart, H. L. A. (1959): Scandinavian Realism. *Cambridge Law Journal.* 233–240.

Helin, Markku (1988): *Lainoppi ja metafysiikka. Tutkimus skandinaavisen oikeusrealismin tieteenkuvasta ja sen vaikutuksesta Suomen siviilioikeuden tutkimuksessa vuosina 1920-1960.* Vammala: Suomalainen Lakimiesyhdistys.

Horwitz, Morton J. (1992): *The Transformation of American Law 1870-1960. The Crisis of Legal Orthodoxy.* New York – Oxford: Oxford University Press.

Hägerström, Axel (1964): *Philosophy and Religion.* London: George Allen & Unwin Ltd.

Kloppenberg, James (1986): *Uncertain Victory. Social Democracy and Progressivism in European and American Thought, 1870-1920.* New York-Oxford: Oxford University Press.

Källström, Staffan (1991): En filosof i politiken. Vilhelm Lundstedt och äganderätten. Stockholm.

Lundstedt, Vilhelm (1956): *Legal Thinking Revised. My views on Law.* Uppsala: Almqvist & Wiksell.

Mattei, Ugo (1994): Why the Wind Changed: Intellectual Leadership in Western Law. *The American Journal of Comparative Law.* 42:195–218.

Merikoski, Veli (1947): Omistusoikeuden perustuslainsuojasta. *Lakimies.* 204–229.

Rawls, John (1955): review of Axel Hägerström's Inquiries into the Nature of Law and Morals. *Mind.* 64:421–422.

Summers, Robert Samuel (1982): *Instrumentalism and American Legal Theory.* Ithaca and London: Cornell University Press.

Sundell, Jan-Olof (1987): *Tysk påverkan på svensk civilrättsdoktrin 1870-1914.* Lund: Rättshistorisk bibliotek.

Tilton, Tim (1990): *The Political Theory of Swedish Social Democracy. Through the Welfare State to Socialism.* New York – Oxford University Press.

Watson, Alan (1993): *Legal Transplants: An Approach to Comparative Law.* Athens and London: University of Georgia Press 1993.

Whitman, James Q. (1990): *The Legacy of Roman Law in the German Romantic Era. Historical Vision and Legal Change.* New Jersey: Princeton University Press.

Whitman, James Q (1996).: The Moral Menace of Roman Law and the Making of Commerce: Some Dutch Evidence. *The Yale Law Journal.* 105:1841–1889.

Whitman, James Q.: Enforcing Civility and Respect: Three Societies. *The Yale Law Journal.* 109:1279–1398.

Whitman, James Q (2003).: *Harsh Justice. Criminal Punishment and the Widening Divide between America and Europe.* Oxford University Press.

Whitman, James Q. (2003a): "The neo-Romantic turn". In: Legrand, Pierre/ Munday, Roderick (Edited by): *Comparative Legal Studies: Traditions and Transitions.* Cambridge University Press. 312–344.

Whitman, James Q.: The Two Western Cultures of Privacy: Dignity Versus Liberty. *The Yale Law Journal.* 113:1151–1221.

Die „Zeitschrift für Ostrecht" (1927–1934)[1]

Thomas Ditt, Berlin

The „Zeitschrift für Ostrecht" was published by the Osteuropa-Institut in Breslau[2] in the years from 1927 to 1934. Analyzing the articles published in this journal one can learn how lawyers from different backgrounds (countries and professions) dealt with highly political questions (e. g. German-Czechoslovak relations, socialist Russia) in that time. Most articles are written in a surprisingly objective style.
With the emerge of the Nazi regime in Germany the „Zeitschrift für Ostrecht" came to an end. The succesing journal („Zeitschrift für Ostreuropäisches Recht") turned out to be much more political.

I. Das Osteuropa-Institut an der Universität Breslau

Die Universität Breslau wurde 1811 durch Zusammenlegung der Viadrina (Frankfurt an der Oder) sowie der 1702 entstandenen Breslauer Jesuiten-Universität Leopoldina[3] gegründet. Wie die Berliner und Bonner Universitäten wurde sie im Zuge der preußischen Reformen im Geiste Wilhelm von Humboldts errichtet[4].
Bereits im 19. Jahrhundert hatten sich Breslauer Wissenschaftler – wohl aufgrund ihrer geographischen Nähe zum Forschungsgebiet – mit dem „Osten" beschäftigt (Slawistik-Lehrstuhl etc.). So wurde 1841 der erste deutschsprachige Lehrstuhl für Slawistik errichtet.[5] Eine gesonderte Beschäftigung mit dem Recht des „Ostens" fand dabei jedoch praktisch nicht statt.

Zum Jahreswechsel 1917/18 ging nicht nur die militärische Führung sondern wohl auch der größte Teil der deutschen Elite davon aus, dass das Deutsche Reich sein Territorium im Osten ausdehnen könnte und darüber hinaus große Gebiete unter deutsche Kontrolle geraten würden. Daher wurde am 8. April 1918 in Breslau der eingetragene Verein „Osteuropa-Institut in Breslau" von

[1] Diese Untersuchung beruht lediglich auf einer kurzen Analyse der Jahrgangsbände der „Zeitschrift für Ostrecht" und ihrer Nachfolgezeitschrift. Angesichts des Umfangs der Jahrgänge besteht somit kein Anspruch auf Vollständigkeit!
[2] Breslau is known today as Wrocław and is situated in Silesia (Poland). Until the expulsion of the German population in 1945 the city was the largest German city east of Berlin.
[3] Vgl. zur Geschichte der Leopoldina: *Carsten Rabe*, Alma Mater Leopoldina, Kolleg und Universität der Jesuiten in Breslau 1638 – 1811, Köln 1999.
[4] *Hermann Aubin*, Gedenkrede auf eine Verstorbene, Jahrbuch der Schlesischen Friedrich-Wilhelms-Universität zu Breslau, S. 289 (291).
[5] *Hermann Aubin*, S. 301.

der Provinzialverwaltung Schlesiens, der Stadt Breslau, dem preußischen Staat und Vertretern der Montanindustrie gegründet.[6] Ziel war es, ein interdisziplinär ausgerichtetes Forschungsinstitut zu gründen.[7] Das geplante Institut sollte sich mit den Bereichen Landeskunde, Land- und Forstwirtschaft, Bergbau und Hüttenkunde, Industrie, Handel und Verkehr, Soziologie, Statistik, Religionswissenschaft, Sprachkunde und Literatur beschäftigen.[8]

Nachdem der Krieg für das Deutsche Reich mit Gebietsverlusten insbesondere im Osten an das wieder erstandene Polen (Posen, Danzig, Oberschlesien) sowie dem Entstehen der Tschechoslowakei endete, geriet das Projekt ins Stocken. Doch gerade aufgrund dieser „Bedrohung" wurde das Osteuropa-Institut schließlich – wenn auch unter anderen Vorzeichen – doch noch eröffnet. Zunächst arbeitete es nur mit einer rechts- und einer wirtschaftswissenschaftlichen Abteilung. Die Rechtsabteilung des Institutes wurde dabei insbesondere durch die von ihr erstellten Gutachten bekannt. Darüber hinaus verfassten die Mitarbeiter Monographien in der Reihe „Quellen und Studien des Osteuropa-Institutes".[9]

Breslau entwickelte sich bis 1945 zu einem der Zentren der deutschen *Ostforschung*[10].

---

[6] *Martin Balzer*, „Die Osteuropa-Forschung an der Universität Breslau in den Jahren 1930 bis 1942, Hamburg 1995, S. 27.

[7] Rückblickend schreibt der spätere Direktor des Osteuropa-Institutes *Hans-Jürgen Seraphim* (zitiert nach *Martin Balzer*, S. 27): Als im Frühjahr 1918 das Osteuropa-Institut (...) begründet wurde, durfte man seiner Wirksamkeit eine überaus günstige Prognose stellen. Die deutschen Heere standen tief in Russland, die baltischen Provinzen waren im Begriff, sich politisch zu verselbständigen und sich dem deutschen Machtbereich einzugliedern, der Balkan war von den Mittelmächten erobert. Für alle diese Gebiete ergaben sich bedeutende politische, kulturelle und wirtschaftliche Möglichkeiten, die Deutschland Zukunftsaufgaben großen Stils stellten."

[8] *Martin Balzer*, S. 26.

[9] Etwa *Friedrich Schöndorf*, Bulgarisches Eherecht, 1924; *Reinhart Maurach*, System des russischen Strafrechts, 1928.

[10] Zur *Ostforschung*: *Hans-Jürgen Bömelburg*, Das Osteuropa-Institut in Breslau 1930 – 1940 – Wissenschaft, Propaganda und nationale Feindbilder in der Arbeit eines interdisziplinären Zentrums der Osteuropaforschung in Deutschland, in: Zwischen Konfrontation und Kompromiss: Oldenburger Symposium: „Innerethische Beziehungen in Ostmitteleuropa als historiographisches Problem der 1930/1940er Jahre" (Hrsg. Michael Garlett, München 1995); *Martin Burkert*, Die Ostwissenschaften im Dritten Reich, Teil I: Zwischen Verbot und Duldung – Die schwierige Gratwanderung der Ostwissenschaften zwischen 1933 und 1939, Wiesbaden 2000; *Eduard Mühle*, The European East on the Mental Map of German Ostforschung, 2003.

Obwohl es Versuche gab, in Königsberg oder an der neu gegründeten Reichsuniversität Posen ost*recht*liche Forschungsstellen einzurichten, blieb Breslau auch Hauptort der Ost*rechts*forschung, einer Teildisziplin der *Ostforschung*.

II. Die „Zeitschrift für Osteuropäisches Recht" und „Ostrecht"

1925 wurde am Breslauer Osteuropa-Institut die Vierteljahresschrift „Zeitschrift für Osteuropäisches Recht" gegründet. Herausgegeben wurde sie von den Breslauer Professoren *Richard Schott* und *Friedrich Schöndorf*. Der Zivilrechtler *Richard Schott* (1872–1934) war in Dorpat aufgewachsen[11]. *Friedrich Schöndorf* (1873–1938) wurde in Odessa geboren und kam nach der Russischen Revolution 1922 über Wien nach Breslau, wo er Professor für Internationales und Ausländisches Privatrecht und Leiter der Rechtsabteilung des Osteuropa-Institutes wurde. Nach seiner Absetzung flüchtete er 1933 nach Wien und beging dort nach dem „Anschluss" Österreichs Selbstmord.[12] Als Berichterstatter für Polen war der Breslauer Oberlandesgerichtsrat *Ernst Warschauer* tätig, Geschäftsführer des Instituts und Berichterstatter war der aus Riga gebürtige Rechtsanwalt *A. v. Bochmann*.

Parallel dazu hatte eine Gruppe von Berliner Rechtsanwälten (*Heinrich Freund, Erwin Loewenfeld, Udo Rukser*[13]) die praxisnähere Zeitschrift „Ostrecht" gegründet.

1927 wurden beide Zeitschriften zur „Zeitschrift für Ostrecht" vereinigt und von den oben genannten Herausgebern gemeinschaftlich in Breslau und Berlin herausgegeben, da die Notgemeinschaft Deutscher Wissenschaft (Vorläuferin der Deutschen Forschungsgemeinschaft) eine Vereinigung beider Organe verlangte.[14] *Reinhart Maurach* geht dabei rückblickend davon aus, dass der Schwerpunkt der Herausgebertätigkeit in Berlin gelegen habe.[15]

---

[11] Vgl. *Marek Czaplinski*, Jahrbuch der Schlesischen Friedrich-Wilhelms-Universität zu Breslau, 1993, S. 177.
[12] *Marek Czaplinski*, S. 177.
[13] Zum Schicksal der Anwälte in der Emigration: *Udo Rukser*, Osteuropa-Recht, 1960, S. 2.
[14] *Reinhart Maurach*, Aus der Frühzeit der deutschen Ostrechtsforschung, Jahrbuch für Ostrecht, 1967, S. 14.
[15] *Reinhart Maurach*, S. 14.

III. Die „Zeitschrift für Ostrecht"

Die „Zeitschrift für Ostrecht" erschien von 1927–1934.
Die einzelnen Jahrgänge unterscheiden sich vom Umfang her deutlich und schwanken zwischen 930 (1931) und 1770 Seiten (1928).
Die Hefte bestanden aus den fünf Rubriken „Aufsätze", „Rechtsprechungen samt Anmerkungen", „Gesetzgebung und Staatsverträge", „Buchbesprechungen" sowie einer „Übersicht über Neuerwerbungen des (Breslauer) Osteuropa-Institutes".

Die meisten Artikel beschäftigen sich mit Zivil- und Wirtschaftsrecht. Einen gewissen Stellenwert hat auch das Völker- und Staatsrecht.
In manchen der Jahrgangsbände ergeben sich gewisse thematische Schwerpunkte, ohne dass dies von der Redaktion besonders gewünscht worden war, zumindest sind hierfür keine Anzeichen erkennbar.
In den ersten Heften wird oft das Aufwertungsproblem thematisiert. Hierbei ging es um die Frage, wie mit den durch Inflation abgewerteten Forderungen umgegangen werden sollte. Ein ähnliches Problem stellte sich auch im Bereich der Wechselkurse.
In den Aufsätzen des Bandes 1927 beschäftigen sich mehrere Autoren mit den „Aufwertungsentscheidungen" der jeweiligen höchsten Gerichte.[16] Diese Problematik war auch in Deutschland bekannt, hatte doch das Reichsgericht nach der Inflation im November 1923 (RGZ 107, 78) entschieden, dass ein Gläubiger eine Aufwertung seiner faktisch wertlosen Forderung verlangen könne. Daneben finden sich auch in den anderen Jahrgängen mehrere Aufsätze zum Thema Aufwertung (etwa: „Die Aufwertung im Memelgebiet", Obertribunalsrichter *O. Hesse*, Memel (1932), S. 1; „Das internationale Aufwertungsrecht Polens", Rechtsanwalt *Rost*, Berlin (1929), S. 83.).
Die Aufsätze stellen dabei keinen Bezug zu der Lage in den jeweils anderen Ländern her, ein Rechtsvergleich findet nicht statt.

Aufsätze zu „politisch" brisanten Themen bilden eher die Ausnahme. Ein Beispiel wäre etwa der ungarisch-rumänische Streit über die rumänischen Agrarreform (dahinter verbirgt sich letztlich ein Streit um die Zuständigkeit des rumänisch-ungarischen Schiedsgerichtes), der ausschließlich von Autoren

---

[16] (Die Autoren werden zur besseren Einordnung jeweils mit Ort und Berufsangabe wie im Inhaltsverzeichnis zitiert.) *Oskar von Büchler* (Universitätsdozent, Königsberg, Kaunas): „Aufwertung von Rubelforderungen in Litauen, S. 1068; *Bertold Eisner* (Sarajewo): Das Aufwertungsproblem in der Gesetzgebung und Rechtsprechung Jugoslaviens, S. 219; *Josef Mudrovic* (Rat der Septemviraltafel, Zagreb): Das Aufwertungsproblem in der Gesetzgebung und Rechtsprechung Jugoslaviens, S. 229; *Jaromir Sedlacek* (Professor, Brünn): „Die Aufwertungsklausen nach čechoslovakischem Recht, S. 346.

behandelt wird, die nicht aus den beteiligten Staaten stammen.[17] Dieses Thema war aber insofern für diverse Staaten von Bedeutung, da es auf Grund der Friedensverträge zahlreiche Schiedsgerichte zwischen den einzelnen Staaten Mittel- und Osteuropas gab.
Im Jahr 1933 steht mit dem litauisch-polnischen Konflikt (Wilnaproblem) ein weiteres brisantes Thema im Mittelpunkt.[18]
Ein Schwerpunkt des Jahresbandes 1928 bildet in der Rubrik Internationales Privatrecht das Thema „Behandlung russischer Nachlässe im Ausland". Hier stellen jeweils Professoren und Anwälte aus elf Ländern auf Anregung der Redaktion Lösungsmöglichkeiten aus Sicht der jeweiligen Staaten vor. Hierbei geht es letztlich um die Frage, ob sowjetische Rechtsvorschriften, und damit die Sowjetunion selbst, anerkannt werden sollen. Auffällig ist hier, dass keine Stellungnahme eines sowjetischen Autors vorliegt.

Die Mehrzahl der Aufsätze lässt sich jedoch nicht eindeutig zuordnen und behandelt diverse Einzelprobleme der Staaten Ost- und Mitteleuropas.
Geographisch beschäftigen sich vergleichsweise viele der Aufsätze mit dem sowjetischen Recht, in aller Regel werden diese Beiträge auch von Autoren aus der Sowjetunion verfasst. Die Mitarbeit sowjetischer Autoren ging aber seit Anfang der dreißiger Jahre deutlich zurück.

Obwohl die Zeitschrift in Breslau bzw. Berlin herausgegeben wurde, spielen Autoren aus diesen Städten nur eine untergeordnete Rolle. Die Mehrzahl der Autoren kommt aus den Ländern Ost- und Mitteleuropas. Ausgehend von den Namen hat ca. die Hälfte der Autoren einen deutsch(-sprachigen) Hintergrund, allerdings ist dieses Kriterium nur begrenzt aussagefähig, da auch Nicht-Deutsche deutsche Namen haben können (und umgekehrt).

Mit Blick auf die besonderen Beziehungen zur Tschechoslowakei und zu Polen (Deutsche Minderheiten) sowie auf die politische Lage in Russland nach der Revolution scheint ein genauerer Blick auf Autoren dieser Länder und Aufsätze, die sich mit diesen Ländern beschäftigen, sinnvoll zu sein.

---

[17] *James Valloton* (Lausanne, ehem. Präsident des Norwegisch-Amerikanischen Schiedsgerichts): Die juristische Auffassung des Dreierkomitees des Völkerbundes unter dem Vorsitz Sir Augustin Chamberlain's über den rumänisch-ungarischen Streit und seine Tragweite im Völkerrecht, S. 1217; *N. Politis* (Honorarprofessor, Paris): Der Völkerbund und die gemischten Schiedsgerichte, S. 1234; *Erich Kaufmann* (Professor, Berlin): Der ungarisch-rumänische Streit über die rumänische Agrarreform vor dem Völkerbundsrate, S. 1243.
[18] Etwa: *G. Rutenberg* (Rechtsanwalt, Kaunas): Die Entscheidung des Haager Weltgerichtshofes vom 15.10.1931 in den litauisch-polnischen Streitsachen, S. 274 (1933); *Curt Menzel* (Amtsgerichtsrat, Hamburg): Zur Wilnafrage, S. 290.

Polnische Autoren veröffentlichen relativ viel in der Zeitschrift, während sich tschechische Autoren seltener finden. Die Mehrzahl der Aufsätze aus der Rubrik „Polen“ behandelt Probleme des polnischen Zivilrechts und die Autoren kommen aus Polen, während nur wenige tschechische Autoren in der Zeitschrift veröffentlichen.

Im Band 1929 werden von *Franz Adler*, einem Prager Privatdozenten, die „Probleme des čechoslovakischen Verfassungsrechts“ thematisiert.[19] Ähnlich wie in *Emil Daningers* Aufsatz „Zur Frage der Aufwertung in der Čechoslovakei“[20] wird dabei deutlich, dass hinter der Auseinandersetzung um das tschechoslowakisches Recht letztlich die ungelöste Frage der nationalen Minderheiten steht. Ähnliches gilt auch für andere Beiträge böhmisch-deutscher Autoren, die größtenteils auf eine Auseinandersetzung mit den Positionen tschechischer Autoren verzichten und lediglich die deutschsprachigen Debatten behandeln („Der dritte deutsche Juristentag in der CSR“, *Heinrich Eppinger*, Brüx, 1927, S. 727).
Im Jahresband 1928 erscheinen mehrere Artikel zu spezifischen Fragestellungen Ostpolens. Dabei geht es insbesondere um die Frage, welches Recht gilt.[21] Mit dem „Sprachenrecht vor Verwaltungs- und Gerichtsbehörden in Polen“ beschäftigt sich der Rechtsanwalt *Stefan Dembiński* aus Posen.[22] Die Autoren, die allesamt aus Polen stammen vermeiden hierbei eine nationalistische „Jubelsprache“, primär handelt es sich um beschreibende Texte, Wertungen und persönliche Einschätzungen spielen nur eine untergeordnete Rolle.
In einigen Artikeln zum deutsch-polnischen Verhältnis werden die Konflikte der Zeit angesprochen. Der – möglicherweise – von einem Nicht-Juristen (entgegen der sonstigen Vorgehensweise der Redaktion keine Berufsangabe) verfasste Beitrag „Vorbild der polnischen Auslegung des Begriffs „consid-

---

[19] 1929, S. 1549.
[20] *Emil Daninger* (Rechtsanwalt, Jägerndorf): Zur Frage der Aufwertung in der Čechoslovakei (1929), S. 544. Tendenziell ähnlich *Egon Schwelb* (Prag): Die čechoslovakische Staatsbürgernovelle vom 1. Juli 1926, (1927), S. 35 („Auch wenn man das Gesetz nicht vom Standpunkte seiner Bedeutung für die Rechtsentwicklung auf dem Gebiete des Staatsbürgerrechts, sondern nur von dem seiner Zwecksetzung betrachtet, sind sachlich und formell wesentliche Mängel zu konstatieren [...]“ S. 47 „[...] und die Verwaltung daher mit Aussicht auf Erfolg versuchen kann, eine ihr missliebige Verleihung der Staatsbürgerschaft durch Ausweisung des Petenten zu umgehen [...]“ (S. 49)).
[21] Etwa *Franz von Bossowski* (Professor, Wilna): Die Neugestaltung des in Ostpolen unter der russischen Herrschaft geltenden Privatrechts durch die polnische Gesetzgebung, 1928, S. 29; *E. von Waśkowski* (Professor, Wilna): Die Regelung der Gesetzgebung in Ostpolen, 1928, S. 59; *Stephan Wierzbowski* (Warschau): Die Liquidation des in Polen befindlichen Vermögens der ehemaligen russischen juristischen Personen, 1928, S. 1097.
[22] 1928, S. 315.

erable proportion“ im Minderheitsschulrecht (Art. 9 MinV)“ von *Walter Engler* (Köslin) geht dabei als einer der wenigen Artikel in eine nationale, anklagende Richtung („...offensichtlich nur zu dem Zwecke, damit in der bisherigen Schule die Zahl der deutschsprachigen Kinder unter 40 sank...“[23]).
Die anderen Aufsätze, die klassische Konfliktfelder des Weimarer Deutschlands behandeln, sind ansonsten von ihrem Schreibstil her nicht nationalistisch, sondern eher sachlich geprägt.[24]
Anders als vielleicht vermutet werden kann, wurde die Zeitschrift somit nicht zu einem deutschen Agitationsforum gegen den Vertrag von Versailles.

Eine interessante Besonderheit stellen die überaus zahlreichen Aufsätze über sowjetisches Recht dar.
Sie werden in aller Regel von sowjetischen Autoren verfasst und behandeln oft einzelne Rechtsgebiete, bei denen politische (System-)Fragen nicht primär im Vordergrund stehen[25]. Daneben gibt es aber auch eine Zahl von Aufsätzen, die sich mit den Bereichen des sowjetischen Rechts beschäftigen, von denen vermutet werden kann, dass sie im „kapitalistischen Ausland“ nicht verstanden werden können

[23] 1931, S. 98 (100).
[24] Etwa *Ernst Warschauer* (Oberlandesgerichtsrat Breslau): Grundsätzliche Bemerkungen zu dem Urteil des Haager Ständigen Internationalen Schiedsgerichtshofes vom 26.04.1928 im oberschlesischen Schulbuchstreit, 1932, S. 561 und *ders.*, Aus der neueren Praxis des Minderheitenschutzes in Oberschlesien – Das Recht der nationalen Minderheiten auf Theateraufführungen, Vorbemerkung zu den Stellungnahmen des Präsidenten der Gemischten Kommission für Oberschlesien vom 1. März 1930, Nr. 705 und 836, S. 646 (1932). Letztlich auch noch sachlich und differenzierend: *Leo Epstein* (Stadtverordneter, Prag): Die Stellung der nationalen Minderheiten im innerstaatlichen Recht der Tschechoslowakei, S. 193 (211f.) („Der Grund [für die im Vergleich zu den Nachbarstaaten günstige Stellung der Minderheiten in der Tschechoslowakei, Anm. d. Verf.] hierfür liegt weniger in dem Mitregieren deutscher Parteien [...] als in der Natur des tschechischen Volkes, das eben kein osteuropäisches, kurz gesagt kein Balkanvolk ist. [...] Ohne die ständige Aufputschung weiter Volkskreise [...] wären wir weiter [...] so weit, dass ernstlich die Frage aufgeworfen werden könnte, ob denn das „tschechoslowakische Recht“ überhaupt noch ein „Ostrecht“ und nicht vielmehr ein „Westrecht“ ist. [...] Denn wir fühlen westlich und auch das tschechische Volk muß sich endlich endgültig dem Westen zuwenden, dem es nach Geschichte und Kultur angehört.“).
[25] *M. Grodzinskij* (Professor, Charkov): Das neue Strafgesetzbuch der Sovietukraine (1928), S. 177; B. Cerepachin (Professor, Irkutsk): Die Haftung des Frachtführers für Verluste und Beschädigung nach dem Binnenschiffahrts- und Eisenbahnrecht der UdSSR (1932), S. 433.

(*„Der westeuropäischen Gesetzgebung ist ein derartiges Institut [Verstaatlichung des privaten Hausbesitzes, Anm. d. Verf.] vollständig unbekannt. Deshalb sind wir der Meinung, dass die Beleuchtung dieses Instituts in dies Zeitschrift nicht ohne Interesse für die Leser sein dürfte.“*[26]).

Tatjana Seiliger (Mitglied des Kollegiums der Verteidiger in Leningrad) erläutert und rechtfertigt die „Kollektivierung der Anwaltschaft in der UdSSR“ in einer (für den mit der marxistischen Terminologie wenig vertrauten Leser) schwer verständlichen Weise:

„Als Abschluß zu diesem schematischen Abriß der Reform der Advokatur der UdSSR fragt man sich unwillkürlich: Welches Ziel, welcher Sinn liegt in der Beseitigung der althergebrachten Form der Arbeit des freien Advoaktenberufes? – Dazu kann die Antwort nur sub specie historiae gegeben werden: man kann eine sozialrechtliche Erscheinung von ihrer konkreten historischen Sphäre, in der sie sich vollzieht, nicht abstrahieren. Die Geschichte kennt keine Erscheinungen „an und für sich“. Nur wenn man so an die Frage herantritt, kann eine objektive „sine ira“ Bewertung möglich sein für die z. Zt. in Sovetrußland vor sich gehende Reform der Advokatur.“[27]

Zwar ist unverkennbar, dass diese Art Aufsätze einen werbenden Charakter haben, dennoch stellen sie keine plumpe Polemik dar. Die unterschiedlichen Modelle der Verstaatlichung in Russland und der Ukraine werden beispielsweise auch eindeutig gewertet und durchaus kritisch betrachtet.[28]
Dies ist umso erstaunlicher als zahlreiche Artikel der nicht-sowjetischen Autoren zumindest indirekt eine deutlich ablehnende Haltung gegenüber der sowjetischen Entwicklung haben.[29]
Man kann also sagen, dass die russischen Autoren die Zeitschrift gezielt als Forum genutzt haben, um den „Westen“ aufzuklären und zu informieren. Vielleicht haben sie sogar versucht, westliche Juristen von der (vermeintlichen) Überlegenheit ihres Systems zu überzeugen.

In der Rubrik „Buchbesprechungen“ werden in- und ausländische Bücher vorgestellt. Die in der Rubrik „Rechtsprechung“ vorgestellten Urteile stammen meist aus den Ländern Osteuropas; teilweise werden die Urteile kurz kommentiert.

---

[26] *N. Vavin* (Professor, Moskau): Die Verstaatlichung des privaten Hausbesitzes in der RSFR und der UkrSSR als Rechtserscheinung der revolutionären Ordnung (1929), S. 513.
[27] *Tatjana Seiliger*: Die Kollektivierung der Anwaltschaft in der UdSSR, 1930, S. 253 (260f).
[28] Vgl. Fußnote 26.
[29] *J. M. Rabinovitsch* (Rechtsanwalt, Berlin): Die Nationalisierung der russischen Aktiengesellschaften durch die Sovjetregierung im Spiegel der internationalen Praxis (1929), S. 1109.

Im dritten Heft des Jahrgangs 1934 findet sich folgende Mitteilung mit der die „Zeitschrift für Ostrecht" sich „verabschiedet":

„Mit diesem Heft stellt die ZEITSCHRIFT FÜR OSTRECHT Ihr Erscheinen ein. Wir danken allen Mitarbeitern und Beziehern für das auch in langen Krisenjahren bewiesene Interesse und geben uns der Hoffnung hin, dass unsere Bemühungen um eine gemeinsame Arbeit an wissenschaftlichen Aufgaben über die Grenzen hinweg nicht erfolglos gewesen sind"[30].

Ein Hinweis auf das Nachfolgeblatt findet sich nicht.

IV. Die „Zeitschrift für osteuropäisches Recht"

Nach dem abrupten Ende der „Zeitschrift für Ostrecht" erscheint als „Nachfolgerin" die „Zeitschrift für Osteuropäisches Recht" mit dem Untertitel *„Im Auftrage des Osteuropa-Institutes in Breslau hrsg. von Prof. Dr. G. A. Walz (Rektor der Universität in Breslau), Prof. Dr. A. Freiherr von Freytagh-Loringhoven (Preuß. Staatsrat, Mitglied des Ständigen Schiedshofes im Haag). Die Redaktionsleitung liegt bei „Dr. jur. habil. R. Maurach – Leiter der Rechtsabteilung des Osteuropa-Institutes"*.
Im ersten Heft (bzw. im ersten Band) der „neuen" Zeitschrift findet sich kein Hinweis auf irgendeine der Vorgängerzeitschriften, insbesondere wird die Namensvorgängerin „Zeitschrift für osteuropäisches Recht" nicht erwähnt. Obwohl die „Zeitschrift für Osteuropäisches Recht" letztlich genauso aufgebaut ist wie die „Zeitschrift für Ostrecht", wird auch an die eigentliche Vorgängerin nicht angeknüpft, es gibt die Rubriken „Aufsätze", „Gesetzgebung und Staatsverträge", „Rechtsprechung", „Literatur", „Mitteilungen" vom Osteuropa-Institut; die Zeitschrift erscheint auch im selben Verlag und wird von derselben inzwischen „arisierten" Druckerei gedruckt.
Reinhart Maurach führt als Grund für das totale Auswechseln der Herausgeber der Zeitschrift den antisemitischen Druck der „Notgemeinschaft deutscher Autoren" an.[31] Mit Ausnahme des zwischenzeitlich verstorbenen *Richard Schott* stammten die anderen Herausgeber der „Zeitschrift für Ostrecht" aus jüdischen Familien.
Die neuen Verantwortlichen der Zeitschrift unterscheiden sich von ihren Vorgängern nicht nur dadurch, dass sie alle aus dem universitären Bereich stammen. Darüber hinaus sind sie dem Nationalsozialismus auch größtenteils verbunden.

Der Staats- und Völkerrechtler *Gustav Adolf Walz* (1897–1948) war einer der führenden Vertreter der „nationalsozialistischen Revolution", der „der neuen Zeit" erwartungsvoll entgegen blickte. Er wurde 1933 an die „Stoßtruppfakul-

[30] Zeitschrift für Ostrecht, S. 145.
[31] *Reinhart Maurach*, S. 16.

tät Breslau" berufen und bildete dort neben den anderen frisch Berufenen wie *Heinrich Lange*[32], *Heinrich Henkel* oder *Norbert Gürke* die Speerspitze der Neuausrichtung der Fakultät. Er wurde Dekan der Rechts- und Staatswissenschaftlichen Fakultät sowie Rektor der Universität, wo er jeweils als „Führer" auftrat.[33]
Als „Stoßtruppfakultäten" waren neben Breslau auch die Fakultäten der anderen „Grenzlanduniversitäten" in Kiel („Kieler Schule") und Königsberg ausgewählt worden.[34] Nicht erst nach 1933 sondern mindestens schon nach den neuen Grenzziehungen nach 1918 verstand sich die Breslauer Universität (ähnlich wie die Universitäten in Kiel und Königsberg) als „Grenzland-Universität"[35], dies hatte unter anderem zur Folge, dass die so genannte „Ostsemester-Kampagne" ins Leben gerufen wurde mit der Studenten aus den westlichen Teilen des deutschen Reiches nach Breslau gerufen werden sollten.

Axel Freiherr von Freytagh-Loringhoven (1878–1942) stammte aus einer deutschbaltischen Familie und war nach der Oktoberrevolution nach Deutschland und 1920 an die Breslauer Universität gekommen. Im Jahr 1934 wurde er vom Honorarprofessor zum „ordentlichen Professor" befördert.[36] Darüber hinaus nahm er eine führende Stellung als Klassenobmann und Vorsitzender des Ausschusses für Kolonialrecht bei der 1933 gegründeten Akademie für Deutsches Recht ein[37] und wurde schließlich als deutscher Vertreter zum Ständigen Schiedshof nach Den Haag geschickt. In der Vorgängerzeitschrift hat er nicht veröffentlicht, obwohl er als Kenner der russischen Politik galt. *Axel Freiherr von Freytagh-Loringhoven*, der als antisemitischer Nationalist eingestuft wird,

---

[32] Zu Lehre und Forschung von *Heinrich Lange*: *Wilhelm Wolf*, Vom alten zum neuen Privatrecht, Tübingen 1998.
[33] *Gustav Adolf Walz*, Der Rektor als Führer der Universität, Deutsches Recht 1935, S. 5; *ders.*, Faschismus und Nationalsozialismus, Deutsches Recht, 1935, S. 315.
[34] Vgl. „Bevorzugt zunächst die rechtswissenschaftlichen Fakultäten in Kiel, Breslau und Königsberg, die als politischer Stoßtrupp ausersehen sind!", Auszug aus einem Referat des Referenten im Reichswissenschaftsministerium *Karl August Eckhardt* (abgedruckt in: *Karl August Eckhardt*, Das Studium der Rechtswissenschaft, Hamburg 1936, S. 9).
[35] *Hans Thieme*, Letzte Vorkriegsjahre an der Breslauer Universität, in: Meine Heimat Schlesien – Erinnerungen an ein geliebtes Land, 2. Auflage, München 1980, S. 136; *Norbert Kapferer*, Die Nazifizierung der Philosophie an der Universität Breslau 1933–1945, Münster 2001, S. 79; *Hermann Aubin*, Gedenkrede auf die Universität Breslau, Jahrbuch der Schlesischen Friedrich-Wilhelms-Universität zu Breslau, 1963, S. 300ff.; *Ludwig Petry*, Die Gründung der drei Friedrich-Wilhelm-Universitäten in Berlin, Breslau und Bonn, in: Dem Osten zugewandt, Sigmaringen 1983, S. 401f.
[36] *Marek Czaplinski*, Jahrbuch der Schlesischen Friedrich-Wilhelms-Universität zu Breslau…, S. 164.
[37] *Hans-Rainer Pichinot*, Die Akademie für Deutsches Recht – Aufbau und Entwicklung einer öffentlich-rechtlichen Körperschaft des Dritten Reichs –, Dissertation Kiel 1981, S. 100.

lehnte die Weimarer Verfassung scharf ab und geriet dadurch in Konflikt mit der preußischen Regierung.[38] Sein zeitweiliger Assistent *Boris Meissner* wurde nach 1945 einer der führenden Vertreter der deutschen Ostrechtswissenschaft und war unter anderen mehr als zwei Jahrzehnte Leiter des Kölner Instituts für Ostrecht.[39]

Reinhart Maurach (1902–1976) hatte bereits zuvor in der „Zeitschrift für Ostrecht" veröffentlicht. Er habilitierte sich im Strafrecht und war sehr am Sowjetischen Recht interessiert, was vermutlich mit seiner Herkunft aus einer deutschbaltischen Familie und seinem Geburtsort Simferopol zusammenhing. Sein Verhältnis zum Nationalsozialismus kann nicht eindeutig beurteilt werden. Zum einen stand er Mitte der 30er Jahre auf Grund seiner Beschäftigung mit dem „Bolschewismus" unter besonderer Beobachtung der Gestapo[40], zum anderen war er Verfasser zahlreicher antisemitischer Schriften.[41] Nach dem Zweiten Weltkrieg gehörte er zu den führenden Strafrechtlern der Bundesrepublik und war maßgeblich an der Gründung des Münchener Osteuropa-Institutes beteiligt.

Gegenüber der Vorgängerzeitschrift fällt zuerst auf, dass die Autoren fast ausschließlich aus dem universitären Bereich stammen und praktisch keine Rechtsanwälte mehr in Erscheinung treten. Wie bei den Autoren der Vorgängerzeitschrift sind sie jedoch durch Herkunft und Lebensweg mit Osteuropa verbunden.
Die Zeitschrift ist in weit stärkerem Maße als vorher ein Sprachrohr des Breslauer Institutes (im besonderen *Reinhart Maurach* und *Heinz Meyer*). Zwar erscheinen nach wie vor Artikel von polnischen und tschechischen Autoren, doch überwiegt jetzt der Anteil der deutschen Autoren. Es ist unklar nach welchen Kriterien die Artikelauswahl bei der Vorgängerzeitschrift erfolgte, im Fall der „Zeitschrift für Osteuropäisches Recht" fällt jedoch auf, dass mehrfach von der „Redaktion" bzw. der „Schriftleitung" das Erscheinen von Artikeln kommentiert wird[42]. So schreibt *Kazimierz Kierski* (Präsident i. R. der Ge-

---

[38] *Michael Stolleis*, Geschichte des Öffentlichen Rechts in Deutschland, Band 4, München 1994, S. 161ff., 261; *Ernst Cohn*, Student in den Zeiten der Not, in: Meine Heimat Schlesien – Erinnerungen an ein geliebtes Land, 2. Auflage, München 1980, S. 112.
[39] Sowjetsystem und Ostrecht, Festschrift für *Boris Meissner* zum 70. Geburtstag, Berlin 1985, S. 15 („Geleitwort").
[40] *Georg Stadtmüller*, Erinnerungen an das Osteuropa-Institut in Breslau, Jahrbuch der Schlesischen Friedrich-Wilhelms-Universität zu Breslau, 1985, S. 226ff.
[41] U.a. *Reinhart Maurach*, Die russische Judenpolitik und die Überfremdung des Grundbesitzes, Jahrbücher für Nationalökonomie und Statistik, 1939, S. 35; *ders.*, Liberalismus und Judenpolitik im Zarenreich, 1939, S. 609.
[42] Siehe auch die einführenden Kommentare auf S. 54 bzw. S. 345.

neralprokuratur, Posen) über „Die Lage der Minderheiten in Polen nach der Septembererklärung". Der Aufsatz wird mit folgendem Hinweis versehen:

„Mit Rücksicht auf den die Auswirkungen der Kündigung nach deutscher Auffassung beurteilenden im vorhergehenden veröffentlichten Beitrag von Hasselblatt[43] *gibt die Schriftleitung den folgenden Ausführungen, die den politischen Standpunkt kennzeichnen, gern Raum. Daß die Schriftleitung dem Verfasser nicht in allen Punkten folgen kann, bedarf keiner besonderen Begründung. Umso mehr wäre es zu begrüßen, wenn die Entwicklung des autonomen polnischen Minderheitenschutzes die Erwartungen des Verfassers rechtfertigen würden."*

Die „Redaktion" kommentierte auch den einzigen Aufsatz, den der Mitherausgeber der Zeitschrift, *Gustav Adolf Walz*, veröffentlichte. Zwischen *Reinhart Maurach* (die „Redaktion") und *Gustav Adolf Walz* gab es wohl Auseinandersetzungen über die inhaltliche Ausrichtung der Zeitschrift, letzterer habe unter anderem geplant, der Zeitschrift den Titel „Recht und Staat im Ostraum" zu geben und diese in „ein Organ zur Information des Ostens über die neudeutsche Rechtsentwicklung zu verwandeln".[44]

Bei den Literaturbesprechungen fällt auf, dass fast nur noch deutschsprachige Bücher von deutschsprachigen Rezensenten besprochen werden.

Sowjetische Autoren veröffentlichen praktisch nicht mehr in der Zeitschrift; unklar ist insoweit, ob dies von Breslau oder Moskau ausging. Polnische Autoren konnten zunächst vergleichsweise problemlos vor dem Hintergrund des Hitler-Piłsudski-Abkommens publizieren. Aus der Tschechoslowakei berichten meist nur noch deutsche Verfasser.

---

[43] *Werner Hasselblatt* (Rechtsberater der deutschen Volksgruppen in Europa): Der Genfer Minderheitenschutz nach dem polnischen Verstoß, S. 217 (1934/35).
[44] *Reinhart Maurach*, S. 17.

V. Fazit

Die „Zeitschrift für Ostrecht“ bildete somit in den 1920er und frühen 1930er Jahren ein internationales juristisches Forum. Die Konflikte der Zeit werden angesprochen, aber nur selten „kämpfend“ thematisiert.
Ein Rechtstransfer im engeren Sinne fand dabei jedoch in der Regel nicht statt. Rechtstransfer setzt einen Rechtsvergleich voraus und Rechtsvergleich basiert auf Austausch von Informationen. In diesem Dreiklang verharren die Artikel der „Zeitschrift für Ostrecht“ auf der ersten Stufe.
Bemerkenswert ist darüber hinaus die sowjetische „Wissenschaftspropaganda“, die vergleichsweise kritisch das sowjetische Rechtssystem erläutert.

Die seit 1934 erscheinende Nachfolgezeitschrift ist weit stärker politisch geprägt. Die Zeitschrift wird „deutscher“ und insgesamt weniger vielfältig (Herkunft der Autoren, Themen).
Die „Zeitschrift für Osteuropäisches Recht“ verstand sich selbst nicht als Nachfolgerin der „Zeitschrift für Ostrecht“, obwohl sie dies faktisch war. Im Laufe der dreißiger Jahre wird die Zeitung bis zur territorialen Expansion im Osten wieder unpolitischer, erreicht jedoch nicht mehr das internationale Niveau, das sie in der Weimarer Zeit hatte.

Paris–Prag. Geschichte eines Verfassungstransfers

Jana Lachmund, Frankfurt a. M.

The national movement in Eastern Europe led to the foundation of an independent Czechoslovak state in 1918. Rejecting a federative system as in Switzerland, the fathers of the constitution were more inclined towards the French model of a centralized state. They had to face a highly fragmented constitution of 1875 and a sometimes contradictory political and judicial practice. A specific feature of that transfer is therefore the Czechoslovak codification of the French constitutional customary law. Both constitutional systems stress the fundamental role of the parliament as well as the necessity of sound "checks and balances". But, as Maurice Hauriou put it, the Czechoslovak constitution might have been too well-balanced and incapable of answering the political challenges of an instable time.

Die Geschichte des Rechtstransfers zwischen Frankreich und der neu entstandenen Tschechoslowakei wäre schnell erzählt, hätten sich im Prag des Jahres 1919 die Ansichten verschiedener Zeitungen durchgesetzt: Nach dem Zerfall der Habsburgermonarchie forderten mehrere Autoren in der Euphorie des Neubeginns und einer tiefen Verehrung Frankreichs die vollständige Übernahme der gesamten französischen Rechtsordnung. Juristen überrascht es nicht weiter, dass ein solcher alle Rechtsgebiete erfassender Totaltransfer nicht stattfand. So war den Journalisten nicht bewusst, dass bereits wenige Tage nach der Revolution im Oktober 1918 Rezeptionsgesetze für das Gebiet der Tschechoslowakei das österreichische und ungarische Recht wieder in Geltung setzten, wenn auch im Rahmen der Vorläufigen Verfassung vom 13. November 1918.[1] Die Geschichte des Rechtstransfers zwischen Paris und Prag wurde daher vor allem eine Geschichte des Verfassungstransfers.

A. Die Verfassungsgebung in der Tschechoslowakei 1919–20

Juristisches Produkt dieses Transfers zwischen der Tschechoslowakei und Frankreich ist die tschechoslowakische Verfassungsurkunde vom Februar 1920. Bei meiner Beschreibung der Verfassungsgebung unterscheide ich drei Phasen: Erstens die *Auswahl* der Personengruppe, die über die neue Verfassung entscheidet, und die Auswahl des zu übertragenen Materials sowie

[1] Der Text der tschechoslowakischen Verfassungen ist auf deutscher Sprache im Internet zugänglich unter www.verfassungen.de/cz/.

zweitens die *Übertragung* des ausgewählten Materials in eigenes Recht (der eigentliche Rechtstransfer). Die dritte Phase der *Integration* in die eigene Verfassungswirklichkeit und Rechtskultur (Rechtsdurchsetzung) schneide ich nur an.[2]

I. Vor der Verfassungsgebung – Der Auswahlprozess

Die Schaffung der Tschechoslowakei durch die Separation von der österreichischen k.u.k. Monarchie verdankte sich dem Zusammenwirken mehrerer politischer Kräfte. Während des Ersten Weltkrieges wurden die Unabhängigkeitsbemühungen von tschechischen und slowakischen Exilpolitikern vorangetrieben, die sich im Pariser tschechoslowakischen Nationalrat unter der Leitung des späteren Präsidenten Masaryk organisierten. Diese Bestrebungen wurden von den im Land verbliebenen Politikern zum Teil unterstützt. In seinem Bemühen um staatliche Selbständigkeit fand der Pariser Nationalrat in den Vereinigten Staaten und in Frankreich wichtige Bündnispartner.

1. Wer entscheidet über die zukünftige Verfassung?

Zunächst waren es die Vertreter der französischen Regierung und des Pariser tschechoslowakischen Nationalrats, die eine Vereinbarung über die künftige Verfassung trafen. Nachdem Thomas G. Masaryk am 18. Oktober 1918 dem amerikanischen Staatspräsidenten Wilson die sog. Washingtoner Deklaration mit der Proklamation der tschechoslowakischen Unabhängigkeit überreicht hatte, lud Frankreich Vertreter des tschechoslowakischen Nationalrates eilig zu einer Lagebesprechung nach Genf ein. Hier vereinbarten die Anwesenden[3] die Schaffung einer tschechoslowakischen Präsidentenrepublik, als deren Haupt sie Masaryk wählten.[4] Diese Vereinbarung einer präsidentiellen Republik hatte keine rechtliche, sondern allenfalls eine diplomatische Verbindlichkeit. Bemerkenswert ist jedoch, dass der französische Bündnispartner dem kleineren Partner nicht sein eigenes, in der Verfassungswirklichkeit erprobtes Modell eines parlamentarischen Regierungssystems oktroyieren wollte, sondern das in Zeiten des revolutionären Umbruchs größere Sicherheit versprechende System einer Präsidialdemokratie bevorzugte.[5]

[2] Meine Unterscheidung ist angelehnt an die Transferphasen Selektion, Transport und Integration von Bernd Kortländer (1995), 6.

[3] Beneš, Habrman, Hrubman, Kramář, Klofač, Staněk u.a.; hierzu Peroutka (1998), 51f.

[4] Darstellung bei Ludwig Spiegel (1921), 12.

[5] Hier mag neben Überlegungen, den im Entstehen begriffenen Staat zu stabilisieren, auch die Persönlichkeit Masaryks eine Rolle gespielt haben, der im Ausland und unter tschechischen und slowakischen Exilpolitikern ein hohes Ansehen genoss.

Die Verhandlungen in Genf wurden durch die Prager Ereignisse überholt: Als am 28. Oktober 1918 erneut, aber nunmehr in Prag, die Eigenständigkeit der tschechoslowakischen Republik verkündet wurde, hatten dort diejenigen Politiker die Oberhand, die sich für eine parlamentarische Demokratie mit einer starken Stellung der Parteien aussprachen.[6] Noch kurz zuvor war von den Juristen Bouček und Pantůček ein Verfassungsentwurf ausgearbeitet worden, der die Möglichkeit einer konstitutionellen Monarchie oder einer Demokratie nach Schweizer Muster offen ließ.[7] Die Vorläufige Verfassung maß dem Staatspräsidenten nur eingeschränkte repräsentative Befugnisse zu und stand damit im Gegensatz zu dem Ergebnis der Genfer Verhandlungen. Erst nachträglich erhielt der Präsident das Recht, die Regierung zu ernennen[8]. Die Verfassungsgebung für die endgültige Verfassung wurde einem verfassungsgebenden Parlament, dem sog. Revolutionären Nationalausschuss, übertragen.

In der öffentlichen Meinung stellte sich die Frage nach der Verfasstheit des zukünftigen Staates anders dar. Wie bereits erwähnt, wurde noch 1919 in den Zeitungen die Forderung erhoben, für den neuen Staat das gesamte französische Rechtssystem zu übernehmen, einschließlich des Code Civil und der Strafrechtsbestimmungen. Die kulturelle und ideelle Orientierung an Frankreich trug nicht selten Züge einer unkritischen Verehrung und Idealisierung.[9] Ein Zeitgenosse spricht davon als der Kehrseite eines „Fieber[s] der Entdeutschung und Entösterreichisierung", das sich des ganzen tschechischen Volkes bemächtigt habe und es den Blick nach Westen wenden ließe.[10]

Mit der Wahl eines Verfassungsausschusses durch die Revolutionäre Nationalversammlung war die Schaffung der Verfassung und die Auswahl von Verfas-

[6] Franz Adler (1927), 45; Ladislav Lipscher (1979), 21; Alfred Opitz (1981), 44.

[7] Der Berichterstatter zur Verfassung Bouček: *„Die Formulierung der Art. V weicht grundsätzlich von § 7 Abs. 2 der Einstweiligen Verfassung vom 13.11.1918 ab, dessen Wortlaut die Möglichkeit nicht ausschloss, die höchste Macht im Staate entweder einem Herrscher, oder aber einer Regierung nach Schweizer Muster (dem Bundesrat etc.) zu übertragen. Als wir die Einstweilige Verfassung schufen, wussten wir nicht, ob ein Viermächteabkommen die Einführung einer Erbmonarchie fordert [...] oder ob nicht die endgültige Entscheidung zugunsten meines Vorschlags ergeht, das Schweizer Modell zu übernehmen."*, in: RNS 1918–1920, Drs. 2421. Dabei ist offen, wie eine Erbmonarchie in der Tschechoslowakei hätte gestaltet werden sollen.

[8] Durch Novelle vom 23. Mai 1919; siehe: Ladislav Lipscher (1979), 25.

[9] Die Verbundenheit mit Frankreich entstammt noch der Zeit der k.u.k. Monarchie und wurde nicht nur gestärkt durch die französische Bündnispolitik im Ersten Weltkrieg, sondern auch durch die gesellschaftliche Unterstützung, die den Tschechen z.B. in der eifrigen Tätigkeit des französischen Publizisten und Historikers für böhmische Geschichte Ernst Dénis für die tschechische Unabhängigkeit zuteil wurde.

[10] František Weyr (1921), 194.

sungsmustern endgültig einem Expertengremium übertragen, das sich aus Juristen und erfahrenen Politikern[11] zusammensetzte. Sie verfügten teilweise über längere Auslandserfahrungen in der Schweiz oder Frankreich und waren in mehreren Sprachen bewandert. Die Transferdiskussion gelangte damit von einer gesellschaftlichen und politischen Ebene auf die juristische Ebene konkreter Rechtsfindung. Die Ausschussmitglieder blieben allerdings an die politischen Vorgaben ihrer Parteien gebunden. Bezeichnend ist für diese Arbeit, dass sie eher im Stillen verlief: Weder waren die Sitzungen des Verfassungsausschusses öffentlich, noch wurde dessen Arbeit in der Öffentlichkeit wahrgenommen.[12]

2. Das ausgewählte Material

Die tschechoslowakische Verfassung vom 29. Februar 1920 enthält zahlreiche Elemente ausländischer Verfassungen, im Ganzen ist sie aber ein eigenständiges Gebilde. Außer den hauptsächlichen Referenzpunkten England, Frankreich und Amerika nahmen die Verfassungsväter Bezug auf die österreichische, deutsche und schweizerische Verfassung.[13] Es ist selbstverständlich, dass dem Verfassungsausschuss die Verfassungstexte aller europäischen Länder vorlagen. Bei der Erörterung einzelner Punkte der Staatsorganisation führten die Berichterstatter Beispiele auch aus dem mittel- und südamerikanischen oder australischen Raum an.[14]

a. Das Scheitern des Transfers des Schweizerischen Föderalsystems

Die Entstehungsgeschichte der tschechoslowakischen Verfassung beginnt mit dem Scheitern eines Verfassungstransfers. Eine föderale Staatsorganisation nach Schweizer Muster wurde nicht in Verfassungsrecht umgesetzt. Die Schweizer Verfassung galt als vorbildlich für die gleichberechtigte Integration der unterschiedlichen Nationalitäten. Bereits für viele Politiker und Juristen der alten k.u.k. Monarchie bot die Schweiz ein gutes Lösungsmodell, wenn es um die Befriedung und Lösung des Nationalitätenproblems in der Habsburgermonarchie ging.[15] In seinem für die diplomatischen Verhandlungen der Pariser Friedenskonferenz 1919 abgefassten Memorandum III vom 20. Mai 1919 schrieb der tschechische Gesandte Edvard Beneš:

---

[11] František Weyr (1921), 186.

[12] Kritisch hierzu Bohumil Baxa (1921), 3f.; siehe auch Eva Broklová, (1992), 8.

[13] Beneš (1980), 102; Eva Broklová (1992), 10.

[14] Z.B. Brasilien und Mexiko in der Diskussion um die Ordnung der richterlichen Gewalt, siehe Anhang zur Drucksache Nr. 2421 der Revolutionären Nationalversammlung vom 24. Februar 1920.

[15] Ladislav Lipscher (1989), 118f.

„[…] alle Ämter werden allen Staatsbürgern zugänglich sein; die Sprache der Minderheiten wird überall zugelassen sein; das Recht, ihre eigenen Schulen, ihre Richter und ihre Gerichtshöfe zu haben, wird niemals irgendeiner Minderheit bestritten [...].
Um zusammenzufassen: Die Deutschen würden in Böhmen dieselben Rechte haben wie die Tschechoslowaken. Die deutsche Sprache würde die zweite Landessprache sein, und man würde sich niemals irgendeiner Unterdrückungsmaßnahme gegen den deutschen Bevölkerungsteil bedienen. Das Regime würde ähnlich der Schweiz sein.“[16]

An anderer Stelle sprach er davon, dass „als Grundlage der Nationalitätenrechte diejenigen Grundsätze angenommen werden, die in der Verfassung der schweizerischen Republik zur Geltung gebracht sind“, unter der Einschränkung, dass „die besonderen Verhältnisse in Böhmen in Betracht gezogen werden müssen“.[17]

Der politische Sprengstoff in der Frage nach einer Föderation lag in der heterogenen Nationalitätenstruktur der Tschechoslowakei begründet, die sich aus mehreren größeren Bevölkerungsgruppen zusammensetzte.[18] Das Memorandum III wurde Gegenstand heftiger Kontroversen. Beneš ließ gerade offen, ob es ihm lediglich um die Rechtsgleichheit der tschechoslowakischen Bürger[19] oder aber um eine Autonomie territorialer Selbstverwaltungseinheiten in einem Föderalstaat[20] zu tun war. Während vor allem die deutsche Minderheit darin ein völkerrechtliches Autonomieversprechen in einem föderalen tschechoslowakischen Staat sah und dieses einforderte, beriefen sich führende tschechische Politiker und Juristen darauf, dass damit nur eine Anlehnung an das Schweizer Sprachenrecht ausgedrückt und gewollt gewesen sei.[21]

Erstaunlicherweise bildete sich die Diskussion um eine Föderalisierung der Tschechoslowakei in den juristischen Arbeiten des Verfassungsausschusses kaum ab. Aus verschiedenen Gründen lehnten die Verfassungsväter die Schaf-

---

[16] Original und deutsche Übersetzung in: Hermann Raschhofer (1937), 100f.; siehe auch J. W. Brügel (1980), 185.
[17] Note vom 20. Mai 1919 an den Leiter der Kommission für die neuen Staaten, zitiert in: Ladislav Lipscher (1989), 120.
[18] 8,76 Mio. „Tschechoslowaken“ (davon ca. 6,4 Mio. Tschechen und 2, 01 Mio. Slowaken); 3,12 Mio. Deutsche; 0,75 Mio. Ungarn; 0,46 Russinen/Russen und 0,18 Mio. jüdischer Nationalität von insgesamt 13,61 Mio. Staatsbürgern (Stand 15. Februar 1921) nach Čapek (1931), 1083.
[19] Die entsprechende Zusicherung der Gleichheit findet sich in der Bundesverfassung der Schweizerischen Eidgenossenschaft vom 29. Mai 1874 in Art. 4 und 60.
[20] Den Schweizerischen Kantonen wird in Art. 3 der genannten Bundesverfassung eine beschränkte Souveränität zugesprochen, Walther Burckhardt (1931), 21f.
[21] Zur Diskussion mit einer dezidierten Interpretation gegen eine Autonomiezusage Eva Broklová (1994); Ladislav Lipscher m.w.N. (1989), 120.

fung autonomer Einheiten in Anlehnung an die Schweizer Kantonalstruktur ab. Der Verfasser des Ersten Verfassungsentwurfes Hoetzel bezeichnete eine Föderalisierung als ein „Unglück“[22], andere führende Juristen äußerten sich dahingehend, dass es hierfür keine historischen Grundlagen gebe[23] und zwischen den Nationalitäten keine Gleichheit in kultureller und wirtschaftlicher Hinsicht vorherrsche.[24] Die Entscheidung gegen eine Föderation oder eine nationale Autonomie der Minderheiten fand ihren politischen Grund darin, dass man eine Abspaltung der tschechoslowakischen Grenzgebiete mit deutscher oder ungarischer Mehrheit fürchtete.[25] Ein Rechtstransfer des Schweizer Föderalsystems fand daher nicht statt. Die tschechoslowakische Verfassungsurkunde übernimmt in Art. 46 Abs. 1 lediglich Regelungen zur Volksabstimmung über Gesetzesvorhaben.

In der späteren politischen Diskussion um Verfassungsreformen hatte die Föderation nach Schweizer Vorbild dagegen nichts von ihrer Anziehungskraft eingebüßt. Bis zum Ende der Tschechoslowakischen Republik 1939 tauchten entsprechende Forderungen von tschechischer wie auch von deutscher Seite auf.[26] Noch heute wird in der tschechisch-deutschen Geschichtswissenschaft die These diskutiert, dass eine Föderativverfassung erheblich zur Befriedung der Nationalitätenstreitigkeiten und zur Stabilisierung der Tschechoslowakei beigetragen hätte. Dabei wird hinsichtlich des Vorbildes der Schweiz zu wenig beachtet, dass die Kantonalstruktur historisch gewachsen ist und gerade nicht auf der Föderation verschiedener Nationalitäten beruht.[27] Die Nationalitätengrenzen verlaufen quer zu den Kantonsgrenzen. Wichtiger dürfte noch sein, dass sich die Schweiz genossenschaftlich und gleichberechtigt von den Gemeinden und Kantonen her organisierte. Die junge Tschechoslowakei verfolgte ein ganz anderes Konzept, in dem sie als eine „verspätete Nation“ einen Nationalstaat unter der Führung der Tschechen und Slowaken anstrebte.

---

[22] Jiří Hoetzel (1920), 3.
[23] Václav Bouček, Berichterstatter des Verfassungsausschusses, in der 125. Sitzung der Revolutionären Nationalversammlung am 27. Februar 1920.
[24] Siehe hierzu die beiden an der Verfassungsgebung maßgeblich beteiligten Juristen Jiří Hoetzel (1920), 3 und František Weyr (1931), 163.
[25] Gottfried Schramm (1988), 387.
[26] Ausführlicher hierzu: Ladislav Lipscher (1989), 121ff.
[27] Eine ähnliche Bewertung findet sich bei Ladislav Lipscher (1989), 119.

b. Die Auswahl des parlamentarischen Regierungssystems nach französischem Vorbild

Als das Vorbild der nationalen Einung galt den Tschechen und Slowaken Frankreich. Zudem war die Französische Republik das europäische Musterbeispiel einer parlamentarischen Demokratie.[28] Die allgemeine Verehrung und Idealisierung Frankreichs spiegelte sich auch in der Arbeit des Verfassungsausschusses der Revolutionären Nationalversammlung.[29] Ein führendes Mitglied des Verfassungsausschusses schreibt im Rückblick auf die Erste Republik: „Es ist unstrittig, dass der tschechoslowakische Gesetzgeber das parlamentarisch-demokratische System nach französischem Muster als die beste Form der Staatsordnung ansah".[30] Als Materiallager für die rechtlichen Regelungen der tschechoslowakischen Demokratie stand die französische Verfassung an erster Stelle.

II. Verschriftlichung von Verfassungsgewohnheitsrecht – Die Übertragung des französischen Verfassungsrechts

War die französische Verfassung ein geeignetes Materiallager? Wenn man in die drei Verfassungsgesetze der Französischen Dritten Republik vom 24. und 25. Februar sowie 16. Juli 1875 blickt, wird man angesichts der Kürze und des Fragmentarischen der Verfassung überrascht. Der Rechtstransfer Frankreich-Tschechoslowakei ist nicht zuletzt deswegen so interessant, da der Rückgriff auf einen ausgefeilten Rechtstext nicht möglich ist. Die tschechischen Verfassungsväter haben nicht nur den Verfassungstext, sondern auch Verfassungsbrauch und -gewohnheitsrecht in ihre Überlegungen einbezogen.[31] Der Transferprozess zeichnet sich daher besonders durch die Verschriftlichung von Verfassungsgewohnheitsrecht aus. Die Verschriftlichung von Verfassungsnormen hat zwangsläufig Auswirkungen auf deren weitere Entwicklung in der Verfassungswirklichkeit: Zum einen unterliegen die Normen durch ihre Fixierung in einer Urkunde oder einem Gesetz einer erschwerten Abänderbarkeit, zum anderen können sie von der Staatslehre in unterschiedlicher Weise dogmatisch bearbeitet werden[32].

---

[28] Aloys Schumacher (1999), 170.
[29] František Weyr (1939), 34.
[30] František Weyr (1939), 37.
[31] František Weyr (1939), 37.
[32] Das wird Ende der zwanziger Jahre deutlich, als sich in Bezug auf die Ermächtigungsgesetze die Frage stellt, ob dass durchnormierte Verfassungssystem in der Tschechoslowakei Verfassungsgewohnheitsrecht – nach französischem „Vorbild" – überhaupt zulässt.

1. Die Verfassungswirklichkeit der Dritten Französischen Republik

Der ursprüngliche Verfassungstext der Dritten Französischen Republik von 1875 hatte eine stark konservative Ausrichtung und war von seinen Schöpfern als ein Übergang zur Monarchie gedacht.[33] Einstweilen sollte die Funktion des Monarchen durch den Präsidenten der Republik übernommen werden, der über ein bedeutendes politisches Gewicht verfügte. Neben einem Gesetzesinitiativrecht konnte er im Parlament die weitere Beratung von ihm nicht genehmen Gesetzen verlangen und die Abgeordnetenkammer mit Zustimmung des Senats auflösen, wenn auch alle seine Amtshandlungen der Gegenzeichnung durch einen Minister bedurften. Gegenpol zum Präsidenten war der parlamentarische Gesetzgeber, dessen Funktion durch zwei Kammern ausgeübt wurde. Das französische Zweikammersystem zeichnete sich durch ein starkes ständisches Element aus: Die Senatsmitglieder und ein Großteil der Mitglieder des Abgeordnetenhauses wurden seit 1884 von den lokalen Honoratioren der Départements gewählt.[34] Der Senat galt daher als Sachwalter der konservativen und ländlichen Interessen.

In der politischen Praxis kam es nach wiederholten Wahlerfolgen der Republikaner zu einer Schwächung der Präsidialgewalt zugunsten der parlamentarischen Gewalt. Als gesicherter Bestand des französischen – geschriebenen und ungeschriebenen – Verfassungsrechts galten die Gewährung von Grundrechten, das Prinzip der Gewaltenteilung und der Gedanke der demokratischen Nationalrepräsentation. Die Trias Grundrechte, Gewaltenteilung und demokratische Repräsentation ist seit dem ausgehenden 18. Jahrhundert charakteristischer Inhalt auch anderer revolutionärer Verfassungsgesetzgebungen.[35] Die Gewaltenteilung der Französischen Dritten Verfassung wird dabei durch starke Elemente der Gewaltenverbindung, d.h. der gegenseitigen Kontrolle der Gewalten und durch die Zuweisung von den drei Staatsfunktionen auf jeweils unterschiedliche Gewalten, zurückgenommen. Das extrem parlamentarisch gewichtete Verfassungs- und Regierungssystem mit der engen Verschränkung von Regierung und Parlament entstand erst durch Verfassungsgewohnheitsrecht.[36]

---

[33] Aloys Schumacher (1999), 164ff. m.w.N.

[34] In der Praxis hat allerdings der stark zentralistisch orientierte Beamtenapparat einen nicht zu unterschätzenden Einfluss: Aloys Schumacher (1999), 167.

[35] Hasso Hofmann (1986), 284ff.

[36] Franz Adler (1930), Sp. 298.

2. Die neue gewaltenteilige Staatsorganisation der Tschechoslowakei

Es ist dieses französische Modell eines gewaltenteiligen, parlamentarischen Regierungssystems, das in der Tschechoslowakei rezipiert wurde. Die Organisation der drei Staatsgewalten Legislative, Judikative und Exekutive folgt in enger Anlehnung dem französischen Muster, auch wenn sie „nicht unbedeutsame selbständige Züge aufweist“[37]. Frankreich war zudem vorbildhaft für die Ausgestaltung der Gleichheitsrechte. Die Tschechoslowakei ging hier noch über ihr Vorbild hinaus und führte das allgemeine, freie und geheime Wahlrecht auch für Frauen ein. Daneben sollte durch Abschaffung von Privilegien, Enteignungen, Sozialisierungen und der Schaffung eines modernen Bildungssystems politisch auch eine materiale Gleichheit erreicht werden. Nebenbei sei bemerkt, dass die übrigen Grundrechte mit wenigen Modifikationen dem österreichischen Staatsgrundgesetz über die allgemeinen Rechte der Staatsbürger für die im Reichsrate vertretenen Königreiche und Länder vom 21. Dezember 1867 und weiteren österreichischen Gesetzen entnommen wurden.

a. Der Vorrang des Gesetzgebers

Oberstes Staatsorgan ist in Anlehnung an Frankreich die Nationalversammlung, die aus den beiden Kammern Abgeordnetenhaus und Senat besteht. Sinn eines Zweikammersystems ist es einerseits, verschiedene Interessen oder Kräfte innerhalb eines Staates zu einem Ausgleich zu bringen, andererseits, der Abgeordnetenkammer ein Kontrollorgan gegenüberzustellen. Das Zweikammersystem gehörte in der tschechoslowakischen Verfassungsdiskussion zu den umstrittensten Problemen. Während sich die meisten Parteien für zwei Kammern aussprachen, wurde von den Sozialdemokraten ein Einkammersystem gefordert, um die demokratischen Grundsätze der Verfassung nicht zu verfälschen.[38] Über die Besetzung des Abgeordnetenhauses durch allgemeine und freie Wahlen nach dem Verhältnismäßigkeitsprinzip wurde schon früh Einigkeit erzielt, lediglich die Besetzung des Senates war umstritten. In den Verhandlungen des Verfassungsausschusses wurde vorgeschlagen, in den Senat (zumindest teilweise) Repräsentanten unterschiedlicher gesellschaftlicher Korporationen[39] oder auch der verschiedenen sozialen Klassen, Vertreter bestimmter territorialer Interessen[40] oder diejenigen zu entsenden, die sich in Politik oder Wissenschaft verdient gemacht haben und Fachwissen und Intel-

[37] Franz Adler (1927), 91.
[38] Meissner, Beratung des Verfassungsausschusses am 3. Juli 1919, in: PA, Bestand RNS, Karton 29, Schrift 1174, S. 29.
[39] Bouček, Beratung des Verfassungsausschusses am 3. Juli 1919, in: PA, Bestand RNS, Karton 29, Schrift 1174, S. 8f.
[40] Hoetzel, Beratung des Verfassungsausschusses am 3. Juli 1919, in: PA, Bestand RNS, Karton 29, Schrift 1174, S. 25.

ligenz in das Gesetzgebungsverfahren einbringen sollten.[41] Zur Realisierung dieses Vorhabens sollte der Präsident ermächtigt werden, aus Vertretern der Wirtschaft, Gesellschaft, Wissenschaft und Politik ein Drittel der Senatsmitglieder zu ernennen.[42] Damit wollte man dem sich entwickelnden Parteienstaat ein stärkeres gesellschaftliches Element entgegenstellen. Aufgrund der Ablehnung dieser Regelungen durch die Sozialdemokratie kam es zu einem Kompromiss: Der Senat wurde genauso wie das Abgeordnetenhaus durch Wahlen besetzt, und die beiden Kammern unterschieden sich lediglich durch verschiedene Funktionsperioden und die Höhe des passiven Wahlalters. Im Unterschied zu Frankreich konnten in der Tschechoslowakei beide Kammern der Nationalversammlung durch den Präsidenten aufgelöst werden, ohne dass es hierzu der Zustimmung der anderen Kammer bedurft hätte. Die Praxis, die beiden Kammern gleichzeitig aufzulösen, führte dazu, dass der Senat keine Eigenständigkeit erlangte. Ohnehin verfügte der Senat über weniger politische Rechte als das Abgeordnetenhaus und konnte beispielsweise nicht aus den eigenen Reihen die Minister ernennen. Aufgrund dessen entwickelte er sich zu einer Art Gerümpelkammer für ausgediente Politiker, die nicht mehr für das Amt eines Ministers in Frage kamen. Die Intention eines gesellschaftlichen Ausgleichs oder der Kontrolle der parlamentarischen Mehrheit des Abgeordnetenhauses, die dem Zweikammersystem innewohnt, wurde damit verfehlt.

Die tschechoslowakische Regelung weist dabei wie die französische starke Elemente der Gewaltenverbindung auf. So sind die beiden Kammern zwar grundsätzlich zur Gesetzgebung berufen, üben darüber hinaus aber auch vollziehende und richterliche Befugnisse aus: In beiden Ländern wird der Präsident von beiden Kammern gewählt und diese können die Verwaltung durch Anfragen, Interpellationen und Untersuchungsausschüsse kontrollieren. Die richterliche Gewalt ist dem französischen und tschechoslowakischen Senat insoweit übertragen, als das Abgeordnetenhaus Anklage gegen den Präsidenten der Republik wegen Hochverrats oder gegen Mitglieder der Regierung aufgrund von grob gesetz- und verfassungswidrigen Verhaltens erhebt und der Senat hierüber befindet.

[41] Malypetr, Beratung des Verfassungsausschusses am 3. Juli 1919, in: PA, Bestand RNS, Karton 29, Schrift 1174, S. 31; Weyr, a.a.O., S. 36.

[42] Der amtierende Präsident Masaryk hat hierum selbst gebeten: Weyr überbringt dessen Ansicht auf der Beratung des Verfassungsausschusses am 3. Juli 1919, in: PA, Bestand RNS, Karton 29, Schrift 1174, S. 34.

b. Die Funktion der Exekutive

Die Exekutivgewalt wurde wie in Frankreich dualistisch ausgestaltet: Die vollziehende Gewalt übten die Regierung und der Präsident gemeinsam aus.[43] Damit wurden die politisch widerstreitenden Kräfte, die starke Persönlichkeit des Präsidenten Masaryks auf der einen Seite und auf der anderen Seite die einflussreichen und machtbewussten Parteien, zu einem Ausgleich gebracht. Mit der Entscheidung für die Vorrangstellung der Regierung wurde zugleich eine richtungweisende Entscheidung für den Parteienstaat getroffen, da die Regierung in ihrem Bestehen von dem Vertrauen des Parlaments abhing. Anfangs war es im Verfassungsausschuss offen gewesen, ob das Oberhaupt der Vollziehung der Präsident oder die Regierung sein sollte. Die politische Gruppe um Masaryk und Masaryk selbst bevorzugten eine starke Stellung des Präsidenten als Oberhaupt der Exekutive und als starkes Kontrollorgan der Legislative. Die übrigen politischen Parteien befürchteten mit einer starken Stellung des Präsidenten eine Schwächung ihrer bereits in der Revolutionären Nationalversammlung errungenen Macht und verfolgten die Stärkung des Parlaments und der Regierung. Die im ursprünglichen Regierungsentwurf vorgesehene Bezeichnung des Präsidenten als Oberhaupt der Vollziehung und die Schaffung einer Präsidentenrepublik wurde daraufhin während der Beratungen abgelehnt.

Der Präsident hatte daher zum einen weniger Rechte als sein französisches Pendant. Er hatte kein Initiativrecht im Parlament, sondern konnte der Nationalversammlung nur bestimmte politische Maßnahmen anempfehlen. Viele Befugnisse des Präsidenten fanden ihr Vorbild jedoch im Verfassungsgesetz über die Organisation der Staatsgewalt in der Dritten Französischen Republik und wurden noch erweitert: Neben den bereits genannten Rechten, die Kammern der Nationalversammlung aufzulösen und Gesetzesvorschläge zu erneuter Beratung zurückzuverweisen, konnte der Präsident ein Veto gegen Gesetzesbeschlüsse einlegen, das zu seiner Überstimmung einer qualifizierten parlamentarischen Mehrheit bedurfte (im Unterschied zur französischen Regelung, die eine einfache Mehrheit genügen ließ). Er vertrat die tschechoslowakische Republik nach außen und ernannte die Minister und hohen Staatsbeamten. Die Beschränkung der strafrechtlichen Verantwortlichkeit des Präsidenten auf den Fall des Hochverrats und die Gegenzeichnungspflicht für alle Handlungen des Präsidenten durch einen Minister folgten ebenfalls dem französischen Muster.[44] Im Staatsleben errang die tschechoslowakische Präsidentschaft vor

---

[43] Ladislav Lipscher (1979), 72.

[44] Václav Bouček, Berichterstatter des Verfassungsausschusses, in der 125. Sitzung der Revolutionären Nationalversammlung am 27. Februar 1920, in: RNS 1918–1920, Drs. 2421.

allem unter Masaryk eine gehobene und einflussreiche Stellung, weil dieser in seiner Amtszeit 1920 bis 1937 vom Vetorecht gegenüber Gesetzen und der Befugnis zur Parlamentsauflösung tatsächlich Gebrauch machte[45] und ein hohes persönliches Ansehen genoss.

Der eigentliche Träger der Exekutive war nach der Verfassung die Regierung. Eine bedeutende Neuerung der tschechoslowakischen Verfassung und ein wichtiger Fall der Transfers von Verfassungsgewohnheitsrecht in kodifiziertes Recht ist die gesetzliche Festlegung des parlamentarischen Regierungssystems. Das parlamentarische Regierungssystem entwickelte sich in England und Frankreich als ein starkes Abhängigkeitsverhältnis der Regierung vom Parlament: In Durchbrechung des Gewaltentrennungsprinzips konnte die Regierung durch ein einfaches oder qualifiziertes Misstrauensvotum zum Rücktritt gezwungen werden.[46] In den verschiedenen Ländern mit einem parlamentarischen Regierungssystem bestand es vor dem Ersten Weltkrieg nur aufgrund von Gewohnheitsrecht, ohne dass es in der Verfassung besonders formuliert gewesen wäre. Erst die neuen Zwischenkriegsverfassungen gingen daran, diesem Regierungstypus eine geschriebene verfassungsrechtliche Form zu geben. Die Einstweilige Verfassung der Tschechoslowakei vom 13. November 1918 und auch die Verfassungsurkunde vom 29. Februar 1920 nahmen hier eine Vorreiterrolle ein.[47]
Der Gedanke der Gewaltenverbindung findet sich auch in dem sonstigen Verhältnis von Regierung, Präsident und Nationalversammlung: Der Verantwortlichkeit der Regierung vor dem Parlament steht deren Beteiligung an der gesetzgebenden Funktion gegenüber: Die Regierung kann Gesetzgebungsanträge einbringen. Die Funktion des Präsidenten und der Regierung sind so miteinander verbunden, dass – im Unterschied zu Frankreich – der Präsident an allen Treffen der Regierung teilnehmen, deren Vorsitz führen und auf die Gestaltung der Politik dadurch einen nicht zu unterschätzenden Einfluss nehmen konnte.[48]

---

[45] Ladislav Lipscher (1979), 75.
[46] Walther Schaack (1961), Sp. 766.
[47] Franz Adler (1930), Sp. 299f.; Ladislav Lipscher (1979), 78f; Vorbild hierfür war neben dem französischen auch das englische System. In einer Weiterentwicklung dieses Gedankens unterscheidet die tschechoslowakische Verfassung zwischen einem Misstrauensvotum aus der Mitte des Abgeordnetenhauses und der Ablehnung eines Vertrauensantrages der Regierung.
[48] Mit der Zunahme der Verordnungspraxis der Regierung auf der Grundlage von Ermächtigungsgesetzen verschiebt sich dieses Gleichgewicht später zugunsten der Regierung.

c. Die richterliche Gewalt im System der Gewaltenteilung

Bei der Ausgestaltung der richterlichen Gewalt war der französische Einfluss am geringsten. Die Begründung für die Regelungen der richterlichen Gewalt fiel in der Begründung zum Verfassungsentwurf denkbar kurz aus: Nach einem Vergleich des Kremsierer Verfassungsentwurfs von 1848 für Österreich und die Kronländer, des österreichischen Staatsgrundgesetzes vom 21.12.1867 über die richterliche Gewalt und der Regelungen in Belgien, Frankreich, Serbien, der Weimarer Republik, Mexiko, Brasilien und den Vereinigten Staaten heißt es lapidar:

„Die Vorschriften des entsprechenden österreichischen Gesetzes von 1867 gehören sowohl dem Inhalt als auch der Form nach zu den besten Kodifikationen dieser Art. Da der staatliche Umbruch die gesamte Justiz bei weitem weniger betroffen hat als die öffentliche Staatsverwaltung, konnte man für die Vorschriften über die richterliche Gewalt, die Bestandteil der Verfassungsurkunde sein sollen, in vielem das erwähnte österreichische Gesetz zur Grundlage nehmen.“[49]

Angesichts der stark antiösterreichischen Tendenzen im Verfassungsausschuss war diese Sachlichkeit eine kleine Sensation.

Der Gedanke der Gewaltenteilung im Sinne der wechselseitigen Kontrolle der Gewalten fand in zwei neuen Institutionen der Judikative eine weitere Ausprägung. Einerseits wurde die Wahlprüfung dem Parlament entzogen, einem besonderen Wahlgericht überantwortet und damit ein Schritt zu einer weiteren Gewaltentrennung unternommen. Auf eine stärkere Gewaltenteilung zielte auch die Schaffung eines Verfassungsgerichts, das die Gesetze auf ihre inhaltliche Verfassungsmäßigkeit hin überprüfen sollte.[50] In der Verfassungsbegründung hieß es dazu, dass die hervorragende Stellung des Abgeordnetenhauses durch die Kontrolle und die entgegenwirkende Kraft des Präsidenten, des Senats und des Verfassungsgerichtes in Schranken gehalten werden solle.[51] Die Rechtsprechung des Verfassungsgerichtes sollte den Gesetzgeber zudem auf die Einhaltung der staatsbürgerlichen Grundrechte und Grundfreiheiten verpflichten.[52] Wie schon bei der gesetzlichen Festlegung des parlamentarischen Regierungssystems beschritt die tschechoslowakische Verfassung Neuland mit der Schaffung eines Verfassungsgerichtes, das ausschließlich für die Verfassungskontrolle zuständig war.

---

[49] Václav Bouček, Berichterstatter des Verfassungsausschusses, in der 125. Sitzung der Revolutionären Nationalversammlung am 27. Februar 1920, in: RNS 1918–1920, Drs. 2421.
[50] Siehe hierzu Franz Adler (1927), 93 und 95ff.
[51] Václav Bouček, Berichterstatter des Verfassungsausschusses, in der 125. Sitzung der Revolutionären Nationalversammlung am 27. Februar 1920, in: RNS 1918–1920, Drs. 2421.
[52] Bouček, a.a.O.

B. Fazit

Trotz der engen Anlehnung an Frankreich ist der tschechoslowakischen Verfassung ein hohes Innovationspotential zuzubilligen. Verbindendes Element zwischen Frankreich und der Tschechoslowakei ist die starke Hervorhebung der Stellung des Parlaments und ein zwischen Gewaltenteilung und Gewaltenverbindung sorgsam austarierendes Staatsorganisationssystem. Besonderheit dieses Verfassungstransfers ist der Verschriftlichungsprozess von Verfassungsgewohnheitsrecht. Dabei kommt es sowohl zur Übertragung der politischen Form des parlamentarischen Regierungssystems mit den Ideen von Volkssouveränität, Gleichheit, Repräsentation und Gewaltenteilung als auch zur Übertragung von rechtlichen Prinzipien wie Gleichheit, Ministerverantwortlichkeit oder freies Mandat sowie zur Übertragung bestimmter konkreter Regeln, die beispielsweise die Ausgestaltung des Wahlrechts, die Durchführung des präsidentiellen Vetos oder das Misstrauensvotum betreffen.

Die politische Bewertung, ob die tschechoslowakische Verfassung eine politische Stabilität hätte schaffen und gewährleisten können, war unter den Zeitgenossen nach dem Zerfall der Tschechoslowakei aufgrund des Münchener Abkommens 1938 und der deutschen Besetzung 1939 umstritten und ist es bis heute geblieben. Erwähnt sei nur, dass der Grund hierfür einerseits in der fehlenden nationalen Einung gesucht wurde, andererseits in der rechtlichen Ausgestaltung der Regierung und deren enger Bindung an das Parlament. Der französische Staatsrechtslehrer Hauriou schreibt im Hinblick auf die tschechoslowakische Verfassung, dass sie über ein interessantes System der ausbalancierten Gewaltenteilung verfüge, das aber nur für ruhige Zeiten tauge.[53] In einer Zeit der Wirtschaftskrise und des Nationalsozialismus im Nachbarland waren ruhige Zeiten der jungen Tschechoslowakei nicht beschieden.

[53] Maurice Hauriou (1923), 391.

Literaturverzeichnis

Parlamentsarchiv der Tschechischen Republik (PA), Bestand der Revolutionären Nationalversammlung (RNS) 1918–1920;

Franz *Adler*, Das parlamentarische Regierungssystem in der tschechoslowakischen Verfassung, in: Prager Juristische Zeitschrift (10) 1930, Sp. 297–306;

ders., Die Grundgedanken der tschechoslowakischen Verfassungsurkunde, Berlin, Breslau 1927;

Bohumil *Baxa*, Ústavní listina československé republiky a vliv cizích ústav [Die Verfassungsurkunde der Tschechoslowakischen Republik und der Einfluß fremder Verfassungen], in: Sborník věd právních a státních (21), 1921, 1–40;

Václav *Beneš*, Die Tschechoslowakische Demokratie und ihre Probleme 1918-1920, in: Victor S. Mamatey/Radomír Luža, Geschichte der Tschechoslowakischen Republik 1918-1948, Wien Köln Graz 1980, 49–108;

Eva *Broklová*, První československá ústava. Diskuse v Ústavním výboru v lednu a únoru 1920 [Die erste tschechoslowakische Verfassung. Die Diskussion im Verfassungsausschuß im Januar und Februar 1920], Prag 1992;

dies., Švýcarský vzor pro Československo na Pařížské mírové konferenci [Das Schweizer Vorbild für die Tschechoslowakei auf der Pariser Friedenskonferenz], in: Český časopis historický (92) 1994, 257–267;

Johann Wolfgang *Brügel*, Die Deutschen in der Vorkriegs-Tschechoslowakei, in: Victor S. Mamatey/Radomír Luža, Geschichte der Tschechoslowakischen Republik 1918-1948, Wien/Köln/Graz 1980, 180–201;

Walther *Burckhardt*, Kommentar der schweizerischen Bundesverfassung vom 29. Mai 1874, 3. Auflage, Bern 1931;

Emil *Čapek*, Československá republika (obyvatelstvo) [Die Tschechoslowakische Republik (Bevölkerung)], in: Ottův slovník naučný nové doby [in: Ottos wissenschaftliches Wörterbuch der neuen Zeit], 2. Ergänzungsband Prag 1931;

Maurice *Hauriou*, o.T., in: Parlament 1923, 391;

Jiří *Hoetzel*, Ústavní listina Československé republiky [Die Verfassungsurkunde der Tschechoslowakischen Republik], in: Sbornik věd právních a státních (20) 1920, 1–25;

Hasso *Hofmann*, Die Idee des Staatsgrundgesetzes, in: ders., Recht – Politik – Verfassung, Frankfurt a. M. 1986, 261–295;

Bernd *Kortländer*, Begrenzung – Entgrenzung. Kultur- und Wissenschaftstransfer in Europa, in: Jordan, Lothar/Kortländer, Bernd, Nationale Grenzen und internationaler Austausch. Studien zum Kultur- und Wissenschaftstransfer in Europa, Tübingen 1995, 5–19;

Ladislav *Lipscher*, Das Schweizer Modell und die ČSR, in: Bohemia (30) 1989, 118–124;

ders., Verfassung und politische Verwaltung in der Tschechoslowakei 1918-1939, München 1979;

Alfred *Opitz*, Der tschechische Nationalstaat im Jahre 1919, in: Bohemia (22) 1981, 43–78;

Ferdinand *Peroutka*, Budování státu. Výbor 1918-1923 [Die Errichtung des Staates. Eine Auswahl 1918-1923], Prag 1998;

Hermann *Raschhofer*, Die tschechoslowakischen Denkschriften für die Friedenskonferenz von Paris 1919/1920, Bd. 1, Berlin 1937;

Walther *Schaack*, Regierung, in: Staatslexikon der Görres-Gesellschaft, Bd. 6, Freiburg 1961, Sp. 762–774;

Wilfried *Schaumann*, Schweiz. Staat und Verfassung, in: Staatslexikon der Görres-Gesellschaft, Bd. 6, Freiburg 1961, Sp. 1219–1227;

Gottfried *Schramm*, Tschechen und Deutsche, in: Bohemia (29) 1988, 383–390;

Aloys *Schumacher*, Die französische Dritte Republik, in: Helmut Reinalter, Republikbegriff und Republiken seit dem 18. Jahrhundert im europäischen Vergleich, Frankfurt a. M. u.a. 1999, 163–175;

Ludwig *Spiegel*, Die Entstehung des tschechoslowakischen Staates, Prag: Sammlung gemeinnütziger Vorträge Nr. 504/505 1921, 1–16;

František *Weyr*, Česko-slovenská ústava z r. 1920 a její francouzský vzor (Torso) [Die Tschecho-Slowakísche Verfassung und ihr französisches Vorbild (Torso)], in: Časopis pro právní a státní vědu (22) 1939, 33–39;

ders., Ústava Československé republiky [Die Verfassung der Tschechoslowakischen Republik], in: Československá vlastivěda [Tschechoslowakische Landeskunde], Bd. 5, Prag 1931, 107–172;

ders., Vzpomínky na ústavní výbor Revolučního národního shromáždění [Erinnerungen an den Verfassungsausschuß der Revolutionären Nationalversammlung] 1921, wiederabgedruckt in: Paměti III, Brünn 2003, 183–21.

Rezeption und Adaption in der liechtensteinischen Privatrechtsordnung

Elisabeth Berger, Bendern/FL

Rechtstransfer am Beispiel eines Kleinstaats

The reception of law belongs to one of the means of law-making, without a petty state cannot do. The Principalty of Liechtenstein saw herself in such a situation since the beginning of modern statehood round 1800. Prior to World War I for the source of reception served the Austrian Monarchy, afterwards mostly Switzerland. Therefore the legal order of Liechtenstein could be styled as a „mixed system" (Mischsystem), combining Austrian and Swiss law with home-made institutions. Due to the membership to the EWR (European Economie Area) since 1995 the mixture of law enlarged because also law of the European Union influences the legal order of Liechtenstein. This „mixed system" is a great challange to the developement of the legal order as well as to its use in praxis. Although Liechtenstein is only a small country, studies on its legal system might be of an increasing help for the understanding of the European law system, which turns more and more to a „mixed system" too.

I. Die Bedeutung der Rechtsrezeption für einen Kleinstaat

Die Rezeption im klassischen Sinne des Wortes, also die freiwillige und bewußte Aufnahme fremder Rechtsgedanken und Normen, war weder in der Vergangenheit noch ist sie in der Gegenwart ein außergewöhnliches Phänomen. In einem Kleinstaat, wie ihn das Fürstentum Liechtenstein mit einer Staatsfläche von 160 km^2 und rd. 34.000 Einwohnern bildet[1], kommt dieser Form der Rechtssetzung aber eine ganz spezifische Bedeutung zu. Die Rechtsrezeption stellt in diesem Fall eine unverzichtbare Notwendigkeit dar, um die Kernaufgaben eines souveränen Staates – Gesetzgebung und Vollziehung – zu erfüllen. Bei der Bewältigung dieser Aufgaben sieht sich ein an personellen und sachlichen Ressourcen armer Kleinstaat besonderen Schwierigkeiten gegenüber:

[1] Grundlegende Informationen zum Fürstentum Liechtenstein, dem viertkleinsten Staat Europas, im Internet unter www.liechtenstein.li. Die konsolidierten Volltexte aller im Liechtensteinischen Landesgesetzblatt (LGBl.) kundgemachten Rechtsnormen sind unter www.gesetze.li abrufbar. Hilfreiche Hinweise zur Arbeit mit dem liechtensteinischen Recht bei Marxer (2004, 479ff.).

1. Eine eigenständige Gesetzgebung und der damit verbundene administrative und legistische Aufwand ist mit den verfügbaren Kapazitäten eines Kleinstaats nicht zu bewältigen.

2. Das Fehlen einer eigenen Juristischen Fakultät bewirkt, daß die wissenschaftliche Bearbeitung und Weiterentwicklung des Rechts nur in einem geringen Ausmaß erfolgen kann und es an juristischen Arbeitsbehelfen und Literatur mangelt. Die Notwendigkeit, das Rechtsstudium an ausländischen Universitäten zu absolvieren (vorwiegend in der Schweiz und in Österreich), hat zur Folge, daß die Besonderheiten des liechtensteinischen Rechts nur in der Rechtspraxis vermittelt werden können.

3. Das für die Weiterentwicklung des Rechts notwendige Wechselspiel zwischen Lehre und Praxis ist nur durch die Heranziehung von ausländischer Literatur und Rechtsprechung möglich.

4. Die eigenständige Fortbildung des Rechts durch die Rechtsprechung wird durch die Kleinheit des Rechtsraumes und alle damit verbundenen Nachteile, wie insbesonders die geringe Zahl von Rechtsfällen, erschwert.

Dieser Problematik begegnet man in Liechtenstein seit bald zwei Jahrhunderten mithilfe der Rezeption ausländischen Rechts, und zwar handelt es sich dabei in erster Linie um österreichisches und schweizerisches Recht.[2] An der Rechtsprechung sind neben liechtensteinischen Berufs- und Laienrichtern auch Richter aus Österreich und der Schweiz beteiligt. Die Übernahme fremden Rechts und – soweit erforderlich – dessen Anpassung an die liechtensteinischen Verhältnisse sowie – im Einzelfall – dessen Ergänzung um eigenständige Rechtsschöpfungen ließ im liechtensteinischen Privatrecht eine Rechtsordnung entstehen, an der sich „die Problematik der Rezeption in allen Einzelheiten studieren läßt".[3]

II. Rezeption und Adaption im liechtensteinischen Privatrecht

1. Die Rezeption österreichischen Rechts

Offiziell beginnt die Geschichte der Rezeption in Liechtenstein 1812 und zwar mit der Übernahme einer ganzen Reihe von österreichischen Gesetzen: dem Allgemeinen bürgerlichen Gesetzbuch (ABGB) von 1811 (zunächst mit Ausnahme des Erbrechts, das in Liechtenstein erst 1847[4] mit geringfügigen Modifikationen in Kraft gesetzt wurde), der Allgemeinen Gerichtsordnung

[2] Nach wie vor grundlegend hierzu: Gschnitzer (1963, 19ff.); Gschnitzer (1993, 547ff.).
[3] Zitiert aus: Gschnitzer (1993, 551).
[4] Erbrechtspatent vom 6.4.1846, abgedruckt in: Amtliches Sammelwerk der Liechtensteinischen Rechtsvorschriften bis 1863, 1971.

von 1781 und dem Gesetzbuch über Verbrechen und schwere Polizeiübertretungen von 1803.[5]
Tatsächlich begann aber der Transfer österreichischen Rechts nach Liechtenstein schon einige Jahre früher.[6] Den Anstoß dazu hatte das Bestreben des Fürstenhauses gegeben, die Organisation der Landesverwaltung zu modernisieren und den Rechtsbestand, der sich im wesentlichen auf lokales Gewohnheitsrecht, den sogenannten Landsbrauch, beschränkte, zu reformieren. Dazu kam, daß die Stellung als souveräner Staat, die das Fürstentum Liechtenstein seit seinem Beitritt zum Rheinbund 1806 und dem damit verbundenen Ausscheiden aus dem Verband des Heiligen Römischen Reiches innehatte,[7] eine grundlegende Reform der Staats- und Rechtsordnung unumgänglich machte. Der seit 1805 regierende Landesfürst Johann I.[8] veranlaßte eine ganze Reihe von Maßnahmen zur Neugestaltung der Landesverfassung, worunter die Rechtsordnung des Landes schlechthin begriffen wurde. Dem 1808 nach Vaduz entsandten Landvogt Joseph Schuppler wurde der Auftrag erteilt, neue Gesetze für Liechtenstein auszuarbeiten und zwar nach dem Vorbild der entsprechenden österreichischen Rechtsvorschriften, allerdings unter Berücksichtigung landesspezifischer „Gebräuche und Gewohnheiten".[9] Die von Schuppler als erstes Resultat seiner Gesetzgebungsarbeiten vorgelegte Erbfolge- und Verlassenschaftsabhandlungsordnung[10] wurde ebenso wie eine Grundbuchsordnung und eine Konkursordnung sogleich zu Jahresbeginn 1809 in Kraft gesetzt. Dem Entwurf für ein liechtensteinisches Zivilgesetzbuch[11], der dem Landesfürst ebenfalls zur Sanktionierung vorgelegt wurde, war dies jedoch nicht vergönnt. Als Vorlage dafür hatte dem Landvogt der von Karl Anton von Martini ausgearbeitete „Entwurf eines allgemein bürgerlichen Gesetzbuches" aus 1797 gedient, der als sogenannter „Urentwurf" den Arbeiten am österreichischen ABGB zugrundelag.[12] Anstatt den von Schupp-

---

[5] In Kraft gesetzt mit Fürstlicher Verordnung vom 18.2.1812, abgedruckt in: Amtliches Sammelwerk der Liechtensteinischen Rechtsvorschriften bis 1863, 1971.
[6] Siehe zum Folgenden im Detail: Berger (1999, 11ff.).
[7] Die von den Fürsten von Liechtenstein 1699 erworbene Herrschaft Schellenberg wurde mit der 1712 erworbenen Grafschaft Vaduz 1719 vereinigt und zum unmittelbaren Reichsfürstentum (Hohen-)Liechtenstein erhoben. Literaturhinweise zur Geschichte Liechtensteins und seines Fürstenhauses: Berger (2002, 27 Fn. 1).
[8] Fürst Johann I. (1760–1836) regierte von 1805–1836. Vgl. zu ihm näher Schmidt (1987, 383ff.).
[9] Zu Schupplers Wirken als Gesetzgeber siehe ausführlich: Berger (1999, 20ff.).
[10] Berger (1999): Text: 43ff., Erläuterungen: 23ff.
[11] Berger (1999): Text: 71ff., Erläuterungen: 26ff.
[12] Der Entwurf wurde, geringfügig umgearbeitet, 1798 als Bürgerliches Gesetzbuch für Galizien (BGBG) in Kraft gesetzt und bildete die erste vollständige europäische Zivilrechtskodifikation. Ausführlich hierzu Brauneder (1999, 303ff.).

ler ausgearbeiteten Zivilrechtsentwurf in Kraft zu setzen, entschied sich der Landesfürst dazu, den damals bereits absehbaren Abschluß der Arbeiten am ABGB abzuwarten und die neue österreichische Privatrechtskodifikation für Liechtenstein zu übernehmen.[13] Dieser Entschluß zur – mit Ausnahme des Erbrechts – unmodifizierten Rezeption österreichischen Zivilrechts bedeutete zugleich eine Abkehr von der bis dahin verfolgten Absicht, in enger Anlehnung an das österreichische Vorbild eine eigene liechtensteinische Rechtsordnung auszuarbeiten.[14]

Daß man sich bei der Erneuerung des liechtensteinischen Rechtsbestandes am österreichischen Recht orientierte bzw. es rezipierte, war nicht so selbstverständlich, wie das auf den ersten Blick vielleicht scheinen mag. Da Liechtenstein zu den Gründungsmitgliedern des Rheinbundes gehörte, wäre es eigentlich naheliegend gewesen, sich – wie andere Rheinbundstaaten auch – das französische Recht zum Vorbild zu nehmen. Auch die geographische Nähe kann nicht als Argument herangezogen werden, da Liechtenstein damals nicht an das Kaisertum Österreich grenzte, weil Vorarlberg und Tirol zwischen 1805 und 1815 zum Rheinbundstaat Bayern gehörten. Für das österreichische Recht sprachen aber eine Reihe von Gründen: Einerseits das enge Naheverhältnis des Hauses Liechtenstein zum Kaisertum Österreich, das zu dessen einflußreichsten und vermögendsten Adelsfamilien gehörte. Andererseits war der regierende Fürst daran interessiert, in seinem gesamten Herrschaftsbereich, der sich, abgesehen von Liechtenstein, vor allem auf Böhmen, Mähren, Schlesien und Österreich unter der Enns erstreckte, ein einheitliches Recht zu haben. Das wiederum erforderte eine Anpassung der liechtensteinischen Rechtslage an das in der Habsburgermonarchie geltende Recht. Von Bedeutung war zweifellos auch, daß die Entscheidungen darüber in Wien getroffen wurden, wo die fürstliche Hofkanzlei ihren Sitz hatte, und von Beamten exekutiert wurden, die mit dem österreichischen Recht vertraut waren.[15]

In der ersten Hälfte des 19. Jahrhunderts gestaltete sich das auf den gemeinsamen Gesetzen beruhende Naheverhältnis besonders eng, da ab 1819 sämtliche in Österreich zu den rezipierten Gesetzen erlassenen Erläuterungen und Nachtragsverordnungen ohne weiteren Rechtsakt auch in Liechtenstein in Kraft traten.[16] De facto bedeutete das, daß aufgrund dieser „automatischen Rezeption" der Kaiser von Österreich, von dem die Regelungen erlassen wurden, auch als Gesetzgeber für das souveräne Fürstentum Liechtenstein fungierte. Erst 1843 trat an die Stelle dieser vollkommensten Form der Rechtsan-

[13] Literaturhinweise zur Rezeption des ABGB in Liechtenstein: Berger (2002, 29 Fn. 19).
[14] Brauneder (1988, 96f.).
[15] Brauneder (1988, 96); Berger (2002, 28f.).
[16] Angeordnet mit Fürstlicher Verordnung vom 16.10.1819. Vgl. Berger (2002, 30).

gleichung wieder das souveräne fürstliche Gesetzgebungsrecht.[17] Das heißt aber nicht, daß damit die Rezeption österreichischen Rechts beendet gewesen wäre, sondern bewirkte nur, daß nun oft erst mit erheblicher zeitlicher Verzögerung rezipiert wurde, z.B. wurde das österreichische Strafgesetzbuch von 1852 erst 1859 in Liechtenstein eingeführt.
Zu der mit der Rezeption der wichtigsten Justizgesetze erzielten Rechtsgleichheit[18] traten eine Reihe weiterer verbindender Faktoren, die die Beziehungen zwischen Liechtenstein und Österreich vertieften. Mehr als ein Jahrhundert lang – von 1818 bis 1922 – fungierte das für Tirol und Vorarlberg zuständige Appellationsgericht und spätere Oberlandesgericht in Innsbruck als 3. Instanz in Zivil- und Strafsachen für Liechtenstein und sorgte solchermaßen für die Aufrechterhaltung der Rechtsübereinstimmung.[19] Mehr als ein halbes Jahrhundert lang – von 1852 bis 1919 – schuf die zwischen den beiden Nachbarländern bestehende Zollunion ein enges wirtschaftliches Naheverhältnis, das durch eine gemeinsame Währung und ein einheitliches Postwesen ergänzt wurde.[20] Diese Nahebeziehungen hatten zur Folge, daß Liechtenstein häufig nicht als ein souveräner Staat wahrgenommen wurde, sondern eher wie „eine österreichische Provinz" erschien.

2. Die Rezeption schweizerischen Rechts

Der Erste Weltkrieg und seine politischen und wirtschaftlichen Folgen stellten für das Verhältnis der beiden Nachbarstaaten eine gravierende Zäsur dar. Die wirtschaftliche Loslösung von Österreich wurde für Liechtenstein zum Gebot der Selbsterhaltung. Da man aber rasch einsah, daß eine völlig selbständige und unabhängige Existenz die Möglichkeiten eines Kleinstaats übersteigen würde, tat man das Nächstliegende und wandte sich dem westlichen Nachbarland, der Schweiz, zu. An die Stelle der 1919 beendeten Zollgemeinschaft mit Österreich trat 1923, nach langwierigen Verhandlungen, der Zollanschluß

[17] Die Fürstliche Verordnung vom 20.1.1843 beendete die „automatische" Rezeption. Vgl. Berger (2002, 30).
[18] Auch im Verfahrensrecht blieb Liechtenstein dem österreichischen Rezeptionsvorbild treu und hielt sich bei der Schaffung einer neuen Zivilprozessordnung, LGBl. 1912 Nr. 9, und einer neuen Strafprozessordnung, LGBl. 1914 Nr. 3, eng an das jeweilige österreichische Vorbild.
[19] Erst mit dem Gerichtsorganisationsgesetz von 1922, LGBl. 1922 Nr. 16, wurde in Befolgung der Anordnung der Verfassung von 1921, LGBl. 1921 Nr. 15, wonach sämtliche Gerichtsinstanzen direkt im Land eingerichtet werden sollten, der Fürstlich Liechtensteinische Oberste Gerichtshof in Vaduz errichtet. Berger (2004 a, 2).
[20] Die gesetzliche Grundlage der Zollunion mit Österreich bildete der Vertrag vom 5.6.1852, öRGBl. 1852 Nr. 146, der 1863 verlängert und 1876 mittels Staatsvertrag erneuert wurde. Berger (2002, 31 m.w.N.).

an die Schweiz.[21] Dieser begründete nicht nur ein einheitliches Zoll- und Wirtschaftsgebiet, sondern hatte auch einen maßgeblichen und nachhaltigen Einfluß auf die Rechtsordnung. Während der Dauer des Zollvertrags sollte die gesamte schweizerische Zollgesetzgebung sowie die übrige Bundesgesetzgebung, „soweit der Zollanschluß ihre Anwendung bedingt" (Art. 4 ZV), in Liechtenstein „automatisch" unmittelbare Geltung erlangen, d.h. die entsprechenden Rechtsnormen hatten (und haben bis heute) in Liechtenstein in gleicher Weise zur Anwendung zu kommen wie in der Schweiz. Das galt auch für die von der Schweiz mit Drittstaaten abgeschlossenen Zoll- und Handelsverträge (Art. 7 ZV).[22] Im Gefolge dieser Annäherung an die Schweizer Rechtsordnung wurde die Forderung erhoben, auch in anderen Bereichen die enge Verbindung mit der österreichischen Rechtsordnung zu beenden.

Eine unkritische und unmodifizierte Rezeption fremden Rechts, wie sie in der Vergangenheit praktiziert worden war, kam aber nun nicht mehr in Frage. Nationalistische Bestrebungen, wie sie unter dem Motto „Liechtenstein den Liechtensteinern" von der 1918 gegründeten „Christlich-Sozialen Volkspartei" unter der Führung des Rechtsanwalts Wilhelm Beck gefördert wurden, und das Verlangen nach mehr gesetzgeberischer Eigenständigkeit und Unabhängigkeit begünstigten den Entschluß, das liechtensteinische Privatrecht völlig neu zu kodifizieren. Als Vorbild sollte das schweizerische Zivilrecht dienen: einerseits weil mit dem 1912 in Kraft getretenen ZGB und dem Obligationenrecht eine neue und moderne Zivilrechtskodifikation vorlag, andererseits weil die Redaktoren des geplanten „Liechtensteinischen Zivilgesetzbuches", Wilhelm Beck und Emil Beck[23], ihre juristische Ausbildung in der Schweiz erhalten hatten und daher mit dem Schweizer Recht vertraut waren.

Die neue liechtensteinische Privatrechtskodifikation sollte das seit mehr als einem Jahrhundert in Kraft stehende ABGB ebenso ersetzen wie das 1865

---

[21] Vertrag über den Anschluss des Fürstentums Liechtenstein an das schweizerische Zollgebiet vom 29.3.1923, LGBl. 1923 Nr. 24, in Kraft getreten am 1.1.1924 (abgekürzt: ZV). Zu den politischen Hintergründen der Zollvertragsabschlusses vgl. Wille (1981, 83ff.).

[22] Die in Liechtenstein anwendbaren Bundesgesetze und völkerrechtlichen Verträge waren in den Anlagen I und II zum ZV aufgelistet, die aber zunächst nur unregelmäßig adaptiert wurden. Siehe zur Problematik der Bekanntmachung des gemeinschaftlichen Rechts: Kühne (1989, 402ff.); Reichert-Facilides (2001, 992ff.). Seit dem Kundmachungsgesetz, LGBl. 1985 Nr. 41, werden die Anlagen zum ZV regelmäßig aktualisiert und im Landesgesetzblatt kundgemacht: vgl. zuletzt die Kundmachung vom 14.12.2004 der aufgrund des Zollvertrages im Fürstentum Liechtenstein anwendbaren schweizerischen Rechtsvorschriften (Anlagen I und II), LGBl. 2004 Nr. 279.

[23] Biographische Details zu Wilhelm Beck (1885–1936) und Emil Beck (1888–1973) in: Historisches Lexikon der Schweiz (www.dhs.ch).

rezipierte ADHGB[24] aus 1861.[25] Sie sollte aus fünf Teilen bestehen: Sachenrecht, Obligationenrecht, Personen- und Gesellschaftsrecht, Familienrecht und Erbrecht. Tatsächlich verwirklicht wurden von dem ambitionierten Vorhaben aber nur zwei Teile, und zwar das Sachenrecht aus 1922[26] sowie das Personen- und Gesellschaftsrecht (das sog. PGR) von 1926 und 1928[27]. In beiden Rechtsmaterien, vor allem im Sachenrecht, lehnte man sich sehr eng an das Schweizer Rezeptionsvorbild an. Bei der Ausarbeitung des PGR, das das Recht der natürlichen Personen sowie das Handels- und Gesellschaftsrecht enthält, wurden darüber hinaus auch andere Rezeptionsgrundlagen herangezogen, so wurde z.B. die Treuhänderschaft dem angelsächsischen Trust nachgebildet. Mit einem breiten Spektrum von Gesellschafts- bzw. Organisationsformen, die das PGR zur Verfügung stellt, wie z.B. Stiftungen oder Anstalten, und mit weitreichenden Steuerprivilegien[28] gelang es, ausländische Investoren anzuziehen. Das PGR bildete im Verbund mit der anlegerfreundlichen Steuergesetzgebung und den bilateralen Beziehungen zur Schweiz die wichtigste Grundlage für den Aufschwung des Finanzdienstleistungssektors in der 2. Hälfte des 20. Jahrhunderts und sorgte dafür, daß sich der ehemals ärmliche Agrarstaat Liechtenstein zum prosperierenden Finanzplatz entwickelte.[29]
Die Vervollständigung des geplanten „Liechtensteinischen Zivilgesetzbuches" um die noch ausständigen Materien – Schuldrecht, Familienrecht und Erbrecht – scheiterte primär daran, daß man sich über den nächsten Schritt, die Neukodifikation des Schuldrechts, nicht einig werden konnte: Sollte der eingeschlagene Weg – also die modifizierte Rezeption schweizerischen Privatrechts – weiterverfolgt werden, oder sollte man statt dessen beim Obligationenrecht des ABGB bleiben und es durch die Übernahme der Teilnovellen zum ABGB aus 1914, 1915 und 1916 der in Österreich geltenden Rechtslage anpassen.[30] Dieser Zwiespalt war vor allem eine Folge der geänderten innenpolitischen Verhältnisse. Die von Wilhelm Beck angeführte reformorientierte und schweizfreundliche „Christlich-Soziale Volkspartei", die ab 1922 die Regierungsverantwortung trug, wurde 1928 von der konservativen und schweizkritischen „Fortschrittlichen Bürgerpartei" abgelöst. Während die Volkspartei

[24] LGBl. 1865 Nr. 10. Einige Abschnitte des ADHGB, v.a. bezüglich der Handelsgeschäfte, stehen in Liechtenstein heute noch in Geltung, vgl. die Kundmachung in LGBl. 1997 Nr. 193.
[25] Zum Folgenden vgl. Wille (2001, 617ff.); Berger (2004 a, 5ff.).
[26] LGBl. 1923 Nr. 4.
[27] LGBl. 1926 Nr. 4; 1928 wurde in Art. 932 a das G über das Treuunternehmen (LGBl. 1928 Nr. 6) eingefügt. Vgl. den Überblick zum liechtensteinischen Gesellschaftsrecht bei Marxer (2004, 493ff.).
[28] Steuergesetz von 1923, LGBl. 1923 Nr. 2.
[29] Merki (2005, 169ff.).
[30] Vgl. hierzu ausführlich: Wille (2001, 623ff.); Berger (2004 a, 7ff.).

ohne Wenn und Aber eine Annäherung an die Schweiz und deren Rechtsordnung propagiert hatte, wurden von der Bürgerpartei Alternativen zu dem bisherigen Regierungskurs erwogen, wozu in Bezug auf das Privatrecht auch die Rückbesinnung auf die ursprüngliche Rezeptionsgrundlage, das ABGB, gehörte. Einem generellen Schwenk zurück zur österreichischen Rechtsordnung als Rezeptionsgrundlage stand allerdings der Zollvertrag mit der Schweiz im Weg, der in vielen Bereichen direkt oder indirekt die liechtensteinische Rechtsordnung beeinflußte, und dem darüber hinaus in der Bevölkerung eine symbolische Bedeutung als Garantie für den wirtschaftlichen Aufschwung zukam.

Die Unschlüssigkeit des liechtensteinischen Gesetzgebers in der Frage der Rezeptionsgrundlage für ein neues Obligationenrecht blockierte die Weiterführung der Privatrechtsreform mehr als vier Jahrzehnte lang. Die daraus resultierende Situation ist treffend mit den folgenden Worten umschrieben: „Das neue Ganze ist unvollendet und das alte Ganze zerrissen."[31] Erst im Rahmen der 1970 eingeleiteten Reform des Justizrechts konnte das Problem gelöst und die Erneuerung des liechtensteinischen Privatrechts fortgesetzt werden.

3. Die verschiedenen Formen der Rezeption

Zieht man ein Resümee der Rezeptionsgeschichte im liechtensteinischen Privatrecht, so sind verschiedene Formen der Rechtsrezeption erkennbar:[32]

Die *„automatische" Rezeption*, wie sie 1812 eingeleitet und durch die Anordnung von 1819 vertieft wurde, ergänzt durch ein gemeinsames Höchstgericht, gewährleistete die Übereinstimmung mit der Weiterentwicklung des Ursprungsrechts. Das bot dem rezipierenden Staat viele Vorteile, wie z.B. die uneingeschränkte Verwendbarkeit von Gesetzesausgaben, Literatur und Rechtsprechung. Die damit verbundene beträchtliche „Ersparnis an geistiger und wirtschaftlicher Kraft" bedeutete aber zugleich eine nicht unerhebliche Souveränitätseinbuße.[33]

An die Stelle der automatischen Rechtsübernahme trat ab 1843 die *„autonome" Rezeption* österreichischen Rechts. Gesetze wurden zunehmend nicht mehr pauschal für rezipiert erklärt, sondern mit Modifikationen übernommen (z.B. das Erbrecht des ABGB 1846). In der Folge ging man dazu über, eigenständige liechtensteinische Gesetze nach ausländischem Vorbild und mit Abwei-

[31] Zitiert aus: Biedermann (1981, 18 Fn. 23).

[32] Gschnitzer (1963, 32ff.); Kühne (1989, 386f.).

[33] Zitiert aus: Gschnitzer Gutachten 1932; vgl. hierzu Gschnitzer (1993, 554); Berger (2004 a, 7ff.). Franz Gschnitzer (1899–1968), Professor an der Universität Innsbruck und langjähriger Präsident des FL OGH (1945–1968), war ein vehementer Verfechter der Rezeption in ihrer „reinen" Form und trat stets dafür ein, „das fremde Recht nur dort zu ändern, wo es sich nicht umgehen läßt".

chungen in Hinblick auf die liechtensteinischen Verhältnisse zu erlassen, z.B. die ZPO und Jurisdiktionsnorm aus 1912[34]. Häufig wurden die österreichischen Gesetze mit nicht unbeträchtlicher Verzögerung übernommen, was zur Folge hatte, daß die Vorteile der Rezeption nur mehr eingeschränkt genutzt werden konnten und die Gefahr bestand, in der Rechtsentwicklung zurückzubleiben.

Der *Wechsel zu einer neuen Rezeptionsgrundlage*, wie er in den zwanziger Jahren des letzten Jahrhunderts eingeleitet und dann sozusagen auf halber Strecke abgebrochen wurde, schuf die Grundlage für die heute bestehende Situation im liechtensteinischen Privatrecht. Erschwert wurde sie dadurch, daß die Leitidee der Rezeption zunehmend aus dem Blick geriet, nämlich von dem Originalgesetz nur dann abzuweichen, wenn es die liechtensteinischen Verhältnisse erforderlich machten. Immer häufiger wurden Adaptionen, also Abweichungen vom Originaltext, vorgenommen, ergänzt um eigenständige Rechtsschöpfungen, wie sie sich vor allem im Eherecht und im Gesellschaftsrecht finden.

Spätestens in den fünfziger Jahren des 20. Jahrhunderts ließ es sich nicht mehr leugnen, daß der Wunsch nach einem eigenständigen liechtensteinischen Privatrecht ebensowenig zu verwirklichen war wie jener nach einer einheitlichen Rezeptionsgrundlage und der Vereinheitlichung der zersplitterten Zivilrechtsordnung. Für ein derartiges Unterfangen fehlte es nicht nur am erforderlichen Konsens der politischen Entscheidungsträger Liechtensteins und einem uneingeschränkten Reformwillen, sondern auch an den notwendigen personellen und fachlichen Ressourcen. Zu einem Gutteil lag es aber auch daran, daß „sich Vor- und Nachteile einer reinen Lösung nicht so leicht abwägen lassen"[35] und jede der möglichen Varianten ihre Befürworter und Gegner hatte.[36]

Man ging daher dazu über, die Rezeption aus unterschiedlichen Rechtsordnungen als Faktum zu akzeptieren, sich mit deren unverzichtbarer Notwendigkeit zu arrangieren und dieses Mittel der Rechtserzeugung so vorteilhaft wie möglich einzusetzen.

---

[34] LGBl. 1912 Nr. 9/1 und 2.

[35] Zitiert aus Gschnitzer Gutachten 1932; Wille (2001, 635ff.).

[36] Dezidierte und inhaltlich konträre Stellungnahmen zur Frage der Rezeption des Obligationenrechts gab es von Franz Gschnitzer, Professor an der Universität Innsbruck, – er empfahl die Beibehaltung des österreichischen Schuldrechts (vgl. seine Gutachten aus 1932 und 1952) – und Peter Liver, Professor an der Universität Bern, – er sprach sich für die Rezeption des schweizerischen Obligationenrechts aus (vgl. sein Gutachten aus 1954). Siehe hierzu ausführlich: Berger (2004 a, 15ff.).

4. Das Resultat der Rezeptionsgeschichte: eine kleinstaatenspezifische Mischrechtsordnung

Die Rechtssituation im liechtensteinischen Privatrecht, wie sie sich zu Beginn der siebziger Jahre des 20. Jahrhunderts präsentierte, bestand darin, daß aus mehreren Rechtsordnungen und in unterschiedlicher Weise rezipiert worden war. Etwa zwei Jahrzehnte vorher hatte man begonnen, der Rechtszersplitterung sowie der daraus resultierenden Rechtsunsicherheit durch die Schaffung eines Rechtsbuchs – einer bereinigten, aktualisierten und systematisch geordneten Zusammenstellung des gesamten geltenden liechtensteinischen Rechts – beizukommen. Das ambitionierte Projekt war nicht zuletzt an der Größe der Aufgabe und den unzureichenden Mitteln gescheitert, die zu deren Bewältigung zum Einsatz kamen.[37] Nichtsdestotrotz stellte das Rechtsbuchprojekt „einen ersten Anlauf zur Rechtsreform" dar, die mit der 1970 in Angriff genommenen Erneuerung des Justizrechts in ungleich erfolgreicherer Weise fortgesetzt wurde und die schrittweise Novellierung einer ganzen Reihe von wichtigen privat- und öffentlichrechtlichen Materien umfaßte.[38] Soweit es das Privatrecht betraf, wurden im Zuge der Reform in einem ersten Schritt das Eherecht[39], das Werk-, Verlags- und Arbeitsvertragsrecht[40], sowie das Mieterschutzrecht[41] und das Adoptionsrecht[42] novelliert und der Großteil der österreichischen Teilnovellen zum ABGB (1914 bis 1916), d.h. deren erb- und schuldrechtliche Bestimmungen, rezipiert[43]. Ausgeklammert blieben im ersten Teil der Reform das Ehescheidungs- und Ehetrennungsrecht sowie das Familienrecht. Diese Rechtsmaterien sollten einem separaten Reformschritt vorbehalten bleiben und wurden in Liechtenstein 1993[44] und 1999[45], nach aufwendigen Vorarbeiten unter Berücksichtigung der Familienrechtsreformen in Österreich und der Schweiz, umfänglich erneuert. Das Gesellschaftsrecht wurde 1980 einer grundlegenden Reform unterzogen, mit der in erster Linie die Absicht verfolgt wurde, „Missbräuche und Auswüchse im Gesellschaftswesen" auszuschalten.[46]

Obwohl in den Landtagsdebatten und in Stellungnahmen zu den Gesetzesrevisionen vereinzelt immer wieder Forderungen nach einer eigenständigen

---

[37] Vgl. zu den Arbeiten der Rechtsbuchkommission ausführlich: Berger (2004 a, 10ff.).
[38] Vgl. zur Justizrechtsreform im Detail: Berger (2004 b, 12ff.).
[39] LGBl. 1974 Nr. 20.
[40] LGBl. 1974 Nr. 18.
[41] LGBl. 1975 Nr. 6.
[42] LGBl. 1976 Nr. 40.
[43] LGBl. 1976 Nr. 75.
[44] Familienrechtsreform, LGBl. 1993 Nr. 53 u. 54.
[45] Scheidungsreform, LGBl. 1999 Nr. 28 u. 30.
[46] LGBl. 1980 Nr. 39. Details bei Kieber (1980/81, 2ff.).

liechtensteinischen Gesetzgebung erhoben wurden, bestand zu dieser Zeit bereits weitestgehender Konsens dahingehend, daß es zur Rezeption fremden Rechts keine Alternative gibt. Die Auswirkungen des Zollvertrags mit der Schweiz – direkt in Form der unmittelbar zur Anwendung gelangenden schweizerischen Rechtsnormen sowie indirekt in Form der freiwilligen und eigenständigen Angleichung von Rechtsmaterien mit inhaltlichem Konnex zum Zollvertrag – hatten lange Zeit für eine ambivalente Einstellung gegenüber dem „Schweizerrecht" gesorgt und eine unbefangene Haltung in der Rezeptionsfrage nicht zugelassen. Mittlerweile war es aber gelungen, die mit den engen bilateralen Beziehungen zur Schweiz verbundenen staatspolitischen und souveränitätsrechtlichen Bedenken zu relativieren und die notwendige Distanz zum Zollvertrag zu finden.[47] Mit Blick auf die bisherige Gesetzgebung und Rechtspraxis und unter Berücksichtigung der Auswirkungen auf die bestehende Rechtsordnung war man nun zu einem pragmatischen Umgang mit der Rezeptionsfrage bereit. Bei der Entscheidung, welches Recht als Rezeptionsgrundlage dienen sollte, wurden die Rechtstradition sowie die Rechtskontinuität in den Vordergrund gestellt. Für das liechtensteinische ABGB bedeutete das, daß es weitestgehend nach dem Vorbild der österreichischen Zivilrechtskodifikation erneuert und das Obligationenrecht der ABGB-Teilnovellen zum größten Teil übernommen wurde.[48] In jenen Bereichen aber, wo man sich bereits bislang am schweizerischen Recht orientiert hatte oder wo sich aufgrund der zollvertraglichen Bindungen eine Anlehnung an das schweizerische Recht empfahl, nahm man sich dieses zum Vorbild, wie z.B. im Mieterschutzrecht oder im Arbeitsvertragsrecht. Dieser Vorgangsweise blieb man auch bei der Reform des Ehe- und Familienrechts in den neunziger Jahren des 20. Jahrhunderts treu.

Neben der Bewahrung der Rechtstradition und der Rechtskontinuität, die nicht nur im Schuldrecht, sondern auch im Familienrecht und im Erbrecht für das österreichische Recht als Rezeptionsgrundlage sprachen, ging es bei der Erneuerung des Justizrechts vor allem darum, die für liechtensteinische Verhältnisse jeweils beste und zweckmäßigste Lösung zu finden. Wenn es sich als notwendig erwies, kombinierte man daher innerhalb einer Rechtsmaterie Bestimmungen aus dem österreichischen und dem schweizerischen Recht, so z.B. im Vormundschaftsrecht oder im Eherecht. Wenn weder die eine noch die andere Rechtsordnung für liechtensteinische Bedürfnisse passend schien, wurden eigenständige Lösungen geschaffen. Das war vor allem im Eherecht notwendig, wo weder das österreichische noch das schweizerische Recht mit der konservativen Grundhaltung der durchwegs katholischen Bevölkerung

---

[47] Wille (2001, 639ff.).

[48] Zur Reform des liechtensteinischen bürgerlichen Rechts vgl. Berger (2004 b, 24ff.).

kompatibel war und sowohl dem Fürstenhaus als auch dem katholischen Klerus ein beträchtlicher Einfluß zukam.[49] Erst mit dem Ehegesetz von 1974 wurde in Liechtenstein die obligatorische Zivilehe eingeführt – bis dahin war nur eine kirchliche Eheschließung möglich – und die Ehescheidung – die bis dahin in Liechtenstein für Katholiken ausgeschlossen war – allgemein zugelassen. Da aber weiterhin an dem Grundsatz der Unauflöslichkeit der Ehe festgehalten wurde, war eine Scheidung als Ausnahmelösung konzipiert und nur unter ganz bestimmten, enggefaßten Voraussetzungen möglich. Der Ehescheidung hatte demnach ein langwieriges und aufwendiges Trennungsverfahren vorauszugehen, das eine Trennung im streitigen Verfahren und eine dreijährige Trennungsfrist umfaßte. Erst danach konnte die Scheidungsklage eingebracht werden. Mit dieser Verbindung von Trennung und Scheidung war eine „echt liechtensteinische Lösung“ geschaffen worden, die bis zur Eherechtsreform 1999 beibehalten wurde.
Der geschilderten Entwicklung zufolge präsentiert sich das liechtensteinische Privatrecht heute als „Mischrecht“, das sich teils aus österreichischem, teils aus schweizerischem Recht zusammensetzt, ergänzt um adaptiertes sowie eigenständiges liechtensteinisches Recht.[50] Seit dem Beitritt Liechtensteins zum Europäischen Wirtschaftsraum 1995[51] kam das EWR-Recht als weitere Rezeptionsgrundlage hinzu. Im Privatrecht trug die Einbindung in das europäische Gemeinschaftsrecht zu einer Intensivierung der legislativen Aktivitäten bei[52], so wurden z.B. zeitgemäße Gesetze über das Urheberrecht[53] und gegen den unlauteren Wettbewerb[54] erlassen und unter anderem das Datenschutzrecht[55], das Markenrecht[56] und das Konsumentenschutzrecht[57] neu kodifiziert sowie das Gewährleistungsrecht den europarechtlichen Vorgaben angepaßt[58]. Was das Gesellschaftsrecht betrifft, so wurde in einer umfangreichen PGR-Reform[59] der gesellschaftsrechtliche EWR-acquis communautaire umgesetzt.

---

[49] Zum Eherecht vor und nach der Revision ausführlich Berger (2004 b, 24ff.).
[50] Reichert-Facilides (2001, 996ff.).
[51] Das Abkommen vom 2.5.1992 über den Europäischen Wirtschaftsraum, LGBl. 1995 Nr. 68 trat am 1.5.1995 in Kraft.
[52] Details und w.N. hierzu bei Marxer (2004, 487f., 494f.).
[53] LGBl. 1999 Nr. 160.
[54] LGBl. 1992 Nr. 121.
[55] LGBl. 2002 Nr. 55.
[56] LGBl. 1997 Nr. 60.
[57] LGBl. 2002 Nr. 164.
[58] LGBl. 2002 Nr. 165.
[59] LGBl. 2000 Nr. 279. Siehe hierzu Hammermann (1991, 81ff.).

III. Die Konsequenzen aus der Rechtsrezeption

Die Rezeption fremden Rechts leistet einem Kleinstaat ohne Zweifel unschätzbare Dienste als Rechtserzeugungsinstrument.[60] Rezeption stellt aber nicht – wie man vielleicht meinen könnte – nur einen passiven Vorgang in Gestalt der Verwertung fremder Vorarbeiten und Vorleistungen dar, sondern sie verlangt dem rezipierenden Staat ein beträchtliches Maß an Produktivität in Form einer ganzen Reihe von Entscheidungen und Aktivitäten ab:

1. Der auf die Rezeption fremden Rechts angewiesene Staat muß prüfen, welche Rechtsordnungen bzw. welche konkreten Rechtsnormen als Rezeptionsgrundlage in Betracht kommen, und sich bewußt sein, daß die Entscheidung von erheblicher rechtspolitischer Tragweite ist, da mit den Rechtsnormen auch die zugrundeliegenden Wertvorstellungen und Werturteile übernommen werden.

2. Er muß die Normen auf ihre Brauchbarkeit hin überprüfen und, falls notwendig, mittels Adaption den eigenen Bedürfnissen und Wertvorstellungen anpassen und sie, falls erforderlich, durch eigene Rechtsschöpfungen ergänzen. Das ist zwar unter dem Aspekt der Rechtssicherheit problematisch, da es die Rechtsanwendung erschwert, doch wird erst auf diese Weise das fremde Recht zur eigenen Sache gemacht und in die eigene Rechtsordnung integriert.

3. Die Entscheidung für die Rezeption fremden Rechts ist eine Entscheidung mit langfristigen Konsequenzen: Die weitere Entwicklung des Ursprungsrechts muß laufend beobachtet und entschieden werden, ob Revisionen mitgemacht werden sollen oder nicht. Die daraus resultierende inhaltliche und zeitliche Abhängigkeit von dem Staat, dessen Recht übernommen wurde, beeinträchtigt die Eigenständigkeit und Eigenstaatlichkeit des Kleinstaats, für den die Betonung dieser Eigenschaften einen besonderen Stellenwert einnimmt, in einem nicht unerheblichen Ausmaß.

4. Hat man sich zur Rezeption entschlossen, so muß über den richtigen Zeitpunkt entschieden werden: Wenn Revisionen mit Verzögerung übernommen werden, bleibt der rezipierende Staat in der Rechtsentwicklung zurück. Zugleich kann aber auf diese Weise die Bewährungsprobe des zur Übernahme anstehenden Rechts abgewartet und von den Erfahrungen im Ursprungsstaat profitiert werden.

---

[60] Zur rezeptionsspezifischen Problematik im Kleinstaat vgl. Häberle (1993, 160ff., 174ff.); Reichert-Facilides (2001, 998ff.); Kellenberger (1996, 73ff.); Ritter (1991, 73); Driendl (1980/81, 24f.).

5. Die legislative Rechtsvergleichung, also die Heranziehung ausländischer Rechte bei der Schaffung neuer Gesetze, macht bei der Rechtsfindung und Rechtsfortbildung eine angewandte Rechtsvergleichung erforderlich, d.h. liechtensteinische Gerichtsentscheidungen sind betont rechtsvergleichend ausgerichtet, indem sie sich auf ausländische Literatur und Rechtsprechung beziehen. Neben dem komparatistischen Vorgehen in der Rechtsfindung kommt den Entscheidungen der liechtensteinischen Gerichte aufgrund der aus Elementen unterschiedlicher Herkunft zusammengesetzten Rechtsordnung eine spezifisch harmonisierende Aufgabe zu.[61]

Der auf die Rezeption fremden Rechts angewiesene Kleinstaat sah sich seit jeher dazu gezwungen, die Balance zu finden zwischen Abgrenzung und Offenheit, zwischen Selbständigkeit und der Abhängigkeit von Außeneinflüssen. Im Kleinen wurde hier schon in der Vergangenheit geprobt, was in einer Zeit der überstaatlichen Zusammenschlüsse, der Vergemeinschaftung des Rechts und der Internationalisierung der Rechtsprechung die Gegenwart und die Zukunft bestimmt.[62] Jahrzehntelange Erfahrungen mit Rechtsübernahme und Zollgemeinschaft verleihen einem Kleinstaat wie dem Fürstentum Liechtenstein daher in gewisser Weise Modellcharakter und legen es nahe, eine Brücke zu schlagen vom Rechtsleben im Kleinstaat zum Rechtsleben in der europäischen Staatengemeinschaft.

---

[61] Legerer (2001, 24ff.); Zweigert/Kötz (1996, 49f.).
[62] Häberle (1993, 175).

Literaturverzeichnis

Liechtensteinisches Landesarchiv (Vaduz): „Der gegenwärtige Stand des liechtensteinischen Zivilrechtes und seine Zukunft" (1932) – Gutachten von Franz Gschnitzer.

Ebda: „Gutachten über die Rezeption des Schweizerischen Obligationenrechts" (1952) – Gutachten von Franz Gschnitzer.

Ebda: „Gutachten über eine neue Ordnung des Obligationenrechts im Fürstentum Liechtenstein" (1954) – Gutachten von Peter Liver.

Berger, Elisabeth (Hrsg.) (1999): *Eine Zivilrechtsordnung für Liechtenstein. Die Entwürfe des Landvogts Joseph Schuppler.* Frankfurt/Main etc.: Peter Lang.

Berger, Elisabeth (2002): „190 Jahre ABGB in Liechtenstein". In: *Liechtensteinische Juristen-Zeitung* 2: 27–36.

Berger, Elisabeth (2004 a): *Die Arbeiten der liechtensteinischen Rechtsbuchkommission in den 1950er Jahren.* Liechtenstein-Institut Beiträge 20. Bendern/FL: Eigenverlag.
(als pdf-Datei unter: www.liechtenstein-institut.li/Publikationen)

Berger, Elisabeth (2004 b): *„Rezeption ist ein Faktum": Die Reform des liechtensteinischen Justizrechts in den 1970er Jahren.* Liechtenstein-Institut Beiträge 22. Bendern/FL: Eigenverlag.
(als pdf-Datei unter: www.liechtenstein-institut.li/Publikationen)

Biedermann, Klaus (1981): *Die Treuhänderschaft des liechtensteinischen Rechts, dargestellt an ihrem Vorbild, dem Trust des Common Law.* Bern: Stämpfli.

Brauneder, Wilhelm (1988): „175 Jahre „Allgemeines bürgerliches Gesetzbuch" in Liechtenstein". In: *Liechtensteinische Juristen-Zeitung* 3: 94–103.

Brauneder, Wilhelm (1999): „Europas erste Privatrechtskodifikation: Das galizische Bürgerliche Gesetzbuch". In: Barta H./Palme R./Ingenhaeff W. (Hrsg.): *Naturrecht und Privatrechtskodifikation.* Wien: Manz. 303–320.

Driendl, Johannes (1980/81): „Liechtensteins Weg zu einer neuen Strafgesetzgebung". In: *Liechtensteinische Juristen-Zeitung.* 23–26.

Gschnitzer, Franz (1963): „Lebensrecht und Rechtsleben des Kleinstaates". In: Goop A.P. (Hrsg.): *Gedächtnisschrift Ludwig Marxer.* Zürich: Schulthess. 19–52.

Gschnitzer, Franz (1993): „Rechtsleben im Kleinstaat". In: Barta H./Kohlegger K./Stadlmayer V. (Hrsg.): *Franz Gschnitzer – Lesebuch*, hrsg. anläßlich des 25. Todestages von Franz Gschnitzer am 19. Juli 1993. Innsbruck: WUV Universitätsverlag. 547–555.

Häberle, Peter (1993): „Der Kleinstaat als Variante des Verfassungsstaates". In: Waschkuhn A. (Hrsg.): *Kleinstaat. Grundsätzliche und aktuelle Probleme* (= Liechtenstein Politische Schriften 16). Vaduz: Verlag der Liechtensteinischen Akademischen Gesellschaft. 121–176.

Hammermann, Bernd (1991): „Europaverträglichkeit als Rechtsproblem am Beispiel des liechtensteinischen Gesellschaftsrechts". In: *Liechtensteinische Juristen-Zeitung* 2. 81–89.

Kellenberger, Ralph (1996): *Kultur und Identität im kleinen Staat. Das Beispiel Liechtenstein.* Bonn: ARCult Media. 69–77.

Kieber, Walter (1980/81): „Vorbeugung von Missbräuchen – Ziel der Gesellschaftsrechtsreform". In: *Liechtensteinische Juristen-Zeitung.* 2–10.

Kühne, Josef (1989): „Zur Struktur des Liechtensteinischen Rechtes. Eine föderative Rechtsordnung". In: *Jahrbuch des öffentlichen Rechts der Gegenwart* NF 38: 379–409.

Legerer, Joseph (2001): *Der Grundsatz von Treu und Glauben im liechtensteinischen Privatrecht.* Diss. Univ. Innsbruck.

Marxer, Florian (2004): „Streifzug durch das liechtensteinische Privatrecht, insbesondere das Stiftungs- und Gesellschaftsrecht". In: *Zeitschrift für europäisches Privatrecht* 3: 477–502.

Merki, Christoph M. (2005): „Der Finanzplatz Liechtenstein: Zürichs attraktive Außenstelle". In: Merki Ch. M. (Hrsg.): *Europas Finanzzentren. Geschichte und Bedeutung im 20. Jahrhundert.* Frankfurt/Main: Campus. 167–195.

Reichert-Facilides, Fritz (2001): „Elemente des liechtensteinischen Privatrechts". In: Basedow J. u.a. (Hrsg.): *Aufbruch nach Europa.* Tübingen: Mohr Siebeck. 987–1005.

Ritter, Michael (1991): „Die Organisation des Gesetzgebungsverfahrens in Liechtenstein". In: *Liechtensteinische Juristen-Zeitung* 2: 71–77.

Schmidt, Georg (1987): „Fürst Johann I. (1760-1836): „Souveränität und Modernisierung" Liechtensteins". In: Press V./Willoweit D. (Hrsg.): *Liechtenstein – Fürstliches Haus und staatliche Ordnung.* Vaduz/München/Wien: Verlag der Liechtensteinischen Akademischen Gesellschaft und Oldenbourg. 383–418.

Wille, Herbert (1981): „Rechtspolitischer Hintergrund der vertraglichen Beziehungen Liechtensteins zur Schweiz in den Jahren 1918-1934". In: *Jahrbuch des Historischen Vereins für das Fürstentum Liechtenstein* 81: 81–109.

Wille, Herbert (2001): „Die Neukodifikation des liechtensteinischen Privatrechts als Rezeptionsfrage ausländischen Rechts". In: Ebert K. (Hrsg.): *Pro iustitia et scientia. Festgabe zum 80. Geb. von Karl Kohlegger.* Wien: Verlag Österreich. 613–643.

Zweigert, Konrad/Kötz, Hein (1996): *Einführung in die Rechtsvergleichung auf dem Gebiete des Privatrechts.* 3. Aufl. Tübingen: Mohr Siebeck.

Huguenin v Baseley (1807) – Die Bedeutung Pothiers für die Entwicklung von *undue influence*

Stephan Wagner, Hamburg

It is often claimed that the development of the doctrine of undue influence during the 19th century was principally inspired by Pothier. This view is based on the references to Pothier's writings in the case of Huguenin v Baseley *in 1807 (below I.).*

This paper explores both, the cases before Huguenin *and this leading case itself, in order to see whether there was any general principle already in existence before 1807 and to assess the significance of* Huguenin *itself: in this context the use of civilian references is of major interest. Thus the first part deals with the case law concerning unconscionable bargains (below II.1.) and undue influence on testators (below II.2.). It then focuses on the different relationships giving rise to an assumption of undue influence as between parent and child, guardian and ward, master and servant, attorney and client or trustee and beneficiary (below II.3.a.–e.).*

The second part examines the reasoning of Sir Samuel Romilly in Huguenin *and his recourse to Pothier as well as the decision of Lord Eldon LC in that case (below III.). After a brief sketch of the impact of* Huguenin *on the further development in the 19th century (below IV.) the paper concludes with some final remarks (below V.).*

I. Einleitung

Das Rechtsinstitut der *undue influence* findet auf dem Kontinent, insbesondere in Deutschland, zunehmend Beachtung: Ursache hierfür ist vor allem, dass die englische Rechtsprechung dieses Rechtsinstitut der *Equity* auf die Bestellung von Kreditsicherheiten durch nahe Angehörige anwendet.[1] Vor dem Hintergrund der deutschen Rechtsprechung zu Angehörigenbürg-

[1] Vgl. *Uwe Blaurock*, Nahe Angehörige als Sicherheitengeber – Entscheidungen des House of Lords vom 21. Oktober 1993 und des Bundesgerichtshofes vom 24. Februar 1994 und vom 5. Januar 1995, ZEuP 4 (1996), 314 ff., 321 ff.; *Gino van Royen/Mariangela Ferrari/Bruno Inzitari/Nicolas Geelhand*, Barclays Bank plc v O'Brien and another [1993] 4 All ER 417, BVerfG, 19.10.1993, ERPL 4 (1996), 263 ff.; *Alberto Maria Benedetti*, La moglie garante del marito: vero consenso o abuso di intimità familiare?, Trusts e attività fiduciarie 2 (2000), 208 ff.; *Armin Hadjiani*, Sicherungsleistungen naher Angehöriger im englischen, deutschen und österreichischen Privatrecht, ZfRV 2003, 83 ff.; *Christiana Fountoulakis*, Interzession naher Angehöriger, eine rechtsvergleichende Untersuchung im deutschen und angelsächsischen Rechtskreis (2005).

schaften[2] besteht daher reges Interesse, aus rechtsvergleichender Sicht Lösungswege des englischen Rechts auch für das deutsche Recht fruchtbar zu machen.[3]

Aus Sicht der historischen Rechtsvergleichung ist bemerkenswert, dass das Rechtsinstitut der *undue influence* seinerseits wiederum maßgeblich durch kontinentaleuropäisches Recht beeinflusst sein soll. So wird etwa in der englischsprachigen Literatur die Auffassung vertreten, dass die Entwicklung von *undue influence* im 19. Jahrhundert ganz entscheidend durch Pothier geprägt worden sei.[4] Hierbei wird vor allen Dingen auf die Leitentscheidung *Huguenin v Baseley* aus dem Jahre 1807 verwiesen, in der explizit auf Pothier Bezug genommen wurde.[5] Gab es also schon vor rund zweihundert Jahren einen Rechtstransfer über den Ärmelkanal?

Der vorliegende Beitrag möchte dieser Frage kritisch nachgehen. Dazu soll zunächst das Fallrecht vor 1807 dahin gehend überprüft werden, ob bereits vor *Huguenin v Baseley* gefestigte Grundsätze der englischen Rechtsprechung anzutreffen sind und inwieweit sich dabei gegebenenfalls Einflüsse des *Civil law* nachweisen lassen (unten II.). Im Anschluss daran soll die Leitentscheidung *Huguenin v Baseley* selbst daraufhin untersucht werden, welches Gewicht in ihr das bereits bestehende *Case law* hatte und welche Rolle daneben Pothier zukam (unten III.). Abschließend soll dann die Bedeutung dieser Entscheidung für die weitere Entwicklung im 19. Jahrhundert skizziert werden (unten IV.).

---

[2] Hierzu statt vieler *Mathias Habersack/Reinhard Zimmermann*, Legal Change in a Codified System: Recent Developments in Germany Suretyship Law, (1999) 3 Edinburgh LR 272 ff.; *Dietrich Reinicke/Klaus Tiedtke*, Bürgschaftsrecht, 2. Aufl. (2000), Rn. 174 ff.

[3] *Stephan Lorenz*, Arbeitsrechtlicher Aufhebungsvertrag, Haustürwiderrufsgesetz und „undue influence", JZ 1997, 277 ff., 281 f.; *ders.*, Der Schutz vor dem unerwünschten Vertrag – eine Untersuchung von Möglichkeiten und Grenzen der Abschlußkontrolle im geltenden Recht (1997), 445 ff.; *Wolfgang Ernst*, Interzession – Vom Verbot der Fraueninterzession über die Sittenwidrigkeit von Angehörigenbürgschaften zum Schutz des Verbrauchers als Interzedenten, in: Reinhard Zimmermann u.a. (Hg.), Rechtsgeschichte und Privatrechtsdogmatik (1999), 395 ff., 400, 408 f., 421 f.; *Mathias Habersack/Francesco Giglio*, Sittenwidrigkeit der Bürgschaft wegen krasser finanzieller Überforderung des Bürgen? – Eine rechtsvergleichende und europarechtliche Skizze –, WM 2001, 1100 ff., 1101 f.

[4] *George W. Keeton/L.A. Sheridan*, Equity, 1st ed. (1969), 337 = 2nd ed. (1976), 230 = 3rd ed. (1987), 263. Vgl. hierzu *Gerhard Lubbe*, Voidable Contracts, in: Reinhard Zimmermann/Daniel Visser (eds.), Southern Cross – Civil Law and Common Law in South Africa (1996), 261 ff., 296.

[5] (1807) 14 Ves Jun 273.

II. Fallrecht vor *Huguenin v Baseley* (1807)

Was die Darstellung des Fallrechts vor 1807 angeht, so soll hier der Einteilung von Fallgruppen gefolgt werden, wie sie sich in der zeitgenössischen, von John Fonblanque[6] besorgten Ausgabe von Henry Ballow's[7] Treatise of Equity findet,[8] zumal Fonblanque seinerseits als Beklagtenvertreter in *Huguenin v Baseley* auftrat.[9] In der zweiten von Fonblanque herausgegebenen Auflage wird zum ersten Mal in diesem Werk der Begriff der *undue influence* verwendet, unter dem das entsprechende *Case law* der *Equity* (sog. *equitable doctrine*) zusammengefasst und in Fallgruppen eingeteilt werden.[10] Dabei richtet sich die Fallgruppenbildung danach, in welcher Beziehung *undue influence* ausgeübt wurde:[11] Eltern und Kind (unten 3.a.), Vormund und Mündel (unten 3.b.), Herr und Diener (unten 3.c.) sowie Anwalt und Mandant (unten 3.d.). Als eine weitere Fallgruppe wurde von ihm in der fünften Auflage die Beziehung zwischen *[t]rustee* und *cestui que trust* (unten 3.e.) ergänzt.[12]

Diese Ausführungen zu *undue influence* befinden sich jedoch nicht in einem eigenständigen Abschnitt, sondern in einer Fußnote im Abschnitt zu *un-*

---

[6] Zu seiner Person, s.u. Fn. 143.

[7] Zur Frage nach dem Verfasser dieses ursprünglich anonym publizierten Werkes vgl. *William Holdsworth*, A History of English Law, vol. XII (1938), 191 f.; *Mike Macnair*, The Conceptual Basis of Trusts in the Later Seventeenth and Early Eighteenth Century, in: Richard Helmholz/Reinhard Zimmermann (eds.), Itinera Fiduciae: Trust and Treuhand in Historical Perspective (1999), 207 ff., 211 note 9; *David J. Ibbetson*, A Historical Introduction to the Law of Obligations (1999), 218 note 96. Vorliegend wurde die erste und eine weitere, in Dublin verlegte Auflage herangezogen: A Treatise of Equity, 1st ed. (Nutt & Gosling), London (1737); "Dublin-edition" (S. Cotter), Dublin (1756).

[8] Vgl. *Holdsworth* (Fn. 7), vol. XII (1938), 193. Vorliegend wurden folgende vier der insgesamt fünf von Fonblanque besorgten Auflagen herangezogen: *John Fonblanque* (ed.), A Treatise of Equity, 1st ed. (Whieldon & Butterworth), London (1793/94); 2nd ed. (W. Clarke & Son), London (1799); 4th ed. (W. Clarke), London (1812); 5th ed. (J. & W.T. Clarke), London (1820).

[9] (1807) 14 Ves Jun 273, 280.

[10] *Fonblanque* (ed.), Treatise of Equity (Fn. 8), 2nd ed. (1799), book I, chap. II, sect. 12, footnote (k), p. 134: "undue influence which may grow out of particular relations, as between attorney and client ... Guardian and Ward ... Parent and Child ... Master and Servant ...". Die erste Auflage hatte diese Passage noch nicht enthalten, vgl. 1st ed. (1793/94), p. 124.

[11] *Fonblanque* (ed.), Treatise of Equity (Fn. 8), 2nd ed. (1799), book I, chap. II, sect. 12, footnote (k), p. 134.

[12] *Fonblanque* (ed.), Treatise of Equity (Fn. 8), 5th ed. (1820), book I, chap. II, sect. 12, footnote (k), p. 135 f. Die vorangegangene Auflage hatte diese Fallgruppe noch nicht enthalten, vgl. 4th ed. (1812), p. 134.

conscionable bargains with young heirs.[13] Dies hängt in erster Linie damit zusammen, dass Fonblanque den von ihm vorgefundenen Text dieses Treatise unverändert ließ und diesen stattdessen mit einem umfangreichen Apparat von Fußnoten und Anmerkungen versah. Warum die Ausführungen zu *undue influence* jedoch gerade in diesem Abschnitt untergebracht wurden und nicht etwa in einem anderen, lässt sich mit letzter Gewissheit nicht beantworten. Die Wahl dieses Standorts spiegelt vermutlich nur die Schwierigkeiten wider, überhaupt einen ansprechenden Platz in einem verwandten Kontext zu finden. Gleichwohl soll vor diesem Hintergrund die Fallgruppe der *unconscionable bargains* in die vorliegende Untersuchung miteinbezogen werden (unten 1.).

Eine weitere Fallgruppe, die in ihren dogmatischen Ursprüngen ebenfalls weit zurückreicht, aber trotzdem in diesem Zusammenhang oft nicht erwähnt wird, betrifft Testierende, auf die *undue influence* ausgeübt wird (sog. *probate doctrine*).[14] Diese Fallgruppe soll daher, obwohl sie bei Fonblanque nicht aufgeführt wird, ebenfalls analysiert werden (unten 2.).

1. Unconscionable bargains

a. Unconscionable bargains mit künftigen Erben (expectant heirs)

Die Rechtsprechung zum Schutz von *expectant heirs* wird gemeinhin als Sprungbrett für die Entwicklung der Doktrin des sog. *unequal bargaining* begriffen.[15] Die ersten Entscheidungen hierzu lassen sich bis in das späte 16. Jahrhundert zurückverfolgen.[16] Typischerweise hatten junge Gentlemen in einer finanziellen Notlage entweder wucherische Darlehen aufgenommen oder Waren zum Zweck der Weiterveräußerung erworben, die sie aber

---

[13] *Fonblanque* (ed.), Treatise of Equity (Fn. 8), 2nd ed. (1799), book I, chap. II, sect. 12 "But unconscionable bargains with young heirs set aside in equity." Vgl. das dortige Inhaltsverzeichnis.

[14] Zur Unterscheidung von *probate* und *equitable doctrine*, vgl. *Robert Goff/Gareth Jones*, The Law of Restitution, 6th ed. (2002), 11–001.

[15] *John Cartwright*, Unequal Bargaining – A Study of Vitiating Factors in the Formation of Contracts (1991), 197 f. An zeitgenössischen Darstellungen etwa *John Joseph Powell*, Essay upon the Law of Contracts and Agreements, vol. I–II (J. Johnson), London (1790) = Reprint New York (1978): vol. II, 143, 181 ff. Vgl. ferner *John P. Dawson*, Economic Duress – An essay in perspective, (1947) 45 Michigan LR 253 ff., 267 ff.

[16] *Savill v Wolfall* (1582–83) Choyce Cases 166; *W.J. Jones*, The Elizabethan Court of Chancery (1967), 432, 434 m.w.N. Zur Rechtsprechung der Star Chamber auf diesem Gebiet, vgl. *Attorney General v Howe and East* (1596) Hawarde 47; *William Hudson*, A Treatise on the Court of Star Chamber, in: Francis Hargrave (ed.), Collectanea Juridica – consisting of Tracts relative to the Law and Constitution of England, vol. 2 (1792), 1 ff., 99, 111.

aufgrund des überteuerten Ausgangspreises nur noch mit Verlust losschlagen konnten.[17] Gegen Ende des 17. Jahrhunderts etablierte sich nach einigem Hin und Her ein entsprechender Rechtsschutz.[18] Wie Lord Nottingham LC hierzu vermerkte, hatten früher bereits die Star Chamber und dann die Chancery solche Geschäfte aufgehoben.[19] Dies sei eine Praxis, die zu allen Zeiten wie in allen Ländern anzutreffen ist, etwa im römischen Recht mit dem *Senatus Consultum (SC) Macedonianum* ebenso wie in England unter Elisabeth I.[20].

Die gegen Ende des 17. Jahrhunderts konsolidierte Rechtsprechung wurde auch im frühen 18. Jahrhundert fortgeführt,[21] als deren maßgebliches Ziel der präventive Schutz der Familien vor dem finanziellen Ruin durch solche Geschäfte betrachtet wurde. Es waren also primär rechtspolitische Erwägungen, die zur Aufhebung solcher Transaktionen führten.[22]

Die Grundsätze dieser Rechtsprechung konnten somit schon in der ersten Auflage von Ballow's Treatise of Equity (1737) dargestellt werden,[23] in der

---

[17] *David E.C. Yale* (ed.), Lord Nottingham's Chancery Cases, vol. I (1957) = 73 Seld Soc; vol. II (1961) = 79 Seld Soc: *Fairfax v Trigg* (1676) 79 Seld Soc 448, Case 581; 73 Seld Soc, Introduction, p. xcv note 2; *Draper v Dean* 79 Seld Soc 602, Case 787; *Waller v Dalt* (1676) 1 Ch Cas 276. Vgl. ferner *Lord Francis Pawlett v Pleydell* (1679) 79 Seld Soc 739, Case 935; 73 Seld Soc, Introduction, p. xciv f. note 3.

[18] *Berry v Fairclough and others* 79 Seld Soc 868, Case 1089; *Barny v Beak* (1682) 2 Ch Cas 136; *Barney v Tyson* (1682) 2 Ventris 359; *Berny v Pitt* (1686) 2 Vern 14; vgl. hierzu *Yale*, 73 Seld Soc, Introduction, p. xcvi f. Weiterhin *Earl of Arglasse v Muschamp* (1682–84) 1 Vern 75, 135, 237; *Earl of Arglasse v Pitt* (1685/86) 1 Vern 239. Ferner *Nott v Hill* (1682) 2 Ch Cas 120; *Nott v Hill* (1683) 1 Vern 167; *Johnson Executor of Hill v Nott* (1684) 1 Vern 271; *Nott v Hill* (1687) 2 Vern 27; vgl. hierzu *Yale*, 73 Seld Soc, Introduction, p. xcvii f.; *J.L. Barton*, The Enforcement of Hard Bargains, (1987) 103 LQR 118 ff., 133 f. *Wiseman v Beake* (1690) 2 Vern 121; (1689) 2 Freem 111.

[19] 79 Seld Soc 868: "... for this infamous kind of trade and circumvention ought by all means to be suppressed. The Star Chamber used to punish it and this Court did always relieve against it. No family can be safe if this be suffered."

[20] 79 Seld Soc 868 note 2: "*Nota, all ages and all nations have condemned and punished this kind of practice. Vetus senatusconsultum: qui filio patre vivente mutuum pecunias dederit, ei post mortem parentis nulla sit actio.* [*Sc. Macedonianum:* Dig. 14. 6. 1] *Id a Solone longe antea sancitum Alexander ab Alexandro,* [*Geniales Dies*, 1673 ed. lib. I], *c.* 7, p. 45. *So among the Grecians and the Romans the principal was lost. Tacitus, lib. 11,* [*c.* 13]*: Claudius lege lata saevitiam creditorem cohercuit ne in mortem parentem* [*pecunias*] *filiisfamiliarum faenori darent.* 13 *Eliz. c.* 8 *complains that usury by sale of wares had increased to the undoing of very many gentlemen.*"

[21] *Twisleton v Griffith* (1716) 1 P Wms 310; *Curwyn v Milner* (1731) 3 P Wms 292 note; *Cole v Gibbons and Martin v Cole* (1734) 3 P Wms 290; *Berkley Freeman v Bishop* (1740) 2 Atk 39; *Barnardiston v Lingood* (1740) 2 Atk 133.

[22] (1734) 3 P Wms 293: "the policy of the nation".

[23] Wie *Ibbetson*, Obligations (Fn. 7), 218 f. zeigt, weist der Aufbau dieses Treatise Parallelen zu Pufendorf auf: *Samuel Pufendorf*, De jure naturae et gentium libri octo, kritische

folgende Parallele zum Römischen Recht gezogen wurde: „in the *Roman* Law the lending Money to Heirs, in their Father's Life, was prohibited expressly".[24] Obwohl diesbezüglich keine weitere erläuternde Anmerkung gegeben wird, bezieht sich diese Aussage ohne Zweifel auf das *SC Macedonianum*: Nach diesem unter Claudius oder Vespasian verabschiedeten Senatsbeschluss konnte ein Darlehensgeber, der zu Lebzeiten des Hausvaters (*pater familias*) Geld an einen unter dessen Gewalt stehenden Haussohn (*filius familias*) verliehen hatte, seine Darlehensforderung (auch nach dem Tode des Hausvaters) nicht klageweise geltend machen.[25]

Die erste Entscheidung – von der Randnote bei Lord Nottingham einmal abgesehen[26] – in der in diesem Zusammenhang auf das *SC Macedonianum* eingegangen wurde, stellt vermutlich *Earl of Chesterfield v Janssen* (1751) dar.[27] Hier war die Klägerseite zunächst in aller Breite und Tiefe auf das vorhandene Fallrecht eingegangen, um dann einen Vergleich zwischen englischer *Equity* und dem *SC Macedonianum* anzustellen: „The policy of law and equity in this kingdom does nothing more than what has been done in other ages and nations".[28] Der Beklagtenvortrag widmete sich ebenfalls einer detaillierten Analyse des vorgetragenen Fallrechts. Der Anwendbarkeit des *SC Macedonianum* auf die vorliegende Fallkonstellation wurde mit Hinweis auf Domat energisch widersprochen.[29]

Ausgabe durch Wilhelm Schmidt-Biggemann (Hg.), Gesammelte Werke, Bd. 4, Teile 1–2 (1998). *Ibbetson*, a.a.O., 218 note 98 vermutet daher, dass der Autor von Ballow's (s.o., Fn. 7) wahrscheinlich die vierte Auflage der englischen Übersetzung benutzt hat, vgl. *Basil Kennett* (tr.), Of the Law of Nature and Nations. Eight Books ... To which are added all the large notes of Mr. Barbeyrac ..., 4th ed. (Walthoe & others), London (1729).

[24] Treatise of Equity (Fn. 7), 1st ed. (1737), book I, chap. II, sect. 11, p. 12 = "Dublin-edition" (1756), sect. 11, p. 23.

[25] D. 14, 6; vgl. hierzu *David Daube*, Did Macedo murder his father?, ZRG RA 65 (1947), 261 ff. = *ders.*, Collected Studies in Roman Law, hg. von David Cohen und Dieter Simon (1991), Halbbd. I, 193 ff.; *Andreas Wacke*, Das Verbot der Darlehnsgewährung an Hauskinder und die Gebote wirtschaftlicher Vernunft – Der Macedonianische Senatsbeschluß in Theorie und Praxis, ZRG RA 112 (1995), 239 ff.; *Reinhard Zimmermann*, The Law of Obligations – Roman Foundations of the Civilian Tradition, Paperback Reprint (1996), 177 ff.

[26] Siehe oben, Fn. 20.

[27] (1751) 2 Ves Sen 125; 1 Atk 301.

[28] (1751) 2 Ves Sen 131; 1 Atk 313, mit wörtlichem Zitat aus D. 14, 6.

[29] (1751) 2 Ves Sen 139; 1 Atk 334. Vgl. *Jean Domat*, Les loix civiles dans leur ordre naturel, Paris (1689); *William Strahan* (tr.), (J. Bettenham) The civil law in its natural order, London (1722), book 1, title 6 "Of the Loan of Money ...", sect. 4 "Of the Prohibitions to lend Money to Sons living under the Paternal Jurisdiction", p. 136 ff.

Während Burnett J und Strange MR in ihren Voten das *SC Macedonianum* mit keinem Wort erwähnten, ging Lord Lee CJ hierauf näher ein. Er folgte dabei der Ansicht Domats, dass das Verbot des *SC Macedonianum* keine Anwendung finden sollte, wenn die Darlehensvaluta für einen nachvollziehbaren und vernünftigen Zweck verwendet worden waren, was er für den vorliegenden Fall bejahte.[30] Lord Hardwicke freilich rückte die Schutzwürdigkeit Dritter vor *fraud* aus Gründen der *public utility* in den Vordergrund,[31] bezogen auf die *expectant heirs* also den Schutz des jeweiligen Erblassers bzw. der Familie vor der Verschwendung ihres Vermögens:[32]

> *"… the discouragement of prodigality and preventing the ruin of families … which the law of all countries and all wise legislatures have endeavoured at as far as possible. The senate and law-makers in* Rome … *made laws to this purpose;* viz. *the* Macedonian *decree, already mentioned; happy if they could in some degree prevent it:* est aliquod prodire tenus.*"* [33]

Diese kurze Erwähnung des *SC Macedonianum* durch Lord Hardwicke wurde von Lord Thurlow in *Gwynne v Heaton* (1778) aufgegriffen. Seiner Ansicht nach ist eine Analogie mit dem römischen Recht in dieser Hinsicht aber nur sehr schwer herzustellen.[34] Angesichts der eher beiläufigen und sehr allgemein gehaltenen Bezugnahme Lord Hardwickes in *Chesterfield v Janssen* scheint Lord Thurlow diesem Umstand wohl völlig zu Recht eine nicht allzu große Bedeutung beizumessen. Ausschlaggebend ist in seinen Augen vielmehr die seit beinahe einem Jahrhundert gefestigte Rechtsprechung, welche aus rechtspolitischen Gründen die generelle Repression solcher Geschäfte mit *expectant heirs* erreichen wolle und sie aus diesem Grunde anders behandle als sonstige Fälle.[35] Diese Rechtsprechung wurde daher auch im frühen 19. Jahrhundert fortgeführt.[36]

---

[30] (1751) 2 Ves Sen 152; 1 Atk 348 f. mit einem wörtlichen Zitat aus der Übersetzung von *Strahan* (tr.), The civil law in its natural order (Fn. 29), book 1, title 6, sect. 4, p. 136 f. Vgl. hierzu *Zimmermann*, Obligations (Fn. 25), 180; *Wacke*, ZRG RA 112 (1995), 281 ff. m.w.N.

[31] (1751) 2 Ves Sen 156: "…, it is properly said to be governed on public utility."

[32] (1751) 2 Ves Sen 157; *Michael Lobban*, Contractual Fraud in Law and Equity, c1750–c1850, (1997) 17 OJLS 441 ff., 451 f. charakterisiert daher die Rolle der *Equity*-Rechtsprechung als „the family's policeman".

[33] (1751) 2 Ves Sen 158.

[34] (1778) 1 Bro CC 1, 9: "It is very difficult to state the analogy between our law and the *Roman*, with respect to the protection of children in the life-time of their parents. Lord Hardwicke, in the case before him, referred to the *senatus consultum Macedonianum.*"

[35] (1778) 1 Bro CC 9 f.

[36] Vgl. *Peacock v Evans* (1809) 16 Ves Jun 512; *Gowland v De Faria* (1809–10) 17 Ves Jun 20; *Bowes v Heaps* (1814) 3 Ves & B 117.

b. Unconscionable bargains mit Seeleuten

Seit der ersten Hälfte des 18. Jahrhunderts finden sich darüber hinaus Ansätze, die Prinzipien dieser Rechtsprechung auch auf andere Fallkonstellationen anzuwenden.[37] Zu einer regelrechten Übertragung dieser Grundsätze kam es dann bei Geschäften mit Seeleuten,[38] die ihren Anteil an der Prise zu einem Bruchteil des tatsächlichen Werts veräußert hatten.[39] Zwar betonte die Rechtsprechung stets, dass grundsätzlich ein bloßes Missverhältnis der Leistungen an sich noch nicht zu einer Aufhebung des betreffenden Geschäfts führt, sondern lediglich als Indiz für *fraud* herangezogen werden kann.[40] Wegen ihrer besonderen Nützlichkeit für die Allgemeinheit wurde der Schutz der Seeleute aber aus Gründen der *public policy* als ebenso dringlich betrachtet wie bei den *expectant heirs*.[41] Eine Anwendung des gemeinrechtlichen Instituts der *laesio enormis*[42] wurde indessen ausgeschlossen.[43]
Auf der Grundlage dieser Entwicklung konnte Fonblanque schließlich 1793/94 festhalten, „that seamen dealing for their prize-money or wages, are considered intitled to as much favour and protection in equity as young heirs".[44]

c. Zwischenergebnis

Mit Blick auf das dargestellte Fallrecht zum Schutz von jungen Erben und Seeleuten gegen *unconscionable bargains* ist der Einfluss des kontinentaleuropäischen Rechts verglichen mit den Gesichtspunkten der *public policy* eher gering zu veranschlagen. Der Hinweis auf das *SC Macedonianum* im Manuskript Lord Nottinghams sowie die ausdrückliche Bezugnahme auf dieses Institut in *Chesterfield v Janssen* und *Gwynne v Heaton* haben jeweils eher den Charakter eines illustrierenden Beispiels zum bereits ausgestalteten eng-

---

[37] Vgl. *Brooke v Gally* (1740) 2 Atk 34, 36.
[38] Vgl. *Patrick S. Atiyah*, The Rise and Fall of Freedom of Contract (1979), 171 f.; *Peter Luther*, Campbell, Espinasse and the sailors: text and context in the common law, (1999) 19 Legal Studies 526 ff., 540 f.; *Ibbetson*, Obligations (Fn. 7), 209 note 41.
[39] *Baldwin and Alder v Rochford* (1748) 1 Wilson 229; *Taylour v Rochford* (1751) 2 Ves Sen 281; *How v Weldon and Edwards* (1754) 2 Ves Sen 516.
[40] (1748) 1 Wilson 229 f.; (1751) 2 Ves Sen 284; (1754) 2 Ves Sen 518.
[41] (1748) 1 Wilson 230; (1754) 2 Ves Sen 518.
[42] Vgl. hierzu *John P. Dawson*, Economic Duress and the Fair Exchange in French and German Law, (1936/37) 11 Tulane LR 345 ff., 364 ff.; *Reinhard Zimmermann*, Richterliches Moderationsrecht oder Totalnichtigkeit? – Die rechtliche Behandlung anstößig-übermäßiger Verträge (1979), 135 ff.; *ders.*, Obligations (Fn. 25), 259 ff. m.w.N.
[43] (1751) 2 Ves Sen 284; (1754) 2 Ves Sen 518.
[44] *Fonblanque* (ed.), Treatise of Equity (Fn. 8), 1st ed. (1793/94), book I, chap. II, sect. 12, footnote (k), p. 124.

lischen Fallrecht.[45] Überdies wurden hieran ganz unterschiedliche Rechtsfolgen geknüpft: Während die englische *Equity* dem Gläubiger in der Regel stets einen Anspruch auf Rückzahlung der valutierten (Darlehens-) Summe nebst angemessenen (vom Gericht festgesetzten) Zinsen zubilligte,[46] war nach dem *SC Macedonianum* ein solcher Rückzahlungsanspruch gerade ausgeschlossen, selbst wenn die Darlehenssumme noch im Vermögen des *filius familias* vorhanden sein sollte.[47] Soweit daneben in der Rechtsprechung zu den Seeleuten auf die gemeinrechtliche Lehre der *laesio enormis* eingegangen wird, so wird deren Geltung und Anwendbarkeit in England in diesem Kontext stets kategorisch abgelehnt.[48]

Gleichwohl fügt Fonblanque in der ersten von ihm bearbeiteten Ausgabe von 1793/94 einen Nachweis zum „Roman law" hinzu,[49] indem er eine Passage von Domat zum „Macedonian Decree" in der von Strahan besorgten Übersetzung zitiert.[50] Ab der zweiten Auflage 1799 gibt er daneben

---

[45] *George Spencer Bower*, The Law relating to Actionable Non-Disclosure and other Breaches of Duty in relations of Confidence and Influence, 1st ed., London (1915), 615.

[46] Vgl. *Berry v Fairclough and others* 79 Seld Soc 868, Case 1089; *Barney v Tyson* (1682) 2 Ventris 359; *Berny v Pitt* (1686) 2 Vern 14, 16; *Arglasse v Muschamp* (1682–84) 1 Vern 237, 239; *Arglasse v Pitt* (1684) 1 Vern 239, 240; *Wiseman v Beake* (1690) 2 Vern 121, 122; 2 Freem 111, 112; *Twisleton v Griffith* (1716) 1 P Wms 310, 313; *Barnardiston v Lingood* (1740) 2 Atk 133, 136; *Lamplugh v Cox* (1769) Dickens 411, 414; *Peacock v Evans* (1809) 16 Ves Jun 512, 518; *Gowland v De Faria* (1809–10) 17 Ves Jun 20, 26; *Bowes v Heaps* (1814) 3 Ves & B 117, 121. Etwa bestellte Sicherheiten blieben in Höhe dieses Rückzahlungsanspruches bestehen, vgl. *Berkley Freeman v Bishop* (1740) 2 Atk 39; *Gwynne v Heaton* (1778) 1 Bro CC 1, 11.

[47] D. 14, 6, 9, 2 (Ulpian 29 ad ed.): *nec interest, consumpti sint nummi an extent in peculio.* So Donellus, Faber und Noodt gegen Voet und Cocceji, hier jeweils zitiert nach *Christian Friedrich Glück*, Pandecten, Bd. 14 (1813), § 902, S. 341 Fn. 76 f. Ebenso ferner *ders.*, ebd.; *Bernhard Windscheid/Theodor Kipp*, Lehrbuch des Pandektenrechts, Bd. II, 9. Aufl. (1906), § 373, S. 588 Fn. 14 a.E.; *Wacke*, ZRG RA 112 (1995), 299 f. Auch nach Ansicht Lord Nottinghams war durch das *SC Macedonianum* ein Rückzahlungsanspruch der Darlehenssumme ausgeschlossen (s.o., Fn. 20): "*So among the Grecians and the Romans the principal was lost.*"

[48] Vgl. auch generell die ganz eindeutigen, zeitgenössischen Stellungnahmen: *Powell*, Contracts (Fn. 15), vol. II (1790), 152; *Fonblanque* (ed.), Treatise of Equity (Fn. 8), 1st ed. (1793/94), book I, chap. II, sect. 9, footnote (d), p. 116 = 5th ed. (1820), p. 127; a.a.O., sect. 10, footnote (g), p. 119 = 5th ed. (1820), p. 130 f. Der ursprüngliche Autor des Treatise of Equity war insoweit einfach dem Aufbau Pufendorfs gefolgt, ohne dass dem in irgendeiner Weise englisches Recht zugrunde lag, vgl. *Ibbetson*, Obligations (Fn. 7), 218 f. note 102. Zur Problematik ferner *Barton*, (1987) 103 LQR 123 ff.

[49] Siehe oben, Fn. 24.

[50] *Fonblanque* (ed.), Treatise of Equity (Fn. 8), 1st ed. (1793/94), book I, chap. II, sect. 12, footnote (l), p. 125: "By the Macedonian Decree, … Domat's Civ. L. b. 1 tit. 6 s. 4." Diese Fußnote wurde bis zur fünften und letzten Auflage beibehalten, vgl. 5th ed.

noch weitere Belegstellen zum „Roman law“ an, nämlich D. 14, 6 sowie Pothier[51] und Pufendorf.[52]
Selbst dieser insgesamt eher redundante Gebrauch kontinentaleuropäischer Quellen im Kontext der *unconscionable bargains* muss mit Blick auf die Entwicklung von *undue influence* freilich mit Zurückhaltung betrachtet werden. Denn die erste Entscheidung, in der überhaupt im Kontext der *unconscionable bargains* der Begriff *undue influence* fällt, scheint erst aus dem Jahre 1769 zu datieren,[53] während er anderweitig schon wesentlich früher belegt ist.[54]

(1820), footnote (l), p. 137. Vgl. *Strahan* (tr.), The civil law in its natural order (Fn. 29), book 1, title 6, sect. 4, p. 136 f.; hierzu ferner Fn. 30.
[51] *Robert J. Pothier*, Traité des obligations selon les règles tant du for de la conscience que du for extérieur (1761); vorliegend verwendete Ausgabe: *ders.*, Traités de droit civil et de jurisprudence française, 2nde ed., Tome I, Paris (1781). Fonblanque konnte 1799 noch nicht auf eine Übersetzung Pothiers zurückgreifen: Erste amerikanische Übersetzung durch *François-Xavier Martin* (tr.), A Treatise on Obligations – Considered in a Moral and Legal View (Martin & Ogden), Newbern/N.C. (1802) = Reprint New Jersey (1999); erste englische Übersetzung durch *William D. Evans* (tr.), A Treatise on the Law of Obligations or Contracts (1806); vgl. *Ibbetson*, Obligations (Fn. 7), 220 note 4.
[52] *Fonblanque* (ed.), Treatise of Equity (Fn. 8), 2nd ed. (1799), book I, chap. II, sect. 12, marginal-note 1, p. 135: “Dig. lib. 14 tit. 6 – Pothier Traité des obligations, par. 1 c. 1 s. 1 art. 3 s. 5 – Puff. L. of Nature and Nations, b. 3 c. 6 s. 5”. Vgl. D. 14, 6 zum *SC Macedonianum*; *Pothier*, Traité des Obligations (Fn. 51), Partie I, Chap. I, Sect. I, Art. 3 « Des différents vices qui peuvent se rencontrer dans les Contrats », § 5 « De la lésion entre mineurs »; Pufendorf in der Übersetzung von *Kennett* (tr.), Law of Nature and Nations (Fn. 23), book 3, chap. 6 “Of the Consent required in making Promises and Pacts”, sect. 5 “Of such as are under Age”.
[53] *Lamplugh v Cox* (1769) Dickens 411, 413 f.: Selbst hier wurde der Begriff nur vom Beklagten verwendet, der das Geschäft als „free from fraud, imposition, and undue influence“ rechtfertigen wollte, während das Gericht darauf abstellte, „that the contract … ought to be set aside, as *unconscionable and oppressive* … by taking advantage of the poverty and distressed circumstances of the plaintiff“.
[54] Vgl. *Morris v Burroughs* (1737), s.u. Fn. 77 ff.

2. *Undue influence* auf Testierende

Die Wurzeln der sog. *probate doctrine* zur unlauteren Einflussnahme auf Testierende reichen demgegenüber weit zurück.[55] Schon in der ersten Auflage von Swinburne's Treatise of Testaments and Last Wills (1590)[56] werden Testamente als nichtig (*void*) betrachtet, wenn der Testierende Schmeicheleien (*flattery*) seiner Umgebung ausgesetzt war, die über das erlaubte Maß hinausgingen.[57] Die in den dortigen Randnoten angeführten Belegstellen aus der gemeinrechtlichen Literatur wie etwa Matthaeus de Afflictis[58], Menochius[59] oder Peckius[60] beschäftigen sich allesamt mit der Rechtsfigur des *metus reverentialis*, der „bloßen Furcht aus Ehrfurcht" (in einem besonderen zwischenmenschlichen Näheverhältnis), die in solchen Fallkonstellationen zur Unwirksamkeit letztwilliger Verfügungen führte.[61]

Bereits Mitte des 17. Jahrhunderts tauchen in der Rechtsprechung Parallelen zu Swinburne auf.[62] Deutliche sprachliche Anklänge an Swinburne finden sich ferner im frühen 18. Jahrhundert, wenngleich nur im Vortrag der Parteien.[63] In *Kerrich v Bransby* (1727) allerdings war sogar die Aufhebung des streitgegenständlichen Testaments in erster Instanz damit begründet

---

55 Der Begriff *undue influence* wird hierfür allerdings erst seit dem frühen 19. Jahrhundert verwendet, vgl. *W.H.D. Winder*, Undue Influence and Coercion, (1939) 3 Modern LR 97 ff., 104 ff.; *ders.*, Undue Influence in English and Scots Law, (1940) 56 LQR 97 ff., 106 ff.

56 *Henry Swinburne*, A Briefe Treatise of Testaments and Last Wills, 1st ed. (J. Windet), London (1590) = Reprint New York (1978). Ferner wurden vorliegend folgende Auflagen herangezogen: 3rd ed. (Company of Stationers), London (1635) = Reprint Amsterdam (1979); 5th ed. (Nutt & Gosling), London (1728); 7th ed. (Lynch), Dublin (1793).

57 *Swinburne*, Testaments and Last Wills (Fn. 56), 1st ed. (1590), part VII, § iiii, fol. 243 v = 3rd ed. (1635), p. 104 f.

58 *Matteo d'Afflitto*, Decisiones Sacri Regni Consilii Neapolitani, vorliegend verwendete Ausgabe: Apud Ioannem Feyrabendium, Francofurti (1600), Decisio 69.

59 *Giacomo Menochio*, De Arbitrariis Judicum Quaestionibus, vorliegend verwendete Ausgabe: Apud Ioannem Gymnicum, Coloniae (1573), Lib. II, Casus 395, N° 41.

60 *Pierre Peck*, Tractatus de Testamentis Coniugum, vorliegend verwendete Ausgabe: Apud Antonium Hierat, Coloniae Agrippinae (1599), Lib. I, Cap. 9, N° 5.

61 Vgl. *J.E. Scholtens*, Undue Influence, (1960) Acta Juridica 276 ff., 281 f., 285; *D.J. Joubert*, Some aspects of metus reverentialis, (1970) 87 SALJ 94 ff.; *Zimmermann*, Obligations (Fn. 25), 659; *Jacques du Plessis/Reinhard Zimmermann*, The Relevance of Reverence – Undue Influence Civilian Style, (2003) 10 MJ 345 ff., 357.

62 *Hacker v Newborn* (1654) Style 427. Vgl. *Swinburne*, Testaments and Last Wills (Fn. 56), 1st ed. (1590), part VII, § iiii, fol. 243 v = 3rd ed. (1635), p. 104 f.

63 *Hatfield v Hatfield* (1725) 5 Bro PC 100, 102; *Marriot v Marriot* (1725) 1 Strange 666, 666. Vgl. insbesondere die breiten historischen Ausführungen des Gerichts zur Abgrenzung der Zuständigkeit von Ecclesiastical Courts und Courts of Equity, 1 Strange 667 ff.

worden, dass dieses auf der Ausübung von „great fraud and imposition" beruht habe;[64] auf die Berufung des Beklagten hin, der die Zuständigkeit der Chancery in Abrede stellte, wurde die Ausgangsentscheidung dann jedoch ohne nähere Begründung aufgehoben.[65] Erfolgreich war hingegen in *Bennet v Vade* (1742) die Klage der gesetzlichen Erben gegen ein Testament *und* ein sog. *inter vivos settlement*, mit dem der Erblasser noch zu Lebzeiten sein ganzes Vermögen (*estates*) auf den Beklagten übertragen hatte.[66] In der Urteilsbegründung Lord Hardwickes sind dabei sprachliche Anklänge an *metus reverentialis* nahezu mit Händen zu greifen.[67]
Auch vor den Ecclesiastical Courts, wie dem Prerogative Court, argumentierte man hinsichtlich der unlauteren Einflussnahme auf Testierende mit Swinburne.[68] Ausdrücklich auf die „books of civil law, *Swinburne* and *Godolphin*" bezog sich ferner der Beklagtenvertreter in *Harwood v Goodright* (1774).[69] Nicht mit dem Begriff *undue influence*, sondern mit *fraud* kategorisierte hingegen der Kläger in *Dixon v Olmius* (1787) das Verhalten des Beklagten, der den Erblasser davon abgehalten hatte, wieder ein Testament zu errichten.[70] Gegen Ende des 18. Jahrhunderts finden sich daneben weitere Beispiele zu *undue influence* auf Testierende.[71] In der Petition *ex parte Fearon* (1800) setzten sich die Parteien dabei ein weiteres Mal mit Swinburne auseinander.[72]

---

[64] (1727) 7 Bro PC 437, 439.
[65] (1727) 7 Bro PC 443.
[66] (1742) Dickens 84; 2 Atk 324; 9 Modern 312. Erst diese Verbindung von Testament *(will)* und *inter vivos settlement* eröffnete überhaupt die Zuständigkeit der Chancery, vgl. 2 Atk 324 sowie 9 Modern 313.
[67] (1742) Dickens 87; 2 Atk 326 f.; 9 Modern 318 f.
[68] *Lamkin v Babb* (1752) 1 Lee 1, 8. Vgl. *Swinburne*, Testaments and Last Wills (Fn. 56), 1st ed. (1590), part VII, § iiii, fol. 243 v = 3rd ed. (1635), p. 104 f. = 5th ed. (1728), p. 455 f.
[69] (1774) Lofft 558, 562. Vgl. *Swinburne*, Testaments and Last Wills (Fn. 56), 1st ed. (1590), part VII, § xiiii, subpara 5, fol. 264 r = 3rd ed. (1635), p. 166 = 5th ed. (1728), p. 503; *John Godolphin*, The Orphan's Legacy: or, a Testamentary Abridgment, 3rd ed. (Wilkinson), London 1685, part I, chap. 18, § 5, p. 53.
[70] (1787) 1 Cox 414, 414. Vgl. zu diesem Verfahren ferner (1787) 1 Cox 412; (1795) 2 Cox 414; (1790) 1 Ves Jun 153; 1 Ves Jun Supp 58.
[71] *Goodtitle v Braham* (1792) 4 TR 497. In *Bates v Graves* (1793) 2 Ves Jun 287 hatte der Erblasser bereits zu Lebzeiten sein Vermögen auf den Beklagten übertragen und dies durch letztwillige Verfügung bestätigt; mit Blick auf *Kerrich v Bransby* (s.o., Fn. 64 f.) eröffnete erst diese Verbindung von Testament *und* lebzeitiger Verfügung wie schon in *Bennet v Vade* (s.o., Fn. 66) überhaupt die Zuständigkeit der Chancery, um diese „einheitliche Transaktion" aufzuheben.
[72] (1800) 5 Ves Jun 633, 643. Vgl. *Swinburne*, Testaments and Last Wills (Fn. 56), 5th ed. (1728), part VII, § i, p. 451 i.V.m. § iiii, p. 455.

Die in Swinburne erfolgte Rezeption von *metus reverentialis* war also mehrfach Gegenstand der Diskussion bei der Frage nach *undue influence* auf Testierende. In diesem Zusammenhang darf jedoch nicht vergessen werden, dass die Chancery nur ganz ausnahmsweise für die Beurteilung von Testamenten zuständig war, nämlich dann, wenn diese mit einer lebzeitigen Verfügung verbunden waren.[73]

3. *Undue influence* (sog. *equitable doctrine*)

a. Undue influence im Verhältnis Eltern und Kind

Ganz unstreitig in die Zuständigkeit der Chancery fielen dagegen Rechtsgeschäfte zwischen Eltern und Kind. Im ersten Drittel des 18. Jahrhunderts wurde mehrfach versucht, von einem für das Kind nachteiligen Rechtsgeschäft loszukommen, indem man auf die Ehrfurcht vor der elterlichen Autorität abstellte, die auch ein volljähriges Kind noch habe:[74] Formulierungen im Parteivortrag wie „awe", „influence of a parent" oder „paternal authority" erinnern dabei stark an die Rechtsfigur des *metus reverentialis.*[75] Lord Parker LC erteilte einem solchen abstrakten Ansatz aber jeweils eine klare Absage zugunsten einer konkreten Betrachtungsweise des Einzelfalls.[76]

In *Morris v Burroughs* (1737)[77] wurde schließlich von Lord Hardwicke das Postulat aufgestellt, dass bei Rechtsgeschäften im Eltern-Kind-Verhältnis dem Kind auch eine Gegenleistung (*consideration*)[78] zufließen muss, um der Missbrauchsgefahr elterlicher Autorität durch *undue influence* vorzubeugen:

> *"But as the parental authority is great,* to prevent *any undue influence it may have in prejudice of the children, there must, in all instances of this kind, be a valuable consideration moving from the father, and an actual benefit accruing to the child."*[79]

---

[73] Vgl. das ausdrückliche Bedauern von Lord Loughborough LC in *ex parte Fearon* (1800) 5 Ves Jun 647 über die „inconvenience of that determination of *Kerrich v Bransby*".

[74] *Blunden v Barker* (1720) 1 P Wms 634, 639; *Kemps v Kelsey* (1722) Prec Ch 594, 595; *Gould v Okeden* (1731) 4 Bro PC 198, 201.

[75] Siehe oben, Fn. 61.

[76] (1720) 1 P Wms 639 f.; (1722) Prec Ch 596.

[77] (1737) 1 Atk 399; West t Hard 242, mit anderer Schreibweise des Beklagten: „*Burrows*".

[78] Zur Entwicklung der englischen *consideration*-Lehre vgl. *Ibbetson*, Obligations (Fn. 7), 141 ff., 203 ff., 236 ff. m.w.N.

[79] (1737) 1 Atk 403.

Gemeinhin wird angenommen, dass hier durch Hardwicke zum ersten Mal überhaupt der Begriff *undue influence* verwendet wurde.[80] Wie Hardwicke später klarstellte, konnte ein bei Vertragsabschluss volljähriges Kind im Nachhinein nicht abstrakt einwenden, es sei hierzu durch väterliche Autorität veranlasst worden.[81]

Gleichwohl betonte die nachfolgende Rechtsprechung, dass Rechtsgeschäfte zwischen Eltern und einem gerade erst volljährig gewordenen Kind von der Chancery stets mit besonders kritischen Augen geprüft würden.[82] Aus Gründen des Minderjährigenschutzes wurden insbesondere Schuldverschreibungen aufgehoben, die ein Sohn nach Eintritt der Volljährigkeit seinem Vater gegeben hatte, wenn dem Beträge zugrunde lagen, die der Vater für den Sohn während seiner Kindheit aufgewendet hatte.[83]

Zusammenfassend lässt sich feststellen, dass im 18. Jahrhundert zwar mehrfach von Seiten des klagenden Kindes versucht wurde, abstrakt auf die im Eltern-Kind-Verhältnis bestehende Ehrfurcht abzustellen, um sich von einem nachteiligen Geschäft zu lösen. Ein solcher genereller Unwirksamkeitsgrund, in seiner Wirkung dem *metus reverentialis* nicht unähnlich, wurde aber von der Rechtsprechung entschieden abgelehnt, die stattdessen eine konkrete Betrachtung der besonderen Umstände des Einzelfalls vornahm.

b. Undue influence im Verhältnis Vormund und Mündel

Ähnlich dem Eltern-Kind-Verhältnis ist auch das Verhältnis zwischen Vormund und Mündel rechtlich sehr sensibel, so dass es nicht weiter verwundert, bei dieser Fallkonstellation eine ähnlich ausgestaltete Rechtsprechung anzutreffen.

Vor allem Vereinbarungen, die den Vormund von seiner Pflicht zur Rechnungslegung entbinden sollten, wurden als ungültig betrachtet, wenn diese gleichsam unter Ausnutzung einer Zwangslage zustande gekommen waren.[84] Insoweit wurde schon früh eine Parallele zu den sog. *marriage brocage bonds* hergestellt, das heißt Vereinbarungen, die für die Einwilligung der El-

[80] *Winder*, (1939) 3 Modern LR 98; *Goff/Jones*, Restitution (Fn. 14), 11–001. Im anderen Report fällt der Begriff *undue influence* dagegen nicht, vgl. West t Hard 248: "The effect of parental authority has always been considered as great. The Court, therefore, to remove the presumption of such influence, expects to find in these agreements a valuable consideration and benefit moving from the father and the child, ..."

[81] *Tendril v Smith* (1740) 2 Atk 85, 85; Hardwicke bezieht sich dabei seinerseits auf eine Entscheidung aus der Zeit von Lord Cowper LC, 2 Atk 86. *Cory v Cory* (1747) 1 Ves Sen 19, 19. Vgl. *Powell*, Contracts (Fn. 15), vol. II (1790), 162 f.

[82] *Cocking v Pratt* (1749–50) 1 Ves Sen 400, 401; *Kinchant v Kinchant* (1784) 1 Bro CC 369, 373 f.

[83] *Carpenter v Heriot* (1759) 1 Eden 338, 342; *Wycherley v Wycherley* (1763) 2 Eden 175, 180.

[84] *Duke of Hamilton v Lord Mohun* (1710) 1 P Wms 118, 119 ff.

tern bzw. des Vormunds in die Hochzeit Geldleistungen in Aussicht stellten.[85] Daneben wurde Anfang des 18. Jahrhunderts vereinzelt auch auf die Ehrfurcht des Mündels abgestellt: „the Heir is under the Awe of his Parent in such Case, and not supposed to act freely“[86] – eine Formulierung, die wieder an *metus reverentialis* erinnert.[87]
Weiter kam es dem Vormund und Testamentsvollstrecker (*executor*) nicht zu, von dem gerade volljährig gewordenen Erben anlässlich der Rechnungslegung eine Schenkung anzunehmen.[88] Dass eine vergleichbare Zuwendung bisweilen nicht aufgehoben wurde, lag vermutlich an deren geringem Wert.[89] Der grundsätzlich strikten Haltung der Rechtsprechung lagen hauptsächlich rechtspolitische Erwägungen (*public utility*) zugrunde. Das gerade volljährig gewordene Mündel wurde für besonders schutzwürdig gehalten, da es der Gefahr einer unlauteren Vorteilsnahme ebenso ausgesetzt sei wie etwa ein *prospective heir*, ein Mandant während des Rechtsstreits oder ein Brautwerber bei *marriage brocage bonds*. Denn die Entscheidungsfreiheit eines Mündels, das auf die Übergabe seines Erbteils und eine ordentliche Rechnungslegung angewiesen ist, sei in diesem Moment ähnlich eingeschränkt.[90]
Insgesamt war die Rechtsprechung aus den dargestellten rechtspolitischen Gründen gegenüber dem Vormund also wesentlich strikter eingestellt als gegenüber Eltern. Anders als beim Eltern-Kind-Verhältnis neigte sie hier stärker dazu, generell die Unwirksamkeit einer Zuwendung an den Vormund zu unterstellen und nur ganz ausnahmsweise eine Rechtfertigung durch die besonderen Umstände des Einzelfalls anzuerkennen.[91] Die für den Vormund entwickelten Grundsätze wurden gegen Ende des 18. Jahrhunderts auch auf Konstellationen mit vergleichbaren Interessenlagen übertragen.[92]

c. Undue influence im Verhältnis Herr und Diener

Die gebräuchliche Bezeichnung dieser Fallgruppe als „Herr und Diener“ (*master and servant*) ist insofern etwas ambivalent, als sie auf den ersten Blick

---

[85] Vgl. hierzu *Hall v Potter* (1695) Shower PC 76; *Powell*, Contracts (Fn. 15), vol. I (1790), 174 f.; *Ibbetson*, Obligations (Fn. 7), 212.
[86] (1710) 1 P Wms 121.
[87] Siehe oben, Fn. 61.
[88] *Pearce v Waring* (1737) West t Hard 148, 153.
[89] *Cray v Mansfield* (1749–50) 1 Ves Sen 379, 382; Ves Sen Supp 167.
[90] *Hylton v Hylton* (1754) 2 Ves Sen 547, 548 f.
[91] *Hatch v Hatch* (1804) 9 Ves Jun 292, 295 ff.
[92] Vgl. *Griffin v De Veiulle* (1781) 3 Woodeson, Appendix 16; 1 Bacon's Abridgement 109; 3 P Wms 131, Cox's note. Ferner *Wright v Proud* (1806) 13 Ves Jun 136.

eher eine Einflussnahme des Herrn auf den Diener impliziert. Dagegen handelte es sich tatsächlich in aller Regel um die Ausnutzung einer besonderen, gleichsam familiären Vertrauensstellung durch den Diener.
Neben dem Missbrauch einer solchen Vertrauensstellung konnte auch der generelle Schutz junger herrschaftlicher Erben eine Rolle spielen.[93] Weitere maßgebliche Gesichtspunkte waren die leichte Beeinflussbarkeit des Herrn, die jedoch noch nicht den Grad der Geistesschwäche erreicht hatte,[94] bzw. seine körperliche und geistige Hinfälligkeit.[95] Mitunter wurde die Vertrauensstellung, die etwa ein Kindermädchen innehatte, sogar mit der Position eines Vormundes verglichen.[96] Zuwendungen an den Diener konnten indes Bestand haben, wenn sie freiwillig als Zeichen der Dankbarkeit und persönlichen Wertschätzung erfolgt waren.[97] Bei unverhältnismäßigen Zuwendungen wurde jedoch besonders kritisch geprüft, ob der Schenker von seinem Diener hierzu durch die Ausübung von *undue influence* bestimmt worden war.[98]
Einige Entscheidungen, die schließlich von Fonblanque bei dieser Fallgruppe angegeben werden,[99] haben gleichwohl nicht die Ausübung von *undue influence* durch einen Diener auf seinen Herrn zum Gegenstand, sondern das kollusive Zusammenwirken eines Angestellten mit Dritten bzw. die Verletzung seiner Pflichten zum Nachteil seines Herrn.[100]
Alles in allem musste die Rechtsprechung bei der Prüfung von *undue influence* im Verhältnis von Diener und Herr also, ohne abstrahieren zu können, auf die konkreten Umstände des Einzelfalls eingehen. Anhaltspunkte für direkte Einflüsse aus dem *Civil law* sind insoweit nicht festzustellen.

d. Undue influence im Verhältnis Anwalt und Mandant

Die Möglichkeit der unlauteren Einflussnahme war jedoch nicht auf das familiäre Umfeld beschränkt, sondern konnte in ähnlicher Weise auch

---

[93] *Osmond v Fitzroy and Duke of Cleveland* (1731) 3 P Wms 129, 131. Für *Fonblanque* (ed.), Treatise of Equity (Fn. 8), 1st ed. (1793/94), book I, chap. II, sect. 12, footnote (k), p. 124 = 5th ed. (1820), p. 135 gehört dieser Fall zur Rubrik *expectant heirs*. *Ibbetson*, Obligations (Fn. 7), 209 note 38 ordnet ihn der Kategorie *servant and master* zu.
[94] (1731) 3 P Wms 130 f.; *Bell v Howard* (1743) 9 Mod 302, 302.
[95] (1743) 9 Mod 302 f.; *Nantes v Corrock* (1802–03) 9 Ves Jun 182, 183 ff.
[96] *Cole v Gibson* (1750) 1 Ves Sen 503, 508; Ves Sen Supp 211.
[97] (1750) 1 Ves Sen 509. Das Ergebnis der Beweisaufnahme fiel zugunsten des beklagten Kindermädchens aus, Ves Sen Supp 212.
[98] *Bridgeman v Green and others* (1757) Wilm 58, 61; (1755) 2 Ves Sen 627.
[99] *Fonblanque* (ed.), Treatise of Equity (Fn. 8), 5th ed. (1820), book I, chap. II, sect. 12, footnote (k), p. 136.
[100] *Earl of Abingdon v Butler* (1790) 2 Cox 260; 3 Bro CC 112; 1 Ves Jun 206; *Lord Hardwicke v Vernon* (1798) 4 Ves Jun 411; *Middleditch v Sharland* (1799) 5 Ves Jun 87.

durch einen Rechtsbeistand ausgeübt werden.[101] Dabei ging es weniger um die abstrakte Eigenschaft als Rechtsanwalt, sondern vielmehr um die konkret wahrgenommene Funktion als Rechtsbeistand.[102] Insbesondere wegen der besonderen Abhängigkeit des Mandanten während eines Zivil- oder gar Strafverfahrens wurden Parallelen zur Situation bei *expectant heirs* bzw. bei *marriage brocage bonds* gezogen,[103] so dass es nicht auf den Charakter des Mandanten im konkreten Einzelfall ankam, sondern abstrakt auf die Zwangslage, der etwa ein Angeklagter im Strafverfahren ausgesetzt ist.[104] Um hier wie dort etwaigen Missbräuchen von vornherein einen Riegel vorzuschieben, sollte aus rechtspolitischen Erwägungen Schuldverschreibungen, die ein Mandant gegenüber seinem Anwalt abgegeben hatte, die rechtliche Anerkennung generell versagt bleiben. Einzig und allein als Sicherheit für die Honorarforderung in Höhe der tatsächlich erbrachten Dienstleistungen sollte eine solche Schuldverschreibung Bestand haben.[105] Nachdem Lord Hardwicke diese Grundsätze mehrfach bestätigt hatte,[106] wurden sie von der nachfolgenden Rechtsprechung weiter präzisiert und ausgebaut: Ein Anwalt, der von seinem Mandanten damit betraut wird, ihm ein Darlehen zu beschaffen,[107] habe während der Kreditverhandlungen eine ähnlich starke Position wie während eines Prozesses, die es ihm ermöglicht, *undue influence* auf den Mandanten auszuüben, um sich selbst geldwerte Vorteile gewähren zu lassen.[108] Aus rechtspolitischen Gründen sei ebenso jede Zuwendung eines Mandanten an seinen Anwalt während der Wahrnehmung seiner Interessen aufzuheben, ohne dass es dabei auf deren Fairness oder die besonderen Umstände des Einzelfalls ankomme.[109] In gleicher Weise

---

[101] So etwa schon der (erfolglose) Vortrag des Klägers in *Lord Kingsland v Barnewall* (1706) 4 Bro PC 154, 155. Ferner *White v Lightburne* (1722) 4 Bro PC 181, 185 f.

[102] *Proof v Hines* (1735) Cases t Talbot 111, 115 f.

[103] (1735) Cases t Talbot 116. *Walmesley v Booth* (1739/41) 2 Atk 25, 28 f. Zunächst hatte Lord Hardwicke allerdings die Ansicht vertreten, ein Vergleich mit der Zwangslage junger Erben gehe fehl, so dass man auf den konkreten Charakter des Mandanten abstellen müsse, vgl. (1739) 2 Atk 26.

[104] (1741) 2 Atk 29.

[105] (1741) 2 Atk 30 f.

[106] Vgl. *Drapers Company v Davis* (1742) 2 Atk 295; *Saunderson v Glass* (1742) 2 Atk 296; *Brown v Pring* (1749–50) 1 Ves Sen 407.

[107] Zur Bedeutung der Kreditgewährung für das Einkommen der Anwälte im 17. Jahrhundert vgl. *C.W. Brooks*, Pettyfoggers and vipers of the Commonwealth: The 'Lower Branch' of the Legal Profession in Early Modern England (1986), 196 f.

[108] *Bridgeman v Green and others* (1757) Wilm 58, 68 ff., 72 f., 75. Hier hatte der Diener des Klägers (s.o., II.3.c.), Fn. 98) mit dem Anwalt kollusiv zu Lasten des Klägers zusammengewirkt, so dass neben dem Diener auch der Anwalt verklagt wurde.

[109] *Welles v Middleton* (1784) 1 Cox 112, 125 ff.; (1785) 4 Bro PC 245; *Hall v Hallet* (1784) 1 Cox 134, 140; *Newman v Payne* (1793) 4 Bro CC 350, 352.

stellte Lord Eldon LC in *Gibson v Jeyes* (1801) fest, dass ein Anwalt an sich nicht wirksam mit seinem Mandanten kontrahieren könne.[110] Dies sei ausnahmsweise nur dann möglich, wenn er seinen Klienten über alle maßgeblichen Umstände aufgeklärt habe und er diesem gewissermaßen wie ein Dritter auf gleicher Augenhöhe gegenüber trete.[111] Die Beweislast hierfür trage insoweit der Anwalt.[112]
Dies verdeutlicht gleichsam exemplarisch, dass nach der gefestigten Rechtsprechung der Chancery ein Geschäft zwischen Anwalt und Mandant schon als solches grundsätzlich für unwirksam erachtet wurde, sofern der Anwalt nicht ausnahmsweise die Fairness der Transaktion im Einzelfall nachweisen konnte.

e. Undue influence im Verhältnis trustee und cestuy que trust (beneficiary)

Die unter dieser Rubrik zusammengefassten Fälle betrafen zumeist Geschäfte, die ein Treuhänder (*trustee*) über das Treugut mit sich selbst abgeschlossen hatte. So wurde zunächst lapidar die Regel aufgestellt, dass ein Treuhänder wegen der großen Missbrauchsgefahr das ihm anvertraute Treugut nicht selbst erwerben dürfe.[113] Von etwa der Mitte bis zum Ende des 18. Jahrhunderts entwickelte die Rechtsprechung Kriterien, unter welchen engen Voraussetzungen der Treuhänder bzw. einer seiner Angehörigen das Treugut doch kaufen könne.[114] Um Interessenkonflikte auszuschließen, wurde hierfür verlangt, dass der *trustee* zuvor den Begünstigten (*beneficiary*) vollständig über alle maßgeblichen Tatsachen aufgeklärt und somit seinen Wissensvorsprung beseitigt hatte.[115] Es gibt jedoch in diesen Entscheidungen keine Anhaltspunkte dafür, dass etwa der Treuhänder auf den Begünstigten *undue influence* ausgeübt hätte.
Noch einen Schritt weiter ging der Kläger in *Morse v Royal* (1806), als er Geschäfte zwischen Treuhänder und Begünstigtem in die Nähe der Rechtsprechung zum Schutz junger Erben rückte.[116] Lord Erskine LC brachte diesem Ansatz zwar große Sympathie entgegen, da es seiner Ansicht nach

---

[110] (1801) 6 Ves Jun 266, 271.
[111] (1801) 6 Ves Jun 277.
[112] (1801) 6 Ves Jun 278.
[113] *Whitackre v Whitackre* (1725) Sel Cas t King 13, 13.
[114] *Whelpdale v Cookson* (1747) 1 Ves Sen 9; Ves Sen Supp 8; *Ex parte Lacey* (1802) 6 Ves Jun 625; *Coles v Trecothick* (1804) 9 Ves Jun 234. In *Fox v Mackreth* (1788) 2 Bro CC 400, (1791) 4 Bro PC 258, (1789–91) 2 Cox 158, 320 war hingegen heftig umstritten, ob der Beklagte Mackreth überhaupt die Eigenschaft eines Treuhänders gehabt hatte; *Ibbetson*, Obligations (Fn. 7), 209 note 38 ordnet diesen Fall der Kategorie *attorney and client* zu.
[115] (1804) 9 Ves Jun 246 f., *per* Lord Eldon LC.
[116] (1806) 12 Ves Jun 355, 363 f.

immer ungeheure Schwierigkeiten bereite, im Einzelfall festzustellen, ob ein Geschäft zwischen Treuhänder und Begünstigtem den dargestellten Anforderungen entspreche. An sich halte er es daher ebenfalls für praktikabler, solche Geschäfte schlicht aus rechtspolitischen Gründen aufzuheben („being contrary to the Policy of the Law").[117] Angesichts der Präzedenzfälle zum Verhältnis von *trustee* und *beneficiary* komme er aber nicht umhin, auch hier wieder anhand der Umstände des Einzelfalls zu prüfen, ob die in *Coles v Trecothick* geforderten Voraussetzungen für die Gültigkeit solcher Geschäfte erfüllt sind oder nicht.[118]

Somit ging es bei dieser Fallgruppe weniger um die Ausübung von *undue influence* seitens des *trustee* auf den *beneficiary*, als vielmehr um den Wissensvorsprung des *trustee* gegenüber dem *beneficiary*. Der *trustee* trug deshalb die Darlegungs- und Beweislast für die Aufklärung des *beneficiary* über alle maßgeblichen Umstände des nachfolgenden Geschäftes.

f. Zwischenergebnis

Mit Blick auf die dargestellten Fallgruppen bleibt festzuhalten, dass zu Beginn des 19. Jahrhunderts bereits eine gefestigte Rechtsprechung der Chancery zu *undue influence* existierte.

Eindeutig nachweisbare Einflüsse des *Civil law* sind dabei vor allem bei der Fallgruppe von *undue influence* auf Testierende auszumachen: Hier wurde die durch Swinburne erfolgte Rezeption des gemeinrechtlichen *metus reverentialis* auch von der Praxis aufgegriffen (oben 2.). Daneben finden sich mitunter sprachliche Anklänge an *metus reverentialis* noch in der Fallgruppe zu *undue influence* im Verhältnis Eltern-Kind; jedoch hob die Rechtsprechung dort nie ein Rechtsgeschäft mit dem abstrakten Verweis auf die in diesem Verhältnis bestehende Ehrfurcht auf, sondern sie stellte immer auf die konkreten Umstände des Einzelfalls ab (oben a.). Der Schutz des Mündels vor einer unlauteren Vorteilsnahme seitens des Vormunds stand bei dieser Fallgruppe aus Gründen der *public policy* im Vordergrund, ohne dass dabei auf gemeinrechtliche Institute zurückgegriffen wurde (oben b.). Auch der Missbrauch der ihm eingeräumten familiären Vertrauensstellung durch einen Diener wurde von der Chancery sanktioniert, wenn er im konkreten Einzelfall *undue influence* auf seinen Herrn ausgeübt hatte: Rechtsgedanken aus dem *Civil law* waren hierfür unerheblich (oben c.). Bei Anwalt und Mandant handelte es sich dagegen um ein außerfamiliäres Abhängigkeitsverhältnis, bei dessen unlauterer Ausnutzung die Rechtsprechung ebenfalls aus Gründen der *public policy* intervenierte, ohne hierbei etwa auf das *Civil law* zu rekurrieren

[117] (1806) 12 Ves Jun 371 f.
[118] (1806) 12 Ves Jun 372 f.

(oben d.). Die Fallgruppe von *trustee* und *beneficiary* schließlich betraf nicht etwa die Ausübung von *undue influence* in dieser Beziehung, sondern die Ausnutzung eines aus seiner Position resultierenden Wissensvorsprungs durch den *trustee* bei einem Geschäft mit dem *beneficiary* (oben e.).
Alles in allem spielte das *Civil law* vor *Huguenin v Baseley* (1807) also bei der Ausbildung der untersuchten Fallgruppen mit Ausnahme der Testierenden eine untergeordnete Rolle. Die zentrale Bedeutung der *public policy* tritt hingegen in folgender zeitgenössischer Anmerkung geradezu beispielhaft zutage:

"Besides the cases of actual fraud upon a contracting party, … there are other cases in which Courts of Equity will relieve against unequal contracts, (though executed) on principles of public policy, *arising either from the* subject matter *of the contract, or the* relative situations *of the contracting parties. Of the first kind … are the cases of marriage brocage …, of sales of offices …, of underhand agreements upon marriage …, or upon composition with creditors … Of the second kind are transactions between guardian and ward …; or between parent and child …; or between attorney and client …; or between steward or agent and his principal …; bargains with heirs apparent, etc. for their expectations …, or with sailors for their prize-money …"* [119]

III. *Huguenin v Baseley* (1807)

Der Leitentscheidung in *Huguenin v Baseley* (1807) lag folgender Sachverhalt zugrunde:[120] Die Klägerin hatte 1798 von ihrem Vater Vermögen in Oxfordshire und Jamaika geerbt. Nach ihrer Rückkehr aus Jamaika im Herbst 1803 starb jedoch ihr erster Ehemann. Wenig später lernte sie den entfernt mit ihr verwandten Beklagten, einen Geistlichen, kennen.[121] Im Januar 1804 entband sie ihre Anwälte von deren Mandat mit einem Brief, den der Beklagte entworfen hatte. Darin erklärte sie, dass künftig der Beklagte ihre Interessen wahrnehmen werde.[122] Ihr Schwager, der sich bis dahin ebenso ihrer Angelegenheiten angenommen hatte, gab dies aufgrund jenes Briefs gleichfalls auf.[123] Mit Urkunde vom 5. Mai 1804 übertrug die damals völlig allein stehende Klägerin eine ihrer englischen Liegenschaften auf einen

---

[119] 3 P Wms 131, Cox's note, 5th ed. by Cox (1793) = 6th ed. by Monro, Lowndes and Randall (1826); die vierte Auflage hatte diese Anmerkung noch nicht enthalten, vgl. 4th ed. by Cox (1787). Zu *public policy* vgl. *Ibbetson*, Obligations (Fn. 7), 211 ff., 249 ff.
[120] (1807) 14 Ves Jun 273. Vgl. ferner (1806) 13 Ves Jun 105; (1808) 15 Ves Jun 180; 2 Ves Jun Supp 324, 372, 400.
[121] Der Beklagte hatte nach dem Tode des Vaters der Klägerin gemeinsam mit anderen ein Verfahren angestrengt, um als gesetzlicher Erbe anerkannt zu werden. Dieses Verfahren war jedoch zugunsten der Klägerin ausgegangen.
[122] (1807) 14 Ves Jun 273 ff.
[123] (1807) 14 Ves Jun 292 f.

trust: Die entsprechenden Erträge wurden dabei dem Beklagten sowie dessen Frau und Kindern zugedacht. Gegen diese Transaktion[124] erhoben die Klägerin und ihr zweiter Ehemann später Klage.
Die Klägervertreter – mit Sir Samuel Romilly[125] – verwiesen zunächst auf die gefestigte Rechtsprechung zur Unzulässigkeit unentgeltlicher Zuwendungen zwischen Personen in einer bestimmten Beziehung, wie etwa Vormund und Mündel, aus Gründen der *public policy*:

"The Authorities against permitting a Transaction of Bounty to take effect between Persons, standing in certain Relations are numerous. Among those Relations that of Guardian and Ward is not for this Purpose confined to Persons, so related in a strict Sense; … but the Rule includes any Person, placing himself in that Situation: Hylton *v.* Hylton[126], Pierce *v.* Waring[127], Griffin *v.* De Veiulle[128], Hatch *v.* Hatch[129], Proof *v.* Hines[130], Dixon *v.* Olmius[131], Wright *v.* Proud[132], Newman *v.* Payne[133]. *The last of these Cases is perhaps the most applicable to this: one Person undertaking to manage the Affairs of another. Such a Transaction as this between Persons so connected, cannot upon Principles of public Policy, or, as Lord* Hardwicke *expresses it, public Utility, be permitted."* [134]

Daneben wird ergänzend auf Pothier[135] und das französische Recht abgestellt, das aus ähnlichen Erwägungen der *public utility* eine entsprechende Regel für den *administrateur* kenne:

"The Law of other Countries, however, affords Authorities, more precisely to the Circumstances of this Case. According to Pothier *by the antient Law of* France *the same Doctrine, that by our Law prevails as between Guardian and Ward, is applied to an* Administrateur*: a Person managing the Affairs of another; who cannot take a Bounty either for himself or his Children: what is given to the*

[124] Eine weitere, vom 21. Juni 1804 datierende Transaktion war hingegen nicht Gegenstand des Verfahrens, vgl. (1807) 14 Ves Jun 277 f., 291.
[125] Romilly war hugenottischer Abstammung und hatte 1781 Frankreich bereist, wo er u.a. Mirabeau kennen gelernt hatte. Vgl. *Holdsworth* (Fn. 7), vol. XIII (1952), 274; *Patrick Medd*, Romilly – a life of Sir Samuel Romilly, lawyer and reformer (1968); *Anthony H. Manchester*, "Romilly, Samuel", in: A.W.B. Simpson (ed.), Biographical Dictionary of the Common Law (1984), 451 ff., 452.
[126] Siehe oben, II.3.b. Vormund und Mündel (Fn. 90).
[127] Siehe oben, II.3.b. Vormund und Mündel (Fn. 88).
[128] Siehe oben, II.3.b. Vormund und Mündel (Fn. 92).
[129] Siehe oben, II.3.b. Vormund und Mündel (Fn. 91).
[130] Siehe oben, II.3.d. Anwalt und Mandant (Fn. 102).
[131] Siehe oben, II.2. Testierende (Fn. 70).
[132] Siehe oben, II.3.b. Vormund und Mündel (Fn. 92).
[133] Siehe oben, II.3.d. Anwalt und Mandant (Fn. 109).
[134] (1807) 14 Ves Jun 279.
[135] Vorliegend verwendete Ausgabe: *Robert J. Pothier*, Traité des donations entre-vifs, in: Œuvres posthumes de M. Pothier, Tome 2 (de Bure), Paris (1778), 437 ff.

Children being, with the reference to natural Affection, considered as given to the Parent; and this by a singular Concurrence with Lord Hardwicke *is expressed to be upon the Ground of public Utility."* [136]

Der vorliegende Fall geht nach Ansicht der Klägerseite jedoch noch über das Verhältnis zwischen Vormund und Mündel hinaus.[137] Zwar gebe es noch keinen entsprechenden englischen Präzedenzfall, doch könne man insoweit die französische Rechtsprechung heranziehen, da diese auf denselben rechtspolitischen Erwägungen beruhe:

"According to Pothier *it has been decided, upon the same Principles of public Utility that a Confessor, or Director of the Conscience, a Person, to whom another trusted his spiritual Concerns in Matters of Religion, cannot take any Bounty from the Person to whom he acts in that Character; and the Apprehension of the Empire, which these Persons obtain, was carried so far, that a Gift to the Order, of which they were Members, was not allowed to have Effect."* [138]

Die Klägervertreter hatten allerdings übersehen, dass es eigentlich schon einen entsprechenden englischen *precedent* gab:[139] In *Norton v Relly* (1764) hatte ein sektiererischer Priester so großen Einfluss über eine allein stehende Dame gewonnen, dass ihm diese nahezu ihr gesamtes Vermögen übertragen hatte.[140] Die Aufhebung dieser Zuwendung hatte Lord Northington LC damals zum einen mit der Aufgabe der Chancery begründet, die Schwachen, insbesondere Frauen, vor einer besonders subtilen und gefährlichen Art der Einflussnahme zu schützen.[141] Zum anderen hatte er auf Belange der Allgemeinheit (*public utility*) abgestellt.[142]

[136] (1807) 14 Ves Jun 279 f. Vgl. *Pothier*, Traité des donations entre-vifs (Fn. 135), Sect. I, Art. II, § VIII (S. 450 f., 453). Vgl. ferner Art. 907 Code civil (1804).
[137] (1807) 14 Ves Jun 280.
[138] (1807) 14 Ves Jun 280. Vgl. *Pothier*, Traité des donations entre-vifs (Fn. 135), Sect. I, Art. II, § VIII (S. 454). Vgl. ferner Art. 909 Code civil (1804).
[139] 2 Eden 291, Eden's note; *Spencer Bower*, Actionable Non-Disclosure (Fn. 45), 384 note (e); *Lubbe*, Voidable Contracts (Fn. 4), 296 f. note 343. Zwar erschien der entsprechende Report von Eden erst im Jahre 1818, die Entscheidung war jedoch anderweitig bereits 1791 veröffentlicht worden, vgl. Hargrave (ed.), Collectanea Juridica (Fn. 16), vol. 1 (1791), 458 ff.
[140] (1764) 2 Eden 286; Hargrave (ed.), Collectanea Juridica (Fn. 16), vol. 1 (1791), 458 ff.
[141] (1764) 2 Eden 288.
[142] (1764) 2 Eden 291.

Die Beklagtenvertreter – mit John Fonblanque[143] – hoben in ihrer Erwiderung hervor, dass es nach geltender Rechtsprechung nicht verboten sei, unter solchen Umständen eine unentgeltliche Zuwendung anzunehmen. Seit der Entscheidung Lord Nottinghams in *Villers v Beaumont*[144] sei es vielmehr anerkannt, dass lebzeitige Zuwendungen bis hin zu einer völligen Entäußerung des Vermögens zulässig seien, solange auf den Zuwendenden kein *undue influence* ausgeübt wurde.[145] Etwas Gegenteiliges könne für den vorliegenden Sachverhalt weder aus *Dixon v Olmius*[146] noch aus *Wright v Proud* [147] hergeleitet werden.[148] Mit Blick auf Pothier sei festzustellen, dass das *Civil law* an sich nur ein Schenkungsverbot unter Ehegatten kenne,[149] das bei Pothier jedoch auf weitere Konstellationen ausgedehnt werde:

"The Authority, cited from the French *Law, is not supported by the Civil Law; which, prohibiting Donations* inter vivos*, on the Ground of Relation, does not go beyond Husband and Wife: but* Pothier *goes much farther than the Case of the* Administrateur*; to a Physician, a Surgeon, a Confessor; every one, who may have Influence; and extends it even to Wills. The Rule, thus extended, can stand only upon the Principle of the Civil Law, by which an Act of Improvidence even may be restrained by the Judge. In this Country a Man has the absolute Dominion over his Property; and may give it away in any Manner he thinks proper."* [150]

Zwar bestehe nach der englischen Rechtsprechung ein absolutes Verbot für den Vormund, von seinem Mündel Geschenke anzunehmen, das in *Griffin v De Veiulle*[151] auch auf jede Person ausgedehnt wurde, die faktisch die Aufgabe eines Vormunds wahrnimmt. Doch sei die Klägerin weder jung noch unerfahren gewesen, sondern genauso geschäftsgewandt wie der Beklagte.[152] Dieser habe keine Pflichten auf sich genommen: Zum einen habe er nicht als Anwalt der Klägerin fungiert, so dass die für Anwälte entwickelten

[143] Fonblanque war ebenfalls hugenottischer Abstammung, vgl. *David E.C. Yale*, "Fonblanque, John de Grenier", in: A.W.B. Simpson (ed.), Biographical Dictionary of the Common Law (1984), 182. Zu der von ihm übernommenen Herausgeberschaft von Ballow's Treatise of Equity, s.o. Fn. 8.

[144] (1682) 1 Vern 100.

[145] (1807) 14 Ves Jun 280 f.

[146] Siehe oben, Fn. 131 sowie II.2. Testierende (Fn. 70).

[147] Siehe oben, Fn. 132 sowie II.3.b. Vormund und Mündel (Fn. 92).

[148] (1807) 14 Ves Jun 281 f.

[149] Vgl. hierzu *Zimmermann*, Obligations (Fn. 25), 484 ff.; *Henrike Schlei*, Schenkungen unter Ehegatten – Zu ihrer Behandlung nach römischem Recht und in der Rechtsprechung des Reichsgerichts mit Ausblicken auf das geltende Recht (1993).

[150] (1807) 14 Ves Jun 282. Vgl. *Pothier*, Traité des donations entre-vifs (Fn. 135), Sect. I, Art. II, § VIII (S. 454). Vgl. ferner Art. 909 Code civil (1804).

[151] Siehe oben, Fn. 128 sowie II.3.b. Vormund und Mündel (Fn. 92).

[152] (1807) 14 Ves Jun 282 f.

Grundsätze der *public policy* hier nicht zum Tragen kämen. Zum anderen sei er auch nicht als deren Vertreter (*agent*) aufgetreten, zumal die *public policy* gar kein entsprechendes Verbot für Vertreter aufstelle.[153]
In seiner Replik für die Klägerseite bezeichnete Romilly die Handlungsweise des Beklagten als „undue Influence, exerted by the Means of spiritual Ascendancy".[154] Das vorgeblich uneigennützige und altruistische Handeln des Beklagten sei als Täuschungsmanöver zu charakterisieren, was rhetorisch mit einem Zitat von Cicero untermauert wird.[155] Schon allein die rein faktische Übernahme der Geschäftsbesorgung habe dem Beklagten die Pflicht auferlegt, eine solch große Zuwendung wie die streitige nicht anzunehmen, ohne dass man so weit gehen müsse, dass er überhaupt keine Zuwendung hätte annehmen dürfen.[156] Diese Regel sei nicht etwa auf Anwälte beschränkt, sondern beruhe auf einem allgemeinen Prinzip, das überall Anwendung findet, wenn eine Person unter der Herrschaft („Dominion") einer anderen steht. Nachdem diese Grundsätze für das Verhältnis Eltern-Kind bzw. Vormund-Mündel von der Rechtsprechung anerkannt seien, müssten sie erst recht im Verhältnis zu einem Priester gelten, der über eine noch größere Macht, Einfluss zu nehmen, verfüge.[157] In diesem Zusammenhang bezieht sich Romilly ein weiteres Mal auf Pothier, der diese Regel ebenfalls aus Gründen der *public utility* auch auf Beichtväter erstrecke:

'Pothier *says, that by a Latitude of Interpretation, proceeding upon Principles of public Utility, that Ordinance, expressly concerning only a Tutor or* Administrateur, *has been extended to the Master of a School; the Director of the Conscience; the Physician ... and to other Relations, in which Authority or Influence must be supposed to exist.'*[158]

Aber wie Romilly weiter ausführt, sei es eigentlich gar nicht notwendig, ausländische Belegstellen heranzuziehen. Die Entscheidungen englischer Gerichte würden diesen Ansatz schon voll und ganz rechtfertigen:[159] Dieselbe Regel, die Lord Eldon selbst zuletzt in *Hatch v Hatch*[160] bestätigt habe, sei bereits von Wilmot LCJ in *Bridgeman v Green*[161] zugrunde gelegt worden,

[153] (1807) 14 Ves Jun 283 f.
[154] (1807) 14 Ves Jun 284.
[155] (1807) 14 Ves Jun 285. Vgl. *Marcus T. Cicero*, De Officiis I, 13.
[156] (1807) 14 Ves Jun 285.
[157] (1807) 14 Ves Jun 285 f.
[158] (1807) 14 Ves Jun 286. Vgl. *Pothier*, Traité des donations entre-vifs (Fn. 135), Sect. I, Art. II, § VIII (S. 453 f.).
[159] (1807) 14 Ves Jun 286.
[160] Siehe oben, Fn. 129 sowie II.3.b. Vormund und Mündel (Fn. 91).
[161] Siehe oben, II.3.c. Herr und Diener (Fn. 98) bzw. II.3.d. Anwalt und Mandant (Fn. 108).

aus der er längere Passagen zitiert.[162] Abschließend plädiert Romilly noch einmal eindringlich, die zu Eltern und Vormund entwickelten Grundsätze auch auf den geistlichen Beistand auszudehnen, da dieser verglichen mit jenen noch ungleich größeren Einfluss ausüben könne.[163]
Lord Eldon LC[164] zitiert am Anfang seiner Entscheidung ebenfalls wörtlich aus *Bridgeman v Green*[165] und verweist ferner auf Lord Thurlows Argumentation in *Lutterel v Lord Waltham*[166], dass Dritte, wie die Frau und Kinder des Beklagten, auch wenn sie nicht an der unlauteren Einflussnahme beteiligt waren, die daraus erlangten Vorteile nicht behalten dürften.[167] Angesichts der Beweislage bezweifelte Lord Eldon, ob die Klägerin eine ihren wirtschaftlichen Mitteln entsprechende Entscheidungsfreiheit besessen hatte.[168] Ferner hielt er es für wahrscheinlicher, dass die Klägerin aus eigenem Antrieb die Entscheidung gefasst hatte, ihre Anwälte zu entlassen, als dass ihr dies durch den Beklagten suggeriert wurde.[169] Letztlich könne jedoch dahingestellt bleiben, wie und warum sie diesen Entschluss gefasst bzw. wer den entsprechenden Brief diktiert habe. Maßgeblich sei vielmehr, dass der Beklagte durch den Inhalt des Brief jedenfalls habe erkennen müssen, welches Vertrauen ihm die damals allein stehende Klägerin entgegenbrachte.[170] Des Weiteren mache es ihn misstrauisch, dass die betreffende Urkunde keine Widerrufsmöglichkeit vorsehe, ein Umstand, auf den anderweitig bereits Lord Hardwicke abgestellt habe.[171] Entscheidend sei letztlich das besondere Vertrauensverhältnis, das zwischen Klägerin und Beklagtem bestanden habe. Jede Zuwendung könne hier nur dann Bestand haben, wenn dieses Vertrauensverhältnis entlastet wurde.[172] Es komme dabei nicht auf den tatsächlichen Willen der Klägerin an, sondern auf die zugrunde liegende Willensbildung, das heißt darauf, ob der Beklagte sie pflichtgemäß über alle maßgeblichen Umstände und Wirkungen dieser Transaktion aufgeklärt habe.[173] Dass der Beklagte seine Aufklärungspflicht möglicherweise nicht ge-

---

[162] (1807) 14 Ves Jun 286 f. Vgl. *Bridgeman v Green* (1757) Wilm 58, 60 f., 70 f.
[163] (1807) 14 Ves Jun 288. Vgl. *Lubbe*, Voidable Contracts (Fn. 4), 297.
[164] Lord Eldon hatte sich nie in Frankreich aufgehalten, vgl. *Rose A. Mellikan*, John Scott, Lord Eldon, 1751–1838 – The Duty of Loyalty (1999), 84.
[165] Siehe oben, Fn. 161.
[166] = *Dixon v Olmius*, s.o. Fn. 131 und 146 sowie II.2. Testierende (Fn. 70).
[167] (1807) 14 Ves Jun 288 ff. Vgl. *Bridgeman v Green* (1757) Wilm 58, 64 f.
[168] (1807) 14 Ves Jun 293.
[169] (1807) 14 Ves Jun 293 f.
[170] (1807) 14 Ves Jun 294.
[171] (1807) 14 Ves Jun 296 f. Vgl. *Bennet v Vade* (1742) 2 Atk 324, 326; 9 Modern 312, 319 f.
[172] (1807) 14 Ves Jun 299.
[173] (1807) 14 Ves Jun 299 f.

kannt habe, sei insoweit unerheblich. Gegebenenfalls müsse ihm die Kenntnis seiner Pflicht unterstellt werden, da die Durchsetzung der auf *public utility* beruhenden Regel Vorrang genieße.[174] Aus diesen Gründen wurde der Klage stattgegeben und die angegriffene Transaktion aufgehoben.
Lord Eldon ging also in seiner Entscheidung mit keinem Wort auf Pothier ein, sondern setzte sich ausschließlich mit dem einschlägigen Fallrecht auseinander. Dabei finden sich jedoch keine Ausführungen Eldons zu *Norton v Relly* (1764), nachdem die Parteien übersehen hatten, dass es eigentlich schon eine Entscheidung zu einem ähnlichen Sachverhalt gab.[175] Während dort allerdings wirklich die *spiritual ascendancy* des Priesters ausschlaggebend gewesen war, so behauptete Romilly hier (ohne sich auf *Norton v Relly* zu beziehen) zwar die Existenz einer solchen Beziehung, ohne dass sich dies in der Entscheidung Lord Eldons niederschlug; denn diese stellte vielmehr auf das in Anspruch genommene besondere Vertrauen ab. Was die Bedeutung Pothiers für den Ausgang von *Huguenin v Baseley* angeht, so kann man natürlich unterstellen, dass vermutlich auch Lord Eldon von den vorgetragenen Argumenten nicht völlig unbeeindruckt geblieben ist. Aber selbst wenn man Pothier nicht schon von vornherein jede Wirkung absprechen mag, so dürften angesichts des fundierten und pointierten Rückgriffs auf das bestehende Fallrecht die Gesichtspunkte der *public policy* bzw. *public utility* bei weitem überwogen haben.

IV. Die Rezeption von *Huguenin v Baseley* in der Rechtsprechung des 19. Jahrhunderts

Huguenin v Baseley wurde von der Rechtsprechung des 19. Jahrhunderts in besonderer Weise rezipiert.[176] Zum einen wurde auf die Entscheidung Lord Eldons selbst abgestellt und betont, dass der maßgebliche Aspekt von *Huguenin v Baseley* das besondere Vertrauensverhältnis und die unterbliebene Aufklärung gewesen sei.[177] Zum anderen wurde dagegen dezidiert mit Romillys Replik argumentiert, dass der gewährte Rechtsschutz auf einem

---

[174] (1807) 14 Ves Jun 300.
[175] Siehe oben, Fn. 139 ff.
[176] Vgl. hierzu *Spencer Bower*, Actionable Non-Disclosure (Fn. 45), 370 note (c); *Lubbe*, Voidable Contracts (Fn. 4), 297 note 344.
[177] *Pratt v Barker* (1826) 1 Sim 1, 4, *per* Sir John Leach VC, bestätigt durch (1828) 4 Russ 507; *Hunter v Atkins* (1834) 3 My & K 113, 139 f., *per* Lord Brougham LC; *Middleton v Sherburne* (1841) 4 Y & C 358, 390 f., *per* Lord Abinger CB (gegen den Klägervortrag, 365 ff.).

allgemeinen Grundsatz beruhe, der immer dann eingreift, wenn eine Partei in der Lage ist, die andere zu beherrschen.[178]
Eine nicht unerhebliche Rolle spielte die Urteilsbegründung Lord Eldons schließlich auch in *Allcard v Skinner* (1887),[179] einer weiteren Leitentscheidung des 19. Jahrhunderts, die für die heutige Unterscheidung der beiden Fallgruppen *actual undue influence* (sog. Class 1) und *presumed undue influence* (sog. Class 2) grundlegend wurde.[180] Daneben hatte sich allerdings zu Beginn des 20. Jahrhunderts die Replik Romillys bereits tief im Bewusstsein der Juristen festgesetzt.[181] Dass jedoch Lord Eldon in *Huguenin v Baseley* eben gerade nicht auf die spirituelle Überlegenheit abgestellt hatte, wurde selbst im Jahre 1915 noch ausdrücklich betont.[182]

V. Zusammenfassung

Wie die Untersuchung gezeigt hat, gab es bereits vor *Huguenin v Baseley* eine gefestigte Rechtsprechung der Chancery zu *undue influence*. Vor diesem Hintergrund überrascht es nicht weiter, dass sich auch in *Huguenin v Baseley* die Diskussion eingehend mit dem bestehenden *Case law* beschäftigte. Die Bedeutung Pothiers, mit dessen Traité des donations entre vifs sich zwar der Kläger- und Beklagtenvortrag sowie die Replik Romillys auseinander setzten, aber nicht die Urteilsbegründung Lord Eldons, dürfte für den Ausgang dieses *leading case* demgegenüber deutlich zurücktreten.
Die Replik Romillys wurde in der nachfolgenden Rechtsprechung des 19. Jahrhunderts zum Teil wörtlich angewendet und erreichte auf diese Weise, für einen Parteivortrag höchst außergewöhnlich,[183] den Charakter einer „recognized quasi-judicial authority".[184] Warum Romillys Replik eine derartige Bedeutung gewinnen konnte, während der einleitende Vortrag daneben völlig ausgeblendet wurde, ist schwer zu erklären.[185] Vielleicht liegt die Ursache hierfür hauptsächlich darin, dass Romilly mit dieser Argumentation und unter Einsatz seines rhetorischen Talents[186] einen Fall gewinnen konnte, bei dem die Ausgangslage der Gegenseite nicht aussichtslos ge-

---

[178] *Dent v Bennett* (1839) 4 My & Cr 269, 276 f., *per* Lord Cottenham LC; *Nottidge v Prince* (1860) 2 Giff 246, 263, 269 f., *per* Sir John Stuart VC.
[179] (1887) 36 ChD 145, 160, *per* Kekewich J sowie 182, *per* Lindley LJ.
[180] Vgl. hierzu etwa *Goff/Jones*, Restitution (Fn. 14), 11–003 ff.; *Andrew Burrows*, The Law of Restitution, 2nd ed. (2002), 243.
[181] *Cavendish v Strutt* (1903) 19 TLR 483, 489, *per* Byrne J.
[182] *Spencer Bower*, Actionable Non-Disclosure (Fn. 45), 384 note (f).
[183] *Frederick Pollock*, Revised Reports, vol. IX, London (1893), Preface, p. vi.
[184] *Spencer Bower*, Actionable Non-Disclosure (Fn. 45), 369 note (u).
[185] *Spencer Bower*, Actionable Non-Disclosure (Fn. 45), 370 note (c).
[186] *Spencer Bower*, Actionable Non-Disclosure (Fn. 45), 370 note (c).

wesen war. Vielleicht trug auch seine Reputation nicht unerheblich hierzu bei.[187] Für die Wahrnehmung des 19. Jahrhunderts, in einem Klima, in dem der Gebrauch kontinentaler Literatur mehr als beliebt war,[188] scheint die Versuchung jedenfalls groß gewesen zu sein, in *Huguenin v Baseley* einfach eine Adaption von Pothier zu sehen, zumal der Gedankengang im Traité des donations entre vifs dem englischen Leser bekannt und vertraut erscheinen musste.

Die andauernde Beliebtheit von Romillys Replik darf jedoch nicht darüber hinwegtäuschen, dass in der Sache die Entscheidung Lord Eldons die weitere Entwicklung ganz maßgeblich beeinflusste und nicht etwa in Vergessenheit geraten war. *Huguenin v Baseley* stellt daher weniger einen revolutionären Wendepunkt der Rechtsprechung durch kontinentale Einflüsse dar, als eine kontinuierliche Fortentwicklung der englischen *Equity*. Dies bedeutet jedoch nicht etwa im Umkehrschluss, dass diese Entwicklung völlig abgeschottet vom kontinentaleuropäischen Recht verlaufen wäre. Vielmehr war die Anwendbarkeit zivilistischer Rechtsgedanken diskutiert und vereinzelt, wie im Falle des *metus reverentialis*, sogar rezipiert worden. Insoweit scheint sich einmal mehr die Einschätzung von *Stein* für diesen Zeitraum zu bestätigen: „... continental influences were more subtle and elusive but were still considerable. They affected not so much the substance of the law as the way lawyers looked at it, and the way they presented and expounded it."[189]

---

[187] Vgl. *Holdsworth* (Fn. 7), vol. XIII (1952), 274 ff.; *Medd*, Romilly (Fn. 125); *Manchester*, "Romilly, Samuel" (Fn. 125), 452 f.

[188] *Lubbe*, Voidable Contracts (Fn. 4), 296 note 337 verweist in diesem Zusammenhang etwa auf den Gebrauch von Domat und Pothier bei *Joseph Story*, Commentaries on Equity Jurisprudence, 1st English ed. by W.E. Grigsby, London (1884), 148 note 1 = 2nd English ed. by W.E. Grigsby, London (1892), 149 note 5 = 3rd English ed. by A.E. Randall, London (1920), 99 note q sowie bei *William W. Kerr*, A Treatise on the Law of Fraud and Mistake, 3rd ed. by Sydney E. Williams, London (1902), 167 note (p).

[189] *Peter Stein*, Continental Influences on English Legal Thought, 1600–1900, in: *ders.*, The Character and Influence of the Roman Civil Law – Historical Essays (1988), 209 ff., 209. Ferner *Lubbe*, Voidable Contracts (Fn. 4), 297.

Legal Transfers and Mixed Jurisdictions: Adventures across the Pond

Paul J. du Plessis, Edinburgh

Im März 1887 erließ der Supreme Court der Vereinigten Staaten von Amerika sein Urteil in der Sache Viterbo v. Friedlander 120 U.S. 707. Der Fall befaßte sich mit dem Antrag auf Beendigung eines Pachtvertrages über eine an den Ufern des Mississippi gelegene Zuckerrohrplantage auf Grund ihrer Überschwemmung. Die Urteilsbegründung des Supreme Court enthielt eine detaillierte historische Analyse der Rechtsverhältnisse zwischen Pächtern und Verpächtern im Staat Louisiana, ausgehend von dessen Civil Code. Dabei wiesen diese Betrachtungen starken zivilistischen Einfluss auf das Pachtrecht in Louisiana im Allgemeinen, und auf das Problem des Pachtzinsnachlasses auf Grund von vis maior im Besonderen nach. Dem übergeordneten Thema der Aufsatzsammlung – Rechtstransfer in der Geschichte – folgend wird der Beitrag den Ausflug des Supreme Court in die kontinentaleuropäische Rechtsgeschichte im Rahmen des Falles Viterbo v. Friedlander nutzen, um ein besonderes Beispiel für einen Rechtstransfer im Pachtrecht von Louisiana näher zu untersuchen. Dabei werden u.a. die Kollision von Rechtsnormen, spanische und französische Einflüsse während der Konsolidierungsphase des Privatrechts von Louisiana, sowie die Motive für die Einbeziehung dieses Prinzips in den Louisiana Civil Code zu erörtern sein.

I. Introduction

The *ius commune*, in its historical sense, refers to an extensive body of legal rules which arose during the late medieval period and which evolved in time to provide the intellectual basis for many national legal systems in Western Europe and elsewhere.[1] The majority of the legal rules of the *ius commune* originate from Roman law, but Canon and customary law also had a substantial influence on the formation of certain rules. Within this body of learning, every rule of law may be said to have a twofold context, namely its original and its derivative context. The original context of a legal rule is static and refers to the socio-political circumstances which brought about its inception as well as to those ancillary rules of law which define it and which support its efficacy. The derivative context, on the other hand, is dynamic and refers to the interaction between the legal rule and local custom as well as to the impact of various legal-philosophical doctrines upon it at various points in its history. In most cases the derivative context either expands or restricts the scope and function of the rule in question. Establishing the original context of a specific legal rule can be a perilous task. The majority of legal rules originating from

[1] Osler (1987, 393–410); Bellomo (1995, chapters 3–7) and Stein (1999, 43–68).

Roman law, for example, are devoid of their original context since the compilers of the *Corpus Iuris Civilis* purposely eradicated nearly all such references.[2] In contrast, ascertaining the derivative context of a specific legal rule is easier since more information is available in the manifold scholarly treatises depicting different phases in its history.

When legal rules from the *ius commune* are incorporated into a normative document such as a code of law, the nuances of their derivative context are often expressly manipulated by the drafters of the code to serve a specific purpose. This in turn has a significant impact on the subsequent doctrinal development of that rule within a specific legal system.[3] This point will be argued using the incorporation of a legal rule into an American legal code as an example. The rule in question, known in Roman law as *remissio mercedis*, enabled a tenant of agricultural land to claim a remission of rent where unforeseen and uncontrollable events caused substantial damage to the leased property or its fruits.

The following methodology will be used. First, a synopsis of the current state of Roman-law scholarship on *remissio mercedis* will be provided to sketch the original context of the legal rule. Not every point of dispute concerning this remedy will be examined. Instead, the discussion will focus solely on the issue of the legal basis of *remissio mercedis*. This will be followed by a brief overview of the derivative context of the rule in the *ius commune* with particular reference to the question of its legal basis. In the second part of this article the incorporation of the legal rule on *remissio mercedis* into the Civil Code of Louisiana will be examined using a decision of the Supreme Court of the United States in 1887, *Viterbo v. Friedlander*, as background.[4] Finally, some conclusions will be drawn about the effect of the manipulation of the derivative context of this rule of law on the subsequent doctrinal development of *remissio mercedis* in the private law of Louisiana.

II. The original context

Remissio mercedis was based on a pre-existing agricultural practice that was given legal foundation by the late Republican jurist, Servius Sulpicius Rufus during the first century BC.[5] The legal rule functioned solely in the context of lease of agricultural land, usually for a period of five years, where the rent had to be paid in annual instalments and where the parties had agreed that the tenant

---

[2] Watson (1994, 113–125), Lokin (1995, 261–273).

[3] The result is "cross-contamination" whereby Roman-law rules are explained in terms of modern legal doctrines that were unfamiliar to the Roman jurists.

[4] *Viterbo v. Friedlander* 120 U.S. 707–737 in the *United States Supreme Court Report* Book 30 (1887) on 776–786.

[5] An overview of this debate with literature is provided by De Neeve (1983, 308–318).

would cultivate the land diligently and harvest its fruits.[6] When unforeseen and uncontrollable events (collectively described in D.19.2.15.2 as *vis cui resisti non potest*) occurred during the course of the term of lease which resulted in financial loss, the tenant was entitled to a remission of rent in certain circumstances.[7] A claim for remission of rent in a specific year did not terminate the contract of lease. Rather, if the tenant succeeded, the annual rental payment was reduced for the year in question and the contract continued to exist in an unaltered form for the remainder of the term of lease.

Examples of *vis* (i.e. unforeseen and uncontrollable events) given in the Roman legal texts are jackdaws, starlings, enemy incursions, flood, subsidence and unusual heat waves corrupting olives. Apart from these, Imperial rescripts also mention that a claim of *remissio mercedis* could be based on *sterilitas* (unfruitfulness/crop failure).[8] The relationship between *sterilitas* and the other examples of *vis* remains a matter of some debate. It has been suggested that this ground for *remissio mercedis* was probably introduced at a later point in the development of the remedy.[9] The texts also mention another category of occurrences which could not be classified as unforeseen or uncontrollable. These are collectively described as *vitia ex ipsa re* (defects from the object itself) and did not give rise to a claim for *remissio mercedis*. The tenant had to bear the financial loss resulting from these events personally and remained liable to the landlord for the full rental payment. Examples of *vitia* include acidification of wine, woodworm in oak trees and paucity of harvest owing to the age of vines. It seems unlikely, given the broader context of this remedy, that the financial loss resulting from these events was borne by the tenant owing to his negligence. Rather, it appears that these occurrences were to be expected in the course of agricultural cultivation and the resulting loss was therefore borne by the tenant of agricultural land.

---

[6] The primary sources of this remedy are D.19.2.15.2 (Ulpian quoting Servius Sulpicius Rufus) the *sedes materiae* of *remissio mercedis*; D.19.2.15.3 (an anonymous rescript); D.19.2.15.4 (Papinian); D.19.2.15.5 (an anonymous rescript); D.19.2.15.7 (Ulpian); D.19.2.25.6 (Gaius); CJ.4.65.8 (A rescript of Severus Alexander addressed to Sabinianus Hyginus, dated 231 AD); CJ.4.65.18 (A rescript of Diocletian and Maximian addressed to Annius Ursinus, dated 290 AD); CJ.4.65.19 (A rescript of Diocletian and Maximian addressed to Iulius Victorinus, dated 293 AD).

[7] The phrase *vis cui resisti non potest*, which occurs in D.19.2.15.2 is a source of some controversy. Its relationship to the term *vis maior*, which occurs in D.19.2.25.6 remains at issue. Most recently Fiori (1999, 80–111) has demonstrated that the Servian term *vis ... potest* had a distinct meaning in light of other texts attributed to Servius Sulpicius Rufus. It referred to an external force that could not be attributed to the actions of the tenant and which could not be resisted or prevented.

[8] e.g. in D.19.2.15.4; CJ.4.65.18.

[9] See on this point Sitzia (1978, 345).

One of the main controversies in Roman-law scholarship on *remissio mercedis* is its legal basis. The accepted view is that *remissio mercedis* was based on or, in its more radical form, was merely a manifestation of the principle of risk allocation in law (*periculum*).[10] The gist of this argument is the following. The remedy dealt with (financial) loss caused without the fault of either party.[11] Professor Max Kaser, the main proponent of this view, argued that the landlord bore the *Zinsgefahr* (the risk of losing his claim to the full rent) where the tenant's use and enjoyment of the leased property had been prevented by *vis maior.*[12] The reason for assigning the risk to the landlord in this case was because he had implicitly guaranteed the tenant a certain level of undisturbed use and enjoyment of the object of lease in terms of the contract of lease.[13] Thus, the legal order shifted the financial loss through *remissio mercedis* to the landlord by depriving him of his entitlement to the full rent. On a legal-theoretical level, little objection can be raised against Professor Kaser's argument apart from the fact that doubts have since been expressed about the existence of a coherent principle of *periculum* in *locatio conductio rei* in classical Roman law.[14] When this argument is further explored in light of the information provided in the Roman-law texts, however, it encounters two major difficulties. First, the argument is almost completely inferential. Apart from the link between *vis cui resisti non potest* and *vis maior*, there are no references in the extant Roman-law texts on *remissio mercedis* to the question of *periculum* nor is the terminology used by the jurists suggestive that a rule on risk lay at the basis of this legal institution. Secondly, if the risk of loss was tied to the landlord's contractual obligation to guarantee a certain level of use and enjoyment, as Kaser suggests, it differed substantially from the risk regime in sale. In the contract of sale, the risk of accidental destruction was dynamic and "passed" to the purchaser when the contract became perfect. In the contract of lease, on the other hand, there does not appear to have been a similar critical point where the risk was transferred to the other party. Thus, following this line of reasoning, the risk of loss on account of *vis maior* in the contract of lease may be said to be continuous and would reside with the landlord for the entire term of lease. The existence of such a clear cut rule on the matter is, however, undermined by the casuistry regarding the assignment of loss visible in D.19.2.15.2.

---

[10] According to MacCormack (1979, 34) this term expresses: "the chance of financial loss consequent upon the destruction or loss of, or damage to, some specific property."
[11] In other words, for which neither party may be said to be responsible.
[12] Kaser (1957, 169–186). The most recent survey of supporters of this view may be found in Ernst (1988, 541–545).
[13] This obligation, expressed by the Latin phrase *uti frui praestare*, was one of the main contractual obligations of the landlord in *locatio conductio rei*, see D. 19.2.15.2.
[14] See Vacca (2001, 249–296).

It is furthermore unclear how this rule on risk related to the question of fruits of the leased property. It could be argued that the examples of *vis* when combined with references to *sterilitas* indicate that the fruits of agricultural property were an integral aspect of this remedy. It was an established principle in classical Roman law (linked to the doctrine of *accessio*) that ownership of the fruits of agricultural land resided with the landlord until they were harvested with his permission by the tenant.[15] Once the fruits were harvested, ownership vested in the tenant. Assuming that the above-mentioned rule relating to the assignment of risk existed in Roman law, it is difficult to make a case why the landlord had to bear the risk of loss in this situation if the fruits belonged to the tenant. Conversely, if this rule did not exist and the harvesting of the fruits represent a pivotal point where the risk of loss passed to the tenant similar to the contract becoming perfect in sale, it would imply that *remissio mercedis* as a legal remedy was only available in respect of loss resulting from fruits that were yet to be harvested when destroyed by unforeseen and uncontrollable events. Attractive though this argument is, however, it is unclear from the extant Roman-law texts whether the Roman jurists regarded *remissio mercedis* as being related to the principle of transfer of ownership of agricultural fruits upon harvesting. Had this been the case, some juristic discussion on the requirements for "harvesting" and its relationship to *remissio mercedis* would have remained even if only in fragmented form. It would have been too central to the understanding of *remissio mercedis* to have been edited out of the *sedes materiae*, D.19.2.15.2. Furthermore, the argument that the question of ownership of the fruits was so integral to the understanding of the remedy that the Roman jurists did not feel the need to mention it explicitly, as they were sometimes prone to doing, remains unproven.

When the Roman-law texts on *remissio mercedis* were "rediscovered" by the Glossators during the course of the twelfth century, the doctrinal lacunae existing in the texts forced them to invent a derivative context using texts from other areas of Roman law. Not surprisingly, texts on *remissio mercedis* were soon cross-referenced with those discussing the question of ownership of fruits upon harvesting by the tenant and by the end of the fourteenth century it had become an established part of the *ius commune* context of *remissio mercedis* that it was essentially a question of *periculum* and that the quantification of the tenant's claim was limited to destruction to unharvested fruits.[16] It was also in

---

[15] See Africanus' statement in D.47.2.62.8 and the rule expressed in Inst. II.1.36.

[16] "...Conductori non sit remissio pro fructibus a solo separatis, nondum tamen in horreum reconditis ... [E]t clarius Alber[icus de Rosate] in conductore loquens, qui nummis colit, ut fructus efficiantur sui, statim quid sint a solo separati, licet in horreo non fuerint reconditi. [Ang[elus de Ubaldis] in l. damnum, C. locat.; Soc[inus] Cons. 100, col. 1, lib.1; Bal[dus de

this guise that it was absorbed into the legal sources that would ultimately provide the foundation for private law in Louisiana. The *ius commune* context of *remissio mercedis* provides an interesting example of the choices made by the drafters of a code of law and their motives for doing so.

III. The derivative context

The route whereby *remissio mercedis* appeared in the private law of Louisiana forms part of a larger debate about the sources of law in the formative period of this territory. It is not the intention of this article to enter into this complex debate and the observations will be limited to a brief chronology of events.[17] Although Spanish explorers are known to have scouted the area around the Mississippi River as early as 1542, it was two Frenchmen, D'Iberville and De Bienville who, in the period 1699–1702, founded the first royal colony at Ocean Springs, Mississippi. French rule was soon established by way of a Royal charter granted to the financier Crozat in 1712 and came to be enforced by a body of uncodified law.[18] French rule of Louisiana continued until 1762 when it was secretly ceded to Spain under the treaty of Fontainebleau. Following the signing of the treaty of Paris in 1763 which brought an end to the seven-year war, Spain officially took possession of Louisiana. Spanish law

---

Ubaldis] in l. ex conducto § 1 ff. locat. …]." – Vincent Carocius, *Tractatus de locatione et conductione* (Cologne, 1684) *Quaestio* 18, § 22.

A similar view is expressed by the seventeenth-century Italian scholar, Petrus Pacionus: "Laborant tamen valde nostrates in reperienda causa cur facienda sit dicta remissio, maxime attento, quod videmus in venditione statim, ac contractus est perfectus; etiam antequam traditio interveniat, periculum rei ad emptorem totaliter pertinere, ita ut nec illa penitus perpempta liberetur ab integra solutione pretii, [refs. omitted] in locatione, dum eisdem juris regulis locatio regitur, ac venditio, [refs. omitted] adeo ut vix esse, ut concludens ratio reperiatur, dicat Valasques [refs. omitted] ubi etiam advertit, quod Bartolum magno contra morem multiloquio [refs. omitted] visus est difficultatem tollere, et in sua [refs. omitted] tres rationes ad hoc congerit, Baldus vero [refs. omitted] aliam differentiae rationem ponit, et Castrensis [refs. omitted] aliam adjungit, et alias addunt alii, quos refert ipse Valasques ibi, concludens postea illam sibi magis probare, quod fructus nondum percepti sunt locatoris, et conductori non debentur tanquam sint sui, sed debetur ei patientia, ut utatur re, et sic illos percipiat, ut sui efficiantur [refs. omitted] quod secus est in emptore, quia illi debetur res ipsa vendita, ut species [refs. omitted] et ideo illa perempta liberator debitor [refs. omitted]…" – Petrus Pacionus, *Tractatus de locatione et conductione* (Venice, 1722) *Cap.* 44, §§ 2–5.

[17] Palmer (2005, 51–100).

[18] French law applicable to Louisiana consisted of the *Coutume de Paris* as well as various Royal Ordinances, see Batiza (1971, 5) as well as Cairns (1981, 60–64) and the literature cited there. Cairns (1981, 55) has pointed out that the multiplicity of laws existing in eighteenth-century France necessitated the designation of specific *Coutume* as being applicable to this territory.

which applied to Louisiana was also uncodified and essentially consisted of compilations of the laws of Castile and of the laws of the Indies as well as the medieval Spanish law book, *Siete Partidas*.[19] Spanish control of Louisiana continued until 1800 when Spain agreed to transfer possession of it to France under the treaty of San Ildefonso. The transfer came into effect on November 30, 1803 and Louisiana was ceded to the United States on 20 December of the same year in terms of the Louisiana Purchase.[20] In the period between 1803 and 1870, the private law of Louisiana was redacted into a series of codes.[21] These codes were drafted using pre-codification sources of private law in Louisiana. The earliest codification was a Digest of Laws of 1808. A substantial part of the text of the 1808 Digest was expanded and incorporated into the Civil Code of 1825. The 1825 Civil Code was enlarged and updated to produce the Revised Civil Code of Louisiana of 1870. When *Viterbo v. Friedlander* came before the Supreme Court of the United States in 1887, the 1870 Revised Civil Code had already been in force for more than 15 years. This code, which remains in force at present, will not be the focus of this article. Instead, the court's treatment of the historical antecedents of the 1870 Revised Civil Code and their sources will be examined. At this point a brief synopsis of the case is required.

On 27 October 1883 Mr. Viterbo entered into a contract of lease with Mr. Friedlander to rent a sugar cane plantation situated in the parish of St. Charles, Louisiana for a period of five years.[22] In March the following year, a levee along the bank of the Mississippi river, which bordered the sugar cane plantation, gave way causing extensive flooding. The tenant (Mr. Viterbo) demanded that the sugar cane plantation be restored to its original condition and that the standing crop of sugar cane, which had been ruined by the inundation, be replaced. The landlord (Mr. Friedlander) denied responsibility and the matter came before the Circuit Court of the United States for the Eastern District of Louisiana. In the court *a quo*, the tenant's council argued that the inundation had brought about the *de facto* destruction of leased property thus terminating the lease. The court decided, however, that while the inundation had caused loss of the entire standing crop and severe damage to the irrigation mechanisms of the leased property, it had not technically been "destroyed" nor had become unfit for the purpose for which it had been leased, since it was clear that cultivation could resume once the waters had subsided. The judge ruled that the loss of harvest and the resulting financial loss lay with tenant.[23] The

[19] See Batiza (1971, 5–6) and the literature cited there.
[20] See Batiza (1971, 6).
[21] Kilbourne (1987, 1–43).
[22] The facts of the case are set out on 776–777 of the *Supreme Court Reporter*.
[23] See 777 of the *Supreme Court Reporter*.

tenant appealed to the Supreme Court of the United States which proceeded to investigate this aspect of the law of landlord and tenant in Louisiana and its historical antecedents. The Supreme Court ventured into realms largely unfamiliar to it by examining the civilian roots of the law of landlord and tenant in Louisiana. It is not the intention of this article to follow the argumentation of the court in its entirety as it dealt with a variety of ancillary matters at length. Instead, the observations will be limited to the court's treatment of the introduction of *remissio mercedis* into the private law of Louisiana. Although the Supreme Court paid lip service to the Roman-law foundation of this remedy, the logical starting point for this discussion must be the Digest of Laws of 1808 and its sources since it is in this context that the derivative context of a legal rule comes into play.

1. The Digest of Laws of 1808

Since both French and Spanish law had been in force in Louisiana prior to its acquisition by the United States of America in 1803, the issue of the sources used by the two redactors, Louis Moreau Lislet and James Brown, to compile the 1808 Digest of Laws has caused considerable controversy. There are two camps within what has become known as the Pascal/Batiza debate.[24] Scholars following Professor Batiza's extensive textual research on the topic have argued that the redactors closely followed the Code Napoléon and its *projet* of 1800[25] in substance and that a large portion of the 1808 Digest thus amounts to a large-scale transfer of early nineteenth-century French law.[26] Others following Professor Pascal have argued that since Spanish law was *de facto* in force in Louisiana at the time of the 1803 Purchase and since the redactors were instructed to produce a code reflecting the civil law in force at the time, it seems implausible that they could have deceived the legislature into producing a code that largely reflected French law in substance. It has therefore been argued that the substance of 1808 Digest was Romano-Spanish law.[27] The truth probably lies somewhere in between. Since both Spanish and French law could trace its origins back to Roman law, there would have been a large measure of similarity in many of the legal rules, but also significant differences

[24] Professor Batiza's view on the matter is set out in Batiza (1971), while Professor Pascal's opposing view is set out in Pascal (1972). Recent surveys of this debate include Cairns (1981, 74) and Yiannopoulos (1983, 87–106).
[25] Projet de Code Civil, présenté par la Commission Nommée par le gouvernement le 24 Thermidor an VIII (1800).
[26] For criticism against Professor Batiza's methodology, see Cairns (1981, 624–629).
[27] This view has since been definitively refuted by Cairns (1981, 624).

in some areas of the law.[28] Owing to these differences, the redactors of the 1808 Digest would have had to make choices regarding the inclusion or exclusion of certain French and Spanish elements of the rules of law eventually contained in the code. Unfortunately, since the Digest of 1808 was produced in a very short period of time, the redactors have left no systematic evidence of their methodology in the form of an exposé of their motives. The only apparatus which may shed some light on this issue is the De la Vergne volume, a copy of the 1808 Digest bound with interleaves in which one of the two redactors, Louis Moreau-Lislet, seemingly provided an exposition of the sources of specific articles. Some controversy remains, however, as to whether these notes on specific articles refer to the actual sources of the articles.

It has been suggested that the methodology of the redactors was not arbitrary.[29] Where the redactors chose French law as the basis for a specific provision in the 1808 Digest, they were not ignorant of the corresponding Spanish legal rule on the topic. Instead, the choice was often deliberate even though the motives behind the choice of legal rule may not be obvious. There can be little doubt that *remissio mercedis* existed in the uncodified laws of Louisiana prior to 1808, since it featured in both French and Spanish law of the period. The interesting point, however, is that these two legal systems dealt with the issue of a remission of rent on account of unforeseen and uncontrollable events in a different manner and the choice of either a Spanish or a French regime of remission of rent would have a significant impact upon the subsequent development of this remedy in the private law of Louisiana.

There are two articles in the 1808 Digest of Laws on *remissio mercedis*. Article 20, which applied to both urban and agricultural lease, provided that where the object of lease had been completely destroyed by an unforeseen event, the lease was annulled.[30] Where partial destruction occurred, however, the tenant had a choice either to annul the lease or to obtain a remission of rent. The language of this article corresponds exactly to article 31 in the *projet* of 1800[31]

---

[28] On the Roman-law influences on the Civil Codes of Louisiana, see Batiza (1995, 1601–1647).

[29] Cairns (1981, 108–109).

[30] "Si, pendant la durée du bail, la chose louée est détruite, en toute ou en partie, par cas fortuit, le preneur peut, suivant les circonstances, demander, ou une diminution de prix, ou la résiliation du bail; mais sans aucun autre dédommagement." – Article 20. [*Louisiana Legal Archives* vol. 3 II, p. 1472].

[31] "Si, pendant la durée du bail, la chose louée est détruite, en toute ou en partie, par cas fortuit, le preneur peut, suivant les circonstances, demander, ou une diminution de prix, ou la résiliation du bail; mais sans aucun autre dédommagement." – *Projet du Gouvernement* (1800) Book III, title XIII, Article 31 [*Louisiana Legal Archives* vol. 3 II, p. 1472].

as well as loosely to art. 1722 of the Code Napoléon[32] and it may be concluded that these French sources provided the foundation for it. Furthermore, there are no entries relating to article 20 in the De la Vergne volume.[33] While the absence of an entry on a specific article has not attracted much attention in the past, it has recently been argued that these *lacunae* do not occur at random and point to a system of (deliberate) omissions which provides further insight into the origin of specific articles.[34] According to this view, the fact that Moreau Lislet did not add a list of sources to a specific article is an indication that its origin was purely French law with no corresponding rule in Spanish law. This holds true for article 20, since a corresponding legal rule could not be found in the *Siete Partidas*, the only one of the pre-codification Spanish sources dealing with letting and hiring.

The other provision in the 1808 Digest on *remissio mercedis* is article 54.[35] An analysis of the language of article 54 suggests that its origins also lay in French law and that it was based on a combination of no less than 4 articles from the Code Napoléon.[36] Unlike article 20, however, there is an entry on article 54 in the De la Vergne volume.[37] It lists sections from the *Siete Partidas* as well as the works of Domat, Pothier and Febrero, but there is little evidence that works of these authors or the laws of the *Siete Partidas* had any impact on the drafting of this article. This confirms a suggestion that these entries provided for certain articles in the De la Vergne Volume do not refer to the actual sources of

---

[32] "Si, pendant la durée du bail, la chose louée est détruite en totalité par cas fortuit, le bail est résilié de plein droit; si elle n'est détruite qu'en partie, le preneur peut, suivant les circonstances demander, ou une diminution du prix, ou la résiliation meme du bail. Dans l'un et l'autre cas, il n'y a lieu à aucun dédommagement." – Article 1722 Code Napoléon [*Louisiana Legal Archives* vol. 3 II, p. 1472].

[33] See the interleaf (*verso*) between pp.376–377 in the De la Vergne Volume.

[34] Palmer (2005, 19–49).

[35] "Le fermier d'un bien rural, ou de campagne ne peut obtenir aucune remise sur le prix du bail, sous prétexte que, pendant la durée de son bail, la totalité, ou partie de sa récolte, lui aurait été enlevée par des cas fortuits, si ce n'est, que ces cas fortuits ne fussent d'une nature extraordinaire, et dont l'événement, n'a pu être raisonnablement prévu, ou suppose par les parties, lors du contrat, tels que les ravages de la guerre au milieu d'un pays qui était en paix, et où l'on devait se croire naturellement à l'abri de toute irruption, et autres semblables.
Encore, pour obtenir cette remise, faut-il que la perte éprouvée, soit au moins de la moitié de la récolte, et que le preneur ne se soit pas chargé par le bail, de tous les cas prévus, ou imprévus." – Article 54 [*Louisiana Legal Archives* vol. 3 II, p. 1499].

[36] Article 1769, 1770–1773 of the Code Napoléon, see *Louisiana Legal Archives* vol. 3 II, p. 1500.

[37] *Partida* 5, title 3, lex. 22, 23; Domat vol. 1, part 1, book 1, title 4, section 5, lex. 4–8; Febrero vol 2, cap. 6, § 1 nos. 14, 16, 17, 18, 19 and 22; Pothier, *Louage*, no 153 to 164, see the interleaf (*verso*) between pp.380–381 in the De la Vergne Volume.

the article itself, but to related analogous pre-codification sources that could be used by legal practitioners to interpret the provisions of the 1808 Digest.[38]
Based on the evidence presented thus far, it is evident that the redactors of the 1808 Digest deliberately chose French law over Spanish law in drafting the two articles on *remissio mercedis*. A variety of reasons could be offered for their choice. It has, for example, been suggested that French law, which at that point had been recently codified, was more accessible than the uncodified Spanish laws. Furthermore, it is known that Moreau Lislet received his legal education in France and that his command of French was better than that of Spanish. The most persuasive reason may in fact be economic.[39] The provisions of the *Siete Partidas* on *remissio mercedis* were heavily infused with customary law and deviated substantially from the original Roman-law rule.[40] The solution proposed in the *Siete Partidas* was far more beneficial to the financial circumstances of the tenant than the Roman-law rule and could have had severe financial consequences for landlords which would have made it unpopular with the wealthier classes to which many of the landlords belonged.
Although the redactors favoured French law in the matter of *remissio mercedis*, there is strong evidence that even these provisions on the subject were carefully selected. The most obvious example of this concerns the issue of the legal foundation of this rule. It is impossible to tell from article 20 read with article 54 of the 1808 Digest what the legal basis of *remissio mercedis* was. This ambiguity seems deliberate and suggests that the matter may have been unresolved. For, had it been determined in the minds of the redactors of the 1808 Digest that *remissio mercedis* was an example of *periculum*, it would have been more clearly expressed in the wording of these articles. There is another piece of evidence which supports the argument that the issue of the legal founda-

[38] Cairns (1981, 665).
[39] Cairns (1981, 622–623) has argued that notions of "economic liberalism" may have influenced the redactors of the 1808 Digest in choosing French rather than Spanish law as the basis for certain provisions in the realm of the law of obligations.
[40] *Partida* V, title VIII, law XXII "… Pero si acaesciesse, que los frutos non se perdiessen todos, e cogiere el labrador alguna partida dellos, estonce en su escogencia sea, de dar todo el arrendamiento al señor de la heredad, si se atreuiere a darlo; e si non de sacar para si las despensas, e las missiones que fizo en labrar la heredad, e lo que sobrare, delo al señor de aquella cosa que tenia arrendada." For total destruction of the fruits, the *Siete Partidas* granted the tenant a remission of rent. Where the fruits were only destroyed in part, however, and the tenant harvested them, he was given an option either to pay the full rent to the landlord or to give (the value of?) the diminished crop to him minus the expenses incurred in cultivating the soil. If this provision is interpreted literally to mean that the tenant had a free choice in the matter, it seems unlikely that any tenant would have chosen the former option. *Partida* V, title VIII, law XXIII lists various exceptions to the tenant's entitlement to a remission of rent.

tion of *remissio mercedis* may not have been resolved in the minds of the redactors of the 1808 Digest. This is the notable absence of any reference to the question of the transfer of ownership of agricultural fruits upon harvesting in this code. That such a provision was available to the redactors is beyond question as is evidenced by the existence of article 1771 par. 1 in the Code Napoléon.[41] Since it is known that the redactors of the 1808 Digest had a complete copy of the Napoleonic Code and since they chose to incorporate the rest of the French doctrine on *remissio mercedis* into the 1808 Digest, there can be no other conclusion except that article 1771 § 1 was deliberately omitted. It has been suggested that the reason for this omission may be that the issue of the legal foundation of remission of rent was unresolved. Support for this argument may also be found in the prevailing legal-philosophical currents of the period. The redactors of the 1808 Digest were well versed in the natural law tradition of the seventeenth century.[42] Jean Domat, a French jurist and supporter of natural law is known to have had a philosophical influence on the redactors of the 1808 Digest.[43] He makes no mention of the harvesting of fruits as being a component of *remissio mercedis* and indeed seems to regard it as an equitable intervention designed to aid the tenant.[44]

The redactors of the 1808 Digest chose French law as the basis for the two articles on *remissio mercedis*. The true reasons for this choice may never be known, but it has been argued that the choice was motivated by the fact that Spanish law on the subject was influenced by custom and would have produced a result that was unfavourable towards landlords. In choosing French law as the basis for the two articles on *remissio mercedis*, however, the redactors of the 1808 Digest were clearly selective in the introduction of the French regime on this topic. Thus, for example, the issue of the transfer of ownership of agricultural fruits upon harvesting was not included in the 1808 Digest. The reason for this selective approach seems to be linked to uncertainties about the true legal basis of *remissio mercedis* and its compatibility with the prevailing legal-philosophical currents of the period.

---

[41] "Le fermier ne peut obtenir de remise lorsque la perte des fruits arrive après qu'ils sont séparés de la terre, à moins que le bail ne donne au propriétaire une quotité de la récolte en nature; auquel cas, le propriétaire doit supporter sa part de la perte, pourvu que le preneur ne fût pas en demeure de lui délivrer sa portion de récolte." – Art. 1771 § 1 Code Napoléon.

[42] Cairns (1981, 76).

[43] Batiza (1971, 11 note 45).

[44] Jean Domat, *Les loix civiles dans leur ordre naturel* (Paris, 1745) Part 1, book 1, title 4, section 5, § 4: "…Car il est juste que dans le parti d'un bail où le bailleur s'assure un prix, le preneur s'assure une jouissance; & aussi le bail est de fruits que le fermier pourra recueillir, & qu'on présuppose qu'il recueillera."

2. The 1825 Civil Code

The drafters of the 1825 Civil Code treated the issue of the legal basis of *remissio mercedis* in a different manner. The number of articles dealing with this remedy increased to four in the 1825 Code. Article 20 in the 1808 Digest reappeared in an expanded form as article 2667 in the 1825 Civil Code.[45] The expansion of article 20 was designed to bring it closer in line with article 1722 of the Code Napoléon.[46] They also added article 2669 which does not have a historical antecedent in the 1808 Digest or in the Code Napoléon and its *projet*.[47] The origin of this article lay in the French regime of *remissio mercedis* as expounded, for example, in Pothier's treatise on letting and hiring which is known to have a great impact on the drafters of the 1825 Civil Code.[48] Article 54 in the 1808 Digest reappeared without any change to its substance as article 2714 of the 1825 Civil Code.[49] Of all four articles in the 1825 Civil Code dealing with the issue of a remission of rent on account of unforeseen and uncontrollable events, however, the introduction of article 2744 is the most interesting in the context of this article.[50] It did not appear in the 1808 Digest and it has been argued that its omission was deliberate and reflected the redactors' uncertainty about the legal basis of this remedy. To understand why the drafters chose to introduce this article in the 1825 Civil Code, the views of a French jurist who had a pronounced influence on the drafters of the 1825

[45] "If, during the lease, the thing be totally destroyed by an unforeseen event, or if it be taken for a purpose of public utility, the lease is at an end. If it be only destroyed in part, the lessee may either demand a diminution of the price, or a revocation of the lease. In neither case has he any claim for damage." – Art. 2667 of the 1825 Civil Code.

[46] This was the opinion of Mr. Justice Gray in *Viterbo v. Friedlander* 120 U.S. 707 at 780 "...As it [art. 2667] now stands, it has been restored to the very words of the corresponding article 1722 of the Code Napoléon."

[47] "If, without any fault of the lessor, the thing ceases to be fit for the purpose for which it was leased, or if the use be much impeded, as if a neighbour, by raising his walls, shall intercept the light of a house leased, the lessee may, according to circumstances, obtain the annulment of the lease, but he has no claim for indemnity." – Article 2669 of the 1825 Civil Code.

[48] "But this article [art. 2669] too, only affirms a reasonable, if not necessary, construction of article 2697 (2667) for, the lessor being held to warrant that the lessee shall enjoy the property for the uses for which it was leased, any cause which makes his enjoyment impossible has the same effect as if it destroyed the property. This is clearly shown by Ulpian and by Pothier, in the various passages referred to." – *Viterbo v. Friedlander* 120 U.S. 707 at 780.

[49] See note 35.

[50] "The tenant cannot obtain an abatement, when the loss of the fruit takes place after its separation from the earth, unless the lease gives to the lessor a portion of the crop in kind; in which case, the lessor ought to bear his share of the loss, provided the tenant has committed no unreasonable delay in delivering his portion of the crop." – Article 2744 of the 1825 Civil Code.

Civil Code on the matter have to be taken into account. Pothier equated the contract of lease with that of sale and consequently viewed *remissio mercedis* as an example of risk.[51] He also discussed the issue of the ownership of fruits upon harvesting in some detail.[52] There can therefore be little doubt that the views of this author, combined with the developments in French private law since the Code Napoléon, led to the introduction of article 2744 in the 1825 Civil Code.

The increase in the number of articles dealing with remission of rent in the 1825 Civil Code and the changes in the substance of the existing articles demonstrate that the drafters wished to bring this aspect of the law of landlord and tenant in the private law of Louisiana closer in line with French law. Unlike the redactors of the 1808 Digest, the drafters of the 1825 Civil Code were not selective in their adoption of the French regime of *remissio mercedis*. They seemed to have been influenced in this regard by the work of Pothier into accepting that *remissio mercedis* was essentially an example of *periculum*. This decision was to have fundamental repercussions on the doctrinal development of this remedy in the private law of Louisiana as it is still treated in modern private law of this state as a question of risk.[53]

IV. Conclusion

This article investigated the notion of a legal transfer using the adoption of a legal rule of Roman-law origin into an American legal code. The rule in question enabled a tenant of agricultural land to claim a remission of rent on account of unforeseen and uncontrollable events. Owing to the nature of the texts and the deliberate removal of contextual references by the compilers of the *Corpus Iuris Civilis*, the original context of this rule remains incomplete and the question of the legal basis of *remissio mercedis* cannot be conclusively resolved. When this legal rule came to be re-examined in medieval legal scholarship, however, it was cross-referenced with Roman legal texts discussing the question of the transfer of ownership of fruits after harvesting. This created a derivative context for the rule which linked it to the notion of *periculum* and it was in this guise that it appeared in the uncodified sources that ultimately pro-

---

[51] Pothier, *Louage*, § 139 "La raison de ce principe [*remissio mercedis*] est que, comme nous l'avons observé *supra*, nu. 4, le contrat de louage s'analyse en un espèce de contrat de vente des fruits futurs, ou de l'usage future de la chose louée, dont le loyer et les prix. Or de même que la vente des fruits futurs n'est valable, et que les prix n'est dû qu'autant que ces fruits naîtront, et seront par leur existence la matière du contrat (*Traité du Contrat de Vente*, nu. 5), on doit pareillement décider qu'il ne peut être dû de loyer lorsque le conducteur n'a pu avoir aucune jouissance ni usage dont ce loyer soit le prix."

[52] Pothier, *Louage*, § 155.

[53] See Kehoe (1996, 1053–1068).

vided the foundation for the private law of Louisiana. This latter context was in turn manipulated by the drafters of a code to serve a specific purpose. In drafting the articles concerning remission of rent on account of unforeseen and uncontrollable events, the redactors of the 1808 Digest deliberately chose French law in the Code Napoléon and its *projet* of 1800, but they did not wish to incorporate the entire French regime of *remissio*. Thus, although they had access to the corresponding article in the Code Napoléon which effectively tied *remissio mercedis* to the notion of the notion of harvesting of fruits, it was not included in the 1808 Digest. The most plausible reason for this intentional exclusion is the influence of natural law on the drafters of the 1808 Digest via the works of Jean Domat. In the 1825 Civil Code, however, the drafters had fully adopted the French regime of *remissio mercedis*. Not only were the existing two articles in the 1808 Digest expanded to bring them in line with the provisions of the Code Napoléon, but they were also augmented with two additional articles. While the origins of these articles may be traced back to the Code Napoléon, it is clear that the writings of Pothier were equally influential in their inclusion into the 1825 Code. By including article 2744, the drafters of the 1825 Code made it clear that they regarded the legal basis of *remissio mercedis* as being a question of *periculum*.

Bibliography

Batiza, Rodolfo (1971): "The Louisiana Civil Code of 1808: Its Actual Sources and Present Relevance." *Tulane Law Review* 46:4–165.

Batiza, Rodolfo (1995): "Roman law in the French and Louisiana Civil Codes: A Comparative Textual Survey." *Tulane Law Review* 69:1601–1647.

Bellomo, Manlio (1995): *The Common Legal Past of Europe 1000 – 1800*. Translated by Lydia G. Cochrane. Washington D.C.: The Catholic University of America Press.

Cairns, John W. (1981): "The Digest of Orleans and the 1866 Civil Code of Lower Canada: An Historical Study of Legal Change." Unpublished PhD Thesis, University of Edinburgh.

Carocius, Vincent (1684): *Tractatus de locatione et conductione*. Cologne.

De la Vergne Volume (1971): *A Reprint of Moreau Lislet's Copy of A Digest of the Civil Laws now in force in the Territory of Orleans (1808) containing Manuscript references to its sources and other civil laws on the same subject.* Baton Rouge, La.: Claitor's Publishing Division.

De Neeve, Pieter, W. (1983): "Remissio Mercedis." *Zeitschrift der Savigny Stiftung Rom. Abt.* 100:296–339.

Domat, Jean (1745): *Les loix civiles dans leur ordre naturel.* Paris.

Ernst, Wolfgang (1988): "Das Nutzungsrisiko bei der Pacht in der Entwicklung seit Servius." *Zeitschrift der Savigny Stiftung Rom. Abt.* 105:541–591.

Fiori, Roberto (1999): *La definizione della 'locatio conductio'*. Naples: Jovene.

Kaser, Max (1957): "Periculum locatoris." *Zeitschrift der Savigny Stiftung Rom. Abt.* 74:155–200.

Kehoe, Dennis P. (1996): "Roman-Law Influence on Louisiana's Landlord-Tenant Law: The Question of Risk in Agriculture." *Tulane Law Review* 70: 1053–1068.

Kilbourne, Richard H. (1987): *A History of the Louisiana Civil Code: The Formative Years, 1803 – 1839.* Baton Rouge La.: Louisiana State University Press.

Lokin, Jan H.A. (1995): "The End of an Epoch: Epilegomena to a Century of Interpolation Criticism." In Feenstra, Robert et al. (eds.): *Collatio Iuris Romani: études dédiées à Hans Ankum à l'occasion de son 65e anniversaire* vol. I. Amsterdam: J.C. Gieben. 261–73.

Louisiana Legal Archives vol. 3 II (1942): Baton Rouge La, The Louisiana State Law Institute.

MacCormack, Geoffrey (1979): "Further on Periculum." *BIDR* 3rd series 21:11–37.

Osler, Douglas J. (1997): "The Myth of European Legal History." *Rechtshistorisches Journal* 16:394–410.

Pacionus, Petrus. (1722): *Tractatus de locatione et conductione.* Venice.

Palmer, Vernon V. (2005): "The French Connection and the Spanish Perception." In Palmer, Vernon V.: *The Louisiana Civilian Experience – Critiques of Codification in a Mixed Jurisdiction*. Durham, North Carolina: Carolina Academic Press. 51–100.

Palmer, Vernon V. (2005): "Understanding Moreau Lislet." In Palmer, Vernon V.: *The Louisiana Civilian Experience – Critiques of Codification in a Mixed Jurisdiction*. Durham, North Carolina: Carolina Academic Press. 19–49.

Pascal, Robert (1972): "Sources of the Digest of 1808: A Reply to Professor Batiza." *Tulane Law Review* 46: 603–627.

Pothier, Robert-Joseph (1847): *Oeuvres de Pothier annotées et mises en correlation avec le Code Civil et la legislation actuelle par M. Bugnet.* vol. 4 (*Traité du Contrat de louage*) (Paris: Videcoq).

Siete Partidas (1848): *Los Codigos Españoles* vol. 3 II. Madrid: La Publicidád.

Sitzia, F. (1978): "Considerazioni in tema di 'periculum locatoris' e di 'remissio mercedis'." In *Studi in Memoria di Giuliana D'Amelio* I. Milan: Giuffré.

Stein, Peter G. (1999): *Roman law in European History*. Cambridge: University Press.

Vacca, Letizia (2001): "Considerazioni in tema di risoluzione del contratto per impossibilità della prestazione e di ripartizione del rischio nella 'locatio conductio'." In *Iuris Vincula: Studi in Onore di Mario Talamanca* VIII. Naples: Jovene.

Watson, Alan (1994): "Prolegomena to the Establishing of Pre-Justinianic Texts." *Tijdschrift voor Rechtsgeschiedenis* 62:113–25.

United States Supreme Court Report Book 30 (1887) by Smith, Edwin B. and Hitchcock, Ernest (eds.). Rochester NY.: The Lawyers Co-operative Publishing Company.

Yiannopoulos, Athan N. (1983): "The Early Sources of Louisiana Law: Critical Appraisal of a Controversy." In Haas, Edward F. (ed.): *Louisiana's Legal Heritage*. Pensacola, Fl.: The Perdido Bay Press.

Cessavit per biennium – a 13th-century example of a civilian transplant into English common law?

Carsten Fischer, Münster/Edinburgh

Die Rechtsstellung von Pächtern im englischen Common Law wurde im Verlaufe des 12. und 13. Jahrhunderts durch die Schaffung und Entwicklung einer Reihe von Abwehrrechten immer stärker auf Kosten derjenigen ihrer Verpächter ausgebaut. So war es z.B. in der zweiten Hälfte des 13. Jahrhunderts diesen nur unter sehr großen Schwierigkeiten möglich, säumige Pächter in letzter Konsequenz ihres Landes zu entsetzen. Unter Edward I. (1272–1307) wurden daraufhin legislatorische Schritte unternommen, diesen Mißstand zu korrigieren.

Mit der Statute of Gloucester (Kap. 4; 1278) und der Statute of Westminster II (Kap. 21. und 41; 1285) wurde das neue Rechtsmittel der writ of cessavit per biennium in das Common Law eingeführt. Diesem gemäß konnte dem Pächter von jetzt an sein Land entzogen werden, wenn er sich wenigstens zwei Jahre lang mit seinen Zinszahlungen oder Dienstleistungen im Rückstand befunden hatte. Dabei fällt auf, daß im römischen Recht eine ähnliche Problemstellung auf vergleichbare Art und Weise angegangen wurde: Das Recht betreffend emphyteusis, die langfristige oder dauerhafte Pacht von Staatsland gegen Zinszahlungen und/oder Dienstleistungen, sah die Möglichkeit der Entsetzung des emphyteuta, des Pächters, vor, wenn dieser mit seinen Leistungen drei Jahre lang im Rückstand war (C. 4.66.2). Nov. 7.3.2 verkürzte diesen Zeitraum für den Fall der Pacht von Kirchenland auf zwei Jahre. In dieser Form fand die Regel Aufnahme in das kanonische Recht (Liber Extra 3.18.4).

Zwar gibt es unbestreitbare Unterschiede zwischen der Common Law-writ cessavit per biennium und den o.g. Regeln des römischen und kanonischen Rechts bezüglich emphyteusis. Dennoch lassen die Übereinstimmungen darüber nachdenken, ob das Common Law hier Anleihen am Zivilrecht genommen hat. Der folgende Beitrag versucht zur Beantwortung der Frage beizutragen, ob sich in der englischen cessavit-Gesetzgebung der Jahre 1278 und 1285 römisch-rechtlicher Einfluß ausmachen läßt, oder ob es sich hierbei gar um die bewußte Übernahme einer zivilrechtlichen Regel handelt, um Lücken im Common Law zu füllen.

I. Introduction

The English common law is a largely home-grown legal system. Its roots lie in the era after the Norman conquest of England, but it was only the latter half of the 12th century and especially the 13th century that witnessed its flourishing. The common law's development during this time can be seen in interaction with its opposing legal forces, especially the seigneurial jurisdictions.[1] Lordship in feudal medieval England comprised both *dominium* over land and jurisdiction over people.[2] The resulting patchwork of feudal jurisdictions and their customs collided with a royal law which claimed competitive applicability[3] in the fiefs of lords, thus exerting constant pressure on the manorial courts as one of the main sources of baronial independence. The development of the law regarding free tenures during the 13th century has to be viewed in this context. It is an outgrowth of feudalism, and the collision between baronial jurisdiction and the common law formed part of the backdrop for high medieval English land law.

The paper will address a specific aspect of 13th-century English land law. It sets out to investigate the possible origins of the writ of *cessavit per biennium*, a common law-remedy responding to the landlords' need for a legal tool to evict recalcitrant tenants. First introduced by legislation in 1278, it shows some surprising similarities with late Roman and canon law. The article attempts to establish, whether in the writ of *cessavit per biennium* we can find a trickling of canon law into English common law, or even a deliberate transplant of civil law to amend a deficit in home-grown common law. Following a brief overview of the English, Roman and canonist sources in question (II.), the paper will review the criticism brought forward against the idea that the writ of *cessavit* might root in civilian sources (III.1). Thereafter, it will try to adduce some positive evidence for civilian influence on this particular piece of English legislation (III.2). A conclusion will sum up the argument (IV.).

II. *Cessavit per biennium* – the new statutory remedies

Lords naturally had a strong interest in far-reaching legal control of the lands granted to their tenants. This should – from their point of view – include easy ways of expelling unwilling tenants and re-seizing the tenements in question

---

The author wishes to express his gratitude to Dr. Paul Brand for allowing him to read and use a draft version of the yet unpublished article which will evolve from a paper given by Dr. Brand at the 2003 Annual Meeting of the American Society for Legal History in Washington, D.C. (see Bibliography). At the same occasion Professor Dr. Charles Donahue, Jr., commented on Dr. Brand's paper. He also kindly furnished me with his comments and allowed me to use them, for which I am equally indebted. My paper owes a great deal to their works and I am very grateful for their kind help, comments and encouragement. I further wish to thank my supervisor Professor Dr. Andreas Thier, M.A., and Dr. Paul du Plessis for constant encouragement, support and criticism.

[1] On seigneurial jusidiction in England see Bonfield (2000), Poos (2000), and Helmholz (2000).

[2] Milsom (1981, 99).

[3] For examples of the continued existence of local custom within the framework of the early common law, even though it might contradict the latter, see Brand (2001).

into their hands. The tenants' interests were, of course, directed towards a highest possible degree of legal protection against any loss of rights. The common law remedies available to them against lords' claims were therefore much sought after and very popular. One of the reasons for this popularity was that they were pleaded before the royal justices in eyre[4], in the county courts, before the assize justices or the Common Bench at Westminster, not before the manorial court, presided over by the lord himself. As a result of an ever increasing cobweb of common law actions, by the last quarter of the 13th century it had become very difficult for landlords to expel tenants who were in arrear of their services.[5] In 1278 and 1285 this situation was corrected by the introduction of three new statutory remedies: c. 4 of the Statute of Gloucester, and c. 21 and 41 of the Statute of Westminster II.

Chapter 4 of the Statute of Gloucester[6] introduced the new writ of *cessavit per biennium*,[7] by which a lord could recover land in demesne, which he had formerly granted out. It was available in cases in which the tenant had ceased to render his services for two years, though there were some limitations to its ambit: The land in question had to be let at a money rent or one consisting of food and clothing. Furthermore, the services owed had to amount to at least a quarter of the annual yield of the land. Thirdly, there must have been no possibility for the lord to distrain his tenant to perform the services due by seizing his chattels, i.e. the tenant must have left his land stripped of distrainable goods or he must have prevented easy access to the premises. Even if these preconditions for a recovery in demesne were given, c. 4 of the Statute of Gloucester contained a "saving clause"[8]. According to this provision, the tenant could avert the loss of his lands by tendering the arrears, damages and surety for future performance before judgment was made.

Chapter 21 of the Statute of Westminster II[9] expanded the range of the writ *cessavit per biennium*. From now on, it was applicable in all cases where there had been a cessation of secular services, whatever their nature or their value.

---

[4] For the history of the general eyre under Edward I see Burt (2005).

[5] Brand (2003, 1).

[6] Luders *et al.* (1810, 48, 50). As to the context of c. 4 of the Statute of Gloucester see Brand (2003, 3) and Plucknett (1949, 88–91).

[7] The Statue of Gloucester, c. 4, does not call the new writ the one of *cessavit per biennium*, nor does this expression appear elsewhere in this statute. It only refers to a remedy provided by a writ obtainable from the Chancery. The Statute of Westminster II, c. 21, too, does not explicitly call it the writ of *cessavit per biennium*. However, in it is included the wording of the writ, and this contains the phrase "*per biennium cessavit*", from which the writ's name is derived. I am grateful to Dr. Paul Brand for his remark on this matter.

[8] Brand (2003, 32).

[9] Luders *et al.* (1810, 82–83).

Furthermore, the new remedy was now also available in actions between the heirs of the original parties.

Finally, c. 41 of the same statute[10] contained the last amendment to the action of *cessavit*. It flanked the two aforementioned laws, further extending the applicability of this writ to cases where the services were spiritual in nature. By this action, duly called *cessavit de cantaria*[11], a donor or his heir could recover lands given to religious houses for the maintenance of chantries, lights, or the poor, if those services had ceased for two years.

The legislation of 1278 and 1285 concerning the actions of *cessavit per biennium* and *cessavit de cantaria* thus gave lords the means they felt the common law had been lacking to tackle unruly tenants.[12]

III. The possibility of civilian influence on the writ of *cessavit*

It is the accepted view, that English common law is generally untouched by major civilian influences.[13] In accordance with this view it has in the past been held by some authors that the possible legal roots of the writ of *cessavit per biennium* lie within the English common law.[14] But the situation just laid out and the approach to its legal solution had not been without civilian precedent. The perpetual lease of lands in feudal tenure has a cousin in the late Roman institution of *emphyteusis*. *Emphyteusis* can briefly be described as the long term

---

[10] Luders *et al.* (1810, 91–92).

[11] See Maitland (1904, 18); Milsom/Shanks (1963, 243–245).

[12] A case dealt with by the bishop of Ely's court of Littleport on March 8th 1318 might be an example for this new remedy's effect and effectiveness: A certain John of Elm had left his lands "fresh and uncultivated", that is stripped of any distrainable goods, due to poverty and the heaviness of rent owed for the land. The short report of this case (Maitland/Baildon, 1891, 125) states that he then surrendered his land back into his lord's hand. The report is too undetailed to allow any firm conclusions, but its language employs some of the terms occurring in connection with the writ of *cessavit*. Thus, it is not wholly unreasonable to assume that John of Elm tried to escape *cessavit*-proceedings by giving up his tenancy. See also footnote 29 for the reach of the action of *cessavit* beyond the immediate tenants of the demandant.

S. F. C. Milsom's introduction to the *Novae Narrationes* (1963, liv–lix) explains the system of specialized writs which evolved from this 1278/1285-legislation.

[13] Robinson/Fergus/Gordon (2000, 141–142). For a short overview over areas in which Roman and canon law was actually used or left its traces see Stein (1999, 87–88). For a more detailed account of the impact of Roman law on English law see Barton (1971). Vinogradoff (1929, 97–118) ascribes a stronger influence to Roman law on common law. Winfield (1969, 54–62) points to the role canon law played as a medium for civilian influences on common law.

[14] Brand (2003, 4–6); Bateson (1906, lxiii–lxvi); Plucknett (1949, 90).

or perpetual lease of private or state lands.[15] *Codex* 4.66.2[16] (A.D. 529) decreed that emphyteutic tenants, who ceased to pay their rent or taxes for three years, could be expelled from their leaseholds by the owner. This rule was restated in the *Novella* 7.3.2[17] (A.D. 535), and was therein as well as in *N.* 120.8 (A.D. 544)[18] qualified for ecclesiastical lands. In the latter cases the term after which the church could expel her tenants was shortened to two years. In this form the rule found entry into 13th-century medieval canon law, namely in *Liber Extra* 3.18.4[19] (A.D. 1227–1234).[20]

While it cannot be denied that there are differences between these rules for emphyteutic leases on the one hand and the above mentioned common law-statutes on the other hand, the parallels between them are striking. Recalling the scarcity of civilian traces in English law, they beg the question whether the rules surrounding the writ of *cessavit per biennium* are a deliberate choice of foreign legal material to supplement English common law.[21]

For the sake of the discussion I am going to divide the argument into two points: In a first step the scholarly criticism of possible civilian influences on the writ of *cessavit per biennium* will be reviewed. Following this will be a scrutiny of potential positive evidence for such a civilian influence.

---

[15] Naz (1953, 333–335); Klein-Bruckschwaiger (1971, 968–971); Toubert (1986, 1892–1895); Theisen (2003, 14–24). At least in its beginnings *emphyteusis* was mainly employed to re-cultivate stretches of land which had been depopulated and left unattended due to war, famine or diseases. Thus, one of the main obligations of the tenant, the *emphyteuticarius* or *emphyteuta*, was to reclaim the land let to him for agricultural use, and maintain it in this state. Furthermore he would of course be obligated to pay rent as well as taxes. *Emphyteusis* was still in wide use in the Middle Ages, for example in 12th century Italy, see Theisen (2003). Vacarius' *Liber Pauperum*, too, contains a passage on *emphyteusis*: de Zulueta (1927, cxiv, 158–159).

[16] Krüger (1954, 191).

[17] Schöll/Kroll (1904, 55).

[18] Schöll/Kroll (1904, 587–588).

[19] Friedberg (1879, col. 521).

[20] About the sources of *N.* 7.3.2, 120.8, and *C.* 4.66.2 (and thus X 3.18.4), as well as X 3.18.3 – closely related with X 3.18.4 – see Mayer-Maly (1955).

[21] Blackstone (1829, 232) seems to connect the Statute of Gloucester, c. 4 and the Statute of Westminster II, c. 21, 41 with *C.* 4.66.2, but does not mention the parallel with *N.* 7.3.2 as well as *Liber Extra* 18.3.4. Maitland (Pollock/Maitland, 1898, Vol. 1, 353) is even clearer: "There can, we think, be little doubt that this new action was borrowed immediately from the canon law and mediately from the legislation of Justinian. It is one of the very few English actions that we can trace directly to a foreign model." In a footnote he then summarises the aforementioned civilian sources.

1. The criticism of civilian roots reviewed

The proposition that the actions of *cessavit* might root in canonist, and ultimately civilian material, is challenged by other suggestions stressing English roots.[22] But rather than discussing the merits of these approaches here in detail I will confine myself to examining the criticism, which has been brought forward against the possibility of canonist influences.

The precondition under English law, that the land must have lain fresh for at least two years, that is that there must not have been any distrainable chattels on the land, was seen by Mary Bateson as clear evidence against any connection between the English and canonist rules of *cessavit*.[23] Neither the quoted passages from the Code, nor from the *Novellae*, nor from the *Liber Extra* demand of the owner to first try and distrain the tenant by his chattels, before he could expel him. There are indeed no references to distraint in the civilian sources. But could one really expect to find them, as Mary Bateson seemed to imply?

Extra-judicial distraint of the contumacious tenant by seizing his chattels was the well established first and principal step in the lord's proceedings under 13th-century English land law.[24] Thereby, the tenant could be compelled to either pay up the arrears or to appear before court.[25] As distraint and other legal options were still not a watertight means for the lord to ensure that the tenant would – for the future as well as for the past – pay his rent,[26] the action of *cessavit* was devised. To clarify that this action and the expulsion of the tenant from his lands remained a final resort, c. 4 of the Statute of Gloucester expressly demanded, that in order for an action of *cessavit* to be successful, there must not have been any other option left for the lord to force the tenant into submission. The need to first unsuccessfully try and distrain the tenant, as mentioned in the Statute of Gloucester, c. 4, and the fact, that this prerequisite was read into c. 21 and 41 of the Second Statute of Westminster[27], just showed the subsidiary nature[28] of the action of *cessavit* under English land law.[29]

---

[22] See footnote 14.
[23] Bateson (1906, lxiv).
[24] Brand (1992, 323–324).
[25] The development of the rules surrounding extra-judicial distraint has been thoroughly investigated by Paul Brand (1992).
[26] Milsom (1963, liv–lix).
[27] Brand (2003, 24).
[28] Blackstone (1829, 232); Brand (2003, 7).
[29] There are numerous references in reported cases, which point to the close relationship between distraint and the writ of *cessavit*, see Horwood (1863, 175, 409, 465); Horwood (1864, 119, 121, 123); Horwood (1873, 101, 103, 145); Turner (1914, 130);

Distraint in the context of expelling tenants in arrear of their services is, thus, a quintessentially English feature. It has no parallel in canon law. Therefore, to demand that distraint must have appeared in the civilian sources, in order to be able to acknowledge them as possible influences for the English statutes, is to read English legal idiosyncrasies into foreign legal material. From this follows that the lack of any notion of distraint in the Roman and canonist legislation on the topic is no argument against its influence on the English laws in question. The explicit reference to distraint in c. 4 of the Statute of Gloucester is rather owed to their socio-legal context, and could simply have been grafted upon canon law during the drafting of the *cessavit*-legislation in 1278.

Further criticism of any possible impact of canon law on the English *cessavit*-legislation was founded on a comparison of the wording of the sources in question:

> … *Roman law gave ejectment on mere lapse of time ; no legal process was necessary : but under the statute* [i.e. both the statutes of Gloucester, c. 4 and the Statute of Westminster II, c. 21] *judgment was necessary and opportunity was given to the tenant to satisfy at any moment up to the judgment.*[30]

These are two grave points of criticism: first, that only under common law judgment was necessary to evict the tenant. And secondly, that civil law denied the tenant any chance to redeem himself after the statutory period of three or two years respectively had lapsed. Maybe a closer look at the canonist contemporary of the Statutes of Gloucester and Westminster II, the rule in *Liber Extra* 3.18.4, reveals those elements the author of the quoted passage reported missing.

Bolland (1918, 6, 89–90); Bolland (1922, 83); Bolland (1925, 204–206); Bolland (1927, 107, 109); Legge/Holdsworth (1934, 1, 160–161); Collas/Holdsworth (1942, 30); Collas/Plucknett (1950, 121); Collas (1964, 32–34); Stoljar/Downer (1988, 9, 11–16, 37–38, 78); Brand (1996, 265, 267–268), esp. on p. 267–268:
Qei est la cause pur qoi lestatut est fet? En defaute de comune lei. Dont quant nous puissoms aver benefice par comune lei nest mie mestier de statut. Mes la commune lei est quant le tenant detient sa rente qe le seignur destreindra en son fee; e quant il ne poeit trover destresce par deus anz si est mestier de statut a demander la terre en demene. E vous estes prest daverer qil pout aver trove resnable destresce, par qei le bref ne gist en ceo cas.
The case of *The Prior of Newstead v. Gervase de Clifton* (Stoljar/Downer, 1988, 7–16) is remarkable in that it uses the legal backdrop of distraint to the writ of *cessavit* in order to answer by way of analogy the question, whether it is possible for the demandant to claim his tenant's tenant's (i.e. the demandant's subtenant's) lands under an action of *cessavit* (Statute of Gloucester, c. 4, Statute of Westminster II, c. 21). Distraining his tenants by seizing their tenants' chattels was legitimate. Thus, the writ was held good in this proceeding, as it was given in lieu of distress.
[30] Bateson (1906, lxiv).

The commentary-literature on *Liber Extra* 3.18.4 shows a dispute among 13th-century canonists about the question of expulsion of emphyteutic tenants with or without judgment.[31] The prevailing opinion seems to have been that the landlord could not proceed to evict the tenant without procuring a judgment in court beforehand. For example, in what was to become one of the most influential works on the *Liber Extra*, the *Summa Aurea*, Hostiensis denied the landlord the right of eviction on mere lapse of time.[32] Thus, there might as well have been a judgment necessary, before the tenant could be expelled.
The second point of criticism mentioned above was the absence of a parallel in "Roman law" to the English ruling, that tenants could avert forfeiture by tendering arrears, damages and sureties[33] for future performance before judgment was made. Though the Statute of Gloucester, c. 4, is the only one of these enactments which explicitly mentions this possibility, it was also read into c. 21 and 41 of the Statute of Westminster II.[34] And again, despite the fact that *Liber Extra* 3.18.4 does not speak of damages and sureties, it offers a similar "escape hatch"[35]:

…*Emphyteuta quoque secus praesumendo, vel cessando in solutione canonis per biennium, nisi celeri satisfactione postmodum sibi consulere studuisset, iuste potuisset expelli*, …

Thirteenth-century canonists held differing views about the meaning of the term "*celeri satisfactione*", especially about the exact time of payment.[36] In contrast to the English rule and practice and in accordance with *Liber Extra* 3.18.4, however, the canonists did not demand sureties of the contumacious tenant, nor did they speak about damages to be paid by him. But then again,

---

[31] That the landlord can expel his tenant by virtue of the emphyteutic lease alone is held by Henricus Boich (gloss to X 3.18.4 [Venice 1576, p. 437, no. 21]). Hostiensis (gloss to X 3.18.4, [Paris 1548, fo. 152 recto, no. 12]) and Bernardus Parmensis (*Glos. ord.* to X 3.18.4 v. *expelli* [Paris 1516, fo. 311 recto]), on the contrary, thought that the landlord needed a judgment to expel the tenant.
[32] Hostiensis (gloss to X 3.18.4 [Paris 1548, fo. 152 recto, no. 12]):
Quod verius ut quod non propria autoritate secundum per iudicem expellatur ut hic dicit ibi nisi celeri resti […]. Dico enim celerem satisfactionem antequam patiatur se trahi ad iudicium […]. Ideo si in solutione cessatum sit agendum est coram iudice […]. Et hoc patet in Codice […] nam coram quo fieret allegatio nisi coram iudice.
[Omitted references indicated by square brackets.]
[33] On the forms these sureties could take see Brand (2003, 34–35).
[34] Brand (2003, 32–34).
[35] Donahue (2003, 3). Professor Donahue, too, points to the correspondence between the common law and the canonist / civilian approach: Donahue (2003, 3).
[36] Innocent IV. (gloss to X 3.18.4 [Paris 1554, fo. 150 recto, no. 2]; Bernardus Parmensis (*Gloss. ord.* to X 3.18.4 v. *celeri* [Paris 1516, fo. 310 verso – 311 recto]). On the parallel grace periods under common and canon law see Donahue (2003, 4).

though c. 4 of the Statute of Gloucester expressly mentions this latter requirement of damages, it did not feature in actual suits as regularly, as the unequivocal wording of this provision suggests. In fact, it seems to have largely remained ineffectual.[37]

The arguments against possible civilian influence on the English writ of *cessavit* stated above do not, therefore, seem convincing. But that is just one side of the coin. The question remains whether there is any positive evidence supporting civilian impact.

2. Positive evidence for civilian influence on the English writ of *cessavit*?

The first argument to be explored is whether the wording of the English statutes and writs provides evidence for a link to the Roman and canonist counterparts. Chapter 4 of the Statute of Gloucester has to be discounted in this respect. The Statute is written in Law French, and c. 4 does not include any technical terms which would suggest a direct relation with civilian sources. However, the specimen writ drafted around the time of its enactment uses the phrase *cesssare per biennium*. The same holds true for the original writs initiating litigation based on the Statute of Gloucester, c. 4. From the beginning on they, too, employed the expression,[38] which is found again in the Statute of Westminster II, c. 21 (written in Latin). Though its c. 21 and 41 bear no closer textual resemblance with either *C.* 4.66.2, or *N.* 7.3.2, *Liber Extra* 18.3.4, on the other hand, contains the expression "*cessando ... per biennium*".

The verb *cessare* – taken alone – does not seem to have had a sufficiently technical legal meaning for the use of this expression to leap out in the specimen and original writs for the Statute of Gloucester, c. 4, and the legislation of 1285: It was neither uncommon in England nor restricted to civil law.[39] The use of the expression *cessare* alone does, therefore, not account for an ac-

---

[37] Dr. Brand (2003, 34) found only four cases out of 345 examined, that were concerned with actions of *cessavit* in which, besides the arrears, damages were tendered. Accordingly, the passage from a 13th-century student's work-book touching the writ of *cessavit* does not mention damages, but only arrears and sureties (Dunham, 1952, lxxxix). Milsom (1963, liv) still regarded the obligation to furnish arrears, damages and sureties as being "taken strictly against the tenant".

[38] I am indebted to Dr. Paul Brand for information about the use of the phrase *cessare per biennium* in the specimen writ for the Statute of Gloucester, c.4, and in the early original writs.

[39] The same can, of course, be said about the expressions for the time-spans in question, *biennium* and *triennium*. See the respective entries under *biennium*, *triennium* and *cessare / cessator / cessatio* in Forcellini (1858–1860, 1861, 1875); Seckel (1907); Du Cange (1954); Lewis/Short (1958); Latham (1965); Prinz (1967) and Prinz/Payr/Dinter (1999); Latham/Howlett (1975); Glare (1982); Berger (2002).

quaintance with or even immediate borrowing from canon law. However, seen together with the time-period stated (*per biennium*) and in the same context as the civilian laws – long-period leases of land, the cesser of services and rent, remedy directed towards a re-seizure of land let out – one wonders whether the unknown draftsmen[40] of the Statute of Westminster II and the draftsman of the specimen writ for the Statute of Gloucester, c. 4, did not have any acquaintance with *Liber Extra* 3.18.4, which had been promulgated some 51 years earlier, in 1234[41]. Nonetheless, the semantic evidence remains inconclusive.

A survey of the printed case reports from the reigns of Edward I and Edward II has shown that cases involving *cessavit per biennium* do not yield any express references to civilian sources. The legal practice concerning actions of *cessavit* is firmly grounded in the Statutes of Gloucester and Westminster II.[42] But the

---

[40] Prestwich (1997, 270) mentions the possibility, that Chief Justice Hengham was responsible for the drafting of the Statute of Westminster II. Plucknett (1949, 72–73, 133) is actually convinced of this. It is interesting to note that Hengham will probably have had at least some knowledge of canon law, since he was a cleric (Prestwich, 1997, 294).
I am grateful to Dr. Paul Brand for pointing out to me, that the draftsman of the specimen writ for the Statute of Gloucester, c. 4, is likely to have been one of the senior clerks of the chancery.

[41] Promulgation by papal bull *Rex pacificus* of Gregory IX. (5th September, 1234).

[42] The reports of *cessavit*-cases contained in the edited Year Books of Edward I's and Edward II's reign only mention the Statute of Gloucester, c. 4, or the Statute of Westminster II, c. 21, 41 as legal grounds for the action at hand, that is if at all they record any express references to statutes: Horwood (1864, 121): Gloucester, c. 4 and Westm. II, c. 21, (463): Gloucester, c. 4; Horwood (1873, 101): Gloucester, c. 4 or Westm. II, c. 21; Maitland (1904, 18): Westm. II, c. 41; Bateson (1904, 310–311): writ of *cessavit per biennium* expressly mentioned as common law remedy in two custumals from 1480-1 / 1498 respectively; Maitland (1905, 105): Westm. II, c. 21; Turner (1914, 8): Westm. II, c. 21; Bolland (1918, 89–90): Westm. II, c. 21, Glouc., c. 4; Bolland (1920, 85–87, 215): Gloucester, c. 4; Vinogradoff/Ehrlich (1921, 86): Gloucester, c. 4 & Westm. II, c. 21, (105): unclear, whether Gloucester, c. 4 or Westm. II, c. 21 (though note 2 states that Westm. II, c. 21 would be meant); Bolland (1922, 84): unclear, whether Gloucester, c. 4 or Westm. II, c. 21 (but see note 1: Westm. II, c. 21 meant), (151): Gloucester, c. 4 or Westm. II, c. 21; Bolland (1925, 204): Gloucester, c. 4 or Westm. II, c. 21 (compare note 1 on same page); Turner (1926, 40, 42, 44, 47): Gloucester, c. 4; Bolland (1927, 108): Gloucester, c. 4 or Westm. II, c. 21, (110): Gloucester, c. 4 or Westm. II, c. 21 (note 1 states Westm. II, c. 21 as being quoted); Legge/Holdsworth (1934, 161): Gloucester, c. 4 or Westm. II, c. 21 (according to note 1 Westm. II, c. 21 is meant); Collas/Holdsworth (1942, 27–29, 32): Gloucester, c. 4 & Westm. II, c. 21; Turner/Plucknett (1947, 5): Gloucester, c. 4 or Westm. II, c. 21 (according to note 1: Westm. II, c. 21), (6): Gloucester, c. 4 and/or Westm. II, c. 21; Collas/Plucknett (1950, 121): Gloucester, c. 4 or Westm. II, c. 21 (note 2: probably Westm. II, c. 21); Dunham (1952, lxxxix): Gloucester, c. 4 [Dunham relates the entry to Westm. II, c. 21. It summarizes Gloucester, c. 4, though. On the same line: Milsom/Shanks (1963, liv)]; Cam (1969,

seeming lack of familiarity with civil or canon law can hardly be surprising: Common lawyers of the late 13th century would usually not have received any tuition in canon or civil law.[43]

There is, however, one clue that has thus far not been investigated: One of the most striking resemblances between the English *cessavit*-legislation and the rules regarding *emphyteusis* under Roman and canon law are the time-spans mentioned. As stated above, under civil law regularly a three-year cesser was demanded, while two years were deemed sufficient in cases where the land was held of the church. And though the English legislation of 1278 and 1285 states the period of time during which the cesser must have taken place as two years, c. 4 of the Statute of Gloucester still mentions two *or* three years during which *distraint* had to be impossible.

Both in the printed and unprinted legal sources of the reign of Edward I as well as in the printed reports from the reign of his son, Edward II, there seems to be no reported case, in which only the impossibility of distraint over three years instead of two seems to have been thought to fulfil the statutory demands. In fact, there are but a few cases in which another period of time is at stake than the statutory two years.[44] As to the cesser, this might be surprising, at first sight. There must have been cases, in which a cesser of more than two years was in dispute, in which the lord demanded arrears for longer periods. And in fact, there were.[45] However, those arrears in excess of the two-year statutory period were rarely pleaded. Paul Brand lists but five out of 345 cases concerned with *cessavit* in its various forms from 1278–1307, that deal with longer cessers than two years.[46] Sometimes it emerges from the pleadings that actually the services had been withheld for a considerably longer period of time.[47] Summarizing the nearly uniform two-year cesser pleaded by the de-

---

254): Westm. II, c. 21; de Haas/Hall (1970, 297): Westm. II, c. 21; Stoljar/Downer (1988, 8): Gloucester, c. 4 or Westm. II, c. 21 (according to note 2 Gloucester, c. 4 and Westm. II, c. 21), (11): Westm. II, c. 21, (15): Gloucester, c. 4 or Westm. II, c. 21, (77): Gloucester, c. 4 or Westm. II, c. 21 (according to note 2 Westm. II, c. 21), (79): Gloucester, c. 4 or Westm. II, c. 21; Brand (1996, 265, 266, 268): Gloucester, c. 4, (267–268): Gloucester, c. 4 and Westm. II, c. 21.

[43] Though they might have had a smattering of it, see Helmholz (1983, 15–18). Holdsworth (1936, 304–306).

[44] Brand (2003, 15–17).

[45] Brand (2003, 15–17) and following footnote.

[46] Brand (2003, 16). See further: Horwood (1879, 265): 4 years; Vinogradoff/Ehrlich (1921, 104–105): 30 or 20 years; Bolland (1925, 206): more than 2 years; Turner (1926, 43): land had lain fallow and had not been open for distress for 12 years, services had been ceased for 2 years, (46–47): cessation for 18 years; Turner/Plucknett (1947, 5–6): rent maybe in arrear for 6 years (facts unclear).

[47] See previous footnote.

mandant and the rare glimpses at the actual situation which would possibly often have involved much longer cessers of services, Paul Brand speaks of the "largely artificial nature of the two years period during which services are said to have been withdrawn"[48]. This phenomenon might be justified firstly by the wording of the writ of *cessavit* as contained in the Statute of Westminster II, c. 21, and secondly by pointing to the other precondition of a lord's re-seizure of lands granted out: that the land in question should not be open to distress during the two-years period in question. It cannot be inferred from the statutes nor from the reported cases, whether the requirement for distraint started from the first cesser on.[49] In this case it would explain the lord's reluctance to plead for more than two years of cessation: If he would have had to prove that during the whole period of, for example, six years, during which a cesser had taken place, there had been no possibility of distraint which would have been deemed sufficient by the court[50], this would have rendered a suit for the whole range of years of cesser risky for him, as he could not have been entirely sure to be able to do that to the satisfaction of the jury. Still, the question remains, what the origin of the three-years period in the Statute of Gloucester, c. 4, is, that refers to the time during which the tenant had ceased to pay his rent and during which a distraint by chattels must have been impossible. As further legislation and jurisdiction on the writ of *cessavit* only refers to the aforementioned two years period, it is not wholly unreasonable to assume that the incorporation of three years is a slip on the part of the drafters of the statute. But why should they have had a three-year-threshold in mind? Mary Bateson pointed to various English local customs, predating the introduction of the writ of *cessavit* and allowing two years as the period, during which the land for which rent the tenant was already in arrear was taken as a gage.[51] However, this period does not stand in direct connection with arrears and the impossibility of distraint, as in the 1278/1285-legislation. Another borough

[48] Brand (2003, 16).

[49] Turner (1926, 43, 47) could point into this direction.

[50] Concerning the sufficiency-requirement see Brand (2003, 25–27).

[51] Bateson (1906, lxii–liv): customs of Winchester and the Cinque Ports. Mrs. Bateson also mentions a customary action from London and Kent, the writ of gavelet, though whether she considers this as a possible background for the common law action of *cessavit* is not entirely clear (Bateson, 1906, lxiv–lxv). A case from 1321 connects these two writs in a side note [Cam (1969, 254); Cam (1968, lxx)], where one party to the suit states that in London the writ of gavelet takes the place of the writ of *cessavit*, and that the former is the older of the two. The latter statement is supported by evidence for the use of the action of gavelet in 1221 (Bateson, 1904, 298). However, the greater antiquity of the action of gavelet alone holds no clue yet as to it also being the root for the common law remedies which came into existence in 1278 and 1285.

custom – from Romney[52] – actually matches the pattern found in the writ of *cessavit*. Unfortunately the evidence for this custom consists of a statement of the rule followed by the text of the respective writ as given by a manuscript of the custumal from the year 1498.[53] The late date of the manuscript taken alone could serve as a warning to treat the Romney-rule with care when considering it as the model for the *cessavit*-legislation. The Romney-custom itself draws a parallel to its common law-counterpart: "… the wrytte [which] is called at commune lawe *cessavit*, and wyth us a stachyment."[54], to then go on and give the text of the respective writ employed under local customary law. This writ actually contains the phrase "*cessavit per biennium*". Taken together with above mentioned relatively late date of the custumal these textual parallels could be an indication for a common law influence on the Romney-rule. However, it should be clear, that the Romney-custom regarding rent arrears and the common law-writ of *cessavit* could be siblings, born of the same factual situation and maybe influencing each other. That the customary rule gave rise to c. 4 of the Statute of Gloucester and Statute of Westminster, c. 21, 41, though, is – at least at the present state of knowledge – not tenable.

The other legal cousin which makes mention of two or three years as the period during which rent had to be in arrear is *C.* 4.66.2, regarding late Roman *emphyteusis*. From this rule developed *N.* 7.3.2, and finally *Liber Extra* 18.3.4, which tailored those three years down to two. Furthermore, 13th-century canonist literature on this decretal often mentions three years as the time during which a cesser of services must have taken place in cases where not the church is the owner of the land in question.[55] But this is of course no more than one possible trace, as those two or three years in the Statute of Gloucester, c. 4 refer to the time during which distraint should have been impossible, not the time during which the cesser must have taken place. The passage itself remains enigmatic.

---

[52] Bateson (1904, 311) and (1906, lxv). It is not entirely clear whether Ms. Bateson states the Romney-custom as an example for a greater number of similar customs, or whether this remained a solitary case.

[53] The writ is reproduced by Bateson (1906, lxv).

[54] Bateson (1904, 311).

[55] Hostiensis (gloss to X 3.18.4 [Paris 1548, fo. 151 verso, no. 12; see also fo. 152 recto, no. 13]); Henricus Boich (gloss to X 3.18.4 [Venice 1576, p. 437, no. 18 & 19]; gloss to X 3.36.6 [Venice 1576, p. 529, no. 12 & 15]); Innocent IV. (gloss. to X 3.18.3 v. *per biennium* [Paris 1554, fo. 149 verso, no. 3]); Goffredus de Trano (*summa* on X 3.18 [Padua 1667, p. 230, no. 10]); Bernardus Parmensis (*Gloss. ord.* to X 3.18.4 v. *per biennium* [Paris 1516, fo. 310 verso]).

IV. Conclusion

It is hard to reach a definitive answer to the question whether a canon law rule took the shape of the action of *cessavit per biennium* as formulated in the Statute of Gloucester, c. 4, and the Statute of Westminster II, c. 21, 41, and was thus transferred into English common law. In all honesty, this article has not unearthed an irrefutable, compelling argument *for* canonist or civilian predecessors. But I am also convinced that arguments based on a lack of resemblance or a lack of canonist parallels cannot discount this possibility. If at all, it would probably be rather more promising to try and show a *closer* degree of relationship between English sources and the new action of *cessavit*, than between the latter one and the civilian rules concerning the expulsion of emphyteuticaries. However, pushed to take sides, I would support the notion of a canonist background to the English *cessavit per biennium*. The number of similarities between *Liber Extra* 3.18.4 as well as its learned discussion on the one hand, and especially c. 4 of the Statute of Gloucester on the other hand is too striking to be disregarded. Maybe future research on the working of ecclesiastical courts in high- and late-medieval England will render enlightening material more readily available.[56] Especially their practice[57] could have constituted one of the vehicles for such a rare inroad of civilian material into English common law.[58]

---

[56] The starting point and indispensable tool for any such undertaking will be Donahue (1989) and (1994).

[57] On the friction and overlaps between English secular and canonical jurisdiction see Helmholz (1990, 1–27) and generally Helmholz (2004).

[58] I would like to quote Professor Donahue on this point: "We're unlikely to find a smoking gun on the side of the common lawyers. … , but we may find a smoking gun on the side of the learned law." (Donahue, 2003, 3). The comment relates to another paper presented at the same occasion as Brand (2003), but I think it is valid for the problem at hand as well.

Bibliography

The Publications of the Selden Society are abbreviated as PSS in this bibliography, their Year Books Series as YBS.

Bateson, Mary (ed.) (1904): *English Borough Customs.* Vol. I. PSS Vol. 18. London: Bernard Quaritch.

Bateson, Mary (ed.) (1906): *English Borough Customs.* Vol. II. PSS Vol. 21. London: Bernard Quaritch.

Barton, John L. (1971): *Roman Law in England.* Ius Romanum Medii Aevi, Pars V, 13 a. Mediolani: Giuffrè.

Berger, Adolf (2002): *Encyclopedic Dictionary of Roman Law.* Transactions of the American Philosophical Society, New Series, Vol. 43, Part 2 (1953). Union/New Jersey: The Lawbook Exchange, Ltd.

Bernardus Parmensis (1516): *Decretales domini pape Gregorii noni.* Paris.

Blackstone, William (1829): *Commentaries on the Laws of England.* 18th ed., Vol. III. London: S. Sweet/R. Pheney/A. Maxwell/Stevens and Sons; Dublin: Milliken and Son.

Bolland, William Craddock (ed.) (1918): *Year Books of Edward II, YBS Vol. XV: 6 and 7 Edward II, A.D. 1313.* PSS Vol. 36. London: Bernard Quaritch.

Bolland, William Craddock (ed.) (1920): *Year Books of Edward II, YBS Vol. XVIII: 8 Edward II, A.D. 1315.* PSS Vol. 37. London: Bernard Quaritch.

Bolland, William Craddock (ed.) (1922): *Year Books of Edward II, YBS Vol. XVI: 7 Edward II, A.D. 1313-1314.* PSS Vol. 39. London: Bernard Quaritch.

Bolland, William Craddock (ed.) (1925): *Year Books of Edward II, YBS Vol. XVII: 8 Edward II, A.D. 1314-1315.* PSS Vol. 41. London: Bernard Quaritch.

Bolland, William Craddock (ed.) (1927): *Year Books of Edward II, YBS Vol. XIV (Part II): 6 Edward II, A.D. 1313.* PSS Vol. 43. London: Bernard Quaritch.

Bonfield, Lloyd (2000): "The role of seigneurial jurisdiction after the Norman Conquest and the nature of customary law in medieval England". In: Bonfield, Lloyd (ed.): *Seigneurial Jurisdiction.* Berlin: Duncker & Humblot. 177–194.

Brand, Paul (2003): "The statutory forfeiture of land for the non-performance of services: the origins and early history of the action of *cessavit per biennium*", (yet) unpublished paper presented at the 2003 Annual Meeting of the American Society for Legal History in Washington, D.C. Citations refer to the page numbers of the draft (37 pp.).

Brand, Paul (2001): "Local custom in the early common law". In: Stafford, Pauline/Nelson, Janet L./Martindale, Jane (eds.): *Law, laity and solidarities. Essays in honour of Susan Reynolds*. Manchester *et al.*: Manchester University Press. 150–159.

Brand, Paul (ed.) (1996): *Earliest English Law Reports*. Vol. II. PSS Vol. 112. London: Selden Society.

Brand, Paul (1992): "Lordship and Distraint in Thirteenth-Century England". In: Brand, Paul: *The Making of the Common Law*. London *et al.*: Hambledon Press. 301–324.

Burt, Caroline (2005): "The Demise of the General Eyre in the Reign of Edward I". *English Historical Review* 120 (2005). 1–14.

Cam, Helen M. (ed.) (1968): *Year Books of Edward II, YBS Vol. XXVI (Part I): The Eyre of London, 14 Edward II, A.D. 1321*. Vol. I. PSS Vol. 85. London: Bernard Quaritch.

Cam, Helen M. (ed.) (1969): *Year Books of Edward II, YBS Vol. XXVI (Part II): The Eyre of London, 14 Edward II, A.D. 1321*. Vol. II. PSS Vol. 86. London: Bernard Quaritch.

Collas, John P./Holdsworth, William (eds.) (1942): *Year Books of Edward II, YBS Vol. XXII: 11 Edward II, A.D. 1317-1318*. PSS Vol. 61. London: Bernard Quaritch.

Collas, John P./Plucknett, Theodore F. T. (eds.) (1950): *Year Books of Edward II, YBS Vol. XXIII: 12 Edward II, Michaelmas A.D. 1318*. PSS Vol. 65. London: Bernard Quaritch.

Collas, John P. (ed.) (1964): *Year Books of Edward II, YBS Vol. XXV: 12 Edward II, Part of Easter, and Trinity, 1319*. PSS Vol. 81. London: Bernard Quaritch.

de Zulueta, F. (ed.) (1927): *The Liber Pauperum of Vacarius*. PSS Vol. 44. London: Bernard Quaritch.

Donahue, Charles, Jr. (2003): Unpublished Comments on Brand (2003), given at the 2003 Annual Meeting of the American Society for Legal History in Washington, D.C. (7 pp.).

Donahue, Charles, Jr. (ed.) (1989): *The Records of the Medieval Ecclesiastical Courts. Part I: The Continent. Reports of the Working Group on Church Records*. Berlin: Duncker & Humblot.

Donahue, Charles, Jr. (ed.) (1994): *The Records of the Medieval Ecclesiastical Courts. Part II: England. Reports of the Working Group on Church Records*. Berlin: Duncker & Humblot.

Du Cange, Charles Du Fresne Sieur (1954): *Glossarium Mediae et Infimae Latinitatis*, Vols. II and VIII. Unveränderter Nachdruck der Ausgabe von 1883–1887. Graz: Akademische Druck- und Verlagsanstalt.

Dunham, W. H., Jr. (ed.) (1952): *Casus Placitorum and Reports of Cases in the King's Court, 1272-1278*. PSS Vol. 69. London: Bernard Quaritch.

Forcellini, Egidio (1858–1860, 1861, 1875): *Totius Latinitatis Lexicon*. Vol. I: 1858–1860; Vol. II: 1861; Vol. VI: 1875. Prati: typis Aldinianis.

Friedberg, Emil (1879): *Corpus Iuris Canonici, Vol. 2: Decretalium Collectiones*. Leipzig: Tauchnitz (reprint Graz 1959: Akademische Druck- und Verlags-Anstalt).

Glare, P. G. W. (ed.) (1982): *Oxford Latin Dictionary*. Oxford: Clarendon Press.

Goffredus de Trano (1667): *Summa In Titulos Decretalium*. Padua.

Helmholz, R. H. (2004): *The Oxford History of the Laws of England. Vol. 1: The Canon Law and Ecclesiastical Jurisdiction from 597 to the 1640s*. Oxford: Oxford University Press.

Helmholz, Richard H. (2000): "Independence and uniformity in England's manorial courts". In: Bonfield, Lloyd (ed.): *Seigneurial Jurisdiction*. Berlin: Duncker & Humblot. 215–236.

Helmholz, R. H. (1990): *Roman Canon Law in Reformation England*. Cambridge *et al.*: Cambridge University Press.

Helmholz, Richard H. (1983): "Canon Law and English Common Law". Selden Society Lecture 1982. London: Selden Society.

Henricus Boich (1576): *In Quinque Decretalium Libros Commentaria*. Venice.

Holdsworth, William (1936): *A History of English Law*. Vol. II. 4th ed. (reprinted 1966). London: Methuen & Co. Ltd.

Horwood, Alfred J. (ed.) (1879): *Year Books of the Reign of King Edward the First. Michaelmas Term, Year XXXIII and Years XXXIV and XXXV*. Rolls Series, Vol. 31, part 5. London: Longman & Co., Trübner & Co.; Oxford: Parker & Co.; Cambridge: Macmillan & Co.; Edinburgh: A. & C. Black, and Douglas & Foulis; Dublin: A. Thom.

Horwood, Alfred J. (ed.) (1873): *Year Books of the Reign of King Edward the First. Years XXI and XXII*. Rolls Series, Vol. 31, part 2. London: Longman & Co., Trübner & Co.; Oxford: Parker & Co.; Cambridge: Macmillan & Co.; Edinburgh: A. & C. Black; Dublin: A. Thom.

Horwood, Alfred J. (ed.) (1864): *Year Books of the Reign of King Edward the First. Years XXII and XXIII*. Rolls Series, Vol. 31, part 4. London: Longman, Green, Longman, Roberts, and Green.

Horwood, Alfred J. (ed.) (1863): *Year Books of the Reign of King Edward the First. Years XXX and XXXI*. Rolls Series, Vol. 31, part 3. London: Longman, Green, Longman, Roberts, and Green.

Hostiensis (1548): *Summa Aurea*. Paris.

Innocent IV. (1554): *Innocentii Quarti Pontificis Maximi, in quinque libros Decretalium, Commentaria*. Paris.

Klein-Bruckschwaiger, F. (1971): "Erbleihe". *Handwörterbuch zur Deutschen Rechtsgeschichte.* Vol. I. Berlin: Erich Schmidt Verlag. cols. 968–971.

Krüger, Paul (1954): *Codex Iustinianus. Corpus Iuris Civilis, Vol. II.* 11th ed. Berlin: Weidmann.

Latham, R. E. (1965): *Revised Medieval Latin Word-List from British and Irish Sources.* London: The Oxford University Press.

Latham, R. E./Howlett, D. R. (1975): *Dictionary of Medieval Latin from British Sources*, Vol. I. Oxford: Oxford University Press.

Legge, M. Domenica/Holdsworth, William (eds.) (1934): *Year Books of Edward II, YBS Vol. XX: 10 Edward II, A.D. 1316-1317.* PSS Vol. 52. London: Bernard Quaritch.

Lewis, Charlton T./Short, Charles (1958): *A Latin Dictionary.* Oxford: Clarendon Press.

Luders, Alexander/Tomlins, Thomas Edlyne/France, John/Taunton, William Elias (eds.) (1810): *The Statutes of the Realm.* Vol. I. London: Eyre, George/ Strahan, Andrew.

Maitland, F. W./Baildon, W. P. (eds.) (1891): *The Court Baron, being Precedents in Use in Seignorial and other Local Courts, together with Select Pleas from the Bishop of Ely's Court of Littleport.* PSS Vol. 4. London: Bernard Quaritch.

Maitland, F. W. (ed.) (1904): *Year Books of Edward II, YBS Vol. II: 2 & 3 Edward II, A.D. 1308-9 and 1309-10.* PSS Vol. 19. London: Bernard Quaritch.

Maitland, F. W. (ed.) (1905): *Year Books of Edward II, YBS Vol. III: 3 Edward II, A.D. 1309-1310.* PSS Vol. 20. London: Bernard Quaritch.

Mayer-Maly, Theo (1955): "Das biennium von c. 3, X, 3, 18.", *Zeitschrift der Savigny-Stiftung für Rechtsgeschichte: Kanonistische Abteilung* 41 (1955). 412–415.

Milsom, Stroud Francis Charles (1981): *Historical Foundations of the Common Law.* 2nd ed. London: Butterworths.

Milsom, Stroud Francis Charles/Shanks, Elsie (eds.) (1963): *Novae Narrationes.* PSS Vol. 80. London: Bernard Quaritch.

Naz, R. (1953): "Emphytéose". In: Naz, R. (ed.): *Dictionnaire de Droit Canonique.* Vol. V. Paris: Letouzey & Ané. cols. 333–337.

Plucknett, Theodore Frank Thomas (1949): *Legislation of Edward I.* Oxford: Clarendon Press.

Pollock, Frederick/Maitland, Frederic William (1898): *The History of English Law Before the Time of Edward I.* 2nd ed., 2 Vols. Cambridge: Cambridge University Press (reprint Cambridge: Cambridge University Press 1952).

Poos, L. R. (2000): "Medieval English manorial courts: Their records and their jurisdiction". In: Bonfield, Lloyd (ed.): *Seigneurial Jurisdiction.* Berlin: Duncker & Humblot. 195–214.

Prestwich, Michael (1997): *Edward I.* New Haven *et al.*: Yale University Press.

Prinz, Otto (ed.) (1967): *Mittellateinisches Wörterbuch. Bis zum ausgehenden 13. Jahrhundert.* Vol. I. München: Verlag C. H. Beck.

Prinz, Otto/Payr, Theresa/Dinter, Peter (eds.) (1999): *Mittellateinisches Wörterbuch. Bis zum ausgehenden 13. Jahrhundert.* Vol. II. München: Verlag C. H. Beck.

Robinson, Olivia F./Fergus, T. David/Gordon, William M. (2000): *European Legal History.* 3rd ed. London *et al.*: Butterworths.

Schöll, Rudolf/Kroll, Wilhelm (1954): *Novellae. Corpus Iuris Civilis, Vol. III.* 6th ed. Berlin: Weidmann.

Seckel, E. (1907): *Heumanns Handlexikon zu den Quellen des römischen Rechts,* 9. Aufl. Jena: Verlag von Gustav Fischer.

Stein, Peter (1999): *Roman Law in European History.* Cambridge: Cambridge University Press.

Stoljar, S. J./Downer, L. J. (eds.) (1988): *Year Books of Edward II, YBS Vol. XXVII: 14 Edward II, Michaelmas 1320.* PSS Vol. 104. London: Selden Society.

Theisen, Frank (2003): *Studien zur Emphyteuse in ausgewählten italienischen Regionen des 12. Jahrhunderts: Verrechtlichung des Alltags?* Frankfurt am Main: Klostermann.

Toubert, P. (1986): "Emphyteusis, Erbleihe". In: *Lexikon des Mittelalters.* Vol. 3. München *et al.*: Artemis Verlag. cols. 1892–1895.

Turner, G. J. (ed.) (1914): *Year Books of Edward II, Vol. VI: 4 Edward II, A.D. 1310-1311.* PSS Vol. 26. London: Bernard Quaritch.

Turner, G. J. (ed.) (1926): *Year Books of Edward II, YBS Vol. IX: 4 Edward II, A.D. 1311.* PSS Vol. 42. London: Bernard Quaritch.

Turner, G. J./Plucknett, Theodore F. T. (eds.) (1947): *Year Books of Edward II, YBS Vol. X: 5 Edward II, A.D. 1311.* PSS Vol. 63. London: Bernard Quaritch.

Vinogradoff, Paul/Ehrlich, Ludwik (eds.) (1921): *Year Books of Edward II, YBS Vol. XIV (Part I): 6 Edward II, A.D. 1312-1313.* PSS Vol. 38. London: Bernard Quaritch.

Vinogradoff, Paul (1929): *Roman Law in Medieval Europe.* 2nd ed. Oxford: Clarendon Press.

Whittaker, William Joseph (ed.) (1895): *The Mirror of Justices.* With an Introduction by Frederic William Maitland. PSS Vol. 7. London: Bernard Quaritch.

Winfield, Percy H. (1969): The Chief Sources of English Legal History. New York: Burt Franklin.

Schottlands Weg aus der Dunkelheit oder die Frage nach privaten Rechten an Flüssen[1]

Merit Hickel, Münster

The article deals with the hundred years' quest of a notion to name private rights in flowing water of non public rivers by English and Scottish courts. Leading Water law cases in the eighteenth and nineteenth centuries exemplify that the judges of both nations – influenced by Roman law and natural philosophy – did hesitate to term private rights to running water "property", because water was said to be of a special nature and rights to it subject to equal rights of other riparian proprietors.

„At advising this cause, much darkness was occasioned by a notion which some of the Judges unwarily adopted, as if a river could be appropriated like a field or a horse.[2] *"*

1. Begriffliche Verdunkelung

Von Dunkelheit verhüllt sah Lord *Kames*, Richter am schottischen Court of Session[3], im Jahre 1768 die Frage nach privaten Rechten an Flüssen, und zwar ausgerechnet deshalb, weil man diese Frage mit der Figur der Aneignung beantworten wollte. Noch 96 Jahre sollten vergehen, bis sich die Richter des Court of Session darauf einigten, die Rechte der Ufereigentümer am Wasser eines Flusses unter dem Begriff des „gemeinen Interesses" zu bündeln[4]. An den englischen Gerichten dagegen setzten sich Mitte des 19. Jahrhunderts diese Rechte der Ufereigentümer als „Recht an dem Vorteil des Wasserflusses"[5] durch.

---

[1] Die Verfasserin verbrachte zum Zeitpunkt der Beitragserstellung ihre Anwaltsstation als Rechtsreferendarin bei den Rechtsanwälten Clifford Chance in Düsseldorf. Ihr besonderer Dank gilt ihrem Doktorvater Herrn Professor Dr. Martin Schermaier für seine Unterstützung.

[2] *Magistrates of Linlithgow v. Elphinstone* (1768) Mor 12805: „Bei der Beratung dieses Falles erzeugte ein Begriff viel Dunkelheit, den einige Richter unvorsichtigerweise wählten, so als könnte ein Fluss wie ein Feld oder ein Pferd angeeignet werden.".

[3] *Joshua Gessler*, A History of Water Rights at Common Law, Oxford, 2004, S. 204.

[4] *Morris v. Bicket* (1864) 2 M 1082, 1087.

[5] *Mason v. Hill* (1833) 110 E.R. 692, 701; so auch Lord *C.J. Tindal* in *Acton v. Blundell* (1843) 152 E.R. 1223, 1233: "The rule of law which governs the enjoyment of a stream flowing in its natural course over the surface of land belonging to different proprietors is well established; each proprietor of the land has a right to the advantage of the stream flowing in its natural course over his land, to the same as he pleases, for any purpose of his own, not inconsistent with a similar right in the proprietors of the land above or below, so that,

Warum aber brauchten die Richter beider Länder hundert Jahre, um die Rechte der Ufereigentümer nicht-öffentlicher Flüsse zu benennen? Und warum nannten sie sie nicht „*property*“[6]?

Denn früh waren sich die Richter von Schottland und England unabhängig voneinander einig, Ufereigentümern stünde ein Recht in Wirkung und Umfang gleich der *property* an einem nicht-öffentlichen Fluss zu[7]. Trotzdem nannten sie es nicht „*property*“, sondern entwickelten verschiedene Begriffe. In Schottland wurde das Recht als „Nutzungsrecht“[8], „schützenswertes Recht auf Nutzung“ sowie „Recht gegen alle wesentlichen Änderungen des Flusslaufes“[9], „*property*“[10], „qualifiziertes *property*“[11], „*Property*-Recht“[12], „Interesse“[13], „Eigentumsrecht in seiner Nutzung“[14], „gemeines *property*“[15] und schließlich als „gemeines Interesse“[16] bezeichnet. In England gelangten die Richter von

neither can any proprietor above diminish the quantity or injure the quality of the water which would otherwise naturally descend, nor can any proprietor below throw back the water without license or the grant of the proprietor above."

[6] Der Begriff „*property*“ kann mit Eigentum, eigentumsähnlichem Recht, absolutem Recht, Vermögen, Vermögensgegenstand, Grundstück oder Sache ins Deutsche übersetzt werden. In heutiger Zeit wird das Wort „*property*“ z. B. von *Roderick Paisley*, Land Law, Edinburgh, 2000, S. 10 § 1.8 in zweierlei Hinsicht verwendet als die Sache (*thing*) an sich oder als Eigentumsrecht im Sinne von *ownership*. Im zweiten, weiteren Sinne verwendeten die Richter den Begriff „*property*“ in den hier betrachteten Fällen zwischen 1750 und 1850. So bezeichnet *Andrew McDouall* (Lord Bancton) im Jahre 1753 in „An Institute of the Laws of Scotland“, Edinburgh, 1753, 2. Buch, 1. Titel, Section 2, Nr. 6 „*property*“ als ein Recht, bei dem jede Sache „*one's own*“ ist. Im Jahre 1871 wird in der achten Auflage von *John Erskines of Carnock* „An Institute of the law of Scotland“, 1989, Edinburgh, 2. Buch, 1. Titel „*property*“ als ein „Recht der Nutzung und Verfügung über ein Subjekt als unser eigen, soweit wir nicht durch Gesetz oder Pakt zurückgehalten sind“ definiert.

[7] *Hamilton v. Edington* & Co. (1793) Mor 12824, 12826: "Whatever may be said of the water of which it is composed, the stream itself is the object of property, or at least of a right equally entitled to protection."; *The King v.Wharton and Others* (1701) 88 E.R. 1483: "If a river runs contiguously between the land of two persons, each of them is, of common right, owner of that part of the river which is next his land [...]".

[8] *Magistrates of Linlithgow v. Elphinstone* (1768) Mor 12805, 12806.

[9] *Hamilton v. Edington & Co.* (1793) Mor 12824, 12826.

[10] *Fergusson v. Shirreff* (1844) 6 D 1363, 1374.

[11] *Fergusson v. Shirreff* (1844) 6 D 1363, 1374.

[12] *Fergusson v. Shirreff* (1844) 6 D 1363, 1366; *Lord Blantyre v. Dunn* (1848) 10 D 509, 538.

[13] *Fergusson v. Shirreff* (1844) 6 D 1363, 1367.

[14] *Lord Blantyre v. Dunn* (1848) 10 D 509, 548.

[15] *Morris v. Bicket* (1864) 2 M 1082, 1090.

[16] *Morris v. Bicket* (1864) 2 M 1082, 1091.

einem „Nutzungsrecht“[17], über einem „Recht durch Aneignung“[18], zu einem „Recht an dem Vorteil des natürlichen Wasserflusses“[19], auch verkürzt als „Recht am natürlichen Lauf des Wassers“[20] bezeichnet.

2. Englands Weg

Begonnen hatten die Schwierigkeiten in England im Jahre 1766 mit der Veröffentlichung der Kommentare des englischen Rechtes von William Blackstone[21]. *Blackstone* teilt fließendes Wasser den gemeinen Sachen zu:

But, after all, there are some few things, which notwithstanding the general introduction and continuance of property, must still unavoidably remain in common; being such wherein nothing but an usufructuary property is capable of being had; and therefore they still belong to the first occupant, during the time he holds possession of them, and no longer. Such (among others) are the elements of light, air, and water [...].[22]

An fließendem Wasser sei nur ein zeitlich und örtlich vorübergehendes „Nießbrauchsproperty“ möglich[23]. Denn Wasser sei im Gegensatz zu Land eine bewegliche, wandernde Sache und müsse notwendigerweise durch das Gesetz der Natur gemein bleiben:

For water is a movable, wandering thing, and must of necessity continue common by the law of nature; so that I can only have a temporary, transient, usufructuary property therein: wherefore if a body of water runs out of my pond into another man's, I have no right to reclaim it.[24]

Angeeignet werden könne Wasser wie Luft und Licht nur durch Besitzergreifung[25]. Derjenige also, der das Wasser als Erster in Gewahrsam ge-

[17] In *Brown v. Best* (1747) 95 E.R. 557f. wendete sich der Kläger, über dessen Grundstück seit unvordenklicher Zeit ein Fluss floss, gegen die Umleitung des Wasserlaufes durch den Beklagten. Der Beklagte hatte auf seinem Grundstück zwei Gruben, die sich dort seit unvordenklicher Zeit befanden, so erweitert, dass nur noch wenig Wasser das Grundstück des Klägers erreichte. Die Richter entschieden zu Gunsten des Klägers. Nach ihrer Auffassung schlossen sowohl das gemeine als auch zivile Recht eine Vergrößerung der Gräben aus, weil der Nutzende ein Recht aus der Nutzung als *currere solebat* darauf habe, dass ihm die Nutzung unverändert möglich bleibe. Sie bezeichnen den Flusslauf als *jure naturae.*

[18] *Bealey v. Shaw* (1805) 102 E.R. 1266, 1270; *Williams v. Morland* (1824) 107 E.R. 620, 621f.

[19] *Mason v. Hill* (1833) 110 E.R. 692, 701.

[20] *Niall Whitty*, Water Law Regimes: in Kenneth Reid/Reinhard Zimmermann, A history of private Law in Scotland, Volume I, New York, 2000, S.420, 462.

[21] *William Blackstone*, Commentaries on the Laws of England, Book the second: Of the Rights of things, Oxford, 1766.

[22] *Blackstone*, S. 14.

[23] *Blackstone*, S. 14.

[24] *Blackstone*, S. 18.

[25] *Blackstone*, S. 402.

nommen habe, dem gehöre das Wasser, solange er es besitze[26]. In der Praxis bedeutet das für *Blackstone*, dass ein Mühlenerbauer das Wasser eines Flusses aufhalten kann, solange frühere Mühlen von Nachbarn nicht geschädigt werden. Denn diese früheren Mühlenbesitzer hätten durch ihre erste Besitzergreifung *property* an der Strömung erlangt[27].
Auf eine solche angebliche Aneignung des Wassers durch frühere Besitzergreifung sollten sich in den folgenden 100 Jahren Kläger und Beklagte in England in Fällen wie z. B. *Bealey v. Shaw*[28] und *Williams v. Morland*[29] immer wieder berufen[30].

---

[26] *Blackstone*, S. 14.

[27] *Blackstone*, S. 403.

[28] In *Bealey v. Shaw* (1805) 102 E.R. 1266 wandte sich der Eigentümer des niederen Grundstückes gegen die Erweiterung von Schleusen und Ableger des Flusses Irwell durch den Eigentümer des höher gelegenen Grundstückes. Der Beklagte hatte dadurch im Jahre 1791 eine solche Menge von dem Fluss abgeleitet, dass zu wenig Wasser das Grundstück des Klägers erreichte. Der Kläger konnte wegen Wassermangels seine Mühle nicht betreiben, die von einem Ableger des Flusses Irwell, der über dessen Grundstück floss, gespeist wurde. Der Beklagte war der Auffassung, dem Kläger stehe der Fluss nur belastet mit seiner Nutzung zu. Denn er habe sich den Fluss in den Jahren 1724 bis 1787 durch freien und ausschließlichen Genuss so angeeignet, wie er es für angemessen hielt. Lord *Ellenborough* stellt auf Seite 1269 fest, die allgemeine Regel sei anwendbar, wonach jeder Eigentümer ein Recht an den Vorteilen von über seinem Grundstück fließendem Wasser habe. Das Recht sei ohne Änderungen und Verminderungen unabhängig von der tatsächlichen Nutzung durch einen anderen. Das Recht entstehe aber umgekehrt auch zugunsten jedes anderen Besitzers. Anders Richter *Le Blanc* (S. 1270): „Wenn ein Grundstückseigentümer durch Errichtung eines Bauwerkes und Aneignung einer bestimmten Wassermenge, die über sein Grundstück fließt, dem Eigentümer des anderen Grundstückes ermöglicht, das restliche Wasser zu nehmen, kann er sich nicht später mehr Wasser aneignen, selbst wenn er vor der Aneignung in dieser Form mehr Wasser genommen hatte". Auch nach Richter *Lawrence* (S. 1270) gilt die Regel, Besitzer von oberen Grundstücken könnten sich jeden Teil des fließenden Wassers aneignen, welches über ihr Land fließt, auch für diejenigen, über deren Land das Wasser anschließend fließt. Diese könnten sich das Wasser aneignen, welches noch nicht von den anderen angeeignet wurde.

[29] In *Williams v. Morland* (1824) 107 E.R. 620 änderte der Grundstückseigentümer den Lauf des Flusses Lee so sehr, dass sich die Wasserkraft des Flusses erhöhte. Im Sommer stoppte er dagegen den Wasserlauf. Die Jury stellte fest, die Ufer des Klägers seien aber entgegen dessen Behauptung durch die erhöhte Wasserkraft nicht beschädigt worden. Für Richter *Bayley* hat fließendes Wasser eine besondere Natur (S. 621). Es sei ursprünglich *publici juris*. Sobald es sich ein Individuum aneignen würde, umfasse sein Recht die Nutzung, für die er es angeeignet hätte. Richter *Holroyd* stellt auf Seite 621f. fest, dass fließendes Wasser seiner Natur nach nicht privates Vermögen sei. Zumindest sei das Wasser nicht länger private *property* als es auf dem Boden des Grundstückeigentümers verbleibe. Bevor es dorthin gelange, sei es eindeutig nicht in seinem Vermögen gewesen. Es könnte quasi die *property* eines anderen werden, bevor es zu seinem Grundstück gelangt, wenn er sich die Nutzung des Wassers angeeignet hätte, welches normalerweise über sein Land fließt, bevor jede andere

So auch die Beklagten 1833 in dem Fall *Mason v. Hill*[31]. Die Beklagten, die Eigentümer des höheren Grundstückes, sind der Auffassung, sie seien gegenüber der gesamten Welt, insbesondere aber gegenüber dem Eigentümer des niederen Grundstückes, berechtigt, einem privaten Fluss Wasser zu entnehmen. Sie berufen sich auf *Blackstone* sowie auf frühere Fälle dafür, dass sie, die Beklagten, dieses Recht an fließendem Wasser durch erste Anneignung oder erste Besitzergreifung erworben hätten[32].
Diesmal widersprechen die Richter der King's Bench dem Verständnis der Beklagten von Blackstones Kommentaren[33]. Zwar könne der erste Besitzergreifende sich den natürlichen Fluss aneignen. Er könne allerdings nicht dem Eigentümer des niederen Grundstückes die Vorteile des natürlichen Wasserflusses entziehen[34]. Die Richter machen in *Mason v. Hill* deutlich, dass sowohl *Blackstone* als auch die Richter früherer Fälle falsch verstanden worden seien[35]:

We think, that this proposition has originated in a mistaken view of the principles, laid down in the decided cases of Bealy v. Shaw (6 East, 208), Saunders v. Newman (1 B. & A. 258), Williams v. Moreland (2 B. & C. 913). It appears to us also, that the doctrine of Blackstone and the dicta of learned Judges [...] have been misconceived.

Person daran ein Recht erlangt. Bemerkenswert ist auch die Meinung von Richter *Littledale* (S. 622): „Das bloße Recht auf Nutzung des Wassers gibt keiner Partei *property* an dem neuen kontinuierlich fließenden Wasser, genauso wenig wie die Ableitung oder Blockierung von Wasser per se einen Anspruch schafft. Alle Untertanen des Königs haben ein Recht, das fließende Wasser zu nutzen, unter der Bedingung, dass sie es nutzen, ohne die Rechte zu beeinträchtigen, die jemand durch die Aneignung von Wasser schon zustehen".

[30] *Gessler*, S. 175.

[31] *Mason v. Hill* (1833) 110 E.R. 692, 700.

[32] In *Mason v. Hill* (1833) 110 E.R. 692, 696 hatte der vormalige Eigentümer des Grundstückes des Klägers für die Zeit von 20 Jahren Wasser eines Flusses für die Viehzucht und Bewässerung seines Grundstückes genutzt. Im Jahre 1818 errichteten die Beklagten an dem Fluss eine Mühle. Sie erhielten die Erlaubnis an einem bestimmten Punkt einen Damm zu errichten und soviel Wasser zu entnehmen, wie sie wollten. Das entnommene Wasser wurde dem Fluss oberhalb des Punktes wieder hinzugefügt, an welchem der Kläger im Jahr 1823 eine Mühle errichtete. Ohne Erlaubnis hatten die Beklagten 1818 Wasser, welches zuvor in den Fluss zurückgeflossen war, in ein Reservat abgeleitet und für ihre Mühle genutzt. Zunächst nutzte der Kläger für seine Mühle all das Wasser, welches durch und über den Damm und nicht in das Reservat floss. 1829 zerstörte er schließlich den Damm der Beklagten und forderte sie auf, das Wasser nicht mehr abzuleiten. Daraufhin errichteten die Beklagten einen neuen Damm weiter unterhalb am Fluss.
Die Richter entschieden zu Gunsten des Klägers.

[33] *Bealey v. Shaw* (1805) 102 E.R. 1266, 1268.

[34] *Mason v. Hill* (1833) 110 E.R. 692, 700.

[35] *Mason v. Hill* (1833) 110 E.R. 692, 699, *Gessler*, S. 230.

None of these dicta, when properly understood with reference to the cases in which they were cited, and the original authorities in the Roman law, from which the position that water is publici juris is deduced, ought to be considered as authorities, that the first occupier or first person who chooses to appropriate, a natural stream for a useful purpose, has a title against the owner of land below, and may deprive him of the benefit of the natural flow of water[36].

Sie legen *Blackstone* aus[37] unter Rückgriff auf die Institutionen[38] Inst. 2,1,:

De rerum divisone
Superiore libro de ire personarum exposuimus: modo videamus de rebus. quae vel in nostro patrimonio vel extra nostrum patrimonium habentur. quaedam enim naturali iure communia sunt omnium, quaedam publica, quaedam universitatis, quaedam nullius, pleraque singulorum, quae variis, ex causis ciuque adquiruntur, sicut ex subiectis apparebit.

1. Et quidem naturali iure communia sunt omnium haec: aer et aqua profluens et mare et per hoc litora maris, nemo igitur ad litus maris accedere prohibetur, dum tamen villis et monumentis et aedificiis abstineat, quia non sunt iuris gentium, sicut et mare[39].

sowie auf die Digestenstelle D. 43,12,1,4:

Hoc interdictum ad flumina publica pertinet; si autem flumen privatum sit, cessabit interdictum, nihil enim differt a ceteris locis privatis flumen privatum[40].

---

[36] *Mason v. Hill* (1833) 110 E.R. 692, 700.

[37] *Gessler*, S. 230.

[38] Die Richter in *Mason v. Hill* verstehen dabei Inst. 2,1,1 falsch, ohne dass es ihrer Lösung schadete. Sie ordnen fließendes Wasser den „*res communes*“ nach dem römischen Recht zu. Nach ihrer Auffassung fällt fließendes Wasser unter die „*res communes*“ des römischen Rechts, die zwar alle nutzen könnten, die aber keiner Person gehörten. In den Inst. 2,1,1 aber wird ausdrücklich zwischen Sachen unterschieden, die allen Menschen gemeinsam zustehen – wie fließendes Wasser – und solchen die niemandem, also keiner Person, gehören.

[39] „Über die Einteilung von Sachen
Im vorigen Buch haben wir das Personenrecht dargelegt: jetzt wollen wir uns den Sachen zuwenden. Diese befinden sich entweder in den einzelnen Vermögen oder außerhalb der einzelnen Vermögen. Denn manche Sachen stehen nach Naturrecht allen Menschen gemeinsam zu, manche sind öffentlich, manche gehören einer Gesamtheit, manche niemandem; die meisten aber gehören einzelnen Menschen, und diese werden auf unterschiedliche Art erworben, wie sich im Folgenden zeigen wird.
1. Die folgenden Sachen stehen nach Naturrecht allen Menschen gemeinsam zu: die Luft, das fließende Wasser (*aqua profluens*), das Meer und damit auch der Meeresstrand. Niemandem ist also der Zugang zum Meeresstrand verwehrt, solange er sich von Landhäusern, Denkmälern und sonstigen Gebäuden fernhält, weil diese nicht dem Völkergemeinrecht unterliegen; so verhält es sich auch beim Meer“ Okko Behrends, Hrsg., Corpus Iuris Civilis, Die Institutionen: Text und Übersetzung, Heidelberg, 1990.

Entscheidend ist ihre Unterscheidung zwischen fließendem Wasser nach Inst. 2,1,1 und Flüssen nach D. 43,12,1,4. Während die Institutionen fließendes Wasser als Gemeingut einstufen, unterscheidet D. 43,12,1,4 den Privatfluss nicht von anderen Privatplätzen[41].

Die englischen Richter lösen diesen scheinbaren Widerspruch, indem sie ausführen, fließendes Wasser im römischen Recht sei nur in einem Sinne gemein gewesen, dass alle es trinken oder für notwendigen Zwecke zur Überlebenshilfe nutzen dürften. Sie, d. h. alle Menschen, hätten allerdings keine *property* an dem Wasser selbst[42]. Der Grundstückeigentümer aber, der sich fließendes Wasser zuerst aneignet, habe aufgrund des englischen Rechts ein Recht zur Nutzung gegen jeden anderen. Mit "jeden anderen" seien aber nur diejenigen gemeint, die einen Fluss ableiten oder bebauen[43]. Wichtig ist den Richtern offenbar, dass sich weder aus dem englischen noch aus dem römischen Recht herleiten lässt, der erste Besitzergreifer könne dem Eigentümer des niederen Grundstückes die Vorteile des natürlichen Laufes des Wassers entziehen[44].

Die englischen Richter scheinen sich wegen des Blickes auf das römische Recht und die *res communes* aus Inst. 2,1,1 zu scheuen, einer Person *property* an fließendem Wasser oder dem Fluss selbst zuzusprechen. Sie leiten aber aus *Blackstone* und früheren Entscheidungen ein Recht der Grundstückseigentümer an dem Vorteil des natürlichen Flusslaufes her. Dieses Recht an dem natürlichen Wasserlauf gewährt Grundstückseigentümern die Nutzung am Wasser, eingeschränkt nur durch dasselbe Recht eines angrenzenden Grundstückseigentümers. Jede andere Person aber soll von der Nutzung ausgeschlossen sein.

---

[40] D. 43,12,1,4: „Das vorerwähnte Interdict geht die öffentlichen Flüsse an, bei Privatflüssen wird es wegfallen, denn ein Privatfluss unterscheidet sich von anderen Privatplätzen in nichts."
Carl Ed. Otto, Bruno Schilling, Carl Friedrich Ferdinand, Hrsg., Corpus Juris Civilis: Sintenis, 4. Band, Leipzig, 1832.

[41] Inst. 2,1; D. 43,12,1,4; *Mason v. Hill* (1833) 110 E.R. 692, 700.

[42] *Mason v. Hill* (1833) 110 E.R. 692, 701.

[43] *Mason v. Hill* (1833) 110 E.R. 692, 700.

[44] *Mason v. Hill* (1833) 110 E.R. 692, 701.

3. Schottlands Weg

In Schottland wendet sich Lord *Kames* schon im Jahre 1768, also drei Jahre nach Blackstones Veröffentlichung, bei seiner Besprechung des Falles *Linlithgow v. Elphinstone*[45] gegen die durch Blackstones Kommentare hervorgerufene angebliche begriffliche Fehlvorstellung[46], ein Fluss könne angeeignet werden. Unter Berufung auf Inst. 2,1 denkt er zwar über gemeine *property* der Nation nach, spricht sich aber entschieden gegen separate *property* der ganzen Nation oder eines Teils an einem Fluss aus[47]. Er betont, dass er auf jeden Fall aber die Aneignung eines Flusses ablehnt, weil dieser sich unaufhörlich bewege[48]:

> *A river, which is in perpetual motion, is not naturally susceptible of appropriation; and were it susceptible, it would be greatly against the public interest that it should be suffered to be brought under private property. In general, by the laws of all polished nations, appropriation is authorised with respect to every subject that is best enjoyed separately; but barred with respect to every subject that is best enjoyed in common*[49].

Nach seiner Auffassung widerspricht Privatvermögen an einem Fluss dem öffentlichen Interesse[50], denn eine Person sollte nicht die Macht bekommen, das gesamte Land zu verwüsten. Den Ufereigentümern allerdings spricht er ein Nutzungsrecht zu[51].

---

[45] In *Magistrates of Linlithgow v. Elphinstone* wollten Eigentümer einiger Mühlen die Ableitung von Wasser aus zwei Seen in einen anderen Fluss als denjenigen verhindern, der ihre Mühlen mit Wasser versorgte. Sie beriefen sich auf eine Ersitzung einer Dienstbarkeit an beiden Seen, die ihnen nicht durch die Änderung des Flussverlaufes entzogen werden könne. Die schottischen Richter stimmten der Ableitung zu. Das Wasser der Seen fließe nicht das ganze Jahr andauernd in den Fluss, wie es die Klassifizierung als Fluss unter Berufung auf das Römische Recht erfordere. Sie definieren gemäß der römisch-rechtlichen Regel der *perennitas* den Fluss als eine Einheit mit einem immer wiederkehrenden Überfluss. Nur wenn die Seen als Flussarme zu betrachten gewesen wären, hätten die Richter ein Verbot der Ableitung ihres Wassers aussprechen können. Denn kein Mensch habe das Recht, einen natürlichen Flusslauf zu verändern.

[46] *Magistrates of Linlithgow v. Elphinstone* (1768) Mor 12805, siehe auch Fn. 2.

[47] *Magistrates of Linlithgow v. Elphinstone* (1768) Mor 12805, 12806.

[48] *Magistrates of Linlithgow v. Elphinstone* (1768) Mor 12805.

[49] *Magistrates of Linlithgow v. Elphinstone* (1768) Mor 12805, 12806.

[50] *Magistrates of Linlithgow v. Elphinstone* (1768) Mor 12805.

[51] *Magistrates of Linlithgow v. Elphinstone* (1768) Mor 12805, 12806.

Auf denselben Institutionentext (Inst. 2,1) sowie auf *Blackstone* beruft sich im Jahre 1793 dann auch der Beklagte in *Hamilton v. Edington*[52]. Mit der Begründung, fließendes Wasser sei von Natur aus allen gemein und könne nicht das Objekt von alleiniger oder gemeinsamer *property* sein, verteidigte er die Änderung eines Flusslaufes zu seinem Nutzen. Seine Änderung hatte zur Folge, dass nur noch ein Viertel des gesamten Flusses am gegenüberliegenden Grundstück des Klägers vorüber floss[53]. Recht geben die Richter dem Kläger. Während ein Teil der Richter *property* an fließendem Wasser ablehnt[54], schließt der andere Teil *property* an einem privaten Fluss selbst nicht mehr aus, auf jeden Fall aber gewähre der Fluss ein Recht auf Schutz[55]. Er dürfe nicht umgeleitet werden[56].

Zu einer deutlicheren Stellungnahme zugunsten privater Rechte an fließendem Wasser zwingt schließlich ein Kläger die Richter des schottischen Court of Session im Jahre 1844. Der Kläger des Falles *Fergusson v. Shirreff*[57] war nicht

---

[52] In *Hamilton v. Edington & Co.* stritten die Parteien um die Änderung des Wasserlaufes des Flusses Clyde. Dieser Fluss trennte die Grundstücke des Klägers Hamilton und eines gewissen Mr. Dunlop. Auf dem Grundstück des letzteren betrieben die Beklagten ein Eisenwerk mit Hilfe einer Dampfmaschine. Um den Wasserstrom besser zu nutzen, wollten sie den Flusslauf so ändern, dass nur ein Viertel des gesamten Flusses am Grundstück des Klägers vorüber fließen konnte. Nach den Richtern berechtige die bloße Möglichkeit des Schadens jeden der beiden Ufereigentümer, sich gegen alle wesentlichen Änderungen des Flusslaufes zur Wehr zu setzen, wenn ein privater Fluss, egal von welcher Größe, zwei gegenüberliegende Grundstücke teile. Das Gericht meint noch klarstellen zu müssen, dass Industrielle von dieser Lehre nicht beeinträchtigt würden, dagegen die Zustimmung des Grundstückseigentümers eingeholt werden könne. Sie stellen fest, das Recht des privaten Eigentums sei jedenfalls heilig.

[53] *Hamilton v. Edington & Co.* (1793) Mor 12824.

[54] *Hamilton v. Edington & Co.* (1793) Mor 12824, 12827.

[55] *Hamilton v. Edington & Co.* (1793) Mor 12824, 12826-7; *Whitty*, S. 420, 455.

[56] *Hamilton v. Edington & Co.* (1793) Mor 12824, 12826.

[57] In *Fergusson v. Shirreff* wollte der Eigentümer eines Grundstückes namens Fergusson verhindern, dass ein gewisser Charles Shirreff, der nicht weit vom Fluss entfernt lebte, sein Grundstück betritt und in dem über sein Grundstück verlaufenden Fluss Tyne angelt. Fergusson verlangte die gerichtliche Erklärung, dass nur er in dem Fluss Tyne das alleinige und ausschließliche Recht zu fischen habe. Das Gericht hatte Shirreff in einem Urteil (verdict) zunächst das Recht zugesprochen, das Ufer des Tyne über das Grundstück des Fergusson betreten zu können, da es sich bei diesem Weg um einen öffentlichen Fußweg handele. Shirreff war nun der Meinung, nach diesem Urteil auch ein Recht zum fischen innezuhaben. Der öffentliche Fußweg gebe ihm ein Recht, das Grundstück von Fergusson zu betreten. Forellen seinen *ferae naturae* und daher nicht eigentumsfähig und stünden nicht im Eigentum des Grundstückseigentümers, dessen Land sie passierten. Auch Wasser eines fließenden Stromes gehöre nicht dem Grundstückseigentümer, über dessen Land er fließe, sondern der Öffentlichkeit. Es unterliege daher allen öffentlichen Nutzungen. Fergusson wendete ein, er sei der ausschließliche Inhaber des Rechtes am Boden und an den Ufern

Ufergrundstückseigentümer, wollte aber trotzdem von dem Grundstück des Beklagten aus in dem Fluss Tyne angeln. Er beruft sich unter anderem darauf, Wasser eines fließenden Stromes gehöre nicht dem Grundstückseigentümer, über dessen Land es fließe, sondern der Öffentlichkeit. Es unterliege daher allen öffentlichen Nutzungen[58].

Der Vizepräsident des Court of Session urteilt aber zugunsten des Grundstückseigentümers: aus dem Recht am Land des Grundstückseigentümers folge ein Recht an dem Wasser sowie dessen Nutzung und alles, was es enthält. Er nennt dieses Recht „*Property*-Recht" oder „Interesse" entsprechend der Natur des Subjektes[59]. Auch Lord *Medwyn* spricht 1844 schon von einem Interesse des Grundstückseigentümers. Dieses Interesse sei mehr als ein bloßes Nutzungsrecht und komme der *property* so nahe, wie es die Natur des Wassers erlaube[60]:

Now, I am quite aware that it is said property cannot be acquired in running water, that an heritor can only take the natural, and some of the secondary uses of water as it passes through his property, and allow it to flow down to the inferior heritor. But although this be true as to the full right of property as the nature of the subject admits of.

Lediglich zum Vorteil seiner Nachbarn – nicht aber gegenüber der Öffentlichkeit – sei das Recht eingeschränkt[61]. Lord *Cockburn* kennt 1844 sogar nichts so Grundlegendes im schottischen Recht, wie dass private Flüsse in der *property* der Eigentümer stehen, über deren Grundstück sie fließen. Für ihn mache es keinen Unterschied, ob die Substanz flüssig oder fest sei[62]:

I know nothing more rudimental in our law, than that private rivers are the property of those through whose lands they flow. This property is qualified, no doubt, in various ways, in favour of the other heritors; the object being, that each may enjoy the stream in his turn. [...] I see no difference, in this respect, between water and land. The fluidity or solidity of the substance is perfectly immaterial.

Allerdings bezeichnet er das Recht der Ufereigentümer als qualifizierte *property*, weil es zugunsten anderer Ufereigentümer eingeschränkt sein kann[63]. Lord

des Stromes. Die Richter entschieden, nur Fergusson habe das alleinige und ausschließliche Recht in dem Fluss Tyne innerhalb seines Grundstückes zu fischen.

[58] *Fergusson v. Shirreff* (1844) 6 D 1363, 1364.

[59] *Fergusson v. Shirreff* (1844) 6 D 1363, 1366.

[60] *Fergusson v. Shirreff* (1844) 6 D 1363, 1367.

[61] *Fergusson v. Shirreff* (1844) 6 D 1363, 1367-8.

[62] *Fergusson v. Shirreff* (1844) 6 D 1363, 1374.

[63] *Fergusson v. Shirreff* (1844) 6 D 1363, 1374.

Moncreiff dagegen sagt offen und deutlich, Wasser eines Flusses sei solange *property* des Ufereigentümers, wie es an seinem Ufer vorbeifließe[64].

Vier Jahre später in *Lord Blantyre v. Dunn*[65] unterscheidet Lord *Cockburn* nun doch zwischen festen und flüssigen Gegenständen. Bei *property* an dem gesamten vorüber fließenden Wasser handele es sich nicht um ein ausschließliches Recht wie an festen Subjekten, da die Partikel nicht zählbar seien. Nach Lord *Cockburn* handelt es sich nunmehr um eine Art von *property*, wie sie an fließendem Wasser bestehen könne[66]:

We cannot count the particles. He has prescribed a right to all the water flowing in that channel. And he has acquired this as property – that is, as such property as running water can, in law, be the subject of; which is only a right of property in its use, as it passes along his lands – not such an exclusive right as is had of a solid subject.

Auch Lord *Moncreiff* schwächt seine Aussage in *Lord Blantyre v. Dunn* insofern ab, als er nicht mehr von *property*, sondern von einem *Property*-Recht oder Interesse spricht[67]. Dieses Interesse habe aber eine sehr besondere Natur, weil

[64] *Fergusson v. Shirreff* (1844) 6 D 1363, 1371.
[65] In *Lord Blantyre v. Dunn* stritten die Parteien um zwei Flüsse namens Cochney und Duntocher Burn, die ihre Mühlen fütterten. Seit unvordenklicher Zeit wurde vom natürlichen Flusslauf des Flusses Cochney Wasser durch einen künstlichen Einschnitt in den anderen Fluss Duntocher Burn zu einer Mühle umgeleitet, die an dem Ufer des Flusses Duntocher Burn seit fast zwei Jahrhunderten stand. Eine gesamte Uferseite des Flusses Duntocher Burn gehörte dem Eigentümer dieser Mühle, Lord Blantyre, bis zu dem Punkt, wo der natürliche Fluss Cochney auf Duntocher Burn traf. Die andere Uferseite des Duntocher Burn gehörte ebenfalls Lord Blantyre bis auf ein kleines Landstück kurz hinter dem Punkt des Wasserausflusses. Auf diesem kleinen Landstück befand sich der künstliche Einschnitt. Lord Blantyre klagte gegen den Eigentümer des Landstückes, einen gewissen Mr. Dunn. Mr. Dunn hatte nämlich eine neue Mühle am natürlichen Flusslauf des Cochney in der Nähe zu dem Punkt errichtet, wo er sich mit dem Duntocher Burn vereint. Um die neue Mühle mit Wasser zu versorgen, hatte er Wasser aus dem Cochney durch einen neuen weiteren Einschnitt zu dieser neuen Mühle geleitet. Im Ergebnis wurde dadurch das Wasser in den Duntocher Burn unterhalb der Mühlen von Lord Blantyre geführt anstatt oberhalb wie vor dem neuen Einschnitt. Lord Blantyre verlangte, der neue Einschnitt solle geschlossen werden. Er berief sich nicht auf eine Dienstbarkeit, sondern auf sein Eigentum. Der künstliche Fluss sei durch 40jährigen Besitz der natürliche Zuflussgraben geworden. Mr. Dunn entgegnete, nur bei natürlichen Flüssen, nicht bei künstlichen, sei der Eigentümer des niederen Grundstückes an der Weiterleitung von Wasser des höheren Grundstückes berechtigt. Im Ergebnis urteilten die Richter, der Kläger, Lord Blantyre sowie der Beklagte, Mr. Dunn, hätten beide ein gemeines Interesse an dem Fluss Duntocher Burn, so dass der Beklagte nicht berechtigt sei, Wasser dieses Flusses abzuleiten[65].
[66] *Lord Blantyre v. Dunn* (1848) 10 D 509, 548.
[67] *Lord Blantyre v. Dunn* (1848) 10 D 509, 537f.

sich *property* an Wasserpartikeln schwer vorstellen lasse, wenn Wasser von einem Grundstück zum nächsten fließt[68]. Bemerkenswert ist der Seitenhieb Lord *Moncreiffs* auf die Kritik von Lord *Kames* am begrifflichen Verständnis der schottischen Richter aus dem Jahre 1768. Fast hundert Jahre nach jenem Urteil stellt Lord *Moncreiff* nämlich fest, Spezialfälle wie *Linlithgow v. Elphinstone* brächten im Allgemeinen nicht viel Licht[69]. Die Richter in *Linlithgow v. Elphinstone*, unter denen sich – wohl bemerkt – auch Lord Kames befand[70], hätten sich zu sehr in metaphysischen Begründungen und Unterscheidungen verlaufen, um irgendeine praktische Regel für die Rechtsprechung in anderen Fällen hervorzubringen[71]. Auch das englische Recht werfe kein befriedigendes Licht darauf[72]. Im Ergebnis scheuen sich also die schottischen Richter, das Recht der Ufereigentümer *property* zu nennen, entweder weil es die Natur von fließendem Wasser – man denke an die Wasserpartikel – verbiete, oder weil dieses Recht durch das entsprechende Recht des Nachbarn eingeschränkt sein könne.

Im Jahre 1864 schließlich sprechen die Richter in *Morris v. Bicket*[73] nur noch von einem „gemeinen Interesse" an Flusswasser[74]. Herauszustreichen ist allerdings die Auffassung von Lord *Benholme*, wonach Gegenstand des gemeinen Interesses der natürliche Lauf des Wassers sei[75]. Auch nach Lord *Neaves* steht den Ufereigentümern ein Recht in der allgemeinen Strömung des Flusses zu[76]. Dabei greift er – ohne ausdrückliches Zitat – wieder auf die Inst. 2,1,1 zurück. Er stellt fest, *aqua profluens* könne nicht Gegenstand eines Vermögensrechts sein, solange es fließe[77]:

[...] besides this ordinary right of property, which is precisely the same when the river is there as I fit were to disappear and the channel become dry, they have a common interest arising from another right, as they have each a right in the water, not of property – for certainly aqua profluens is not the subject of property as long as it is running.

---

[68] *Lord Blantyre v. Dunn* (1848) 10 D 509, 538.
[69] *Lord Blantyre v. Dunn* (1848) 10 D 509, 542.
[70] *Gessler*, S. 204.
[71] *Lord Blantyre v. Dunn* (1848) 10 D 509, 543.
[72] *Lord Blantyre v. Dunn* (1848) 10 D 509, 544.
[73] In *Morris v. Bicket* (1864) 2 M 1082, 1092 stritten zwei Eigentümer gegenüberliegender Grundstücke um ein Gebäude, das der Beklagte in den Flussboden gebaut hatte. Die Richter entschieden, dass kein Ufereigentümer das Recht habe, Gebäude in dem Gewässerboden zu errichten oder andere Änderungen darin vorzunehmen ohne die Zustimmung des Eigentümers des gegenüberliegenden Grundstückes.
[74] *Morris v. Bicket* (1864) 2 M 1082, 1087.
[75] *Morris v. Bicket* (1864) 2 M 1082, 1091, *Whitty*, S.420, 450.
[76] *Morris v. Bicket* (1864) 2 M 1082, 1092f.
[77] *Morris v. Bicket* (1864) 2 M 1082, 1092.

Denn fließendes Wasser sei niemandes *property* wie die Luft oder das Sonnenlicht. Keinem Ufereigentümer gehöre irgendeine Portion des vorbei fließenden Wassers[78]. Ihnen stünde aber ein Recht zu, das Wasser des Flusses unter bestimmten Einschränkungen für häusliche und landwirtschaftliche Zwecke zu nutzen[79].

Schließlich stimmte auch das House of Lords den Richtern des Court of Session zu. Die Ufereigentümer hätten ein gemeines Interesse an dem uneingeschränkten Lauf des Wassers und könnten damit jede Störung verbieten[80]:

They are allowed to say, „We have all a common interest in the unrestricted flow of the water, and we forbid any interference with it." This is a plain, intelligible rule, easily understood, and easily followed, and from which I think your Lordships ought not to allow any departure.

Insbesondere stimmten die Lords mit Lord *Neaves* insofern überein, dass niemand im Flussboden ohne die Zustimmung des gegenüberliegenden Eigentümers bauen könnte, da er dadurch den Wasserlauf des gesamten Flusses beeinträchtige[81].

4. Fiat lux?

Im Ergebnis sprechen die englischen Richter zwar von einem „Recht an dem Vorteil" des fließenden Wassers, die schottischen von einem „gemeinen Interesse" der Ufereigentümer. Die schottische und englische Bezeichnung haben allerdings gemein, dass sich beide Rechte auf die natürliche Strömung des Wassers beziehen. Die Richter beider Länder wagen es also nicht – oder jedenfalls nicht mehr –, die Rechte der Ufereigentümer als *property* zu bezeichnen, und zwar einerseits wegen des eindeutigen Zeugnisses der Quellen (Inst. 2,1), andererseits wegen der besonderen Natur des Wassers und schließlich, weil das Recht am Wasser durch ein entsprechendes Recht anderer Ufereigentümer eingeschränkt sein kann.

Nur das letzte Argument ist ein juristisches, rechtlich wertendes. Die anderen beiden Argumente mögen den Juristen wie den Rechtshistoriker überraschen: Die Autorität der römischen Quellen (insb. Inst. 2,1) hat offenbar nicht nur die schottischen Juristen, sondern auch die englischen – insbesondere *Blackstone* – in ihrer Entscheidung geleitet. Die naturphilosophische Überlegung, dass die Wasserteilchen sich fortwährend in Bewegung befänden, sich

[78] *Morris v. Bicket* (1864) 2 M 1082, 1092.
[79] *Morris v. Bicket* (1864) 2 M 1082, 1092 f.
[80] *Bickett v. Morris* (1866–69) L.R. 1 Sc. 47.
[81] *Bickett v. Morris* (1866–69) L.R. 1 Sc. 47.

der Fluss daher immer ändere, hat ebenfalls antike Vorbilder[82]. Wenn man nicht annehmen will, dass Naturphilosophie zeitlos ist, bleibt auch hier nur die Erklärung, schottische und englische Juristen hätten sich bei antiken Vorbildern bedient und erst auf diese Weise ihren Weg aus der Dunkelheit zum Licht gefunden.

[82] Vgl. Sen. epist. 58,22 (Heraklit referierend): *In idem flumen bis discendiums et non discendimus.*

Literaturverzeichnis

Behrends, Okko (Hrsg.) *Corpus Iuris Civilis*, Die Institutionen: Text und Übersetzung, Heidelberg 1990,

Blackstone, William *Commentaries on the Laws of England*, Book the second: Of the Rights of things, Oxford 1766,

Erskines of Carnock, John *An Institute of the law of Scotland*, Edinburgh 1989, 2. Buch,

Gessler, Joshua *A History of Water Rights at Common Law*, Oxford 2004,

McDouall, Andrew *An Institute of the Laws of Scotland*, (Lord Bancton), Edinburgh 1753, 2. Buch,

Otto, Carl Ed., Schilling, Bruno, *Corpus Juris Civilis*: Sintenis, Ferdinand, Carl Friedrich (Hrsg.) Leipzig 1832, 4. Band

Paisley, Roderick *Land Law*, Edinburgh 2000,

Whitty, Niall Water Law Regimes: in Reid, Kenneth/Zimmermann, Reinhard (Hrsg.), *A history of private Law in Scotland*, Volume I, New York, 2000, S.420

Fälle

Acton v. Blundell (1843) 152 E.R. 1223

Bealey v. Shaw (1805) 102 E.R. 1266

Bickett v. Morris (1866–69) L.R. 1 Sc. 47

Brown v. Best (1747) 95 E.R. 557

Fergusson v. Shirreff (1844) 6 D 1363

Hamilton v. Edington & Co. (1793) Mor 12824

Lord Blantyre v. Dunn (1848) 10 D 509

Magistrates of Linlithgow v. Elphinstone (1768) Mor 12805

Mason v. Hill (1833) 110 E.R. 692

Morris v. Bicket (1864) 2 M 1082

The King v. Wharton and Others (1701) 88 E.R. 1483

Williams v. Morland (1824) 107 E.R. 620

Law Merchant in the Mould. The Transfer and Transformation of Commercial Practices into Antwerp Customary Law (16th–17th Centuries)

Dave De Ruysscher, Leuven

The recorded customary law of Antwerp contains several provisions on commercial arrangements. These sections do not always reflect commercial practices in use in the city. The compilers neglected some widespread practices and altered others. In the 1570 and 1582 customs commercial practices were accepted if they were conformable with royal legislation and learned law. In the 1608 compilation nearly every commercial contract was regulated, but new provisions specified formal requirements. The urban authorities were reluctant to put customs to text that they considered dangerous or speculative.

The rise and fall of urban economies was, at least to a certain extent, attributable to the relationship between the urban authorities and commerce. The contribution of urban commercial law to the economic attraction of cities in the early modern period is though relatively unknown. Most of the attention has been paid to urban ordinances protecting the urban guilds or condemning practices such as monopoly. (Gerber 1994, 725; Hibbert 1966, 168).

Urban customs regulating commercial arrangements were recorded in compilations. Considerable evidence attests to a selective transfer and alteration of these mercantile practices. What the compilers presented as urban customs were, in many instances, not registered usages, but new rules. Although many commercial arrangements were supported by the compiled customs, a considerable number of mercantile practices were adapted or excluded. Commercial rules in the recorded customary law did not always reflect mercantile customs. This paper analyses the elements and the underlying patterns of this partial recording. The first paragraph details the general history of urban law in Antwerp, focusing on the commercial practices and the compilations of customs. The second paragraph analyses the differences between the recorded commercial law in the 1570 and 1582 compilations and the daily commercial affairs in Antwerp. The third part explores the different technique used by the compilers of the 1608 version. The last section documents the consequences of the partial recording of commercial customs in the compilations.

I. Commercial practices and the compilation of customary law

Because of the leading position of Antwerp in the sixteenth-century European economy, many mercantile practices were in use in the city. These usages constituted a body of law. Customary rules applying to commercial contracts were known as the 'customs of the Antwerp Exchange'.[1] The Antwerp Exchange, established in 1531, was the meeting place for merchants, business agents, bookkeepers and brokers. The 'customs of the Exchange' were, as a result, a mixture of rules regarding commercial transactions.

The 'customs of the Exchange' were enforced by the urban authorities. Although some conflicts among merchants were decided by arbitration, or in commercial courts (Goris 1925, 59), the urban courts played an essential role in commercial disputes. An explanation for this is found in the judicial recognition of mercantile practices as applicable law. Urban courts could enforce customary rules if proven. Alleged customs had to be demonstrated with testimonial declarations.[2] The produced declarations, known as 'turben', were collected and bound together in 'turbenboeken'.[3] The oldest of these testimonies date from the middle of the fifteenth century. Starting from the 'turben' on commercial practices, a picture can be drawn of the earliest commercial practices in Antwerp.

Until the beginning of the sixteenth century, mercantile practices were reflected in the registered testimonies. Urban commercial law was nothing else than the customs of the Exchange and urban authorities did not intervene in commercial practices. In the fifteenth century and the first decades of the

---

[1] *In antiquis 1570*, 598 (t. 28, s. 2).; *Impressae 1582*, 408 (t. 55, s. 2).

[2] Antwerp procedural law did not draw a distinction between testimonies on facts and testimonies on law. Every alleged 'fact', including rules, had to be proven. See the provisions of general, printed Antwerp ordinances on procedural matters: e.g. *Ordonnantien ende statuten opt beleyden vanden processen…* (27th March 1564 (n.s. 1565), Antwerp City Library, E 10432 [C2-543 d], f° 16 r–f° 19 r.; *Ordonnantien ende statuten opt beleyden vanden processen…* (8th May 1576), A.C.A., Pamfletten, 106/1, f° 16 v.–19 v. Specific ordinances on testimonial proof, dating from the seventeenth century, contain similar rules. See the *Ordonnantie… op't stuck van d'auditie van oirconden ende ghetuyghen ende 't ghene des aencleeft ghemaeckt* (27th April 1632), A.C.A., P.K., 2817, and the *Gheboden ende uyt-gheroepen…* (20th October 1672), A.C.A., P.K., 2818. The 1582 customs specified that witnesses participating at a 'turbe' inquiry had to be chosen by the City Council, whereas witnesses testifying facts were designated by the litigants. See: *Impressae*, 6 (t. 1, s. 13).

[3] The testimonies were collected spontaneously, probably by a municipal officer, and not following a decree. A 1632 ordinance on testimonial procedure specified that clerks of the office of the rolls only had to register the date of the testimonial inquiry and the name of the demanding party, not the contents of the declarations. See *Ordonnantie … op't stuck van d'auditie van oirconden ende ghetuyghen ende 't ghene des aencleeft ghemaeckt* (27th April 1632), A.C.A., P.K., 2817, s. 14.

sixteenth century the customs of merchants were the only source of law merchant in Antwerp. This changed when customary law was recorded in compilations. From the 1530s onward, the central authorities in the Netherlands imposed the registration of customary law. Royal ordinances specified that the customs in use must be laid down and approved by the government. (Gilissen 1962, 87). In Antwerp, four versions of the customs of the city were composed. The first text, finished in 1547, ignored commercial law to a large extent. The next three compilations, accomplished in 1570, 1582 and 1608, regulated a considerable amount of mercantile matters. The versions of 1570 (known as *In antiquis*) and 1582 (also named *Impressae*) contained provisions on financial bills, marine insurance and bankruptcy. The compilation of 1608 (or the *Compilatae*) regulated nearly every type of commercial arrangement. These four texts were not approved by central government. (Moorman van Kappen 1991, 154). Although the compilations of Antwerp law had not been enacted, these texts were used in the urban courts. The version of 1582 was particularly successful, even after the 1585 *reconquista* and the completion of the 1608 compilation, presumably because it was the only version of the recorded customs that had appeared in print. (Stevens 1994, 27).

The compilations did not proscribe the application of customs that were not conformable with the recorded customary law. Proof of customs that were not included in the compilations was permitted. Proof with 'turben' remained a common procedural practice. (Laenens 1953, 23). The preserved testimonies on the 'customs of the Exchange' therefore provide evidence with regard to the effect of the written customary law on the daily mercantile practices.

'Turben' were used to prove genuine mercantile customs, even immediately after the completion of the compilations. Litigants did not rely on the sections of the recorded commercial law. Instead, they continued to allege mercantile customs. Since some practices did not figure in the registered customary law or had been altered, the commercial law contained in the compilations was not a pure reflection of the commercial usages at the time of registration. Although the compilers had incorporated numerous commercial arrangements into the urban customary law, it was a partial recognition. The compiled law merchant did not provide a complete sample of the usages at the Exchange. From the next paragraphs it will be seen that the compiled law merchant was not identical with commercial customs.

II. Moulded commercial law in the *In antiquis* (1570) and the *Impressae* (1582)

The City Council presented the compiled texts of 1570 and 1582 as collections of the daily practices in Antwerp.[4] In fact, the law merchant in the compilations did not merely reflect the customs of the Exchange. The registration of customs went hand in hand with selection and transformation. A detailed study of a few provisions of the compilations of 1570 and 1582 shows the divergences and hints at the reasons of the selective transfer.

1. The differences between commercial practices and compiled law merchant

A limited number of customs were introduced in the compilations. The texts of 1570 and 1582 were, for example, concise with regard to insurance. Some widespread practices were not recognised. Insurance policies dating from the sixteenth century generally contain the clause 'on barratry of the captain or his crew'. (De Groote 1975, 129). Barratry concerned damages caused by negligence, fault or even fraud. (Van Niekerk 1998, I, 376). This insurance on barratry did not figure in the compilations of 1570 and 1582.
Another example is bottomry, a loan secured by the hypothecation of the ship. (Van Niekerk 1998, I, 27). Bottomry was not uncommon in Antwerp in the sixteenth century. The notes of the Antwerp insurance broker Juan Henriques (d. 1563) contain several references to loans on bottomry. (De Groote 1975, 133). The registered customary law of 1570 and 1582 did not contain provisions regarding this arrangement.
Many practices were altered. The 1582 customs detailed the rules concerning liability upon dishonour of a bill of exchange. A few months before the completion of the text witnesses participating at a 'turbe' inquiry declared that the drawer and the accepting drawee of a bill of exchange were liable *in solidum*.[5] The holder of the bill could choose from whom he would claim payment. By contrast, the 1582 compilation imposed another solution. If the drawee had accepted the bill of exchange, the holder could only sue the drawee, not the drawer.[6]
Some practices were implicitly forbidden by the compiled commercial law. Insurance on good and bad tidings provides an example of a prohibited practice. This type of marine insurance provided cover against accidents that had

[4] *In antiquis 1570*, 438. The title of the 1570 compilation is: 'Customs of Antwerp, called In Antiquis, customs, usages and old practices ['hercommen'], as they are presently used and maintained'.
[5] A.C.A., V., 69, f° 208 r.–v. (7th June 1582).
[6] *Impressae 1582*, 408 (t. 55, s. 3).

happened before the date of the insurance policy. The clause 'on good and bad tidings', if inserted into the policy, neutralized the presumption of fraud if damage was prior to the conclusion of the insurance contract. (Couvreur 1939, 195; Van Niekerk 1998, II, 850). Since the 1560s, it had become common to insure against the risks of late tidings of shipwreck or partial loss. (De Groote 1975, 130; Goris 1925 183). Although the clause on good and bad tidings was mentioned in Antwerp's 1582 customs,[7] its usual meaning was not recognised.[8]

2. The mould of learned and royal law

The compilers did not rely on commercial practices, but on other sources of law merchant. The most important source of marine insurance law was royal legislation. A royal ordinance of 21 October 1563 condemned many insurance practices, including barratry and insurance on good and bad tidings.[9] A royal ordinance of 1571 (n.s.) altered some of the sections of the 1563 ordinance.[10] Many of the rules concerning insurance in the compiled customary law of 1570 and 1582 were drawn from these ordinances. The implicit prohibition of insurance on good and bad tidings in the 1582 compilation was for example copied from section 11 of the ordinance of 1571.

The compilers based provisions regarding bills of exchange on opinions of Italian commentators. In their texts, the lender or the original creditor of the bill of exchange appears as the central figure. If the drawee refused to accept the bill of exchange, only the lender had a claim against the drawer. If the beneficiary failed to obtain payment from the drawee-acceptor, the drawer was liable. In both cases the beneficiary of the bill of exchange had to send the bill back to the lender, because only the lender was entitled to recover payment from the drawer. The learned legal texts concerning bills of exchange principally supported the position of the lender. The holder of the bill of exchange was presumed to be a representative of the lender. (Cassandro 1959, 833). The provisions of the compilation of 1570 and 1582 were based on these texts. This explains why the joint liability of the drawee-acceptor and the drawer, though used in practice, was excluded in the compilations. Learned law did not allow the holder to sue the drawer.

---

[7] *Impressae 1582*, 402 (t. 54, s. 8). According to this section, a marine insurance policy could only be concluded within a certain time after the departure of the ship, except for an insurance on good and bad tidings. Policies containing the mentioned clause could be concluded without restriction.

[8] *Impressae 1582*, 404 (t. 54, s. 10).

[9] Pardessus 1828–1845, IV, 64–102 (royal ordinance, 31st October 1563), s. 4.

[10] *Ib.*, IV, 103–119 (royal ordinance, 20th January 1570 (n.s. 1571)).

Another example of the influence of this doctrine on bills of exchange is found in a rule that hindered the development of indorsement. According to the 1582 customs, the beneficiary of a bill of exchange could not transfer the bill since the lender was entitled to revoke the bill.[11] Learned legal theory concerning the central position of the lender therefore obstructed the development of transferable bills of exchange.

The compilation of 1582 contained several sections relating to commercial partnerships. These provisions were exclusively copied from learned law on *societas*. The edition of 1582 reflects rules of doctrine on this matter. For example, the solidarity of participants for debts made on behalf of the company[12] was a well-known principle in doctrinal texts of that period. (Asser 1983).

The sections on bills of exchange and partnership were based upon learned law, while articles relating to marine insurance followed royal ordinances. The commercial provisions in the Antwerp customary compilations of 1570 and 1582 were thus to a large extent learned and royal law. However, urban customs were introduced into these compilations if they did not conflict with learned and royal texts. Specific evidence of this can be found in provisions on bills of exchange. In Antwerp, a refused bill of exchange could be accepted by someone not involved in the original arrangement. If the drawee had not accepted the bill, the beneficiary could seek a merchant willing to pay on behalf of the drawer. The response of the compilers to this development clearly demonstrates a preoccupation with *ius commune*. Although acceptance by a third party did not figure in learned texts concerning bills of exchange, it was acknowledged in the 1582 customs. According to Hendrik De Moy, one of the editors of this compilation, acceptance by a third party could be explained as *negotiorum gestio* and its rules relating to the conducting of another person's affairs without agreement.[13]

A commercial practice was acceptable if it could be based on the *ius commune*. The first versions of Antwerp customary law contained commercial practices that did not contradict royal legislation and that could be based on learned law concerning commercial arrangements. Practices at the Exchange were incorporated in the compilations if they could be embedded in legal theory and if they were conformable with royal legislation.

---

[11] *Impressae 1582*, 410 (t. 55, s. 7).
[12] *Impressae 1582*, 392 (t. 52, s. 1).
[13] A.C.A., V., 22, f° 453 r.

3. Economic regulation and customary law

The explanation for this process is the attitude of the urban authorities. The City Council, the dominant political institution of the city, supervised the compilation procedure. The compilers were mainly (former) members of this Council. (Gotzen 1949, 108). The finished text was submitted to and approved by the Council before being sent to the central government. (Laenens 1953, 15).

The selective transfer and the transformation of commercial practices were a matter of control. Antwerp authorities considered certain customs as dangerous for the economic position of the city, as is suggested by several urban ordinances. The City Council promulgated some ordinances on the payment of bills of exchange. During the sixteenth century it had become customary that the drawee of a bill of exchange passed his obligation on to his debtor. This practice of passing on an obligation was known as assignment. (Van der Wee 1967, 1073). In 1600, the City Council issued two ordinances discouraging this practice. Bills of exchange were payable in cash, not by assignment on another debtor.[14] In this period the economic health of the city depended on the supply of cash that was needed for the payment of the *asiento*-loans. These maintained the Spanish troops in the region. (Parker 1972, 145). The City Council wanted to avoid cash flowing out of the city and therefore tried to limit assignment as a means of payment. The City Council also tried to halt certain practices that could provoke fraud or conflicts. In 1603, an urban ordinance condemned the transfer of bearer instruments. According to the introductory text of the ordinance, the City Council issued the measure in order to prevent fraud and the problems generated by it.[15]

Urban ordinances had changed commercial customs before. In January 1515 (n.s. 1516) an ordinance altered the ongoing practices following bankruptcy for example. Before the implementation of this law, the first seizing creditor had priority.[16] Following the ordinance of 1516, every seizing creditor was entitled to payment. The order of priority did no longer depend on the date of seizure, but on the nature of the claim.[17]

The anxiety for damages to the city's economic scenes explains why the compilers excluded and changed certain usages. Insurance on good and bad tidings was deemed fraudulent for example because one could insure oneself

---

[14] A.C.A., P.K., 918, f° 135 r. (29th February 1600) and A.C.A., P.K., 918, f° 141 r. (21st December 1600). In 1613, the provision was reiterated. See: *Gheboden ende wt-gheroepen…* (23th December 1613), A.C.A., P.K., 2817.

[15] *Gheboden ende uut-gheroepen…* (21st January 1603), A.C.A., P.K., 2817.

[16] A.C.A., V., 68, f° 12 v. (1508).

[17] A.C.A., V., 5, f° 103 r.–106 v. (21st January 1515 (n.s. 1516)), s. 4.

against damages that had already occurred.[18] It was considered safer for the balance of the Exchange not to introduce unknown, often speculative, customs into the compilations. On the whole legal theory and royal ordinances provided a safer basis than the practices of merchants.

III. Commercial customs in the *Compilatae* (1608)

In the beginning of the seventeenth century the strategy of the compilers changed. The 1608 compilation contained more commercial practices than previous compilations. The compilers of this version were more receptive to commercial customs than before. They did not exclusively rely on learned law. The City Council mentioned in its correspondence with central government that merchants had advised the compilers.[19] Relatively new customs such as the indorsement of bills of exchange[20] and the limited liability of the investor of a commercial partnership[21] were accepted. Old customary practices as insurance on barratry,[22] insurance on good and bad tidings,[23] bottomry[24] and average[25] were now for the first time recorded. There was a clear difference in approach compared to the compilations of 1570 and 1582.
The broader view led to transformation, though of another kind than in 1570 and 1582. The compilers now tried to reconcile the provisions of the compilations of 1570 and 1582, or the learned and royal law on which they were based, with the newly accepted commercial practices. The editors tried to join the learned law merchant and the commercial practices of the Exchange in a consistent text. As a result, some practices were altered. An example of a change due to this mixture of two legal traditions provides the regulation regarding dishonour of a bill of exchange. In that case, not only the lender had the right to claim from the drawer, but, according to the 1608 customs, also

[18] A.C.A., V., 28bis, at part 4, t. 11, s. 17 and s. 18.
[19] A.C.A., V., 64.
[20] *Compilatae 1608*, II, 28 (part 4, t. 3, s. 30). This section has often been misunderstood. It states that the beneficiary cannot transfer the bill of exchange before the day of payment. If he does so, the transfer is null and void if the bill is revoked by the lender. In combination with s. 44, s. 60 and s. 62, s. 30 actually means that a bill of exchange could be transferred, even before the day of payment, if the lender has permitted the beneficiary to claim payment on his own behalf. In s. 49 and s. 50, the rights of the holder of the bill after transfer are acknowledged. For the correct interpretation, see: Schaps 1892, 19 and 29.
[21] *Compilatae 1608*, II, 176 (part 4, t. 9, s. 8). For an evaluation of this section, see: Asser 1983, 118–119 and Van der Heyden 1908, 74–75.
[22] *Compilatae 1608*, II, 244–246 (part 4, t. 14, s. 109–112).
[23] *Compilatae 1608*, II, 238 (part 4, t. 14, s. 93).
[24] *Compilatae 1608*, II, 104–112 (part 4, t. 7, s. 44–65).
[25] *Compilatae 1608*, II, 114–150 (part 4, t. 7, s. 66–157).

the beneficiary who acted on his own behalf or others who held the bill.[26] Indorsement, whereby a beneficiary could pass the bill onto another person, became thus intertwined with the old provisions. The indorsee was not involved in the original arrangement, so it would have been unwise to make him send the bill back to the lender. Instead, the indorsee could sue the drawer directly and keep the bill. In older sections that regulated the rights of the beneficiary the line 'except if the bill has been transferred' was added.[27]

A partial explanation for the receptive compiling technique is the growing availability of legal texts regarding commercial affairs. The compilation of 1608 based a number of commercial rules on ordinances of Dutch cities, on decisions of the Rota of Genoa and on statutes of Italian cities.[28] These texts were not yet promulgated or published in 1570 and 1582.[29] However, even customs for which no supporting text could be found, were now put to text. An example of such an unsupported custom is the rule applying to an insurance on good and bad tidings, concluded after the arrival of the ship. The insurer could keep the premium in that case.[30] This was an exception to the general rule that the premium had to be reimbursed if an insurance was without object.[31] It seems that practices were now only excluded when considered dangerous. Harmless customs were incorporated in the city's commercial law, even if they did not figure in legal theory or royal legislation.

Despite the acceptance of more commercial customs, the compilers still focused on control and prevention of fraud. The intention remained, while the strategy had changed. Control was ensured by formal requirements. A considerable amount of formalities was introduced into the compilation of 1608. Among them was the provision that a claim against an insurer could only succeed with a declaration of good faith, registered by a notary or by the urban administration.[32] Contracts on commercial partnership had to be registered by a notary.[33] Older compilations had also contained rules on formal requirements. The version of 1608 however trusted mainly on these formalities as a

---

[26] *Compilatae 1608*, II, 34 (part. 4, t. 3, s. 49).
[27] *Compilatae 1608*, II, 34 (part 4, t. 3, s. 50 and s. 51).
[28] A.C.A., V., 28bis. In these preparatory texts, numerous references can be found to decisions of the Rota of Genoa, to ordinances of Amsterdam, Rotterdam, Genoa and Venice.
[29] The first edition of the decisions of the Rota of Genoa dates from 1582. See: Piergiovanni 1987, 19. An extensive ordinance relating to marine insurance was promulgated in Amsterdam in 1598. See the published ordinance in: Pardessus 1828–1845, IV, 122–136.
[30] *Compilatae 1608*, II, 238 (part 4, t. 11, s. 93).; A.C.A., 28bis, at part 4, t. 11, s. 93.
[31] *Compilatae 1608*, II, 228 (part 4, t. 11, s. 66).
[32] *Compilatae 1608*, II, 310 (part 4, t. 11, s. 266).
[33] *Compilatae 1608*, II, 174 (part 4, t. 9, s. 2).

means of preventing fraud. Preparatory documents suggest that the formalities were seen as a remedy for speculative techniques.[34]

IV. The undercurrent of commercial customs

New customs had been confirmed by the compiled customary law, but the flexibility of mercantile affairs suffered from formal requirements. Insurance policies therefore rejected the application of customary law.[35] Formal requirements were ignored. Furthermore, 'turben' confirmed new practices. For example, some 'turben' recognised the liability of the indorser.[36] This was an addition to the provisions stating that the indorsee was entitled to claim from the drawer. The customs of the Exchange evolved further out of the legal framework of the compilations.

Antwerp law merchant had thus always consisted of two circuits. On the one hand, there were the commercial practices, known as the 'customs of the Exchange'. On the other hand, there was the compiled customary law relating to commercial affairs. These two sources of commercial law differed because of the interventions of the City Council. Mercantile customs were selected and changed. At first, only practices conformable with learned and royal legal texts were accepted as urban law. The customs of the Exchange were moulded into the framework of *ius commune* and royal legislation on commercial matters. In 1608, more commercial practices were introduced, even those customs without support in legal theory.

The aim of the City Council and of the compilers under their control was to prevent economic disaster. The urban authorities tried to prevent the use of dangerous and speculative customs. These would harm the city's economic attractive power. In the compilations of 1570 and 1582 this intention of preventing abuse is seen in the provisions themselves which were all a reflection of legal texts. The customs of 1608 on the contrary provided merchants with a collection of all their usages. The made changes were due to the reconciliation of the older provisions that were based on learned and royal texts with the commercial practices. Still, the City Council attempted to control transactions at its Exchange. This resulted in the introduction of formal requirements that would limit fraudulent arrangements.

---

[34] A.C.A., V., 28bis, at part 4, t. 11, s. 37, s. 38–40, s. 58–59, s. 78, s. 97–98 and s. 151–152.

[35] A.C.A., Processen, K 8793 (insurance policy, 11th December 1666) and S 69 (1653).; A.C.A., Processen Supplement, 3558 (1656).; A.C.A., V., 1346, f° 259 r.–265 v. (1668).

[36] A.C.A., V., 70, f° 142 v. (1646).; A.C.A., V., 71, f° 89 r. (30th August 1684).

The result was, in both instances, the same. The gap between the customs and the written law was too wide. Commercial flexibility had profited from contractual freedom until the compilations came into being. Due to the partial transfer of customs, the compilations had not stopped the ongoing development of commercial techniques.

Bibliography

Antwerp City Archives (referred to as A.C.A.),

Pamfletten, 106/1.

Privilegiekamer (referred to as P.K.), 918, 2817, 2818

Processen, K 8793 and S 69.

Processen Supplement, 3558.

Vierschaar (referred to as V.), 5, 22, 28bis, 64, 68–71 and 1346.

Antwerp City Library, *Ordonnantien ende statuten opt beleyden vanden processen, administreren van der Iusticien, Salarisen van den Officiers ende 't ghene des daer aen cleeft. Ghemaect ende ghepubliceert ter Puyen-aff, By mynen Heeren, Schoutet, Amptman, Borghemeesteren, Schepenen, ende Raedt der stadt van Antwerpen, Int Jaer XVc. LXIIII. den XXVII. dach Meert*, 27th March 1564, E 10432 [C2-543 d].

ASSER, Willem D. H. (1983): *In solidum of pro parte. Een onderzoek naar de ontwikkelingsgeschiedenis van de hoofdelijke en gedeelde aansprakelijkheid van vennoten tegenover derden*. Leiden: Brill.

CASSANDRO, Giovanni (1959): "Cambiale. Premessa storica." In CALASSO, F. (ed.): *Enciclopedia del diritto*. Milan: Giuffrè. V, 827–839.

COUVREUR, L. (1939): "Recht en zeeverzekeringspractijk in de 17de en 18de eeuwen." *Tijdschrift voor Rechtsgeschiedenis*. 16: 184–214.

DE GROOTE, Henry L. V. (1975): *De zeeassurantie te Antwerpen en te Brugge in de zestiende eeuw*. Antwerp: Marina Academie.

DE LONGE, Guillaume (ed.) (1870): *Coutumes du pays et duché de Brabant. Quartier d'Anvers. I. Coutumes de la ville d'Anvers*. Brussels: Gobbaerts. 91–378. (referred to as *In antiquis 1570*)

DE LONGE, Guillaume (ed.) (1871): *Coutumes du pays et duché de Brabant. Quartier d'Anvers. II. Coutumes de la ville d'Anvers*. Brussels: Gobbaerts. 1–688. (referred to as *Impressae 1582*)

DE LONGE, Guillaume (ed.) (1874): *Coutumes du pays et duché de Brabant. Quartier d'Anvers. IV. Coutumes de la ville d'Anvers*. Brussels: Gobbaerts. (referred to as *Compilatae 1608*, II)

GERBER, David J. (1994): "Prometheus born: the High Middle Ages and the Relationship between Law and Economic Conduct." *Saint Louis University Journal*. 38: 673–738.

GILISSEN, John (1962): "La rédaction des coutumes en Belgique au XVIe et XVIIe siècles." In GILISSEN, John (ed.): *La rédaction des coutumes dans le passé et le présent. Colloque organisé les 16-17 mai 1960 par le Centre d'histoire et d'ethnologie juridiques*. Brussels: ULB Institut de Sociologie Bruxelles. 87–111.

GORIS, Jan Albert (1925): *Étude sur les colonies marchandes méridionales (Portugais, Espagnols, Italiens) à Anvers de 1488 à 1567. Contribution à l'histoire du capitalisme moderne*. Louvain: Librairie universitaire Louvain.

GOTZEN, Marcel (1949): "De costumiere bronnen voor de studie van het oud-Antwerpsch burgerlijk recht." *Rechtskundig Tijdschrift voor België*. 39: 3–16, 105–124, 191–208.

HIBBERT, A.B. (1966): "The Economic Policies of Towns." In POSTAN, Michael M., e.a. (eds.): *The Cambridge Economic History of Europe*. Cambridge: Cambridge University Press. III, 179–206.

LAENENS, Charles (1953): *De geschiedenis van het Antwerps gerecht*. Antwerp: Van de Velde.

MOORMAN VAN KAPPEN, Olav (1991): "Stadtrechtsreformationen des 16. Jahrhunders in den Niederlanden." In STOLLEIS, Michael (ed.): *Recht, Verfassung und Verwaltung in der frühneuzeitlichen Stadt*. Köln: Böhlau. 141–157.

PARDESSUS, Jean Marie (1828–1845): *Collection de lois maritimes antérieures au XVIIIe siècle*. Paris: Imprimerie royale.

PARKER, Geoffrey (1972): *The army of Flanders and the Spanish road: the logistics of Spanish victory and defeat in the Low Countries' wars*. Cambridge: Cambridge University Press.

PIERGIOVANNI, Vito (1987): "Courts and Commercial Law at the Beginning of the Modern Age." In PIERGIOVANNI, Vito (ed.): *The Courts and the Development of Commercial Law*. Berlin: Duncker & Humblot. 11–21.

SCHAPS, Georg (1892): *Zur Geschichte des Wechselindossaments*. Stuttgart: Ferdinand Enke.

STEVENS, Fred (1994): *Revolutie en notariaat. Antwerpen 1794-1814*. Assen: Van Gorcum.

VAN DER HEYDEN, Egidius J. J. (1908): *De ontwikkeling van de Naamlooze Vennootschap in Nederland vóór de codificatie*. Amsterdam: Van Der Vecht.

VAN DER WEE, Herman (1967): "Anvers et les innovations de la technique financière aux XVIe et XVIIe siècles." *Annales: économies, sociétés, civilisations*. 22: 1067–1089.

VAN NIEKERK, Johan P. (1998): *The development of the principles of insurance law in the Netherlands from 1500 to 1800*. Kenwyn: Juta & co.

Transfer von GmbH-Recht im 20. Jahrhundert – Export, Import, Binnenhandel

Jan Thiessen, Berlin

The „Gesellschaft mit beschränkter Haftung" has been established in late nineteenth-century Germany as a reaction to the increasing number of English limited companies. The German concept of limited liability has been transferred into many other legal systems where it has been modified according to their own needs and to unfavourable German experiences. Influenced by changing political and economical circumstances many of those modifications have been retransferred into German law.

A. Einleitung

„Die Gesellschaft mit beschränkter Haftung … ist eine neuere Rechtsform, die, ausgehend von England, ihre Verbreitung durch die Welt antritt."[1] Mit dieser Aussage überrascht der „Kurze Bericht" zum liechtensteinischen Personen- und Gesellschaftsrecht von 1926[2] wohl viele, die ein anderes Bild vor Augen haben. Die Gesellschaft mit beschränkter Haftung gilt nämlich allenthalben als Erfindung des deutschen Gesetzgebers, die wie kaum eine andere juristische Innovation in alle Welt exportiert wurde.[3] Nachdem das GmbH-Gesetz im Jahre 1892 verabschiedet worden war[4], schufen viele andere Länder ähnliche Gesellschaftsformen. Portugal machte 1901[5] den Anfang, und mit China verschwand 1994[6] einer der letzten weißen Flecken auf der Landkarte des GmbH-Rechts. Glaubt man jedoch der aktuellen Diskussion in Deutsch-

---

[1] Kurzer Bericht zum Personen- und Gesellschaftsrecht (1926, 28). Vgl. zur Geschichte der liechtensteinischen Privatrechtsordnung den Beitrag von Berger in diesem Band.

[2] Liechtensteinisches Zivilgesetzbuch 3. Teil: Das Personen- und Gesellschaftsrecht, vom 20. Januar 1926, Liechtensteinisches Landesgesetzblatt 1926 Nr. 4 (Art. 389–427).

[3] Frühzeitig betonte Goldschmidt (1892/1901, 332), „dass wir im erfreulichen Gefühle unserer Kraft es wagen, mit durchaus *originellen* Rechtsschöpfungen auch da vorzugehen, wo uns bisher jedes Vorbild fremdländischer Gesetzgebung fehlt. … Aber wohlverstanden, es handelt sich um *eine durchaus neue, noch nirgends in der Welt erprobte Gesellschaftsform.*" Vgl. später Wieland (1895, 207); Molitor (1927, 1); Feine (1929, 1); Großmann-Doerth (1931, 174 f.), Hallstein (1938/39, 346); Gierke (1941, 214); Lutter (1992, 49, 51); Koppensteiner (1999), Allg Einl Rn. 1.

[4] Gesetz, betreffend die Gesellschaften mit beschränkter Haftung vom 20. April 1892 (RGBl. S. 477); zu den Umständen der Verabschiedung Schubert (1992, 27 ff.).

[5] Hierzu Molitor (1927, 4); Lutter (1992, 51).

[6] Lutter (2005, 2).

land[7], so gehört dieser Exportboom der Vergangenheit an. Ermutigt vom Europäischen Gerichtshof[8], drängen ausländische Gesellschaftsformen auf den deutschen Markt, allen voran die englische private limited company[9]. Auch französische und spanische Gesellschaften sind leichter und schneller zu gründen als eine deutsche GmbH.[10] Unter dem Eindruck neuer Vorschriften in anderen europäischen Staaten mehren sich die Stimmen für den Import der „1 Euro-GmbH" nach Deutschland.[11] Der Rechtstransfer verläuft also im Vergleich mit dem frühen 20. Jahrhundert in umgekehrter Richtung.
Es wäre allerdings geschichtsvergessen, wollte man stehenbleiben bei der Darstellung eines jahrzehntelang ungetrübten Erfolges, dem erst der Europäische Gerichtshof ein jähes Ende bereitet habe. Schon das 19. Jahrhundert[12] kannte den heute vielbeschworenen „Wettbewerb der Rechtsordnungen"[13]. Ohne die Konkurrenz des englischen Aktienrechts wäre die GmbH vermutlich nie entstanden; hierauf spielt das liechtensteinische Eingangszitat an.[14] Aber auch der spätere Transfer des deutschen GmbH-Rechts erfolgte weder einseitig noch

[7] „Verwerfungen im Unternehmensrecht durch Schreckreaktionen der Literatur" befürchtet Karsten Schmidt (2004 a, 493 ff.). Das Spektrum der Meinungen zeigen etwa Winter (2004, 171 f.) und Merkt (2004, 317 ff.).
[8] EuGH, 9. März 1999 – Rs. C-212/97 – NJW 1999, 2027 (Centros); 5. November 2002 – Rs. C-208/00 – NJW 2002, 3614 (Überseering); 30. September 2003 – Rs. C-167/01 – NJW 2003, 3331 (Inspire Art).
[9] Hierzu zuletzt Dannemann (2005, 11); Heckschen (2005, 85); Ries (2005, 75). Zu den praktischen Auswirkungen jüngst BGH, 14. März 2005 – II ZR 5/03 – NJW 2005, 1648 mit Besprechung von Eidenmüller (2005, 1618); Wachter (2005 a, 1817). Zu möglichen Linien der künftigen Rechtsprechung Goette (2005, 149).
[10] Zu diesen und weiteren europäischen Rechtsformen im Vergleich umfassend Wachter (2005 b, 37 ff.).
[11] Zuletzt Mülbert (2004, 151); Schön (2004, 162), Grunewald/Noack (2005, 189). Differenzierend Eidenmüller/Engert (2005 a, 97); dies. (2005 b, 433). Die Bundesregierung hat am 1. Juni 2005 einen ersten Reformentwurf vorgelegt, der aber der „1 Euro-GmbH" eine Absage erteilt, vgl. unten Fn. 54.
[12] Vgl. nur Goldschmidt (1885, 77 f.), der nach eigener Aussage (1892/1901, 323) „seit 40 Jahren unablässig mit der Ergründung von Bau und Funktionen des europäischen Gesellschaftsrechts beschäftigt" war.
[13] Für die letzten zehn Jahre etwa Merkt (1995, 545); Schön (2000, 704), Kieninger (2002); Heine (2003); Roth (2004); Sandrock/Wetzler (2004); Priester (2005, 161); Wachter (2005 b, 27); Westermann (2005 a, 1849); ders. (2005 b, 4). Wörtlich vom „Wettbewerb der Rechtsordnungen" sprach bereits Hallstein (1938/39, 367). Kritisch zu diesem Konzept Zöllner (2005): „Die Vorstellung, dass die Figur des Wettbewerbs, durch die Marktprozesse bestmöglich gesteuert werden, auch Rechtsbildungsprozesse in ähnlicher Weise zu optimieren vermag, ist abwegig."
[14] Näher sogleich unter B.

geradlinig.[15] Zweifel an der Haftungsbeschränkung auf das Gesellschaftsvermögen hatten die GmbH von Anfang an begleitet.[16] Die Inflation der 20er Jahre verstärkte diese Zweifel jedoch so sehr, daß auf der Suche nach Alternativlösungen der Blick ins Ausland ging.[17] Dort hatte man das deutsche GmbH-Modell nicht blind übernommen, sondern nach eigenen Bedürfnissen modifiziert. Hans Großmann-Doerth schrieb 1931: „Die moderne GmbH-Gesetzgebung des Auslands … [ist] geradezu charakterisiert durch die Einstellung: Wenn schon die GmbH, dann unter keinen Umständen mit den Fehlern des deutschen Rechts!"[18] Die ausländischen Verbesserungen boten sich zum Import an, um den in Deutschland aufgetretenen Mißständen zu begegnen. Die rechtsvergleichend beeinflußte Reformdiskussion der späten Weimarer Republik[19] wurde im Nationalsozialismus unter völlig veränderten Vorzeichen fortgeführt[20]. Der umfassende Referentenentwurf von 1939[21] wurde „wegen des Kriegszustandes"[22] zwar nicht weiterverfolgt. In den Entwürfen der 60er und 70er Jahre griff das Bundesjustizministerium jedoch auf diese Vorarbeiten zurück und überführte mit der Novelle 1980 zentrale Elemente des vier Jahrzehnte alten Entwurfs ins Gesetz.[23] Neben Export und Import hatte der Rechtstransfer also auch eine zeitliche, innerdeutsche Komponente (‚Binnenhandel').

[15] Näher unten C.
[16] Grundsätzlich ablehnend Bähr (1892, 210); zurückhaltender Goldschmidt (1892/1901, 321, 332 ff.); Wieland (1895, 205, 227 ff.). Eine „G.m.b.H.-Krankheit" diagnostizierte Sontag (1909, 538). Zu den zeitgenössischen Reaktionen auf das GmbHG Schubert (1982/83, 628).
[17] Molitor (1927); Feine (1929, passim); Großmann-Doerth (1931, 165 ff.); Wieland (1931, 270 ff. und passim); Hallstein (1938/39, 341 ff.); ähnlich für das Aktienrecht Rosendorff (1930). Freilich begann die Reformdiskussion in Deutschland schon nach der Kodifikation in Österreich, hierzu Schubert (1985 b, 25 ff.).
[18] Großmann-Doerth (1931, 175). Zur Biographie Schubert (1985 b, 32 Fn. 81); ders. (1986 b, XVIII); zu Großmann-Doerths Reformvorschlägen vor und nach 1933 Stupp (2002, 36 ff.); Hofer (2005, 159 f.). Vgl. jüngst auch den Gedenkband, herausgegeben von Blaurock (2005).
[19] Die Reformdiskussion zur GmbH stand freilich im Schatten des Aktienrechts, Schubert (1985 b, 29 f.), zur Aktienrechtsreform am Ende der Weimarer Republik Schubert (1981 a, 25 ff.).
[20] Schubert (1985 b, 35 ff.); Lammel (1989, 154 ff.); Stupp (2002, 33 ff.).
[21] Schubert (1985 b, 84 ff.); Stupp (2002, 302 ff.).
[22] So aufgrund einer Entscheidung Schlegelbergers der Vermerk vom 14. November 1939 und das Schreiben vom 28. März 1940, Bundesarchiv R 3001 RJM Generalia Nr. 10658 (3510/1), Bl. 24 (29), 54 (59). Zu Schlegelbergers Rolle als Staatssekretär im Reichsjustizministerium Förster (1995, 36 ff.).
[23] Schubert (1985 b, 90 ff.); Ulmer, in: Hachenburg (1992), Einl Rn 56.

B. Die Entstehung der deutschen GmbH im Wettbewerb der Gesellschaftsrechtsordnungen

Der Rechtstransfer beginnt bereits mit der Entstehung des GmbH-Gesetzes.[24] Transferiert wurde freilich kein Gesetz, sondern vielmehr das Bedürfnis nach einer bestimmten rechtlichen Form wirtschaftlicher Betätigung. Zunächst verlangte die möglichst effiziente Ausnutzung der kolonialen Ressourcen[25] nach einer adäquaten Rechtsform für Kolonialgesellschaften[26]. Hohe Risiken, darunter der offenbar gefürchtete „Zerstörungstrieb der Urbewohner"[27], verursachten einen unabsehbaren Kapitalbedarf, der durch das feste Grundkapital der kontinentalen Aktiengesellschaft nicht flexibel genug gesteuert werden konnte[28]. Der Reichstagsabgeordnete Wilhelm von Oechelhäuser berichtete, englische Unternehmer unterliefen die ohnehin liberalen Vorschriften des Companies Act[29] und gründeten gemeinsam mit Strohmännern eine private company unter dem Dach der company limited by shares[30], um risikoreiche Unternehmungen ohne Gefährdung ihres Privatvermögens durchzuführen[31]. Deutschen Unternehmern war ein solcher Weg seit der Novelle 1884[32] zwar

[24] Zur Gesetzgebungsgeschichte Schubert (1982/83, 589); ders. (1992, 1); Koberg (1992, 35 ff.).

[25] Zu den ökonomischen Beziehungen zwischen den Kolonien und der deutschen Volkswirtschaft Schinzinger (1984). Zum Forschungsstand Sippel (2005, 77).

[26] Überblick bei Wackerbeck (1977, 71 ff.); zeitgenössisch Esser (1886); Ring (1887, 26); Simon (1888, 85).

[27] So die Formulierung bei Ring (1887, 44).

[28] Goldschmidt (1892/1901, 338 f.) sah in der „mangelnde[n] Elastizität des ursprünglichen oder erhöhten Grundkapitals" das Haupthindernis für „die kontinentale Aktiengesellschaft, sich völlig den wechselnden Bedürfnissen des kaufmännischen Unternehmens anzupassen." Das Bedürfnis nach Elastizität habe die Bewegung für die neue Gesellschaftsform der GmbH angestoßen; seine Befriedigung sei der einzig anerkennenswerte Grund, neben der Aktiengesellschaft eine neue Form der Kapitalgesellschaft zu schaffen. Ähnlich Ring (1887, 40 ff.) und Wieland (1895, 250 ff.). Zum Ausweg über Gesellschafterdarlehen unten C.III.

[29] Hier der bis zum Companies (Consolidation) Act 1908 mehrfach geänderte Companies Act 1862, vgl. Formoy (1923, 130 ff.); Palmer (1930, 10 f.).

[30] Der ursprünglich ungeteilten (public) company limited by shares stellte die englische Praxis die private company gegenüber (Palmer [1901, 260 ff.]), die durch den Companies Act 1907 (sec. 37) gesetzlich definiert wurde, hierzu Formoy (1923, 114 ff., 145); Palmer (1930, 390 ff.) sowie aus Sicht der deutschen Rechtsvergleichung in den 20er und 30er Jahren Molitor (1927, 9 f.); Feine (1929, 29); Großmann-Doerth (1931, 177); Hallstein (1938/39, 348 ff.); aktuell Pennington (2001, 919 ff.).

[31] Stenographische Berichte über die Verhandlungen des Reichstags, V. Legislaturperiode, IV. Session, 82. Band, 11. Sitzung vom 24. März 1884, S. 221.

[32] Gesetz, betreffend die Kommanditgesellschaft auf Aktien und die Aktiengesellschaften vom 18. Juli 1884 (RGBl. S. 123). Zur Entstehung des Gesetzes Schubert (1985 a, 1 ff.).

nicht verschlossen; er war aber deutlich enger als zuvor[33]. Das deutsche Aktienrecht, das ein Äquivalent zur company limited by shares geboten hatte[34], war streng und damit schwerfällig geworden[35]. Hatte der deutsche Gesetzgeber mit dieser Novelle auf die Gründerkrise der 1870er Jahre reagiert[36], mußte die Entwicklung in England – „bei unserem gefährlichsten Konkurrenten"[37] – nun als Begründung für eine einfachere Gestaltungsmöglichkeit herhalten[38]. Goldschmidt bezweifelte zwar, daß sich diese „angeblich erprobten Gesellschaften des englischen Rechts … in Wirklichkeit bewährt haben", was ihm „trotz mehrfacher Bemühungen … zu ergründen nicht gelungen" war.[39] Daß

[33] Unerfüllt waren die mit der Novelle 1884 verbundenen Erwartungen geblieben, Aktiengesellschaften würden nicht für solche Unternehmungen gegründet werden, „welche schon mit den Mitteln Einzelner oder doch mit denen einer einfachen Handels- oder Kommanditgesellschaft oder wirthschaftlichen Genossenschaft erreichbar gewesen wären", Entwurfsbegründung bei Schubert/Hommelhoff (1985, 409, 413, 416); Bericht des Präsidiums des Deutschen Handelstages, in: Verein (1891, 102); aufgegriffen im GmbHG-Entwurf (1891, 29) sowie bei Bähr (1892, 212, 226) und Wieland (1895, 221, 234). Die Strohmanngründungen waren in Deutschland weiterhin möglich, wenn auch durch die vielen Hemmnisse des seit 1884 geltenden Aktienrechts weniger attraktiv, so zumindest die Entwurfsbegründung bei Schubert/Hommelhoff (1985, 430): „Nach den erörterten Bestimmungen wird derjenige, welcher sich bei einem Aktienunternehmen betheiligen will, kein Interesse mehr haben, ein Auftreten als Aktionär zu vermeiden und Strohmänner vorzuschieben." Hierzu Bähr (1892, 226): „Strohmänner finden sich nicht nur in England, sondern überall." Zur Konsequenz etwa des liechtensteinischen Gesetzgebers unten Fn. 56.

[34] Oechelhäuser, Stenographische Berichte (wie Fn. 31): „Ja in größerem Umfange, als Viele meinen, ist diese Nüance der individualistischen Aktiengesellschaft auch bei uns schon eingedrungen und im Begriffe weiter vorzudringen." Mit Beispielen aus dem Handelsregister Ring (1887, 30 ff.).

[35] Goldschmidt (1892/1901, 337) berichtete, es werde „behauptet, dass unser Aktienrecht, insbesondere das neue Gesetz von 1884 dem Unternehmungsgeist kaum überwindliche Schranken gezogen habe. Man findet diese insbesondere in den lästigen Gründungsvorschriften und in der gesetzlichen Verantwortlichkeit des Aufsichtsraths, führt auch die allerdings sehr schwerfällige und wenig übersichtliche Form des neuen Aktiengesetzes ins Feld."

[36] Hierzu noch unten bei Fn. 113.

[37] Oechelhäuser, An die preußischen Handelskammern und kaufmännischen Korporationen, Denkschrift vom 28. April 1888, in: Verein (1891, 58).

[38] Oechelhäuser, Stenographische Berichte (wie Fn. 31): „Ich glaube aber, daß es Aufgabe der Gesetzgebung ist, diesem berechtigten und natürlichen Zug zur individualistischen Aktiengesellschaft, zur ‚Gesellschaft mit beschränkter Haftbarkeit', bei Zeiten eine gesunde gesetzliche Organisation zu geben, damit die Aktiengesetzgebung nicht mißbräuchlich zu Gesellschaftsbildungen benutzt wird, für die sie nicht vorgesehen ist."

[39] Goldschmidt (1892/1901, 333 f.). Möglicherweise schwingt hier jedoch eine generelle Skepsis gegenüber „dem so gerne gepriesenen englischen Recht" mit, das „mindestens ein

Oechelhäuser den Erfolg der „kleinen Aktiengesellschaft“[40] eher behauptete als belegte[41], tat der Suggestionskraft seiner These jedoch keinen Abbruch. Ihre Wirkung wurde durch eine weitere Sorge verstärkt: „Kein denkender Volkswirth und Patriot wird sein Auge der bedenklichen Thatsache verschließen können, daß deutsches Kapital sich in immer stärkerem Verhältniß dem Ausland dienstbar macht, daß die in ausländischen Werthen angelegten Summen nicht mehr nach Millionen oder Hunderten von Millionen, sondern nach Milliarden zählen …“.[42]

Noch während der Beratungen des neuen Aktienrechts forderte Oechelhäuser eine neue, unkompliziertere Gesellschaftsform. „Ich habe die feste Ueberzeugung, daß dasjenige Land, welches die sichersten, einfachsten und mannigfachsten Rechtsformen für die Vereinigung von Kapital und Personen hat, vor anderen Ländern, die hierin zurückbleiben, einen wirthschaftlichen Vorsprung gewinnen *muß*.“[43] Vorbild für Oechelhäuser war „die praktische und vor allem geschäftsmäßige englische Anschauungsweise, welche überhaupt als Grundprinzip die möglichste Freiheit der Assoziation anerkennt“.[44] Nebenbei bemerkt, hat sich an dieser Auffassung bis heute nichts geändert.[45]

Der deutsche Gesetzgeber testete die von den Fesseln des Aktienrechts befreite Haftungsbeschränkung 1888 zunächst bei den Kolonialgesellschaften.[46]

ausreichendes Vorbild für sehr häufige legislatorische Wandelungen des Aktiengesellschaftsrechts“ biete (337). Zu diesen Wandlungen Formoy (1923, 130 ff.).

[40] Oechelhäuser, Stenographische Berichte (wie Fn. 31).

[41] Mehrfach im Reichstag, neben Fn. 31 auch Stenographische Berichte, VII. Legislaturperiode, II. Session, 113. Band, 48. Sitzung vom 28. Februar 1888, S. 1156; Denkschrift (Fn. 37), in: Verein (1891, 55 f.).

[42] Oechelhäuser, Denkschrift (Fn. 37), in: Verein (1891, 58).

[43] Stenographische Berichte (wie Fn. 31); ähnlich Stenographische Berichte (wie Fn. 41). Beide Gedanken – Vielfalt der Rechtsformen und Vorspung vor dem Ausland – finden sich zum Genossenschaftsgesetz auch bei Goldschmidt (1892/1901, 331 f.): Mit der gesetzlichen Anerkennung der „Erwerbs- und Wirthschaftsgenossenschaften mit beschränkter Haftung“ sei es gelungen, „der freien Bethätigung wirthschaftlicher Kräfte in der Hauptsache ausreichenden Spielraum zu gewähren“. Hierdurch habe Deutschland „einen wichtigen Vorsprung gegenüber allen ausländischen Gesetzgebungen gewonnen“.

[44] Oechelhäuser, Denkschrift (Fn. 37), in: Verein (1891, 55).

[45] Department of Trade and Industry (2001, 5), Chapter 1, paragraph 1.10: „We start with the general principle that company law should be *primarily enabling or facilitative* – i.e. it should provide the means for those engaged in business and other corporate activity to arrange and manage their affairs in the way which they believe is most likely to lead to mutual success and effective productive activity.“

[46] Gesetz wegen Abänderung des Gesetzes, betreffend die Rechtsverhältnisse der deutschen Schutzgebiete, vom 17. April 1886 (RGBl. S. 74), vom 15. März 1888 (RGBl. S. 71), abgedruckt bei Schubert (1982/83, 605 Fn. 39). Zu den Kolonialgesellschaften die Nachweise

Vier Jahre später übertrug er dieses Konzept zu jedem beliebigen Unternehmenszweck auf die GmbH.[47] Dabei stand nicht eine bestimmte rechtliche Konstruktion im Vordergrund[48], sondern der wirtschaftliche Konflikt zwischen Unternehmern und ihren Gläubigern. Einerseits wollte der Gesetzgeber unternehmerische Betätigung fördern, indem er die finanziellen Risiken der Unternehmer limitierte. Anderseits sollte die Risikoabwälzung auf die Gläubiger nicht zur Regel werden. Die bis heute nahezu unveränderte Grundkonzeption der neuen Gesellschaftsform folgte diesem Zielkonflikt. Die Gesellschaftsgründer können die inneren Verhältnisse der Gesellschaft weitgehend frei gestalten, weil das Gesetz kaum zwingendes Recht enthält. Zum Schutz der Gläubiger müssen die Gesellschafter ein Stammkapital aufbringen, dessen Mindesthöhe vorgeschrieben ist. Das Stammkapital darf zwar im normalen Geschäftsbetrieb verwirtschaftet werden. Soweit aber das vorhandene Gesellschaftsvermögen zur Erhaltung des Stammkapitals erforderlich ist oder schon nicht mehr genügt, darf es an die Gesellschafter nicht ausgezahlt werden. Verletzungen der Kapitalaufbringungs- und -erhaltungsregeln lösen neben der Haftung des Verletzers eine anteilige Ausfallhaftung aller Gesellschafter aus. Dem Handel mit Geschäftsanteilen sind gewisse Grenzen gesetzt. Hinter allem steht die Vorstellung, die Gesellschafter im Interesse der Gesellschaft und ihrer Gläubiger enger als bei der Aktiengesellschaft aneinander zu binden.

Obwohl Wilhelm von Oechelhäuser seinen eigenen, an die OHG angelehnten Gesetzesvorschlag[49] nicht durchsetzen konnte, hatte die GmbH den von ihm erwünschten Erfolg, „vor anderen Ländern … einen wirthschaftlichen Vorsprung [zu] gewinnen“[50]. Auch aus Sicht des Auslands trug die GmbH zum

---

oben in Fn. 26. Den Kolonialgesellschaften wurde die Rechtsfähigkeit durch den Bundesrat verliehen; sie unterstanden der Aufsicht des Reichskanzlers. Staatliche Konzession und Aufsicht traten an die Stelle des strengen aktienrechtlichen Normativsystems. Zu dieser Alternative Ring (1887, 93). Zur umgekehrten Richtung bei der Aktiennovelle 1870 Schubert (1981 b, 313).

[47] Kritisch Wieland (1895, 256 f.): Die im GmbH-Gesetz vorliegende „Neuschöpfung [sollte] den verschiedensten und unvereinbaren Wünschen entgegenkommen“.

[48] Ausgangspunkt war zunächst die bergrechtliche Gewerkschaft, vgl. die Entwurfsbegründung zur Aktienrechtsnovelle 1884 bei Schubert/Hommelhoff (1985, 408). In der Folge war jedoch der gesamte ‚Baukasten‘ des bisherigen deutschen Gesellschaftsrechts im Gespräch, um die neue Gesellschaft zwischen Aktiengesellschaft, bergrechtlicher Gewerkschaft und offener Handelsgesellschaft anzusiedeln, vgl. den Überblick bei Schubert (1982/83, 604 ff.).

[49] Oechelhäusers Entwurf „Von den Gesellschaften mit beschränkter Haftpflicht“ von 1884 ist abgedruckt bei Verein (1891, 59–61); Wieland (1931, 399 f.); Schilling (1969, 205 ff.); Schubert (1982/83, 595 ff).

[50] Vgl. oben Fn. 43.

wirtschaftlichen Aufstieg bei, den Deutschland bis zum Beginn des ersten Weltkriegs erlebte.[51] Die Nachkriegsinflation veränderte die Wahrnehmung der GmbH und hatte Einfluß auf den Transfer von GmbH-Recht. Besonders das Gläubigerschutzrecht bietet hierfür viele Beispiele.

C. Gläubigerschutz im räumlich-zeitlichen Transfer

Eine Kapitalgesellschaft ist für den Unternehmer eine sehr komfortable Angelegenheit. Er kann die riskantesten Geschäfte tätigen; dennoch haftet er grundsätzlich nicht mit seinem Privatvermögen. Die Gläubiger müssen sich mit dem Vermögen der Gesellschaft bescheiden. Natürlich würde niemand mit einer Kapitalgesellschaft Geschäfte machen, wenn die Gesellschafter das Vermögen der Gesellschaft nach Belieben ausplündern dürften. Um dies zu verhindern, sehen die Gesellschaftsrechtsordnungen in aller Welt mehr oder weniger strenge Mechanismen zum Schutz der Gläubiger vor.[52]

[51] So zumindest die Zusammenfassung bei Molitor (1927, 5 Fn. 3). Ähnlich Pic/Baratin (1927, 68 Nr. 61): „les sociétés de ce type jouent depuis un certain nombre d'années un rôle des plus importants dans l'économie générale du Reich" mit Hinweis u.a. auf „la rapidité de leur progression, soit dans la période qui a immédiament précédé la guerre, soit dans les trois premières années qui on suivi la cessation des hostilités". Freilich war auch diese Zeit durch einen Wechsel von Konjunktur und Krise gekennzeichnet, Hohorst/Kocka/Ritter (1975, 57 ff.); Nipperdey (1993, 283 ff.); Wehler (1995, 547 ff., 610 ff.). Hierzu Staub (1903, 36): Die GmbH „hat in den 11½ Jahren, seitdem sie besteht, Zeiten des wirthschaftlichen Aufschwunges und des Niederganges durchgemacht und in beiden sich bewährt." Der ungarische Gesetzgeber sah später in der GmbH ein „Mittel zur Rettung der Nation", das „geeignet ist, zahlreiche, gegenwärtig untätige Wirtschaftsgedanken zu verwerten und den Unternehmungsgeist zu wecken", zitiert nach Hajnal (1930, 297 Fn. 7).

[52] Eine umfassende Studie des Arbeitskreises „Kapital in Europa" entsteht derzeit auf Initiative von Marcus Lutter und erscheint voraussichtlich 2006.

I. Mindestkapital und leere Mäntel

Plakativstes Gläubigerschutzinstrument der GmbH ist das gesetzliche Mindestkapital. Dahinter verbirgt sich das Eintrittsgeld, das die Gründer einer Gesellschaft zahlen müssen, um in den Genuß der beschränkten Haftung zu kommen.[53]

Das GmbH-Gesetz von 1892 verlangte einen Mindestbetrag von 20.000 Mark. Zum Vergleich: Heute beträgt das Mindestkapital 25.000 Euro. Die Bundesregierung plant derzeit, das Mindestkapital auf 10.000 Euro abzusenken.[54] Dies entspricht knapp 20.000 D-Mark. Der Nominalbetrag des Jahres 2006 wird demnach der gleiche sein wie derjenige des Jahres 1892. Es bedarf keiner präzisen Kaufkraftberechnungen, um zu erkennen, daß die 20.000 Mark des späten 19. Jahrhunderts eine wesentlich höhere Hürde darstellten als die 10.000 Euro des beginnenden 21. Jahrhunderts.[55] Die Zahlen

---

[53] Zu beachten sind neben dem Mindestkapital auch die Mindesteinlagen und die Einzahlungsquoten, die bei Eintragung der Gesellschaft erfüllt sein müssen, vgl. noch unten Fn. 59. Insoweit bestanden und bestehen europaweit große Unterschiede, auf die hier aus Platzgründen nicht eingegangen werden kann. Aus der Zeit der ersten Kodifikationswelle rechtsvergleichend Molitor (1927, 31 ff.), für heute Wachter (2005 b, 47 ff.).

[54] Regierungsentwurf, als Entwurf der Koalitionsfraktionen eingebracht unter BT-Drucks. 15/5673. Zur 1. Lesung im Bundestag vgl. das Plenarprotokoll 15/181 vom 16. Juni 2005.

[55] Vergleichszahlen etwa bei Priester (1992, 161); ders. (2005, 168); Schröder (2005, 4); Altmeppen (2005, 1912). Freilich schrieb schon Bähr (1892, 217): „Das erforderliche Stammkapital bildet doch gewiß kein Hindernis. Was sind denn unter den heutigen Verhältnissen 20000 Mark, von denen ohnehin nur 5000 eingezahlt zu sein brauchen?" Zunächst lag das durchschnittliche Stammkapital der Gesellschaften deutlich über der Mindestziffer, vgl. die Zahlen bei Fränkel (1915, 43 f.); Schubert (1992, 34); Priester (1992, 161 Fn. 8). Allerdings galten verbreitete bzw. durchschnittliche Stammkapitalien von bis zu 300.000 oder mehr als 400.000 Mark als „Anzeichen dafür, dass die neue Rechtsform vorzugsweise von kleineren Gesellschaften gesucht wird", Wieland (1895, 213 f.). Heute, da sich die Mehrzahl der Gesellschaften auf das Mindestkapital beschränkt (Meyer [2002, 179]), scheint es, als sei die GmbH nach 1892 „auch für größere Unternehmen verwendet" worden, Priester (2005, 163). Diese unterschiedliche Wahrnehmung mag darauf beruhen, daß die Eigenkapitalquote bei der Unternehmensfinanzierung damals höher war als heute oder zumindest die Stammkapitalziffer den erforderlichen Betriebsmitteln angepaßt wurde. Leistungen der Gesellschafter wurden demgemäß als Stammkapital und nicht als Nachschuß oder Darlehen erbracht. Das Mißtrauen gegenüber der GmbH habe, so Staub (1903, 37) „dazu geführt, dass die Gesellschaften von vornherein mit den erforderlichen Vermögenssubstraten ausgestattet werden, um entweder Credit zu entbehren oder den erforderlichen Credit zu erhalten". Demgemäß galt das publizierte Stammkapital zunächst als Ausdruck der Kreditwürdigkeit des Unternehmens, Wieland (1895, 255), Fränkel (1915, 104), bis die persönliche Besicherung durch die Gesellschafter zum eigentlichen Maßstab wurde, Großmann-Doerth (1931, 235 ff.).

belegen jedenfalls, daß das Mindestkapital nicht nur in der Realität, sondern auch im Gesetzestext eine äußerst vergängliche Größe ist.
Diese Vergänglichkeit hat Tradition. Schon beim Export des GmbH-Rechts zu Anfang des 20. Jahrhunderts zeigte sich, daß der deutsche Gesetzgeber die Mindestkapitalziffer für die Bedürfnisse des Auslands zu hoch angesetzt hatte. So mußten Ende der zwanziger Jahre etwa liechtensteinische Gesellschafter 50 Franken[56], französische Gesellschafter 25.000 Francs und bulgarische Gesellschafter 200.000 Leva aufbringen[57]. Die verschiedenen Währungen erschweren zwar einen genauen Vergleich. Jedoch kamen rechtsvergleichende Studien damals zu dem Ergebnis, daß das Mindestkapital in Deutschland am höchsten sei; außer in Österreich überschreite es nirgendwo die Hälfte des deutschen Betrags.[58] Die Importeure der GmbH versprachen sich von einem hohen Mindestkapital offenbar weniger als die deutschen Erfinder.[59]

---

[56] Ein Mindestkapital fehlte; nur die Mindesteinlagenhöhe von 50 Franken war vorgeschrieben (Art. 391). Zugleich war die Einmannverbandsperson und die Einzelunternehmung mit beschränkter Haftung zugelassen (Art. 637, 834), vgl. Kurzer Bericht zum Personen- und Gesellschaftsrecht (1926, 9, 39 ff., 48 f.); Wertheimer (1926, 127, 130 ff.). Bereits Bähr (1892, 225 f.), Wieland (1895, 207 f., 220) und Staub (1903, 44 f.) hatten zu bedenken gegeben, daß als Konsequenz des GmbH-Gesetzes auch die Haftungsbeschränkung des Einzelkaufmanns naheliege. So dann auch die Begründung für Liechtenstein, Kurzer Bericht (40): „Infolge dieser Regelung sucht der Entwurf mit dem Strohmännertum und mit manchen Halbheiten aufzuräumen."

[57] Angaben nach Hachenburg (1926 b, 51, 62).

[58] Molitor (1927, 31); Großmann-Doerth (1931, 199). Bei Einführung der neuen Rechtsform in den einzelnen Ländern war der jeweilige Betrag oft freilich höher als der deutsche, Hachenburg (1926 b), § 5 Anm. 4a; Großmann-Doerth (a.a.O., Fn. 4). Diese Momentaufnahme erklärt sich aber einerseits durch die Entwertung des deutschen 20.000 Mark-Betrags in der Inflation, andererseits aber durch den relativ geringen Betrag der Goldbilanzverordnung (5.000 Goldmark/Reichsmark für neue Gesellschaften), der auch in Deutschland bald wieder angehoben wurde. Hierzu und zur Goldbilanzverordnung noch unten Fn. 100 f.

[59] Lediglich Österreich hat Deutschland mit der Novelle 1980 ‚überholt', hierzu Wünsch (1988), § 6 Geschichte; Koppensteiner (1999), § 6 Rn. 1; zur österreichischen Inflation Zipser (1997, 23 ff.); zur Entwicklung in Frankreich Meyer/Ludwig (2005, 346). Anders verlief die Diskussion um die Volleinzahlung der Einlagen bei Gründung, vgl. den Überblick bei Molitor (1927, 34 f.) und Hallstein (1938/39, 410). So hatte etwa Asquini die Regelung des italienischen Vorentwurfs mit den schlechten Erfahrungen gerechtfertigt, die in Deutschland und Österreich mit der Teileinzahlung gemacht worden seien, in: Commissione ministeriale (1922, 316 f.). Kritisch hierzu Casiccia (1927, 94 Fn. 2): „almeno non risulta dai materiali statistici, che la mancanza dell'integrale versamento del capitale sociale all'atto della constituzione sia stata causa di un gran nomero di fallimenti in Austria e in Germania". Art. 2329 n. 2 Codice civile 1942 ließ dann eine Einzahlung von 3/10 genügen, heute ist in Art. 2464 Codice civile 1/4 vorgeschrieben. Anders zunächst in Frank-

Aber auch die Entwicklung in Deutschland läßt erkennen, daß die Mindestkapitalziffer der GmbH lediglich ein Kompromiß, um nicht zu sagen: ein historischer Zufall war. In der Diskussion bis zum Erlaß des GmbH-Gesetzes waren Mindestkapitalziffern von 25.000 Mark[60] über 30.000 Mark[61] bis hin zu 1 Million Mark[62], aber auch ein völliger Verzicht auf ein gesetzliches Mindestkapital[63]. Dieses scheinbare Würfelspiel um die ‚richtige' Zahl[64] erhält einen gewissen Sinn, wenn man das damalige Aktienrecht zum Maßstab nimmt. Für Aktiengesellschaften war nämlich ein Mindestkapital nicht ausdrücklich vorgeschrieben.[65] Eine Summe von im Regelfall 5.000 Mark ergab sich nur mittelbar daraus, daß mindestens fünf Gesellschafter Aktien zu mindestens 1.000 Mark übernehmen mußten.[66] Gab die Gesellschaft Namensaktien aus, die nur mit Zustimmung der Gesellschaft übertragen werden durften, genügte sogar ein Betrag von 200 Mark pro Aktie, bei fünf Aktionären also 1.000 Mark.[67] Somit betrug das Mindestkapital der ‚großen' Aktiengesellschaft seinerzeit nur ein Viertel oder sogar nur ein Zwanzigstel des für die ‚kleine' GmbH erforderlichen Betrags.[68] Der Gesetzgeber verfolgte hiermit eine zweigleisige Strategie. Unseriöse Gründer wollte er selbstverständlich bei beiden Gesellschaftsformen abschrecken. Bei der Aktiengesellschaft tat er dies durch eine Fülle zwin-

---

reich (Art. 7 Loi du 7 mars 1925: Volleinzahlung), vgl. heute aber Art. L. 223-2 und -7 Code de commerce.

[60] Esser (1886, 11); die Mindesteinlage sollte 5.000 Mark betragen.

[61] Magdeburger Kaufmannschaft, in: Verein (1891, 74); Mindesteinlage 5.000 Mark.

[62] Ring (1887, S. 57 f.); Mindesteinlage 5.000 Mark.

[63] Oechelhäuser (Fn. 49).

[64] Ring (1887, 57): „Jede Ziffer für die Mindesteinlage, wie für das aus deren Summe bestehende geringste Erstlingsvermögen der Gesellschaft wird eine willkürliche sein müssen."

[65] Zum Hintergrund Hommelhoff (1985, 81 ff.), dort auch zum Konzept eines mittelbaren Gläubigerschutzes durch die Finanzierungsentscheidung der Gründer. Vgl. aber den Vorschlag von Horwitz, Stenographische Berichte (Fn. 31), S. 202 („es muß ein Kapital von mindestens so und so viel sein – über die Ziffer selbst ließe sich dann streiten"), und die positive Reaktion von Oechelhäuser a.a.O., S. 221. Dieser Vorschlag beflügelte die Diskussion vor Erlaß des GmbH-Gesetzes, vgl. Ring (1887, 57).

[66] Art. 207a Abs. 1, 209 ADHGB 1884; zum vorausgegangenen Streit über den Mindestbetrag der Aktien Staub (1897), Art. 207a § 1; Schubert (1985 a, 33 ff.), zuvor für die Novelle 1870 Schubert (1981 b, 302 ff.).

[67] Art. 207a Abs. 3 ADHGB 1884, hierzu Staub (1897), Art. 207a § 5. Reales Beispiel („Aktiengesellschaft zur Räuberhöhle in Mannheim, Centralhandelsregister 1886 Nr. 175") bei Ring (1887, 32).

[68] Vgl. Breit (1925 b, 213): „Es war eine unleugbare Disharmonie, daß danach eine *Aktiengesellschaft* mit einem Zwanzigstel desjenigen Betrages errichtet werden konnte, der zur Errichtung einer Gesellschaft m.b.H. erforderlich war." Näher zu Breit unten Fn. 104.

gender Vorschriften und durch eine strenge Gründerhaftung.[69] Das GmbH-Gesetz sollte freizügiger sein; zum Ausgleich legte der Gesetzgeber den GmbH-Gründern ein relativ hohes Mindeststammkapital in den Weg. Entscheidend für den Erfolg der GmbH war also nicht, daß sie billig ‚zu haben' war[70], sondern die weitgehende Satzungsfreiheit, die es den Gründern der Sache nach erlaubte, eine ‚Personengesellschaft mit beschränkter Haftung' zu errichten[71].

Die Höhe des Mindestkapitals und die Sicherung seiner Aufbringung standen endgültig[72] im Mittelpunkt der Diskussion, als die Hyperinflation der frühen 20er Jahre Praxis, Gesetzgebung und Wissenschaft in bis dahin ungeahnter Weise erschütterte[73]. Es war die Zeit, als Hausfrauen anfingen, an der Börse zu spekulieren, weil Aktien das einzige waren, dessen Wert mit dem Kursverfall der Währung Schritt hielt.[74] Wollte man Butter kaufen[75], verkaufte man ein paar Aktien. Victor Klemperer notierte 1923 in seinem Tagebuch: „So füllt das Speculationsdenken jetzt alle Hirne u[nd] Stunden … Die Zeit ist allzusehr aus den Fugen."[76]

Irrtümlich hatte der Gesetzgeber angenommen, mit dem Mißbrauch haftungsbeschränkter Gesellschaftsformen in den Gründerkrächen der 1870er Jahre[77] genügend Erfahrungen gesammelt zu haben, die in das GmbH-Gesetz eingeflossen seien[78]. Nun belehrte ihn die Inflationszeit eines Besseren. Für

---

[69] Hommelhoff (1985, 53 ff.). Vgl. auch den präzisen zeitgenössischen Überblick bei Ring (1887, 54 f.).

[70] Vgl. das Bonmot von Priester (2005, 164): „Die GmbH ist kein dahergelaufenes Flittchen, sie ist allenfalls eine Dame mit Vergangenheit …".

[71] Dies entsprach zwar nicht den Idealvorstellungen des Gesetzgebers, war aber durch entsprechende Gestaltung des Gesellschaftsvertrags möglich, Goldschmidt (1892/1901, 339); Schubert (1992, 3, 43 ff.). So hatte Goldschmidt (1892/1901, 335) davor gewarnt, daß die GmbH den Personengesellschaften „eine keineswegs unbedenkliche Konkurrenz … machen wird".

[72] Nach frühen Warnungen, vgl. oben die Nachweise in Fn. 16, zur Aktiengesellschaft oben Fn. 65. Heilbrunn (1917, 84) schlug für die GmbH ein Mindestkapital von 100.000 Mark vor.

[73] Hierzu Ambrosius, in: North (2000, 282, 298 f., 305 ff.); Winkler (1998, 181 f.); Nörr (1988, 19 f.); Wehler (2003, 67 f., 244 ff.).

[74] Haffner (1939/2000, 56).

[75] Anfang November 1922 bezahlte man für ein Pfund Butter 1.000 Mark, Klemperer (1996 a, 632), Eintrag vom 9. November 1922. Weitere Beispiele unten Fn. 98 und bei Wehler (2003, 247).

[76] Klemperer (1996 a, 697), Eintrag vom 27. Mai 1923.

[77] Hierzu unten bei Fn. 113.

[78] Großmann-Doerth (1931, 176): „Das deutsche Ges.m.b.H.-Gesetz ist beherrscht von dem einen Motiv der Reaktion auf die Strenge des Aktienrechts, dort verkörpert durch

einen Dollar mußte man zuletzt 4,2 Billionen Papiermark bezahlen.[79] Folgerichtig wurden Gesellschaften ohne unternehmerische Perspektive in großer Zahl mit wertlosem Papiergeld auf Vorrat gegründet und übertragen; der Handel mit gebrauchten und ungetragenen Mänteln florierte.

Als „Mantel" bezeichnet man eine Kapitalgesellschaft, die kein Unternehmen betreibt.[80] Sie ist formal korrekt gegründet worden, hat aber den Geschäftsbetrieb noch nicht aufgenommen oder bereits wieder aufgegeben. Der Gesellschaftsmantel hängt an der Garderobe, bis er gebraucht wird. Für Unternehmensgründer, denen ein eigener, maßgeschneiderter Mantel zu teuer oder zu zeitaufwendig ist, kann es verlockend sein, einen Mantel zu kaufen, entweder neue Konfektionsware oder ein bereits getragenes Stück. Die Unternehmer gründen keine neue Gesellschaft, sondern erwerben alle Anteile an einer bereits bestehenden Gesellschaft. Vorausschauende Unternehmer legen sich einen Vorrat von selbstkonfektionierten Mänteln an, die sie bei Bedarf einem Unternehmen ‚überziehen'. Mantelkauf und Mantelgründung sind schneller und billiger als die Gründung einer neuen, auf ein bestimmtes Unternehmen zugeschnittenen Gesellschaft. Wirtschaftlich spricht also einiges für das Geschäft mit den Mänteln.

Anderer Ansicht war ab 1923 das Preußische Kammergericht.[81] Mantelgründung und Mantelkauf wurden als Scheingeschäft und als Verstoß gegen Ge-

---

die Aktiennovelle von 1884." Vgl. auch Großmann-Doerth (1931, 209). Schon Bähr (1892, 217 f.) und Goldschmidt (1892/1901, 336 f.) hatten beklagt, daß die mühevoll vorbereitete Aktiennovelle 1884 durch das GmbHG indirekt beseitigt werde.

[79] Ambrosius, in: North (2000, 308).

[80] Grundlegend zu Mantelverwendung und Mantelgründung Priester (1983, 2291). Zur Differenzierung der Mäntel nach „Maßarbeit, Konfektionskleidung oder Second-Hand-Wear" Karsten Schmidt (2004 b, 1345).

[81] KG, 5. April 1923 – 1 X 33/23 – JFG 1, 200, 202 f.; 2. Oktober 1924 – 1 X 347/24 – JFG 3, 193, 195 (jeweils AG-Mantelgründung, §§ 117, 138 BGB); 10. April 1924 – 1 X 163/24 – Das Recht 1924 Nr. 656 Beilage S. 226 f. (AG-Mantelkauf, Gesetzesumgehung); 3. Juli 1924 – 1 X 267/24 – JW 1924, 1534, 1537; 18. Dezember 1924 – 1 X 516/24 – JW 1925, 635 (jeweils GmbH-Mantelkauf, § 138 BGB); 23. Juni 1932 – 1 b X 306/32 – JFG 10, 152, 155 (GmbH-Mantelkauf, § 134 BGB). Ablehnend OLG Dresden, 6. Januar 1931 – 6. Reg. 110/30 – JFG 8, 157, 161 f. (AG-Mantelkauf, kein Sittenverstoß). Anders für die Fortsetzung eines zeitweilig stillgelegten Unternehmens KG, 7. Dezember 1933 – 1 b X 631/33 – JW 1934, 988 f. mit kritischer Anmerkung von Crisolli. Die betreffenden Prozeßakten des Kammergerichts sind weder im Preußischen Geheimen Staatsarchiv Berlin-Dahlem noch im Brandenburgischen Landeshauptarchiv Potsdam überliefert.

setz und gute Sitten gebrandmarkt. Vom Reichsgericht beredt beschwiegen[82], begründete das Kammergericht seine Abneigung „mit der Überzeugung, daß

[82] Der für Gesellschaftsrecht zuständige II. Zivilsenat hatte keine Gelegenheit zur Entscheidung. Offen RG, 1. Juli 1933 – V 83/33 – JW 1934, 27, hierzu die Prozeßakte im Bundesarchiv R 3002 Nr. 15689. Reichsgerichtsrat Brühl hätte die Sache an den II. Zivilsenat abgegeben, „wenn die Frage der Nichtigkeit des Mantelkaufs in diesem Rechtsstreit zu entscheiden wäre". Dies verneinte er jedoch, da der beklagte Notar vor der Beurkundung auf die Rechtsprechung des KG zur Nichtigkeit des Mantelkaufs hätte hinweisen müssen (Bl. 22). Senatspräsident Clasen folgte dem, merkte jedoch im Votum Brühls an (Bl. 36 R), „eine ‚offenbare' Ungültigkeit [des zu beurkundenden Geschäfts] liegt hier nicht vor, da doch die gegenteilige Meinung von beachtlicher Seite vertreten wird. Der Notar *durfte* daher m.E. die Beurkundung *nicht* ablehnen." Für die „gegenteilige Meinung" waren angeführt Byk (1924); Hachenburg (1924); Breit (1925 a); Pinner, in: Staub (1926), § 195 Anm. 14c; Bing, in: Düringer/Hachenburg (1932–1934), Anhang zu § 182 Anm. 2. Unentschieden zuvor auch der II. Strafsenat des RG, 6. Februar 1930 – 2 D 22/29 – RGSt 64, 81, 83 f., hierzu die umfängliche Prozeßakte Bundesarchiv R 3002 Nr. 3339. Der ursprüngliche Mitangeklagte hatte sein in der Inflation erworbenes Vermögen nach Stabilisierung der Währung (vgl. unten Fn. 99) wieder verloren, weil er gegen den Rat des Angeklagten auf eine Entwertung auch der Rentenmark spekuliert hatte. Den streitgegenständlichen Aktienmantel hatte er von einem professionellen Mantelhändler erworben, einer „A.G. für Handels- und Industriewerte", die sich u.a. damit befaßte, „den gesamten Aktienbesitz von in der Inflationszeit gegründeten Aktiengesellschaften zu verkaufen", Abschrift des Berufungsurteils des LG Berlin in der Prozeßakte, S. 6, vgl. dort auch Abschrift des erstinstanzlichen Urteils des AG Berlin-Mitte, S. 118 f. Der Berichterstatter, Reichsgerichtsrat Vogt, hielt „wegen der dem Senat fernliegenden Fragen des Aktienrechts ... den *Umlauf* der Sache für empfehlenswert; d.h. zur Kenntnisnahme und *etwaigen* Äußerung", erster Urteilsentwurf vom 19. Dezember 1929, S. 11. Senatspräsident Witt, der zuvor dem II. Zivilsenat angehört hatte, behandelte in seiner Stellungnahme vom 8. Januar 1930, S. 3 f., umfassend die in RGSt 64, 81, 83 f. verkürzt wiedergegebene Kontroverse zum Mantelkauf. „Über die Zulässigkeit solcher Geschäfte herrscht Streit. Das Kammergericht hat sie wegen Mißbrauchs der Gesellschaftsform nach § 138 Abs. 1 BGB. für nichtig erklärt. Die Fälle betrafen die G.m.b.H., enthalten aber auch Ausführungen hinsichtlich der A.G. ... Dagegen haben sich gewichtige Stimmen erhoben ... Das RG. hat allerdings wiederholt für zulässig erachtet, wenn die Veräußerung eines Unternehmens in die Form der Abtretung der gesamten Geschäftsanteile einer G.m.b.H. oder der Aktien einer Aktiengesellschaft stattfindet (E Z 112 S. 237; 118, 113, 120, 284). Aber in diesen Fällen handelte es sich in Wirklichkeit um die Veräußerung eines wirklich vorhandenen Unternehmens (Geschäfts), nicht eines bloßen Aktienmantels, um ihn für ein neues Unternehmen zu gebrauchen. Über die Frage, ob Veräußerungen bloßer Aktienmäntel [zulässig sind] – nach den Feststellungen [des Berufungsgerichts] kommt das hier allein in Betracht, hat soweit mir bekannt ist, das RG. sich noch direkt nicht ausgesprochen. Herr Präsident Mansfeld [II. Zivilsenat] hat mir das auch für die letzte Zeit bestätigt. Ich würde es deshalb nicht für zweckmäßig halten, wenn wir jetzt hier bestimmt Stellung nehmen. Allerdings bin ich der Auffassung, daß sich der ganz schroffe Standpunkt des Kammergerichts gegenüber der wirtschaftlichen Entwicklung kaum wird aufrecht erhalten lassen, u. daß man es immer auf die besonderen Umstände des Falls wird

der Handel mit Gesellschaftsmänteln eine höchst unerfreuliche Erscheinung unseres Wirtschaftslebens sei"[83]. Warum? Weil der Mantel es dem Erwerber ermöglicht, die Hürden zu umgehen, die das Gesetz für die Gründung einer Kapitalgesellschaft aufgestellt hat. So muß der Anteilserwerber weder Gründungskosten noch Mindestkapital aufbringen, auch wenn er einen ganz anderen Unternehmenszweck verfolgt als denjenigen, der ursprünglich bei der Eintragung der Gesellschaft angegeben wurde. Ein Beispiel frei nach Friedrich Dürrenmatt:[84] Bei der Gründung wurde als Unternehmensgegenstand die Herstellung von Geburtszangen angegeben. Der Mantelkäufer will aber keine Geburtszangen herstellen, sondern Maschinenpistolen. Er betreibt also ein ganz anderes Unternehmen als das ursprünglich angemeldete; es handelt sich wirtschaftlich um eine Neugründung des Unternehmens, ohne daß auch die unternehmenstragende Gesellschaft neu gegründet wird. Diese „wirtschaftliche Neugründung"[85] beschäftigt die Rechtsprechung in Deutschland noch

---

abstellen müssen. Praktisch werden zweifellos dergleichen Mantelverkäufe zu unlauteren Machenschaften benutzt werden u. die Verhältnisse des konkreten Falles bestätigen dies. Denn nimmt man die Art u. Weise dazu, wie die Umstellung der Aktiengesellschaft auf Goldmark u. die Bewertung der wenigen Vermögensstücke dabei erfolgt ist – m.E. war deshalb die ganze Umstellung nichtig –, so liegt die Annahme nahe, daß die Gesellschaftsform von Anfang an zu schwindelhaften Geschäften benutzt werden sollte. Jedenfalls haben wir als Strafrichter alle Veranlassung, die Gültigkeit solcher Machenschaften nicht ausdrücklich anzuerkennen, wenn sich das vermeiden läßt. … Ich möchte also die Frage der Zulässigkeit der Übertragung des Aktienmantels lieber dahingestellt lassen." Die Senatsmitglieder folgten dem, vgl. die Anmerkungen von Willhöfft (14. Januar 1930): „In der Sache selbst möchte ich, wie Herr Präsident, nicht ohne Not die Rechtsgiltigkeit [sic] des vorliegenden Scheingeschäfts anerkennen, viel eher Bedenken dagegen kurz andeuten."; Bender (17. Januar 1930): „Sachlich-rechtlich habe ich keine Bedenken. § 138 I BGB. scheint mir nicht gegeben zu sein."; Hettner (18. Januar 1930): „Bezüglich der allgem. Sachrüge möchte ich mit dem Herrn Präs. die Zulässigkeit der Übertragung des Aktienmantels nicht entscheiden."; Vogt: „In der aktienrechtlichen Frage bin ich dem Herrn Präsidenten für seine sachverständigen Ausführungen sehr dankbar. Sie haben mich vor allem davon überzeugt, daß es für uns als Strafsenat nicht rätlich ist, ohne Zwang in dieser heiklen Frage eine Vorentscheidung zu treffen." Neben den auch in RG JW 1934, 27 genannten Fundstellen zitierte Witt als „gewichtige Stimmen" noch Friedländer (1926, 22, 134); Fuld (1926, 206) und Becher (1927, 163). Für den Abdruck wollte Vogt auf die Nachweise verzichten, jedoch antwortete Witt: „Die Zitate möchte ich stehenlassen, mindestens wird es wünschenswert sein, bei einem eventuellen Abdruck in einer Note darauf hinzuweisen.", so geschehen in RGSt 64, 81, 83. Zu den Biographien der beteiligten Richter Schaaf, in: Lobe (1929, 346, 348, 382 f., 385, 387).

[83] KG JW 1925, 635, 637.

[84] Dürrenmatt (1955, 16 f.); ders. (1985, 169 ff.).

[85] Der Begriff wurde wohl erstmals im Zusammenhang mit der Goldbilanzverordnung genannt, hierzu Breit (1925 b, 394 ff.); Flechtheim, in: Düringer/Hachenburg (1932–1934),

heute. Sie gilt zwar nicht mehr als Verstoß gegen Gesetz und gute Sitten. Wer aber einen neuen oder gebrauchten Mantel kauft oder verwendet, muß das etwa bereits verbrauchte Stammkapital der Gesellschaft wieder auffüllen und sich der registergerichtlichen Kontrolle unterziehen.[86] Dahinter steht die Erwägung, daß ein neues Unternehmen für den Geschäftsbeginn neues Kapital benötigt.[87] Was in Geburtszangen investiert wurde, steht für Maschinenpistolen nicht mehr zur Verfügung.

Bis zur Inflation hatte offenbar niemand Anstoß an den Mänteln genommen.[88] Bis dahin hatte es sich allerdings auch noch nicht um ein Massenphänomen gehandelt.[89] Erst die Sorge, daß mit fortschreitender Geldentwertung das gesetzliche Mindestkapital massiv angehoben werden könnte, löste eine Welle von Mantelgründungen auf Vorrat aus.[90] Joachim Heinsch, Regierungs-

---

§ 178 Anm. 6. Zur Verwendung des Begriffs in der neueren Rechtsprechung Begriff Goette (2004 a, 462); ders. (2004 b, 28).

[86] BGH, 9. Dezember 2002 – II ZB 12/02 – NJW 2003, 892; 7. Juli 2003 – II ZB 4/02 – NJW 2003, 3198. Hierzu Goette (2004 a, 461); ders. (2004 b, 26 ff.). Zur Entwicklung der Rechtsprechung Karsten Schmidt (2004 b, 1346 f.).

[87] Für die Vorratsgesellschaft Goette (2004 b, 28), für die Mantelverwendung ders. (2004 a, 466).

[88] Vgl. Breit (1925 a, 636): „*Kein Mensch* war vor dem Beschlusse [des Kammergerichts] v. 3. Juli 1924 auf den Gedanken verfallen, daß die Verwendung eines sog. leeren Mantels ein *sittenwidriger* Akt sei. Es wird kaum einen Notar geben, der nicht schon irgend einmal einen Mantelkauf beurkundet hätte. Jetzt erfährt er zu seinem Erstaunen, daß er sich zur Beurkundung eines die gute Sitte verletzenden Geschäfts hingegeben hat." Allerdings beschrieb schon das Handelskammergutachten (Verein [1891, 105]) kritisch den Fall, daß eine Gesellschaft, welche die Herstellung von Dampfkesseln betreiben wolle, eine winzige stilliegende Eisengrube kaufe, mit dieser Grube eine bergrechtliche Gewerkschaft gründe und diese als Kesselfabrik betreibe. Keine steuerpflichtige Neugründung sah jedoch der Reichsfinanzhof, 17. Juli 1919 – II A 142/19 – RFHE 1, 126, in der Umwandlung eines stillgelegten Bergwerksunternehmens in die Mitteleuropäische Schlaf- und Speisewagen Aktiengesellschaft (Mitropa).

[89] Fuld (1926, 206): „Der Erwerb des Mantels einer GmbH. hat in den ersten Jahrzehnten der Geltung des GmbH.-Gesetzes ebensowenig eine wirtschaftlich erhebliche Rolle gespielt wie die Einmanngesellschaft, erst unter dem Einfluß der Aenderung der Wirtschaftsverhältnisse, insbesondere während der Inflationszeit hat sowohl diese wie jener eine gewisse Bedeutung erlangt, welche jetzt allerdings schon wieder wesentlich abgeschwächt ist." Zuvor bereits Fuld (1925, 312).

[90] So beschrieben bei KG JFG 1, 200, 201; Crisolli (1934, 937). Vgl. auch das Gutachten von Dr. Max Koch, Syndikus der Industrie- und Handelskammer Stuttgart, vom November 1937, Bundesarchiv R 3002 Reichsgericht Bibliothek Nr. 721, „*wie sich der Schwabe die G.m.b.H.-Reform denkt*" (S. 1), mit Zahlen über Zuwachs von AG und KG in der Inflationszeit (S. 12): „*Das Massensterben der G.m.b.H.* a) Für den Mißbrauch einer Rechtsform ist der einzelne Unternehmer, seine wirtschaftliche Lage, ferner der allgemeine Zeitgeist, und die

rat beim Statistischen Reichsamt, sagte 1937 im GmbH-Ausschuß der Akademie für Deutsches Recht:

„Nur bis 1923 hatten wir genaue statistische Untersuchungen auf Grund einer GmbH.-Kartei. Damals ist die Statistik zusammengebrochen, weil es unmöglich war, die Tausende von Gründungen noch irgendwie auf Karteien aufzuzeichnen. Wir mußten daher die Arbeit einstellen.“[91]

Tatsächlich erfolgte Ende 1922 eine Anhebung für die GmbH auf 500.000 Mark.[92] Bei Aktiengesellschaften wurde im Mai 1923 erstmals ein Mindestbetrag festgesetzt, und zwar auf 5 Millionen Mark.[93] Gesellschaften, die vor dieser Anhebung bereits mit den viel geringeren alten Beträgen ins Handelsregister eingetragen worden waren, also auch die Vorratsgesellschaften, mußten das Kapital jedoch nicht auf den neuen Betrag erhöhen.[94] Außerdem waren die neuen Werte bei Inkrafttreten des Gesetzes bereits weit überholt. Max Hachenburg schrieb zur GmbH: „Der Kapitalbetrag hörte im Verlauf der Inflation überhaupt auf, irgendwelche Rolle zu spielen“[95]; er war „allmählich eine durchaus fiktive Größe geworden“[96]. Ähnlich hieß es bei James Breit für die Aktiengesellschaft: „Die Gründung von Gesellschaften war … schließlich mit einem so geringen Aufwand von Mitteln möglich, daß den grotesken Wirkun-

---

allgemeine Wirtschaftslage verantwortlich. b) Drei Fünftel aller A.G.'s wurden in der unglücklichen, ungesunden Nachkriegszeit gegründet; um 60 % haben die G.m.b.H.'s während der Inflation in Württemberg zugenommen. Die beiden Gesellschaftsformen ermöglichten die Einschränkung des persönlichen Risikos in der Zeit des Zahlentaumels der Papiermark, die keinen wirtschaftlichen Masstab mehr bot.“ Vergleichszahlen bei Heinsch (9. Juni 1937), in: Schubert (1986 b, 23).

[91] Heinsch (9. Juni 1937), in: Schubert (1986 b, 23). Vgl. auch Feine (1929, 13 Fn. 1). Erst ab 1935 nahm das Statistische Reichsamt die Statistik mit Unterstützung der Reichsjustizministeriums wieder auf, Bundesarchiv R 3001 RJM Generalia Nr. 10657 (3501/1), Bl. 52 ff. (19 ff. und passim), hierzu Stupp (2002, 89 ff.).

[92] Gesetz zur Änderung des Gesetzes, betreffend die Gesellschaften mit beschränkter Haftung vom 24. Dezember 1922 (RGBl. I 1923, S. 22).

[93] Gesetz über den Mindestbetrag des Grundkapitals von Aktiengesellschaften und Kommanditgesellschaften auf Aktien vom 12. Mai 1923 (RGBl. I, S. 289). Anders als der Regierungsentwurf zum AktG 1965 (Kropff [1965, 22]) meinte, war das Mindestkapital bei der AG also schon kurz vor der Goldbilanzverordnung eingeführt worden.

[94] Hachenburg (1926 b), Einleitung zu § 5. Vgl. demgegenüber § 2 Abs. 2 EGAktG 1937 und zur GmbH-Novelle 1980 Art. 12 § 1 Abs. 1 des Gesetzes zur Änderung des Gesetzes betreffend die Gesellschaften mit beschränkter Haftung und anderer handelsrechtlicher Vorschriften vom 4. Juli 1980 (BGBl. I 1980, S. 836), sowie für den Fall der wirtschaftlichen Neugründung unten Fn. 101.

[95] Hachenburg (1926 b), Einleitung zu § 5.

[96] Hachenburg (1926 b), Novelle vom 28. Juni 1926, Anm. 1.

gen durch eine Notverordnung entgegengetreten werden mußte."[97] Die Mühe war vergebens: Auch die neuen 500.000 Mark- oder 5 Millionen Mark-Gesellschaften konnte man problemlos auf Vorrat gründen, wenn ein Brot eine Milliarde oder mehr kostete.[98]

Nach der Stabilisierung der Währung durch die Einführung der Rentenmark[99] ging der Gesetzgeber mehrfach gegen den Verfall des Mindestkapitals und damit gegen die Mantelkäufe vor[100]. Alte Gesellschaften waren zwar grundsätzlich privilegiert, da ihre Kapitalziffer unter den neuen Mindestbeträgen bleiben durfte. Sie verloren dieses Privileg jedoch, wenn sie ihre wirtschaftlichen Verhältnisse maßgeblich änderten und der Mantel zu ‚eng' wurde.[101] Wer also statt Geburtszangen künftig Maschinenpistolen herstellen wollte, mußte das Kapital deutlich erhöhen. Allerdings läßt sich eine wirtschaftliche Neugründung nicht immer so leicht feststellen. Die Aversion des Gesetzgebers gegen Mantelkäufe[102] trug daher viele Zweifel in das Gesetz[103].

---

[97] Breit (1925 b, 214).

[98] Klemperer (1996 a, 753), Eintrag vom 22. Oktober 1923: „Der Dollar springt täglich um Milliarden – Sonnabend waren es 17 –, die Preise gehen mit, das Brod [sic] kostet 1½ Milliarden."

[99] Haffner (1939/2000, 66); Nörr (1988, 20); Winkler (1998, 237 f.); Ambrosius, in: North (2000, 309 ff.); Wehler (2003, 247). Zur wechselnden Bezeichnung der deutschen Währung Hachenburg (1925, 167).

[100] Neue Mindestkapitalia brachten §§ 10, 17 der Verordnung über Goldbilanzen vom 28. Dezember 1923 (RGBl. I S. 1253); Art. I Nr. 1 des Gesetzes zur Änderung des Gesetzes, betreffend die Gesellschaften mit beschränkter Haftung vom 28. Juni 1926 (RGBl. I S. 315); § 7 Abs. 1 AktG 1937.

[101] § 42 Abs. 1 der Zweiten Verordnung zur Durchführung der Verordnung über Goldbilanzen vom 28. März 1924 (RGBl. I S. 385), hierzu Breit (1925 b, 394 ff.); Art. II Abs. 2 Satz 2 des Gesetzes vom 28. Juni 1926 (Fn. 100), hierzu RT-Drucks. III. Wahlperiode 1924/26 Nr. 2354, S. 2, Hachenburg (1926 b), Novelle vom 28. Juni 1926 Anm. 5 ff., und Becker (1927, 46 ff.); § 2 Abs. 1 EGAktG 1937, hierzu die Amtliche Begründung bei Klausing (1937, 9) sowie Schlegelberger/Quassowski (1937), § 2 EGAktG Rn. 4. Vgl. aus der Rechtsprechung etwa die Beschlüsse des KG, 13. Januar 1927 – 1 X 889/26 – GmbHR 1927, 246; 27. Januar 1927 – 1 X 911/26 – GmbHR 1927, 185; 4. November 1926 – 1 X 708/26/10 – GmbHR 1927, 485, 486 f.

[102] Neben den in Fn. 101 genannten Vorschriften erschwerte auch das Gesetz über die Auflösung und Löschung von Gesellschaften und Genossenschaften vom 9. Oktober 1934 (RGBl. I S. 914) den Handel mit Gesellschaftsmänteln, da vermögenslose Gesellschaften auch von Amts wegen gelöscht werden konnten (§ 2). Waren Registerrichter so machtbewußt und ‚mantelavers' wie Crisolli und Groschuff (hierzu Wrobel [1985] sowie unten Fn. 137 ff.), so konnte das Löschungsgesetz ihrer „Rechtsprechung eine klare gesetzliche Grundlage schaffen und ihr den weiteren Weg … ebnen", Amtliche Begründung zum Löschungsgesetz bei Crisolli/Groschuff/Kaemmel (1935, 142; dort zu Gesellschaftsmänteln 155 ff.), vgl. Stupp (2002, 83 f.). Vor dem Löschungsgesetz war die Amtslöschung wegen

James Breit verallgemeinerte diese Zweifel schon 1925:

„Das gesamte Privatrecht befindet sich heute – in erster Linie natürlich infolge der Wirkungen der Inflation – in einem Zustande der Gärung. Es ist für den Rechtsberater kaum noch möglich, in irgendeiner verwickelter liegenden Rechtsfrage einen zuverlässigen Rat zu erteilen. Kein Einsichtiger wird verkennen, daß die Schuld nicht Personen, sondern die Verhältnisse tragen.“[104]

„Die Verhältnisse“ und ihre Wirkung auf Personen sind wohl von niemandem so schonungslos beschrieben worden wie von Sebastian Haffner: „Einer ganzen Generation ist damals ein seelisches Organ entfernt worden: ein Organ, das dem Menschen Standfestigkeit, Gleichgewicht, freilich auch Schwere gibt, und das sich je nachdem als Gewissen, Vernunft, Erfahrungsweisheit, Grundsatztreue, Moral oder Gottesfurcht äußert.“[105] Nötig war also eine ‚Organtransplantation‘, die sich viele Deutsche bekanntlich von der falschen Seite

Vermögenslosigkeit verschiedentlich auf § 31 Abs. 2 HGB gestützt worden, was jedoch nicht allgemein anerkannt war, vgl. Pinner, in: Staub (1933), § 292 Anm. 23. Vgl. auch die Beratungen im Ausschuß für GmbH-Recht vom 9. Juni 1937 bei Schubert (1986 b, 20 ff.).

[103] Zweifelsfälle bei Breit (1925 a, 638 f.); Becker (1927, 49 ff.).

[104] Breit (1925 a, 639). James Breit (1872–1936), Rechtsanwalt am OLG Dresden, habilitierte sich 1924 an der Kulturwissenschaftlichen Abteilung der Technischen Hochschule Dresden und war dort an der Kulturwissenschaftlichen Abteilung von 1925 bis 1934 als Honorarprofessor mit einem Lehrauftrag für Wirtschafts- und Steuerrecht tätig, u.a. Kommentator der Goldbilanzverordnung und der §§ 355–367 HGB im Düringer/Hachenburg, Mitbegründer der Juristischen Rundschau, Angaben nach Göppinger (1990, 219) und nach einer Auskunft des Archivs der Technischen Universität Dresden. Breit ist mehrfach in den Tagebüchern Victor Klemperers beschrieben, z.B. Eintrag vom 24. Juni 1924, Klemperer (1996 a, 830): „Habilitation Breit. Von seiner Probevorlesung über Goldmarkrechnung bei Aktiengesellschaften verstand ich so viel, daß sie mir zu kindlich vorkam.“ Klemperer nahm auch an der Beerdigung Breits teil, Klemperer (1995, 311 f.), Eintrag vom 9. Oktober 1936. Die Trauerrede hielt der abgesetzte Schriftleiter der Juristischen Wochenschrift, Julius Magnus (zu diesem Göppinger [1990, 253, 375]). Magnus beklagte u.a. die tags zuvor angeordnete „Säuberung der Bibliotheken“ von Autoren jüdischer Herkunft. Hier bezog sich Magnus offenbar auf die Tagung der von Carl Schmitt geleiteten Reichsgruppe Hochschullehrer im NS-Rechtswahrerbund über „Das Judentum in der Rechtswissenschaft“, vgl. die Ansprachen von Hans Frank und Carl Schmitt sowie das „Gelöbnis“ der Teilnehmer, in: Das Judentum in der Rechtswissenschaft (1936, 7, 10, 15, 29, 35), Deutsches Recht 1936, 393 ff.; Mitteilungsblatt des National-Sozialistischen Rechtswahrerbundes 1936, 132, 216; hierzu Sinzheimer (1938, 11 f.), Hofmann (1988, 223, 237 f.); Göppinger (1990, 153 ff., 166 ff.); Rüthers (1990, 97 ff.); Koenen (1995, 708 ff.); Gross (2000, 120 ff.); Busse (2000, 580). Klemperer hatte 1926 „die Hoffnung auf eine Berufung“ in Köln ausgerechnet – und vergeblich – auf Carl Schmitt gestützt, dem er mehrfach begegnet war: „Schmitt in Bonn, der Staatsrechtler, will für mich eintreten“, Eintrag vom 17. November 1926, Klemperer (1996 b, 306).

[105] Haffner (1939/2000, 53).

versprachen, darunter auch der spätere Vizepräsident des Reichsgerichts Eugen Kolb. Im Aktienrechtsausschuß der Akademie für Deutsches Recht sprach er 1934 aus, was viele Angehörige der aus Weimar ins „Dritte Reich" übernommenen Eliten[106] dachten:

„[Ich] glaube …, daß es in erster Linie auf eine gesinnungsmäßige Sanierung ankommt. Das ist eine allgemeine Staatsaufgabe und wir dürfen die Hoffnung haben, daß der totale Staat nichts versäumen wird, hier gründlich Wandel zu schaffen und labilen Naturen, die in sich selbst nicht die nötigen Hemmungen haben, solche von außen her durch entsprechende Maßnahmen zu setzen."[107]

Eine solche ‚Therapie' hatte Sebastian Haffner ganz sicher nicht gemeint.[108] Diese Vorstellungen setzten jedoch an denselben Symptomen an, die auch

[106] Vgl. Stolleis (1989, 8) über das „gegenseitige Aufeinanderangewiesensein des national gesinnten Bildungsbürgertums und des NS-Regimes": „Weiten Kreisen dieses Bürgertums erschien die Zerschlagung des sich selbst blockierenden Weimarer Parteienstaates und der Übergang zu einem autoritären nationalen Regime wie eine Erlösung." Zu dieser Einstellung dürfte beigetragen haben, daß die „bescheidenen Vermögenswerte des beamteten Bildungsbürgertums" von der Inflation „vermutlich weithin zerstört" worden waren, Wehler (2003, 248 f.). Vgl. aus Sicht des Hochschullehrers Klemperer (1996 a, 761): „Im Übrigen geht es mir seit Einführung der Gold- u. Rentenmark schlecht. … [E]s hat sich Bettelarmut herausgestellt. Unzulänglichste Zahlungen, unzulänglichste Reserven." Zur (auch finanziellen) Situation der beamteten Richter vor 1933 Weinkauff (1968, 21), zu Weinkauffs Überblick über die Justiz im Nationalsozialismus Rückert (1999, 184 ff.). Über die „typische Verlaufskurve der Einstellung zum Regime" Stolleis (2004, 18 f.)

[107] Kolb (9. Februar 1934), in: Schubert (1986 a, 69). Das Zitat ist der ersten Äußerung Kolbs im Ausschuß entnommen. Im weiteren vemied Kolb solche politisch-programmatischen Aussagen. Eugen Kolb, geboren 1879 in Besigheim, gestorben 1954 in Stuttgart, Reichsgerichtsrat seit 1926, Senatspräsident seit Februar 1937, Mitglied der NSDAP seit 1. Mai 1937, trotz Empfehlung des Reichsgerichtspräsidenten Bumke nicht Mitglied der Akademie für Deutsches Recht, aber Mitglied in deren Ausschüssen für Aktien- und GmbH-Recht, Vizepräsident des Reichsgerichts seit 1942, stellte im Mai 1945 den „Stillstand der Rechtspflege" fest, floh im Juni 1945 aufgrund einer Warnung und mit Rücksicht auf seine Familie vor den sowjetischen Truppen nach Württemberg, wurde im September 1945 in Besigheim verhaftet und für ein Jahr auf der Festung Hohenasperg inhaftiert, nach seiner Entnazifizierung Hilfsarbeiter im Württembergischen Justizministerium. Angaben nach der Personalakte Bundesarchiv RG/PA Nr. 467, Band 1; Schaaf, in: Lobe (1929, 387); Schubert (1986 b, XXI); Glöckner (1994, 440). Für ihre darüber hinausgehenden Auskünfte danke ich herzlich der Tochter Eugen Kolbs, Dr. med. Elisabeth Kolb, Besigheim, und deren Nichte, Rechtsanwältin Claudia Kohleiss-Rottmann, Rheinfelden.

[108] Vielmehr beklagte Haffner (1939/2000, 71), daß „in Deutschland nur eine Minderheit … etwas vom Leben versteht und etwas mit dem Leben anzufangen weiß – … ein Tatbestand, der Deutschland grundsätzlich ungeeignet zur demokratischen Regierungsweise macht – dieser Grundtatbestand hatte durch die Ereignisse von 1914 bis 1924 eine furchtbar bedrohliche Zuspitzung erfahren".

unverdächtige Zeugen wie Haffner und Klemperer beschrieben hatten: einem Gefühl der Instabilität, das alle Lebensbereiche, die ‚große' Politik ebenso wie das ‚kleine' Privatrecht, ergriffen hatte.
Das Kapitalgesellschaftsrecht blieb davon nicht verschont; spekulativ formuliert: Ohne die Inflation hätte es keine Diskussion über Gesellschaftsmäntel gegeben, wäre das Mindestkapital nicht in den Sog dieser Diskussion geraten, hätte es auch kein Mindestkapital bei Aktiengesellschaften[109] gegeben. Ein besonders hohes Mindestkapital war für den Export von GmbH-Recht von Anfang an nur bedingt geeignet. Heute verliert der Transfer des Mindestkapitalsystems noch mehr von seiner Wirkung. So hat Frankreich die Kapitalziffer auf einen symbolischen Euro gesetzt, ohne den Verlust an Gläubigerschutz an anderer Stelle zu kompensieren.[110] Deutschland ist – vielleicht ein unbewußtes Erbe der Inflationszeit – noch nicht dazu bereit.[111]

II. Sacheinlagen

Läßt sich die Inflationsrechtsprechung auch als Krisenbewältigung beschreiben, die nach dem Ende der Inflation schon mangels geeigneter Fälle abebbte[112], so blieb doch der ‚Phantomschmerz' der Krise erhalten und prägte – nunmehr ideologisch grundiert – Rechtsprechung und Gesetzgebung, die in den 30er Jahren im Kapitalgesellschaftsrecht vor allem den Mißbrauch bekämpfen wollten. Dies gilt zunächst für ein Gläubigerschutzinstrument, das im ursprünglichen deutschen GmbH-Gesetz nicht enthalten war, wohl aber in Parallelgesetzgebungen des Auslands: die Wertprüfung von Sacheinlagen und die Haftung für überbewertete Sacheinlagen.
Wer eine Gesellschaft gründet, muß sie mit dem Kapital ausstatten, das für jeden einzelnen Gesellschafter im Gesellschaftsvertrag vereinbart ist. Das Gesetz gibt hierbei wie gesehen eine Mindesthöhe vor. Die Gründer können der Gesellschaft Geld zur Verfügung stellen oder Sachwerte einbringen. Hierbei gibt es ein Problem: ‚Bargeld lacht', aber Sachwerte können trügen. Außer in

---

[109] Allerdings beruhte der Erlaß des ungarischen GmbH-Gesetzes kausal auf der Festsetzung eines gesetzlichen Mindestgrundkapitals bei der ungarischen Aktiengesellschaft im Jahre 1925, Hajnal (1930, 293). Diese Festsetzung begünstigte zudem den Handel mit alten AG-Mänteln, Hajnal (1930, 297 Fn. 7). Zur Belebung der GmbH durch ein höheres AG-Mindestkapital in Deutschland nach 1937 Gierke (1941, 218) sowie in der Schweiz nach 1992 unten Fn. 184.
[110] Kritsch wegen der ungeklärten Folgefragen Wachter (2005 b, 47).
[111] Vgl. oben Fn. 54.
[112] Dies belegen Klemmer (1996, 49 ff.); Rückert (1994, 295 f.); ders. (1996, 212 ff.); Haferkamp, in: HKK (2003), § 138 Rn. 8; ders., in: HKK (voraussichtlich 2006), § 242 Rn. 57 ff., 67 f.

Zeiten der Inflation gibt es bei Bargeldeinlagen kein Bewertungsproblem; 1 Euro ist 1 Euro. Sehr viel schwieriger ist die Frage zu beantworten, was die Sacheinlage des Gesellschafters wert ist, z.B. ein alter Traktor, ein Patent zur Herstellung von Geburtszangen oder eine Forderung. Wer soll den Wert dieser nicht in Geld bestehenden Einlagen feststellen? Wer soll haften, wenn sich später herausstellt, daß der eingebrachte Gegenstand bei Gründung weniger wert war als der hierfür angesetzte Betrag?
Die deutsche Aktiennovelle von 1884 hatte eine strenge Haftung der Gründer eingeführt. Vorausgegangen war die Gründerkrise der 1870er Jahre.[113] Der wirtschaftliche Aufschwung nach dem gewonnenen Krieg gegen Frankreich äußerte sich in einem Investitionsboom. Seit 1870 konnten Aktiengesellschaften ohne staatliche Konzession gegründet werden.[114] Die Gesellschaften schossen also wie Pilze aus dem Boden und saugten das Kapital spekulationsbereiter Bürger auf.[115] Oftmals handelte es sich um Schwindelgründungen.[116] Im Extremfall konnte die Gesellschaft gar kein Unternehmen betreiben, weil etwa die Gründer einer angeblichen Bergwerksaktiengesellschaft wertlose Grundstücke ohne die behaupteten Rohstoffvorkommen eingebracht hatten.[117] Die Verluste der Aktionäre beliefen sich auf mehr als eine halbe Milliarde der damals noch nicht entwerteten Mark.[118] Heinrich Thöl prägte das Wort vom „Actienunrecht"[119], und der große Jhering sah in den Aktiengesellschaften „die Quelle des Uebels": „Die Verheerungen, die [die Actiengesellschaften] im Privatbesitz angestiftet haben, sind ärger, als wenn Feuers- und Wassersnoth, Misswachs, Erdbeben, Krieg und feindliche Occupation sich verschworen hätten, den Nationalwohlstand zu ruiniren."[120] Die Reaktion des Gesetzgebers auf die Gründerkrise war besonnener. Seit 1884 mußte der Wert

---

[113] Hierzu Nipperdey (1993, 250, 284 f.); Wehler (1995, 97 ff.); Henning (1996, 792 ff.).
[114] Gesetz vom 11. Juni 1870 (BGBl. S. 375), hierzu Schubert (1981 b, 285 ff.). Zur Paralleldiskussion in Österreich Kalss (2003, 89 ff.); Kalss/Burger/Eckert (2003, 155 ff.).
[115] Eine prägnante Beschreibung gab Hachenburg, in: Düringer/Hachenburg (1932–1934), Einl. I Anm. 2.
[116] Die typischen Fälle beschreiben Kalss/Burger/Eckert (2003, 134 ff.); zeitgenössisch hierzu das Gutachten des Reichs-Oberhandelsgerichts von 1877 bei Schubert/Hommelhoff (1985, 160 ff.).
[117] So etwa im Fall ROHG, 7. Oktober 1875 – 816/75 – ROHGE XVIII, 180.
[118] Hommelhoff (1985, 55 f.).
[119] Thöl (1877). Freilich ging es hier nicht um eine Schwindelgründung, sondern um Aktionärsrechte.
[120] Jhering (1877, 228 mit Kolumnentitel 229). Zum Kontext des Zitats Ogorek (1986, 105 f.).

von Sacheinlagen bei der Gründung geprüft und dokumentiert werden.[121] Für Überbewertungen hafteten die Gründer als Gesamtschuldner.[122]
Nur acht Jahre später – „in einer Zeit ..., wo man eine wahre Virtuosität darin besitzt, Rechtsformen mißbräuchlich auszunutzen“[123] – verzichtete man für das GmbH-Gesetz auf eine solche Prüfung und Haftung[124]. Die neue Gesellschaftsform sollte den Teilhabern mehr Freiheiten bringen. Die Gesellschafter durften selbst bestimmen, welchen Wert ihre Einlage haben solle. Für eine besondere Haftung[125] sah der Gesetzgeber kein Bedürfnis. Eine GmbH hat typischerweise weniger Gesellschafter als eine Aktiengesellschaft; GmbH-Anteile sind schwieriger zu übertragen als Aktien. Der Gesetzgeber meinte daher, die wenigen Gesellschafter würden im eigenen Interesse darauf achten, daß nur werthaltige Sacheinlagen eingebracht würden, da sie sich mit wertlosen Einlagen vor allem selbst schaden würden.[126] Die Gläubiger sollten mittelbar von dem Eigeninteresse der Gesellschafter profitieren.[127]
Im Ausland hatte man zumindest ab den zwanziger Jahren offenbar weniger Vertrauen in die Redlichkeit der Gesellschafter.[128] Die frühen GmbH-Ableger in Portugal und Österreich waren noch ohne eine Haftungsvorschrift ausgekommen.[129] In Bulgarien, Ungarn, Frankreich und Liechtenstein sowie nach

[121] Art. 209g, 209h ADHGB 1884.
[122] Art. 213a ADHGB 1884.
[123] Bähr (1892, 225).
[124] Kritisch bereits Staub (1903, 40).
[125] D.h. neben dem allgemeinen Deliktsrecht, vor allem der sittenwidrigen vorsätzlichen Schädigung nach § 826 BGB, hierzu RG, 16. Februar 1901 – I 377/00 – Holdheims Monatsschrift 10 (1901), 142 (noch zum Preußischen ALR); 5. März 1914 – II 657/13 – RGZ 84, 332; 2. November 1920 – II 168/20 – RGZ 100, 175, 177; Brodmann (1930), § 5 Anm. 5a. Vgl. auch RG, 22. März 1902 – I 402/01 – JW 1902, 259 f.
[126] GmbHG-Entwurf (1891, 27, 51 f.). Einen Ausgleich sollte die anteilige Solidarhaftung nach §§ 24, 31 GmbHG bieten, GmbHG-Entwurf (1891, 39 f.). Die Struktur der GmbH ist freilich ambivalent: „Grade [sic] bei der begrenzteren Zahl und engeren Verbindung“ der GmbH-Gesellschafter ist auch die Kollusionsgefahr größer, GmbHG-Entwurf (1891, 68).
[127] So auch schon die Aktiennovelle 1884, vgl. Hommelhoff (1985, 83 f.); Entwurfsbegründung bei Schubert/Hommelhoff (1985, 415 f.), bestätigt durch die Begründung zum GmbHG-Entwurf (1891, 39).
[128] Vgl. für die Schweiz das Protokoll der Expertenkommission (1926, 520): Mit der Solidarhaftung (vgl. unten Fn. 184) „wird dem Schwindel entgegengetreten, der andernortes mit den Apports getrieben wird“.
[129] Molitor (1927, 44). Freilich schrieb Großmann-Doerth (1931, 210 Fn. 3a): „So bunt [wie in Deutschland] ist es in Österreich niemals zugegangen, und überdies hat dort die Rechtsprechung gelegentlich gebremst (s. Pisko-Schlesinger, HGB., A. 1 zu § 6 Ges.m.b.H.-G., S. 576)“.

den Entwürfen von Belgien, Italien und der Schweiz hafteten hingegen alle Gesellschafter oder zumindest die Gründer für den Wert der Sacheinlagen, zum Teil unabhängig von einem Verschulden.[130] Hierdurch erhielten frühere Forderungen nach einer Haftung auch in Deutschland[131] neuen Auftrieb. Nach der Inflation konnten Gesellschaften nicht mehr mit wertlosem Papiergeld gegründet werden, also bediente man sich wieder und verstärkt wertloser[132] Sacheinlagen. Nicht überraschend, kam es zu einem Transfer der ausländischen Lösungen in die deutsche Reformliteratur.[133]
Nach 1933 änderte sich mit dem Regime auch der Tonfall. Vorschläge zur Abschaffung der GmbH wurden mit einem gewissen Eifer vorgetragen.[134] So

---

[130] Überblick bei Molitor (1927, 44 f.); Großmann-Doerth (1931, 211 ff.); Hallstein (1938/39, 411 ff.); näher Drouets (1925 a, 48 ff.); ders. (1925 b, 101 ff.); Hachenburg (1926 a, 20); Lepargneur (1926, 38 ff.); Pottier (1926, 182); Pic/Baratin (1927, 210 ff., 265 ff.); Piot (1927, 26 ff.); Mossa (1927, 57 f.); Hajnal (1930, 307 f.); Kuncz (1930 a, 53); ders. (1930 b, 377).

[131] Hachenburg (1909, 31 ff.); kritisch Neukamp (1909, 420 f.); differenzierend Liebmann (1902, 329); ders. (1910, 678 f.); Fränkel (1915, 274 ff.); Hollaender (1915, 99 f.).

[132] Vgl. daneben das Problem der verschleierten (nicht notwendig überbewerteten) Sacheinlagen. Das Bedürfnis für verschleierte Sachgründungen war bei der GmbH zunächst wohl geringer als bei der AG, weil keine Gründungsprüfung erforderlich war und Vorschriften zur Nachgründung fehlten. Vgl. allerdings schon RG, 25. Mai 1898 – I 60/98 – RGZ 41, 120, 125. Große Bedeutung erhielten die verschleierten Sachgründungen offenbar erst durch die schon mit Kriegsbeginn einsetzende Inflation, die es erleichterte, mit geringem Aufwand entweder formal sehr hochkapitalisierte oder aber viele kleine Gesellschaften auf Vorrat zu gründen, zum statistischen Rückgang der ‚echten' Sachgründungen zwischen 1914 und 1923 Großmann-Doerth (1931, 213 ff.). Als sich die Gründer an diese ‚Leichtigkeit' gewöhnt hatten, erschien schon die Pflicht zur Veröffentlichung der (frei angesetzten) Sacheinlagewerte als lästig, hierzu Schmalenbach (1928, 91); Bondi/Winckler (1929, 341); Feine (1929, 105 f.); Kolb (10. Dezember 1937), in: Schubert (1986 b, 224).

[133] Vgl. die Nachweise in Fn. 130. Zurückhaltender war man innerhalb und außerhalb Deutschlands mit einer präventiven Kontrolle, d.h. mit der Prüfung der Sacheinlagen schon bei Gründung. Eine Prüfung wie bei der Aktiengesellschaft sei zu teuer und ineffektiv. Zudem würde sie gerade die immateriellen Werte der Gesellschaft öffentlich machen und hierdurch der Konkurrenz nützen, Hachenburg (1909, 28 f.); Liebmann (1910, 677); Crüger (1914, 28); Pitreich (1914, 316); Hollaender (1915, 78 ff.), Heilbrunn (1917, 84); Chapsal (1925, 32); Molitor (1927, 47–49); Hallstein (1938/39, 413). Für eine Gründungsprüfung in Deutschland Dalberg (1911, 42) und Fränkel (1915, 271 f.). Eine gesetzliche Regelung schuf Liechtenstein (Art. 639 Abs. 3 des Personen- und Gesellschaftsrechts) für den Sonderfall der Einmannverbandsperson, Kurzer Bericht (1926, 40). Großmann-Doerth (1931, 211) verwies auf den tatsächlichen Zwang zur Gründungsprüfung in Frankreich, Ungarn und der Schweiz: Hier sei „die Haftung für richtige Sacheinlagenbewertung so geregelt, daß nur leichtfertige Gründer auf eine Gründungsrevision von dritter Seite werden verzichten können".

[134] Vgl. die Nachweise oben in Fn. 20.

schrieb Werner Bachmann, Sachverständiger im Aktienrechtsausschuß der Akademie für Deutsches Recht, im Jahre 1935:

„Das GmbH.-Gesetz ist liberal und hat seine stärkste Anwendung im Zeitalter des Neo-Liberalismus der Nachkriegszeit erlebt. Es war nicht mehr das Unternehmungsrecht der Erfinder, der Gläubiger, der Kolonialpioniere und der Wohltäter, es wurde die bevorzugte Rechtsform für Schwindelgründungen, Verschiebebahnhöhe, Dachgesellschaften, waghalsige Spekulationsunternehmungen, kurz der Deckmantel zum Konkursbetrug.“[135]

Nachdem die Akademie für Deutsches Recht 1937 auch einen Ausschuß für GmbH-Recht eingesetzt hatte, ging es etwas sachlicher zu.[136] Allerdings war die Freiheit der Gesellschafter, nach eigenem Gutdünken der Sacheinlage einen Wert beizulegen, mit den Anschauungen des „totalen Staates“ nicht mehr zu vereinbaren. Besonders schwer wog, daß dem Registerrichter die Hände gebunden waren. Karl-August Crisolli, selbst Registerrichter[137], machte seinem Ärger darüber, „[w]ie geradezu grotesk die Verhältnisse bei den G.m.b.H. liegen“, an ‚prominenter‘ Stelle Luft, nämlich in dem von Hans Frank 1935 herausgegebenen „Nationalsozialistischen Handbuch für Recht und Gesetzgebung“. Das Kammergericht hatte kurz zuvor die bis dahin allgemein anerkannte Auffassung bestätigt, daß der Registerrichter den Wert einer Sacheinlage nicht nachprüfen dürfe. Zur Begründung erklärte das Gericht, „es bestehe für die Bewertung der Sacheinlagen bei den G.m.b.H. völlige Vertragsfreiheit der Gesellschafter.“[138] Da Crisollis offiziöse Kritik nicht vereinzelt blieb[139], machten Kammergericht und Reichsgericht dieser Freiheit 1937 ein Ende, als sie den Registerrichter ohne besondere Vorschrift auch bei der GmbH für be-

---

[135] Bachmann (1935, 1121); Biographie bei Schubert (1986 a, LI).

[136] Zu den Ausschußberatungen Schubert (1985 b, 70 ff.); ders. (1986 b, XI ff.); Stupp (2002, 218 ff.). Der zumeist eher nüchterne Ton im Ausschuß sollte über den nationalsozialistischen Hintergrund mancher Ausschußmitglieder nicht hinwegtäuschen, vgl. etwa zum Ausschußvorsitzenden Klausing die Biographie bei Schubert (1986 b, XI Fn. 29, XX). So beklagte Klausing (1937, 34*) in seiner Einleitung zum Aktiengesetz, unter anderem „der starke Anteil volksfremder Autoren“ habe, auch wenn „von einer vollkommenen Beherrschung der deutschen Aktienrechtswissenschaft durch das Judentum“ nicht die Rede sein könne, „schließlich das Vertrauen auch in die aktienrechtliche Forschung und Lehre weitgehend erschüttert“.

[137] Hierzu Wrobel (1985, 75 ff.); zu Crisollis Reformvorstellungen Stupp (2002, 50 ff.).

[138] Crisolli (1935, 1155) unter Hinweis auf KG, 8. März 1934 – 1 b X 28/34 – JW 1934, 1124, 1125.

[139] Das Kammergericht (Wiedergabe bei RGZ 155, 211, 214) zitierte Groschuff (1934, 1124); Crisolli (1935, 2900), Herbig (1936, 332) und Baumbach (1936), § 5 Anm. 4C. Das Reichsgericht (218) hob Crisolli hervor. Zu Groschuff Wrobel (1985, 75 ff.); zu Herbig Schubert (1986 b, XIX).

rechtigt und verpflichtet erklärten, erheblichen Bedenken gegen die Bewertung von Sacheinlagen nachzugehen[140]. Es handelte sich hierbei um einen Binnentransfer[141] aus dem neuen deutschen Aktienrecht[142], das den Gerichten ausdrücklich als Vorbild diente[143].
Nach dem gleichen Muster nahm das Reichsgericht zwei Jahre später einen Gründungsgesellschafter wegen vorsätzlicher oder grob fahrlässiger Überbewertung der Sacheinlagen in die Haftung.[144] Dies ähnelte der Rechtslage in

[140] RG, 20. Juli 1937 – II B 3/37 – RGZ 155, 211, 214 f., 218. Anders als zu den Revisionssachen sind zu den Beschwerdeverfahren die Prozeßakten nicht überliefert. Die beteiligten Reichsgerichtsräte Veltman und Schulze sind ersichtlich aus der Sammlung sämtlicher Erkenntnisse des Reichsgerichts in Zivilsachen, II. Zivilsenat, 2./3. Quartal 1937, Nr. 22, Bibliothek des Bundesgerichtshofs. Zu Schulze unten Fn. 177. Gerhard Veltman, geboren 1871 in Berlin, gestorben 1945 in Leipzig, Reichsgerichtsrat seit 1921, Ruhestand seit 1937, Mitglied der Deutschnationalen Volkspartei bald nach ihrer Gründung bis Anfang 1930, danach der Volkskonservativen Partei bis 1931, nicht Mitglied der NSDAP, Angaben nach Schaaf, in: Lobe (1929, 384) und der Personalakte im Bundesarchiv R 3002 RG/PA Nr. 1014, Band 1.

[141] An ausländischen Lösungen konnte sich die Rechtsprechung offenbar nicht orientieren, vgl. Großmann-Doerth (1931, 211 Fn. 14) und Hallstein (1938/39, 413 Fn. 3) unter Berufung auf Scialoja, in: Commisione ministeriale (1922, 234 ff.), gegen Molitor (1927, 48) und dessen Interpretation der italienischen Entwürfe; hierzu Casiccia (1927, 91 f., 95).

[142] § 31 Abs. 2 AktG 1937, der „im bisherigen Aktienrecht kein Vorbild“ hatte, Schlegelberger/Quassowski (1937), § 31 Rn. 1. Amtliche Begründung bei Klausing (1937, 28): „Bisher war das Gericht nicht in der Lage, bei ungünstigem Prüfungsergebnis die Eintragung abzulehnen. Diesen unwürdigen Zustand, der der Stellung des Registergerichts als Wahrer des Rechts und Schützers der Öffentlichkeit nicht gerecht wurde, beseitigt Abs. 2.“

[143] RGZ 155, 211, 215; Kolb (10. Dezember 1937), in: Schubert (1986 b, 214): „Der augenblickliche Rechtszustand ist der, daß der Registerrichter für berechtigt und verpflichtet angesehen wird, auch bei der GmbH., wenn erhebliche Bedenken hinsichtlich der Bewertung der Sacheinlagen auftauchen, ihnen nachzugehen; vgl. etwa den Beschluß des 2. Zivilsenats des RG. v. 20.7.37 = RGZ. 155, S. 211. Insoweit wäre also für die GmbH. schon jetzt die Rechtslage ähnlich wie für die Aktiengesellschaft gemäß § 31 Abs. 2 AktG.“ Zu dieser Zeit war Kolb, der dem II. Zivilsenat seit 1926 angehört hatte, Senatspräsident des V. Zivilsenats (seit Februar 1937), bevor er im Mai 1938 die gleiche Funktion beim II. Zivilsenat übernahm. Im Ausschuß blieb die Übernahme der registerrichterlichen Prüfung nach § 31 AktG 1937 ohne Bedenken, „zumal die Praxis schon dahin neigt, danach zu verfahren“, Klausing (10. Dezember 1937), in: Schubert (1986 b, 217).

[144] RG, 25. Januar 1939 – II 94/38 – RGZ 159, 321, 336. Die Prozeßakte, die auch eine Abschrift des Berufungsurteils enthält, ist im Bundesarchiv überliefert (R 3002 Nr. 6523). Vorbild im Aktienrecht war § 39 AktG, der im wesentlichen § 202 HGB 1897 entsprach. Das OLG Kiel hatte in seinem Berufungsurteil (S. 26) eine Analogie noch abgelehnt: „Es ist in dieser Hinsicht auch keine analoge Anwendung der Vorschriften des § 39 des Aktiengesetzes vom 30. Januar 1937 (früher § 202 HGB) möglich, wonach die Gründer unter gewissen Voraussetzungen solidarisch auch für fahrlässig der Gesellschaft zugefügte Schä-

Bulgarien, Ungarn, Frankreich und der Schweiz.[145] Ein Zusammenhang läßt sich hier zumindest für die Schweiz belegen.[146] Walter Hallstein, der dem Ausschuß für GmbH-Recht eine umfassende rechtsvergleichende Studie vorgelegt hatte[147], hielt dem später für das Reichsgerichtsurteil zuständigen Senatspräsidenten Kolb das schweizerische Recht entgegen, um den Gesellschaftern einen Entlastungsbeweis zu gestatten[148]. Kolb hatte zunächst eine verschuldensunabhängige Haftung favorisiert.[149] Wohl unter dem Eindruck der

den haften. In dieser Hinsicht hat schon lange Zeit hindurch ein in die Augen springender Unterschied zwischen der Aktiengesellschaft und der G.m.b.H. bestanden; ein Unterschied, mit dem die Öffentlichkeit auch rechnete. Wenn der Gesetzgeber den Rechtsgedanken des § 202 HGB auch für Gesellschaften m.b.H. angewendet wissen möchte, so hätte er schon lange, spätestens bei Schaffung des neuen Aktiengesetzes, Wandel schaffen können und müssen." Anders RGZ 159, 321, 336: „Wollte man ... einen Ersatzanspruch der Gesellschaft verneinen, so würde dies mit dem Grundsatz der Ehrlichkeit der Gründungsvorgänge, dem nach heutiger Rechtsauffassung weitgehend Geltung verschafft werden muß, nicht zu vereinbaren sein. Das gilt, obwohl diese Gedankengänge im Gesetz betr. die Gesellschaften mbH. noch keinen ausdrücklichen Niederschlag gefunden haben, wie dies in § 39 des Aktiengesetzes schon geschehen ist. Soweit früher eine andere Auffassung vertreten worden sein sollte, wird daran nicht festgehalten."

145 Hier variierte allerdings der erforderliche Grad des Verschuldens ebenso wie der Kreis der Haftenden (Gründer und/oder Gesellschafter), vgl. die Nachweise in Fn. 130. Ähnlich differenzierte die deutsche Rechtsprechung. Für die Schadensersatzhaftung der Gründer verlangte das RG(Z 159, 321, 336) Vorsatz oder grobe Fahrlässigkeit, während der BGH, 14. März 1977 – II ZR 156/75 – BGHZ 68, 191, 195 ff., für die Differenzhaftung des Sacheinlegers ohne subjektive Elemente auskam. Die unterschiedlichen Voraussetzungen betrafen also verschiedene Schuldner und verschiedene Rechtsfolgen. Diese Unterschiede sind bereits angedeutet in den Ausschußberatungen vom 10. Dezember 1937 bei Schubert (1986 b, 201 ff.) sowie in Boesebecks (1939, 434, 436 f.) Anmerkung zu RGZ 159, 321. Boesebeck, der selbst dem Ausschuß für GmbH-Recht angehörte (Schubert [1986 b, XV, 204]), vertrat in seiner Anmerkung die Position Kolbs (Fn. 149). Auch der Referentenentwurf 1939 sah eine verschuldensunabhängige Differenzhaftung vor (§ 23 Abs. 1), die aber erst 1980 kodifiziert wurde (§ 9 Abs. 1 GmbHG).

146 Vgl. Stupp (2002, 256 ff.).

147 Als Vortrag vom 28. Oktober 1937 bei Schubert (1986 b, 161 ff.); umfassender dann Hallstein (1938/39, 341 ff.). Ausländische Vorbilder wurden auch an anderer Stelle oft in die Ausschußberatungen einbezogen, vgl. den Indexeintrag „Ausländisches GmbH-Recht" bei Schubert (1986 b, 623).

148 Hallstein (10. Dezember 1937), in: Schubert (1986 b, 202). Hierzu das Protokoll der Expertenkommission (1926, 520). Ähnlich, aber ohne Beweislastumkehr bereits Liebmann (1902, 329); Fränkel (1915, 276).

149 So formulierte Kolb (10. Dezember 1937), in: Schubert (1986 b, 205), in Anlehnung an die ständige Rechtsprechung zur Nichtigkeit von Bilanzen im Ausschuß folgenden Grundsatz: „Es kommt darauf an, ob die Bewertung der Sacheinlage im Augenblick des Einbringens nach dem Urteil kaufmännischer Sachverständiger kaufmännisch vertretbar war. Dann

Ausschußberatungen[150] akzeptierte er jedoch, daß Reichsgerichtsrat Frings[151] die aktienrechtliche Gründerhaftung auf die GmbH übertrug[152].
Der auf den Ausschußarbeiten beruhende Referentenentwurf des Reichsjustizministeriums von 1939 ging in puncto Gründungsprüfung und Gründerhaftung weit über die ausländischen Vorläufer und die deutsche Rechtsprechung hinaus.[153] Die eigentliche Novelle im Jahre 1980 veränderte das alte Ge-

---

ist die Sache in Ordnung." Ähnlich insoweit die Formulierung in RGZ 159, 321, 336, jedoch abweichend in bezug auf das Verschulden: „Weiter aber ist subjektiv [dieses Wort fehlt in RGZ, ergänzt nach der Prozeßakte, Fn. 144, Bl. 38, 50] erforderlich, daß der Einbringer ... sich ... der ... unzulässigen Überbewertung bewußt war oder daß er sie infolge grober Fahrlässigkeit nicht erkannt hat." Demgegenüber hatte Kolb (201 f.) gemeint: „Wenn die Haftung für den Wert der Sacheinlagen auf den Fall des Verschuldens beschränkt ist, dann hat sie praktisch nicht sehr viel Wert. Wie soll den Gesellschaftern ein Verschulden nachgewiesen werden, wenn die Gesellschaft nach einer Reihe von Jahren zusammenbricht? Die Haftung wird solchenfalls dann nur praktisch werden, wenn durch die Ueberbewertung ein eklatanter Betrug begangen worden ist."

[150] Die Ausschußmehrheit neigte nach langer Diskussion (Schubert [1986 b, 201–217]) am 10. Dezember 1937 dazu, den Gesellschaftern einen Entlastungsbeweis für die ordnungsmäßige und sorgfältige Bewertung der Sacheinlagen zu gestatten. Diese Beweislastverteilung ist in RGZ 159, 321, 336 zwar nicht ausgesprochen, dürfte aber durch den Hinweis auf § 39 AktG 1937 vorausgesetzt sein.

[151] Heinrich Frings, geboren 1885, gestorben 1946 im sowjetischen Lager Mühlberg/Elbe, Reichsgerichtsrat seit 1934, Bruder des Kölner Erzbischofs Joseph Kardinal Frings, Mitglied der Zentrumspartei von 1906 bis 1933, nicht Mitglied der NSDAP, seit Mai 1945 „Mitglied der von der amerikanischen Militär-Regierung eingesetzten und von dem sowjetischen Kriegskommandanten bestätigten Reichsgerichts-Kommission", Angaben nach der Personalakte Bundesarchiv R 3002 RG/PA Nr. 248 Band 1; Schaefer (1957, 250).

[152] Die Prozeßakte (Fn. 144) enthält ein Gutachten von Frings (15. Januar 1939) mit umfänglichen Anmerkungen von Kolb (19. Januar 1939) und dessen weiteren Erläuterungen (20. Januar 1939) sowie das eigentliche Votum von Frings für die mündliche Verhandlung vom 21. Januar 1939. In seinem ursprünglichen Gutachten (S. 12) hatte Frings noch mit wenigen Worten – von Kolb unbeanstandet – die Auffassung des Berufungsgerichts (Berufungsurteil S. 20–26) bestätigt, daß keine Haftung wegen Überbewertung der Sacheinlage bestehe. Erst das Votum (Bl. 37 R-39 der Prozeßakte) enthielt dann die Ausführungen des endgültigen Urteils (Bl. 49 R-50 R der Prozeßakte), die dann in RGZ 159, 321, 335 ff. veröffentlicht wurden. Ein Grund für diesen Sinneswandel ist der Akte nicht zu entnehmen. Allerdings waren Kolb und Frings befreundet und unternahmen oft lange Spaziergänge miteinander, Auskunft von Dr. Elisabeth Kolb (Fn. 107).

[153] Die in Fn. 149 beschriebene grundsätzliche Gründerhaftung sollte die obligatorische Gründungsprüfung entbehrlich machen, die jedoch vom RJM befürwortet wurde und daher in den Referentenentwurf einging, vgl. das von Friedrich am 22. Oktober 1937 abgezeichnete Arbeitspapier für die Ausschußsitzung am 27./28. Oktober 1937, Bundesarchiv RJM Generalia Nr. 10657 (3510/1), Bl. 181 f. (124 f.); Schreiben von Quassowski an

setz dann wesentlich weniger als zunächst geplant.[154] Die stabile Wirtschaft sorgte offenbar für mehr Vertrauen; eine aufwendige Prüfung durch externe Gutachter wie bei der Aktiengesellschaft wurde nicht für nötig gehalten. Übrig blieben die Prüfung durch den Registerrichter und die Haftung des Gesellschafters für die Überbewertung seiner Sacheinlage. Beides ging auf die Rechtsprechung zurück, die parallel zur ausländischen Regelung das bis 1980 bestehende Vakuum gefüllt hatte.[155]

III. Eigenkapitalersetzende Darlehen

Das gesetzliche Mindestkapital ist nur ein pauschaliertes Startkapital, das schnell verbraucht ist. Ohne Kapital ist die Gesellschaft selbstverständlich nicht lebensfähig. Die Gesellschaft muß sich also durch Einlagen oder Nachschüsse der Gesellschafter, Kredite von Dritten oder die Erträge aus laufenden Geschäften finanzieren. Erwirtschaftet die Gesellschaft nicht genug, müssen die Gesellschafter die insolvente Gesellschaft auflösen oder neues Geld bereitstellen. Dieses Geld ist aber für die Gesellschafter verloren, soweit es erforderlich ist, um die im Gesellschaftsvertrag vereinbarte Kapitalmenge zu erhalten. Statt der Gesellschaft das nötige Geld zu ‚schenken', können die Gesellschafter der Gesellschaft ein Darlehen gewähren. Sie verschaffen sich damit die Stellung eines außenstehenden Kreditgebers, der sein Geld zurückfordern kann.

An diese Form der Finanzierung hatte der Gesetzgeber 1892 offenbar nicht gedacht. Die damit bezweckte ‚elastische' Kapitalversorgung der Gesellschaft sollte statt dessen über Nachschüsse erfolgen, die einen wesentlichen Rechtfertigungsgrund für die Schaffung einer neuen Gesellschaftsform darstellten.[156] Da jedoch auch die Festsetzung und Rückforderung von Nachschüssen gesetzlichen Beschränkungen unterworfen wurde[157], suchten (und fanden) die Gesellschafter den flexibleren Weg von Darlehensgewährung und Gebrauchsüberlassung[158].

Klausing vom 27. November 1937, a.a.O., Bl. 202 (145); Schlegelberger (1939, Sp. 5); Schubert (1985 b, 88, 99, 158 f.); ders. (1986 b, XIV, 201 ff.); Stupp (2002, 253 ff.).

[154] Hierzu Priester (1992, 169).

[155] Vgl. bereits Fn. 145.

[156] Hierzu die Nachweise oben in Fn. 28.

[157] So bis heute vor allem § 26 Abs. 2 (dispositiv) und § 30 Abs. 2 GmbHG.

[158] Fränkel (1915, 103 f.); Molitor (1927, 65); Wieland (1931, 315); Hommelhoff/Kleindiek (1992, 423, 431).

Lange Zeit konnten die Gesellschafter die so begründeten Forderungen noch in der Insolvenz zum Nachteil der externen Gläubiger geltend machen, obwohl hier die Gläubigerinteressen grundsätzlich Vorrang vor den Interessen der Gesellschafter haben (sollten). Als Ende der zwanziger Jahre die Reform der deutschen GmbH im Kontext des ausländischen Rechts diskutiert wurde, gab es keine gesetzliche Regelung über Gesellschafterdarlehen.[159] In Belgien legte Félix Paridant mit seinem Entwurf von 1925 erstmals einen Artikel vor, der Gesellschafterforderungen in der Insolvenz ganz allgemein hinter die Forderungen der externen Gläubiger zurückstufte.[160] Der Gesellschafter sollte nicht mit anderen Gläubigern um die zumeist leichtgewichtige Insolvenzmasse konkurrieren können. Ähnliche Reformideen hatte es schon zuvor in Deutschland gegeben[161]; sie waren jedoch nicht verwirklicht worden. Im Rechtsvergleich der Weimarer Zeit wurde Paridants Vorschlag kontrovers beurteilt[162]; heute gehört er zum Standardrepertoire in vielen europäischen Ländern[163].

Der Gesellschaftsrechtssenat des Reichsgerichts hat sich dieses Problems ab 1937 mehrfach angenommen.[164] Der Zeitpunkt ist aus mehreren Gründen auffällig. Im Oktober desselben Jahres hatte Jugoslawien die erste gesetzliche Vorschrift geschaffen, die Gesellschafterdarlehen im Konkurs zurückstufte.[165] Auch wenn dies in Deutschland erst später bekannt geworden sein sollte[166], lag die Frage doch offenbar ‚in der Luft'[167]. Im Steuerrecht hatte der Gesetz-

---

[159] Vgl. Molitor (1927, 57 f., 65); Großmann-Doerth (1931, 229); Hallstein (1938/39, 411 Fn. 6).

[160] Paridant (1925, 70, 91).

[161] Dalberg (1911, 52 f.); ders. (1912, 612); Fränkel (1915, 287).

[162] Kritisch Molitor (1927, 57 f.); ähnlich wie Paridant aber Dreher (1931, 49 ff., 82 f.).

[163] Vgl. den Überblick über die im einzelnen abweichenden Regeln bei Huber (2005, 184).

[164] RG, 12. Oktober 1937 – II 51/37 – RGZ 156, 23 = Prozeßakte Bundesarchiv R 3002 Nr. 6261; 16. November 1937 – II 70/37 – JW 1938, 862 = Prozeßakte Nr. 6279; 22. Oktober 1938 – II 58/38 – RGZ 158, 302 = JW 1939, 229 = Prozeßakte Nr. 6489; 3. Dezember 1938 – II 84/38 – JW 1939, 355 = Prozeßakte Nr. 6513; 23. Dezember 1939 – II 108/39 – Prozeßakte Nr. 30462; 7. Februar 1940 – II 140/39 – Prozeßakte Nr. 30494; 13. Januar 1941 – II 88/40 – RGZ 166, 51 = Prozeßakte Nr. 30606. Die Urteile betreffen GmbH- und AG-Fälle.

[165] § 440 des Handelsgesetzes für das Königreich Jugoslawien vom 5. Oktober 1937.

[166] Hallsteins Referat für die Ausschußsitzung vom 28. Oktober 1937 (Schubert [1986 b, 161 ff.]) erwähnte die Vorschrift noch nicht, anders die spätere Schriftfassung, Hallstein (1938/39, 411 Fn. 6).

[167] Vgl. im November 1937 die Reformvorschläge von Koch (wie Fn. 90), S. 16 f.: „*Stammkapital und Darlehen*: Häufig wird ein niederes Stammkapital ausgewiesen und ausserdem von den Anteilseignern Darlehen an die G.m.b.H. gegeben. Wirschaftlich betrachtet ist das Darlehen Betriebskapital und Stammvermögen, aber rechtlich gesehen ist es eine besonders

geber kurz zuvor erneut gehandelt[168], und es war nur eine Frage der Zeit, bis es – wie auch später üblich[169] – zu einem Transfer in das Gesellschaftsrecht kommen würde. Eugen Kolb, langjähriges Mitglied und späterer Präsident des Gesellschaftsrechtssenats, war spätestens durch die Sitzungen im GmbH-Ausschuß der Akademie für Deutsches Recht für die Probleme der Gesellschafterdarlehen sensibilisiert.[170] Der Ausschuß beriet praktisch zur gleichen Zeit über die Gesellschafterdarlehen, zu der auch das Reichsgericht darüber entschied.[171] Kolb kannte die offizielle Meinung des Reichsjustizministeriums, die Wilhelm Friedrich im Ausschuß so formuliert hatte:

„Bei der Darlehensgewährung von Gesellschaftern an die Gesellschaft sind nach unseren Erfahrungen recht erhebliche Mißbräuche zutage getreten. Im Konkurs ist es sehr oft so gewesen, daß neben zahlreichen Gläubigern mit verhältnismäßig kleinen Forderungen einer der Gesellschafter mit einer sehr großen Darlehensforderung stand, mit der er alle anderen ausschaltete. Das hat man im Volke nicht verstanden; mit einem volkstümlichen Recht ist es auch kaum zu vereinbaren.“[172]

---

geschützte Geldeinlage des Anteilseigners, die im Normalfalle durch die Notwendigkeit der Verzinsung den Jahresertrag der G.m.b.H. schmälert und im Konkursfalle als Schuld der Gesellschaft den Gläubigern, insbesondere den Lieferanten, entzogen wird. Es wird deshalb vielfach mit Recht verlangt, dass die Ansprüche der Anteilseigner im Konkurs allen anderen Gläubigern nachfolgen sollen, es sei denn, dass es sich um Dienstverträge oder Lieferungsverträge handelt. Ausserdem sollten die Darlehen von Gesellschaftern und Geschäftsführern an die G.m.b.H. gesondert in der Bilanz ausgewiesen werden.“

[168] § 3 Kapitalverkehrsteuergesetz vom 16. Oktober 1934 (RGBl. I S. 1058). Zur vorausgegangenen Lage Fränkel (1915, 104 f.); Molitor (1927, 65); Dreher (1931, 52 ff.), für Österreich frühzeitig Munk (1907, Sp. 154 f.), hierzu Dalberg (1911, 53).

[169] Vgl. das bekannte Wort von Wiedemann (1980, 23), das Steuerrecht sei eine „unerwünschte Rechtsquelle des Gesellschaftsrechts“, und die Bestandsaufnahme von Westermann (1987, 697).

[170] Vgl. die Beiträge von Ebbecke in den Sitzungen vom 9. Juni 1937 und 24. September 1937 (in Abwesenheit von Kolb) und die ausführliche Beratung am 11. Dezember 1937, Schubert (1986 b, 39, 92, 244 ff., 624 „Gesellschafterdarlehen“). Zusammenfassend zu den diesbezüglichen Ausschußberatungen Hommelhoff/Kleindiek (1992, 425 ff., 431); Stupp (2002, 264 ff.).

[171] Vgl. die Daten in Fn. 164. Auch während der kurzen Zeit, in der Kolb dem II. Senat nicht angehörte (Fn. 143), hat er die Rechtsprechung des Senats offenbar verfolgt. So verwies er in der Sitzung vom 10. Dezember 1937 (Schubert [1986 b, 201]) auf die ständige Rechtsprechung zu Pfändbarkeit, Aufrechenbarkeit, Abtretbarkeit und Erlaß der Einlageforderung wegen bzw. mit einer eigenen vollwertigen Forderung (Nachweise in JW 1939, 355, 356). Dieses Problem spielte im ersten der Urteile zum Eigenkapitalersatz (RGZ 156, 23, vgl. Fn. 179) eine zentrale Rolle. Die Äußerung von Kolb steht allerdings im Zusammenhang mit der Frage, ob die Gläubiger auf die Gesellschafter wegen ausstehender Einlagen direkt zugreifen können sollen.

[172] Friedrich, in: Schubert (1986 b, 245); zu Friedrichs Biographie Schubert (1985 b, 85).

Nüchterner erklärte Kolb, „daß Gesellschafterdarlehen, die längere Zeit im Geschäft stehen bleiben, ihren Charakter als Drittgläubigerforderung verlieren, da sie wirtschaftlich Stammkapitalzwecke verfolgen".[173] Ob Kolb die Ergebnisse der Ausschußberatungen in die Urteile des II. Senats transferierte, läßt sich anhand der Prozeßakten nicht belegen.[174] Da aber neben Kolb weitere Senatsmitglieder verschiedenen Akademieausschüssen angehörten, darunter zwei Berichterstatter in Urteilen zu eigenkapitalersetzenden Darlehen[175], lag ein Austausch über die Beratungen nahe. Waren die Empfehlungen der Ausschüsse auch noch nicht Gesetz, so boten Rechtsfiguren wie Treu und Glauben oder gute Sitten genügend Platz dafür. Der Transfer des werdenden

---

[173] Kolb (11. Dezember 1937), in: Schubert (1986 b, 247) im Einklang mit dem Zitat aus RG JW 1939, 355 f., Fn. 179. In derselben Ausschußsitzung meinte Breska (Schubert [1986 b, 246, XVI]): „Bei dem größeren Spielraum, den die Rechtsprechung heute hat, werden Umgehungen viel leichter getroffen werden können als früher." Kritisch auch Hallstein (1938/39, 447) gegenüber „der über Gebühr hierin von der bisherigen Rechtsprechung geübten Zurückhaltung".

[174] Zumindest hat Kolb nach seiner Rückkehr in den II. Senat (Fn. 143) durch umfangreiche Anmerkungen zu den Voten der Berichterstatter regelmäßig Einfluß auf die Gründe genommen. Dabei kam es ihm neben inhaltlichen Änderungen auch darauf an, die Kontinuität der Rechtsprechung durch ein Zitat der jeweils letzten einschlägigen Entscheidung zu betonen, auch wenn er wie im Fall RG JW 1938, 862 an der Entscheidung selbst nicht beteiligt war. So schrieb Kolb zu dem Urteilsentwurf von Reichsgerichtsrat Schuster für RG JW 1939, 229: „Wäre aber die Doppeltgesellschaft so, wie geschehen, gegründet worden, um von vornherein das Haftungsrisiko der Gründer auf die Höhe des offensichtlich völlig unzureichenden Aktienkapitals zu beschränken, dann hätten wir m.E. den typischen Fall einer unsauberen Gesellschaftsgründung, wie er z.B. auch in JW 1938, S. 862[16] vorlag", Prozeßakte Nr. 6489, Stellungnahme Kolb vom 16. Oktober 1938, S. 2. Auch als Reichsgerichtsrat Weipert in seinem Votum zu RG JW 1939, 355 nur RG JW 1938, 862 zitiert hatte, ergänzte Senatspräsident Kolb das Votum durch einen Verweis auf das ähnlich begründete Urteil RG JW 1939, 229, 231, Prozeßakte Nr. 6513, Bl. 41. Otto Weipert, geboren 1874 in Heidelberg, gestorben 1961, Reichsgerichtsrat seit 1928, Mitglied der Zentrumspartei seit 1919, nicht Mitglied der NSDAP, Referat im Genossenschaftsrechtsausschuß der Akademie für Deutsches Recht für die Sitzung am 29./30. November 1938, Ruhestand seit 1939, 1948 kurzzeitig Präsident des VG Karlsruhe, Bearbeiter der an die Stelle von „Staub's Kommentar" getretenen HGB- und AktG-Kommentare, Angaben nach der Personalakte im Bundesarchiv RG/PA Nr. 1039, Band 1; Schubert (1989, 67 f.).

[175] Neben Weipert (Fn. 174) und Stumpf (Fn. 179) als Berichterstattern außerdem Hans Georg Neumerkel, geboren 1886 in Meerane/Sachsen, gestorben 1946 im sowjetischen Lager Mühlberg/Elbe, Reichsgerichtsrat seit 1936, NSDAP-Mitglied rückwirkend ab 1. Mai 1937 (Nr. 5823917, Beitrittserklärung vom 3. Januar 1938), Mitglied mehrerer Akademieausschüsse, Angaben nach der Personalakte im Bundesarchiv RG/PA Nr. 647, Band 1; Schaefer (1957, 250); Schubert (1989, 61 f.); ders. (1999, LI).

Rechts in die Rechtsprechung verlief also über die Generalklauseln.[176] Weil spezielle Normen über Gesellschafterdarlehen fehlten, mußten die Gerichte auf allgemeine Vorschriften zurückgreifen. In der Begründung flossen Gläubigerschutz[177], Rechtsmißbrauch entgegen Treu und Glauben sowie die sittenwidrige vorsätzliche Schädigung ineinander. Was die Gesellschafter als Darlehen gewährt hatten, behandelte die Rechtsprechung wie eine Einlage in das Gesellschaftsvermögen und entzog die Darlehen so dem Zugriff der Gesellschafter. Die Rückforderung des Darlehens sei ein Mißbrauch des GmbH-Rechts und „verstoße gegen den Grundsatz von Treu und Glauben um so mehr, als nach der Rechtsauffassung des neuen Deutschland für solche Machenschaften kein Raum mehr sei".[178] Damit sei „der Tatbestand einer nach

---

[176] Haferkamp, in: HKK (2003), § 138 Rn. 23 ff.; ders., in: HKK (voraussichtlich 2006), § 242 Rn. 71 ff.

[177] Der Ausschuß beriet über die Gesellschafterdarlehen unter der Überschrift „Erhaltung des Stammkapitals", Schubert (1986 b, 244). Dies beruhte auf einem Schreiben Quassowskis an Klausing vom 27. November 1937, Bundesarchiv Generalakten RJM Nr. 10657 (3510/1), Bl. 202 f. (145 f.), übereinstimmend mit den von Friedrich am 22. Oktober 1937 abgezeichneten, „im Zusammenhang mit § 30 zu treffen[den]" Vorschlägen für die Ausschußsitzung am 27./28. Oktober 1937, a.a.O., Bl. 178 f. (121 f.). Der Bezug zur Kapitalerhaltung ist beim Reichsgericht erstmals angedeutet in RGZ 166, 51, 61. Die nachträglich von Reichsgerichtsrat Schulze eingefügte Passage folgte offenbar einer Anregung von Reichsgerichtsrat Helber, Prozeßakte Nr. 30606 Bl. 52: „Und § 30 GmbHG? Durch die neuen Einschüsse sollte auch das alte, offenbar verlorene Ges.-Kap. wiederhergestellt werden." Näher Bl. 53 R: „In Höhe von 20000 RM folgt der Klaganspruch auch aus § 30 GmbHGstz., da der Beklagte … selbst vorträgt, die alte GmbH sei seit 1937 bankerott gewesen." Helber hatte den Vorsitz, da Kolb verhindert war, vgl. dessen Verfügung vom 2. Januar 1941 (unpaginiert in der Prozeßakte). Werner Schulze, geboren 1882 in Berlin, gestorben 1946 im sowjetischen Lager Mühlberg/Elbe, Schwiegersohn von Adelbert Düringer, Reichsgerichtsrat seit 1936, bis 1933 Mitglied der Deutschnationalen Volkspartei bzw. Volkskonservativen Vereinigung, nicht Mitglied der NSDAP, Angaben nach der Personalakte im Bundesarchiv RG/PA Nr. 911, Band 1; Schaefer (1957, 250). Friedrich Helber, geboren 1870 in Ilshofen, gestorben 1942 in Leipzig, Reichsgerichtsrat seit 1925, nicht Mitglied der NSDAP, Angaben nach der Personalakte RG/PA Nr. 351, Band 1; Schaaf, in: Lobe (1929, 386).

[178] OLG Zweibrücken vom 2. März 1937, als Vorinstanz zitiert in RG JW 1938, 862, 864. Vom Berufungsurteil ist in der Prozeßakte Nr. 6279 nur die letzte Seite erhalten.

Beweggrund, Inhalt und Ziel mit gesundem Volksempfinden unvereinbaren auf bewußte Schädigung anderer gerichteten Handlungsweise" erfüllt.[179]

---

[179] RG JW 1938, 862, 864. Es handelt sich um das erste RG-Urteil, das die Rückforderung des Darlehens ausschloß. Demgegenüber hatte RGZ 156, 23, 32 f. noch umgekehrt argumentiert: „Das Entstehen dieser [Darlehens-]Forderung hinderte gerade, daß wirtschaftlich der gleiche Erfolg eintrat wie bei Zahlung der Einlageschuld. … Das Darlehen konnte die Beklagte nach Maßgabe des Darlehnsvertrags zurückfordern, die Einlage nicht." Das Urteil RG JW 1938, 862 beruhte wesentlich darauf, daß es sich um eine seinerzeit unzulässige Einpersonengründung handelte. Indem sich der Gesellschafter „planmäßig zum Großgläubiger seines eigenen Unternehmens gemacht hat" und diese Forderungen gerichtlich geltend mache, verfolge er ein „sachlich nicht berechtigtes und mit gesundem Volksempfinden nicht zu vereinbarendes Streben" (865). In seinem Votum (Prozeßakte Nr. 6279, Bl. 45 R) hatte Reichsgerichtsrat Stumpf noch deutlicher formuliert: „Denn zu keiner Zeit hat gesundes Volksbewußtsein zugelassen, das Risiko eines Unternehmens, dessen Vorteile der Unternehmer allein ziehen wollte, unter Umgehung des Gesetzes durch Scheingeschäfte auf andere ab[zu]wälzen. Dazu führt aber die gewählte Gestaltung des Unternehmens unter allen Umständen dann, wenn der Kläger einen Teil der Verluste, die ihm das Unternehmen gebracht hat, als Forderungen gegen die Gesellschaft geltend macht, weil damit die Ansprüche der rechtmäßigen Gläubiger notwendig verkürzt werden." Im Urteil fehlte diese Passage. Senatspräsident Kiesow bekräftigte jedoch das Votum von Stumpf (a.a.O., Bl. 47): „Es geht nicht an, daß der ‚Einmann' nun auch noch diese Haftungsmasse schmälert, indem er Forderungen, die überhaupt nur durch die Strohmanngründung dazu werden konnten, zum Nachteil der Gläubiger geltendmacht. Was er in die Gesellschaft an Kapital steckt, kann in jedem Falle nur wie Eigenkapital der Gesellschaft behandelt werden; er kann bei sich selbst wirtschaftlich keinen Kredit aufnehmen." Ähnlich für die Aktiengesellschaft RG vom 3. Dezember 1938 – II 84/38 – JW 1939, 355 f. = Prozeßakte Nr. 6513, Bl. 41 (Votum von Weipert [Fn. 174]): „Es ist auch zu beachten, daß gerade die Einmanngesellschaft bisweilen dazu mißbraucht wird, um einer Einzelperson eine dem Gesetz und der heutigen Rechtsauffassung über die volle Verantwortlichkeit des wirklichen Unternehmers widersprechende Beschränkung der Haftung auf einen abgegrenzten Teil des Vermögens zu verschaffen. Zu diesem Zweck wird mitunter eine Kapitalgesellschaft mit einem verantwortlichen Kapital geschaffen, das für den von vornherein geplanten Umfang des Unternehmens viel zu klein ist. Der Geldgeber und wirkliche Inhaber und Beherrscher des Unternehmens gibt dann nach seinem Belieben das weiter erforderliche Kapital als Darlehen, um sich im Falle eines Mißerfolges die Rolle des Gläubigers zu verschaffen und mit den anderen Gläubigern Anspruch auf das Gesellschaftsvermögen zu erheben, während er als Gesellschafter hinter den eigentlichen Gläubigern zurücktreten mußte. Der Senat hat solchen Versuchen, da sie einen Mißbrauch darstellen, den Erfolg versagt und die angeblichen Darlehen als das behandelt, was sie in Wirklichkeit sind, nämlich Gesellschaftereinlagen." Daher kann „der Gesellschafter die angeblichen Forderungen nicht im gleichen Range mit den wirklichen Gläubigern im Konkurse der Gesellschaft geltend machen". Im 3. Revisionsurteil zu dieser Sache (23. Dezember 1939, II 108/39 – Prozeßakte Nr. 30462, Bl. 30 R-31 R, 41–42) ließ sich der Vorwurf des Rechtsmißbrauchs nicht erhärten. Gottfried Stumpf, geboren 1884 in Bütthard, Todesjahr nicht ermittelt, Reichsgerichtsrat seit 1937,

Wie von Schlegelberger angekündigt[180], verfolgte der Entwurf von 1939 ein insolvenzrechtliches Modell, das dem belgischen Entwurf und dem jugoslawischen Gesetz ähnelte, in Deutschland aber erst 1980 kodifiziert wurde. Danach mußten die „Gesellschafterdarlehen ... im Konkurse hinter die Forderungen der echten Gläubiger zurücktreten".[181] In diesen Jahrzehnten konnte die Rechtsprechung ihre eigene Lösung ausbauen, die Gesellschafterdarlehen wie Einlagen behandelte. Diese Lösung war 1980 dann so etabliert, daß sie sich durch die speziellen gesetzlichen Regeln nicht mehr verdrängen ließ.[182]

Mitglied der NSDAP seit 1. Mai 1933, SA-Oberscharführer, Mitglied der Gesellschaft für Rassenhygiene seit 1934, Mitglied im Handelsrechtsausschuß der Akademie für Deutsches Recht, ließ sich im Juni 1945 nach Bayern beurlauben und entging so der sowjetischen Verhaftungswelle, Angaben nach der Personalakte im Bundesarchiv RG/PA Nr. 966, Band 1; Schubert (1997, LV). Nach dem Krieg verfaßte Stumpf mehrere Formularbücher. Willhelm Kiesow, geboren 1881 in Oranienburg, gestorben 1938 in Leipzig, Geheimer Regierungsrat und Ministerialrat im RJM seit 1920, Senatspräsident am Reichsgericht seit 1933, weder vor noch nach 1933 Mitglied einer politischen Partei, von Reichsgerichtspräsident Bumke für den Ausschuß für Handelsstand und Handelsgeschäfte vorgeschlagen, Angaben nach der Personalakte RG/PA Nr. 444, Band 1; Schubert (1997, LI).

[180] Schlegelberger (1939, Sp. 5): „In Anlehnung an die im Steuerrecht entwickelten Grundsätze wird im Gesetz klarzustellen sein, daß Forderungen der Gesellschafter aus Darlehen im Konkurs der Gesellschaft hinter den Forderungen der übrigen Gläubiger zurückzutreten haben, wenn die Darlehen unter Umständen gewährt wurden, unter denen die Kapitalbeschaffung durch Kapitalerhöhung oder Einforderung von Nachschüssen das Gegebene gewesen wäre". Vgl. auch die Forderung von Hallstein (1938/39, 447), es sei Sache des Gesetzgebers, gegen diese „Bildungen der Wirtschaftspraxis" einzuschreiten und „solche Umwege ... zu verlegen". Zu den damaligen steuerrechtlichen Hintergründen oben Fn. 168.

[181] So die Formulierung von Ebbecke, in: Schubert (1986 b, 39, XVI).

[182] Zum Verhältnis von Rechtsprechungs- und Novellenregeln Ulmer, in: Hachenburg (1992), § 32 a, b Rn. 14.

D. Schluß

Die gezeigten ‚Dauerbaustellen' des deutschen GmbH-Rechts werden in einem Rechtstransfer beliefert, der Länder- und Zeitengrenzen überspringt. Die GmbH entstand als Reaktion auf die englische limited und wurde ein attraktiver Exportartikel. Wo das Ausland eigene Wege ging, wurde das deutsche Recht nach und nach durch ähnliche Lösungen ergänzt. Der jeweilige Zeitgeist unterstützte diese Lösungen mit Argumenten. Heute zwingt die limited erneut zu einer Reaktion. Daß sich ein Rechtstransfer hierfür anbietet, beschrieb Erich Molitor[183] schon 1927: „Wenn auch die internationale Rechtsangleichung bei der Verschiedenheit der Regelung der G.m.b.H. im Auslande nicht möglich sein wird, so wird doch eine möglichste Annäherung an das im Werden begriffene schweizerische Recht anzustreben sein."[184] Vermutlich hätte Molitor heute eine Annäherung an die „im Werden begriffene" Europäische Privatgesellschaft befürwortet.[185]

---

[183] Zu Molitor jüngst Becker (2005, 270 ff., 445 ff.).

[184] Molitor (1927, 76). Auch in den Beratungen der Akademie für Deutsches Recht hatte die Regelung der Schweiz die größte Resonanz, vgl. Schubert (1986 b, 193 f., 200 ff., 623), und fand partiell auch Eingang in den Referentenentwurf 1939, vgl. Stupp (2002, 317 f.). Das schweizerische Modell erlebte allerdings erst eine Erfolgsgeschichte, als die Aktiengesellschaft durch Anhebung des Mindestkapitals weniger attraktiv wurde, Forstmoser (2000, 374 f.). Die gegenwärtig anstehende Reform soll daher „zum Anlass genommen werden, um eine Reihe von *Lästigkeiten* und *helvetischen Ver(schlimm-)besserungen*, die bei der Übernahme des deutschen Vorbildes in der Zwischenkriegszeit erfolgten, zu beseitigen und gleichzeitig eine Annäherung an das Recht der EU zu erreichen", Meier-Hayoz/Forstmoser (2004, 488).

[185] Hierzu etwa Hommelhoff/Helms (2001); Fischer (2004, 737).

Literaturverzeichnis

Bibliothek des Bundesgerichtshofs Karlsruhe. Sammlung sämtlicher Erkenntnisse des Reichsgerichts in Zivilsachen. Signatur Z A 12030.

Bundesarchiv Berlin-Lichterfelde. Akten des Reichsgerichts (Bibliothek, Generalia, Personalia, Prozeßakten, Prozeßlisten). Signatur R 3002.

Bundesarchiv Berlin-Lichterfelde. Akten des Reichsjustizministeriums (Generalia). Signatur R 3001.

Altmeppen, Holger (2005): Änderungen der Kapitalersatz- und Insolvenzverschleppungshaftung aus „deutsch-europäischer" Sicht. NJW 2005, 1911–1915.

Bachmann, Werner (1935): Verbot oder Reform der GmbH? Die Deutsche Volkswirtschaft 1935, 1120–1123.

Bähr, Otto (1892): Gesellschaften mit beschränkter Haftung. Die Grenzboten 51/1. Vierteljahr (1892), 210–226.

Baumbach, Adolf (1936): Gesetz betr. die Gesellschaften mit beschränkter Haftung. Beck'sche Kurz-Kommentare in Baumbach'scher Erläuterungsweise Band 20. München – Berlin: Beck.

Becher, Carl (1926): Der Handel mit Aktien-Mäntel und G.m.b.H.–Mänteln. Zentralblatt für Handelsrecht 2 (1927), 163–165.

Becker, Karl (1927): Wirtschaftliche Neugründungen bei den GmbH. Zu Art. II Abs. 2 Satz 2 der GmbH-Novelle v. 28. 6. 26. GmbHR 1927, Sp. 46–53.

Becker, Martin (2005): Arbeitsvertrag und Arbeitsverhältnis während der Weimarer Republik und in der Zeit des Nationalsozialismus. Juristische Abhandlungen Band 44. Frankfurt am Main: Klostermann.

Blaurock, Uwe (2005): Das selbstgeschaffene Recht der Wirtschaft. Zum Gedenken an Hans Großmann-Doerth (1894-1944). Beiträge zur Ordnungstheorie und Ordnungspolitik Band 171. Tübingen: Mohr.

Boesebeck, Ernst (1939): Anmerkung zu RG, II. Zivilsenat, Urteil vom 25. Januar 1939, II 94/38. DR 1939, 434–437.

Bondi, Felix/Winckler, Ernst (1929): Die Praxis der Finanzierung bei Errichtung, Erweiterung, Verbesserung, Fusionierung und Sanierung von Aktiengesellschaften, Kommanditgesellschaften auf Aktien, Gesellschaften mit beschränkter Haftung, Bergwerken sowie Kolonialgesellschaften. Handbuch für Juristen, Nationalökonomen, Bankiers, Handelsgewerbetreibende, Industrielle, Kapitalisten, Gesellschaften usw. 7. Auflage. Berlin: Liebmann.

Breit, James (1925 a): Anmerkung zu den Beschlüssen des KG vom 3. Juli und 18. Dezember 1924. JW 1925, 635–639.

Breit, James (1925 b): Kommentar zur Goldbilanzverordnung und den Durchführungsverordnungen. II. Band. §§ 8–20 GBV. Berlin: Sack.

Brodmann, Erich (1930): Gesetz, betreffend die Gesellschaften mit beschränkter Haftung. Kommentar. 2. Auflage. Berlin – Leipzig: de Gruyter.

Busse, Christian (2000): „Eine Maske ist gefallen". Die Berliner Tagung „Das Judentum und die Rechtswissenschaft" vom 3./4. Oktober 1936. Kritische Justiz 2000, 580–593.

Byk, Rudolf (1924): Anmerkung zum Beschluß des KG vom 3. Juli 1924. JW 1924, 1535–1536.

Casiccia, Alessandro (1927): Le società a garanzia limitata nella legislazione comparata. Torino: Bocca.

Chapsal, F. (1925): Des sociétés a responsabilité limitée. Leur régime d'après la Loi du 7 mars 1925. Paris: Payot.

Crisolli, Karl-August (1934): Scheingründungen und Mantelverwertung. JW 1934, 936–940.

Crisolli, Karl-August (1935 a): Anmerkung zu KG, 11. April 1935 – 1 Wx 90/35. JW 1935, 2900.

Crisolli, Karl-August (1935 b): Das Recht der G.m.b.H. In: Frank, Hans: Nationalsozialistisches Handbuch für Recht und Gesetzgebung. München: Eher. 1155–1174.

Crisolli, Karl-August/Groschuff, Hans/Kaemmel, Ernst (1935): Umwandlung und Löschung von Kapitalgesellschaften auf Grund der Gesetze vom 5. Juli 1934 und 9. Oktober 1934 nebst den dazu ergangenen Durchführungsverordnungen. Leipzig: Moeser.

Crüger, Hans (1914): Empfiehlt es sich, das Recht der GmbH. einer Neuordnung zu unterziehen, und ist hierbei eine Vereinheitlichung des im Deutschen Reich und in Österreich geltenden Rechts zu erstreben? In: Verhandlungen des Zweiunddreißigsten Deutschen Juristentages. Erster Band: Gutachten. Berlin: Guttentag. 24–34.

Dalberg, Rudolf (1911): Kreditsicherung bei der Gesellschaft mit beschränkter Haftung. Volkswirtschaftliche Zeitfragen. Vorträge und Abhandlungen herausgegeben von der Volkswirtschaftlichen Gesellschaft in Berlin. Jahrgang XXXII. Heft 255/256. Berlin: Simion.

Dalberg, Rudolf (1912): 20 Jahre G.m.b.H. DJZ 1912, Sp. 611–615.

Dannemann, Gerhard (2005): Die britische Limited in rechtsvergleichender und kollisionsrechtlicher Perspektive. In: Schröder, Rainer (Hrsg.), Die GmbH im europäischen Vergleich. Symposion des Instituts für Notarrecht der Humboldt-Universität zu Berlin. Berlin: Lexxion. 11–25.

Das Judentum in der Rechtswissenschaft (1936): Ansprachen, Vorträge und Ergebnisse der Tagung der Reichsgruppe Hochschullehrer des NSRB. am 3. und 4. Oktober 1936. 1. Die deutsche Rechtswissenschaft im Kampf gegen den jüdischen Geist. Berlin: Deutscher Rechtsverlag.

Department of Trade and Industry (2001): Modern Company Law for a Competitive Economy. Final Report 2001, http://www.dti.gov.uk/cld/final_report/ch_1.pdf

Dreher, Friedrich (1931): Die Gesellschaft mit beschränkter Haftung. Ihr wirkliches Wesen und ihre wirtschaftliche Gestalt. Betriebswirtschaftliche Abhandlungen Band XVIII. Stuttgart: Poeschel.

Drouets, Georges (1925 a): La société a responsabilité limitée (Commentaire de la loi du 7 mars 1925). Paris: Recueil Sirey.

Drouets, Georges (1925 b): Traité théorique & pratique des sociétés a responsabilité limitée. Paris: Recueil Sirey.

Düringer, Adelbert/Hachenburg, Max (1932–1934): Das Handelsgesetzbuch vom 10. Mai 1897 (unter Ausschluß des Seerechts) auf der Grundlage des Bürgerlichen Gesetzbuchs. III. Band/1. Teil. Einleitung: Die Aktiengesellschaft im Leben der Wirtschaft und §§ 178–230a. 3. Auflage. Mannheim – Berlin – Leipzig: Bensheimer/Deutsches Druck- und Verlagshaus.

Dürrenmatt, Friedrich (1955): Grieche sucht Griechin. In: Dürrenmatt, Friedrich (1980): Werkausgabe in dreißig Bänden Band 21. Zürich: Diogenes.

Dürrenmatt, Friedrich (1985): Justiz. 2. Auflage. Zürich: Diogenes.

Eidenmüller, Horst (2005): Geschäftsleiter- und Gesellschafterhaftung bei europäischen Auslandsgesellschaften mit tatsächlichem Inlandssitz. NJW 2005, 1618–1621.

Eidenmüller, Horst/Engert, Andreas (2005 a): Die angemessene Höhe des Grundkapitals der Aktiengesellschaft. AG 2005, 97–108.

Eidenmüller, Horst/Engert, Andreas (2005 b): Rechtsökonomik des Mindestkapitals im GmbH-Recht. GmbHR 2005, 433–438.

Esser, Robert (1886): Die Gesellschaft mit beschränkter Haftbarkeit. Eine gesetzgeberische Studie. Berlin: Springer.

Feine, Hans Erich (1929): Die Gesellschaft mit beschränkter Haftung. In: Ehrenberg, Victor: Handbuch des gesamten Handelsrechts 3/III. Leipzig: Reisland.

Fischer, Sebastian (2004): Brücken zur Europäischen Privatgesellschaft. ZEuP 2004, 737–761.

Förster, Michael (1995): Jurist im Dienst des Unrechts. Leben und Werk des ehemaligen Staatssekretärs im Reichsjustizministerium, Franz Schlegelberger (1876–1970). Baden-Baden: Nomos.

Formoy, Ronald Ralph (1923): The Historical Foundations of Modern Company Law. London: Sweet and Maxwell.

Forstmoser, Peter (2000): Gegenwart und Zukunft der GmbH in der Schweiz. In: Schneider, Uwe H./Hommelhoff, Peter/Schmidt, Karsten/Timm, Wolfram/Grunewald, Barbara/Drygala, Tim (Hrsg.): Festschrift für Marcus Lutter zum 70. Geburtstag. Deutsches und europäisches Gesellschafts-, Konzern- und Kapitalmarktrecht. Köln: Schmidt. 373–397.

Fränkel, Franz (1915): Die Gesellschaft mit beschränkter Haftung. Eine volkswirtschaftliche Studie. Tübingen: Mohr.

Friedländer, Heinrich (1926): Die Einmanngesellschaft. Zentralblatt für Handelsrecht 1 (1926), 22–26; 134–139.

Fuld, Ludwig (1925): Kauf von Mänteln einer G.m.b.H. GmbHR 1925, 312–315.

Fuld, Ludwig (1926): Der Erwerb des Mantels einer G.m.b.H. Zentralblatt für Handelsrecht 1 (1926), 206–208.

Gierke, Julius von (1941): Die Gesellschaft mit beschränkter Haftung in der Ostmark und dem Reichsgau Sudetenland. ZHR 108 (1941), 214–225.

Glöckner, Hans Peter (1994): Die Auflösung des Reichsgerichts im Spiegel der archivalischen Überlieferung. In: Battenberg, Friedrich/Ranieri, Filippo (Hrsg.): Geschichte der Zentraljustiz in Mitteleuropa. Festschrift für Bernhard Diestelkamp zum 65. Geburtstag. Weimar – Köln – Wien: Böhlau. 421–456.

GmbHG-Entwurf (1891): Entwurf eines Gesetzes betreffend die Gesellschaften mit beschränkter Haftung nebst Begründung und Anlagen. Amtliche Ausgabe. Berlin: Vahlen.

Göppinger, Horst (1990): Juristen jüdischer Abstammung im „Dritten Reich". Entrechtung und Verfolgung. 2. Auflage. München: Beck.

Goette, Wulf (2004 a): Haftungsfragen bei der Verwendung von Vorratsgesellschaften und „leeren" Mänteln. DStR 2004, 461–466.

Goette, Wulf (2004 b): Kapitalaufbringung und Kapitalschutz in der GmbH. Aktuelle GmbH-Rechtsprechung. Beck-Script Band 1. München: Beck.

Goette, Wulf (2005): Wo steht der BGH nach „Centros" und „Inspire Art"? In: Schröder, Rainer (Hrsg.), Die GmbH im europäischen Vergleich. Symposion des Instituts für Notarrecht der Humboldt-Universität zu Berlin. Berlin: Lexxion. 149–159.

Goldschmidt, Levin (1885): Die Reform des Aktiengesellschaftsrechts. ZHR 30 (1885), 69–89.

Goldschmidt, Levin (1892): Alte und neue Formen der Handelsgesellschaft. Vortrag, gehalten in der Juristischen Gesellschaft zu Berlin. In: Goldschmidt, Levin (1901), Vermischte Schriften. Zweiter Band. Berlin: Guttentag. 321–349.

Groschuff, Hans (1934): Anmerkung zum Beschluß des KG vom 8. März 1934. JW 1934, 1124–1126.

Gross, Raphael (2000): Carl Schmitt und die Juden. Eine deutsche Rechtslehre. Frankfurt am Main: Suhrkamp.

Großmann-Doerth, Hans (1931): Reform des Gesetzes, betreffend die Gesellschaft mit beschränkter Haftung. In: Fünfter Deutscher Juristentag in der Tschechoslowakei. Gutachten. 165–263.

Grunewald, Barbara/Noack, Ulrich (2005): Zur Zukunft des Kapitalsystems der GmbH – Die Ein-Euro-GmbH in Deutschland. GmbHR 2005, 189–195.

Hachenburg, Max (1909): Aus dem Rechte der Gesellschaft mit beschränkter Haftung. LZ 1909, Sp. 15–36.

Hachenburg, Max (1924): Anmerkung zum Beschluß des KG vom 3. Juli 1924. JW 1924, 1536.

Hachenburg, Max (1925): Juristische Rundschau. DJZ 1925, 166–170.

Hachenburg, Max (1926 a): Die Gesellschaft mit beschränkter Haftung in der Schweiz im Vergleich zum deutschen Recht. Zentralblatt für Handelsrecht 1 (1926), 16–22; 60–65.

Hachenburg, Max (1926 b): Kommentar zum Gesetz betreffend die Gesellschaften mit beschränkter Haftung (früher Staub-Hachenburg). 5. Auflage. Erster Band (§§ 1–34). Berlin – Leipzig: de Gruyter.

Hachenburg, Max (1992): Gesetz betreffend die Gesellschaften mit beschränkter Haftung (GmbHG). Großkommentar. 8. Auflage. Erster Band: Allgemeine Einleitung, §§ 1–34. Berlin – New York: de Gruyter.

Haffner, Sebastian (1939/2000): Geschichte eines Deutschen. Die Erinnerungen 1914-1933. Stuttgart – München: Deutsche Verlags-Anstalt.

Hajnal, Heinrich (1930): Das ungarische Gesetz über die Gesellschaft mit beschränkter Haftung und die stille Gesellschaft, ZHR 95 (1930), 293–328.

Hallstein, Walter (1938/39): Die Gesellschaft mit beschränkter Haftung in den Auslandsrechten, verglichen mit dem deutschen Recht. RabelsZ 12 (1938/39), 341–451. Als Vortragstext abgedruckt bei Schubert (1986 b, 161–184).

Heckschen, Heribert (2005): Das Auftreten der Limited in Deutschland – praktische und rechtliche Probleme. In: Schröder, Rainer (Hrsg.), Die GmbH im europäischen Vergleich. Symposion des Instituts für Notarrecht der Humboldt-Universität zu Berlin. Berlin: Lexxion. 85–137.

Heilbrunn, Ludwig (1917): Aufgaben der Gesetzgebung auf dem Gebiete des Handelsrechts nach dem Kriege. Holdheims Monatsschrift 26 (1917), 77–85.

Heine, Klaus (2003): Regulierungswettbewerb im Gesellschaftsrecht. Zur Funktionsfähigkeit eines Wettbewerbs der Rechtsordnungen im europäischen Gesellschaftsrecht. Schriften zur wirtschaftswissenschaftlichen Analyse des Rechts Band 48. Berlin: Duncker & Humblot.

Henning, Friedrich Wilhelm (1996): Handbuch der Wirtschafts- und Sozialgeschichte Deutschlands. Band 2: Deutsche Wirtschafts- und Sozialgeschichte im 19. Jahrhundert. Paderborn u.a.: Schöningh.

Herbig, Gustav (1936): Ein Beitrag zum Recht der Sacheinlage. DNotZ 1936, 332–345.

HKK (2003): Historisch-kritischer Kommentar, herausgegeben von Mathias Schmoeckel, Joachim Rückert und Reinhard Zimmermann. Band I: Allgemeiner Teil. §§ 1–241. Tübingen: Mohr.

HKK (voraussichtlich 2006): Historisch-kritischer Kommentar, herausgegeben von Mathias Schmoeckel, Joachim Rückert und Reinhard Zimmermann. Band II: Schuldrecht. Allgemeiner Teil. §§ 241–432. Tübingen: Mohr.

Hofer, Sibylle (2005): Rezension zu Matthias Stupp, GmbH-Recht im Nationalsozialismus (siehe unten Stupp [2002]). ZNR 2005, 159–160.

Hofmann, Hasso (1988): Die deutsche Rechtswissenschaft im Kampf gegen den jüdischen Geist. In: Müller, Karlheinz/Wittstadt, Klaus (Hrsg.): Geschichte und Kultur des Judentums. Quellen und Forschungen zur Geschichte des Bistums und Hochstifts Würzburg Band 38. 223–240.

Hohorst, Gerd/Kocka, Jürgen/Ritter, Gerhard A. (1975): Sozialgeschichtliches Arbeitsbuch. Materialien zur Statistik des Kaiserreichs 1870-1914. München: Beck.

Hollaender, Albert (1915): Zur Reform der Gesellschaft mit beschränkter Haftung. ZHR 76 (1915), 65–111.

Hommelhoff, Peter (1985): Eigenkontrolle statt Staatskontrolle – rechtsdogmatischer Überblick zur Aktienrechtsreform 1884. In: Schubert, Werner/Hommelhoff, Peter: Hundert Jahre modernes Aktienrecht. Eine Sammlung von Texten und Quellen zur Aktienrechtsreform 1884 mit zwei Einführungen. ZGR-Sonderheft 4. Berlin – New York: de Gruyter. 53–105.

Hommelhoff, Peter/Helms, Dietmar (2001): Neue Wege in die Europäische Privatgesellschaft. Rechtsfragen der Handelsgesellschaften Band 103. Köln: Schmidt.

Hommelhoff, Peter/Kleindiek, Detlef (1992): Flexible Finanzierungsinstrumente im GmbH-Recht. Das eigenkapitalersetzende Gesellschafterdarlehen zwischen Nachschußkapital und Finanzplankredit. In: Lutter, Marcus/Ulmer, Peter/Zöllner, Wolfgang (Hrsg.): Festschrift 100 Jahre GmbH-Gesetz. Köln: Schmidt. 421–445.

Huber, Ulrich (2005): Gesellschafterdarlehen in der Inlandsinsolvenz von Auslandsgesellschaften. In: Lutter, Marcus (Hrsg.): Europäische Auslandsgesellschaften in Deutschland. Köln: Schmidt. 131–221.

Jhering, Rudolph von (1877): Der Zweck im Recht. Erster Band. 1. Auflage. Leipzig: Breitkopf & Härtel.

Kalss, Susanne (2003): Das Wechselspiel der österreichischen und deutschen Aktienrechtsentwicklung vom 19. zum 20. Jahrhundert. In: Kalss, Susanne/Meissel, Franz-Stefan (Hrsg.): Zur Geschichte des Gesellschaftsrechts in Europa. Veröffentlichungen des Ludwig-Boltzmann-Institutes für Rechtsvorsorge und Urkundenwesen Band XXVIII. Wien: Manzsche Verlags- und Universitätsbuchhandlung. 79–101.

Kalss, Susanne/Burger, Christina/Eckert, Georg (2003): Die Entwicklung des österreichischen Aktienrechts. Geschichte und Materialien. Wien: Linde.

Kieninger, Eva-Maria (2002): Wettbewerb der Privatrechtsordnungen im Europäischen Binnenmarkt. Studien zur Privatrechtskoordinierung in der Europäischen Union auf den Gebieten des Gesellschafts- und Vertragsrechts. Beiträge zum ausländischen und internationalen Privatrecht Band 74. Tübingen: Mohr.

Klausing, Friedrich (1937): Gesetz über Aktiengesellschaften und Kommanditgesellschaften auf Aktien (Aktien-Gesetz) nebst Einführungsgesetz und „Amtlicher Begründung". Berlin: Heymanns.

Klemmer, Markus (1996): Gesetzesbindung und Richterfreiheit. Die Entscheidungen des Reichsgerichts in Zivilsachen während der Weimarer Republik und im späten Kaiserreich. Fundamenta juridica – Hannoversche Beiträge zur rechtswissenschaftlichen Grundlagenforschung Band 30. Baden-Baden: Nomos.

Klemperer, Victor (1995): Ich will Zeugnis ablegen bis zum letzten. Tagebücher 1933-1941. Berlin: Aufbau.

Klemperer, Victor (1996 a und b): Leben sammeln, nicht fragen wozu und warum. Band 1: Tagebücher 1918-1924. Band 2: Tagebücher 1925-1932. Berlin: Aufbau.

Koberg, Peter (1992): Die Entstehung der GmbH in Deutschland und Frankreich unter Berücksichtigung der Entwicklungen des deutschen und französischen Gesellschaftsrechts. Köln: Schmidt.

Koenen, Andreas (1995): Der Fall Carl Schmitt. Sein Aufstieg zum „Kronjuristen des Dritten Reiches". Darmstadt: Wissenschaftliche Buchgesellschaft.

Koppensteiner, Hans-Georg (1999): GmbH-Gesetz. Kommentar. 2. Auflage. Wien: Orac.

Kropff, Bruno (1965): Textausgabe des Aktiengesetzes vom 6. 9. 1965 (Bundesgesetzbl. I S. 1089) und des Einführungsgesetzes zum Aktiengesetz (Bundesgesetzbl. I S. 1185) mit Begründung des Regierungsentwurfs, Bericht des Rechtsausschusses des Deutschen Bundestags, Verweisungen und Sachverzeichnis. Düsseldorf: Verlagsbuchhandlung des Instituts der Wirtschaftsprüfer.

Kuncz, Edmund (1930 a): Die Bedeutung des neuen ungarischen Gesetzes über die Gesellschaften mit beschränkter Haftung für die Aktienrechtsreform. RabelsZ 4 (1930), 48–68.

Kuncz, Edmund (1930 b): Übersicht über das neue ungarische Gesetz betreffend die Gesellschaften mit beschränkter Haftung und die stillen Gesellschaften. Zeitschrift für Ostrecht 4 (1930), 375–388.

Kurzer Bericht zum Personen- und Gesellschaftsrecht (1926). Vaduz: Regierungskanzlei.

Lammel, Siegbert (1989): Die GmbH im Spannungsfeld von Politik, Wirtschaft und Recht während der NS-Zeit. ZNR 1989, 148–167.

Lepargneur, Jean (1926): La Loi nouvelle sur les sociétés a responsabilité limitée (Etude de la Loi du 7 mars 1925). 2. Auflage. Paris: Recueil Sirey.

Liebmann, Jakob (1902): Die Gesellschaft mit beschränkter Haftung in der Praxis. DJZ 1902, 327–330.

Liebmann, Jakob (1910): Die Reform der Gesellschaften mit beschränkter Haftung. DJZ 1910, Sp. 675–682.

Lobe, Adolf (1929): Fünfzig Jahre Reichsgericht am 1. Oktober 1929. Berlin – Leipzig: de Gruyter.

Lutter, Marcus (1992): Die Entwicklung der GmbH in Europa und in der Welt. In: Lutter, Marcus/Ulmer, Peter/Zöllner, Wolfgang (Hrsg.): Festschrift 100 Jahre GmbH-Gesetz. Köln: Schmidt. 49–83.

Lutter, Marcus (2005): Zur Entwicklung der GmbH in Europa und in der Welt. GmbHR 2005, 1–4.

Meier-Hayoz, Arthur/Forstmoser, Peter (2004): Schweizerisches Gesellschaftsrecht. 9. Auflage. Bern: Stämpfli.

Merkt, Hanno (1995): Das europäische Gesellschaftsrecht und die Idee des „Wettbewerbs der Gesetzgeber“, RabelsZ 59 (1995), 545–568.

Merkt, Hanno (2004): Der Kapitalschutz in Europa – ein rocher de bronze? ZGR 2004, 305–323.

Meyer, Justus (2002): Die GmbH und andere Handelsgesellschaften im Spiegel empirischer Forschung (I). GmbHR 2002, 177–189.

Meyer, Justus/Ludwig, Sören (2005): Französische GmbH-Reform 2003/2004: Hintergründe und „Ein-Euro-GmbH“. GmbHR 2005, 346–351.

Molitor, Erich (1927): Die ausländische Regelung der G.m.b.H. und die deutsche Reform. Gesellschaftsrechtliche Abhandlungen Heft 5. Berlin: Heymanns.
Mossa, Lorenzo (1927): Saggio per il nuovo codice di commercio. Sassari: Stamperia della libreria italiana e straniera.
Mülbert, Peter O. (2004): Zukunft der Kapitalaufbringung/Kapitalerhaltung. Der Konzern 2004, 151–162.
Munk, Leo (1907): Die Gesellschaften mit beschränkter Haftung in Österreich und die Bedeutung des österreichischen Gesetzes für das Deutsche Reich. Blätter für Vergleichende Rechtswissenschaft und Volkswirtschaftslehre 2 (1907), Sp. 140–156.
Neukamp, Ernst (1909): Bedarf die Gesellschaft mit beschränkter Haftung einer Reform? LZ 1909, Sp. 417–422.
Nipperdey, Thomas (1993): Deutsche Geschichte 1866-1918. Erster Band: Arbeitswelt und Bürgergeist. 3. Auflage. München: Beck.
Nörr, Knut Wolfgang (1988): Zwischen den Mühlsteinen. Eine Privatrechtsgeschichte der Weimarer Republik. Tübingen: Mohr.
North, Michael (2000): Deutsche Wirtschaftsgeschichte. Ein Jahrtausend im Überblick. München: Beck.
Ogorek, Regina (1986): Privatautonomie unter Justizkontrolle. Zur Rechtsprechung des Reichsoberhandelsgerichts (1870-1879). ZHR 150 (1986), 87–116.
Palmer, Francis Beaufort (1901): Company Law: A practical handbook for lawyers & business men. Third Edition. London: Stevens.
Palmer, Francis Beaufort (1930): Palmer's Company Law. A practical book for lawyers and business men. Fourteenth Edition by Alfred F. Topham and A.M.R. Topham. London: Stevens.
Paridant, Félix (1925): La société privée a responsabilité limitée. Bruxelles: Larcier.
Pennington, Robert R. (2001): Company Law. 8. Auflage. London – Edinburgh: Butterworths.
Pic, Paul/Baratin, F. (1927): Des sociétés a responsabilité limitée. Étude critique et commentaire pratique de la loi du 7 mars 1925 mise en parallèle avec les principales lois étrangères. Paris: Godde.
Piot, Georges (1927): Traité théorique et pratique des sociétés a responsabilité limitée. 2. Auflage. Paris: A l'administration du journal des notaires et des avocats et du recuiel général des lois.

Pitreich, August Ritter von (1914): Empfiehlt es sich, das im Deutschen Reich und in Österreich geltende Recht der Gesellschaft m.b.H. zu vereinheitlichen und gleichzeitig einer Neuordnung zu unterziehen? In: Verhandlungen des Zweiundreißigsten Deutschen Juristentages. Erster Band: Gutachten. Berlin: Guttentag. 313–320.

Pottier, A. (1926): Les sociétés a responsabilité limitée. Loi du 7 mars 1925. Commentaire, critique et formulaire. Paris: Dunod.

Priester, Hans-Joachim (1983): Mantelverwendung und Mantelgründung bei der GmbH. GmbHR 1983, 2291–2299.

Priester, Hans-Joachim (1992): Kapitalaufbringung. In: Lutter, Marcus/Ulmer, Peter/Zöllner, Wolfgang (Hrsg.): Festschrift 100 Jahre GmbH-Gesetz. Köln: Schmidt. 159–187.

Priester, Hans-Joachim (2005): Die deutsche GmbH nach „Inspire Art". In: Schröder, Rainer (Hrsg.), Die GmbH im europäischen Vergleich. Symposion des Instituts für Notarrecht der Humboldt-Universität zu Berlin. Berlin: Lexxion. 161–174.

Commissione ministeriale per la riforma della legislazione commerciale (1922): Progetto preliminare per il nuovo Codice di Commercio. Milano: Hoepli.

Protokoll der Expertenkommission (1926): Schweizerisches Obligationenrecht. Revision der Titel XXIV bis XXXIII. Bern: Eidgenössisches Justiz- und Polizeidepartement.

Ries, Peter (2005): Das Ende der deutschen GmbH? Anmerkungen zu den Folgen von „Inspire Art", gleichzeitig ein Leitfaden zur Anmeldung von Zweigniederlassungen ausländischer Gesellschaften. In: Schröder, Rainer (Hrsg.), Die GmbH im europäischen Vergleich. Symposion des Instituts für Notarrecht der Humboldt-Universität zu Berlin. Berlin: Lexxion. 75–84.

Ring, Viktor (1887): Eine Rechtsform für Kolonialgesellschaften. Betrachtungen und Vorschläge. Buschs Archiv für Theorie und Praxis des Allgemeinen Deutschen Handels- und Wechselrechts 48 (1887/88), 26–93.

Rosendorff, Richard (1930): Die Reform des englischen Aktienrechts durch den Companies Act 1929. Ein Beitrag zur Reform des deutschen Aktienrechts. Berlin: Heymanns.

Roth, Günter H. (2004): Gläubigerschutz im Wettbewerb der Rechtsordnungen, German Working Papers in Law and Economics: Vol. 2004: Article 19. http://www.bepress.com/gwp/default/vol2004/iss1/art19

Rückert, Joachim (1994): Richtertum als Organ des Rechtsgeistes: Die Weimarer Erfüllung einer alten Versuchung. In: Nörr, Knut Wolfgang/Schefold, Bertram/Tenbruck, Friedrich (Hrsg.): Geisteswissenschaften zwischen Kaiserreich und Republik. Zur Entwicklung von Nationalökonomie, Rechtswissenschaft und Sozialwissenschaft im 20. Jahrhundert. Stuttgart: Steiner. 267–313.

Rückert, Joachim (1996): Richterrecht seit Weimar? In: Kriechbaum, Maximiliane (Hrsg.): Festschrift für Sten Gagnér zum 3. März 1996. Ebelsbach: Aktiv Druck & Verlag. 203–227.

Rückert, Joachim (1999): Justiz im Nationalsozialismus: Bilanz einer Bilanz. In: Möller, Horst/Wengst, Udo (Hrsg.): 50 Jahre Institut für Zeitgeschichte. Eine Bilanz. München: Oldenbourg. 181–213.

Rüthers, Bernd (1990): Carl Schmitt im Dritten Reich. Wissenschaft als Zeitgeistverstärkung? 2. Auflage. München: Beck.

Sandrock, Otto/Wetzler, Christoph F. (2004): Deutsches Gesellschaftsrecht im Wettbewerb der Rechtsordnungen. Nach Centros, Überseering und Inspire Art. Heidelberg: Recht und Wirtschaft.

Schaefer, August (1957), Das große Sterben im Reichsgericht. DRiZ 1957, 249–250.

Schilling, Wolfgang (1969): Rechtspolitische Gedanken zur GmbH & Co. In: Ballerstedt, Kurt/Friesenhahn, Ernst/v. Nell-Breuning, Oswald (Hrsg.): Recht und Rechtsleben in der sozialen Demokratie. Festgabe für Otto Kunze zum 65. Geburtstag. Berlin: Duncker & Humblot. 189–207.

Schinzinger, Francesca (1984): Die Kolonien und das Deutsche Reich. Die wirtschaftliche Bedeutung der deutschen Besitzungen in Übersee. Wissenschaftliche Paperbacks Sozial- und Wirtschaftsgeschichte Band 20. Stuttgart: Steiner.

Schlegelberger, Franz (1939): Die Handelsgesellschaften im Spiegel der neuen Rechtsauffassung. Soziale Praxis 1939, Sp. 1–8.

Schmalenbach, Eugen (1928): Finanzierungen. 4. Auflage. Leipzig: Gloeckner.

Schmidt, Karsten (2004 a): Verlust der Mitte durch „Inspire Art“? – Verwerfungen im Unternehmensrecht durch Schreckreaktionen der Literatur. ZHR 168 (2004), 493–502.

Schmidt, Karsten (2004 b): Vorratsgründung, Mantelkauf und Mantelverwendung. NJW 2004, 1345–1353.

Schön, Wolfgang (2000): Die Niederlassungsfreiheit von Kapitalgesellschaften im System der Grundfreiheiten. In: Schneider, Uwe H./Hommelhoff, Peter/Schmidt, Karsten/Timm, Wolfram/Grunewald, Barbara/Drygala, Tim (Hrsg.): Deutsches und europäisches Gesellschafts-, Konzern- und Kapitalmarktrecht. Festschrift für Marcus Lutter zum 70. Geburtstag. Köln: Schmidt. 685–706.

Schön, Wolfgang (2004): Die Zukunft der Kapitalaufbringung/-erhaltung. Der Konzern 2004, 162–170.

Schröder, Rainer (2005): Vorwort. In: Schröder, Rainer (Hrsg.): Die GmbH im europäischen Vergleich. Symposion des Instituts für Notarrecht der Humboldt-Universität zu Berlin. Berlin: Lexxion. 3–7.

Schubert, Werner (1981 a): Der Vorläufige Reichswirtschaftsrat und die Aktienrechtsreform in der Weimarer Zeit. In: Schubert, Werner/Hommelhoff, Peter (Hrsg.): Die Aktienrechtsreform am Ende der Weimarer Republik. Die Protokolle der Verhandlungen im Aktienrechtsausschuß des Vorläufigen Reichswirtschaftsrats unter dem Vorsitz von Max Hachenburg. Berlin – New York: de Gruyter. 9–69.

Schubert, Werner (1981 b): Die Abschaffung des Konzessionssystems durch die Aktienrechtsnovelle von 1870. ZGR 1981, 285–317.

Schubert, Werner (1982/83): Die Gesellschaft mit beschränkter Haftung – eine neue juristische Person, in: Quaderni fiorentini 11/12 (1982/83), 589–629.

Schubert, Werner (1985 a): Die Entstehung des Aktiengesetzes vom 18. Juli 1884. In: Schubert, Werner/Hommelhoff, Peter: Hundert Jahre modernes Aktienrecht. Eine Sammlung von Texten und Quellen zur Aktienrechtsreform 1884 mit zwei Einführungen. ZGR-Sonderheft 4. Berlin – New York: de Gruyter. 1–50.

Schubert, Werner (1985 b): Entwurf des Reichsjustizministeriums zu einem Gesetz über Gesellschaften mit beschränkter Haftung. Herausgegeben und mit einer Einleitung versehen von Werner Schubert. Abhandlungen aus dem gesamten Bürgerlichen Recht, Handelsrecht und Wirtschaftsrecht. Beihefte der Zeitschrift für das gesamte Handelsrecht und Wirtschaftsrecht Heft 58. Heidelberg: Recht und Wirtschaft.

Schubert, Werner (1986 a): Ausschuß für Aktienrecht. In: Schubert, Werner/Schmid, Werner/Regge, Jürgen (Hrsg.): Akademie für Deutsches Recht 1933-1945. Protokolle der Ausschüsse. Band I. Berlin – New York: de Gruyter.

Schubert, Werner (1986 b): Ausschuß für G.m.b.H.–Recht. In: Schubert, Werner/Schmid, Werner/Regge, Jürgen (Hrsg.): Akademie für Deutsches Recht 1933-1945. Protokolle der Ausschüsse. Band II. Berlin – New York: de Gruyter.

Schubert, Werner (1989): Ausschuß für Genossenschaftsrecht. In: Schubert, Werner/Schmid, Werner/Regge, Jürgen (Hrsg.): Akademie für Deutsches Recht 1933-1945. Protokolle der Ausschüsse. Band IV. Berlin – New York: de Gruyter.

Schubert, Werner (1992): Das GmbH-Gesetz von 1892 – „eine Zierde unserer Reichsgesetzsammlung". Das historische Geschehen um die GmbH von 1888 bis 1902. In: Lutter, Marcus/Ulmer, Peter/Zöllner, Wolfgang (Hrsg.): Festschrift 100 Jahre GmbH-Gesetz. Köln: Schmidt. 1–47.

Schubert, Werner (1997): Ausschuß für das Recht des Handelsstands und der Handelsgeschäfte (1937-1942). Ausschuß für Bank- und Börsenrecht. Unterausschuß für Depotrecht (1934/35). In: Schubert, Werner (Hrsg.): Akademie für Deutsches Recht 1933-1945. Protokolle der Ausschüsse. Band V. Frankfurt am Main u.a.: Lang.

Schubert, Werner (1999): Ausschüsse für den gewerblichen Rechtsschutz (Patent-, Warenzeichen-, Geschmacksmusterrecht, Wettbewerbsrecht), für Urheber- und Verlagsrecht sowie für Kartellrecht (1934-1943). In: Schubert, Werner (Hrsg.): Akademie für Deutsches Recht 1933-1945. Protokolle der Ausschüsse. Band IX. Frankfurt am Main u.a.: Lang.

Schubert, Werner/Hommelhoff, Peter (1985): Hundert Jahre modernes Aktienrecht. Eine Sammlung von Texten und Quellen zur Aktienrechtsreform 1884 mit zwei Einführungen. ZGR-Sonderheft 4. Berlin – New York: de Gruyter.

Simon, Herman Veit (1888): Deutsche Kolonialgesellschaften. Rechtliche Erörterungen und Vorschläge. ZHR 34 (1888), 85–161.

Sinzheimer, Hugo (1938): Jüdische Klassiker der deutschen Rechtswissenschaft. Amsterdam: Hertzberger.

Sippel, Harald (2005): Neuere Untersuchungen zur kolonialen Rechts- und Verwaltungsgeschichte ehemaliger britischer und deutscher Überseegebiete. ZNR 2005, 77–92.

Sontag, Ernst (1909): G.m.b.H.-Krankheit. DJZ 1909, Sp. 538–540.

Staub, Hermann (1897): Kommentar zum Allgemeinen Deutschen Handelsgesetzbuch (ohne Seerecht). 5. Auflage. Berlin 1897.

Staub, Hermann (1903): Die Gesellschaft mit beschränkter Haftung. Vortrag, gehalten auf der 367. Sitzung der Juristischen Gesellschaft zu Berlin am 14. November 1903. In: Fünfundvierzigster Jahres-Bericht über die Wirksamkeit der Juristischen Gesellschaft zu Berlin in dem Vereinsjahre 1903-1904. 35–45.

Staub, Hermann (1926): Staub's Kommentar zum Handelsgesetzbuch. Zweiter Band (§§ 178-342). 12/13. Auflage. Berlin – Leipzig: de Gruyter.

Staub, Hermann (1933): Staub's Kommentar zum Handelsgesetzbuch. Zweiter Band (§§ 178-342). 14. Auflage. Berlin – Leipzig: de Gruyter.

Stolleis, Michael (1989): Die Rechtsgeschichte im Nationalsozialismus: Umrisse eines wissenschaftsgeschichtlichen Themas. In: Stolleis, Michael/Simon, Dieter (Hrsg.): Rechtsgeschichte im Nationalsozialismus. Beiträge zur Geschichte einer Disziplin. Beiträge zur Rechtsgeschichte des 20. Jahrhunderts Band 2. Tübingen: Mohr.

Stolleis, Michael (2004): Das Zögern beim Blick in den Spiegel. Die deutsche Rechtswissenschaft nach 1933 und nach 1945. In: Lehmann, Hartmut/Oexle, Otto Gerhard (Hrsg.): Nationalsozialismus in den Kulturwissenschaften. Band 1: Fächer – Milieus – Karrieren. Veröffentlichungen des Max-Planck-Instituts für Geschichte Band 200. Göttingen: Vandenhoeck & Ruprecht. 11–31.

Stupp, Matthias (2002): GmbH-Recht im Nationalsozialismus. Anschauungen des Nationalsozialismus zur Haftungsbeschränkung, Juristischen Person, Kapitalgesellschaft und Treuepflicht. Untersuchungen zum Referentenentwurf 1939 zu einem neuen GmbH-Gesetz. Schriften zur Rechtsgeschichte Heft 93. Berlin: Duncker & Humblot.

Thöl, Heinrich (1877): Actienunrecht. Präclusion der Actionäre der Magdeburg-Leipziger Eisenbahn-Gesellschaft. Leipzig: Fues.

Verein (1891): Die Erweiterung des Handelsrechts durch Einfügung neuer Gesellschaftsformen. Schriften des Vereins zur Wahrung der wirthschaftlichen Interessen von Handel und Gewerbe Nr. 25. Berlin: Norddeutsche Buchdruckerei und Verlagsanstalt.

Wachter, Thomas (2005 a): Persönliche Haftungsrisiken bei englischen private limited companies mit inländischem Verwaltungssitz. DStR 2005, 1817–1823.

Wachter, Thomas (2005 b): Wettbewerb des GmbH-Rechts in Europa – Vergleich der Rechtslage in ausgewählten Ländern. In: Schröder, Rainer (Hrsg.): Die GmbH im europäischen Vergleich. Symposion des Instituts für Notarrecht der Humboldt-Universität zu Berlin. Berlin: Lexxion. 27–67.

Wackerbeck, Lothar (1977): Die deutschen Kolonialgesellschaften. Ihre Entstehung, Entwicklung und Sonderstellung im Gesellschaftsrecht. Dissertation Münster 1977.

Wehler, Hans-Ulrich (1995): Deutsche Gesellschaftsgeschichte. Dritter Band: Von der „Deutschen Doppelrevolution" bis zum Beginn des Ersten Weltkrieges. 1849-1914. München: Beck.

Wehler, Hans-Ulrich (2003): Deutsche Gesellschaftsgeschichte. Vierter Band: Vom Beginn des Ersten Weltkriegs bis zur Gründung der beiden deutschen Staaten. 1914-1949. München: Beck.

Weinkauff, Hermann (1968): Die deutsche Justiz und der Nationalsozialismus. Ein Überblick. Quellen und Darstellungen zur Zeitgeschichte Band 16/I. Stuttgart: Deutsche Verlags-Anstalt. 17–188.

Wertheimer, Ludwig (1926): Liechtenstein'sches Gesellschaftsrecht. Blätter für Internationales Privatrecht 1926, Sp. 125–132.

Westermann, Harm Peter (1987): Das Gesellschaftsrecht zwischen bürgerlichem Recht, Steuerrecht und Bilanzrecht. In: Havermann, Hans (Hrsg.): Bilanz- und Konzernrecht. Festschrift zum 65. Geburtstag von Dr. Dr. h.c. Reinhard Goerdeler. Düsseldorf: IDW-Verlag. 697–722.

Westermann, Harm Peter (2005 a): Auf dem Weg zum Wettbewerb der Gesellschaftsrechtsordnungen – die Kapitalbindung im Recht der GmbH. ZIP 2005, 1849–1858.

Westermann, Harm Peter (2005 b): Die GmbH in der nationalen und internationalen Konkurrenz der Rechtsformen. GmbHR 2005, 4–16.

Wiedemann, Herbert (1980): Gesellschaftsrecht. Ein Lehrbuch des Unternehmens- und Verbandsrechts. Band 1: Grundlagen. München: Beck.

Wieland, Karl (1895): Gesellschaften mit beschränkter Haftung. Zeitschrift für schweizerisches Recht 36 (1895), 205–258.

Wieland, Karl (1931): Handelsrecht. Zweiter Band: Die Kapitalgesellschaften. In: Binding, Karl (Begr.)/Oetker, Friedrich (Hrsg.): Systematisches Handbuch der Deutschen Rechtswissenschaft. Dritte Abteilung, erster Teil, zweiter Band. München – Leipzig: Duncker & Humblot.

Winkler, Heinrich August (1998), Weimar 1918-1933. Die Geschichte der ersten deutschen Demokratie. Durchgesehene Auflage. München: Beck.

Winter, Michael (2004): Diskussionsbericht zu den Referaten Mülbert und Schön. Der Konzern 2004, 171–172.

Wrobel, Hans (1985): Groschuff und Crisolli – Wie zwei Amtsgerichtsräte nach dem 30. Januar 1933 versuchten, mit dem liberalistischen Mißbrauch des Firmenzusatzes „Deutsch" aufzuräumen und so das Handelsregister von einer undeutschen Verfallserscheinung zu befreien, und was aus diesem Versuch wurde. In: Recht Justiz Kritik. Festschrift für Richard Schmid zum 85. Geburtstag. Baden-Baden: Nomos. 75–96.

Wünsch, Horst (1988): Kommentar zum GmbHG. 2. Lieferung (§§ 1–14). Graz: Leykam.

Zipser, Wolfgang (1997): Auf der Suche nach Stabilität. Das Zentralbankgeldangebot der österreichischen Nationalbank 1923 bis 1937. Forschungen zur Wirtschafts-, Finanz- und Sozialgeschichte Band 5. Frankfurt am Main u.a.: Lang.

Zöllner, Wolfgang (2005): Gesellschaftsrecht und Insolvenz – Gläubigerschutz bei Kapitalgesellschaften, insbesondere bei der GmbH. Vortrag auf dem 2. Deutschen Insolvenzrechtstag in Berlin am 11.3.2005. Thesen, http://www.jura.uni-duesseldorf.de/dozenten/noack/Texte/Sonstige/Thesen%20Vortr%20Berlin.doc

Machtübernahme in der Führungszentrale

Der Vorstand in Recht und Rechtswirklichkeit bis zum Aktiengesetz von 1937[1].

Monia Manaa, München

This article discusses the development of management boards (Vorstand) in German stock companies from the beginning of the 19th century until the Stock Corporation Act 1937 (Aktiengesetz). During this period, the actual legal practice began to differ substantially from the statutory regulations. Management boards started to act more independently from shareholders' meetings. This increased autonomy was also supported by associated banks that enabled them to circumvent regulations affecting the companies' internal organization. Simultaneously, it was debated whether stock companies should serve the public good rather than the interests of the shareholders.

Namen wie Josef Ackermann von der Deutschen Bank oder Jürgen Schrempp von DaimlerChrysler sind heute oftmals bekannter als viele Politiker ihrer Länder. Es vergeht kaum ein Tag, an dem die Medien nicht über sie berichten. Woher kommt diese Faszination und Aufmerksamkeit? Die Vorstände von multinationalen Konzernen vereinen in ihrer Person Macht und Prestige. Sie werden vom Volk nicht gewählt und scheinen doch dessen Geschicke mitzubestimmen. Sie gelten als Herrscher ihres Reiches. Aber nicht immer stand der Vorstand einer Aktiengesellschaft so im Mittelpunkt der öffentlichen Wahrnehmung. Wie kamen sie zu dieser exponierten Position?

Das bisherige rechtshistorische Augenmerk galt – wenn überhaupt – primär der Aufsichtsratsfrage.[2] Die Entwicklung und Veränderung des Vorstands im Machtgefüge der AG wurde nur selten beachtet. Um dieser Frage aber doch einmal nachzugehen, betrachten wir zunächst die Stellung des Vorstands im Spiegel ihrer gesetzlichen Entwicklung. Anschließend werden wir sehen, wie sich die Leitungsmacht des Vorstands in der Rechtspraxis entwickelte und im Folgenden auf die Entkopplung der AG von den Interessen der Aktionäre eingehen.

---

[1] Vortrag, gehalten in Luzern auf dem *Europäischen Forum junger RechsthistorikerInnen – „Rechtstransfer in der Geschichte“* 2005. Die Vortragsform wurde beibehalten und mit Anmerkungen versehen.

[2] Beispielsweise: Ziegler (1998, passim); Hopt (1979, passim), Wiethöler (1961, 270–314).

I.

In der ersten aktiengesetzlichen Normierung – dem Code de Commerce vom 10. September 1807 – wurde die innere Organisation durch den Gesetzgeber nur rudimentär geregelt. Bestimmungen über die Generalversammlung der Aktionäre fehlen gänzlich und in den Artikeln 31 und 32[3] wird lediglich festgelegt, dass ein Vorstand obligatorisch sei. Die Regelung erklärt sich schon aus der Tatsache, dass die Aktiengesellschaft selbst nicht handlungsfähig ist. Handlungsfähig wird sie erst durch natürliche Personen. Die zwingende Notwendigkeit, dass zumindest eine ständige Person bzw. ein Gremium von mehreren für sie handelt, ergibt sich also schon aus ihrer Natur.[4] Dies besagt aber über die Stellung des Vorstands im Gefüge der Aktiengesellschaft wenig. Die genaue Ausgestaltung der inneren Verfassung der Aktiengesellschaft wurde in der jeweiligen Satzung geregelt und nicht im Gesetz.

In den linksrheinischen, zum Teil preußischen Gebieten, in denen der Code de Commerce galt[5], gab es seit Anfang des 19. Jahrhunderts zumindest eine grobe gesetzliche Regelung der Aktiengesellschaft.[6] Durch dieses juristische Ungleichgewicht innerhalb Preußens ermutigt, wurde mit dem Preußischen Aktiengesetz vom 9. November 1843[7] eine für das Staatsgebiet einheitliche Lösung angestrebt.[8] Ausgehend vom französischen Vorbild regelte das preußische Gesetz aber letztlich nicht mehr über die Stellung des Vorstands als der Code de Commerce selbst. Auch hier blieb die genaue Ausgestaltung weiterhin der Satzung überlassen.[9]

---

[3] Art. 31 Code de Commerce 1807: „*Elle est administrée par des mandataires à temps, révocables, associés ou non associés, salariés ou gratuits.*"

Art. 32 Code de Commerce 1807: „*Les administrateurs ne sont responsables que de l'exécution du mandat qu'ils ont reçu.*

Ils ne contractent, à raison de leur gestion, aucune obligation personnelle ni solidaire relativement aux engagemens de la société."

[4] Pöhl (1842, 179ff.); Auerbach (1873, 141ff.).

[5] Der Code de Commerce galt seit seinem Inkrafttreten am 1. Januar 1808 auch unmittelbar in den besetzten französischen Gebieten. Nachdem 1815 das Rheinland an Preußen fiel, blieb in den neuerworbenen Rheinprovinzen weiterhin das französische Recht in Kraft. Darüber hinaus übernahmen mehrere Rheinbundstaaten den Code de Commerce als Handelsgesetzbuch. Vgl. Goldschmidt (1875, 213f); Schubert (1977, passim); Conrad (1969, 78ff.).

[6] Versuche, das Handelsrecht zu regeln, gab es in Württemberg 1839/40 und bzgl. des Aktienrechts in Sachsen 1836/37.

[7] Gesetz-Sammlung für die Königlichen Preußischen Staaten 1843, Nr. 31 S. 341–347, auch abgedruckt in Baums, Theodor (Hrsg.): *Gesetz über die Aktiengesellschaften für die Königlich Preußischen Staaten am 9. November 1843*, Aalen 1981 (= Neudrucke privatrechtlicher Kodifikationen und Entwürfe des 19. Jahrhunderts, Bd. 5), S. 213–218.

[8] Conrad (1969, 85ff.), Baums (1981, 26).

[9] Renaud (1875, 298f.).

Es folgte das Allgemeine Deutsche Handelsgesetzbuch von 1861[10], das in den einzelnen Staaten auf dem Wege der Landesgesetzgebungen eingeführt wurde, am 1. Januar 1870 als Norddeutsches Bundesgesetz[11] in Kraft trat und in Folge der Reichsgründung 1871 zum Reichsgesetz wurde.[12]
Auch das Allgemeine Deutsche Handelsgesetzbuch sprach zunächst nur die zwingende Notwendigkeit des Vorhandenseins überhaupt eines Vorstands aus.[13] Ziel des Gesetzes war es, eine Funktion innerhalb der Aktiengesellschaft festzulegen, so dass einer bestimmten Personengruppe die Aufgabe „Vorstand" zugeordnet werden konnte.[14] Dieses Bedürfnis erklärt sich schon dadurch, dass in den Statuten der damaligen Aktiengesellschaften mehrfach keine einheitliche Aufgabenverteilung zu finden war.[15] So erwähnte 1875 RENAUD in seinem umfassenden Lehrbuch, in dem er systematisch die Statuten der zu dieser Zeit existierenden Aktiengesellschaften untersuchte, dass für den Vorstand in den Satzungen unterschiedliche Bezeichnungen zu finden seien. Genannt wurden beispielsweise die Bezeichnungen: „*Director*", „*Directorium*", „*Direction*", „*Verwaltungsrath*", „*Verwaltungs-Ausschuss*" oder „*Ausschuss*" aber auch „*Administration*", „*conseil d'administration*" oder „*comité d'exécution*".[16] PUCHELT[17] veranschaulicht dieses Problem am Beispiel der Ostpreußischen Binnenschifffahrts-Aktiengesellschaft. In ihrem Statut von 1875 wurden dem als „Aufsichtsrath" bezeichneten Gremium die Aufgaben des Vorstands i. S. v. Art. 227ff. ADHGB 1870 zugewiesen.[18] Maßgeblich für die Bestimmung des Vorstands war die Frage, wer zur regelmäßigen Vertretung der Gesellschaft nach außen ausgewiesen wurde.[19] Daran orientierte sich, wer als Vor-

[10] Das Allgemeine Deutsche Handelsgesetzbuch wurde in den Jahren 1861–1865 in fast allen zum ehemaligen Deutschen Bund gehörigen Staaten eingeführt. In Preußen erlangte das ADHGB am 1. März 1862 Gesetzeskraft, vgl. Einführungsgesetz zum Allgemeinen Deutschen Handels-Gesetzbuche für das Königreich Preußen vom 24. Juni 1861. Ausführlich hierzu Thöl (1861).

[11] Mit dem Einführungsgesetz vom 12. August 1869 mit Wirkung zum 1. Januar 1870 als Bundesgesetz verkündet; BGBl. 1869, S. 379–381.

[12] Vgl. zur Umsetzungspraxis: Hahn (1879, Einl., § 14f); Goldschmidt (1875, 125–155).

[13] Art. 227 Abs. 1 S. 1 i. V. m. Art. 209 Ziff. 7 ADHGB 1861.

[14] Bzgl. der Anfangsschwierigkeiten, die Aufgabe und die Begrenzung der Funktion des Vorstands gesetzlich zu erfassen s. Protokolle (1857, 347ff.). S. a. Makower (1864, 140).

[15] Renaud (1875, 524f.) mit Beispielen über die unterschiedliche Aufgabenverteilung in verschiedenen Statuten.

[16] Renaud (1875, 526f.); s. a. Thöl (1854, 201).

[17] Puchtelt (1874, Art. 227, Anm. 2).

[18] S. a. bzgl. der Vermischung der Aufgaben des Verwaltungsrates und des Vorstands und dem daraus resultierenden Auslegungsproblem: ROHG. (1876) 18, 341; Staub (1893, Art. 227 § 1).

[19] Renaud (1875, 526).

stand ins Handelsregister[20] eingetragen wurde.[21] Im Beispiel der Ostpreußischen Binnenschifffahrts-Aktiengesellschaft waren es trotz der anders lautenden Bezeichnung, die Namen der Mitglieder des „Aufsichtsraths".[22] Um diesen Unklarheiten ein Ende zu bereiten, forderte 1893 RING in seinem Kommentar[23]:

„Man muss nicht nur einen Vorstand haben, sondern man muss ihn auch einen Vorstand nennen."

Es entsteht der Eindruck, dass die ersten Gesetzgebungen eher einer Begriffsbildung dienten, als der Bestimmung der Stellung des Vorstands im Machtgefüge der Aktiengesellschaft. So blieb es auch im HGB 1897[24] lediglich bei der Formulierung, dass der Vorstand die Aktiengesellschaft gerichtlich und außergerichtlich vertrat.

Der Vorstand vertrat die Aktiengesellschaft nach außen.[25] Während die Generalversammlung als Willensbildungsorgan die höchste Stellung in der Hierarchie der Gesellschaft einnahm. [26] Der Vorstand war nach der Vorstellung der jeweiligen Gesetzgeber im Innenverhältnis an die Weisungen der Generalversammlung gebunden.[27] Daran änderte die unbeschränkbare Außenvollmacht nichts, wie in Art. 231 Abs. 2 ADHGB bzw. § 235 Abs. 2 HGB 1897[28] deutlich wird. Oft war ihm in Form eines sog. Verwaltungsrates ein zweites

[20] S. einführend zur Geschichte des Handelsregister: Adler (1909, 5ff.).

[21] Art. 228 Abs. 1 ADHGB 1870 *„Die jeweiligen Mitglieder des Vorstandes müssen alsbald nach ihrer Bestellung zur Eintragung in das Handelsregister angemeldet werden. Der Anmeldung ist ihre Legitimation beizufügen."*

[22] Puchtelt (1874, Art. 227, Anm. 2).

[23] Ring (1893, Art. 227, Anm. 2); anders sah dies jedoch Hergenhahn (1893, 3); er lehnte die wesentliche Bedeutung alleine der Bezeichnung „Vorstand" ab.

[24] Handelsgesetzbuch. Vom 10. Mai 1897 (RGBl. 1897, Nr. 23, S. 219–436).

[25] Die Geschäftsführung musste ihm nicht zwingend zugewiesen werden, vgl. Hahn (1879, Art. 227, § 1). Sie konnte soweit im Gesellschaftsvertrag auf andere Organe der Aktiengesellschaft verweisen, dass der Vorstand im Großen und Ganzen *„zum Exekutivbeamten des Aufsichtsraths herabgedrückt wird, wenn er auch nach außen als gesetzlicher Vertreter der Gesellschaft fungirt"*. OLG Hamburg, Zeitschrift für das Gesamte Handelsrecht (ZGH) 1888: 35, S. 247. Anders noch der ursprüngliche Gedanke des Gesetzgebers, vgl. Motive zu Art. 193, S. 95.

[26] Renaud (1875, 458f.) sieht den Vorstand nur insofern als notwendig an, als die „Unvollkommenheit der Generalversammlung" (S. 458, 524) ein ständiges Organ erforderlich mache. Hingegen ist Löwenfeld (1879, 228f.) eine der ersten kritischen Stimmen über die Omnipotenz der Generalversammlung: er sieht den Vorstand als Kopf der Aktiengesellschaft, mit dessen Sachverstand erst der Gesellschaftszweck erreicht werden soll.

[27] Vgl. Art. 231 Abs. 2 S. 2 ADHGB 1861–1884 und § 235 Abs. 2 HGB 1897.

[28] § 235 Abs. 2 HGB 1897 (mit sprachlicher Anpassung im Vgl. zu Art. 231 Abs. 2 ADHGB): *„Dritten gegenüber ist eine Beschränkung der Vertretungsbefugniß des Vorstandes unwirksam. Dies gilt insbesondere für den Fall, [...] daß für einzelne Geschäfte die Zustimmung der Generalversammlung, eines Aufsichtsraths oder eines anderen Organs der Gesellschaft erfordert wird."*

geschäftsführendes Gremium voran- bzw. an die Seite gestellt.[29] Diese wertende Grundhaltung in der Gesetzgebung änderte sich bis zur Reform des Aktienrechts 1937[30] nicht. Auch die obligatorische Einführung des Aufsichtsrats in der Ersten Aktienrechtsnovelle von 1870[31] mit dem Wechsel vom Konzessions- zum Normativsystem[32] brachte keinen Neuerungen. [33]
Erst 1937 schien sich die Machtkonstellation umzukehren. Mit dem AktG 1937 vollzog sich eine grundsätzliche Wende in der gesetzlichen Organisation der Aktiengesellschaft. Laut § 70 Abs. 1 AktG 1937[34] hat der Vorstand jetzt unter eigener Verantwortung die Gesellschaft zu leiten. Als Kehrseite des Kompetenzzuwachses des Vorstands fand die nun auch formelle Entmachtung der Generalversammlung und – was Geschäftsführung und Verwaltung anging – auch des Aufsichtsrats statt.[35] Die Kompetenzverschiebung von unten nach oben wird begleitet von einer auf dem Verschuldensprinzip basierende Verschärfung der Verantwortlichkeiten von Vorstand und Aufsichtsrat gegenüber Gläubigern und Aktionären.[36] Neu ist auch die Schadensersatzpflicht bei gesellschaftsschädigender Einflussnahme auf Vorstands- oder Aufsichtsratsmitglieder zur Erlangung von Sondervorteilen.[37] Aber was hat sich genau geändert?

---

[29] Der Verwaltungsrat ist ein Gremium, dass sich nicht nur, wie der Aufsichtsrat auf die Kontrolle beschränkt, sondern, wie der Name schon andeutet, auch aktiv an der Verwaltung teilnimmt. Vgl. differenzierende Ausführungen im Entwurf B (1884, 460); ROHG 18, 337–348 (341). Die Kontrollfunktion sollte allerdings alleine vom Aufsichtsrat erfüllt werden, Entwurf B (1884, 460f). S. a. Art. 224 i. V. m Art. 191 ADHGB 1884; bzgl. dem Verhältnis von Aufsichtsrat und Verwaltungsrat s. Wiethöler (1961, 270–314).

[30] Gesetz über Aktiengesellschaften und Kommanditgesellschaften auf Aktien (Aktiengesetz). Vom 30. Januar 1937 (RGBl. 1937/I, Nr. 15, S. 107–170.)

[31] Gesetz betreffend die Kommanditgesellschaft auf Aktien und die Aktiengesellschaft (Erste Aktiennovelle). Vom 11. Juni 1870, (Bundes-Gesetzblatt des Norddeutschen Bundes 1870, Nr. 21, S. 375–386).

[32] Mit dem Übergang vom Konzessions- zum Normativsystem entfiel die staatliche Genehmigungspflicht, die beispielsweise für die Gründung der Aktiengesellschaft und die nachträgliche Satzungsänderung zwingend war. Trotz allgemeiner gesetzlicher Regelungen, die für alle Aktiengesellschaften galten, waren die Behörden Mitte des 19. Jahrhunderts bei der Erteilung der Genehmigung in der Ausübung ihres Ermessens nicht gebunden. Vgl. hierzu einführend Stolleis (1992, 414f.) m. w. N. Im Gegensatz dazu erlangt die Aktiengesellschaft im Normativsystem ihre Rechtsfähigkeit mit Eintragung in ein Register, worauf sie – bei Erfüllung der normativ bestimmten Voraussetzungen – einen Anspruch hat.

[33] Art. 209 Ziff. 6; Art. 225, 225a, b ADHGB 1870.

[34] *„Der Vorstand hat unter eigener Verantwortung die Gesellschaft so zu leiten, wie das Wohl des Betriebs und seiner Gefolgschaft und der gemeine Nutzen von Volk und Reich es fordern.“*

[35] Assmann (1992, 72).

[36] §§ 84, 94 AktG 1937.

[37] § 101 AktG 1937.

Zwei wesentliche Aspekte sind neu:
Erstens: Die Leitung der Aktiengesellschaft liegt alleine in den Händen des Vorstands. Er bestimmt die Strategien des Unternehmens. Anders als früher in § 235 Abs. 2 HGB 1897[38] ist der Vorstand nicht mehr verpflichtet, Beschränkungen seiner Befugnisse einzuhalten. Er ist an die Weisungen der Generalversammlung – die jetzt Hauptversammlung heißt – gem. § 103 II AktG 1937[39] nur noch gebunden, wenn er darum ersucht. Er trifft seine Entscheidungen alleine und in eigener Verantwortung. Hinzu kommt, dass dem Aufsichtsrat gem. § 94 Abs. 5 AktG 1937[40] keine geschäftsführenden Aufgaben durch die Satzung zugewiesen werden dürfen.
Zweitens: Richtschnur für das Handeln ist nach § 70 Abs. 1 AktG 1937 nicht mehr der in der Generalversammlung repräsentierte Wille und die Interessen der Aktionäre, sondern „das Wohl des Betriebs und seiner Gefolgschaft und der gemeine Nutzen von Volk und Reich".
Damit wurde das Führerprinzip[41], das bis 1933 nur innerhalb der NSDAP galt[42], gebunden an das durch den Nationalsozialismus definierte Gemeinwohl[43], auf die Verfassung der Aktiengesellschaft eingeführt. Das hieß für die Aktiengesellschaft zum einen die Stärkung der Macht des Vorstands. Er soll seine Befugnisse nicht mehr von der Hauptverhandlung als dem obersten Verwaltungsträger ableiten, sondern als Führer des Unternehmens auf Grund eigener Befugnisse die Geschicke der Aktiengesellschaft leiten.[44] Zum anderen hieß es die Beendigung der Dominanz des sog. anonymen Kapitals[45]. Nur der so gestärkte Unternehmensführer könne die Gesellschaft frei von den Partikularinteressen der Aktionäre leiten.[46] Zwar wurde nicht verkannt, dass eine gewisse Problematik in der Übertragung des Führergrundsatzes aus der politi-

[38] S. Wortlaut in Fn. 28.
[39] „*(2) Über Fragen der Geschäftsführung kann die Hauptversammlung nur entscheiden, wenn der Vorstand es verlangt.*"
[40] „*(5) Maßnahmen der Geschäftsführung können dem Aufsichtsrat nicht übertragen werden.*"
[41] Im Aktiengesetz von 1937 wird die Formulierung nicht aufgegriffen, eine Bezeichnung des Vorstands als „Führer" ist darin nicht zu finden, anders als noch im Entwurf der Akademie des deutschen Rechts in § 69: „*(1) der Vorstand ist der Führer der Aktiengesellschaft.* [...]" zitiert nach Schubert (1986, XL, Fn. 127); vgl. dazu ferner Schmalz (1950, 99).
[42] Näheres bei Frei (2000, passim).
[43] Zur Aushöhlung der Gemeinwohlformel im nationalsozialistischen Recht in- und außerhalb des Gesellschaftsrechts s. Stolleis (1974, passim).
[44] (Erster) Bericht (1934, S. 484–494); Zweiter Bericht (1935, S. 503–510); Kißkalt (1935, 1143–1150).
[45] Vgl. die Formulierung in: (Erster) Bericht (1934, S. 475–484); Zweiter Bericht (1935, S. 500–503); Kißkalt (1935, 1137–1143).
[46] (Erster) Bericht (1934, S. 475–484); Zweiter Bericht (1935, S. 500–503); Kißkalt (1935, 1137–1143).

schen und militärischen Sphäre auf Unternehmensformen des wirtschaftlichen Lebens läge.[47] Nichtsdestotrotz sollten aber die nationalsozialistischen Wertungen auf den Wirtschaftsfaktor „Aktiengesellschaft“ angewendet werden.[48] So formulieren SCHLEGELBERGER und QUASSOWSKI in ihrem Kommentar[49] die Verschiebung der gesetzlichen Kriterien wie folgt:

Damit hat auch auf dem Gebiet der kapitalistischen Unternehmensformen ein Grundsatz seine Verwirklichung gefunden, in dem der nationalsozialistische Staat seine Grundlage hat, nämlich der Grundsatz des Führertums, der in scharfem Gegensatz zu dem demokratischen Masse- und Mehrheitsprinzip steht.

Die Aufnahme des Führerprinzips ins Aktienrecht äußerte sich für den Vorstand im Wesentlichen in zwei Bereichen[50]: Es sollten die Machtbefugnisse des Vorstands in der Verfassung der Aktiengesellschaft gestärkt werden sowie dem Vorstandsvorsitzenden eine herausgehobene Stellung innerhalb des Vorstands gewährt werden.[51]

Nach 130 Jahren Gesetzeskontinuität überrascht diese Wende zunächst ein wenig. Lässt sich dieser Ruck im Machtgefüge der Aktiengesellschaft alleine mit der Einführung des nationalsozialistischen Führerprinzips erklären? Die neue Position des Vorstands alleine als ein Produkt der Nationalsozialisten? Oder setzte dessen Entwicklung schon viel früher ein?

Um diese Fragen zu beantworten, befassen wir uns zuerst mit der Stellung des Vorstands in der Rechtswirklichkeit (II). Anschließend widmen wir uns der zweiten Änderung, nämlich der Entkopplung der Aktiengesellschaft vom reinen Aktionärsinteresse (III).

II.

In einer der ersten Untersuchungen über die Geschichte der Aktiengesellschaft legte LEHMANN die Vielfalt der Organisationsformen und ihrer internen Machtverteilung dar. So war zum Beispiel bei den Vorläufern der Aktiengesellschaft – den sog. Handelscompagnien (besonders bei den holländischen)

---

[47] Schlegelberger, Quassowski (1937, § 70, Anm. 1): „*Der Gesetzgeber ist aus wohlerwogenen Gründen diesen Weg nicht gegangen. Das sog. „Generaldirektorenprinzip“ hat, wie die Vergangenheit gelehrt hat, oftmals durch Größenwahn und Verantwortungslosigkeit eines Wirtschaftsdiktators zu schweren Mißbräuchen und zu Zusammenbrüchen von Gesellschaften geführt, […].*“

[48] Pfundtner, Neubert (1937, § 70, Fn. 1ff.).

[49] Schlegelberger, Quassowski (1937, § 70, Anm. 1).

[50] Schlegelberger, Quassowski (1937, § 70, Anm. 2).

[51] Mit § 70 Abs. 2 AktG 1937 wird dem Vorstandsvorsitzenden bei Meinungsverschiedenheiten – abweichend von dem ansonsten geltenden Grundsatz der Gesamtgeschäftsführung – innerhalb des Vorstands im Rahmen der Satzung die Entscheidungsbefugnis eingeräumt; vgl. hierzu Schlegelberger, Quassowski (1937, § 70, Anm. 12f.). Die Alleinentscheidungskompetenz sollte jedoch die Ausnahme bleiben, vgl. Schmalz (1950, 97f.).

– der Vorstand ein von den Aktionären unabhängiges Organ.[52] Die Vorsteher erhielten vielmals ihr Amt auf Lebenszeit und wurden durch nachträgliche Zuwahl von der jeweiligen Regierung ernannt. Sie leisteten einen Amtseid und waren an die Beschlüsse der Interessenten nicht gebunden.[53] Mit dem kontinuierlichen Rückzug des Staates[54] aus den Handelsgesellschaften traten die Generalversammlungen als bestimmendes Element in den Vordergrund. Vor allem in den französischen Octrois des ausgehenden 18. Jahrhunderts werden nun die Vorsteher durch die Generalversammlung gewählt und scheiden nach einer gewissen Zeit aus.[55] Ebenso wurde in manchen englischen Gesellschaften die Wahl jährlich durch die Generalversammlung vorgenommen.[56] Durch die Einzelfallregelungen der Octrois und die unterschiedliche Ausgestaltung der Satzungen kann daher nicht von einem einheitlichen Bild der internen Machtverteilung innerhalb der Handelscompagnien in Europa gesprochen werden.[57] Eine allmähliche Verfestigung im Machtgefüge tritt erst mit dem Code de Commerce 1807 ein.[58] In ihm spiegelte sich die Vorstellung von der Widerruflichkeit der Vorstände[59] und damit ihrer Abhängigkeit von der Generalversammlung wieder. Im 18. Jahrhundert herrschte dagegen zum Teil noch die Vorstellung, dass man es mit von der Obrigkeit eingesetzten Beamten oder doch mit in festem Vertragsverhältnis stehenden Geschäftsführern zu tun habe. Ihre Ersetzung sei nur aus wichtigem Grund zulässig, wie z.B. Konkurs oder Betrieb eines Konkurrenzgeschäftes.[60]

Trotz dieser gesetzlichen Stärkung der Generalversammlung bestand bereits im 19. Jahrhundert die Tendenz den Willensbildungsprozess auf die Verwaltung zu verlagern.[61] Die beginnende tatsächliche Stärkung der Verwaltung ist auf mehrere Ursachen zurückzuführen. Schon seit den ersten Aktienrechtsnovellen im letzten Drittel des 19. Jahrhunderts wurde wiederholt das mangelnde Interesse der Aktionäre und ihre fehlende Teilnahme an der Generalversammlung beklagt.[62] Dies rührte nicht selten von der buchstäblichen Machtlosigkeit der Versammlung her. Zwar war nach der Vorstellung der Ge-

---

52 Lehmann (1895, 63f.).

53 So im ersten Octroi der Niederländisch-Ostindischen Compagnie; Lehmann (1895, 64).

54 Bzgl. der Entwicklung der Beziehungen zwischen der Aktiengesellschaft und dem Staat s. einführend Fischer (1916, 21ff.).

55 Bösselmann (1939, 58).

56 Lehmann (1895, 63f.); Hartung (2000, 235).

57 Bzgl. der unterschiedlichen inneren Organisation der Gesellschaften in Preußen im 19. Jahrhundert vgl. Landwehr (1982, 27ff.).

58 Lehmann (1895, 63ff.).

59 Art. 31 Code de Commerce 1807 (s. Wortlaut in Fn. 3).

60 Lehmann (1895, 64f.).

61 Vgl. Wiethöler (1961, 270–314).

62 So schon Löwenfeld (1879, 11ff.); s. a. Entwurf B, S. 216–388, (241).

setzgeber die Generalversammlung das oberste Organ, in der Praxis verliehen die meisten Satzungen ihr jedoch nur wenige Kompetenzen.[63] So geschah es nicht selten, das der Verwaltungsrat, ein mit Gründern, Grossaktionären und – zunehmend mehr – Bankiers besetztes Gremium, nicht nur den Vorstand bestellte, sondern sogar auch Änderungen der Satzung vornehmen konnte.[64] Die Aufgaben waren nicht klar definiert und die Stellung des Verwaltungsrates vielfach nicht geklärt. Er übernahm geschäftsführende, wie kontrollierende Funktionen. Auch eine weitere Stärkung der Generalversammlung durch die Zweite Aktienrechtsnovelle von 1884[65] füllte nicht die Säle der Generalversammlungen.

Findige Bankiers begannen diese Lücken durch die Schaffung des sog. Depotstimmrechts[66] zu schließen. Es ermöglichte den Banken das Stimmrecht für die bei ihnen deponierten Aktien auszuüben, für den Fall, dass die Anteilseigner nicht selbst die Versammlungen besuchten.[67] Mit der durch das Reichsgericht[68] geschaffenen rechtlichen Grundlage für die sog. Legitimationsübertragung[69] etablierte sich der noch bis heute vorhandene Einfluss der Banken auf die Industrie. Mit den zunehmenden gegenseitigen Beteiligungen nahmen die Vorstände wechselseitig die Position ein, die früher von Großaktionären innegehalten wurde.[70]

Ferner versuchte die Verwaltung der Aktiengesellschaft mit der Hilfe der Kautelarjuristen, den wirtschaftlichen Problemen der Nachkriegszeit entgegenzutreten und dabei gleichzeitig ihre Stellung auszuweiten.

Aus Sorge vor Überfremdung der deutschen Industrie schuf die Verwaltung in den 20er Jahren – unter weitgehender Billigung durch die Rechtsprechung – die sog. Mehrstimmaktien und die sog. Vorrats- oder Verwaltungsaktien. Beide dienten der Abwehr der Überfremdungsgefahr[71], führten aber auch zu

---

[63] Vgl. Denkschrift 1876: Kapitel: Allgemeines und Abgrenzung der Competenzen der Gesellschaftsorgane, insbesondere Stellung des Aufsichtsraths II. No. 10.

[64] Hommelhoff (1985, 86f.).

[65] Gesetz betreffend die Kommanditgesellschaft auf Aktien und die Aktiengesellschaft (Zweite Aktiennovelle). Vom 18. Juli 1884, Reich-Gesetzblatt 1884, Nr. 22, S. 123–170.

[66] Hachenburg (1934, Anm. 15); s. a. Darstellung der Diskussion: Wiethöler (1961, 322–331).

[67] Hartmann (1924/25, 486).

[68] In ständiger Rechtsprechung anerkannt: RGZ 30, 51; 40, 80; 105, 292; 111, 408; Vgl. zusammenfassend die spätere Entscheidung des RG aus dem Jahre 1927, RGZ 118, 330.

[69] Definition nach Hartmann (1924/1925, 486): „*d.h. die Vereinbarung, durch welche eine Partei, der Aktieneigentümer, der anderen Partei, dem Legitimationsaktionär, die äußere Stellung des Aktieninhabers verschafft, ohne ihm das Aktienrecht selbst zu übertragen.*".

[70] Über die dadurch entstandenen Veränderungen vgl. Passow (1922, 333ff.).

[71] So sieht Planitz (1922, 33f.) darin ein eher sekundäres Argument; s.a. Hachenburg (1934, Anm. 13).

einer weiteren Stärkung des Vorstands. In der Zeit der Geldentwertung befürchtete man den inflationsbedingten Ausverkauf deutscher Industriewerte. Mehrstimmaktien gaben dem Inhaber – wie der Name schon andeutet – mehr Stimmen als ihren Anteil am Grundkapital entsprechen würde.[72] In der Fassung des Allgemeinen Deutschen Handelsgesetzbuchs von 1884[73] war – wie heute[74] auch wieder – die Mehrstimmaktie unzulässig. Das HGB von 1897 hob dieses Verbot trotz aller Bedenken auf.[75] Der Umfang der in der Weimarer Republik vorhandenen Mehrstimmaktien war beträchtlich. Laut Statistischem Reichsamt von 1925 hatten mehr als die Hälfte der 1.595 an den Börsen zugelassenen Gesellschaften – genau 860 – Mehrstimmaktien ausgegeben.[76] Die Aktionäre, denen diese Aktien zugewandt waren, hatten darauf nicht ganz 1/40 des Kapitals eingezahlt. Gleichwohl verfügten sie über 38,2 % aller Stimmen in der Generalversammlung. Tatsächlich hatten sie damit die Generalversammlung in ihrer Hand, da bei den üblicherweise schlechten Besucherzahlen gewöhnlich 30 – 40% der Stimmen für die Mehrheit reichten.[77]
Diese Schöpfung reichte allerdings nicht aus, um die Herrschaft in der Aktiengesellschaft zu garantieren. Noch musste die vom Gesetzgeber geschaffene Schranke der gesonderten Abstimmung nach Aktiengattungen umgangen werden.[78] Hierfür wurden die sog. Vorratsaktien eingeführt.[79] Denn in wichtigen Fragen, wie z. B. bei Satzungsänderungen[80] oder der Erhöhung des Grundkapitals[81], musste in den jeweils verschiedenen Gruppen von Aktien gesondert abgestimmt werden.[82] Das hatte zur Folge, dass die Stammaktien der Kleinaktionäre doch nicht stets mit Hilfe der Mehrstimmaktien überstimmt werden konnten. Vorratsaktien sind neue Aktien, die bei einer Kapitalerhöhung unter Ausschluss des Bezugsrechts ohne einen augenblicklichen

[72] Müller-Erzbach (1926, 10ff.).
[73] Art. 190 i. V. m. Art. 221 ADHGB 1884; vgl. hierzu Entwurf A (1883, 113); Entwurf B (1884, 73f.) und Ring (1893, Art. 190 Anm. 1, Anlage zu Art. 221).
[74] § 12 Abs. 2 AktG, so auch im AktG 1937.
[75] Mehrstimmaktien waren nun grundsätzlich zulässig, soweit sie nicht gegen die guten Sitten verstießen, vgl. RGZ 107, 68; 107, 72; 107, 202; 108, 327; 119, 255.
[76] Statistisches Reichsamt (1925, 737ff.).
[77] Statistisches Reichsamt (1925, 737ff.).
[78] Vgl. §§ 275 Abs. 3, 278 Abs. 2 und 288 Abs. 3 HGB.
[79] Mit weiteren Beispielen: Horrwitz (1926, passim).
[80] § 275 Abs. 3 HGB.
[81] § 278 Abs. 2 HGB.
[82] Nach der Einführung der Vorgängerbestimmung im ADHGB 1884 war es bis zum HGB 1897 strittig, ob bei verschiedenen Aktiengattungen immer nach Gattung abgestimmt wurde oder nur, wenn das Verhältnis zum Nachteil einer Gattung verändert wurde; letztere Alternative wurde im HGB 1897 umgesetzt; vgl. Pinner (1899, § 275 III und § 278 II 4).

Bedarf geschaffen werden.[83] Sie wurden von sog. „Freunden der Gesellschaft" übernommen und gelangten nicht in den Handel.[84] Unter dieser Bezeichnung verbargen sich in der Regel Großaktionäre oder die beherrschende Bank.[85] Sie übten das Stimmrecht im Sinne der Verwaltung aus. So bestätigte das Reichsgericht 1926, dass die so geschaffenen Aktien sich in der rechtlichen Ausgestaltung nicht von den Stammaktien unterscheiden.[86] Die getrennte Abstimmung, die sich noch als Hürde bei den Mehrstimmaktien erwies, konnte dadurch umgangen werden.

Diese Veränderungen in der Praxis blieben nicht unbeachtet. Der Grundgedanke, dass sich durch Mehrheitsentscheide ein verantwortungsvoller Wille frei von Einzelinteressen bestimmter Aktionäre bilden könnte, erwies sich als Illusion. So wurde die Verfremdung des dem Aktienrecht zugrunde liegenden kodifikatorischen Leitbilds bald Gegenstand heftigster Auseinandersetzungen über die (innere und äußere) Verfassung der AG. Kritiker, wie der dem Nationalsozialismus ferne Münchner Juraprofessor MÜLLER-ERZBACH, betitelten die beschriebenen Entwicklungen gar als „Entartungen des deutschen Aktienwesens seit der Inflationszeit".[87] HACHENBURG nannte die Aushöhlung der Rechte der Stammaktionäre sogar eine „Diktatur im Aktienrecht".[88]

Als Zwischenergebnis lässt sich folgendes sagen: Ausgelöst durch die Krisen in der Wirtschaft wurde die Verflechtung von Banken und Industrie weiter ausgebaut[89] und führten letztlich zur Stärkung des Vorstands.

III.

Kommen wir nun zum nächsten Teil: der Entkopplung der Aktiengesellschaft vom alleinigen Interesse der Aktionäre. Wem soll die AG dienen? Wessen Interessen muss sie entsprechen? Mit den Veränderungen in der Praxis entfachte sich auch die Diskussion über die AG selbst. Um diese Entwicklung besser nachvollziehen zu können, ist es notwendig, weiter auszuholen.

Mit der aufkommenden Industrialisierung wuchs der Kapitalbedarf.[90] Die AG mit ihrer beschränkten Haftung für die Aktionäre schuf die Möglichkeit, ein Kapitalsammelbecken für einen größeren Kreis an Beteiligten zu bilden. Um dieses Privileg zu erlangen, mussten die ersten Aktiengesellschaften noch

---

[83] Vgl. für die Begriffbestimmung: RFH 18, 230–248 (232).

[84] Goldschmit (1929, § 185, Anm. 6).

[85] Müller-Erzbach (1926, 13ff.).

[86] RG JW 1927, 1677–1679.

[87] So der Titel von Müller-Erzbach (1926). Zur Person s. Nunn (1998).

[88] Hachenburg (1934, Einl., Anm. 102). Zur Person s. Kleindiek (1993); Scherner (1990).

[89] Müller-Erzbach (1929, 22); Schmalz (1950, 83f.).

[90] Vgl. z. B. preußischer Ministerialerlaß vom 22. April 1845.

einen fortlaufenden gemeinnützigen Zweck vorweisen.[91] Nur so sollten sie eine staatliche Genehmigung bekommen.[92] Diese zum Teil aufwendigen und lang andauernden Verfahren bedurften einflussreicher Gründerpersönlichkeiten, die nicht selten nach der Erteilung der Konzession die Geschäfte leiteten.[93] Im Laufe des 19. Jahrhunderts entwickelte sich die AG mit dem kontinuierlichen Rückzug des Staates aus ihren Geschicken und der Wirtschaft allgemein zu einer Gesellschaft, die alleine den Interessen der Aktionäre verpflichtet war. Sie bestand lediglich für den Zweck, den ihr die Gründer und Aktionäre gaben. Aufgabe des Vorstands war es, den Willen des Verwaltungsrats bzw. der Generalversammlung auszuführen. Losgelöst von dem noch anfänglich statuierten Einstimmigkeitsprinzip verfestigte sich bald das sog. Mehrheitsprinzip. Bei fehlenden Regelungen in den Statuten[94] mussten Entscheidungen in der Generalversammlung nicht mehr einstimmig getroffen werden, sondern es reichte je Abstimmungsinhalt die einfache oder qualifizierte Mehrheit der anwesenden Aktionäre aus. Ähnlich den politischen Entwicklungen beruhte der Gedanke auf der Gleichheit der Aktionäre, die sich lediglich hinsichtlich der Höhe ihrer Beteiligung unterschieden.[95] So war die Aktiengesellschaft zwar Dritten gegenüber eine eigenständige juristische Person, blieb aber ein unselbstständiges Zuordnungsobjekt der Aktionäre. Das Interesse der Gesellschaft war identisch mit dem durch Mehrheitsentscheid in der Generalversammlung gefassten Willen.

Die Bedeutung der Aktiengesellschaft für die Gesellschaft, den Staat und die Volkswirtschaft wurde zwar gelegentlich erwähnt, blieb aber sonst unbeachtet. Dies änderte sich mit der sog. Gründerkrise.[96]

---

[91] In der Praxis wurden nur solchen Unternehmungen die staatliche Genehmigung angelehnt an ALR II 6 § 25 erteilt („*Die Rechte der Coporationen und Gemeinen kommen nur solchen vom Staate genehmigten Gesellschaften zu, die sich zu einem fortdauernden gemeinnützigen Zwecke verbunden haben.*"), die einen fortdauernden gemeinnützigen Zwecke verfolgten. Dieses Erfordernis wurde allerdings nach eingehender Diskussion auf den Vorschlag Savignys nicht in das Preußische Aktiengesetz von 1843 übernommen, ausführlicher hierzu Baums (1981, 31–35). Allerdings wurde 1845 das Erfordernis der Gemeinnützigkeit im Wege eines Ministerialerlasses (s. Fn. 90) wieder eingeführt; vgl. Baums (1981, 35).

[92] Vgl. hierzu die Äußerung des für die Genehmigungen in Preußen zuständigen Minister Schuckmann in seinem 1831 an den König verfassten Schreiben in Martin (1969, S. 530); S. ferner Baums (1981, 32ff.) über die Abschaffung des Erfordernisses der Gemeinnützigkeit.

[93] Schumacher (1937, 10).

[94] Art. 209 Nr. 10 (1861) bzw. Nr. 11 (1870) ADHGB.

[95] Kurze Darstellung des Meinungsstreits, der mit der Zweiten Aktienrechtsnovelle 1884 (vgl. Fn. 65) beendet werden sollte: Gutachten des Reichs-Oberhandelsgerichts (1877, 236), m. w. N.

[96] Wirth (1890, 450–614); Rosenberg (1901); Weigt (2005).

Mit der Aufhebung der Konzessionspflicht 1870 entstand ein wahrer Boom an Gründungen von Firmen und Aktiengesellschaften. Nach dem deutsch-französischen Krieg (1870/71) flossen durch den Frieden von Frankfurt französische Reparationszahlungen in Höhe von etwa fünf Milliarden Francs nach Deutschland, von denen etwa 2,5 bis 3 Mrd. Francs dem deutschen Kapitalmarkt zugute kamen.[97] Allein in Preußen wurden über 500 Aktiengesellschaften von 1871 bis 1873 gegründet.[98] Die Wirtschaft wuchs rasant; ebenso stiegen die Kurse der Aktien. Das schaffte Vertrauen in den Markt und veranlasste zu Aktienkäufen. Die Folge des Booms war, dass sich die Lager füllten und ein gnadenloser Konkurrenzkampf entbrannte, der die Gewinne wiederum sinken ließ. Dabei ging nicht der Absatz grundsätzlich zurück. Er konnte aber nicht so ausgedehnt werden, wie es die zahlreichen Unternehmensgründungen und Investitionen eigentlich erfordert hätten.[99]
Im Frühjahr 1873 wurde die Krise durch die Liquiditätsschwierigkeiten der Franko-Ungarischen Bank in Budapest offenkundig. Schon kurze Zeit später griff sie auf Banken in Wien über.[100] Durch diese Ereignisse wurden immer mehr Anleger und Bankkunden misstrauisch, verkauften ihre Wertpapiere und „räumten ihre Konten" aus Angst vor Wertverlusten. Dem Kapitalmarkt wurde Geld entzogen und die Krise breitete sich immer mehr aus. Im Oktober 1873 erreichte sie Berlin.
Wachgerüttelt durch diese Erfahrungen entstand in Deutschland eine heftige Auseinandersetzung über den Sinn und Zweck von Aktiengesellschaften. Bevor Rudolf von JHERING[101] später seine Meinung änderte, klagte er zunächst an:

Unter den Augen unserer Gesetzgeber haben sich die Aktiengesellschaften in Raub- und Betrugsanstalten verwandelt, deren geheime Geschichte mehr Niederträchtigkeit, Ehrlosigkeit, Schurkerei in sich birgt als manches Zuchthaus, nur dass die Diebe, Räuber und Betrüger hier statt in Eisen in Gold sitzen.

Der Ruf nach staatlicher Intervention wurde wieder laut. Die Aktiengesellschaft sollte abgeschafft[102] oder zumindest verstaatlicht[103] werden.[104] Sie

---

[97] Henning (1996, 792–809).
[98] Entwurf A (1883, 71); Entwurf B (1884, 237). Bzgl. der Entstehungsgeschichte der Entwürfe vgl. Schubert (1985, 34–41).
[99] Entwurf A (1883, 76ff.); Entwurf B (1884, 241f.).
[100] Walter (2003, S. 110f.); Mottek (1969, 62f.).
[101] Jhering (1877, 169).
[102] Gutachten (1872, 172ff.); diese Ansicht wurde jedoch von den anderen Handelskammern abgelehnt, vgl. Stellungnahme (1872, 175ff.).
[103] Referat Wagner, über die Aktiengesellschaften, Verhandlungen des Vereins für Socialpolitik am 12. und 13. Oktober 1873 in Eisenach, Leipzig, 1874, S. 51–89; s. dort auch die Beschlüsse, S. 148ff.

überstand alle theoretischen Angriffe und blieb zunächst weiter ein Unternehmen der Aktionäre. Erst während des Ersten Weltkrieges rückte sie wieder näher an die staatlichen Bedürfnisse. Kriegsgesellschaften entstanden und die bestehenden Aktiengesellschaften wurden in die Versorgungsmaschinerie des Weltkrieges eingebunden.[105] So verwundert es nicht, dass gerade Walter RATHENAU, als einer der Schöpfer dieser Unternehmensformen[106], noch vor Ende des Krieges eine Diskussion über die Bindung der Aktiengesellschaft an die Interessen des Gemeinwohls auch außerhalb des Krieges forderte.[107] Er begründete dies u.a. mit der veränderten Zusammensetzung der Gruppe der Aktionäre. Die neuen Anteilseigner seien weniger an dem Unternehmen interessiert als an der Wertsteigerung ihrer Aktie.[108] Er sah die Aktiengesellschaften als wesentlichen wirtschaftlichen Faktor, den die Gemeinschaft nicht den Aktionären allein überlassen dürfe.[109]

Die nach dem Krieg aufkommenden – vorhin ausgeführten Krisen – und ihre Folgen verstärkten die Diskussion über die Aufgabe der Aktiengesellschaft. Die unter dem von HAUSSMANN pointierten Stichwort „Unternehmen an sich“ [110] geführte Debatte wollte die Aktiengesellschaft nicht mehr als reines Objekt der Sonderinteressen der Aktionäre sehen. Es sollte ihr vielmehr eine eigene Bedeutung mit von den Aktionären unabhängigen Interessen zukommen.

IV.

Fassen wir das Ergebnis der Untersuchung zusammen: Bis zum AktG von 1937 tritt der Vorstand in den Gesetzen lediglich als weisungsabhängiger Verwalter und Vertreter der Aktiengesellschaft auf. Erst 1937 bekommt der Vorstand auch kraft Gesetz die Autonomie, in eigener Verantwortung die Gesellschaft zu leiten.

---

[104] Kurze Darstellung der Reformdiskussion bei Reich (1969, 270f.); s. a. Hecht (1874, 157, 171).
[105] Rohlack (2001, passim).
[106] Hecker (1983, 219f.).
[107] Rathenau (1918, 62).
[108] Rathenau (1918, 27ff.).
[109] Rathenau (1917, 297, 374).
[110] Die Bezeichnung der Lehre vom „Unternehmen an sich“ ist keine Schöpfung RATHENAUS, wie oft angenommen wird, sondern wurde von HAUSSMANN (1928, 23) eingeführt, um dessen Grundrichtung zu charakterisieren. Vgl. dazu auch Haussmann (1930/31, 58). Genauer zur Aufklärung Laux (1998, 59f.); Wiethölter (1961, S. 38ff.). Zur Bedeutung der Lehre „Unternehmen an sich“ insg. s. Riechers (1996).

Dieses vom Gesetz entworfene Bild entspricht aber nicht der Rechtswirklichkeit.[111] Der Vorstand hat sich schon lange vor 1937 mit Hilfe der Banken an die Spitze der Aktiengesellschaft gesetzt. Selbst die Entbindung des Vorstands vom Willen der Aktionäre hin zu übergesellschaftlichen Interessen, ist eine Forderung, die schon vor dem Nationalsozialismus in die Aktienrechtsdebatte eingebracht wurde. Es kann demnach festgestellt werden, dass die leitende Position des Vorstands nicht nur eine Umsetzung des nationalsozialistischen Führerprinzips im Unternehmen darstellt, sondern vielmehr ein Produkt des Rechtstransfers der tatsächlichen Geschehnisse ist.[112] So verwundert es nicht, dass die Autonomie des Vorstands[113] nach 1945 erhalten blieb[114] und noch heute[115] unsere Aktienrechtslandschaft prägt.

Vielleicht ist es die vermeintliche Unabhängigkeit gepaart mit der Macht über ein Großunternehmen, die solch eine Faszinationskraft verleiht.

---

[111] Bereits 1929 beanstandete NETTER (1929, 23f.) das Auseinanderfallen von geltendem Gesetz und geltendem Recht.

[112] Schon 1893 kritisierte STAUB in seinem Kommentar [Staub (1893, Art. 227 § 1)], dass der „*allgemeine Charakter des Vorstandes*" im Gesetz „*nicht erschöpfend angegeben*" sei. Aus seiner gesetzlichen Stellung als Vertreter der Gesellschaft ließe sich seine Position als deren geschäftsführendes Organ nicht erkennen. Staub (1893, Art. 227, § 1).

[113] Allerdings wurde das auf das Führerprinzip beruhende Recht des Vorstandsvorsitzenden bei Meinungsverschiedenheiten im Vorstand alleine zu entscheiden i. S. v. § 70 Abs. 2 AktG 1937 (vgl. Fn. 51) nach 1945 abgeschafft; § 77 Abs. 1 Satz 2 AktG.

[114] Begründung des Regierungsentwurf (1965, 97).

[115] Vgl. § 76 Abs. 1 AktG: „*Der Vorstand hat unter eigener Verantwortung die Gesellschaft zu leiten.*".

Quellen

Sachsen (1836/37): Gesetz-Entwurf, die Actienvereine betreffend vom 14. November 1836; Landtags-Acten vom Jahre 1836/37, (abgedruckt in: Baums-Stammberger, Brigitte: *Der Versuch einer Aktiengesetzgebung in Sachsen 1836/37*, Hagen, Diss. 1980 als Manuskript gedruckt, S. 121–123; Motive S. 124–131).

Württemberg (1839/40): Entwurf eines Handelsgesetzbuch für das Königreich Württemberg mit Motiven (1839/40), Stuttgart, Schubert, Werner (Hrsg.) (Nachdruck 1986) Frankfurt am Main.

Ministerialerlaß (1845): preußischer Ministerialerlaß vom 22. April 1845 über die Grundsätze, nach denen die Konzessionierung von Aktiengesellschaften erfolgen sollte, in: Ministerialblatt für die gesamte innere Verwaltung in den Königlich Preußischen Staaten 1845, S. 121; abdruckt auch im *Archiv für das Preußische Handels- und Wechselrecht*, Band l, 3. Heft 1846, S. 1f; bei Weinhagen, Napoleon, *Das Recht der Aktiengesellschaften nach dem Allgemeinen Deutschen Handelsgesetzbuche und dem Preußischen Gesetze vom 15. Februar 1864*, Köln 1866, S.41ff und bei Passow, Richard, *Die Aktiengesellschaft* (Beiträge zur Lehre von den industriellen Handels- und Verkehrsunternehmungen Heft 5) Jena 1922, S. 63f.

Entwurf (1857): *Entwurf eines Handelsgesetzbuches für die Preußischen Staaten, nebst Motiven*, Berlin 1857, Schubert, Werner (Hrsg.), Frankfurt (Nachdruck) 1986.

Protokolle (1857): Protokolle der Commission zur Berathung eines allgemeinen deutschen Handelsgesetzbuches, I. Band, Protokoll I bis XLV (1–45), Nürnberg 1857.

Gutachten (1872): Gutachten der Commission der Handels- und Gewerbekammer zu Chemnitz d.d. 12. September 1872 (abgedruckt in Hecht, Felix: *Die Credit-Institute auf Actien und auf Gegenseitigkeit: Das Börsen- und Aktienwesen der Gegenwart und die Reform des Aktiengesellschaftsrechts, Bd. 1*, Mannheim 1874, S. 157ff.).

Stellungnahme (1872): *Stellungnahme der Handelskammer zu Leipzig d. d. 12. September 1872* (abgedruckt in Hecht, Felix: *Die Credit-Institute auf Actien und auf Gegenseitigkeit: Das Börsen- und Aktienwesen der Gegenwart und die Reform des Aktiengesellschaftsrechts, Bd. 1*, Mannheim 1874, S. 175ff.

Denkschrift (1876): *Antrag Preußens beim Bundesrath betreffend die Reform der Aktiengesetzgebung nebst der denselben motivirenden Denkschrift, Berlin 17. November 1876*, abgedruckt in Schubert, Werner; Hommelhoff, Peter (Hrsg.): *Hundert Jahre modernes Aktienrecht - Eine Sammlung von Texten und Quellen zur Aktienrechtsreform 1884 mit zwei Einführungen*, Sonderheft 4, Berlin, New York 1985. (= Zeitschrift für Unternehmens- und Gesellschaftsrecht: Sonderband 4), S. 127–156.

Gutachten (1877): *Gutachten über die geeignetsten Mittel zur Abhülfe der nach den Erfahrungen des Reichs-Oberhandelsgerichts bei der Gründung der Verwaltung und dem geschäftlichen Betriebe von Aktienunternehmen hervorgetretenen Uebelstände vom 31. März 1877*, abgedruckt in Schubert, Werner; Hommelhoff, Peter (Hrsg.): *Hundert Jahre modernes Aktienrecht – Eine Sammlung von Texten und Quellen zur Aktienrechtsreform 1884 mit zwei Einführungen*, Sonderheft 4, Berlin, New York 1985. (= Zeitschrift für Unternehmens- und Gesellschaftsrecht: Sonderband 4), S. 157–262.

Entwurf A (1883): *Entwurf eines Gesetzes betreffend die Kommanditgesellschaften auf Aktien und die Aktiengesellschaften nebst Begründungen und Anlagen*, vorgelegt dem Bundesrath am 7. September 1883, Berlin 1883, Bundesratsdrucksache Nr. 74/1883–1884; abgedruckt in Buschs Archiv (Archiv für Theorie und Praxis des Allgemeinen Deutschen Handels- und Wechselrechts) 44 (1883), S. 1–549.

Entwurf B (1884): *Entwurf eines Gesetzes, betreffend die Kommanditgesellschaften auf Aktien und die Aktiengesellschaften vom 7. März 1884*, Aktenstück Nr. 21 des Reichstags (5. Legislaturperiode/4. Session), abgedruckt in Schubert, Werner; Hommelhoff, Peter (Hrsg.): *Hundert Jahre modernes Aktienrecht - Eine Sammlung von Texten und Quellen zur Aktienrechtsreform 1884 mit zwei Einführungen*, Sonderheft 4, Berlin, New York 1985. (= Zeitschrift für Unternehmens- und Gesellschaftsrecht: Sonderband 4) S. 216–388.

Statistisches Reichsamt (1925), in: *Wirtschaft und Statistik*, Bd. 5, S. 737ff.

(Erster) Bericht (1934): *(Erster) Bericht des Vorsitzenden des Ausschusses für Aktienrecht* Wilhelm Kißkalt, (vom April 1934), abgedruckt in: Schubert, Werner (Hrsg.) Akademie für Deutsches Recht 1933-1945 - Protokolle der Ausschüsse, Bd. 1 - Ausschuß für Aktienrecht, Berlin 1986, S 473–496.

Zweiter Bericht (1934): *Zweiter Bericht des Vorsitzenden des Ausschusses für Aktienrecht* Wilhelm Kißkalt, (vom April 1935), abgedruckt in: Schubert, Werner (Hrsg.) Akademie für Deutsches Recht 1933-1945 - Protokolle der Ausschüsse, Bd. 1 - Ausschuß für Aktienrecht, Berlin 1986, S. 497– 518.

Amtliche Begründung (1937): *Gesetz über Aktiengesellschaften und Kommanditgesellschaften auf Aktien (Aktien-Gesetz): nebst Einführungsgesetz und „Amtlicher Begründung"*, eingeleitet von Klausing, Friedrich, Berlin.

Begründung des Regierungsentwurf (1965): abgedruckt in: Kropff, Bruno (Hrsg.), *Aktiengesetz: Textausgabe des Aktiengesetzes vom 6.9.1965 (Bundesgesetzbl. I S. 1089) und des Einführungsgesetzes zum Aktiengesetz vom 6.9.1965 (Bundesgesetzbl. I S. 1185) mit Begründung des Regierungsentwurfs, Bericht des Rechtsausschusses des Deutschen Bundestags, Verweisungen und Sachverzeichnis; im Anhang*, Düsseldorf 1965.

Literaturverzeichnis

Adler, Karl (1909): *Das Handelsregister*, Berlin.

Assmann, Heinz-Dieter (1992): „Einleitung - Die Aktiengesellschaft als Gegenstand rechtlicher Regulierungen: Entwicklung der Aktiengesellschaft und des Aktienrechts.“, in: Hopt, Klaus J.; Wiedemann, Herbert (Hrsg.): *Großkommentar zum Aktiengesetz. 1. Lieferung: Einleitung, 4. Aufl.*, Berlin, S. 11–146.

Auerbach, W. (1873): *Das Actienwesen*, Frankfurt am Main.

Baums, Theodor (Hrsg.) (1981): *Gesetz über die Aktiengesellschaften für die Königlich Preußischen Staaten am 9. November 1843.* Aalen, (= Neudrucke privatrechtlicher Kodifikationen und Entwürfe des 19. Jahrhunderts, Bd. 5).

Bösselmann, Kurt (1939): *Die Entwicklung des deutschen Aktienwesen im 19. Jahrhundert*, Berlin.

Conrad, Hermann (1969): „Preußen und das französische Recht in den Rheinlanden“, in: Wolffram, Josef; Klein, Adolf (Hrsg.): *Recht und Rechtspflege in den Rheinlanden. Festschrift zum 150 jährigen Bestehen des Oberlandesgericht Köln,* S. 78–112.

Frei, Norbert (2000): *Der Führerstaat - Nationalsozialistische Herrschaft 1933–1945*, München.

Fischer, Rudolf (1916): „Aktiengesellschaft“, in: Ehrenberg, Victor: *Handbuch des gesamten Handelsrechts, Bd. 3, 1. Abt.,* Leipzig, S. 12–423.

Goldschmidt, Levin (1874): *Handbuch des Handelsrechts, Bd. I, 2. Aufl.*

Goldschmit, Friedrich (1929): *Handelsgesetzbuch (ohne Seerecht) Handkommentar*, München.

Großfeld, Bernhard (1968): *Aktiengesellschaft, Unternehmenskonzentration und Kleinaktionär*, (= Tübinger Rechtswissenschaftliche Abhandlungen Nr. 21), Tübingen.

Hahn, Friedrich von (1879): *Commentar zum allgemeinen Deutschen Handelsgesetzbuch, Bd. I, 3. Aufl.*, Braunschweig.

Hachenburg, Max (1934): „Die Aktiengesellschaft im Leben der Wirtschaft“, in Düringer, Adalbert; Hachenburg, Max (Hrsg.): *Handelsgesetzbuch vom 10. Mai 1897 (unter Ausschluß des Seerechts) auf der Grundlage des Bürgerlichen Gesetzbuchs, III. Bd. 1. Teil, Einleitung, 3. Aufl.*, Mannheim, Berlin u. a., S. 3–195.

Hartmann, Walter (1924/25): „Das Stimmrecht der Depotaktie“, *Bank-Archiv*, 24 (1924/25), S. 486–491.

Hartung, Wilhelm (2000): *Geschichte und Rechtsstellung der Compagnie in Europa Eine Untersuchung am Beispiel der englischen East-India Company, der niederländischen Vereenigten Oostindischen Compagnie und der preußischen Seehandlung*, Bonn, Diss. (als Manuskript gedruckt).

Haussmann, Fritz (1928): *Vom Aktienwesen und vom Aktienrecht*, Mannheim, Berlin, Leipzig.

Haussmann, Fritz (1930/31): „Gesellschaftsinteresse und Interessenpolitik in der Aktiengesellschaft", *Bank-Archiv*, 30 (1930/31), S. 57–65; 86–92.

Hecker, Gerhard (1983): *Rathenau und sein Verhältnis zu Militär und Krieg* (= Wehrwissenschaftliche Forschungen / Abteilung Militärgeschichtliche Studien; Bd. 30), Boppard am Rhein.

Hecht, Felix (1874): *Die Credit-Institute auf Actien und auf Gegenseitigkeit: Das Börsen- und Aktienwesen der Gegenwart und die Reform des Aktiengesellschaftsrechts, Bd. 1*, Mannheim.

Henning, Friedrich-Wilhelm (1996): *Handbuch der Wirtschafts- und Sozialgeschichte Deutschlands, Bd. II - Deutsche Wirtschafts- und Sozialgeschichte im 19. Jahrhundert*, Paderborn, München u. a..

Hergenhahn, Theodor (1893): *Der Vorstand der Aktiengesellschaft*, Leipzig.

Hommelhoff, Peter (1985): „Eigenkontrolle statt Staatskontrolle", in: Schubert, Werner; Hommelhoff, Peter (Hrsg.): *Hundert Jahre modernes Aktienrecht - Eine Sammlung von Texten und Quellen zur Aktienrechtsreform 1884 mit zwei Einführungen*, Sonderheft 4 Berlin, New York (= Zeitschrift für Unternehmens- und Gesellschaftsrecht: Sonderband 4), S. 53–105.

Hopt, Klaus J. (1979): „Zur Funktion des Aufsichtsrats im Verhältnis von Industrie und Bankensystem" in: Horn, Norbert; Kocka, Jürgen (Hrsg.): *Recht und Entwicklung der Großunternehmen im 19. und frühen 20. Jahrhundert - Wirtschaftliche-, sozial- und rechtshistorische Untersuchung zur Industrialisierung in Deutschland, Frankreich, England und den USA* Göttingen (= Kritische Studien zur Geschichtswissenschaft. 40), S. 227–243.

Horrwitz, Hugo (1926): *Schutz- und Vorratsaktien - Mit e. Anh.: Der Beschluß der Zulassungsstellen v. 17. Sept. 1925*, Berlin.

Jhering, Rudolf von (1877): *Der Zweck im Recht, Bd. I., 4. Aufl.*, (Nachdruck der 1. Aufl. 1877) Leipzig 1893.

Kißkalt, Wilhelm (1935): „Die Aktiengesellschaft im nationalsozialistischen Staat", in: Frank, Hans (Hrsg.) *Nationalsozialistisches Handbuch für Recht und Gesetz*, München, S. 1136–1154.

Kleindiek, Detlef (1993): „Max Hachenburg - jüdischer Rechtsanwalt und Publizist", *NJW* 20, S. 1295–1301.

Landwehr, Götz (1982): „Die Verfassung der Aktiengesellschaften Rechtsverhältnisse in Preußen vom Anfang des 19. Jahrhunderts bis zum Jahre 1870", In: *Zeitschrift der Savigny-Stiftung für Rechtsgeschichte, Germanische Abteilung (ZRG/GA)* 99, S. 1–112.

Laux, Frank (1998): *Die Lehre vom Unternehmen an sich. Walther Rathenau und die aktienrechtliche Diskussion in der Weimarer Republik*, Berlin. (= Schriften zur Rechtsgeschichte, Bd. 74).

Lehmann, Karl (1895): *Geschichtliche Entwicklung des Aktienrechts bis zum Code de Commerce*, (Nachdruck 1968) Berlin.

Löwenfeld, Hermann (1879): *Das Recht der Actien-Gesellschaften - Kritik und Reformvorschläge*, Berlin.

Makower, Hermann (1864): *Das allgemeine Deutsche Handelsgesetzbuch, nebst den dazu in Preußen erlassenen ergänzenden Bestimmungen, insbesondere dem Einführungsgesetze und der Instruktion, 2. Aufl.*, Berlin.

Martin, Paul Christoph (1969): „Die Entstehung des preußischen Aktiengesetzes von 1843", in: *Vierteljahresschrift für Sozial- und Wirtschaftsgeschichte (VSWG)*, 56. Bd., S. 499–542.

Mottek, Hans (1969): „Die Gründerkrise - Produktionsbewegung, Wirkung, theoretische Problematik", in: *Jahrbuch für Wirtschaftsgeschichte (JWG)*, 1966/I, S. 51–128.

Müller-Erzbach, Rudolf (1926): *Die Entartung des deutschen Aktienwesens seit der Inflationszeit*, Tübingen (= Recht und Staat in Geschichte und Gegenwart.; Bd. 42).

Müller-Erzbach, Rudolf (1929)*: Die Umgestaltung der Aktiengesellschaft zur Kerngesellschaft verantwortungsvoller Großaktionäre*, Berlin.

Netter, Oskar (1929): *Probleme des lebenden Aktienrechts*, Berlin.

Nunn, Christian (1998): *Rudolf Müller-Erzbach 1874 - 1959 - von der realen Methode über die Interessenjurisprudenz zum kausalen Rechtsdenken (Leben und Werk)*, (= Rechtshistorische Reihe; 182) Frankfurt am Main u. a.

Passow, Richard (1922): *Die Aktiengesellschaft: Eine wirtschaftswissenschaftliche Studie - 2. Aufl.*, (= Beiträge zur Lehre von den industriellen Handels- und Verkehrsunternehmungen, Heft 5) Jena.

Pfundtner, Neubert (1937): „Aktiengesetz vom 1. Januar 1937", in: Pfundtner, Hans; Neubert, Reinhard (Hrsg.): *Das neue Deutsche Reichsrecht*, Loseblattsammlung, IIb 52, Berlin, (Lieferung 60), § 70.

Pinner, Albert (1899): *Das Deutsche Aktienrecht, Kommentar zu Buch 2, Abschnitt 3 und 4 des Handelsgesetzbuchs vom 10 Mai 1897*, Berlin.

Planitz, Hans (1922): *Die Stimmrechtsaktie - Ein Beitrag zur Reform des Aktienrechts*, Leipzig.

Puchelt, Ernst Sigismund (1874): *Commentar zum allgemeinen deutschen Handelsgesetzbuch - mit besonderer Berücksichtigung der Praxis des Reichs-Oberhandelsgerichts*, Leipzig.

Rathenau, Walter (1917): „Von kommenden Dingen", in: *Walther Rathenau-Gesamtausgabe*, Hellige, Hans Dieter; Schulin, Ernst (Hrsg.), Bd. II, Heidelberg 1977, S 297–497.

Rathenau, Walther (1918): *Vom Aktienwesen - Eine geschäftliche Betrachtung*, Berlin.

Reich, Norbert (1969): „Die Entwicklung des deutschen Aktienwesens im 19. Jahrhundert“, in: *IUS COMMUNE - Veröffentlichungen des Max-Planck-Instituts für Europäische Rechtsgeschichte, Frankfurt am Main, II*, Frankfurt am Main.

Renaud, Achilles (1875), *Das Recht der Actiengesellschaften, 2. Aufl.*, Leipzig.

Riechers, Arndt (1996): *Das "Unternehmen an sich" Die Entwicklung eines Begriffes in der Aktienrechtsdiskussion des 20. Jahrhunderts* (= Beiträge zur Rechtsgeschichte des 20. Jahrhunderts, Bd. 17), Tübingen.

Ring, Viktor (1893): *Das Reichsgesetz betreffend die Kommanditgesellschaft auf Aktien und die Aktiengesellschaften vom 18. Juli 1884, 2. Aufl.*, Berlin.

Rohlack, Momme (2001): *Kriegsgesellschaften (1914 - 1918) - Arten, Rechtsformen und Funktionen in der Kriegswirtschaft des Ersten Weltkrieges*, (= Rechtshistorische Reihe, Bd. 241), Zugl.: Kiel, Univ., Diss., 2000, Frankfurt am Main u. a.

Rosenberg, Hans (1901): *Große Depression und Bismarckzeit: Wirtschaftsablauf, Gesellschaft und Politik in Mitteleuropa*, (= Veröffentlichungen der Historischen Kommission zu Berlin, Bd. 24) Berlin.

Scherner, Karl Otto (1990): „Max Hachenburg: Ein Mannheimer Jurist“, *JuS* 5, S. 347–352.

Schlegelberger, Quassowski (1937): Schlegelberger, Franz; Quassowski, Leo; Herbig, Gustav; Geßler, Ernst; Hefermehl, Wolfgang (Hrsg.): *Aktiengesetz vom 30. Januar 1937, 2. Aufl.*, Berlin.

Schmalz, Wolfgang (1950): *Die Verfassung der Aktiengesellschaft - in geschichtlicher, vergleichender und rechtspolitischer Betrachtung*, Berlin.

Schubert, Werner (1977): *Französisches Recht in Deutschland zu Beginn des 19. Jahrhunderts*, Köln, Wien.

Schubert, Werner (1985): „Die Entstehung des Aktiengesetzes vom 18. Juli 1884“ in: Schubert, Werner; Hommelhoff, Peter (Hrsg.): *Hundert Jahre modernes Aktienrecht - Eine Sammlung von Texten und Quellen zur Aktienrechtsreform 1884 mit zwei Einführungen*, Sonderheft 4, Berlin, New York 1985. (= Zeitschrift für Unternehmens- und Gesellschaftsrecht: Sonderband 4), S. 1–50.

Schubert, Werner (1986): „Einleitung zu Band I“, in: Schubert, Werner (Hrsg.): *Akademie für Deutsches Recht 1933-1945 - Protokolle der Ausschüsse, Bd. 1 - Ausschuß für Aktienrecht*, Berlin, S. XX–LXV.

Schumacher, Hermann (1937): *Die Entwicklung der inneren Organisation der Aktiengesellschaft im deutschen Recht bis zum Allgemeinen Deutschen Handelsgesetzbuch: Ein Beitrag zur Frage der Führung der Aktiengesellschaft* (= Abhandlungen aus dem gesamten Handelsrecht, Bürgerlichen Recht und Konkursrecht; 10. Heft) Stuttgart.

Staub, Hermann (1893): *Kommentar zum Allgemeinen Deutschen Handelsgesetzbuch (ohne Seerecht)* 2. *Aufl.*, Berlin.

Stolleis, Michael (1974): *Gemeinwohlformel im nationalsozialistischen Recht*, (= Münchener Universitätsschriften-Juristische Fakultät, Abhandlungen zur rechtswissenschaftlichen Grundlagenforschung, Bd. 15), Berlin.

Stolleis, Michael (1992): *Geschichte des öffentlichen Rechts in Deutschland: 2. Bd. - Staatslehre und Verwaltungswissenschaft 1800-1914*, München.

Thöl, Heinrich (1854): *Das Handelsrecht, Erster Band, 3. Aufl.*, Göttingen.

Thöl, Heinrich (1861): *Zur Geschichte des Entwurfes eines Allgemeinen deutschen Handelsgesetzbuches*, Göttingen.

Walter, Rolf (2003): Wirtschaftsgeschichte - Vom Merkantilismus bis zur Gegenwart, 4. Aufl. (= Wirtschafts- und Sozialhistorische Studien, Bd. 4), Köln, Weimar, Wien.

Weigt, Anja (2005): *Der deutsche Kapitalmarkt vor dem Ersten Weltkrieg*, Frankfurt am Main.

Wiethölter, Rudolf (1961): *Interessen und Organisation der Aktiengesellschaft im deutschen und amerikanischen Recht*, Karlsruhe.

Wirth, Max (1890): *Geschichte der Handelskrisen, 4. Aufl.,* Frankfurt am Main.

Ziegler, Dieter (1998): „Die Aufsichtsräte der deutschen Aktiengesellschaften in den zwanziger Jahren. Eine empirische Untersuchung zum Problem der »Bankenmacht«", in: *Zeitschrift für Unternehmensgeschichte (ZUG)* 43, S. 194–215.

Bankruptcy Reform as Part of Modernization Agenda: the Case of Nineteenth-Century Finland

Jussi Sallila, Helsinki

Im Konkursrecht war das 19. Jahrhundert eine Ära der Modernisation in den europäischen Ländern. Das finnische Konkursgesetz von 1868 beruhte auf europäischen Vorbildern. Es gab allerdings wichtige Unterschiede zwischen dem finnischen Gesetz und den Vorbildern. Im finnischen Konkursrecht war die Einstellung gegenüber zahlungsunfähigen Schuldnern strenger als in anderen Ländern. Die Ursachen dieses Unterschiedes werden im Aufsatz abgehandelt. Besondere Berücksichtigung findet hierbei die bürokratische Zentralisation, die kennzeichnend für die finnische Reform war.

Introduction

In 1874, Finnish legal scholar Robert Montgomery published an article about the history of bankruptcy law in Sweden and Finland. The topic was of interest to him because of current problems. Montgomery viewed the Finnish Bankruptcy Act of 1868 very critically. In his view, the Finnish legislators had withstood with the flow of modern ideas of bankruptcy law with greater stubbornness than in any other matter.[1]

Although Finnish legislation was only five years old, it was based on a standpoint that had been "abandoned in all countries that can call themselves civilised" and even by a few countries whose civilised nature was questionable.[2] The problem that Montgomery was so concerned about was that Finnish legislation treated the insolvent debtors too harshly.

The difference between Finland and other countries can be somewhat surprising, as the Bankruptcy Act of 1868 was generally not based on distinctively Finnish legal thinking. Many of the provisions were taken directly from the Swedish Bankruptcy Act of 1862. Adoption of foreign ideas was a common aspect of bankruptcy reforms in 19th century Europe. The Swedish Act of

---

[1] Montgomery 1874, 310: "Det gifves icke något ämne, hvaruti den finske lagstiftaren med större fasthet emotstått den nya tidens idéeströmningar än i fråga om rättsförhållandet emellan borgenärer och deras på obestånd komne gäldenärer."

[2] Ibid. "Ehuru knappt än ett lustrum gammal befinner sig Finlands lagstiftning härutinnan på en ståndpunkt, hvilken i åtminstone alla de länder,.som företrädesvis kunna görä anspråk att kallas och vara civiliserade, samt äfven i några, hvilkas anspråk i detta afseende icke äro alldeles obestridda, blifvit öfvergifven."

1862 was modelled on Prussian legislation of 1855, which in turn had been greatly influenced by French law.[3]

The 19th century treatment of insolvent debtors was actually quite stringent in other European countries as well. This view is common among legal historians. For example, Wieacker noted that the "original severity" of the German Imperial Bankruptcy Ordinance of 1877 reflected "the rigorous economic ethics of the early liberals".[4] Contemporary observers thought that in the United States the attitudes toward debtors were considerably more lenient than in Europe.[5]

However, the Finnish legislation seems to have been based on even more rigorous view of debtor-creditor relations. In the new Finnish bankruptcy system it was not possible to restrict the liability of the debtor without unanimous consent of the creditors. In most European countries a majority of the creditors could make this kind "compulsory settlement".[6]

Before the reform of 1868, Finnish bankruptcy law was based on 18th century legislation. The pre-modern codification of Swedish law, the Law of 1734, included the basic rules of bankruptcy law. The Commerce Section (*handelsbalken*) of the codification included provisions concerning the insolvent debtor's rights and duties (Chapter 16), and order of payment between the creditors (Chapter 17). The bankruptcy procedure was properly regulated some decades later, as three Bankruptcy Ordinances (and several minor decrees) were enacted between the years 1767 and 1798.The Ordinance of 1798 remained in force in Finland until the Bankruptcy Act of 1868.

The 18th century bankruptcy law did not include a compulsory settlement in the modern sense. However, it provided another way to restrict the debtor's liability. If the insolvency had been caused by fire, shipwreck or some other similar calamity, the blameless debtor was partly discharged.[7]

These norms remained in force in Finland until 1868. In 1809, Finland became a Grand Duchy within the Russian Empire, with an autonomous administration. The old Swedish legal system was left intact. The Finnish Diet did not convene, however, for over 50 years. Therefore, no legislative reforms took place during the so-called "stateless night" of 1809–1863. In Sweden, the

[3] For an overview of the development in Sweden, see Agge 1934. The Prussian reform is described and analysed by Meier 2002, 91–109.

[4] Wieacker 1995, 369.

[5] Alexis de Tocqueville wrote of the "altogether singular indulgence shown in the United States toward a trader who goes bankrupt" in 1840; Tocqueville 1966, 597 (Democracy in America, Vol. II, pt. II, ch. 18).

[6] In legal German, the word *Zwangsvergleich* is used.

[7] Law of 1734, Commerce Section, chapter 16, paragraph 2; Ordinance of 1798, paragraph 14.

old system was abandoned earlier, as new bankruptcy acts were enacted in 1818, 1830, and 1862.

The Modernization Programme of Finnish Economy

The bankruptcy reform was part of an extensive modernisation programme of the Finnish economy and society. The reforms were part of the modernisation policy of the Russian Empire, initiated in the 1850's by Emperor Alexander II after Russia had been defeated in the Crimean War by the Western powers. In Russia proper, the reforms of Alexander II included the abolition of serfdom and modernization of the administration of justice.[8]

In the economic reform of the Grand Duchy of Finland, mercantilist policies were abandoned and replaced by modern institutions based on the ideas of economic liberalism. The economic reforms were accompanied by changes in local administration and criminal law.[9]

From late 1850's onwards, the mercantilist restrictions of trade and enterprise were gradually abolished. The regulations concerning foreign trade and the prohibition of countryside trade were abandoned, and the guild system was abolished. The process began by partial reforms and was completed by the enactment of a comprehensive Trade Decree of 1879.[10]

Meanwhile, other legal reforms also took place. The establishment of private banks became possible, and modern forms of business organisation (limited companies and limited partnerships) were made possible by legislation. There were also important reforms of private law, for instance those concerning the law of mortgages and sureties.[11]

In Finnish historiography, there have been different views regarding the importance of the legislative reforms for the development of the Finnish economy. For most of the 20th century, the view of liberal economic historians was dominant. According to this interpretation, the reforms were of central importance because they actively promoted economic liberty.[12] Later in the 20th century, this view was heavily criticised. Economic historians pointed out that many structural changes took place in early 19th century, and that the legislative reforms only recorded the earlier societal changes.

---

[8] For an overview of the judicial reforms, see Reich's contribution in Coing 1982, esp. 2291–2294.

[9] Kekkonen 1987, 38–46. Pihlajamäki 1997, 212–213.

[10] Kekkonen 1987, 292–295.

[11] Kekkonen 1987, 146–154.

[12] This view was presented by Rasila in the comprehensive three-volume survey of the economic history of Finland (*Suomen taloushistoria 1-3*), published in 1980–1983. Rasila 1982, 15–18.

In the field of legal history, Kekkonen presented the most important modern interpretation in the 1980's. He criticised both aforementioned views. He argued that the older economic historians put too much emphasis on ideology. The ideas of economic liberalism were known in Finnish educated circles long before they became the basis of legislative reform. When they did gained importance, they were adopted selectively.

On the other hand, the newer interpretation was also flawed. The thesis that legislation only recorded changes did not stand closer scrutiny. For example, economic historians had argued that the restrictive policies of the mercantilist era were not relevant, because industrial entrepreneurs had generally had little difficulty in getting the necessary licences from the authorities. But this kind of interpretation failed to take into account the importance of the foreign trade monopoly of the cities.

The Finnish reforms were characterised by bureaucratic centralisation. Most of the important decisions were made by a small group of high-ranking civil servants. The impulse to reforms came from above. Kekkonen's own interpretation stressed the role of commercial and industrial elites, among whom many of the civil servants were recruited. This new class was drawn from among the nobility; the Finnish burghers were comparatively weak and often benefited from the mercantilist regulations. Kekkonen wrote that "the new commercial class could use the State to realize a societal and legal policy that accorded with its own interests".[13]

It is easy to agree with Kekkonen's criticism of economic historians. However, his explanation is also problematic because it is based on a rather simplistic view of class interests. In recent years, many intriguing studies have questioned older interpretations. More emphasis in given to the way in which conceptions of class are culturally created and interpreted.[14] Recent studies have also highlighted the internal contradictions of 19th century liberalism.[15]

The fact that the Finnish reforms were part of the modernisation of the Empire is interesting, because some of the most important reforms in Russia proper were also concerned with the administration of The influence of Russian ideas on Finnish bankruptcy reform cannot be ruled out. However, because of the language barrier between the (Swedish-speaking) Finnish lawyers and their Russian colleagues, it is hard to point out any direct contacts between them, outside of the controversial field of constitutional law. The position of the Grand Duchy in the imperial order became an extremely political important issue in late 19th century.

[13] Kekkonen 1987, 351 (original English summary of the author quoted).

[14] See, e.g., Maza 2003, 1–13, with a lot of references to earlier research.

[15] Searle 1997.

The Bankruptcy Reform in the Diet

The bankruptcy reform is a good example of bureaucratic control. Unlike in some other contemporary legislative reforms, the preparatory materials were not published in this case. Later on these documents have vanished altogether, and 20th century legal historians have not found them in the archives of the Senate. This naturally causes some problems for research. However, the lack of documentation reflects the state of 19th century Finnish policymaking.

When the bankruptcy reform proposal was give to the Estates in 1867, the Government briefly explained the main objectives of reform. It noted that the old bankruptcy system included too many possibilities for the debtor to delay the procedure and favour certain creditors at the expense of others. The old provisions that restricted the debtor's liability if the insolvency had been caused by fire or some other calamity were abolished. Everyone had to bear the burden of his own losses, even those caused by accidents.[16]

The report of the Legal Affairs Committee of the Diet is not a very helpful source. It includes an Introduction that consisted mainly of a historical overview of Swedish bankruptcy law, but there is practically no background information concerning the new proposal. The Committee noted that provisions concerning compulsory settlement were not included. It did not change the proposal in this respect, and stated that such provisions could be introduced in the future if necessary.[17] The proposal differed from its Swedish model in this respect.

The records of the Diet of 1867 include a lot of criticism of the bankruptcy proposal. The critics belonged to the Estate of Nobility and the Estate of Burghers. The criticism did not lead to any changes, as three of the four Estates accepted the proposal with the changes the Committee had made.

The critics of bankruptcy legislation represented the liberal wing of the emerging political discussion. A main point of their criticism was that the new bankruptcy procedure treated the insolvent debtors too harshly. The most articulate of the critics was the aforementioned legal scholar Montgomery, who was a representative of the Estate of Nobility. He was one of the few academic legal scholars in Finland, and he had special expertise in bankruptcy law. His dissertation of 1869 was a study of the history of bankruptcy law in different European countries.[18]

---

[16] Proposition 25/1867.

[17] Lagutskottets betänkande 10/1867, 1214–1215. The Committee made some changes to the proposal, for example mitigating the criminal sanctions of bankruptcy fraud.

[18] Montgomery, Robert: Om afträdesförmån och konkurs i den utländska konkurslagstiftningen. Helsingfors 1869.

Montgomery was also a member of the liberal political circle that published *Helsingfors Dagblad*, the first modern newspaper in Finland (founded in 1862). Helsingfors Dagblad was the only newspaper publishing commentary the bankruptcy reform. Already in 1864 it had demanded a reform, and it commented the proposal when it was published in 1867.[19]

The commentary of the newspaper had a lot in common with the views presented by Montgomery and the criticism of Burgher representatives during the Diet. The liberal criticism of the treatment of insolvent debtors included the following points. It was not reasonable to treat the insolvent debtor in this way, because in many cases insolvency was due to the risks that were a natural part of economic activity. Creditors could take these risks into account when they made their credit deals, as their business decisions were based on rational calculations. It was necessary to restrict the rights of the individual creditors for the common benefit to all creditors.[20]

The point concerning the necessity of restricting the rights of individual creditors was important. Senate's proposal emphasized individual responsibility, and the noble representatives who opposed Montgomery's thinking also referred to the importance of individual rights.[21] Therefore, the different aspects of liberal ideology could be used as arguments by both sides. Disagreements of this kind emerged in other countries. For example, in Britain the principle of limited liability for companies was both supported and opposed with the arguments of political economy.[22]

The Role of Public Opinion and the Legal Profession

The criticism of the proposed bankruptcy legislation did not influence the outcome of the process. Academic research on the subject was published only after the legislation had come into effect. The proposal was severely criticised by one of the very few experts of bankruptcy law and many traders. Although there had been some discussion about the reform for years, many affected groups could not take part in the process.

This highlights the relative weakness of the Finnish legal profession. When reference is made to this weakness, a couple of explanatory distinctions are necessary. The position of lawyers in Finnish society was in some ways very strong; the new bureaucracy of the Grand Duchy was "built essentially around

[19] Helsingfors Dagblad 18.10.1864/242: "Vår konkurslagstiftning" (Our Bankruptcy Legislation); 27.10.1866/251: "Om konkurser" (On Bankruptcies); 21.3.1867/68: "Förslaget till ny konkurslag" (Proposal for New Bankruptcy Act).

[20] Estate of Nobility 1867 III, 233–236. Estate of Burghers 1867, 978–987.

[21] Estate of Nobility 1867 III, 237–239.

[22] Searle 1997, 87–90.

men who had legal education".[23] What is meant by the weakness argument is that the emergence of law as a separate profession was a slow process. Pihlajamäki has stressed the importance of two different aspects of this process. The decisive changes took place in the middle decades of 19th century. On one hand, academic education of law was modernised. On the other hand, lawyers established a new Legal Association in 1862 that began to publish a journal in 1865.[24]

Reforms in legal education were made in the 1850's, and legal degrees were made obligatory for offices in the courts. Legal training was to be based on modern legal science. In the early 19th century, the Finnish legal scholarship was poor in quality and quantity even in comparison with other Nordic countries.[25] Karl Gustaf Ehrström, professor of criminal of law, lamented this sad development in his inaugural lecture in 1860. According to him the great cultural achievements of legal science in civilised countries had been almost completely ignored in Finland.[26]

Because of the weakness of the modern legal profession, it is not surprising that the reform was carried out in comparatively unprofessional way. It is clear that the kind of expert review that preceded the German bankruptcy reform in the 1870's[27] would have been unthinkable in a small country like Finland. However, the little expertise that there was in the country was not fully used.

The Social Context of the Reform

The weakness of public opinion was related to the bureaucratic character of the Finnish reforms. Most of the Finnish reformers were civil servants, and they did not represent a commercial middle class. The bankruptcy reform was carried out while the country was experiencing a devastating famine because of crop failures addition.

In these circumstances the way bankrupt debtors were treated was perhaps not the most stressing social problem. On the other hand, it is possible that the reformers wanted to discipline the commercial community.

During the economic crisis, there were cases of bankruptcy fraud in some of the Finnish cities. In some cities, the basic principles of bankruptcy law were breached when separate debt collection proceedings were allowed despite a declared bankruptcy. This of course made it impossible to guarantee equal

---

[23] Pihlajamäki 1997, 226.

[24] Pihlajmäki 1997, 226–230.

[25] Björne 1998, 202: "Det finändska rättsvetenskapens låga nivå jämfört till och med med Sverige verkar något förbryllande, då Åbo-/Helsingforsfakulteten, då det gäller lärare, var fullt jämförbar med de övriga nordiska fakulteterna."

[26] Björne 1998, 199.

[27] The extensive review process is described in detail in Meier 2003, 159–182.

treatment of creditors, and some creditors clearly had the advantage in "the race to the courthouse".

Bankruptcy practice caused controversy. In September 1867, the newspaper Oulun Wiikko-Sanomat published a letter titled "A Question for Lawyers". The writer described the aforementioned practice and asked whether it was legal. If such actions were not forbidden, a reform was necessary. In an answer published a month later, the practice was confirmed to be illegal. However, it was noted that "certain authorities and younger lawyers" had adopted the illegal interpretation.[28]

The correspondence in the Oulu newspaper is telling in two respects. Firstly, it reflected the problems of a court organisation that was in many ways pre-modern and remained so for a long time in the 20th century.[29] The implementation of any kind of bankruptcy reform must have been problematic in the 19th century Finnish courts. Secondly, it is surprising that the correspondence made no reference to actual process of bankruptcy reform that was going on at the same time.[30] This shows that the modern "public sphere" (*bürgerliche Öffentlichkeit*) was still just emerging in Finland.

These bankruptcies were not only local matters. Observers in Stockholm noticed with worry the numerous failures in the city of Oulu. This was natural because of strong commercial ties between Finnish cities and the Swedish capital.[31] It is possible that the pressure of foreign creditors were one reason for the Finnish reformers to adopt a stringent bankruptcy system. Especially economically peripheral countries faced this kind of pressures.[32]

The perceived need to discipline the commercial community was a factor in bankruptcy reforms in other countries as well. However, the importance of such opinions may differ depending on political and constitutional settings.

In an interesting article, Caroni has described this process. The development of commercial law is ultimately based on views of commerce and its role in a society, and these views are moulded in political process. In 19th century Switzerland, commercial law was shaped in open political debates. Therefore, one can speak of distinctly *republican* commercial law (*republikanisches Handelsrecht*).[33]

[28] Oulun Viikko-Sanomat 14.9.1867/37, Oulun Viikko-Sanomat 26.10.1867/43.

[29] Pihlajamäki 2001, 270, footnote 4:"The Finnish judicial apparatus remained basically pre-modern in its structure until a reform in 1993."

[30] After the deliberations of the Diet in May 1867, everything that was needed was the signature of the Emperor/Grand Duke.

[31] The commentary of newspaper Stockholms Dagblad is summarized in Snellman 1939, 298–303.

[32] See, e.g., Benton 2001, for an analysis of legal reforms in 19th century Uruguay.

[33] Caroni 2000, 391–395, 403.

In the Finnish case, the importance of bureaucratic centralization was equally important.
The liberal criticism of bankruptcy law continued in the 1870's and 1880's. It is possible that the lack of compulsory settlement did not cause as many problems in practice as was feared by the critics. In his article of 1874, Montgomery noted that there had not been much criticism of the legislation, despite his own strong opinion that Finnish bankruptcy law was inadequate. He thought that the rigidity of legislation was perhaps balanced by more flexible bankruptcy practice. In addition, because of good economic growth in the early 1870's there had been fewer bankruptcies and better possibilities of recovery.[34]
The Estate of Burghers proposed changes to legislation in four consecutive Diets from 1885 onwards. These proposals were partly influenced by the newly organised nationwide business lobby: the decisions made in General Merchants' Meetings were explicitly referred to as one source of proposal of the Estate.[35] These attempts failed. This may partly due to the old-fashioned way in which the Diet functioned. The Diet convened only every third year, and its four-estate structure often slowed the legislative process. But there are more important reasons. The critics of bankruptcy reform were liberals, and liberalism as political ideology was greatly weakened as Finnish politics was organised around language politics. Liberals were mostly connected to the Swedish party.
Interestingly, the liberal way of conceiving credit as a relationship between rational and calculating individuals was challenged from the viewpoint of language politics. The politicians of the Finnish party and the so-called Fennoman movement criticised the domination of Swedish language in different contexts. The promotion of Finnish-language education and administration were the most important issues for them, but from the 1880's onwards their criticism was also directed at Swedish-speaking domination in business world. Therefore, Fennoman financial institutions such as banks and insurance companies were established.

---

[34] Montgomery 1874, 311: "Men hos oss har något missnöje dermed åtminstone icke allmännare försports. Orsakerna kan vara mångahanda, utom affärslifvets olikhet. Måhända är seden mildare och böjligare än lagen. Måhända har den goda tiden och ett tillväxande välstånd, som under de senaste åren gjort nya affärsolyckor sällsynta och underlättat sträfvandena att utplåna följderna af de öfverståndna, afledt uppmärksamheten från ämnet.."
[35] Protocols of the Estate of Burghers, 1885, 1888, 1891, 1894.

Concluding remarks

The differences between Finnish bankruptcy law and its foreign models are an interesting example of incomplete legal transfer. Many Finnish liberal wanted to reform their country by bringing it up to European standards. In the field of bankruptcy law, their aims were not fully realized. In Finland, bankruptcy law was more stringent toward insolvent debtors than in other countries. There are many potential explanations for this.

The reform took place during economic crisis, and cases of bankruptcy fraud may well have influenced the opinions of the civil servants drafting the legislation. Legislators in other European countries experienced similar pressures in the 19th century.[36] In the Finnish case, the pressure to discipline the commercial community could be greater, because the country was in economically peripheral position.

The bureaucratic centralization that characterized the Finnish reforms was also important. It is often argued that the political settings in which commercial law is created are irrelevant.[37] However, in the bankruptcy reform the bureaucracy's powerful position was influential. The liberal criticism expressed by lawyers and businessmen in the emerging public sphere was not able to change the course of the reform.

[36] See, e.g., Caroni 2000, 396–397 for debates in Switzerland. Padoa Schippa describes the background of Napoleon's legislation concerning bankruptcy law, in Coing 1986, 3160–3161.

[37] Caroni, 392: „Denn schließlich – so wird meistens argumentiert – habe der Handel stets seine Wege eigenmächtig erschlossen und auch jene rechtlichen Regeln „erhalten", auf die er – ohne Rücksicht auf politische Strukturen – immer angewiesen war."

Sources

Printed Sources

Goverment proposal 25/1867 (Hans Kejserliga Majestäts Nådiga Proposition till Finlands Ständer, angående ändringar i lagstiftningen om afträdes-, boskilnads- och urarfvamål, om preskription för utsökning af fordringar, om årstämning å borgenärer och om äktenskapsförord 25/1867. 0

Report of the Legal Affaris Committee 10/1867. (Lagutskottets betänkande N:o 10/1867 i anledning af Hans Kejserliga Majestäts nådigå proposition, angående ändringar i lagstiftningen om afträdes-, boskilnads- och urarfvamål, om preskription för utsökning af fordringar, om årstämning å borgenärer och om äktenskapsförord.)

Protocol of the Estate of Nobility, the Diet of 1867.

Protocols of theEstate of Burghers, the Diets of 1867, 1885, 1888, 1891, 1894

Newspapers:

Helsingfors Dagblad

Oulun Viikko-Sanomat

Bibliography

Agge, Ivar (1934): "Några drag av det svenska konkursförfarandets utveckling." In: *Minnesskrift ägnad 1734 års lag av jurister i Sverige och Finland den 13 december 1934 200-årsdagen av riksens ständers beslut.* Stockholm: Svensk juristtidning. 915–937.

Benton, Lauren (2001): "“The Laws of This Country”: Foreigners and the Legal Construction of Sovereignty in Uruguay, 1830-1875." Law and History Review 21: 479–511.

Björne, Lars (1998): *Brytningstiden. Den nordiska rättsvetenskapens historia. Del II. 1815-1870.* Lund: Institutet för rättshistorisk forskning.

Caroni, Pio (2000): "Republikanisches Handelsrecht im XIX. Jahrhundert." Zeitschrift für Neuere Rechtsgeschichte 22: 391–405.

Coing, Helmut (Ed.) (1982): *Handbuch der Quellen und Literatur der neueren europäischen Privatrechtsgeschichte III/2.* München: Beck.

Coing, Helmut (Ed.) (1986): *Handbuch der Quellen und Literatur der neueren europäischen Privatrechtsgeschichte III/3.* München: Beck.

Kekkonen, Jukka (1987): *Merkantilismista liberalismiin. Oikeushistoriallinen tutkimus elinkeinovapauden syntytaustasta Suomessa vuosian 1855-1879* Helsinki: Suomalainen Lakimiesyhdistys.

Maza, Sarah (2003): *The Myth of the French Bourgeoisie. An Essay on the Social Imaginary, 1750-1850.* Cambridge, Mass. – London: Harvard Universityt Press.

Meier, Anke (2003): *Die Geschichte des deutschen Konkursrechts, insbesondere die Entstehung der Reichskonkursordnung von 1877.* Frankfurt/Main: Lang.

Montgomery, Robert (1869): *Om afträdesförmån och konkurs i den utländska konkurslagstiftningen.* Helsingfors: Frenckell.

Montgomery, R (1874): "Om betalningstvånget mot gäldenär, som till sina borgenärers förnöjande upplåtit all sin egendom." Tidskrift utgiven av juridiska föreningen i Finland 10: 310–334.

Pihlajamäki, Heikki (1997): *Evidence, Crime, and the Legal Profession: the Emergence of Free Evaluation of Evidence in the Finnish Nineteenth-Century Criminal Procedure.* Lund: Institutet för rättshistorisk forskning.

Pihlajamäki, Heikki (2001): "On the Verge of Modern Law? Mitigation of Sentence in Nineteenth-Century Finland". Ius Commune XXVIII: 269–294.

Rasila, Viljo (1982): "Liberalismin aika". In: Ahvenainen, Jorma – Pihkala, Erkki – Rasila, Viljo (eds.): *Suomen taloushistoria 2. Teollistuva Suomi.* Helsinki: Tammi. 13–26.

Searle, G. R. (1997): *Morality and the Market in Victorian Britain.* Oxford: Clarendon Press.

Snellman, P. W. (1939): *Kertomus Oulun kauppaseuran ja Oulun kauppiaiden eläkelaitoksen toiminnasta vuosina 1771-1939.* Oulu: Oulun kauppiaiden eläke- ja apurahalaitos.

Tocqueville, Alexis de (1966): *Democracy in America.* (Eds.: Mayer, J. P. – Lerner, Max;. tr. Lawrence, George). New York: Harper & Row.

Wieacker, Franz (1995): A History of Private Law in Europe with Particular Reference to Germany. (Tr. Tony Weir .foreword by Reinhard Zimmermann). Oxford: Clarendon Press.